RITTER / STAATSKUNST UND KRIEGSHANDWERK BAND II

STAATSKUNST UND KRIEGSHANDWERK

Das Problem des »Militarismus« in Deutschland

Zweiter Band:
Die Hauptmächte Europas und das wilhelminische Reich
(1890—1914)

von

GERHARD RITTER

3. Auflage

R. OLDENBOURG VERLAG
MÜNCHEN 1973

Unveränderter Nachdruck der 2., neu durchgesehenen Auflage

© 1965 R. Oldenbourg München

Das Werk ist urheberrechtlich geschützt. Die dadurch begründeten Rechte, insbesondere die der Übersetzung, des Nachdrucks, der Funksendung, der Wiedergabe auf photomechanischem oder ähnlichem Wege sowie der Speicherung und Auswertung in Datenverarbeitungsanlagen, bleiben, auch bei nur auszugsweiser Verwertung, vorbehalten. Werden mit schriftlicher Einwilligung des Verlages einzelne Vervielfältigungsstücke für gewerbliche Zwecke hergestellt, ist an den Verlag die nach § 54 Abs. 2 UG zu zahlende Vergütung zu entrichten, über deren Höhe der Verlag Auskunft gibt.

Reproduktion und Druck: Graphische Anstalt E. Wartelsteiner, Garching bei München

Bindearbeiten: R. Oldenbourg Graphische Betriebe GmbH, München

ISBN 3-486-45753-5

INHALTSVERZEICHNIS

VORWORT 6

I. TEIL: Blick auf die Umwelt: Heerwesen und Politik in den außerdeutschen Großstaaten Europas 9

1. KAPITEL: Militärisch-politische Verhältnisse in Frankreich von der Restaurationsepoche bis zum Ende des Ersten Weltkrieges 11

2. KAPITEL: Heerwesen, Gesellschaft und Staat Englands im Zeitalter des bürgerlichen Liberalismus (1832–1918) 44

3. KAPITEL: Die englisch-französischen Generalstabsabreden und die Ententepolitik 1905–14 78

4. KAPITEL: Die Rolle des „Militarismus" im zaristischen Rußland 98

II. TEIL: Militärisch-politische Verhältnisse im wilhelminischen Deutschland 1890–1914 115

5. KAPITEL: Die „Militarisierung" des deutschen Bürgertums 117

6. KAPITEL: Krieg und Politik im militärischen Schrifttum der letzten Friedensjahrzehnte 132

7. KAPITEL: Militärische und Zivilgewalt im neudeutschen Kaiserreich 148

8. KAPITEL: Kriegsrüstung zur See. Tirpitz und die Schlachtflotte 171

Erster Abschnitt: Grundzüge deutscher Flottenpolitik vor 1914 171

Zweiter Abschnitt: Wettrüsten seit 1905 und erste Flottenverhandlungen mit England 198

Dritter Abschnitt: Weitere Flottengespräche 1910–12 und ihr Scheitern 209

9. KAPITEL: Kriegsrüstung zu Lande. Schlieffen und sein großer Feldzugsplan . . 239

Erster Abschnitt: Schlieffens „rein militärischer" Kriegsplan 239

Zweiter Abschnitt: Schlieffen und die deutsche Rüstungspolitik 256

Dritter Abschnitt: Strategie und Rüstungspolitik nach Schlieffens Abgang 268

10. KAPITEL: Die Generalstäbe und der Kriegsausbruch 282

Erster Abschnitt: Präventivkriegsideen im österreichischen Generalstab 282

Zweiter Abschnitt: Abmachungen des österreichischen mit dem deutschen Generalstab 297

Dritter Abschnitt: Conrads und Moltkes Anteil an der Schürzung des Schicksalsknotens 308

Vierter Abschnitt: Der Zwangslauf der Kriegserklärungen 329

ANMERKUNGEN 345

Nachtrag zu Kapitel 10: Bethmann Hollweg in der Juli-Krise 1914 . . 387

PERSONENVERZEICHNIS 390

AUS DEM VORWORT ZUR ERSTEN AUFLAGE (1960)

Der hier vorgelegte zweite Band meines Werkes behandelt dessen Gesamtthema in der Epoche des sogenannten „Imperialismus", die man die Inkubationszeit des viel berufenen deutschen Militarismus nennen kann. Die hier auftauchenden Fragen waren so vielfältig und bedurften zu einer allseitig abwägenden Erörterung so vielen Raumes, daß ich die Darstellung zunächst einmal mit dem Epochenjahr 1914 abschließen mußte. Der dritte Band wird die politische Geschichte des Ersten Weltkriegs behandeln, und zwar zum großen Teil auf Grund ungedruckter Quellen. Sie bildet ein Hauptstück des Gesamtwerkes, weil in den Kriegsjahren das schon vor 1914 mächtig entwickelte Selbstbewußtsein des reinen Soldatentums sich nun vollends auswuchs, sehr bald in Verbindung trat mit der immer hemmungsloser aufschäumenden Kriegsleidenschaft der Völker und so zu einem vollen Triumph des „Kriegshandwerks" über die „Staatskunst" führte. Die Geschichte der Weimarer Republik bildet diesem Hauptstück gegenüber nur eine Art von Epilog: die Problematik des Militarismus hört zwar nicht auf, ist aber doch mehr aus den Nachwirkungen der vorhergehenden Epoche als aus der neuen Situation zu verstehen. Durch die Hitlerbewegung und vollends durch deren politischen Sieg wird sie dann völlig verändert. Der Geist des ausschließlichen, politisch blinden Kämpfertums geht vom Führerkorps der Armee und Flotte auf die politische Führung über, und so entsteht zuletzt die historisch ganz neue, ja einzigartige Situation, daß es die Soldaten sind, die sich gegen den blinden Militarismus der zivilen Staatsführung zu wehren haben. Diese Verschiebung und Veränderung unseres Gesamtthemas in der jüngsten Vergangenheit wird es wohl ratsam machen, von der ausführlichen Erzählung zu einer knapperen, mehr erörternden Darstellungsform überzugehen.

Man wird bemerken, daß ich mit dem Schlußkapitel dieses Bandes in die sogenannte „Kriegsschuldforschung" hineingeraten bin — ein uferloses Meer von Quellenpublikationen, Streitschriften und höchst umfangreichen historischen Darstellungen von Autoren vieler Nationen. Um nicht darin zu ertrinken, habe ich zwar alles wirklich Wichtige zur Kenntnis genommen, mich aber auf Einzelpolemik nicht eingelassen. Unvermeidlich war nur eine gelegentliche Auseinandersetzung (in den Anmerkungen) mit der neuesten

Gesamtdarstellung, dem dreibändigen Werk von L. Albertini, das die gesamte internationale Literatur verarbeitet und so ziemlich ausgeschöpft, sogar noch mancherlei neue Nachrichten beschafft hat. Statt das alte, ewig wiederholte Pro und Contra der „Schuldfrage" neu zu diskutieren, habe ich versucht, (ebenso wie in den anderen Teilen meines Werkes), mich mehr an die Originalquellen als an die Monographien und Streitschriften zu halten, auf meine eigene Fragestellung eine eigene Antwort zu finden und mir die geschichtlichen Vorgänge aus ihrer konkreten Wirklichkeit heraus anschaulich und lebendig zu machen, ohne in Nebendingen zu versinken.

Darf ich am Schluß dieser Vorrede noch gestehen, daß ich das Buch nicht ohne seelische Erschütterung geschrieben habe? Was ich da schildere, ist das Vorkriegsdeutschland meiner eigenen Jugend. Ein ganzes Leben lang hat es für meine Erinnerung im Strahlenglanz einer Sonne gelegen, die erst seit dem Kriegsausbruch 1914 sich zu verfinstern schien. Und nun, am Abend meines Lebenstages, werden dem forschenden Auge viel tiefere Schatten sichtbar, als meine Generation — und vollends die meiner akademischen Lehrer — sie damals zu sehen vermochte.

VORWORT ZUR ZWEITEN AUFLAGE

Die Neuauflage bringt zahlreiche Berichtigungen von Einzelheiten, nicht nur von Druckfehlern. An der Darstellung im ganzen brauchte ich nichts zu ändern.

Walter Hubatsch hat in einer kurzen Besprechung des Buches (Hist. pol. Buch IX, 1961, S. 50) bedauert, daß ich im Kap. 2 so eingehend das im 19. Jahrhundert unbedeutende britische Heerwesen behandelt habe und mir empfohlen, in der zweiten Auflage näher auf „die Stellung der britischen Admiralität im öffentlichen Leben Groß-Britanniens einzugehen". Wenn diese Anregung bedeuten soll, ich möchte den sog. britischen „Navalismus" dem deutschen „Militarismus" gegenüberstellen, so darf ich auf meine Ausführungen S. 135 f. und S. 357 Anm. 7 verweisen. Im übrigen brauche ich wohl nicht näher zu begründen, warum in einem Überblick über das Heerwesen der Hauptmächte Europas auch das Englands nicht fehlen durfte – gerade in seiner totalen Andersartigkeit gegenüber dem kontinentalen. Wie schwierig und bedeutsam auch in Groß-Britannien der Ausgleich zwischen militärischem und politischem Denken gewesen ist, zeigt ebensowohl die

Rolle militärischer Aktivisten in der Begründung der „Entente" und in der Vorgeschichte des Weltkriegs wie dieser selbst.

Meine Behandlung der heiklen „Kriegsschuldfrage" im letzten Kapitel hat, wie zu erwarten, lebhafte Kritik von seiten *Fritz Fischers* („Weltpolitik, Weltmachtstreben und deutsche Kriegsziele" in: Hist. Zeitschr. 199, Okt. 1964) und seines Schülers *Imanuel Geiß* (Julikrise und Kriegsausbruch 1914. Eine Dokumentensammlung, Bd. 1, 1963) gefunden. Dem letzteren verdanke ich den Hinweis auf zwei Datierungsversehen meines Buches (auf S. 312 und S. 342), die ich berichtigt habe[1]), lehne aber seine abweichende Gesamtauffassung ebenso wie die Fischers ab. Beide übernehmen im wesentlichen die Argumente Luigi Albertinis, mit denen ich mich schon in der Erstauflage auseinandergesetzt habe; doch ergänzt sie Fischer neuerdings durch die Konstruktion wirtschaftspolitischer Sorgen um den Balkan und die Türkei, die Bethmann kriegsbereit gestimmt haben sollen. Dazu nehme ich Stellung in einem Aufsatz „Zur Fischer-Kontroverse" in der HZ Bd. 200 (1965). Zu seiner früheren Behandlung der Juli-Krise (in der Erstauflage des Buches „Griff nach der Weltmacht" 1961, Kap. 2) habe ich mich schon 1963 in der Historischen Zeitschrift geäußert („Eine neue Kriegsschuldthese?" HZ Bd. 194, S. 646–668). Diese Auseinandersetzung betrachte ich meinerseits als abgeschlossen. Sie in der Neuauflage dieses Buches fortzusetzen, besteht schon deshalb kein Anlaß und keine Möglichkeit, weil es hier nicht eigentlich um die Haltung der Reichsregierung im Juli 1914 geht, sondern um die der Generäle, und zwar ebenso um die des österreichischen wie des deutschen Generalstabs (vgl. dazu meinen Aufsatz: „Der Anteil der Militärs an der Kriegskatastrophe von 1914" in HZ 193, 1961). Ich meine allerdings, daß sich dabei eine ganze Reihe von Gesichtspunkten und Einsichten ergeben haben, die neues Licht auch auf die politischen Entschließungen der Reichsleitung werfen, und wundere mich darüber, daß sie bisher in der neuesten, in Deutschland entbrannten Diskussion der „Kriegsschuldfrage" so wenig Beachtung gefunden haben.

Immerhin hat diese Diskussion in allerjüngster Zeit eine Wendung genommen, die ich auch im Rahmen dieses Buches nicht ganz unbeachtet lassen kann. Ich habe deshalb an die Anmerkungen zum letzten Kapitel einen „Nachtrag" angehängt, der sich damit in aller Kürze auseinandersetzt.

Freiburg i. Br., im März 1965

Gerhard Ritter

I. TEIL

BLICK AUF DIE UMWELT
HEERWESEN UND POLITIK
IN DEN
AUSSERDEUTSCHEN GROSS-STAATEN EUROPAS

1. Kapitel

MILITÄRISCH-POLITISCHE VERHÄLTNISSE IN FRANKREICH
VON DER RESTAURATIONSEPOCHE BIS ZUM ENDE
DES ERSTEN WELTKRIEGES

Unsere bisherige Betrachtung hat uns die altpreußische Tradition vor Augen geführt, die bis ans Ende der Bismarck-Epoche das Verhältnis von Staat und Heerwesen in Deutschland bestimmte: die Tradition des Militärstaates unter Führung eines roi connétable. Der äußeren Form nach ist sie bis ans Ende der Monarchie 1918 erhalten geblieben. Aber das Leben, das dieses Staatswesen erfüllte, das tatsächliche Verhältnis von militärischer und Zivilgewalt, hat sich nach dem Abgang Bismarcks doch stark verändert. Schon lange vor dem Weltkrieg hat sich vorbereitet, was dieser dann erst vollends zur Reife brachte: die Emanzipation des militärischen Machtinstruments von der politischen Leitung — bis zur radikalen Umkehr des natürlichen Verhältnisses beider Gewalten.

Ehe wir uns indessen dieser neuen Entwicklungsphase unseres Generalthemas zuwenden, ist es nötig, einen Blick auf die Umwelt zu werfen: auf die anderen Hauptstaaten Europas, vor allem auf Frankreich, England und Rußland. Wie hatte sich dort im Laufe des 19. Jahrhunderts die Stellung des Heerwesens in Staat und Gesellschaft entwickelt? Gab es auch dort ein ernsthaftes Problem des „Militarismus"? Und wenn ja: wie suchte man es dort zu bewältigen?

Für das Heerwesen *Frankreichs* wurde die politische Lage von 1815 unter der restaurierten Monarchie entscheidend — oder genauer: der 1815 noch nicht überwundene Schock, den das Erlebnis einer echt „militaristischen" Politik unter dem Erobererkaiser Napoleon auf die Nation ausgeübt und hinterlassen hatte. Es hat fast ein Jahrhundert gedauert, ehe dieser Schock praktisch überwunden war.

Man hat oft gesagt: die Franzosen seien zwar ein sehr kriegerisches, jedenfalls auf kriegerischen Ruhm sehr stolzes, aber kein militärisches Volk.[1]) Um so merkwürdiger ist, daß keine zweite Nation Europas sich im 19. Jahrhundert so viel Mühe gegeben hat, den „esprit militaire" in Reinkultur zu züchten wie eben unsere westlichen Nachbarn. Ihre Armee war fast bis ans Ende dieses Jahrhunderts zwar national ihrer Zusammensetzung nach — die 1815 restaurierte königliche Schweizer-Garde wurde von der Juli-Revolution wieder beseitigt — aber im wesentlichen reine „Kasernen-Armee", die ihr Sonderleben außerhalb der Nation führte und führen sollte; sie war noch viel einseitiger als innerpolitisches Werkzeug der Regierung zur Unterdrückung von Revolutionen konstruiert als die preußische Garde nach dem Willen König Wilhelms I. und der reaktionären „Militaristen" seiner engsten Umgebung. Die Merkwürdigkeit, daß Preußen mit seinem Militärsystem seit 1815 dem ursprünglichen Geist der französischen levée en masse viel näher geblieben ist als Frankreich selbst, hat der französische Historiker Cavaignac mit Recht eine „für die Geschichte des 19. Jahrhunderts entscheidende Tatsache" genannt.

Die Idee des „Volkes in Waffen" ist bekanntlich von der großen Revolution ausgebrütet und zuerst praktiziert worden. Sie lag in der natürlichen Konsequenz jenes Ideals einer politischen Volksgemeinschaft, das den Inhalt des Föderiertenfestes vom 14. Juli 1790 bildete und in dem Marschlied der Marseillaise seinen Hymnus fand. Freilich blieb der Abstand zwischen Ideal und Wirklichkeit immer ein sehr großer. Wie man weiß, hat nicht die Freiwilligkeit, sondern der harte Zwang der Gesetze jene Revolutionsheere geschaffen, mit deren Hilfe die Gewalthaber des Konvents eine scheinbar hoffnungslose militärische Lage zuletzt doch noch meistern konnten. Freiwillig sind dem Aufruf der Nationalversammlung vom 11. Juli 1792 nicht mehr als 60 000 Mann gefolgt, von denen nur die Hälfte für den aktiven Dienst in Betracht kam, und die Zwangsrekrutierungen von 1793 in höchster vaterländischer Not stießen auf heftige Rebellion im Lande. Dennoch ließe sich denken, daß mit der Zeit die allgemeine Wehrpflicht sich hätte einleben und ebenso wie später in Preußen zur selbstverständlichen Lebensform hätte werden können, wenn nur zwei Voraussetzungen beachtet wurden: ein dauerhaftes, wirtschaftlich tragbares und sozial gerechtes System der Aushebung und eine Beschränkung der Zwangsdienste auf die Verteidigung des vaterländischen Bodens, wie es ursprünglich angekündigt war. Von beidem war indessen bald keine Rede mehr. Die klaren Prinzipien Carnots: Beschränkung der Dienstpflicht auf die männliche Jugend vom 18. bis 25. Lebensjahr, aber ohne Ausnahme, ohne Stellvertretung und ohne Unterschied der Parteien, wurde rasch wieder verlassen. Je nach der militärischen und innerpolitischen Lage wurde der Zwang der Aushebungsgesetze bald straffer gehandhabt, bald wieder gelockert. Die Jahresklassen wurden je nach Bedarf unter die Fahnen einberufen, entlassen oder im Dienst behalten, die Stellvertretung der Wohlhabenden, der körperlich Schwächeren oder im bürgerlichen Leben schwer Entbehrlichen durch irgendwelche gemieteten Söldner bald gestattet, bald wieder verboten und weithin in die Willkür untergeordneter Verwaltungs- und Polizeiorgane gestellt. Das System der Auslosung des Rekrutenbedarfs, das als gerechter erschien, wurde nach 1803 nur vorübergehend durchgeführt. Schlimmer noch als die Willkür empfand man die Überspannung der Wehrpflicht in den letzten Jahren der napoleonischen Herrschaft: 1813 wurden noch halb knabenhafte Rekruten auf die Schlachtfelder geschickt. Der nationale Charakter der Armee, von Anfang an durch die massenhafte Aufnahme ausländischer Überläufer und schweizerischer Söldner getrübt, verlor sich während der Feldzüge Napoleons mehr und mehr, weil er ganze Armeen aus den von ihm eroberten oder zur Gefolgschaft gezwungenen Ländern aushob, unter die französischen Regimenter steckte oder doch mit ihnen marschieren ließ. Vor allem aber: der Krieg selbst verlor mehr und mehr den Charakter der vaterländischen Verteidigung — er wurde zum Mittel einer immer hemmungsloser sich entfaltenden Macht- und Eroberungspolitik, ja er schien zuletzt — durch mehr als zwei Jahrzehnte fast ununterbrochen andauernd — zum Selbstzweck zu werden.

Die französische Nation ist dem Dämon dieser Kriege mit stark geteilten und wechselnden Empfindungen gefolgt. Es gab immer große Schwierigkeiten der Rekrutierung in Frankreich. Mit Staunen erlebte der junge Clausewitz während seiner Kriegsgefangenschaft 1807, auf dem Höhepunkt der napoleonischen Siege, als alltägliches Bild, wie „zwei oder drei Gendarmes 30 bis 40 Konskribierte, an einem einzigen langen Strick, zu zwei und zwei gebunden, nach den Präfekturen führen".[2]) Es gab förmliche Menschenjagden, mit Umzingelung der Wälder und Berge, in denen sich die Deserteure und Konskribierten versteckt hielten; deren Zahl stieg 1811 bis auf 60 000, und nur die Hälfte davon konnte wieder eingebracht werden. So wurden Geiselgesetze erlassen, fliegende Kolonnen entsandt, ganze Familien, Gemeinden, ja Kantone für die Entflohenen haftbar gemacht. Ein immer schärfer werdendes Spitzelsystem überwachte die Unzufriedenen, und die Zahl der politischen Häftlinge erreichte gegen 1811 zweieinhalbes Tausend. Auch gegen die Tyrannei des Korsen gab es starke politische Widerstände zu überwinden, auch unter den Marschällen und Generälen, von denen einige (wie Pichegru und Moreau) zu Opfern oder gar zu Blutzeugen ihrer politischen Überzeugung und Freiheitsgesinnung geworden sind. Die Verschwörungen gegen das Leben Napoleons hörten niemals ganz auf und führten 1812, während seiner Abwesenheit in Rußland, sogar zu einem abenteuerlichen Militärputsch in Paris.

Trotz alledem kann kein Zweifel daran sein, daß Napoleon Bonaparte in der Epoche seines glanzvollen Aufstiegs zum Herrn des Kontinents der Mehrheit des französischen Volkes, und gerade dem politisch aktivsten Teil, als echter Repräsentant des Volkswillens galt und daß man seine militärischen und diplomatischen Triumphe mit allgemeinem Enthusiasmus feierte. Hier wie überall erwies sich der außenpolitische Machterfolg als das stärkste Werbemittel der Regierung — stärker als alle liberalen Freiheitsideale. Vollends für seine Armee wurde Napoleon immer mehr zum Abgott — bis zum Sturz, ja darüber hinaus! Seit der Verbannung Moreaus folgten ihm seine Marschälle, die er durch ungeheure Dotationen, Adelsprädikate und Ordensverleihungen an sich fesselte, ohne Widerspruch, die meisten aber auch ohne inneres Widerstreben in alle seine Eroberungsfeldzüge bis nach Rußland hinein. Seine Garde, ständig vergrößert und mit Belohnungen und Auszeichnungen überschüttet, bildete seine verschworene Gefolgschaft bis in die letzten Wochen des zusammensinkenden Regimentes. „Die Garde stirbt, aber sie ergibt sich nicht." Wörtlich ist das freilich nicht wahr geworden. Schon den Winterfeldzug 1813/14 hat Napoleon nur noch mit murrenden, ja widerstrebenden Generälen durchführen können. Immerhin: auch in militärisch aussichtsloser Lage, bis vor die Tore von Paris, vermochte er die blutigen Endkämpfe fortzusetzen. Erst im allerletzten Augenblick entschied sich der Abfall der Marschälle — derer, denen die Rettung Frankreichs noch höher stand als der Wille des Diktators und derer, die vor allem an Sicherung ihrer Ehrenstellen und Reichtümer dachten. Vereinigt zwangen sie ihren Herrn und Meister zur Abdankung. Aber das war nicht die Haltung der alten Gardisten; die Masse der eigentlichen troupiers, der Unterführer, blieb kaisertreu bis zum letzten Augenblick. Ja selbst die Katastrophe von 1814 genügte noch nicht, um die Verehrung des großen Kriegsgottes bei seinen Soldaten zu zerstören. Noch war kein Jahr vergangen, als sie ihm in heller Begeisterung wieder zufielen — sein bloßes Erscheinen auf französischem Boden ließ alles vergessen, was er Frankreich und der Welt angetan hatte. Eine reine Militärrevolte, ausgehend von den niederen Chargen, brachte ihn wieder auf den

Thron und stürzte das unglückliche Land abermals in die Greuel eines hoffnungslosen Krieges gegen ganz Europa. Was „Militarismus" ist, hat sich niemals deutlicher offenbart als in dem politisch sinnlosen Feldzug von 1815.

Eben damit aber — und erst damit — hatte sich die Armee Napoleons vollständig vom Leben der Nation getrennt. Das Mißtrauen gegen erfolgreiche Generäle und gegen die allgemeine Dienstpflicht, die ihnen unbegrenzte Menschenreserven zur Verfügung stellt, war nun unüberwindlich groß geworden. Mit wahrer Leidenschaft strebte jetzt Frankreich danach, bürgerlich im Sinn der Militärfeindschaft und der unbedingten Friedlichkeit zu werden. Gegen die Hochverräter von 1815 brach ein Volkssturm los, bei dem auch einzelne Generäle Napoleons der Lynchjustiz zum Opfer fielen, andere verhaftet, strafrechtlich verfolgt, eingekerkert, verbannt oder erschossen wurden. Napoleons Armee wurde auf Verlangen der Besatzungsmächte aufgelöst — im Interesse des europäischen Friedens. Über ihr Offizierkorps ging das Strafgericht eines jahrelang fortgesetzten, hochnotpeinlichen Bereinigungsverfahrens nieder, das die davon Betroffenen in 14 Grade politischer Belastung einstufte. Bald war das Land mit stellungslos gewordenen Offizieren überschwemmt, die sich ungerecht behandelt fühlten und als gefährliches Element politischer Unruhe galten. Aber auch die neu aufgestellte Freiwilligenarmee — eine Art verstärkter Polizeitruppe, gruppiert um eine königliche Leibgarde mit einem Kern von schweizerischen Söldnertruppen — konnte keinerlei Popularität gewinnen. Dies um so weniger, als ihr goldbetreßtes Führerkorps seinen Mangel an militärischen Verdiensten und Fähigkeiten durch eifrig monarchische Gesinnung zu ersetzen suchte und vielfach nur höfischen Verbindungen sein Avancement verdankte.

Solange die Besatzungsmächte im Land standen, mochte dieser schlecht ausgerüstete Armee-Ersatz gleichwohl genügen. Frankreich war froh, durch die Charta von 1814 die allgemeine Wehrpflicht losgeworden zu sein — ihre Aufhebung war die weitaus populärste Maßnahme der Bourbonenherrscher gewesen: die einzige, die ihnen wirklich größere Anhängermassen zugeführt hatte. Aber der Ekel am Kriegshandwerk hatte sich jetzt so allgemein verbreitet, daß nicht einmal der Rekrutenbedarf der kleinen Polizeitruppe nach 1815 noch durch Freiwilligenmeldungen zu decken war. Mehr als 3000—3500 Mann ließen sich im Jahresdurchschnitt nicht anwerben[3]), und das arbeitsscheue Gesindel, das sich durch die hohe Geldprämie zum Diensteintritt verlocken ließ, ergab zumeist ein miserables Soldatenmaterial — häufig nur darauf bedacht, nach Empfang des Handgeldes sich möglichst bald aus dem

Staub zu machen. Als nun die fremden Besatzungstruppen das Land verließen, stand Frankreich vor der Frage, ob es für immer auf eine große Armee verzichten, damit aber auch seinen Rang als gleichberechtigte, voll souveräne Macht in Europa preisgeben oder sich doch wieder den Zwang des Militärdienstes auferlegen wollte. Denn eine Söldnerarmee im Stile des 18. Jahrhunderts, gemischt aus Fremden und Einheimischen, zusammengebracht mit allen schlechten Künsten der Verführung, Erpressung und Werbung unter asozialen Elementen, war im nach-napoleonischen Zeitalter weder möglich noch ausreichend — schon deshalb nicht, weil inzwischen die Deutschen das System des Volksheeres von Frankreich übernommen hatten. Wie aber ließ sich eine große nationale Armee aufstellen, ohne neue Gefahren des „Militarismus" heraufzubeschwören?

Auf diese für alles weitere entscheidende und mit höchster Leidenschaft diskutierte Frage hat das große Heeresgesetz des Marschalls Gouvion-St. Cyr von 1818 eine Antwort versucht. Sie ist für zwei volle Menschenalter grundlegend geworden. Die Juli-Monarchie hat 1832, Napoleon III. 1855 einiges daran geändert, aber die Grundzüge beibehalten. Das Gesetz entsprach in der Tat so vollkommen wie nur möglich dem politischen Tagesbedürfnis, den Anschauungen einer bürgerlich-liberalen Gesellschaft. Und doch war es, sowohl vom Standpunkt militärischer Zweckmäßigkeit wie von dem sozialer Gerechtigkeit und politischer Moral betrachtet, ein höchst bedenkliches Kompromiß.

Man hielt grundsätzlich fest an dem revolutionären Prinzip der Wehrpflicht jedes Staatsbürgers; aber man beschränkte ihre Durchführung auf einen kleinen Bruchteil der männlichen Jugend — nicht nur aus Rücksicht auf die allgemeine Abneigung gegen den Waffendienst, sondern zugleich aus Furcht vor einer neuen Militarisierung der Nation und einer daraus folgenden neuen Gewaltpolitik. Die Armee sollte nach dem Gesetz von 1818 nie mehr als 240 000 Mann zählen. Soweit zu ihrer Rekrutierung die Freiwilligenwerbung nicht ausreichte, wurde statt der verhaßten „conscription" der „appel" angewandt: ein neuer, liberaler klingender Name für die zwangsweise Einberufung zu den Fahnen. Sie traf, demokratischen Prinzipien entsprechend, alle 20-jährigen ohne Unterschied der Klassen. Aber von einem Jahrgang von rd. 300 000 wurden nicht mehr als höchstens 40 000 ausgelost — ebenso viele wie in Preußen, das damals nicht 30 Millionen wie Frankreich, sondern nur 11 Millionen Einwohner zählte. Wer nicht eine „schlechte" Losnummer gezogen hatte, war im Frieden wie im Krieg von jedem Heeresdienst befreit — nicht wie in Preußen einer Miliztruppe (der Landwehr bzw. dem Landsturm) zugeteilt. Von den Ausgelosten schied eine große Zahl von „Eximierten" und „Dispensierten" sogleich wieder aus: jene wegen körperlicher Untauglichkeit oder aus Familienrücksichten, und zwar ohne Vorbehalt, befreit, diese als Studierende geistlicher Seminare und bestimmter Hochschulen oder als Preisträger für wissenschaftliche oder künstlerische Leistungen zurückgestellt. Die Exemtionsbestimmungen wurden sehr weitherzig ausgelegt, die Rekrutenkontingente nur nach Bedarf einberufen, vermindert durch Freiwilligenmeldungen. So kamen niemals mehr als 34 000 Rekruten, in einzelnen Jahren (nach Abzug der Marinerekruten) noch nicht 10 000 durch Auslosung in die Kasernen (in den sechziger Jahren betrug der Jahresdurchschnitt 23 000). Aber auch dieser Zwang galt nicht unbedingt; wer einen Stellvertreter bezahlen konnte, durfte sich durch ihn von der persönlichen Dienstpflicht befreien.

Die erste und wichtigste Folge dieser stark beschränkten Aushebung war eine lange Dienstzeit, weil nur durch die Summierung vieler Jahrgänge die vorgesehene Minimalstärke der Armee sich erreichen ließ. Sechs, später acht, seit 1832 schließlich sieben Jahre standen die Einberufenen unter den Fahnen, mußten in den Kasernen leben und unverheiratet bleiben. Das liberale Bürgertum jener Tage empfand das nicht als unerträgliche Last, weil es sich selbst dank seines überlegenen Geldbeutels davon freikaufen und irgendeinen armen Teufel statt seiner schicken konnte — ein System, das ja damals in ähnlicher Weise in ganz Europa im Schwange war, auch in Österreich und im außerpreußischen Deutschland[4]). In Frankreich galt es aber geradezu als arcanum imperii aller herrschenden Parteien vor und nach 1848, daß der Soldat durch recht lange Dienstjahre dem bürgerlichen Leben entfremdet werden müsse. Die Royalisten und die Reaktionäre von 1818 blickten mit großer Sehnsucht auf die Söldnerarmee des ancien régime zurück; sie habe die Gesellschaft von asozialen, minderwertigen Elementen gereinigt, erklärte der Graf de Sabron in der Pairskammer, und sie unter strenge Disziplin gebracht. Wie kläglich diese Armee in der Stunde der größten Not des Königtums versagt hatte — trotz aller Absonderung von der Nation — schien er dabei zu vergessen. Offenbar hatte dieses Versagen an ungenügender Disziplinierung gelegen, und so setzte man alle Hoffnung auf lange Dienstzeiten in den Kasernen, um dort einen „esprit militaire" und einen unpolitischen, rein passiven, bedingungslosen Gehorsam künstlich zu züchten. Eben dies war auch die Meinung des liberalen Besitzbürgertums, das ja nichts mehr fürchtete als die Wiederholung revolutionärer Schreckensszenen. Die Armee sollte vor allem ein zuverlässiger Polizeischutz zur Sicherung des Eigentums sein, und jede Form einer Vermischung bürgerlicher und soldatischer Lebensformen im Stile der preußischen Landwehr schien verdächtig. Es war genau dasselbe Mißtrauen gegen das Volksheer, das wir von dem Prinzen (und späteren König) Wilhelm von Preußen her kennen — nur daß dieser mit einem dritten Dienstjahr für die Linientruppen auszukommen glaubte, um pflichttreue, unbedingt zuverlässige Soldaten zu erzielen, während man in Frankreich mindestens die doppelte Zeit benötigte. Freilich hatte man hier sehr bittere Erfahrungen hinter sich und kannte vor allem seine Leute: dieses schwer disziplinierbare, immer zu anarchischer Willkür und Aufsässigkeit neigende, pünktliche Ordnung hassende, leicht entflammbare, aber auch leicht ermüdende gallische Temperament.

Aber stand dieses Mißtrauen nicht in krassem Widerspruch zur Idee der Volkssouveränität, von der doch die allgemeine Dienstpflicht und alles französische Staatsleben seit der großen Revolution lebte? Der französische Liberalismus des 19. Jahrhunderts hat diese Idee, so demokratisch er sich gebärdete, niemals mit der inneren Zuversichtlichkeit und dem optimistischen Zukunftsglauben bejaht wie die angelsächsischen Wirtschafts- und Kulturpioniere Amerikas und des britischen Empire; er bejahte auch nicht die idealistische Staatsgläubigkeit und innere Verbundenheit mit der historischen Monarchie wie die deutschen Liberalen. Er lebte, nach den Erfahrungen der Schreckenszeit und des napoleonischen Cäsarismus, in beständiger Furcht um seine sécurité: einerseits vor der Herrschaft des Straßenpöbels, anderseits vor dem erfolgreichen General, vor einer neu aufkommenden Militärdiktatur. Frankreich kam von einer schweren Niederlage, nicht wie Preußen von einem großen Siege her. Nationaler Enthusiasmus hatte sich nutzlos verbraucht, ja das Unheil noch vergrößert; so ging die Ernüchterung sehr tief. Die französische Nationalarmee wurde nicht, wie die preußisch-deutsche, als freudig bejahtes Symbol des nationalen Macht- und Geltungswillens, als „Schule nationaler Disziplin" empfunden, sondern mehr oder weniger als notwendiges Übel, jedenfalls in Friedenszeiten: als eine Last, die man gern auf die Schultern der sozial Schwächeren abwälzte — zugleich in der Hoffnung, dadurch wenigstens einen Teil des gefürchteten Pöbels disziplinieren zu können. Es fiel sogar gelegentlich das böse Wort von der „Kloake der Gesellschaft". Es ist erstaunlich, mit welcher Zähigkeit sich diese Vorstellungen im französischen Bürgertum erhielten trotz aller Enttäuschungen, die man mit der Haltung dieser Truppen 1830 und im Februar 1848 erlebte: trotz ihrer halben Passivität, ihrer allzu schnellen Bereitschaft, auch revolutionären Regierungen sich zur Verfügung zu stellen. Noch in den Beratungen der siebziger Jahre, nach dem totalen Scheitern der „Kasernenarmee" im Krieg mit den Deutschen, hat Adolphe Thiers, der führende Kopf des altliberalen Bürgertums und Träger seiner Traditionen, mit Leidenschaft für die Erhaltung der achtjährigen Dienstzeit und gegen die Schaffung einer „nation armée" gekämpft.

Dabei spielte freilich auch die ebenso vage wie schiefe, aber aus Erinnerungen an die „Veteranen" Napoleons genährten Vorstellung eine Rolle, daß nur langjährig dienende, „erprobte" Soldaten die militärische Überlegenheit Frankreichs garantieren könnten. Man glaubte so im Besitz einer „Qualitätsarmee" zu sein, weit überlegen den so viel kürzer ausgebildeten Truppen Preußens. Aber man übersah, daß es bei dem hohen Stand der allgemeinen Volksbildung im modernen Heer sehr langer Ausbildungszeiten gar nicht bedarf, wenn nur ein fester Stamm von Berufssoldaten als Ausbildungspersonal und ein gut geschultes Offizierkorps vorhanden ist. Man wollte vor allem die unbequeme Tatsache nicht sehen, daß viel wichtiger als lange Ausbildungszeiten die Bereitstellung großer und gut organisierter Reserveformationen ist, weil der moderne Krieg fast vom ersten Tage an ungeheure Menschenmassen verbraucht und ohne starke Reserven gar nicht genährt werden kann. Der Besitz unerschöpflicher Reserven, die zum größten Teil schon im Frieden durch die Schule des Heeres gegangen waren, entweder drei Jahre lang oder in kürzeren Übungszeiten, alle aber militärisch erfaßt, bestimmten Formationen zugewiesen und in ein festes Verhältnis zur stehenden Armee gebracht, war das eigentliche Geheimnis der Überlegenheit des preußischen Heersystems im 19. Jahrhundert über alle anderen. Diese Überlegenheit wurde in den drei Einigungskriegen 1864—71 aller Welt so deutlich demonstriert, daß sie zur Nachahmung reizte. Damit begann ein Wettlauf der Rüstungsmaßnahmen unter den Großmächten, der die ganze Periode von 1871—1914, insbesondere aber ihre beiden letzten Jahrzehnte erfüllt — und der die Spannungen der großen Politik in Europa so gewaltig vermehrt hat.

In Frankreich fehlte es schon in der Restaurationszeit nicht an sachverständigen Militärs, die den Vorzug des preußischen Systems ebenso durchschauten wie die Rückständigkeit der eigenen Wehrverfassung, die mit ihrer 6—8-jährigen Dienstverpflichtung immer nur einen ganz beschränkten Teil des Volkes erfassen konnte und überhaupt keine ausgebildeten Reserven besaß.

Denn die ursprüngliche Bestimmung des Gesetzes von 1818, daß die zu sechsjähriger Dienstleistung Verpflichteten nach Ablauf der aktiven Dienstzeit weitere 6 Jahre zur Armeereserve gehören sollten, wurde schon 1824 wieder aufgehoben, als man die Erfahrung machte, daß von den zur Teilnahme am spanischen Feldzug 1823 einberufenen Reservisten fast ein Viertel nicht erschien. Statt dessen vergrößerte man das Kontingent der jährlich Ausgelosten, ließ aber immer einen Teil daheim, der nun bis zum Ablauf der 8 (später 7) Dienstjahre „Reserve" spielen mußte: ohne Heiratserlaubnis und an den Wohnsitz festgebunden, um immer „verfügbar" zu sein. Da diese „Reserve" aber keinerlei militärische Ausbildung erfuhr, in keiner Weise organisiert, an kein Stammbataillon angegliedert, im Fall der Einberufung ohne Waffen und Ausrüstung war, bestand sie in Wahrheit bloß auf dem Papier — nur daß die erzwungene Ehelosigkeit der Reservisten die sittlichen Zustände auf dem Lande verwirren half. Dieser Mangel an Reserveformationen, der bis 1870 nicht wirklich behoben worden ist, mußte in jedem europäischen Krieg sehr rasch zur Katastrophe führen. Aber einstweilen fühlte sich Frankreich unbedroht, und für seine Kolonialkriege reichte die Kasernenarmee völlig aus. Im übrigen baute die öffentliche Meinung mit kaum glaublicher Leichtfertigkeit auf die Legende von 1792: auf eine improvisierte levée en masse, die den etwa eindringenden Feind schon vernichten würde. Denn noch immer fühlten sich die Franzosen als die besten Soldaten Europas — trotz der Katastrophe von 1814 und in seltsamem Widerspruch zu der allgemeinen Überzeugung: bei ihnen sei der esprit militaire nur in langjähriger Dienstzeit zu erzeugen.

Die Nachahmung des preußischen Systems oder irgendeiner ähnlichen Form von militärischer Volkserziehung wurde schon in den zwanziger Jahren von mehreren Seiten in der französischen Kammer erwogen und vorgeschlagen, aber immer nur von vereinzelten Köpfen. Den reaktionären „Ultras" galt es als viel zu gefährlich für die Krone, da man hier den revolutionären Stimmungen des Volkes mißtraute. Die Liberalen aber erklärten — in immer neuen Wendungen — das preußische Heersystem für eine Barbarei: es verwandle das ganze Land in einen großen Kasernenhof, wie Guizot 1832 versicherte; es passe vielleicht für die ländlichen Gebiete Ostelbiens mit seiner Gutswirtschaft und seiner untertänigen Bevölkerung von Landarbeitern, aber nicht für ein hochzivilisiertes Kulturvolk wie das französische, dessen bürgerliche Jugend das Kommandiertwerden durch Unteroffiziere nicht ertrage.

Ähnliche Stimmen haben wir auch aus dem Deutschland der Biedermeier-Epoche gehört, und nicht nur aus dem Munde des Freiburger Liberalen Welcker. Sie sind in Süddeutschland bis 1870 immer wieder laut geworden; sie fanden hier sogar nach 1866 noch öffentlichen Ausdruck in den Protesten schwäbischer Partikularisten gegen den preußischen Militärdrill, der „gegen die menschliche Natur und gegen die Bildung der Zeit verstößt". Wir kennen auch die Abneigung der preußischen Reformer, voran des Kriegsministers Boyen, gegen den „Kommißgeist" der stehenden Armee und seine Bemühungen, durch selbständige Organisation der Landwehr eine halb bürgerliche Form der Volksbewaffnung zu schaffen, in der die gebildeten Klassen ein eigenes Offizierkorps bildeten. Ihre straffe Eingliederung in die „Kasernenarmee" durch die Heeresreform von 1860, die später auf ganz Deutschland ausgedehnt wurde, hat sicherlich viel zu jener „Militarisierung" der deutschen Gesellschaft beigetragen, deren weniger erfreuliche Seiten uns noch beschäftigen werden. Ohne Frage steckte im Prinzip der allgemeinen Wehrpflicht eine Konsequenz, deren Gefährlichkeit erst das 20. Jahrhundert voll ans Licht gebracht hat: die Konsequenz einer „Totalisierung" des Krieges und damit einer „Militarisierung" alles Lebens. Wir werden davon noch viel zu reden haben. Indessen: welche Mittel wurden in Frankreich angewandt, um solchen Konsequenzen zu entgehen?

Praktisch lief die französische Heeresverfassung des 19. Jahrhunderts auf eine Proletarisierung der Armee zugunsten der politisch herrschenden Bürgerklasse hinaus. Die Bourgeoisie kaufte ihre Söhne vom Wehrdienst frei, indem sie jeweils irgendeinen Arbeitslosen als „Stellvertreter" (remplaçant) bezahlte. Die französische Publizistik wußte auch dieses schnödeste aller Privilegien, das Privileg des Geldsacks, zu beschönigen, indem sie das liberale Prinzip der liberté in Gegensatz zum demokratischen Grundsatz der égalité stellte. Wie kann die Freiheit bestehen, wenn staatlicher Zwang über alle Unterschiede der Stände, Berufe, Begabungen hinwegschreitet, die ganze Gesellschaft zu einer uniformen Masse zusammenstampft, alle Individualität vernichtet? In solchen Gedankengängen stimmte der Liberalismus mit den „Ultras" (wie Boisgelin oder Chateaubriand) überein, auch wenn diese sich nur mit Vorsicht darüber zu äußern wagten. Viel stärker und einseitiger als im deutschen Liberalismus (der aus den Grundsätzen kantischer idealistischer Ethik lebte), wurde im westeuropäischen, gerade auch im französischen Liberalismus das Prinzip der privaten Ungebundenheit, der individuellen Freiheitsrechte betont. Nach Meinung der preußischen Reformer von 1808—15 sollte (wenigstens grundsätzlich) innerhalb der Armee nur noch *ein* Privileg gelten: das Privileg der Bildung. Aber es führte nicht zur völligen Dienstfreiheit der gebildeten Klassen, wie im französischen Wehrgesetz von 1818 für die Besucher gewisser Bildungsanstalten, sondern nur zur Verkürzung der Dienstzeit (im Institut der „Einjährig-Freiwilligen"), und erschloß (oder erleichterte doch) den Zugang zum Offiziersgrad der Reserve und Landwehr. Da es keine Form des Loskaufs vom Militärdienst gab, galt dieser nicht als Entwürdigung für die oberen Stände, sondern als Ehrendienst der Nation, zugleich als Feld des Ehrgeizes, auf dem auch der Kleinbürger hoffen konnte, durch militärische Tüchtigkeit zu dem sozial hochgeachteten Rang eines Reserve- oder Landwehr-Offiziers aufzusteigen — einer militärischen Herrenschicht gleichsam, in der noch immer der Adel den Ton und die Lebensform bestimmte.

Im Gegensatz dazu stand die Masse der Armee in Frankreich auf der untersten Stufe des sozialen Ranges. Ihr Offizierkorps, besonders das der Königlichen Garde, wurde freilich zunächst von der adeligen Jugend als eine Korporation betrachtet, in der die Standestraditionen der Aristokratie des 18. Jahrhunderts eine gewisse Fortsetzung finden oder wieder aufleben konnten. Aber seit dem zweiten Sturz der Monarchie 1830 und vollends seit dem dritten 1848 waren die praktischen Möglichkeiten zur Pflege eines solchen Standesgeistes doch sehr beschränkt. Schon in der Restaurationsepoche gab es erbitterte Gegensätze zwischen den Angehörigen des alten royalistischen Adels, der aus der Emigration zurückgekehrt war, und des neuen napoleonischen Schwertadels, mit unzähligen Duellen und Beleidigungsprozessen, Kämpfen um die Beschränkung der Kommandogewalt des Königs, Bindung seines Beförderungsrechtes an gesetzliche Vorschriften, an die Ancienneität anstelle politischer Willkür. Späterhin hörte das politische Mißtrauen der Linksparteien gegen die monarchistische und kirchliche Gesinnung des Offizierstandes niemals auf — am Ende des Jahrhunderts, im Aufstieg der egalitären Demokratie, offenbarte der Dreyfus-Prozeß einen Umschlag dieses Mißtrauens geradezu in Haß, so daß der Offizierstand nun unter schärfste politische Gesinnungskontrolle geriet[5]). Seine Anziehungskraft war von Anfang an nicht groß gewesen, zumal die Besoldung nach 1815 noch weit unter den sparsamen Sätzen des preußischen Militäretats blieb, die Anstellung unsicher, von politischen Einflüssen und den Launen der Vorgesetzten abhängig und leicht widerruflich war. Schon in den zwanziger Jahren mußte man neben den Zöglingen der Militärschulen (den sogen. St. Cyriens) in großem

Umfang Veteranen des Unteroffizierstandes in Offizierstellen befördern, um die Plätze zu besetzen[6]). Diese sortis du rang haben seitdem fortdauernd ein sehr starkes Element des Offizierkorps gebildet, dessen innere Geschlossenheit darunter ebenso litt wie sein gesellschaftliches Ansehen, das in den niederen Rängen (nach französischem Zeugnis) etwa dem der Feldhüter und Gendarmen in Deutschland glich.

Und doch war die Lage des Offizierkorps glänzend im Verhältnis zum Mannschafts- und Unteroffizierstand! Deren Situation erinnert stark an die Söldnertruppen des ancien régime. Vor allem darin, daß sich hier der Bauern-, Arbeiter- und Handwerkersohn, der 6—8 Jahre die Kasernen beziehen mußte, in der Gesellschaft recht übler Elemente fand. Die „Stellvertreter" machten mindestens ein Viertel aller Soldaten aus; sie genossen den allerschlechtesten Ruf. Denn wer mochte sich schon für 1000 oder 2000 Franken einem wohlhabenden Bürgerssohn verkaufen und damit aus dem bürgerlichen Erwerbsleben ausscheiden, wenn er nicht den dringendsten Anlaß dazu hatte? Gewiß: es gab ausgediente Soldaten darunter, die es vorzogen, eine so hohe Prämie für das Weiterdienen zu ergattern statt des geringen Handgelds, das ihnen der Staat dafür bot. Wer wirklich soldatisch gesinnt war, der zog doch den Eintritt bzw. das Fortdienen als Freiwilliger (Kapitulant, Berufssoldat) vor, zumal er nur so sich zu höherem Rang empordienen konnte. Das ganze System der Stellvertretung konnte überhaupt nicht bestehen ohne eine Art von organisierter Menschenjagd — nicht mehr durch Werbekommandos wie im 18. Jahrhundert, wohl aber durch Kapitalgesellschaften, die zugleich das Ablösegeld in der Form einer Militärversicherung beschafften. Sie hatten einen Millionenumsatz und arbeiteten mit genau denselben Mitteln der Verlockung und Begaunerung wie die Werber von ehedem. Kein Wunder, daß die Zahl der Deserteure und der Strafsoldaten unter den so gewonnenen Elementen sehr hoch war — kein Wunder auch, daß die Armee auf diese Weise ihr soziales Ansehen verlor! Mehr oder weniger war das in allen Ländern der Fall, in denen das System der Stellvertretung bestand — auch im außerpreußischen Deutschland[7]). Der Militärdienst war Sache der armen Leute und der asozialen Elemente, die in düsteren überfüllten Kasernen zusammengepfercht wurden, immer zu zweit auf eine Bettstatt angewiesen, zu acht aus einer Schüssel essend — dürftig bekleidet und ausgerüstet (zumal so lange der Staat noch unter der Last der Militärpensionen aus der napoleonischen Epoche seufzte), schließlich allen sittlichen Gefahren einer Männergesellschaft ausgesetzt, die ein überlanges Zölibat ergeben muß und deren tägliche Berufspflichten (ödester, rasch erlernter Gamaschendienst) — ohne alle echte Würde ist. Die Ergänzung jeder Kaserne war also das Bordell.

Wurde mit alledem nun wirklich ein esprit militaire erzeugt, der so große Opfer lohnte? Hatte die liberale Bourgeoisie wirklich recht, die Vorzüge dieses Systems für die Zivilisation zu preisen, das ihre eigene Jugend für höhere Kulturzwecke aufsparte, um die Verteidigung des Vaterlandes allein den Ärmeren aufzuladen? Die Zweifel daran sind nie verstummt; und sie wurden bestätigt durch die Tatsache, daß die langjährig Dienenden, statt Freude am Soldatenberuf zu finden, bis auf geringe Ausnahmen die Tage zählten, bis ihnen die ersehnte Entlassung winkte. Man wird die überraschend hohen Zahlen der Deserteure und „réfractaires", die sich der Einstellung ins Heer zu entziehen suchten (nicht selten sogar durch Selbstverstümmelung!) gewiß nicht überbewerten dürfen; die französische Nation hat sich schließlich auch an dieses System gewöhnt. Aber sicher ist, daß es die sozialen Spannungen wesentlich verschärft, die Erbitterung des kleinen Mannes gegen diese neue Aristokratie des Geldsacks gesteigert hat. Um die Probleme des „Militarismus" zu lösen, d. h. um die Militarisierung der ganzen Nation zu vermeiden, hatte man einen Teil der Nation — aus der politisch wehrlosesten Schicht — zwangsweise vom Leben der Nation abgetrennt und sie in die Kasernen gesteckt, als Ersatz für die alte Söldnerarmee. Aber ein echter esprit militaire entstand dort nicht, und der Rest der Nation drohte mit dem militärischen auch den kriegerischen Geist zu verlieren[8]).

Der Frühliberalismus war freilich noch weit entfernt davon, das als eine nationale Gefahr zu empfinden. Soweit er von englischen Ideen entzündet war, schwärmte er, ähnlich den Idealisten von 1789, von einem Zeitalter des allgemeinen Friedens und der Völkerversöhnung, das mit dem gewaltigen Aufschwung der modernen, kapitalistischen Weltwirtschaft unfehlbar kommen und die Epoche kriegerischer Machtpolitik auch auf dem Festland ablösen würde. Dann bedurfte es überhaupt keiner stehenden Heere mehr, die in Wahrheit ja doch nur machtlüsternen Gewaltmenschen zur Unterdrückung der Freiheit im Innern und zu einer Eroberungspolitik nach außen dienten, die im Zeitalter der neuen Weltwirtschaft sinnlos geworden war. Solche Gedanken hat in den vierziger Jahren am eindrucksvollsten Jean-Baptiste Say vertreten[9]). Der Antimilitarismus und Pazifismus, der aus ihnen entsprang, konnte aber nur so lange eine Rolle spielen, als Frankreich noch unter der Nachwirkung der Katastrophe von 1814/15 stand und noch keinen neuen außenpolitischen Ehrgeiz entwickelte. Militärisch fand dieser Pazifismus seinen Ausdruck in mancherlei Plänen und Bestrebungen (die bis in unsere Epoche immer wieder aufgetaucht sind und zu Anfang dieses Jahrhunderts in Jean Jaurès ihren bedeutendsten Vertreter gefunden haben), anstelle der stehenden Armee eine bloße Nationalmiliz, allenfalls mit einem kleinen Kern von Berufstruppen als Grenzschutz und organisatorischer Mitte, zu setzen. Als historisches Vorbild solcher Pläne diente die Nationalgarde von 1789, deren Erneuerung und Ausbau in der Restaurationszeit und in der Julimonarchie mehrfach versucht worden ist. Aber diese Bürgergarde erwies sich dann immer wieder als ungeeignet, weil sie gar keine echte Nationalmiliz war, sondern nur eine Notorganisation des Besitzbürgertums zum Schutz des Eigentums, nur für Ausnahmefälle zusammenzubringen und sehr beschränkt in ihrer sozialen Reichweite. Zum letzten Mal hat die bürgerliche Nationalgarde in den Straßenschlachten des Juni 1848 eine größere Rolle gespielt, aber in Verbindung mit Teilen des stehenden Heeres. Gleich darauf begann Napoleon III. seinen politischen Aufstieg. Das Experiment eines modernen demokratischen Volkskaisertums, beginnend mit einem Militärputsch, machte allen pazifistischen Träumen schnell ein Ende. Denn es war nicht durchzuführen, ohne dem nationalen Geltungsdrang, dem außenpolitischen Ehrgeiz der Massen auf alle Weisen zu schmeicheln.

Der neue Bonaparte war kein Soldat und kein Militärreformer. Aber er war klug genug, um die Schwächen des französischen Heerwesens herauszuspüren und bemüht, sich auf alle Weise die Sympathien der Armee zu erhalten. Zunächst verbesserte er ihre materielle Lage und ihr öffentliches Ansehen durch freigiebige Verteilung von Ehrenstellungen, Pensionen, Sold- und Gehaltserhöhungen. Sodann suchte er das System der Stellvertretung zu bessern. Es wurde seit 1855 durch einen Freikauf aller Bürgersöhne ersetzt, die nicht Soldaten werden wollten; sie zahlten ein „Entlassungsgeld" von 2000—2500 Franken in die staatliche Dotationskasse — aber schon vor der Auslosung, also in sehr großer Zahl. Durch den so entstehenden Fonds gewann die Heeresverwaltung Mittel, um ausgediente Soldaten zum Weiterdienen zu veranlassen, so daß der unwürdige Menschenhandel von ehedem zunächst ein Ende nahm — allerdings nur in dem Maße, als sich Veteranen wirklich für das rengagement gewinnen ließen und die Militärbehörden nicht selbst nach remplaçants fahnden mußten. Der Charakter einer Berufsarmee wurde dadurch noch verstärkt, die Bourgeoisie (zu ihrer tiefsten Befriedigung) von aller eigenen Bemühung um die Stellvertretung befreit; das Ganze lief auf die Beschaffung einer „Militärversicherung" für die Bürgersöhne hinaus. Die so entstehende Armee alter Troupiers[10]) eignete sich recht gut dazu, Kabinettskriege innerhalb Europas und Eroberungsfeldzüge in Afrika oder selbst in Mexiko zu führen. Denn in ihr galt nur, was Napoleon schon in seiner Proklamation des Staatsstreichs verkündet hatte: „Passiver Gehorsam für die Befehle des Staatsoberhauptes als strengste Pflicht der Armee vom General bis zum einfachen Soldaten." Die militärischen Leistungen dieser „Armee von Sergeanten" im Krimkrieg haben auch in Preußen (z. B. auf Roon) zeitweise großen Eindruck gemacht — vielleicht sogar mehr als sie verdienten.

Jedenfalls war dieses Heer nach wie vor ungeeignet für einen Nationalitätenkampf großen Stils, für den Krieg gegen einen gleichwertigen europäischen Gegner. Das wurde Napoleon schon im italienischen Feldzug von 1859 bewußt, als ihm nach der blutigen Schlacht von Solferino sogleich die Reserven ausgingen und jede Möglichkeit fehlte, die Rheingrenze gegen ein Eingreifen Preußens zu decken, so daß er zu einem raschen Ausgleichsfrieden gezwungen war. Er ließ deshalb seit 1861 einen Teil des jährlichen Rekrutenkontingents, die das Los getroffen hatte, für ein paar Monate einberufen und als Reservisten ausbilden. Aber das war nur eine halbe Maßnahme, wie sich 1866 zeigte, als der Kaiser nicht imstande war, durch wirksames militärisches Eingreifen in den deutschen Krieg das Gleichgewicht zugunsten Österreichs wiederherzustellen. Um so tiefer war der Eindruck des überwältigenden Siegs der Preußen bei Königgrätz und des raschen Zusammenbruchs der Österreicher. So hat Napoleon 1867 eine große Militärreform durch Marschall Niel vorbereiten lassen, die alles in allem eine erste Annäherung an das preußisch-deutsche Heersystem bedeutet hätte — wenn sie nicht durch den zähen Widerstand der Kammer verstümmelt worden wäre. Das Wehrgesetz von 1868 war nicht mehr als ein schlechtes Kompromiß. Es brachte im wesentlichen nur eine gewisse Verstärkung der Armee durch ein vergrößertes jährliches Rekrutenkontingent, dessen Einziehung ohne allzu große Mehrbelastung dadurch ermöglicht wurde, daß man nunmehr auch gesetzlich (wie vorher schon praktisch) die aktive Dienstzeit auf 5 Jahre beschränkte. Was aber nicht geschaffen wurde, waren die von Niels geplanten verstärkten Reserven. Man begnügte sich mit einer „Mobilgarde", der alle nicht im Heer Dienenden angehören sollten, ohne Recht auf Stellvertretung; aber sie erhielt keine ernsthafte militärische Ausbildung im Frieden und war höchst unzureichend organisiert: eine Miliz fast nur auf dem Papier, im Kriege allenfalls für Besatzungszwecke verwendbar. Überdies setzte das liberale Bürgertum, das dem Cäsarismus und dem Militarismus gleichermaßen opponierte, die Restauration des alten Stellvertretersystems und die Abschaffung der (von allen zu zahlenden) Freikaufgelder von 1855 durch. Es blieb also bei der traditionellen Kasernenarmee, mit allen ihren Schwächen, die durch erstaunliche technische Mängel, vor allem der Mobilmachung und der Intendantur, sowie durch eine gänzlich veraltete Organisation der höheren Kommandostellen noch vermehrt wurden. Spätere Anklagen erbitterter Patrioten haben die Niederlage von 1870 der Leichtfertigkeit und Unfähigkeit militärischer Führer, dem mangelnden Ordnungssinn und der Indisziplin der gallischen Volksart, der Korruption zahlreicher Dienststellen, der geringen militärischen Bildung des Offizierstandes, der Verknöcherung eines Generalstabes schuld gegeben, der ohne Fühlung mit dem Frontdienst aus lauter „Büromenschen" (ronds de cuir) bestanden habe. Unberechtigt waren diese Klagen sicher nicht. Aber das alles war nicht entscheidend. Entscheidend war, daß die Nation selbst in ihren parlamentarischen Vertretern, also die politische Instanz, im entscheidenden Augenblick versagt hatte, indem sie sich weigerte, ein ähnliches Maß militärischer Kraftanstrengungen auf sich zu nehmen wie das zugleich gefürchtete und verachtete deutsche Nachbarvolk unter preußischer Führung. Das Scheitern der napoleonischen Heeresreformversuche von 1867 bestätigte nur, daß die neue, von Napoleon III. inaugurierte Macht- und Prestige-Politik dem unkriegerischen, im Grunde militärfeindlich gewordenen Geist des bürgerlichen Frankreich eigentlich nicht entsprach. Sie weckte neuen Ehrgeiz, große außenpolitische Ansprüche – aber sie weckte keine neue, militärisch organisierbare Kraft. Nichts aber ist gefährlicher als chauvinistische Stimmungen, die sich mit Illusionen über die eigenen Kräfte verbinden.

Diese Illusionen wurden durch den – militärisch von Anfang an für Frankreich aussichtslosen – Feldzug von 1870 im Laufe eines einzigen Monats grausam zerstört. Auch der alte französische Traum einer improvisierten levée en masse, den Gambetta in seiner Volksarmee ja noch einmal zu verwirklichen suchte, zerrann im Laufe des Winters für immer. So wurde dieser Krieg zu der großen geschichtlichen Wende: von nun an nahm die Wehrpolitik Frankreichs einen völlig veränderten Gang.

In der verfassunggebenden Nationalversammlung, die 1872 ein neues Wehrgesetz beriet, nannte der republikanische General Trochu (im Winter 1870/71 Gouverneur von Paris und der dortigen Umgebung) die deutsche

Armee „das einzige moderne Kriegsinstrument in Europa." Wie er, so wünschten auch andere Reformer jetzt die Nachahmung des deutschen Vorbildes. Aber sie drangen damit nur teilweise durch. Das Wehrgesetz von 1872 dehnte die allgemeine Dienstpflicht erheblich weiter aus, von insgesamt 9 auf 20 Jahre (einschl. Beurlaubtenstand) — und schaffte die Stellvertretung endlich ab; an ihre Stelle wurde die deutsche Einrichtung des einjährig und „freiwillig", d. h. mit selbstbeschaffter Ausrüstung dienenden Offiziersanwärters für eine beschränkte Anzahl von Gebildeten eingeführt. Die Tatsache, daß nunmehr auch die gebildete Jugend Frankreichs Militärdienst tat und in der Kaserne mit den Söhnen des Proletariats persönlich zusammenleben mußte, hat ohne Frage die Stellung der Armee in der französischen Gesellschaft stark verändert; zunächst (für etwa 2 Jahrzehnte) gab es sogar einen Überschwang von Militärfreudigkeit und von Hoffnungen auf eine innere Erneuerung der Nation im französischen Bürgertum[11]). Indessen hatten die Schrecken des Pariser Kommune-Aufstandes doch auch wieder viel Mißtrauen im Besitzbürgertum gegen die „nation armée" geweckt. Adolphe Thiers, sein Wortführer, vermochte es dank seiner glänzenden Beredsamkeit und seines persönlichen Ansehens doch noch einmal, die Kasernen-Armee mit langer Dienstzeit zu retten: nur so, versicherten er und seine Freunde, sei die absolute Disziplin, der rein „passive Gehorsam" des Soldaten zu sichern[12]). Man behielt also doch wieder die 5-jährige Dienstzeit bei und war dann genötigt, abermals große Teile der wehrfähigen Jugend vom Dienst zu dispensieren, um das Heeresbudget nicht übermäßig anschwellen zu lassen. Praktisch wurden von den Rekrutenjahrgängen (jeweils rd. 300 000 Mann) nur etwa 110 000 für 5 Jahre Dienst verpflichtet, eine „zweite Portion", die das Los ausschied, nur für 6 Monate, so daß die größten Unterschiede zwischen fünf-, ein- und bloß halb-jähriger Dienstzeit entstanden. Wesentlich diese Ungleichheit der Lasten, die dem demokratischen Prinzip der égalité so kraß widersprach, hat dann den Anstoß gegeben zur Weiterentwicklung des französischen Wehrsystems. Sie kam in schnellerem Gang seit dem Sturz des konservativ-klerikalen Regimes 1876 und hing mit dem langsamen Abblühen des großbürgerlichen Liberalismus in den achtziger Jahren zusammen. Ein kleinbürgerlicher Radikalismus setzte sich durch, der von irgendwelchen Unterschieden der Dienstverpflichtung nichts mehr hören wollte und dessen Ideal die „bewaffnete Nation" anstelle der „Kasernenarmee" war. Unter seinen Anhängern und noch mehr unter den Sozialisten, die gegen das Jahrhundertende stark an politischer Bedeutung gewannen, gab es auch eifrige Verfechter des Milizgedankens; aber dessen Durchführung hätte praktisch den Verzicht Frankreichs auf eine bedeutende Rolle als kontinentale Großmacht, gleichwertig dem Deutschen Reich, bedeutet — und daran war nicht zu denken. Im Gegenteil: seit 1887 in der bulgarischen Krise die inneren Schwierigkeiten des bismarckischen Bündnissystems offenbar wurden und vollends seit dem Sturz des Altreichskanzlers 1890 regten sich neue außenpolitische Hoffnungen, die das russische Militärbündnis seit 1892 gewaltig verstärkte.

Das Franzosenvolk der Jahrhundertwende war nicht mehr die kriegsscheu gewordene Nation von 1815 oder von 1872. Man fühlte sich durch Rußland gedeckt und gewann bald darauf, im Marokko-Konflikt, auch noch die Zusage englischer Hilfe im Fall eines neuen Zusammenstoßes mit den Deutschen. Man hat die neue Zuversicht, die Frankreich aus dieser doppelten „Entente" erwuchs, bei uns oft allzu einseitig als „Revanchegeist" gedeutet. Der vielberufene „nouveau esprit" der letzten Generation vor 1914 war nichts weniger als eindeutig. Im Ganzen des Volkes waren die Erinnerungen an 1870/71 doch stark verblaßt, vor allem in der jüngeren Generation. Es gab hier sehr viel Militärverdrossenheit; eine ganze Romanliteratur voll gehässigster Kritik am Kasernenleben und am Offiziersstand weckte in der gebildeten Leserschaft Widerwillen gegen alles Soldatentum. Fanatischer Pazifismus wurde besonders in der Volksschullehrerschaft gepredigt. Es gab sogar eine — zeitweise sehr bedrohlich auftretende — Agitation der syndikalistischen Arbeiterorganisation in den Kasernen mit Aufforderungen zum Militärstreik, das heißt zur Meuterei, zum Waffengebrauch gegen die eigenen Offiziere — alles Symptome einer letzten inneren Schwäche der Dritten Republik[13]). Trotz alledem ist nicht zu leugnen, daß auch Frankreich ein Stück weit mit fortgerissen wurde von der gewaltigen Strömung imperialistischen Machtwillens, die zu Anfang unseres Jahrhunderts die ganze Welt erfüllte, die liberalen Traditionen der bürgerlichen Epoche hinwegschwemmte und ein neues, eisernes Zeitalter eingeleitet hat. Weiter: daß auch Frankreich wichtigen Anteil hatte an jener neuen literarisch-philosophischen Modeströmung des „Vitalismus", die damals in ganz Europa spukte, die Jugend für ein unbürgerliches, „gefährliches" Leben begeisterte und literarische Tagesgrößen hervorbrachte, die den Krieg als ästhetisches Schauspiel und als „schöpferische Krise", als Erzeugnis aller männlichen Tugenden feierten. Wichtiger als alles das: seit der Marokkokrise von 1904/6 fühlte sich Frankreich wieder von Deutschland bedroht — und das hatte einen völligen Umschlag seiner öffentlichen Meinung, ein sofortiges Absinken anti-militaristischer Stimmungen zur Folge. Die französische Rüstungspolitik aber wurde nun immer mehr zum Wettlauf mit der deutschen.

Freilich ging es dabei nicht nur um eine Angleichung an das deutsche Vorbild, sondern um eine spezifisch französische Zielsetzung: um die radikale Durchführung der „égalité" staatsbürgerlicher Pflichten, um die entschlossene Demokratisierung der Armee. Seit den Gründungstagen der Dritten Republik hatten die konservativen Schichten des Großbürgertums und des Adels, Frankreichs „alte Familien", im höheren Offizierkorps der Armee so etwas wie ein letztes Refugium vor der allgemeinen Gleichmacherei gefunden; auch manche monarchistische Elemente, die das „Advokatenregime" des neuen Staates innerlich ablehnten, hatten sich hier gesammelt, neben vielen ehemaligen Schülern der Jesuitenschulen, die kirchlich gesinnt waren und sich in Opposition zu dem immer „laizistischer" werdenden Kurs der Republik fühlten. Das natürliche Bedürfnis des Offizierkorps nach geistiger Homogenität und nach Unabhängigkeit vom politischen Tagestreiben hatte die innere Reserve vieler höherer Offiziere gegenüber den immer radikaler demokratisch werdenden kleinbürgerlichen Regierungen der Republik noch verstärkt — und sich auch im Beförderungswesen mehr oder weniger zugunsten konservativer Elemente ausgewirkt. So tat sich ein Zwiespalt auf zwischen dem „esprit militaire", den Frankreich so sorgsam in seiner „Kasernenarmee" gezüchtet und vom politischen Parteitreiben abgesondert hatte, und den politischen Grundtendenzen der Republik. Die „Kasernenarmee" von ehedem war nun doch einmal, dank der allgemeinen Wehrpflicht, zur Volksarmee geworden; begreiflich also, daß die radikal-demokratischen Regierungen mit Mißtrauen auf dieses mehr oder weniger konservativ und kirchlich gestimmte Offizierkorps blickten — und eine Gefahr für ihre Politik darin witterten. Der geheime Zwiespalt wurde jählings offenbar in dem unglückseligen Dreyfus-Prozeß der neunziger Jahre, in dem die Nation sich geradezu in zwei Hälften spaltete: eine radikal-demokratische, kirchenfeindliche, betont humanitäre und anti-militaristische Linke und eine anti-semitische Rechte, der führende Mitglieder der Generalität nahestanden. Der Ausgang war — nach vielen Jahren erbitterter Kämpfe — die nachträgliche Rehabilitierung des unglücklichen jüdischen Hauptmanns Dreyfus, dessen ungerechte Verurteilung die moralische Autorität der nationalistischen Rechten und des ihr nahestehenden Generalstabes aufs schwerste erschüttert hat; ihr folgte ein ebenso energisch wie unglücklich betriebener Versuch der Regierung

Waldeck-Rousseau (seit 1899) jeden Rest von Standesgeist des höheren Offizierkorps mit Gewalt zu zerstören und dessen radikal-demokratische Ausrichtung zu erzwingen. Da man zu diesem Zweck auch so bedenkliche Mittel einsetzte wie Bespitzelung mit Hilfe der Freimaurerlogen, politische Leumundszeugnisse der Präfekten und planmäßige Bevorzugung politischer Streber bei den Beförderungen, wurde sehr viel Erbitterung, gegenseitiges Mißtrauen und Eifersucht in das Offizierkorps hineingetragen, die Freudigkeit des Dienstes für die Republik nicht gefördert, sondern geschädigt. Dies um so mehr, als der Einsatz von Truppen bei der gewaltsamen Durchführung der Briandschen Kirchengesetze, der Klosterschließungen und Enteignungsmaßnahmen auch noch schwere Gewissenskonflikte bei vielen Offizieren erzeugte.

Der Versuch gewaltsamer Gleichschaltung der politischen Gesinnung erwies sich also rasch als verfehlt. Mit weit besserem Erfolg wurde dagegen die stufenweise Angleichung der Dienstzeit für alle Stände und die völlige Umwandlung der „Kasernenarmee" in ein modernes Volksheer durchgeführt. Es begann mit der Verkürzung der Dienstzeit auf drei Jahre (1885/9) und Abschaffung des Einjährigenprivilegs; das letztere wurde ersetzt durch vorzeitige Entlassung einer gewissen obersten Bildungsschicht und einer kleinen Gruppe unentbehrlicher Familienstützen. Es gab also nur noch einen sehr begrenzten Unterschied zwischen Lang- und Kurz-Dienenden; er wurde zuerst praktisch gemildert, schließlich (1905) auch gesetzlich abgeschafft, unter Reduktion der allgemeinen Dienstpflicht auf zwei Jahre wie in Deutschland. Dem deutschen Vorbild entsprach auch die Vermehrung der Reserven und Verlängerung der Dienstpflicht im Kriegsfall, mit der Freycinet, der erste Zivilist im Kriegsministerium, 1889 gegen den Widerstand konservativer Fachmilitärs einen Anfang machte, dazu die Schaffung dauernder Divisions- und Korpskommandos (schon 1873 einsetzend), die Eingliederung der Reserven in feste Kaders der stehenden Armee, die Verbesserung der Mobilmachungstechnik, der Umbau des Generalstabs und vieles andere. Seit 1905 machte die innere Angleichung der französischen Armee an die deutsche Organisation rapide Fortschritte, nicht ohne Seufzen der gebildeten französischen Jugend, welche die ständige Vermehrung ihrer militärischen Pflichten nicht leicht ertrug[14]). Denn Frankreich konnte den einmal begonnenen Wettlauf nicht ohne höchste Anspannung seiner Kräfte durchhalten, weil das Reservoir dienstfähiger junger Mannschaft, aus dem es schöpfen konnte, so viel geringer war als das deutsche. Es mußte volle 80% seiner Rekrutenjahrgänge zum aktiven Dienst einstellen und hatte beständige Not, bei stark sinkenden Geburtenraten seine Etatstärke voll zu erreichen[15]). So erklärt sich die Panik, mit der man 1913 die große Heeresvermehrung der Deutschen aufnahm, und deren Konsequenz: die Verlängerung der Dienstpflicht im Frieden auf drei Jahre, ihre Ausdehnung im Kriegsfall auf 28 Jahresklassen. Der militärische Effekt dieser krampfhaften, nur mit Hilfe einer wilden Pressepropaganda durchgesetzten Anstrengung entsprach bei weitem nicht der Größe des Opfers. Sie entsprang auch nicht bloß militär-technischen Erwägungen, wie der Ministerpräsident Barthou deutlich erkennen ließ: sie sollte Frankreichs heroische Entschlossenheit zur kämpferischen Selbstbehauptung vor aller Welt demonstrieren. Hatte man 1870 leichtfertig, mit unzulänglichen militärischen Anstrengungen, einen Krieg um des französischen Prestiges willen begonnen, so war man jetzt sogar zur Überanstrengung bereit, um Frankreichs Großmachtstellung gegen jede Gefahr zu behaupten.

Ein Übermaß militärischer Anstrengungen um politischer Kampfziele willen hat man der preußischen Monarchie immer wieder als „Militarismus" vorgeworfen. Wäre das richtig, so müßten alle europäischen Kontinentalmächte um 1914 als „militaristisch" betrachtet werden: sie hätten sich dann alle vom „bösen Geiste" Preußens anstecken lassen, Deutschland aber wäre (wie sich noch zeigen wird) auf dem Gebiet der Landrüstungen hinter seinen Nachbarn verhängnisvoll weit zurückgeblieben. Richtiger scheint mir (und das ist ein Grundgedanke dieses Buches), von „Militarismus" nur da zu sprechen, wo der Primat der politischen Führung über die militärische, des politischen Denkens über das soldatische in Frage gestellt ist. Dies nun war im Frankreich der Dritten Republik bestimmt nicht der Fall. Im Gegenteil: das Schreckbild eines neuen Napoleon ist im französischen Liberalismus niemals verblaßt, und man war immer ängstlich bemüht, den Vorrang der zivilen Gewalt über die militärische auf alle Weise, auch in der äußeren Form, zu betonen und zu sichern. Die ganze Heeresorganisation war darauf zugeschnitten zu verhindern, daß die Generäle jemals wieder eine selbständige politische Rolle spielen könnten. Es gab deshalb vor 1873 keine dauernden Generalkommandos, überhaupt keine höheren Truppenverbände im Frieden, und jeder Regimentskommandeur war dem Kriegsminister unmittelbar unterstellt — ein militärisch unsinniger Zentralismus, der sich im Kriege 1870/71, als alle höheren Truppenverbände improvisiert werden mußten, böse gerächt hat, später reformiert, aber nie gänzlich abgebaut worden ist. Die höchste Entscheidung über alle Rüstungsfragen, aber auch für die Feldzugspläne für Heer und Flotte lag beim Landesverteidigungsrat (Conseil supérieur de la défense nationale), der sich unter Vorsitz des Ministerpräsidenten aus den Ministern des Auswärtigen und Inneren, der Finanzen und des Krieges, der Marine und der Kolonien zusammensetzte; der General- und Admiralstabschef und andere höhere Offiziere und Militärbeamte gehörten ihm nur als Berater an. Diese Zentralbehörde, zu der in Deutschland jedes Gegenstück fehlt, hat zwischen 1871 und 1914 im ganzen siebzehnmal getagt. Man wird ihre praktische Bedeutung nicht überschätzen dürfen[16]); aber auf alle Fälle bot sie die Möglichkeit zur planmäßigen Koordination aller Rüstungsmaßnahmen, auch der Flotte, und brachte schon durch ihre Zusammensetzung das Übergewicht der politischen Instanz in den Landesverteidigungsfragen kräftig zum Ausdruck.

Eine schwierige Frage war die des Oberbefehls der Armee. Er sollte in einer Hand liegen, die militärisch ebenso handlungsfähig wie politisch dem Parlament verantwortlich war. Beides zu vereinigen war gar nicht einfach, ja es schien manchmal die Quadratur des Zirkels. Formell übte den Oberbefehl natürlich das Staatsoberhaupt aus, der Präsident der Republik. Er konnte den Verteidigungsrat in dringenden Fällen selbst einberufen und ihm präsidieren — ein Recht, von dem eine so tatkräftige Persönlichkeit wie Poincaré mehrfach recht wirksam Gebrauch gemacht hat. Aber normalerweise besaß er nur eine mittelbare Verbindung zur Armee: auf dem Wege über den Ministerpräsidenten und Kriegsminister, die allein politische Verantwortung trugen. Verfassungsrechtlich hat nie der geringste Zweifel darüber bestanden, daß dem Kriegsminister der Republik nicht nur, wie in Deutschland, die Leitung der Militärverwaltung, sondern die volle Kommandogewalt zustand. Aber wie konnte er sie ausüben, ohne militärischer Fachmann zu sein — und selbst dann, wenn er es war, von dem ewig schwankenden Boden parlamentarischer Mehrheitsverhältnisse aus, als Mitglied rasch wechselnder Kabinette? In dreißig Jahren hat die Dritte Republik mehr als 30 Kriegsminister verbraucht, und auch die Generäle unter ihnen waren — anders als die deutschen — ganz tief in das parlamentarische Parteitreiben und Cliquenwesen verstrickt. So blieb hier wie in anderen Ministerien die Kontinuität der Arbeit wesentlich von den Leistungen des — freilich auch ziemlich oft wechselnden — Verwaltungspersonals abhängig: in einer immer riesiger anschwellenden Zentralbehörde, dem Kriegsministerium, das auch den Generalstab, das Personalamt, die Landesaufnahme und die Direktion der verschiedenen Waffendienste in sich vereinigte. Man hat die schwerfällige und unübersichtliche Organisation dieser Behörde mit ihren vielen Komitees und Abteilungen, die ohne hierarchische Ordnung nebeneinander arbeiteten, öfter bemängelt. Aber je weniger die einzelnen Dirigenten für sich bedeuteten, um so stärker war die Stellung des Ministers ihnen allen gegenüber. Die wichtigste der Kommissionen war der „Oberste Kriegsrat", zu dem sich alle Monate zehn namhafte Generäle — die künftigen Armeeführer — unter Vorsitz des Kriegsministers bzw. (seit 1911) seines Vertreters, des Generalstabschefs, vereinigten. Aber auch hier durfte sich keine Autorität entwickeln: die Mitglieder wurden jeweils nur für ein Jahr ernannt, ebenso wie der Generalstabschef, die bedeutendste Persönlichkeit des Ministeriums überhaupt. Es entsprach dieser Vorsicht, daß ohne Zustimmung des Ministerrats kein Truppengeneral länger als drei Jahre die Führung eines Armeekorps innehaben durfte.

So war alle Sorge getroffen, die Generalität in strenger Abhängigkeit von der politischen Instanz, ihre Spitzen in der Stellung als bloß technische Fachberater des Kriegsministers festzuhalten. Von irgendeiner selbständigen Rolle des Heeres als „Staat im Staate", wie in Deutschland, konnte nicht die Rede sein. Man wird das als Vorzug betrachten dürfen, ebenso wie die kurz vor 1914 getroffene Bestimmung, daß der berufenste Fachmann und oberste technische Leiter der Friedensarmee, der Generalstabschef, auch im Kriege als Generalissimus zu wirken hatte, so daß die technische Vorbereitung des Krieges und dessen Leitung selbst in einer Hand vereinigt blieben. Der beständige Postenwechsel war aber kein Vorteil.

Formell blieb der Generalissimus auch im Kriege bloßes Werkzeug: militärischer Berater der politischen Instanzen, denen auch dann verfassungsrechtlich der Oberbefehl zustand: des Kriegsministers also, der als ausführendes Organ des Landesverteidigungsrates fungierte, des Ministerpräsidenten, der die Hauptlast der politischen Verantwortung trug und des Präsidenten der Republik, dem juristisch der eigentliche „Oberbefehl" zustand. Es gab also eine drei- bzw. vierfach abgestufte Hierarchie des „Oberkommandos", vom Präsidenten des Staates bis zum Commandant en chef der Armee, und jeder Versuch, deren Kompetenzen im einzelnen scharf abzugrenzen, war von vornherein aussichtslos. Denn die lebendige Dynamik des Krieges läßt eine starre Grenzziehung zwischen „gouvernement" und „commandement", zwischen „politischer" und „militärischer" Verantwortung ebensowenig zu wie die zwischen „allgemeinen Kriegsanweisungen" oder gar „Feldzugsplänen" und ihrer technischen Durchführung. Rein organisatorisch wird eine parlamentarische Republik niemals die Geschlossenheit der obersten Führung erreichen können wie eine Monarchie, vollends wie eine Militärmonarchie nach Art der preußisch-deutschen. Darüber war man sich denn auch vor 1914 auf der französischen Seite ebenso klar wie auf deutscher[17]). Theoretisch schien es damals nur zwei Möglichkeiten für Frankreich zu geben, von denen die erste die größere Wahrscheinlichkeit besaß: ein siegreicher Chefkommandant (Generalissimus) erwarb sich im Kriege so großen Ruhm, daß alles Vertrauen der Nation sich ihm zuwandte — dann waren alle verfassungsmäßigen Sicherungen der politischen Autorität zuletzt doch vergeblich; denn die politische Autorität selbst ruhte ja nur auf der volonté générale, und ihr Träger war nichts als „ein Strohhalm im Wirbel der öffentlichen Gunst", wie sich Macdonald später einmal auf einer Londoner Konferenz zur Kennzeichnung des demokratischen Regierungssystems ausgedrückt hat[18]). Daß es so kommen, daß die Generäle die Vorhand gewinnen würden, mußten die Pariser Regierungen um so mehr fürchten, als sie selbst (im Unterschied zum Träger der deutschen Monarchie) während des Krieges daheimblieben, an den militärischen Erfolgen also keinen äußerlich sichtbaren Anteil hatten. Sie mußten demnach, um nicht in den Schatten zu rücken, alles daransetzen (und das war die zweite Möglichkeit), jeden Aufstieg eines einzelnen Generals zur höchsten Stufe des Kriegsruhms zu verhindern: die Chefkommandanten öfter wechseln oder das Oberkommando teilen, den einen Generalissimus gegen den anderen ausspielen, vor allem die Heeresleitung mit Hilfe des Parlaments bis in alle Einzelheiten hinein kontrollieren. Aber damit entstand erst recht eine lebensbedrohende Gefahr: daß die Kriegführung durch unsachgemäße, dilettantische Eingriffe fortdauernd gestört und durch die ewigen Schwankungen der parlamentarischen Mehrheitsverhältnisse selber ins Schwanken gebracht wurde. Gegen diese doppelte Gefahr glaubte man auf deutscher Seite gesichert zu sein durch die Vereinigung militärischer und politischer Führung in der Hand des Staatsoberhauptes, der als „Oberster Kriegsherr" selbst „im Felde" stand, das höchste Kommando selbst ausübte und die Gegensätzlichkeit politischer und militärischer Interessen in seiner Person überwinden sollte. Eben deshalb müßte jeder kriegerische Erfolg (so glaubte man) der Stärkung seiner monarchischen Autorität unmittelbar zugute kommen, wie es 1870/71 der Fall gewesen war, als alle Herzen dem „greisen Heldenkaiser" als dem eigentlichen „Sieger" zuflogen, während seine vielbewunderten „Paladine" Moltke und Roon ein ganzes Stück hinter ihm zurückstanden und vollends die Führer der verschiedenen Armeen weit im Hintergrund der Bühne blieben.

Die Tatsache, daß dieser allgemein erwartete politische Effekt im ersten Weltkrieg ausgeblieben, die kaiserliche Monarchie neben dem Kriegsruhm ihrer Generäle allen Glanz verloren hat, von einheitlicher politisch-militärischer Kriegführung keine Rede war und die Gegensätze zwischen politischen und militärischen Instanzen die Regierung des Reiches, ja zuletzt die Einheit der Nation selber gesprengt haben, war die größte Überraschung der Jahre 1914/18. Ihre historische Erklärung wird uns später noch viel beschäftigen. Nicht minder überraschend aber ist der praktische Erfolg des französischen Systems. Niemals hat sich deutlicher gezeigt als in diesen Jahren, wie wenig politische Organisationsformen in Wahrheit bedeuten neben den Schicksalsmächten des kriegerischen Erfolgs oder Nichterfolgs mit ihrem starken Eindruck auf die öffentliche Meinung und neben der Leistung und dem Versagen der führenden Persönlichkeiten. So wenig Deutschland durch seine monarchischen Regierungsformen gegen den Machtverfall gesichert worden ist, so wenig verdankt Frankreich seinen Enderfolg, die militärische Rettung, seinem republikanischen System. Nur so viel läßt sich sagen: daß die Selbstbehauptung seiner bürgerlichen Regierungen als oberste Kriegsleitung, ihr Übergewicht über die Generalität durch die seit 1815 geschaffene politisch-militärische Tradition sehr erleichtert worden ist[19]).

Erleichtert, aber keineswegs von vornherein gesichert! Vielleicht darf man sagen, daß die stärkste Sicherung der politischen Instanzen Frankreichs während des ersten Weltkriegs der bloß halbe, niemals eindeutige Erfolg ihrer Heerführer gewesen ist. Zeitweise hat allerdings Joffre, der in Frankreich als „Sieger" in der Marneschlacht galt, eine sehr starke Autorität besessen, gegen die keine „Zivil"-Regierung aufkommen konnte. Er benutzte sie, um sein Kommando weitgehend „autonom" zu machen, auch in Verwaltungsfragen, baute sein Hauptquartier zu einer Art zentraler Kriegsbehörde aus und kümmerte sich wenig um die Ministerien in Bordeaux bzw. Paris. Selbst mit Informationen für seine Minister war er äußerst sparsam, und sehr empfindlich gegen jeden „zivilen" Einmischungsversuch. Man sprach allgemein — stark übertreibend — von einer „Diktatur" dieses Generals, und Clémenceau nannte ihn spöttisch den „Buddah" (Götzen) der Franzosen. Aber diese Machtstellung blieb nur so lange unbestritten, als die Kammer nicht einberufen wurde, d. h. bis Ende 1914. Gleich danach setzte, geführt von der willensstarken Persönlichkeit Clémenceau's, eine energische Offensive der französischen Parlamentarier ein, um das verlorene Übergewicht der politischen Instanzen zurückzuerobern. Joffres Sieg war eben doch nur ein halber gewesen: es war ihm nicht gelungen, den Feind aus dem Lande zu vertreiben, und die Ereignisse des Sommers 1915 machten es aller Welt deutlich, daß der Krieg sich noch sehr lange ohne Entscheidung hinziehen würde. Die Folge war eine wachsende Unruhe und Besorgnis des Landes, und diese Stimmung gab den rechten Boden ab für eine scharfe Kritik: man begann das militärische Genie des Generalissimus zu bezweifeln, warf der Regierung vor, sie lasse ihm zuviel freie Hand in seinen Verhandlungen mit den Alliierten Oberkommandos, in der Besetzung der höheren Militärposten, ja in seinen strategischen Entschließungen. Joffre selbst schildert den verzweifelten Kampf, den er gegen die Sucht der Parlamentarier führen mußte, sich in alles und jedes einzumischen[20]). Die Kriegsminister gerieten schließlich in Verzweiflung über die Flut oft nutzloser, ja sinnloser Anfragen, mit denen sie Tag für Tag überschwemmt wurden: durch Parlamentsausschüsse und einzelne Deputierte von grenzenloser Neugier. Nur im ersten Kriegsjahr gelang es, wenigstens die Reisen von Delegierten der Kammer direkt an die Front, zur „Inspektion" und „Kontrolle", zu verhindern oder abzufangen. Als besonders gefährlich für die Disziplin der Armee erwiesen sich diejenigen Deputierten, die zum Heer eingezogen waren und nun bald ihrer militärischen Dienstpflicht genügten, bald ihrer Deputiertenpflicht in der Kammer nachgingen, dort als „Kenner der Front" auftraten, alle möglichen Beschwerden vorbrachten, die oft unbegründet oder schwer nachzuprüfen waren, auch die Presse mit Alarmnachrichten versorgten, oder gar an der Front selbst politische Ansprachen hielten. In ihrer Eigenschaft als Volksvertreter traten diese gefürchteten pékins selbst den Armeeführern mit einer Art von Kontrollanspruch gegenüber, machten sich häufig zu Wortführern aller Mißstimmung und Unzufriedenheit und brachten die größten militärischen Indiskretionen in Umlauf — ein höchst bedenklicher Zustand, gegen den sich die parlamentarischen Regierungen meist ohnmächtig zeigten.

In alledem wurde die Kehrseite des französischen Systems der Wehrverfassung recht deutlich sichtbar. Das Übergewicht der Politiker über die Militärs verhinderte zwar, daß die Armee zum „Staat im Staate" wurde, zog sie aber dafür im bedenklichen Maß in das Parteitreiben hinein. Die alte „Kasernenarmee" vor 1870 war davor einigermaßen bewahrt geblieben, obwohl schon damals in den höheren Rängen des Offizierkorps das Buhlen um die

Gunst politischer Machthaber im Interesse des Avancements eine gewisse Rolle gespielt hatte — wie denn auch in Deutschland der Besitz „guter Verbindungen" zum Hofe und zum Militärkabinett gewiß nicht bedeutungslos für das Tempo der Beförderung gewesen war. Aber in der parlamentarischen Demokratie wurden nicht bloß die obersten Kommandostellen, sondern auch die Parteigrößen umworben. Und vollends seit der Umwandlung der Kasernenarmee zum Volksheer, also gegen Ende des 19. Jahrhunderts, vor allem im Gefolge der Dreyfus-Affäre, war das politische Element sehr tief in die Armee selber eingedrungen. Marschall Foch beklagt in seinen Memoiren, daß die unglücklichen Folgen dieser politischen Einflüsse auf das Avancement in den mittleren Führerstellen (vom Brigade- bis zum Korpsführer) 1914 noch deutlich zu spüren gewesen wären. Er kritisiert daran anschließend überhaupt die Gefahren politischer Protektion in der Armee: es sind immer die Betriebsamen und Ehrgeizigen, meint er, nicht die wirklich tüchtigen Soldaten, die sich zur Klientel von Parteigrößen hergeben[21].) Liest man aber dann bei Clémenceau, wie sich Foch selbst bei ihm, dem mächtigen Senator und einflußreichen Publizisten, immer wieder um Förderung seines Avancements bemüht habe — auch dann, wenn er nicht gerade Minister war und mit teilweise recht seltsamen Methoden — so erkennt man leicht, daß es sich hier nicht um Einzelentgleisungen, sondern um ein tief eingewurzeltes System handelt. Der große Spötter und Hasser Clémenceau findet viel Vergnügen daran, diese stolzen Militärs zu entlarven, wie sie in seinem Vorzimmer, bei Poincaré und anderen sich gegenseitig den Rang ablaufen, gegeneinander intrigieren, sich um die höchsten Kommandostellen bewerben[22]). Mag er, der alte Atheist und Jesuitenfeind, auch übertreiben, ja karikieren: sicher ist doch, daß vielen der französischen Generäle das politische Treiben nicht (wie den deutschen) ein wesensfremdes, sondern ein recht vertrautes Element war und umgekehrt, daß den Politikern die Einmischung in die militärischen Fragen, sogar in technische Details, als eine Selbstverständlichkeit galt[23]). Ein militärischer Orator und Demagoge wie Boulanger stellt nur einen besonders extremen Fall innerhalb des politischen Typus französischer Generäle dar. Die englischen Generalstäbler des ersten Weltkriegs konnten sich gar nicht genug verwundern über die politische Gewandtheit und den Redefluß ihrer französischen Kollegen.

Von deutscher Sicht her erscheint das alles nur als Gefahr, ja fast als Korruption. Aber wir werden sehen, daß die in Deutschland herkömmliche starre Abschließung beider Sphären gegeneinander auch wieder ihre Gefahren hatte;

vor allem die: daß in Krisenzeiten rein militärtechnisches Denken sich durchsetzen konnte wider alle politische Vernunft. Dagegen wenigstens war Frankreich besser geschützt, weil hier der Soldat so viel weniger galt, schon in Friedenszeiten an politische Fügsamkeit gewöhnt wurde und mit dem politischen Leben in viel engerer Fühlung stand. Nicht zuletzt freilich auch deshalb, weil ihm große militärische Triumphe bis zum Sommer 1918 versagt blieben.

Auf seiten der Politiker kam der stärkste Mann – eben Clémenceau – erst im November 1917 zur Macht. Aber die vielen Mißerfolge der Militärs seit 1915 bewirkten, daß auch schwächere politische Figuren, unterstützt durch mancherlei Heereskommissionen der Kammer und durch eine wohlorganisierte Pressepolitik, Oberwasser über die Militärs gewinnen konnten. Gegen das heftige Sträuben des Chefkommandanten setzte Viviani 1915 die Beteiligung Frankreichs an dem englischen Dardanellenunternehmen durch, dessen Scheitern dann freilich zum Sturz seines Kabinetts beitrug. Aber dieser Mißerfolg „ziviler" Strategie hinderte seinen Nachfolger Briand nicht an einer eigenen Kriegspolitik über den Kopf seines Oberbefehlshabers hinweg. Er eröffnete – wiederum gegen die Wünsche Joffres, zum Teil aus innerpolitischen Rücksichten und im wesentlichen mit negativem Erfolg – ein zweites Kriegstheater in Saloniki mit einer reichlich groß bemessenen Expeditionsarmee. Diese wurde dem politisierenden, von Joffre seines Armeekommandos enthobenen General Sarrail unterstellt und so die Möglichkeit geschaffen, den einen Oberbefehlshaber gegen den anderen, den Favoriten der Linksrepublikaner gegen den der Rechtsparteien auszuspielen – für den Ministerpräsidenten um so günstiger, als dieser sich noch einen dritten fähigen General – Galliéni – als Kriegsminister ins Kabinett geholt hatte. Diesem wollte ein Teil der Kammer sogar die unmittelbare Leitung der Operationen anvertrauen. Das hat nun Joffre zwar verhindern und auch erreichen können, daß ihm Sarrail formell unterstellt wurde. Aber seine eigene Autorität wurde bald durch neue Mißerfolge erschüttert: zuerst durch den deutschen Vorstoß bei Verdun, bald darauf durch das Scheitern der großen Somme-Offensive. Stürmisch verlangte die Kammer jetzt unmittelbare Einwirkung der Regierung auf die Operationen und militärische Auskünfte jeder Art. Joffre, der sich nach wie vor gegen die pékins wehrte, mußte gehen; sein Nachfolger Nivelle kam mit Hilfe guter parlamentarischer Verbindungen ins Oberkommando über dienstältere Konkurrenten hinweg, mußte aber dulden, daß Sarrail jetzt unmittelbar dem Ministerpräsidenten unterstellt wurde und daß die Regierung das Recht zur Ernennung der Heeresgruppen- und Armeeführer nunmehr selber in Anspruch nahm. Briand, der so die Wünsche der Kammer befriedigte[24]), war ein Meister des parlamentarischen Intrigenspiels. Aber das schützte auch ihn nicht vor dem Sturz, als sich sein Kriegsminister General Lyautey (es war der dritte seines Kabinetts) gegen militärische Indiskretionen der Deputierten wandte (März 1917). Die Machtstellung der Kammer war jetzt so groß, daß die neue Regierung Ribot sich nach allen Seiten zu sichern suchte, ehe sie ihren Höchstkommandierenden einen entscheidenden militärischen Schritt tun ließ. Nivelle wurde gezwungen, seinen Plan einer neuen, mit englischer Hilfe durchzuführenden Großoffensive vorher in einem Kriegsrat unter Vorsitz des Präsidenten Poincaré, nicht nur vor den Ministern, sondern auch vor seinen eigenen, skeptisch urteilenden Armeeführern zu verteidigen. Als er aber dort auf kritische Zurückhaltung stieß und seinen Abschied forderte, verlangte Poincaré sein Verbleiben im Amt. Der Großangriff scheiterte unter schweren Verlusten, und Nivelle, vorher der Günstling und die große Hoffnung der Kammer, besonders der Linken, wurde nun als „Blutsäufer" verschrien, aus dem Amt verstoßen und vor ein Kriegsgericht gestellt, während die Truppen zu meutern begannen. Der ruhige, sachliche, parlamentarischen Einflüssen wenig zugängliche (und eben deshalb vorher übergangene) Pétain mußte die Ordnung wiederherstellen, wagte aber zunächst keine große Offensive mehr und leistete das Beste in einer neuen, technisch modernen Schulung und Disziplinierung der Armee. Übrigens wurde seine Vollmacht dadurch beschränkt, daß man Foch zum „Generalstabschef" und militärischen Berater der Regierung berief, in eine neugeschaffene Stellung mit unklarer Kompetenz, oberhalb des Chefgenerals der französischen Front, mit dem er indessen in bestem Einvernehmen stand. Von der Fochschen Zentrale aus wurden auch die Operationen um Saloniki gesteuert und die Verbindungen mit den Alliierten hergestellt — eine halb militärische, halb diplomatische Aufgabe, in der sich der fähige, ehrgeizige und immer optimistische Gascogner mit seiner südländischen Beredsamkeit vortrefflich bewährte.

Nach alledem ist deutlich, wie viel das Hineinreden der Zivilregierungen und der Kammern Frankreichs in die technische Kriegführung bis 1917 geschadet hat. Aber Painlevé, der Kriegsminister des Sommers 1917, ein Zivilist, hat es doch verstanden, nach der Katastrophe Nivelles die beiden fähigsten Generale an die rechte Stelle zu bringen, überdies einen „interalliierten Kriegsrat" zu schaffen, der die Vereinheitlichung der alliierten Heerführung wenigstens vorbereitet hat. Und nach seinem Sturz im November 1917 ergriff endlich der Mann das Ruder, dessen stürmischer Siegeswille auch die Schwächen des parlamentarischen Regimes zu überwinden verstand: der „Tiger" Clémenceau.

In ihm erscheint in der Tat ein moderner Volksführer auf der Bühne, der den Zukunftswillen der Nation in seiner Person lebendig zu verkörpern weiß und gegen alle Schwankenden und Zweifler, ja selbst gegen die Parlamente durchzusetzen versteht. Er selber ist es (wie sein Regierungsprogramm offen ankündigt), der jetzt den Krieg führt: Oberhaupt der Regierung und Kriegsminister in einer Person, als solcher überall an der Front auftauchend, mit dem Soldatenkäppi: ermunternd, befehlend, nötigenfalls drohend. Durch den Terror gerichtlicher Verfolgung der „Defaitisten" zwingt er alle Opposition zu Boden; seine feurige Rhetorik und seine Energie reißt die ermattende Nation zu immer neuen Anstrengungen fort. Nicht als ob die strategische Einsicht des Zivilisten den Fachmilitärs überlegen wäre: die rechtzeitige Ausscheidung einer großen Heeresreserve im Frühjahr 1918 vor dem Großangriff Ludendorffs hat Foch vergeblich gefordert, und beinahe hätte das zur Katastrophe geführt; denn auch die Ernennung Fochs zum Oberkommandierenden (bzw. Coordinator) der alliierten Truppen an der bedrohten Front, die nun Clémenceau in der berühmten Szene von Doullens mit großem diplomatischem Geschick durchsetzte, blieb im Augenblick der höchsten Krisis praktisch ohne viel Wirkung. Aber die Krisis wurde überwunden, und nun setzte Clémenceau alles daran, seinen Generalissimus zum wirklichen Führer der alliierten Truppen zu machen, durch ihn auch die Amerikaner zu aktivem Einsatz zu drängen, womöglich durch Befehl zu zwingen. Überdies leistete er Großes in der Beschaffung aller nur denkbaren Hilfsmittel aus dem In- und Ausland für seine Armee. Daß er General Foch auch in der schweren Krise des 27. Mai nach dem Einbruch der Deutschen bis Château Thierry vor der Wut der Kammer rettete, die wieder einmal nach der „Bestrafung der schuldigen Generäle" schrie, und zwar einfach durch die Gewalt seines rhetorischen Pathos, war kriegspolitisch wohl seine größte Leistung. Durch die Wucht seines Willens riß er Frankreich noch einmal vom Abgrund der Panik zurück — so lange, bis dann die amerikanische Kriegshilfe praktisch wirksam wurde und das Schicksal des Krieges endgültig wenden half.

Indem aber nun der Ausgang des Krieges für die Alliierten unter der Führung Fochs doch noch ein Siegeszug wurde, drohte sich abermals das Verhältnis von politischer und militärischer Kriegsleitung umzukehren. Der Marschall, im stolzen Bewußtsein seines Enderfolges, beanspruchte nun wie selbstverständlich auch einen entscheidenden Einfluß auf die Waffenstillstands- und Friedensverhandlungen. Man kennt den zähen Kampf, der sich daraus zwischen ihm und Clémenceau entspann und der zu gegenseitigen bitteren Anklagen bis über das Grab hinaus geführt hat. Noch im Februar 1918 hatte der Minister den Generalissimus (in einer oft geschilderten Szene), als er im Kreise französischer und britischer Delegierter eine abweichende Meinung zu äußern wagte, einfach anherrschen können: „Schweigen Sie! Ich bin der Repräsentant der französischen Regierung!" Das war im Winter 1918/19 nicht mehr möglich. Präsident Wilson selbst erhob Foch durch sein Votum zur maßgebenden Instanz in der Waffenstillstandsfrage. Auch weiterhin hat der Generalissimus durch sein zähes Verlangen, Frankreichs Sicherheit fordere die Rheingrenze, viel zur Versteifung der französischen Haltung beigetragen und im Zusammenwirken mit Politikern wie Tardieu die englische Politik der Mäßigung bekämpft. Aber entscheidender Einfluß wurde dem Soldaten auf die Friedensbestimmungen schließlich doch nicht gegönnt. Auch Poincarés Unterstützung konnte sie ihm nicht verschaffen. In beinahe demütigender Form hat Clémenceau in einer Ministerratssitzung vom 25. April 1919 dem General das Übergewicht der politischen Instanz erneut zum Bewußtsein gebracht.

Freilich wird wohl niemand zu behaupten wagen, daß dieser Sieg des Zivilisten über den Militär gleichbedeutend gewesen wäre mit dem Sieg rein staatsmännischer Vernunft über bloß militärtechnisches Denken. Im Zeitalter des „total" gewordenen Krieges und der modernen Massendemokratie gibt es hinsichtlich der Kampfesleidenschaft keinen grundsätzlichen Unterschied mehr zwischen Soldaten und Zivilisten. Um sich davon zu überzeugen, braucht man nur die Selbstzeugnisse des alten Jakobiners zu lesen: etwa seine entsetzliche Triumphrede im Senat am 17. September 1918 mit ihren Ausbrüchen wildesten nationalen Hasses und ihren ungeheuerlichen Beschimpfungen des besiegten Gegners, oder das nicht minder schreckliche Kapitel „Waffenstillstand" in seinen Memoiren, das dieselben Beschimpfungen wiederholt, aber noch die bittersten Anklagen hinzufügt gegen die angebliche Schwäche französischer Politik in der Nachkriegszeit. „Wann fühlt sich eigentlich der Mensch nicht als Kämpfer?" fragt er und charakterisiert damit sich selbst.

In dem England eines Lloyd George sah es nicht viel besser aus, und die Haltung einer siegreichen deutschen Militärmonarchie wäre ganz gewiß auch nicht weiser gewesen. Echte Staatsräson, ruhige politische Vernunft, die dem

Aufbau einer möglichst „gerechten" und darum dauerhaften Friedensordnung zustrebt wie 1815 oder 1866, gab es nach diesem Kriege in ganz Europa nicht mehr. Das Problem des „Militarismus" und „Nationalismus" war auf eine neue und sehr dringende Weise gestellt. Es wurde — so wird man sagen dürfen — zum politischen Zentralproblem unserer Epoche.

2. Kapitel

HEERWESEN, GESELLSCHAFT UND STAAT ENGLANDS
IM ZEITALTER DES BÜRGERLICHEN LIBERALISMUS
(1832 – 1918)

Der englische Staat des beginnenden 19. Jahrhunderts war neben Rußland der einzige, der die Revolutionsperiode ohne starke innerpolitische Erschütterungen überstanden hatte. Auf dem Wiener Kongreß wirkte er deshalb wesentlich als konservative Macht, und im Laufe der folgenden Generationen sind es nicht politische Revolutionen, sondern so gut wie ausschließlich wirtschaftlich-soziale Strukturveränderungen des englischen Lebens gewesen, die seinen allmählichen Umbau im Sinne einer langsamen Demokratisierung und Zentralisierung erzwangen. Auf dem Gebiet des Heerwesens hat sich dieser Umbau — der zugleich eine „Modernisierung" bedeutete — besonders langsam vollzogen, weil die Armee neben der Flotte des Inselreichs immer nur eine Nebenrolle spielte. Ähnlich wie in Frankreich, und in engstem Zusammenhang mit dessen Rüstung für einen Großkampf gegen Deutschland, ist das Versäumte aber dann zu Beginn unseres Jahrhunderts in sprunghaftem Tempo nachgeholt worden. Dabei hat wiederum das Vorbild der deutschen Heeresorganisation eine sehr wesentliche Rolle gespielt[1]).

Zunächst, im Zeitalter der Restauration, die in England unter dem beherrschenden Einfluß Wellingtons stand, trug die englische Landarmee noch fast unverändert die Züge der altherkömmlichen Söldnerheere des 17. und 18. Jahrhunderts. Man kennt das tiefe Mißtrauen, das die englische Adelsgesellschaft seit den Tagen Cromwells und seiner „Eisenreiter" gegen jede Form einer stehenden Armee hegte. Einer der Parlamentsredner von 1689 hat die „Rotröcke" geradezu einen „Fluch der Nation" genannt. Noch bis tief ins 19. Jahrhundert galt die stehende Armee als eine „Gefahr für die Freiheit." Man duldete sie mehr als daß man sie wünschte, und ganz ist die innere Abneigung des englischen „Civilian" gegen den Soldatenstand eigentlich erst im Zeitalter der Weltkriege verschwunden, als alle Welt ihm angehören mußte. Aber noch 1930 schloß der Geschichtsschreiber der britischen

Armee sein vielbändiges Werk mit Worten bitterer Klage über den Undank der Nation gegen ihre Söhne im Waffenkleid. Ihrer heldenhaften Leistung verdanke sie den Aufbau ihres Empire, und doch würden sie nach jedem Krieg mit unanständiger Hast wieder heimgeschickt, als wolle man sie verleugnen[2]). Natürlich hatte diese Haltung noch tiefere Gründe als historische Erinnerungen und war auch keineswegs ein Zeichen mangelnder „Wehrhaftigkeit"; denn das „Händlervolk" hat seine natürliche Kampftüchtigkeit auf allen Weltmeeren und in allen Erdteilen hundertfach bewährt. Aber die Politik des Inselstaates empfand bis zum ersten Weltkrieg niemals so unmittelbaren und so starken Zwang zur Landrüstung wie die Kontinentalstaaten. Was man brauchte, war eine starke Kriegsflotte und eine kleine Berufstruppe mit lang dienenden Söldnern für Kolonialkriege; im Lande selbst genügte eine Wach- und Polizeitruppe, die auch als Küstenschutz für den Fall einer Invasionsdrohung sich ausbauen ließ. Im übrigen suchte die Außenpolitik, sofern sie sich an den Händeln des Kontinents beteiligte, so weit als irgend möglich mit Subsidienzahlungen an ihre Alliierten auszukommen; sie machte, stärker als die Militärmonarchien des Festlandes, von den Mitteln des diplomatischen Interessenausgleichs und neutraler Zurückhaltung Gebrauch und setzte nur in Ausnahmefällen größere Söldnertruppen — aus In- und Ausländern geworben — unter englischem Kommando auf den kontinentalen Schlachtfeldern ein.

Mit Hilfe ihrer Flottenüberlegenheit, die sie in den Kriegen mit Spanien und Holland errungen und im Kampf mit Napoleon neu befestigt hatte, war sie imstande, auch einen Wirtschaftskrieg großen Stils gegen festländische Gegner zu führen; am Landkrieg konnte sie genau so viel oder so wenig teilnehmen, wie es ihr nützlich schien.

Auch im 19. Jahrhundert gab es für England keinen Anlaß, dieses traditionelle System, das soeben erst ausgereicht hatte zur Bekämpfung Napoleons — oder jedenfalls zur Abwehr einer französischen Invasion — zu verlassen, und am allerwenigsten war Wellington, der Sieger von Waterloo, dazu bereit. Aber auch die liberalen Regierungen der viktorianischen Epoche hatten nicht viel Interesse für Militärreformen — vor allem dann nicht, wenn sie viel Geld kosteten. Gerade sie bemühten sich ja mit verstärktem Eifer um eine Außenpolitik des friedlichen agreement anstelle kriegerischer Gewalt und neigten sogar zu einem Abbau der überkommenen Kolonialpolitik. Im Mutterland des Manchester-Liberalismus zeigte die öffentliche Meinung noch viel mehr Abneigung gegen alles Militärische und hatten die pazifistischen

Ideen der Freihandelsbewegung noch viel stärkere Gewalt über die Gemüter als in Frankreich. Wenn es dennoch im Lauf des 19. Jahrhunderts zu stückweisen Reformen im englischen Heerwesen kam, so ging es dabei in erster Linie um eine Verstärkung des parlamentarischen Einflusses, erst in zweiter um die Überwindung technischer Rückständigkeiten, die der Krimkrieg erschreckend an den Tag brachte und um Fragen der Ersatzbeschaffung, die mit dem Fortschreiten der Industrialisierung des Landes immer schwieriger wurde. Eine entscheidende Wandlung hat erst der Burenkrieg zu Anfang unseres Jahrhunderts bewirkt.

Für kontinentale Begriffe schien es unerhört — und Bismarck hat in seinen parlamentarischen Kämpfen oft darauf als warnendes Beispiel hingewiesen —, daß der Bestand des englischen Heeres seit 1688 von jährlich zu erneuernden Beschlüssen des Unterhauses abhing. Alljährlich mußte die „Meutereiakte" erneuert werden, die den ganzen Bestand eines eigenen Militärstrafrechts, seit 1721 auch den jährlichen Friedenspräsenzstand der Armee enthielt. Die praktische Folge war eine bedenkliche Unsicherheit der Armee über die Fortdauer ihres Bestandes. Schon während der Wiener Kongreßverhandlungen, längst ehe die Neuordnung Europas auch nur in Umrissen festgelegt war, verminderte das Parlament das Heer um 47 000 Mann, so daß Wellington bei der Rückkehr Napoleons von Elba nur noch einen „Schatten" seiner alten Armee nach Belgien führen konnte. Bis zu einem gewissen Grade blieb das britische Heer immer ein Provisorium. Man wagte deshalb keine größeren Kasernenbauten, behalf sich vielfach mit Baracken, alten Gefängnissen und dgl. und versäumte die primitivste Fürsorge für das Wohlergehen der Mannschaft und für die Hebung ihres Bildungsstandes. Auch für die militärwissenschaftliche Ausbildung der Offiziere wurde recht wenig, für die Heranbildung eines modernen Generalstabs gar nichts getan. Die soziale Mißachtung des Soldaten war hier noch viel ärger als in Frankreich — natürlich, da die reguläre Armee ausschließlich aus Angeworbenen bestand und diese bei dem starken Aufschwung des englischen Wirtschaftslebens und der (noch zu besprechenden) Miliz zum großen Teil aus asozialen Elementen gewonnen werden mußten. Die Kluft zwischen Soldaten und Bürgern war auf der Insel im 19. Jahrhundert noch genau so groß wie ehedem auf dem Festland vor der großen Revolution mit ihren Volksheeren. Das Erscheinen der Soldateska in bürgerlicher Gesellschaft empfand man als „shocking"; der gemeine Mann galt als Rohling, wohl gar als berufsmäßiger Trunkenbold, dem man möglichst aus dem Wege ging. Das Betreten von öffentlichen Parks und

Gärten, Theatern und Varietés war ihm verboten; als der spätere General Wilson 1902 mit seinem Ersatzbataillon einen Übungsmarsch nach Clacton-on-Sea ausführen wollte, beschwor ihn der Mayor des Badeorts, seine Badegäste mit dem Besuch einer verrufenen Soldatenhorde zu verschonen[3]). Die Londoner Gesellschaft nahm sogar Anstoß an dem Auftauchen allzu vieler Uniformierter in den Straßen nach dem Ende der napoleonischen Kriege, und gegen die Errichtung eines Klubhauses für Offiziere wurden 1817 schwere politische Bedenken durch den Ministerpräsidenten erhoben. Irgendein soziales Mitgefühl für die elende Lage des Söldners, des „Tommy Atkins", der in schmutzigen, unhygienischen, slumartigen Schlafhöhlen ohne eigene Eßräume zusammengepfercht wurde bei kümmerlicher Besoldung, Ernährung und Kantinenversorgung, ohne jede geistige Schulung und Anregung, scheint sich bis zum Ende des 19. Jahrhunderts kaum geregt zu haben. Die Friedenssterblichkeit in der Armee, besonders auch durch Tuberkulose, lag hoch über dem Durchschnitt der Zivilbevölkerung. Die Prügelstrafe (bis zu 300 Hieben!) wurde erst 1867 offiziell verboten. Die breite Masse sah mit Mißtrauen auf die Rotröcke, die als Polizeisoldaten der Kapitalistenschicht auftraten, sobald es einen Arbeiteraufstand niederzuschlagen galt. Adel und Großbürgertum aber fühlten sich hoch erhaben über den „gemeinen Mann" (private), den man keineswegs als waffentragenden Mitbürger und Vaterlandsverteidiger, sondern immer noch als bloßen Soldknecht empfand. Noch viel mehr als in Frankreich blieb die „Kasernenarmee" volksfremd. Der Gedanke einer nation armée hat im England des 19. Jahrhunderts noch kaum eine Rolle gespielt, und wenn überhaupt, dann nur in den Milizformationen, nicht in der regulären Truppe. Er konnte erst im Rahmen einer völlig demokratisierten Staatsverfassung durchgeführt werden. Bis dahin aber war der Weg noch weit, und die regierende adlig-bürgerliche Gesellschaft des 19. Jahrhunderts betrachtete die grundsätzliche Militärfeindschaft ebenso als ein Zubehör echter Freiheitsgesinnung wie die französische liberale Bourgeoisie.

Dem entsprach ihre Auffassung des Offizierberufs. Er galt nicht so sehr als vaterländischer Ehrendienst wie als bequeme Versorgung für die jüngeren Söhne des Landadels. Seine Ansprüche an ihre Vorbildung waren gering, seine Dienste und Pflichten sehr leicht zu erfüllen und nahmen normalerweise kaum mehr als die Zeit zwischen Frühstück und Lunch in Anspruch. Denn eine Mannschaft, die auf Lebenszeit dient (vertraglich mindestens 21 Jahre) bedarf keiner großen Ausbildung, besonders dann, wenn alles auf bloßen Wach- und Polizeidienst hinausläuft, kriegsmäßige Manöver überhaupt nicht in Betracht kommen, teils aus Sparsamkeit, teils deshalb, weil es höhere Truppenverbände im Frieden überhaupt nicht gibt. Mit ihrer Mannschaft hatten diese adligen Offiziere sehr wenig Fühlung, kannten sie oft kaum dem Namen nach; sehr viele gingen im reinen Bürodienst auf, und die Zahl der Offiziersstellen im Verhältnis zur Truppenzahl war höher als sonst irgendwo in Europa. Das lag im Interesse der herrschenden Aristokratie. Auf dem Höhepunkt ihrer politischen und sozialen Machtstellung, im 18. Jahrhundert, hatte die Patronage der politischen Cliquen sich noch ganz hemmungslos auswirken können, zumal der Besitz höherer Kommandostellen im Heer sich noch recht wohl mit einem Abgeordneten-Mandat vereinigen ließ. Parlamentsmitglieder verschafften sich also Offizierspfründen, und der Hof wiederum suchte diese Offiziere mit Hilfe ihrer militärischen Treuepflicht gegen den König aus der Opposition des Unterhauses auszuscheiden. Parlamentarische Verbindungen zum Kriegsamt (secretary at war) konnten sogar zur Befreiung von militärischen Dienststrafen, selbst im Fall der Desertion, verhelfen. Erst seit den Revolutionskriegen wurde dieses Patronagewesen eingeschränkt. 1793 wurde das Amt eines Commander-in-Chief als rein militärische Behörde geschaffen, dessen Inhaber dem Parlament nicht angehören durfte und die militärische Prerogative des Königs vertreten sollte. Der Duke of York, der dieses Amt seit 1795 inne hatte, widersetzte sich mit Energie den Hintertreppeneinflüssen des Parlaments, führte eine straffere Disziplin des Offizierkorps durch, schuf ein eigenes, durch einen Fachmilitär besetztes Personalamt und eine Schule zur Ausbildung der Offiziere. Durch königliche Ordonnanzen wurde schließlich 1866 den Unteroffizieren und Soldaten ausdrücklich jede Teilnahme an politischen und Parteidemonstrationen verboten — eine Regelung, die in der Praxis auch für aktive Offiziere galt. Das alles verstopfte manche Mißbräuche, änderte aber natürlich nichts an der militärischen Vorzugsstellung des Adels, der ja ebenso über den Hof wie über das Parlament (in dem er noch bis ans Ende des Jahrhunderts das Feld beherrschte) die besten Verbindungen zur Armeeleitung besaß. Nach wie vor wurden die Offizierstellen verkauft, höhere Stellen nur gegen hohe Geldsummen verliehen[4]), — ein System, das ebenso der Beförderung nach dem Leistungsmaßstab hinderlich war wie der Dienstentlassung im Falle der Untauglichkeit und das Unbemittelte von der Bewerbung gänzlich ausschloß. Erst 1871 wurde dieses ehrwürdige Erbstück der Feudalzeit durch Gesetz beseitigt, wurden Offiziersprüfungen und Offizierspensionen eingeführt.

Der Stellenverkauf hing eng zusammen mit der älteren Form der Heeresorganisation, wie sie (auch außerhalb Englands) aus der Landknechtszeit übernommen, auf der Insel aber noch bis tief ins 19. Jahrhundert im Schwange war. Sie ruhte ganz auf der Werbeorganisation des Regiments, das übrigens nur in dieser Funktion, nicht als taktische Einheit Bedeutung hatte.

Jedes Regiment der stehenden Armee galt als eine Art von Eigentum des adligen Obersten, dessen Namen es führte, der die Mannschaft anwarb und ihren Unterhalt aus einer vom Staat gezahlen Pauschalsumme bestritt; Ersparnisse gingen dabei zu seinen Gunsten. Durch Verkauf von Offizierspatenten (manchmal sogar an junge Kinder der Landlords), im Notfall ganzer Kompagnien an andere Regimenter, suchte er sich die finanzielle Last zu erleichtern. Eine staatliche Finanzverwaltung der Armee wurde erst durch die große Burke'sche Finanzreform von 1782 ermöglicht, nach und nach auch durchgeführt, aber noch lange nicht vollkommen. So blieb die Beschaffung der Armeebekleidung bis in den Krimkrieg Sache der Regimentsobersten, und höhere taktische Verbände wurden erst 1902 geschaffen. Bis dahin gab es im Frieden für die Infanterie keine höhere taktische Einheit als das Bataillon, für die Kavallerie das Regiment, für die Artillerie den Batterieverband.

Die oberste Heeresleitung aber war ohne einheitlichen klaren Plan, als Ergebnis vieler zufälliger Einzelmaßnahmen, auf alle möglichen Behörden verteilt, die auch räumlich voneinander getrennt waren und sehr mangelhaft zusammenarbeiteten. Es war in den Augen des Parlaments die beste politische Sicherung gegen ein selbständiges Auftreten der Armee, daß ihre Spitzenorganisation aus einem wunderlich verschachtelten System der verschiedensten Ämterkompetenzen bestand.

Formalrechtlich allerdings war ihr Oberhaupt der König allein, und seit den napoleonischen Kriegen besaß er im Commander-in-Chief auch einen Stellvertreter, der seine Autorität praktisch zur Geltung bringen sollte. Mit Zähigkeit hat die Krone bis zum Ende des Jahrhunderts an dieser Einrichtung festgehalten, die sie in ein näheres Verhältnis zur Armee brachte, und ganz besonders hat sich die Königin Viktoria bemüht, auf diesem Wege ihre königliche Prerogative in militärischen Dingen zu behaupten und womöglich zu erweitern. Sie hatte die nicht unberechtigte Sorge, daß in der englischen Armeeverwaltung die Fachmilitärs zu wenig zur Geltung kämen gegen die dilettierenden Politiker, die „civilians". Zeitweise bestand sogar der Plan, den Prinzregenten Albert selbst zum „Chefkommandanten" zu machen; 1856 wurde ein Vetter der Königin, der Duke of Cambridge, dazu ernannt, der das Amt bis 1895 behielt, seine Autorität indessen durch starren Konservatismus gerade auch in militärtechnischen Fragen nicht stärkte, sondern untergrub. Freilich war diese Autorität von vornherein stark beschränkt. Sie äußerte sich vornehmlich auf dem Gebiet der Offiziersernennungen und -beförderungen, königlichen Gnadenerweise, Ordensverleihungen u. dgl., formalrechtlich auch in der Aufrechterhaltung der Disziplin und in der rein militärischen Führung. Sie vereinigte also Funktionen des preußischen Militärkabinetts mit denen eines Generalstabschefs und Oberkommandierenden — nur daß es in England keinen Generalstab gab und die „königliche Kommandogewalt" höchst unbestimmt blieb. Ohne verfassungsrechtliche Festlegung, allein kraft der Parteisitte und mit Hilfe der jährlichen Budgetberatung mischte sich das Parlament in alle technischen Einzelheiten der Armeeverwaltung ein: bis auf den Gebrauch von Lanzen für die Kavallerie und auf Einzelheiten des Rekrutierungsgeschäfts. In der Armee konkurrierten zu Anfang des Jahrhunderts nicht weniger als 13 Ämter mit dem Commander-in-Chief. Für alle Fragen der Bewaffnung, der Artillerie und der Pioniere war der Master General of the Ordnance Board zuständig, für Heranziehung der Hilfstruppen (Miliz, volunteers, yeomanry), für den Einsatz der Soldateska zu Polizeizwecken und für alle Truppenverlegungen im Inland der Staatssekretär des Innern; Disziplinsachen und Kriegsgerichte unterstanden dem Judge-Advocate-General, alle Kolonialtruppen dem Kolonialsekretär; für die Ernährung der Truppe hatte das sogen. Kommissariat, eine Unterbehörde des Schatzamtes, zu sorgen; dazu gab es besondere Behörden für die Zahlungskontrolle, zwei Generalzahlmeister, ein Board of General Officers, ein Armee-Medizinal- und ein Hospital-Amt, Kommissariate für Kasernen und für Musterungsfragen. Vor allem aber war der Oberkommandant praktisch sehr weitgehend von dem Secretary-at-War abhängig (ohne ihm formell unterstellt zu sein), der sich von einem bloßen Geschäftsgehilfen des Oberbefehlshabers im Felde schon längst zur wichtigsten Figur der Armeeleitung entwickelt hatte, da er (seit der Burke'schen Finanzreform) dem Parlament für den größten Teil des Heeresbudgets verantwortlich war. Er gehörte dem Kabinett nicht an, war also nicht eigentlich Kriegsminister; aber seine Behörde, das War Office, galt doch als Kern aller „zivilen" Heeresverwaltung und wuchs ständig an Bedeutung. In Pall Mall residierend, bildete das Kriegsamt die wichtigste Konkurrenz und Schranke für die Vollmachten des Commander-in-Chief, der in dem Horse-Guards-Palast in White Hall sein Domizil hatte. So wurden die unvermeidlichen Gegensätze zwischen militärischen und zivilen, d. h. politischen Gesichtspunkten in der Heeresverwaltung und Kriegführung hauptsächlich zwischen diesen beiden Häusern ausgetragen.

Zu ihrem Ausgleich war durch Pitt 1794 ein neues (drittes) Staatskommissariat geschaffen worden: das des Secretary *for* War, später erweitert zum Ministerium für Krieg und Kolonien. Ihm sollte die Leitung der gesamten Militärpolitik in Krieg und Frieden obliegen; er vertrat auch das War Office im Kabinett. Niemals wurde bis 1914 ein Berufssoldat in dieses Amt gesetzt. Praktisch war der Secretary for War and Colonies mit Kolonialsorgen überlastet; dies und die unklare Abgrenzung der Kompetenzen sowohl zum Secretary-at-War als auch zum Chefkommandanten bewirkten, daß eine wirkliche Koordination der vielen Militärbehörden nicht gelang. Der ungelöste Dualismus zwischen Zivil und Militär wurde vielmehr zum Kennzeichen der englischen Heeresorganisation bis gegen Ende des Jahrhunderts.

Dabei war allerdings an dem praktischen Übergewicht der politischen, zivilen Instanzen nicht zu zweifeln. Es war noch viel größer und eindeutiger als in Frankreich, wo die militärischen Fachleute doch immer als Berater der Regierung ein gewichtiges Wort mitzureden hatten und immer wieder — bis 1888 sogar ausschließlich! — Berufssoldaten das Kriegsministerium leiteten. Politisch mochte die englische Organisationsform vorteilhafter sein — militärisch lähmte sie die Schlagkraft der Armee in bedenklichem Grade. Der Commander-in-Chief war trotz seines stolzen Namens kein wirklicher Oberbefehlshaber oder gar „Oberster Kriegsherr", sondern auch nur ein Verwaltungsbeamter mit unabgegrenzten und beschränkten Kompetenzen; ohne Bewilligung ziviler Instanzen, erklärte Wellington vor einer Kommission 1837, könne er nicht einmal einen Korporal mit ein paar Mann von London nach Windsor oder zurück kommandieren. Im War Office, nicht im Hause der Horse Guards, entwarf man die Marschrouten für die Truppen im Feld, und der Staatssekretär des Krieges beanspruchte im Krimkrieg die oberste Kriegsleitung ohne Befragung des Commander-in-Chief. Nach dem Kriege versicherte dieser, er sei während des Feldzuges niemals um Rat gefragt worden und habe keine anderen Depeschen als die in den Zeitungen veröffentlichten zu lesen bekommen.

Welche Folgen dieser chaotische Zustand hatte, wurde eben im Krimkrieg vor aller Welt offenbar. Die Unzulänglichkeit ihrer Heeresverwaltung hat die englische Nation damals ungeheure Blut- und Geldopfer gekostet — noch mehr als in der napoleonischen Epoche. Das gab den ersten starken Anstoß für eine Verwaltungsreform — auf dem üblichen Weg über den skandalisierenden Bericht einer Unterhauskommission. Man faßte schon während des Krimkriegs die meisten zur Armeeverwaltung gehörenden Ämter in einem reorganisierten Kriegsministerium (des secretary-for-war) zusammen, das jetzt endgültig vom Kolonialamt getrennt wurde, so daß die frühere Zersplitterung aufhörte oder sich doch wesentlich verminderte. Auch das Amt des früheren secretary-at-war ging 1863 in diesem neuen Kriegsministerium auf. Da der Kriegsminister — als Mitglied des parlamentarischen Kabinetts — kein Soldat sein durfte, bedeutete die Reform formell eine neue Machtstärkung des zivilen Elements. Indessen sorgte Viktoria dafür, daß auch der Commander-in-Chief seine Bedeutung behielt. Seine Befugnisse wurden sogar erweitert, indem er jetzt auch das militärische Kommando und die disziplinäre Aufsicht über Artillerie, Pioniere und Kolonialtruppen sowie die militärische Kontrolle über das Festungswesen erhielt. Strittig blieb aber das Maß der Selbständigkeit, mit der er dieses Kommando in unmittelbarem Auftrag der Krone ausüben durfte — einem Auftrag, den die Königin sehr wichtig nahm. Ihr lag besonders viel daran, nunmehr die Ernennung und Beförderung der Offiziere von parlamentarischen Einflüssen freizuhalten — und darin stimmte ihr die öffentliche Meinung bei. Gleichwohl hielten alle Reformkommissionen daran fest, daß in letzter Instanz allein der Kriegsminister für alle militärischen Fragen verantwortlich sei und daß er deshalb auch über den Chefkommandanten die politische Kontrolle haben müsse. Der Herzog von Cambridge selbst erkannte 1860 an, daß im Falle von Meinungsverschiedenheiten zwischen ihm und dem Staatssekretär dessen Entscheidung den Ausschlag geben müsse — wie es anders im parlamentarischen Staat nicht möglich war.

So konnte der Eindruck entstehen, als ob durch die neue Organisation das heikle Problem des Verhältnisses von politischen und militärischen Instanzen seine eindeutige Lösung gefunden hätte. Aber die konkrete Erfahrung zeigte bald, daß es keine wirklich ideale organisatorische Lösung gibt, die als solche den natürlichen Gegensatz zwischen ziviler und militärischer Denkweise aus der Welt schaffen könnte. Der Ausgleich kann immer nur durch praktische Kompromisse gefunden werden, und für deren Gelingen ist die Ämterorganisation viel weniger entscheidend als die jeweils bestehende Schärfe des Gegensatzes selbst. Die Kabinette Englands im 19. Jahrhundert waren in noch höherem Maße unkriegerisch gesinnt als die bürgerlichen Regierungen Frankreichs in derselben Epoche. Darin ist erst nach 1900, in der Epoche des sogen. Imperialismus, eine Wandlung eingetreten — ebenso wie jenseits des Kanals — und mit ähnlichen Folgen für die Umgestaltung des gesamten Heerwesens. In den sechziger Jahren, auf dem Höhepunkt des liberalen Pazifismus, konnte es nicht ausbleiben, daß die Reibungen zwischen Horse Guards und War Office auch nach den Reformen von 1855—63 fortgingen, ja sich eher noch steigerten. Klagten die Militärs über die Knauserei der Civilians, so fanden diese die Generalität allzu anspruchsvoll; aber auch die Offiziersbeförderung und -Erziehung, die Verwendung der Truppen im Inland oder in den Kolonien, die Heranziehung der Milizen und Hilfstruppen — alles konnte zum Streitgegenstand werden, und in alles mischte das Parlament sich ein. Für den Staatssekretär war im konkreten Fall die Entscheidung um so schwieriger, als das War Office nun zu einer sehr großen, viele Verwaltungszweige umfassenden Behörde angewachsen war, deren technische Details er gar nicht mehr übersah, zumal ihm die fachliche Bildung dafür fehlte. So geriet er unvermeidlich in eine gewisse Abhängigkeit von den Ansichten seiner militärischen Ratgeber, besonders seines militärischen Sekretärs, dessen Stellung sich zu einem permanenten Unterstaatssekretariat auswuchs und der als Fachmilitär ein neues, für England ganz fremdartiges Element in der Zivilbehörde darstellte. Entschied der Minister gegen diesen Ratgeber, so geriet er in Gefahr, von ihm als Dilettant belächelt zu werden. Eine klare zielstrebige Militärpolitik war unter diesen Umständen und bei dem häufigen Personalwechsel der parlamentarischen Kabinette sehr erschwert.

Man hat deshalb auch immer wieder an der Spitzengliederung und an der Organisation des Kriegsamtes herumgebessert. Der bedeutendste Kriegsminister vor Haldane, Edward Cardwell, erzwang 1870 eine Umsiedlung des Commander-in-Chief von den Horse Guards in die Pall Mall und seine eindeutige Unterordnung unter den Staatssekretär. Er erhielt jetzt die Stellung eines Departements-Chefs im Kriegsamt, ohne aber deshalb seine besondere Beziehung zur Krone aufzugeben. Die innere Organisation des schwerfälligen War Office sollte dadurch verbessert werden, daß man seine vielen Abteilungen in drei Hauptressorts gliederte: eines für Kommando- und Disziplinfragen, unter dem Commander-in-Chief, eines für Finanzfragen und ein drittes für die Arsenale und das Festungswesen (das aber bald wieder umgestaltet und geteilt wurde). Die Ressortchefs der beiden Verwaltungsressorts hatten Zutritt zum Unterhaus, während der Chefkommandant als Pair im Oberhaus saß, wo er zuweilen abweichende Ansichten äußerte. Das führte sogleich zu neuen Schwierigkeiten; überhaupt hörten die Reibungen zwischen Militärs und Zivilbeamten auch jetzt nicht auf. So wurden immer neue Reformkommissionen nötig, und 1888 versuchte man es mit einer förmlichen Teilung der beiden Sphären: zwischen einer zivilen „Seite" unter einem Finanzsekretär und einer militärischen unter dem Chefkommandanten, dem alle „militärischen" Unterabteilungen allein verantwortlich waren. Das hob aber dessen Stellung als militärischer Berater des Kriegsministers nun wieder mehr als erträglich schien, zumal der konservative Starrsinn des Herzogs von Cambridge auch alle militärtechnischen Reformversuche lähmte, so daß er gerade die fortschrittlich gesinnten und tüchtigsten seiner militärischen Untergebenen gegen sich aufbrachte. Der Minister anderseits fand es unerträglich, daß der Herzog sich in allen Streitfragen auf sein unmittelbares Verhältnis zur Krone berief. So erschien die militärische Prärogative der Krone als Hemmnis jeder organisatorischen und technischen Reform, aller Fortschritt daran geknüpft, daß die Armee restlos in das System einer parlamentarischen Regierung eingegliedert wurde. Eine Reformkommission von 1870 (unter Lord Hartington) wollte deshalb das Amt des Chefkommandanten abschaffen oder ihn doch als eine Art von Generalinspektor der Heimattruppen aus dem Kriegsministerium entfernen. An seine Stelle sollte ein moderner Generalstabschef (nach französischem und deutschem Vorbild) treten, und dieser sollte mit anderen Departementschefs, militärischen und zivilen, gemeinsam ein Kollegium bilden, das unter dem Vorsitz des Kriegsministers regelmäßig tagte und diesen in allen Dingen fachmännisch beriet. Das lief auf eine kollegiale Umgestaltung des War Office nach dem Muster der Admiralität hinaus, erinnerte aber auch von ferne an den „Obersten Kriegsrat" des Kriegsministeriums in Paris. Aber dieser Plan scheiterte am erbitterten Widerstand der Königin und ihres konservativen Anhangs, und selbst als es 1895 endlich gelang, den nunmehr 76-jährigen Herzog von Cambridge zum Rücktritt zu bewegen, blieb sein Amt noch erhalten. Nur daß jetzt die Chefs der vier militärischen Unterdepartements, die man in demselben Jahr einrichtete und ihm unterstellte (der Generaladjutant für Disziplin und Ausbildung, der Generalquartiermeister für das Proviantwesen, der Generalfeldzeugmeister für die Ausrüstung und der Generalinspekteur für das Festungswesen) — auch ohne seine Zwischenschaltung und neben ihm zum Berater des Kriegsministers gemacht wurden, eine offensichtlich halbe Lösung. Sie sollte die Vollmacht des Commanders schwächen, ohne ihn geradezu zu beseitigen, und komplizierte das System dadurch noch mehr. Denn sie machte die Stellung des „Chefkommandanten" nun vollends zum Zwitterding. Weder war er verantwortlicher Minister noch einziger militärischer Berater des Ministers noch Generalstabschef mit klar abgegrenzten Ressortpflichten noch oberster Truppenkommandant, sondern doch wieder hauptsächlich Verwaltungsmann, mit unzähligen Bürogeschäften überlastet. Niemand konnte sagen, wer nun eigentlich für die allgemeine Kriegsvorbereitung und für den Zustand der Armee die letzte Verantwortung trug. Der Minister (Staatssekretär) nicht, denn er war kein militärischer Fachmann und mit zu vielen politisch-parlamentarischen Aufgaben belastet; der Generalstab nicht — denn es gab keinen; die vier Departementschefs nicht, denn sie hatten jeder nur ein eng begrenztes Fachressort und handelten nur mit halber Selbständigkeit; und schließlich auch der Chefkommandant nicht, denn er besaß keine wirkliche Generalvollmacht und nicht die geringste Fühlung mit der Truppe und ihren praktischen Erfahrungen.

Die Heeresorganisation hatte aber noch andere, ebenso schwere Mängel. Das War Office war in der Armee berüchtigt als das „Umstandsbüro" (circumlocution Office), weil es in lauter Einzelressorts ohne klare Abgrenzung der Kompetenzen zerfiel, die alle mehr neben — (oder gar gegen —) als miteinander arbeiteten. Dazu kam eine übertriebene Zentralisation der Heeresverwaltung im ganzen, die zur Überlastung der leitenden Offiziere mit den lächerlichsten Detailaufgaben führte. Schuld daran war das Fehlen höherer Truppenverbände im Frieden mit selbständigen Verwaltungsbüros (Generalkommandos); die als Zwischenglieder eingeschalteten Verwaltungsdistrikte blieben ohne Rückhalt an solchen Verbänden bloße Schatten. Derselbe Mangel war daran schuld, daß die Friedensausbildung, die Organisation der Mobilmachung, die taktische Schulung der Stäbe nur höchst unzulänglich blieb, ja daß im Ernstfall höhere Stäbe erst mühsam zusammengesucht werden mußten. Der ganze Apparat war auf bloßen Küstenschutz und auf kleine Kolonialkriege berechnet, in denen man immer noch Zeit zur Improvisation behielt, nicht auf eine Kriegführung im kontinentalen Stil.

Mit diesem unglaublich schwerfälligen Apparat ist Großbritannien in die Epoche des Imperialismus und der großen kontinentalen Spannungen eingetreten. Es ist nicht auszudenken, wie die allgemeine Weltlage sich gestaltet hätte, wenn es bis 1914 dabei stehengeblieben wäre. Denn es wäre dann außerstande gewesen, Frankreich ernstlich wirksame Bündnishilfe gegen die deutsche Armee zu leisten. Und diese Tatsache hätte schon vorher die gesamte Ententepolitik bestimmen müssen. Aber es kam anders; denn schon 1899 geriet England in eine Lage, die es entweder zum Verzicht auf imperialistische Machtpolitik großen Stils oder aber zu einer völligen Neugestaltung seines Heerwesens zwang: in den Burenkrieg.

Niemals ist ein Eroberungsfeldzug technisch und organisatorisch schlechter vorbereitet gewesen als dieser. Die Folgen waren so katastrophal, so deutlich vor aller Welt sichtbar, daß für einen Augenblick das politische Ansehen des britischen Empire ins Wanken geriet. Aber der Größe der anfänglichen Mißerfolge entsprach denn auch die Größe der Anstrengungen, mit der die englische Nation sie nicht nur auszugleichen, den militärischen Sieg zu erzwingen suchte, sondern nunmehr das gesamte Heerwesen auf eine neue Ebene brachte. Genauso wie in Frankreich, aber mit einem noch erstaunlicheren, jähen Sprung ging man in England gleich nach Kriegsende daran, sich neben der überlegenen Kriegsflotte eine wirklich moderne, auch für kontinentale Schlachtfelder geeignete Truppenmacht zu schaffen. Auch hier war das nur möglich durch bewußte Annäherung an das deutsche Vorbild. Dabei kam es neben dem Neubau der Militärverwaltung auf eine völlig veränderte Organisation des Heeres selbst, eine modernisierte technische Ausrüstung und Schulung und nicht zuletzt auch hier — und gerade hier — auf eine Erschließung größerer Mannschaftsreserven an.

Den entscheidenden Schritt tat ein Dreimänner-Ausschuß (unter Lord Esher 1903/4), der von der konservativen Regierung Balfour eingesetzt wurde und im wesentlichen auf die Vorschläge der Hartington-Kommission von 1890 zurückgriff, sie aber noch weithin ergänzte. Alle Welt war nunmehr überzeugt, daß eine gründliche Modernisierung und Verstärkung der Armee dringend geworden sei. Tatsächlich hat die Reform der Esher-Kommission, durch königliche Verordnung (Order in Council) ohne viel Aufhebens und ohne Mitwirkung des Parlaments durchgeführt, die Periode endloser Experimente und ewiger Streitigkeiten zwischen Militär und Zivil im Ministerium selbst ein für allemal abgeschlossen. Mit dem Verschwinden des Commander-in-Chief war die Einheitlichkeit der Führung durch den politisch verantwortlichen Minister eindeutig festgestellt: er selbst gilt jetzt als ausübendes Organ für die „Prerogative der Krone". Aber die Organisation seines Amtes nahm immer mehr kollegiale Formen nach dem Muster des Flottenamtes an. Unter dem Vorsitz des Ministers wurden alle wichtigen Fragen durch ein Siebenmänner-Kollegium verantwortlich entschieden, in dem die Militärs die Mehrheit hatten: Generalstabschef (anstelle des früheren Chefkommandanten), Generaladjutant, Generalquartiermeister und Generalfeldzeugmeister (zugleich Festungsinspekteur); ihnen standen als zivile Mitglieder

der parlamentarische und der ständige Unterstaatssekretär sowie der Finanzsekretär gegenüber. Zivile und militärische Departementchefs arbeiteten also nicht mehr bloß in getrennten Abteilungen, sondern in einem Kollegium mit gemeinsamer Verantwortung zusammen, was die Gefahr der Reibung verminderte, den praktischen Ausgleich erleichterte. Mit dieser kollegialen Verfassung hatte man im Admiralitätskolleg, das als Vorbild diente, schon längst die besten Erfahrungen gemacht. Auf den so gebildeten „Heeresrat" wurden alle Verordnungsvollmachten des Kriegsministers, des Chefkommandanten und des Generaladjutanten übertragen. Die Ministerialressorts wurden neu eingeteilt und endlich klar gegeneinander abgegrenzt, die sechs Ressortchefs durch beigegebene Abteilungsdirektoren von kleinlichen Dienstgeschäften entlastet. Die Verwaltungsgeschäfte des ehemaligen Commander-in-Chief gingen jetzt (nach deutschem Vorbild) auf Generalinspekteure des Heeres und auf 7 verschiedene neugeschaffene Generalkommandos über, die jeweils einen eigenen Verwaltungsstab erhielten, so daß die übermäßige Zentralisierung der Geschäfte sich lockerte. Damit war die schwerfällige Behörde wirklich arbeitsfähig gemacht[5]).

Das kollegiale Verwaltungssystem gilt freilich gemeinhin als schwerfälliger im Vergleich mit dem „bürokratischen", das einem Einzelnen die letzte Entscheidung anvertraut. Indessen pflegt dieses nur dann gut zu funktionieren, wenn der Chef ein Fachmann von eindeutiger persönlicher Überlegenheit und genauer Sachkenntnis ist; andernfalls bietet sich zuviel Gelegenheit für Intrigen der Unterchefs und bleibt dem Zufall allzuviel überlassen. Unter den Zivilministern des parlamentarischen Regierungssystems war die Organisation von 1904 sicherlich die beste, die überhaupt erreichbar war.

Den größten Fortschritt brachte die Schaffung eines modernen Generalstabs anstelle der veralteten Chefkommandantur. Es war erstaunlich, daß er nicht längst bestand; schon die Hartingtonkommission hatte seine Einrichtung dringend empfohlen. Aber um 1890 hatte noch niemand etwas wissen wollen von größerer Kriegsplanung; so hatte man sich mit einer sehr bescheidenen Nachrichten- und Mobilmachungsabteilung begnügt. Auch stand das Mißtrauen der Liberalen gegen militärische Planungsbüros in kontinentalem Stil seiner Einrichtung im Wege: in den Generalstäben, hatte Campbell-Bannermann gemeint, würden nur alle möglichen Kriegspläne ausgeheckt. Ein naives Vorurteil — ganz gewiß; aber man weiß, wie zähe die angelsächsische Welt daran festgehalten hat — bis in die Nürnberger Prozesse hinein.

Und wir werden noch sehen, daß die Besorgnis Campbell-Bannermanns sich gerade in England auf eigentümliche Weise bestätigt hat.

Eine nützliche Neuerung war auch die Begründung eines Reichsverteidigungsausschusses (Concil of Imperial Defence) in Erweiterung und Verbesserung eines älteren Nationalverteidigungskomitees, das seit 1895 einige Kabinettsmitglieder umfaßte und ohne größere Bedeutung geblieben war. Jetzt vereinigten sich hier unter dem Vorsitz des Premierministers und nach seiner freien Auswahl Mitglieder des Kabinetts, vorzugsweise der Kriegsminister und Erste Lord der Admiralität, mit einem Stab von Offizieren, die aus allen Heeresteilen, auch aus Indien und den Dominien, je nach Bedarf herangezogen werden konnten, aber nur als Sachverständige gehört wurden, nicht als stimmberechtigte Mitglieder fungierten. Der Premier wurde damit in die Lage versetzt, sich jede gewünschte Information von den besten Experten unmittelbar zu verschaffen und auf Grund solcher Einsicht seine eigene Entscheidung zu treffen, die dann das Kabinett nur zu bestätigen hatte. Freilich war es nicht leicht, so weit auseinanderstrebende Kräfte wie die der englischen Dominien zu wirklich fruchtbarer Zusammenarbeit zu bringen. Der völlig unsystematische Aufbau der englischen Reichsverwaltung mit ihrem Nebeneinander der verschiedensten Zentralbehörden ohne klare Abgrenzung der Kompetenzen (Colonial und Foreign Office, India Office, Government of India, War Office, Admirality usw.) erschwerte die praktische Durchführung aller Beschlüsse; und schließlich kam alles darauf an, ob eine willensstarke Persönlichkeit an der Spitze stand, die den komplizierten Apparat überhaupt zu handhaben und sich durchzusetzen wußte. Mit dem Ausbruch des Krieges 1914 ist das Committee of Imperial Defence lautlos in der Versenkung verschwunden und durch andere „Kriegsräte" ersetzt worden — offenbar galt es als eine Einrichtung, die nur in Friedenszeiten praktisch funktionieren konnte[6]).

Nur das Prinzip wurde beibehalten, daß der Premier die Militärfragen mit einem Kabinettsausschuß beraten konnte unter Mitwirkung militärischer Sachverständiger, ohne in allem und jedem an das vielköpfige Gesamtkabinett gebunden zu sein.

So haben sich die Briten, das Volk des sprichwörtlichen Konservatismus, nach dem Burenkrieg entschlossen von ihren veralteten militärischen Traditionen losgerissen und eine wirklich moderne, rationale Zentralbehörde für das Heerwesen geschaffen. Gerade weil sie den Neubau erst so spät durchführten — erst im Zeitalter der vollendeten, parlamentarischen Führerdemokratie — war es möglich, ihn in gewisser Hinsicht zweckmäßiger zu gestalten als die alten Kriegsämter des Kontinents.

Mit Hilfe dieser neuen Zentralbehörde wurde dann in wenigen Jahren auch eine wesentlich verjüngte und leistungsfähigere Armee aufgebaut[7]). Die Reorganisation begann schon während des Burenkrieges, der jüngere tüchtige Offiziere an die entscheidenden Stellen brachte, zahlreiche technische Verbesserungen der Ausbildung und Führung erzwang und vor allem den Wehrgedanken in der ganzen Nation wachrief, als man das Empire in der Gefahr einer schweren, für seine internationale Machtstellung geradezu tödlichen Niederlage sah. Die imperialistische Idee ist eigentlich erst durch diesen Krieg aus einer Sache kolonialpolitischer Aktivisten und Literaten so etwas wie eine Volkssache geworden. Vor allem in den Dominien, die freiwillig weit mehr Hilfstruppen sandten, als man vorher zu hoffen gewagt hätte; aber auch in der Heimat war der Zustrom zu den Freiwilligenverbänden überraschend stark — wenigstens zu Anfang, unter dem Eindruck der ersten Niederlagen; und alle diese Verbände ließen sich, ebenso wie die Miliz, willig über See auf das südafrikanische Kriegstheater führen, obwohl sie ursprünglich nur zum Schutz der engsten Heimat verpflichtet waren. Je mehr aber der Krieg und das Heer Volkssache wurden, um so weniger ließ sich die bisherige Mißachtung des „Tommy" fortsetzen. Auch seine äußere Lage wurde von jetzt an wesentlich verbessert, seine Besoldung im Krieg sehr stark erhöht (schon um genügend Rekruten zu finden), Unterkunft, Verpflegung und Ausbildung auf einen neuen Stand gebracht, auch für die entlassenen Veteranen besser gesorgt. Indem das Expeditionskorps bis auf eine Viertelmillion Soldaten anwuchs, wurde der Mangel an wirklich geschulten Offizieren besonders schmerzlich spürbar; so wurde auch auf ihre Ausbildung und bessere Besoldung viel Mühe und Geld verwandt. Die Zeiten der adligen Sinekuren im Söldnerwesen waren endgültig vorbei.

Das schwierigste und zugleich wichtigste Problem war auch hier die Beschaffung von ausreichenden Reserven für den großen Krieg. Es war den Engländern zum erstenmal angesichts der überwältigenden Erfolge der preußischen Armee 1866 und 1870/71 bewußt geworden. Die Reformen Cardwells hatten damals die Dienstzeit des englischen Söldners von 21 auf 12 Jahre verkürzt, von denen er (seit 1881) 7 unter den Fahnen, 5 in der Reserve abdiente, so daß eine Vermehrung der Stammbataillone möglich wurde; dies wiederum hatte die Konzentration einer stärkeren Truppenmacht im Mutterland ermöglicht, von wo sie im Bedarfsfall mit

Hilfe der modernen Dampferflotte verhältnismäßig rasch auf jeden überseeischen Kriegsschauplatz geworfen werden konnte. Jedes Regiment erhielt jetzt 2 Bataillone, von denen jeweils eines im Mutterland garnisonierte und den Rekrutenersatz ausbildete, das andere in den Kolonien stand. Bis zum Burenkrieg hatte dieses System vollkommen ausgereicht. Die allgemeine Wehrpflicht mit kurzer Dienstzeit, zu der sich Frankreich 1885 entschlossen hatte, war für das britische Empire schon deshalb unpraktisch, weil man mit Rekruten im Kolonialkrieg nichts anfangen konnte und ein bloß ein- oder zweijähriger Aufenthalt des ausgebildeten Soldaten etwa in Indien oder Afghanistan auch viel zu viele Transportkosten verursacht hätte. So hatte man sich damit begnügt, die Miliz als Rekrutenreservoir zu benutzen, soweit die direkte Anwerbung zur regulären Armee nicht ausreichenden Ersatz lieferte. Die englische Miliz stammte noch aus der Tudorzeit und hatte ihre erste größere Reform während des Siebenjährigen Krieges (1757) erfahren. Damals hatte man das preußische System der Kantonspflicht nachgeahmt, aber auf englische Weise: jede Grafschaft erhielt die Auflage, eine bestimmte Zahl von Milizsoldaten zu stellen und zu unterhalten; sie wurden aus einer Rekrutenliste aller milizpflichtigen Einwohner vom adligen Lordlieutnant ausgelost, der dann auch die Offiziere ernannte; erst 1871 ging dieses Recht an die Krone über. Jeder Dienstpflichtige konnte sich einen Stellvertreter beschaffen, sofern ihn die Auslosung traf — die Ärmsten sogar mit staatlicher Unterstützung. Im 19. Jahrhundert waren die Bestimmungen mehrfach reformiert, die zwangsweise Aushebung durch das Los nur noch vorübergehend angewandt, 1852 durch Gesetz abgeschafft worden. Die Miliz wurde nur dann aufgeboten, wenn das Land durch auswärtige Kriege (wie z. B. im Krimkrieg, während des indischen Aufstands und des ägyptischen Feldzugs) von Truppen entblößt war, und sollte zur Verteidigung des heimischen Bodens dienen. Ihre Ausbildung war sehr beschränkt: ein Rekrutendrill durch Personal der regulären Armee bis zu 6 Monaten, danach jährliche Übungen bis zu 3 oder 4 Wochen; die gesamte Dienstpflicht galt seit 1882 für 6 Jahre. Die Organisation dieser Truppe war rein lokal, ihre Ausrüstung höchst unvollkommen. Praktisch wurde sie hauptsächlich als Rekrutierungsquelle für die reguläre Armee betrachtet; insbesondere galten ihre Offiziersposten als bequeme Gelegenheit, um unter erleichterten Bedingungen in die Offizierslaufbahn der Söldnerarmee zu gelangen. Seit 1867 gab es auch eine „Milizreserve", d. h. eine Art von freiwilligem Landsturm, der sich zu Dienstleistungen in der regulären Armee im Kriegsfall verpflichtete. Diese Formationen wurden noch ergänzt durch korporative Freiwilligenverbände (volunteers) von teilweise sehr alter Tradition, unter denen die Reitertruppe der Yeomen besonderes Ansehen genoß. Sie brachten einen großen Teil ihrer Kosten aus eigenem Vermögen auf, genossen dafür aber auch manche Privilegien, insbesondere eine verkürzte Ausbildung, die sich im wesentlichen auf freie Abendstunden oder das weekend beschränkte.

Militärisch hatten alle diese Verbände sehr geringen Wert. Aber sie dienten doch als Vorschule des Kriegsdienstes für größere Teile der Nation und waren als solche verbesserungsfähig. Freilich reichten sie bei weitem nicht aus, um den Menschenbedarf für eine Kriegführung größeren Stils unter moderner Waffenwirkung zu sichern. Das vermag überhaupt kein System der Freiwilligkeit, sondern nur der staatliche Zwang. Der Burenkrieg offenbarte es vor aller Welt. Aber nach seinem Ende trat bei den Liberalen sogleich wieder die Neigung hervor, diesen Krieg als einen Ausnahmefall, vielleicht sogar als den letzten großen Kolonialkrieg überhaupt, zu betrachten. Man war unsicher geworden in seinem Glauben an die Vortrefflichkeit des Cardwell'schen Ergänzungssystems, aber noch unsicherer in der Frage, was an die Stelle treten sollte. Der Vorschlag einer Reformkommission von 1903, die allgemeine einjährige Dienstpflicht (mit dreijähriger Reservezeit) einzuführen, stieß im ganzen Lande auf erbitterten, ja empörten Widerstand. Wozu sollte eine so schwere Militärlast dienen? In der Tat gab es dafür kein wirklich einleuchtendes Argument. Ein großer Kolonialkrieg mit Rußland, etwa um Afghanistan, war im Zeitalter des russisch-japanischen Krieges und der russischen Revolution doch höchst unwahrscheinlich. Nach Ansicht der militärischen Experten wäre er auch auf russischer Seite infolge der Verkehrsschwierigkeiten Inner-Asiens auf kleinere Expeditionskorps beschränkt geblieben[8]). Man sprach wohl von der Gefahr einer französischen Invasion. Die Regierung Balfour stellte aber 1905 aufgrund von Landungsmanövern ihrer eigenen Truppen fest, daß sie praktisch aussichtslos war.

So schien es bald nach dem Burenkrieg, als würde die Modernisierung der Armee an dem entscheidenden Punkt der Reserveverstärkung schließlich doch steckenbleiben. Es ist geschichtlich höchst denkwürdig, warum dies nicht geschah: ausschließlich infolge der grundsätzlichen Wendung britischer Außenpolitik seit 1906 unter dem liberalen Kabinett Campbell-Bannermann-Grey. Es gab unter den britischen Staatsmännern jener Epoche sicherlich keinen, der mit größerer Energie gegen die „Militarisierung" Englands gefochten hätte, der so oft und so laut eine Politik des friedlichen agreement anstelle kriegerischer Gewalt proklamiert hätte wie der neue Ministerpräsident. Dennoch setzte sich unter seiner Führung eine Wehrpolitik durch, die nicht nur England in die Lage brachte, sogleich in den entscheidenden ersten Wochen des kommenden Großkampfs der Kontinentalmächte mit einzugreifen — und zwar an der entscheidenden Stelle! — sondern zugleich das Netz jener moralischen Verpflichtung schier unzerreißbar machte, durch die sich die britische Politik in eine anti-deutsche Kriegskoalition einfangen ließ.

Der Mann, dem England seine neue Armee an erster Stelle verdankt, war R. B. Haldane, der begabteste und aktivste aller britischen Kriegsminister seit Cardwell. Es kann nach seinem eigenen Zeugnis nicht zweifelhaft sein, daß er seine Wehrpolitik von Anfang an auf eine Teilnahme am Krieg gegen Deutschland an der Seite Frankreichs ausgerichtet hat. Sicherlich war er kein Kriegstreiber — gerade er, der Kenner deutscher Geisteswissenschaften, der Deutschland seine „geistige Heimat" nannte, hat sich eifriger und ehrlicher als andere um einen militärisch politischen Ausgleich bemüht. Aber seit der Marokkokrise von 1905/6 empfand er Frankreich ebenso wie sein Freund und Kollege Grey als ernstlich gefährdet, und die forcierte deutsche Flottenrüstung erschien ihm in Verbindung mit den belgischen Invasionsplänen des deutschen Generalstabs als äußerst bedrohlich für die Sicherheit Englands. Immer wieder setzt er in seinen Erinnerungsbüchern[9]) auseinander, wie völlig die Flottenpolitik Wilhelms II. und seines Beraters Tirpitz das Gleichgewicht der Mächte verschoben und England zu einer engen Entente mit Frankreich geradezu gezwungen habe. Die Zeit der „splendid isolation", sagt er, war in dem Augenblick vorbei, in dem England fürchten mußte, seine Überlegenheit zur See zu verlieren, sobald es Deutschland gelang, sich mit einer zweiten größeren Seemacht zu verbinden. Man mußte also alles tun, um Frankreich aus einem Bündnis des Kontinents gegen England herauszuhalten, mußte es aber auch schützen vor einem deutschen Sieg; denn dieser hätte die Kanalküste in deutsche Hand und damit England in volle Abhängigkeit von seinem stärksten Rivalen gebracht. So hat er schon 1906 den militärischen Besprechungen mit französischen Generalstabsoffizieren zugestimmt, und niemals ist seitdem bis 1914 die britische Außenpolitik ernstlich aus dem Kurs wieder ausgewichen, den diese Besprechungen bezeichneten — im Gegenteil: die militärische Bindung an die französischen Aufmarschpläne wurde nur immer enger. Von daher stammt der große politische Antrieb der englischen Heeresreform unter Haldane.

Ihr Hauptziel war die Schaffung einer vollausgerüsteten, schlagkräftigen

Expeditionsarmee, die in wenigen Tagen mobil gemacht und auf den Kontinent geworfen werden konnte — eben das, was sich während der Marokkokrise 1906 noch als unmöglich erwiesen hatte. Das Expeditionskorps, d. h. die reguläre Armee, wurde zu 6 Infanteriedivisionen und 1 Kavalleriedivision formiert — Truppenverbände, die in ihrer Ausrüstung und in der Mischung der Waffengattungen den kontinentalen Armeekorps nachgebildet waren. Die Hauptleistung war dabei die technische Modernisierung, die bis 1914 immer vollkommener nach kontinentalem Muster durchgeführt wurde; Haldane hatte insbesondere die deutsche Mobilmachungstechnik und die Organisation des Generalstabes genau und mit Erfolg studiert. Die naheliegende Frage nach der politischen Bestimmung des Expeditionskorps, von mißtrauischen liberalen Kritikern mehrfach gestellt, wurde im Parlament immer nur ausweichend beantwortet, in der Armee selbst war man sich darüber vollkommen klar.

Um so dringender wurde aber dann das Bedürfnis, ausreichende Reserven für den Kriegsfall zu schaffen. Ihm suchte das Wehrgesetz von 1907 abzuhelfen: nicht durch Einführung der allgemeinen Wehrpflicht, sondern durch eine gründliche Neuorganisation der Miliz und der alten Freiwilligenkorps — also durch schonsame Aushilfen. Die Miliz wurde zu einer Art von freiwilliger Landwehr umgestaltet, hauptsächlich zur Bildung von Ersatzbataillonen für die reguläre Armee bestimmt und zentral, nicht mehr lokal organisiert; die alten Freiwilligenverbände schloß das Gesetz zu einer einheitlichen „Territorialarmee" zusammen, die im Ernstfall zunächst nur für die Verteidigung der Insel bestimmt war. Zur Organisation dieser Armee wurden eigene Grafschaftsverbände neu geschaffen — nach dem alt-englischen Prinzip des home rule und self-government, die bald eine eifrige Tätigkeit entwickelten. Von der Regierung unterstützt, vom König auf alle Weise ausgezeichnet, fanden sich hier Vertreter aller bürgerlichen Schichten, aber auch der Arbeiterschaft mit patriotischem Eifer zusammen und bewährten sich als Erziehungsanstalten zu militärischem Denken so sehr, daß man in der oppositionellen Labour-Partei bald mißtrauisch wurde und schon anfing, von „Germanisierung" und „Militarisierung" der englischen Nation zu reden. Zwar wurde die Sollstärke der Territorialarmee von etwas über 300 000 nie erreicht, doch gelang es immerhin bis 1909 etwa 270 000 Mann durch eifrige Agitation zusammenzubringen.

Die kriegerische Agitation gehörte freilich zu dem ganzen Apparat notwendig dazu, solange das System der Freiwilligkeit noch unangetastet blieb.

So wie sie Haldane betrieb und wie sie bald von zahlreichen Werbeorganen der Territorialarmee durchgeführt wurde, bildete sie entschieden ein neuartiges Element im englischen Leben. Was man in Preußen-Deutschland durch den Zwang der allgemeinen Wehrpflicht längst erreicht hatte: die Freude am Waffenhandwerk in einem Volk von „Zivilisten" zu wecken, das wurde jetzt in England — wenn auch in abgeschwächtem Grade — auf dem Wege der modernen Propaganda versucht. Der Minister selbst warb vor allem unter den akademisch Gebildeten, die sich zum Dienst als Offiziere und Militärärzte melden sollten. Eigene Offiziersausbildungskorps wurden geschaffen, mit einjähriger Ausbildungszeit; in den höheren Schulen und Universitäten richtete man besondere Offizieranwärterkurse („Kadettenkorps") ein. Überhaupt wurde die Wehrtüchtigkeit auf jede Weise gefördert, nicht zuletzt durch Beteiligung der Schulen, der Sportsleute, der „Pfadfinder" (boy scouts) an vormilitärischen und militärischen Übungen und Lagern. In der gebildeten Jugend fand das alles freudigen Widerhall. Die städtischen Massen für den Territorialdienst zu gewinnen, bedurfte es gröberer Mittel: man mußte ihnen die Invasionsgefahr recht grell an die Wand malen, durch Ansprachen, Werbeplakate, Theaterstücke, Presseartikel. Und so ist denn die Entwicklung der Territorialarmee recht eng mit der Erregung nationalistischer Leidenschaften und mit der Deutschlandhetze der letzten Vorkriegsjahre verknüpft.

Einen besonders starken Anteil daran hatte die National Service League unter dem früheren Oberkommandierenden Lord Roberts — eine Gründung der Burenkriegszeit, die für Einführung der allgemeinen Wehrpflicht kämpfte. Ihre Agitation steigerte Furcht, Haß und Erbitterung gegen die „deutsche Bedrohung", setzte aber den Zwangsdienst vor 1914 nicht durch. Immerhin wurde sie 1912 auch im Generalstab ernstlich erwogen und 1913, auf dem Höhepunkt des europäischen Rüstungsfiebers, wurde auch im englischen Unterhaus ein Antrag eingebracht, die (beschränkte) Verpflichtung aller Staatsbürger zum Dienst in der Territorialarmee einzuführen. Er fiel mit großer Mehrheit durch und fand auch nicht die Unterstützung der Regierung. So bedroht fühlte sich England doch nicht, um eine Millionenarmee im Frieden zu schaffen. Der Generalstab selbst fürchtete die Umwandlung des herkömmlichen Systems im Moment starker außenpolitischer Spannungen; ihre Durchführung hätte Jahre gebraucht — Jahre eines bedenklichen Übergangszustandes, der den deutschen Gegner zum Präventivkrieg geradezu herausfordern würde. Auch der Vorschlag General Hamiltons von 1910, die Dienstpflicht wenigstens für den Fall eines nationalen Notstandes gesetzlich zu machen und jetzt schon durch Registrierung der Mannschaft vorzubereiten, setzte sich nicht durch.

Damit blieb der militärische Erfolg der Haldaneschen Reform und die Leistungsfähigkeit des neuen Expeditionskorps immer noch stark beschränkt. Die spätere Kritik der Militärs hat alle diese Reformen als jämmerliche Halbheit beurteilt. Die Generäle, die 1914/15 in Nordfrankreich und Flandern das Expeditionskorps zu führen hatten, haben sich bitter darüber beklagt, daß man sie mit völlig unzureichender Mannschaft, Ausrüstung, Artillerie und Munition in einen modernen Großkampf geschickt habe, auf den England immer noch in keiner Weise vorbereitet war[10]). Sicherlich mit Recht, Dennoch kann nicht zweifelhaft sein, daß es das letzte Ziel der Haldaneschen Heeresreform gewesen ist, die Teilnahme an diesem Großkampf zu ermöglichen, und daß durch seine Bemühungen alles geschehen ist, was sich zur militärischen und politischen Vorbereitung dieser Teilnahme unter den gegebenen Umständen und in diesem parlamentarisch regierten Lande überhaupt tun ließ. Ohne diese Reform wäre der spätere Ausbau der Territorialarmee zu einem großen Volksheer durch Kitchener — zunächst immer noch auf der Basis der Freiwilligkeit — überhaupt nicht möglich gewesen. Haldane selbst hat nicht daran gezweifelt — und das auch im Parlament offen ausgesprochen —, daß die Territorialarmee nach einer Mobilmachung großen Stils ihre patriotische Pflicht erkennen und gern bereit sein würde, auch außerhalb des Landes „für die Interessen der Nation und die Verteidigung des Empire zu fechten."

Freilich sollten die Genossen des Empire, die großen Dominien, dabei mithelfen, ähnlich wie im Burenkrieg. Es war der glänzendste Erfolg von Haldanes Wehrpolitik, daß es ihm gelang, die militärischen Kräfte der ehemaligen Kolonien für die Zwecke britischer Kriegspolitik systematisch zu organisieren ohne irgendwelchen Zwang, allein gestützt auf das Prinzip der Freiwilligkeit. Sein echt angelsächsisch-liberales Vertrauen auf die Einsicht und den Patriotismus der Staatsbürger bewährte sich auch hier. Er überzeugte die Vertreter der Dominien auf den Reichskonferenzen von 1907, 1909, 1911, daß ein erfolgreiches Zusammenwirken ihrer Streitkräfte zur Verteidigung des Empire nur dann möglich wäre, wenn sie sich die neuen technischen Errungenschaften der englischen Armee zunutze machten. Der Weg dazu war, dem Generalstab des Mutterlandes die Schulung aller Führungsstäbe der Dominien zu übertragen, dazu die Sammlung und Weitergabe von Erfahrungen und militärischen Nachrichten für alle Reichsteile, die Ausarbeitung gemeinsamer Operationspläne, die Beratung der überseeischen Regierungen bei Ausbildung und Organisation ihrer Truppen. In der Tat wurde dieser Weg beschritten, und nicht ohne Erfolg. Der britische Generalstabschef erhielt den Titel und Rang eines Chief of the Imperial General Staff; die Dominien stellten neue Truppen auf oder vermehrten ihre Bestände beträchtlich. Ausbildung, Zusammensetzung, Gliederung, Bewaffnung und Ausrüstung wurden überall dem englischen Vorbild angeglichen. So wurden die Dominien zur Selbstverteidigung befähigt, und England konnte seine überseeischen Garnisonen aus Canada und Südafrika zurückziehen, bzw. stark vermindern, seine Militärmacht also in der Heimat stärker als früher konzentrieren[11]). Darüber hinaus wurde aber auch der Grund gelegt zu jenem erfolgreichen Einsatz kolonialer Streitkräfte im englischen Heeresverband, sogar auf europäischen Schlachtfeldern, der dann im Weltkrieg für das Mutterland so wichtig geworden ist. Das Schreckbild einer drohenden deutschen „Weltherrschaft" stand von Anfang an im Hintergrund dieser militärischen Beratungen und gab ihnen ihren stärksten politischen Impuls. Im Krisenjahr 1911 legte Grey selbst den Vertretern der Dominien das Hauptziel seiner Außenpolitik dar: die schwächere Kontinentalmacht gegen das Übergewicht *einer* Großmacht (der deutschen) zu stützen. Seitdem nahmen Abgesandte der Dominien regelmäßig an den Beratungen des Reichsverteidigungsausschusses unter Asquith teil mit der Folge einer neuen Stärkung ihres politischen Selbstbewußtseins gegenüber dem Mutterland. So griffen Aufrüstung und allgemeine Außenpolitik des britischen Reichs aufs engste ineinander. Jene war überhaupt nur sinnvoll im Zusammenhang mit dem neuen antideutschen Europa-Kurs. Aber sie hat auch wieder rückwirkend diesen Kurs selber versteift. Wie das im einzelnen geschah, bedarf noch näherer Betrachtung.

Ehe wir dazu übergehen, wollen wir aber noch einen Blick werfen auf die Bewährung der neuen englischen Heeresorganisation im Kriege, insbesondere auf das *Verhältnis politischer und militärischer Instanzen während der Kriegsjahre*. Wie hat der englische Parlamentarismus das Problem der einheitlichen Kriegführung bewältigt?

In einem Punkt hatte es die englische Regierung leichter als die französische: in der Haltung ihres Parlaments. Es hat zwar auch in England nicht ganz an parlamentarischen Intrigen gefehlt, die den Gang der Kriegführung störten; es gab sogar politische Querschüsse, die von militärischer Seite aus abgefeuert wurden. Aber im ganzen war die Stellung der englischen

Kriegskabinette dem Parlament und der Armee gegenüber sehr viel stärker, die Neigung des Unterhauses zur unmittelbaren Einmischung in militärische Fragen geringer, die patriotische Haltung des Parlaments geschlossener und weniger aufgeregt als in Paris. Letzteres schon deshalb, weil man auf der Insel die Bedrohung durch den Krieg nicht so unmittelbar und so stark empfand (trotz der U-Boote!) und weil das ewige Hin und Her der Abgeordneten zwischen Front und Kammer hier wegfiel. Je mehr der Krieg sich zu „totalen" Kriegsformen ausweitete und die Kräfte der ganzen Nation in Anspruch nahm — in einem vorher ungeahnten Maße! —, um so stärker machten sich auch die Vorteile einer parlamentarischen Regierungsform geltend: die enge Fühlung mit der öffentlichen Meinung des Landes, die man gerade in England vorzüglich zu lenken verstand, mit Hilfe eines groß aufgezogenen Propaganda-Apparates, dessen Wirkungsradius mit Hilfe des britischen Empire den ganzen Erdball umspannte. Die Stellung des Premierministers war schon lange der eines modernen Volksführers viel ähnlicher als in Frankreich; und so ist denn auch der Demagoge mit nahezu diktatorischer Autorität, den Frankreich seit November 1917 in Clémenceau besaß, auf der britischen Insel schon 1916 auf der Bühne erschienen.

An der Überordnung der politischen Instanz über die militärische hat hier niemals ein ernsthafter Zweifel bestanden; schon deshalb nicht, weil keiner der englischen Generäle oder Flottenführer in die Lage kam, sich wie Wellington durch große militärische Triumphe öffentliche Autorität zu erwerben. Die Kriegführung beschränkte sich jahrelang in der Hauptsache auf ein mühsames Behaupten der flandrischen Front in Unterstützung der Franzosen und Belgier, ohne volle Freiheit des strategischen Entschlusses; die gab es nur auf den kolonialen Nebenschauplätzen und im arabisch-türkischen Kriegsbereich. Die nächste und dringendste Aufgabe war, die belgisch-französische Front so lange zu halten, bis England ein modernes Millionenheer mit einer entsprechenden Waffenrüstung besaß. Das erforderte weniger strategisches Genie als zähe, nüchterne Energie. Eben daran ließen es die Kitchener und Robertson, die French und Haig nicht fehlen. Indessen dauerte es sehr lange, bis in den Mai 1916, ehe sich das englische Parlament zur Einführung der allgemeinen Wehrpflicht entschloß, und noch weitere Monate, bis die englische Armee imstande war, eine eigene Großoffensive gegen die deutsche (an der Somme) zu eröffnen. Sie wurde mit großem Schwung, neuartigem Artillerieeinsatz und sogar mit neuen Waffen (den ersten Tanks) durchgeführt, tat den Deutschen gewaltigen Schaden, errang aber schließlich doch nur einen halben Erfolg. So blieb es bis 1918 die Schwäche der englischen Generäle, daß sie keine glänzenden Siege melden konnten — eine Tatsache, die es ihren zivilen Kritikern leicht machte, sie der „Unfähigkeit" zu zeihen, zumal angesichts der deutschen Erfolge. Besonders Lloyd George hat immer sehr verächtlich über seine eigenen Oberkommandierenden gedacht und ihnen seine Geringschätzung mehr als einmal zu fühlen gegeben. Schon 1917 wollte er sie unter französischen Oberbefehl stellen.

Das Problem des rechten Verhältnisses von Politik und Heerführung erscheint also in England in einer neuen Form, die man geradezu als Umkehrung der Lage in Deutschland auffassen kann: rückte hier (wie später zu zeigen sein wird) das Schwergewicht öffentlicher Autorität allzu einseitig auf die Seite der Soldaten, so hatten diese in England schwer darum zu kämpfen, daß man ihre militärischen Ratschläge und Forderungen überhaupt beachtete. Es ist wirklich erstaunlich, wie wenig sich durch die Haldane'schen Reformen an jener parlamentarischen Regierungsweise geändert hat, die schon Salisbury 1900 als ungeeignet für Kriegszwecke bezeichnet hatte. Asquith dachte nicht daran, die ihm in der Form des „Reichsverteidigungsausschusses" gebotene Möglichkeit zu selbstherrlicher Kriegsleitung und zum Überspielen des Kabinetts auszunutzen. Nun konnte es kaum ein weniger geeignetes Gremium zur obersten Führung eines Weltkrieges geben als das über dreißig Köpfe starke englische Kabinett — eine Versammlung von Zivilministern, von denen der größte Teil fachlich mit Kriegsgeschäften überhaupt nichts zu tun hatte, vermehrt durch einen Stab von Hilfskräften, der die Wahrung militärischer Geheimnisse unmöglich machte. Dennoch hat Asquith in den ersten Kriegsmonaten fast alle kriegerischen Entscheidungen, bis auf militär-technische Einzelheiten, in diesem schwerfälligen Kollegium beraten lassen und es geduldet, daß seine Kollegen sich in jede Detailfrage einmischten. Besonders Winston Churchill und Lloyd George, die aktivsten Persönlichkeiten, haben über alle Warnungen militärischer Fachleute hinweg ihre eigenen strategischen Pläne entwickelt und teilweise auch durchgesetzt. Ohne endlose Diskussionen und mancherlei Intrigen war auf diesem Boden kein Schritt voranzukommen. Die Folge war, daß die Kriegsmaschine äußerst mühsam anlief, laut knarrend, unter vielen Stockungen, nicht ohne mancherlei Fehlentscheidungen, Schwankungen und Verspätungen der Entschlüsse.

Zur Erklärung läßt sich sagen, daß niemand vorausgesehen hatte, welche unermeßlichen Opfer und Anstrengungen dieser Krieg kosten würde; daß er durchaus nicht (wie Grey geglaubt hatte) business as usual war und daß die

Aufgabe, das englische Volk an diese neue Lage zu gewöhnen, es für eine so opfer- und gefahrenreiche Unternehmung zu gewinnen, die Mitwirkung aller verfügbaren parlamentarischen Kräfte erforderte. Aber es ist auch kein Zweifel (wie aus der Schilderung der Beteiligten deutlich wird), daß die meisten dieser englischen Zivilminister nicht die geringste Vorstellung hatten von den technischen Erfordernissen einer modernen Kriegsführung großen Stils. Sie diskutierten mit erstaunlich geringem Respekt vor dem Urteil militärischer Fachleute — auch darin den Traditionen des alt-englischen Adelsstaates getreu. Asquith berief Lord Kitchener, einen alten Kolonialsoldaten mit Kriegsruhm von Ägypten her, als Kriegsminister ins Kabinett; aber der Generalstabschef wurde gar nicht um seine Meinung gefragt, als man am 5. August 1914 zum erstenmal über den Kriegsplan beriet. Statt dessen wurden acht höhere Offiziere in verschiedenen Stellungen als advisers herbeigeholt, die doch gar nicht über das Informationsmaterial des Generalstabs verfügten. Auch späterhin hat der Generalstabschef noch lange (bis Ende 1915) kaum eine Rolle gespielt. Nun ist (nach dem Urteil des älteren Moltke und nach den Lehren aller Kriegsgeschichte) keine Form der Kriegsleitung verderblicher als die durch ein beratendes Kollegium, in dem viele Meinungen durcheinandergehen und die letzte Verantwortung für jeden Entschluß verdunkelt wird. Eben nach diesem System aber wurde hier Krieg geführt: durch einen fortgesetzt tagenden Kriegsrat in London, und zwar von Politikern, nicht von Soldaten. Asquith als Vorsitzender fühlte sich selbst offenbar viel zu fremd und unsicher in militärischen Fragen (im Gegensatz zu der Selbstsicherheit Churchills und Lloyd Georges), um klare und selbständige Entscheidungen zu treffen; auch verließ er sich lieber auf den Rat mehrerer Fachleute als auf einen einzigen, um nicht in Abhängigkeit zu geraten: ein politischer, aber gewiß kein militärisch gesunder Grundsatz.

Kitchener war nicht der Mann, eine Änderung dieses Systems durchzusetzen. Als reiner Fachsoldat an Fügsamkeit gegenüber der politischen Oberleitung gewöhnt, militärisch ohne Erfahrung auf europäischen Kriegsschauplätzen und ohne letzte Sicherheit in strategischen Fragen, bildete er kein starkes Gegengewicht gegen die Ansprüche der Zivilstrategen und Politiker. Vor allem war er viel zu sehr mit dem Aufbau des großen neuen Heeres beschäftigt, um sich von den Politikern, deren Hilfe er dafür brauchte, emanzipieren und sich den strategischen Aufgaben gründlicher widmen zu können. Seine letzten Ziele wichen freilich, wenn wir Robertson glauben dürfen, von der traditionellen Linie englischer Politik weit ab: England sollte am Ende des Krieges die stärkste Armee Europas haben und damit über den Frieden bestimmen[12].)

Nach wenigen Monaten erwies sich die Kriegsleitung durch das Gesamtkabinett als so unerträglich, daß Asquith Ende 1914 einen Kabinettsausschuß von 6 Ministern berief, der später auf 12 Mitglieder anwuchs und als „Kriegsrat" (War Council) die eigentliche Kriegsleitung durchführen sollte. Allzu viel wurde aber auch damit nicht gebessert, denn die Einmischung der verschiedensten politischen Instanzen hörte auch jetzt nicht auf, und die militärischen Fachleute setzten sich gerade in diesem Kriegsrat, der das umstrittene Dardanellen-Unternehmen höchst unglücklich startete, nicht durch. Im Herbst 1915 wurde der Kriegsrat zum „Kriegsausschuß des Kabinetts" umgebildet und wieder auf die Hälfte der Mitgliederzahl beschränkt; aber noch immer mußten alle wichtigen Entscheidungen dem Gesamtkabinett vorgelegt werden, und der Generalstab blieb weiterhin ausgeschaltet. Erst im Dezember 1915 trat darin eine Wendung ein: General Robertson, den man zum Generalstabschef berief, setzte durch, daß er zu den Sitzungen des Kriegsausschusses und Kabinetts Zutritt erhielt und als deren einziger amtlicher Berater in Fragen des Landkriegs alle Operationsbefehle erließ. Der Generalstabschef hatte bis dahin nur als einer der 8 Ressortchefs des Kriegsministeriums fungiert; jetzt rückte er zum offiziellen Leiter der Kriegshandlungen auf — also zu einer Art von Immediatstellung wie der Generalstabschef der deutschen „Obersten Heeresleitung".

Freilich mit einem sehr wichtigen Unterschied: er bleibt dem Kriegsminister formell untergeordnet, dieser allein dem Parlament für alle Kriegshandlungen verantwortlich. Robertsons anfänglicher Wunsch, den Kriegsminister auf die reinen Verwaltungsaufgaben zu beschränken, blieb unerfüllt; er scheiterte schon am Widerspruch Kitcheners, der sich mit gutem Grund auf die englische Verfassungstradition berief. So blieb die Gefahr vermieden, daß die Vollmacht des Generalstabschefs sich zu einer politischen Machtstellung auswuchs und mit der politischen Leitung konkurrierte, wie eben damals in Deutschland. Im Grunde wollte Robertson das auch gar nicht. Seine Denkschriften über diese Fragen, die man wohl als klassisches Zeugnis für den Geist der damaligen englischen Generalität betrachten darf, sind weit entfernt von jeder militaristischen Selbstverhärtung[13]). Sie erkennen den Vorrang des zivilen „War Council" in der Leitung des Krieges nicht nur als Tatsache, sondern als sachlich notwendig an und drängen nur darauf, daß der Kriegsrat zu schnellen und klaren Beschlüssen befähigt wird durch Verstärkung seiner Vollmachten (am liebsten würde er diese Vollmachten in der Hand *eines* Mannes, des Premierministers, vereinigt sehen). Demselben Zweck soll die verstärkte Stellung des Generalstabschefs dienen. Die zivile Kriegsleitung soll „wie die Pest" ein Herumfragen bei allen möglichen militärischen Autoritäten vermeiden und sich nur einen verantwortlichen Berater, eben den Generalstabschef, halten, den sie ja, falls er versagt, ohne weiteres auswechseln kann. Der Soldat seinerseits muß sich bewußt sein, daß die Zeiten für immer vorbei sind, in denen die Zivilgewalt beim Kriegsausbruch einfach den Militärs alle Leitungsaufgaben übertragen und selbst so lange von der Bühne verschwinden durfte, bis es zu Friedensverhandlungen kam. Denn der moderne Krieg greift mit tausend Verzweigungen in das ganze Leben der Nation ein, und die daraus erwachsenden Fragen können nur durch Fachleute der verschiedenen politischen Ressorts gemeistert werden. Es gibt keine ganz scharfe Trennung mehr zwischen der militärischen und der politisch-wirtschaftlichen Sphäre[14]). Wer die militärische Kriegsleitung innehat, muß (ohne darüber zum „politischen General" zu werden) auch Verständnis für politische Probleme entwickeln und sich in die politischen Gesichtspunkte der Zivilminister hineindenken können. Diese ihrerseits sind immer in Gefahr, von den heute so mächtigen Strömungen der öffentlichen Meinung zu Forderungen und Plänen getrieben zu werden, die den militärischen Notwendigkeiten und Bedürfnissen stracks zuwiderlaufen. Sie müssen also bereit sein, sich durch sachliche Gegenargumente des verantwortlichen Leiters der Operationen überzeugen zu lassen und müssen sich hüten, militärisch unzweckmäßige oder unmögliche Forderungen zu stellen.

Wie einsichtig wirkt das alles im Vergleich mit dem Militarismus eines Ludendorff, wie viel moderner als die Ansichten selbst des älteren Moltke! Freilich blickt Robertson mit Besorgnis auf die großen Schwierigkeiten, die aus dieser modernen Form der Kriegführung in Zusammenarbeit politischer und militärischer Instanzen erwachsen. Er hält es für unvermeidlich, daß der heutige Krieg nicht mehr von einem Hauptquartier im Felde aus gelenkt wird, sondern (wie es in England unter seiner Leitung geschah) von der Landeshauptstadt aus, und so, daß der Generalstabschef in immer neuer Diskussion mit den Ministern des Kriegsrates und Kabinetts seine Pläne darlegt, verteidigt, durchsetzt, über die Kriegsereignisse berichtet, ihrer Kritik standhält. Er berichtet, wie er das jahrelang durchgeführt hat, in fast täglichen, oft endlosen Sitzungen — eine Methode, die so doch wohl nur während des Stellungskrieges möglich war. Erschütternd deutlich wird aus seiner Schilderung, daß die Herstellung der Harmonie zwischen Politik und Heerführung in England nicht nur eine schwierige, sondern eine äußerst zeitraubende Angelegenheit war.

Dies um so mehr, als sich hier die Minister offenbar weniger einsichtig erwiesen als die Soldaten. Sie dachten nicht daran, die Grenzen des militärischen Ressorts zu respektieren. Immer wieder geriet der Generalstabschef in Versuchung, sich auf militärische Irrwege drängen oder zu faulen Kompromissen verleiten zu lassen, um es nicht mit den politischen Machthabern zu verderben. Alles politische Verhandeln läuft ja zuletzt auf Kompromisse hinaus; aber auf militärischem Felde pflegen sie verheerend zu wirken. Doch bedurfte es schon großer Charakterstärke und großer strategischer Klarheit des englischen Offiziers, um sich nicht auf den bequemen Weg des Kompromisses drängen zu lassen. Nicht immer ist das gelungen; dann kam es zu verhängnisvollen Fehlentscheidungen. So ist das große Dardanellen-Unternehmen von 1915 als ein typisches Kompromiß zwischen politischen Wünschen und militärischen Erfordernissen gestartet worden. Die Frage, um die es dabei ging, trug den Charakter einer grundsätzlichen Entscheidung. Sollte die britische Armee ein für allemal ihre Hauptkraft daran setzen, gemeinsam mit den Franzosen und Belgiern den Boden Frankreichs zu verteidigen, oder sollte sie versuchen, eine raschere Entscheidung auf anderem Felde, etwa durch einen Stoß in den Rücken des Gegners, zu erzwingen? Die meisten Generäle, besonders die in Flandern kämpfenden Heerführer, betrachteten Diversionen im Osten (etwa an der Ostsee oder auf dem Balkan) als nutzlose Zersplitterung der Kräfte — von ihrem Standpunkt aus gewiß mit Recht. Aber gab es nicht auch eine Gefahr des sturen Sichverbeißens an der belgisch-französischen Front, eines bloßen Hinschlachtens immer weiterer Hunderttausende ohne greifbaren Nutzen, in aussichtsloser Offensive, ohne ausreichende waffentechnische Überlegenheit? Die Politiker, die wie Churchill und Lloyd George irgendwelche Ostoffensive, sei es an der deutschen Ostseeküste oder im türkisch-arabischen Raum oder auf dem Balkan befürworteten, haben diese Gefahr deutlich empfunden. Besonders eindrucksvoll hat Churchill in der großartigen Einleitung zum Zweiten Band seines Kriegswerks davon gesprochen. Wenn Lloyd George die ihm widerstrebenden Generäle für schlechthin borniert erklärte, so tat er ihnen damit gewiß unrecht. Aber nicht zu verkennen ist, daß eine so intensive Beteiligung an kontinentalen Kämpfen, wie sie an der Westfront vor sich ging, allen politisch-militärischen Traditionen Englands widersprach; dessen Kriegführung hatte sich selbst gegen

Napoleon im wesentlichen auf see-strategische Operationen, verstärkt durch militärische Diversionen auf Nebenschauplätzen des Kontinents, beschränkt. Durchführbar war die neue, seit 1905 eingeleitete Kriegspolitik nur um einen sehr hohen Preis: des Ausblutens der Nation, einer Zerstörung ihres Reichtums, einer schweren Erschütterung ihrer wirtschaftlichen und politischen Weltstellung, schließlich einer fast völligen Umwandlung ihrer gesellschaftlichen Struktur. Was Churchill 1915 erstrebte: eine Großoffensive im Mittelmeerraum, Lösung der Türkei aus der Kriegsallianz mit Deutschland, Gewinnung Italiens und des Balkans für die Entente, Durchbruch bis zu den russischen Schwarzmeerhäfen für die Waffen- und Munitionszufuhr, ließ sich nur dann erreichen, wenn England seine Hauptkraft von der Westfront weg nach Südosten verlegte; dazu aber hätte es sich aus der engen Bindung an die französische Politik lösen müssen, in die es nun schon so lange verstrickt war. Die Schwierigkeit einer solchen Lösung — mitten im Kriege — ist ebenso deutlich wie der Vorteil einer damit zu gewinnenden diplomatischen Bewegungsfreiheit auch im Blick auf die spätere Friedensordnung[15]). Da sie nicht gelang, ja nicht einmal ernsthaft versucht wurde (aus politischen ebenso wie aus militärischen Gründen), blieb das Dardanellenunternehmen eine Halbheit, die militärisch scheitern mußte und politisch zu einem schweren Rückschlag gegen ihren Urheber führte. Churchill mußte auf Verlangen der konservativen Opposition zurücktreten, das Kabinett sich zur Koalitionsregierung umbilden; die öffentliche Meinung aber wurde mißtrauisch gegen ihre Führung und rief immer lauter nach dem „starken Mann". Ende 1916, nach dem Mißerfolg der Durchbruchsversuche an der Somme, kam dieser starke Mann wirklich ans Ruder: Lloyd George.

Unter seiner Präsidentschaft erreichten die englischen Kriegsleistungen, an deren Förderung er schon als Munitions- und Kriegsminister im Kabinett Asquith stark beteiligt gewesen war, ihren Höhepunkt. Sie wurden so sehr gesteigert, daß im Frühjahr und Sommer 1918 die englische Armee im Vergleich mit der französischen nicht nur als ebenbürtig, sondern in mancher Hinsicht (besonders in ihrer Ausrüstung und in der frischen Initiative ihrer Führung) als überlegen erschien. Gleichwohl kann man von gesteigerter Einheitlichkeit der englischen Kriegführung unter Lloyd George nicht sprechen — im Gegenteil: unter den obersten Gewalten brach ein vertiefter Zwiespalt aus. Der Walliser war ein einfallsreicher, aber sprunghafter Kopf. Seine erstaunliche Vielgeschäftigkeit hinderte ihn daran, die strategischen Probleme gründlich durchzudenken; sein unbegrenztes Selbstvertrauen ließ ihn hochmütig herabblicken auf die Militärs, ihre Ratschläge und Gegenvorstellungen verachtend. Er brachte den höheren Generälen ihre Abhängigkeit gern zum Bewußtsein, liebte Improvisationen und Überraschungen, plötzliche Wendungen ohne vorherige Rücksprache, legte auf ein persönliches Vertrauensverhältnis geringen Wert und war sogar nicht frei von Heimtücke. Seine eigenen strategischen Pläne östlicher Diversionen trugen stark dilettantischen, teilweise phantastischen Charakter. Schließlich ist keiner von ihnen wirklich durchgeführt worden, teils weil er selbst das Risiko schließlich doch als zu hoch empfand, teils weil die Generalität es verstand, durch allerhand Mittelsmänner die öffentliche Meinung dagegen mobil zu machen, teils weil die Ereignisse in Frankreich von selbst darüber hinwegführten. Den tüchtigen, klarblickenden und charaktervollen Robertson hat er im Februar 1918 aus dem Amt des Generalstabschefs gebracht und durch einen Günstling, den geschmeidigen Wilson, ersetzt: das Urbild des politisierenden Generals.

So wurden die unvermeidlichen Spannungen zwischen ziviler und militärischer Kriegsleitung unnötig erhöht statt vermindert. Aber in einem anderen Sinn hat Lloyd George dennoch Verdienste um die Erhöhung der englischen Schlagkraft: er verstand es besser als sein Vorgänger, im politischen Bereich seinen Willen durchzusetzen und die Kriegsleidenschaften aufs höchste zu erhitzen. Mit ihm kam jener neue Typus des modernen Volksführers an die Spitze, dessen Wesensart wir schon an der Erscheinung Clémenceaus studierten und der für das 20. Jahrhundert charakteristisch geworden ist: der Vertrauensmann und Führer einer direkten Massendemokratie, die das parlamentarisch-liberale System der gewählten, vielköpfigen Volksvertretung in den Schatten drängt (später im System des Faszismus geradezu zerstört). Er wird in der westeuropäischen Demokratie während des Krieges zum eigentlichen Träger und Repräsentanten des Volkswillens, der volonté générale, die sich in seiner Person vor allen Augen sichtbar darstellt. Gestützt auf den brüllenden Beifall großer Volksversammlungen und einen riesigen Propaganda-Apparat, kann er seine Politik ohne ängstliche Rücksicht auf die offizielle „Volksvertretung" machen, unter Umständen das Parlament zur Gefolgschaft einfach zwingen. Lloyd George ließ sich im Unterhaus durch einen Sprechminister vertreten und schuf für die Kriegsleitung ein eigenes, engeres Kriegskabinett von 5—7 Zivilministern, die von allen anderen Regierungsgeschäften befreit waren. Diesem engsten, verschwiegenen und wirklich arbeitsfähigen Kreis hatten die Generäle und Admirale alle ihre Pläne zur Genehmigung vorzulegen, ihm dienten sie als beratende und ausführende Organe. Der Ministerpräsident selbst umgab sich mit einem riesigen Stab von Privatsekretären und persönlichen Hilfsorganen, die ihm eine zentralisierte Kriegsleitung ermöglichten, nicht zuletzt auch die Beherrschung der Kriegswirtschaft und der öffentlichen Meinung. So konnte nur ein alterfahrener, in der Technik des Parteibetriebes gründlich erprobter Parlamentarier regieren; aber parlamentarisch im herkömmlichen Sinn war diese Regierungsweise kaum noch zu nennen; sie näherte sich jedenfalls den Formen der Diktatur.

Immerhin: sie näherte sich ihnen nur; aber sie konnte sich nicht zu wirklicher Alleinherrschaft auswachsen — dafür waren die parlamentarischen Traditionen Englands doch zu stark. Auch gegen Lloyd George konnte die öffentliche Meinung mobil gemacht werden; wir hörten schon, daß es in gewissen kritischen Augenblicken mit Erfolg geschah. Überdies waren die höheren englischen Generäle frei von Servilität, und so hat Lloyd George zwar notwendige Aktionen verzögern, den einmal eingeschlagenen Weg der Kriegführung im großen aber nicht mehr verändern können. Zuletzt nötigte der deutsche Großangriff des Frühjahrs und Sommers 1918 die Alliierten zu einer Gemeinsamkeit der Operationen, in der die strategischen Lieblingspläne des englischen Premiers ihre Bedeutung verloren. Das Schwergewicht der Entscheidungen fiel jetzt ganz von selbst den Armeeführern zu.

Alles in allem muß man sich wundern, wie gut das englische Regierungssystem, das so ungeeignet für die einheitliche Leitung eines großen Krieges schien, die Probe des Weltkriegs überstanden hat, während die deutsche Militärmonarchie — aus noch zu erörternden Gründen — versagte. Nicht zu übersehen ist, daß die Insellage Englands und das jahrelange Erstarren der Grabenfronten den Aufbau einer neuen Armee erleichtert und das Tempo der Kriegführung so verlangsamt hat, daß die Schwäche des ewigen Diskutierens und die mangelnde Einheitlichkeit der Willensbildung nicht allzu gefährlich wurden. Aber es gab doch auch Vorzüge des englischen Systems, die zum Erfolg wesentlich beitrugen: die Traditionen des englischen Kabinetts waren locker und anpassungsfähig; sie boten einem begabten und entschlossenen Politiker die Möglichkeit, die ohnedies sehr starke Machtstellung des Premiers noch weiter auszubauen. Auf der andern Seite war die fortdauernd enge und unmittelbare Fühlung der parlamentarischen Regierungen mit den Volksmassen ein großer Vorzug in einem Kampf, in den das ganze Leben des Volkes hineingezogen wurde; darin unterschieden sie sich sehr vorteilhaft von den volksfremden deutschen Beamtenregierungen. Überdies war die

Politisierung der Massen im 20. Jahrhundert schon sehr weit fortgeschritten, ohne daß eine so tiefe Kluft wie in Deutschland das Proletariat von der monarchischen Staatsleitung und von der adlig-bürgerlichen Oberschicht trennte. Es gab hier keinen Monopolanspruch sogenannter „bürgerlicher" Parteien auf „nationale" Haltung und kein Mißtrauen gegen die nationale Zuverlässigkeit der proletarischen, von den Sozialisten geführten Massen. So konnte der liberale Premier Lloyd George auch für das Proletariat zum Volksführer werden und hielt die Nation innerlich geschlossener im Kriege durch als die deutsche (wie unsere Darstellung noch zeigen wird). Nirgends ist schließlich der Krieg mehr zur Volkssache geworden als in dem so unkriegerischen Inselvolk der Briten.

Wer aber könnte die Kehrseite dieser Entwicklung übersehen? Lloyd George, der die Arbeiterschaft zu einem neuen sozialen und politischen Selbstbewußtsein aufpeitschte, um sie für den Krieg — aber auch für seine Partei! — zu gewinnen, mußte nach dem Krieg erleben, daß die Arbeiter seiner Partei ebenso davonliefen wie die Kapitalisten und daß in der neu entstandenen, von ihm heraufgeführten Welt eines radikalen, kleinbürgerlich-proletarischen Demokratismus, in der so viele Traditionen Alt-Englands versanken, auch für eine bürgerlich-liberale Partei nur noch sehr wenig Raum blieb. Vor allem aber: die Geister des Hasses und der nationalistischen Leidenschaft, die er gerufen hatte, konnte er selbst nicht mehr bändigen, als es galt, nach dem Sieg eine neue, friedliche Dauerordnung Europas zu begründen. War es wirklich noch gesunde Staatsvernunft, die England unter seiner Führung getrieben hatte, diesen Krieg bis zu totaler Vernichtung des deutschen Gegners fortzusetzen und jeden Gedanken an einen Verständigungsfrieden abzuweisen? Oder war dabei auch so etwas wie „militaristisches" Denken im Spiel — ein Kampfeseifer, der nicht ruht, ehe er den Triumph des vollen Sieges ausgekostet hat? Gab es keine Möglichkeit, den deutschen Militaristen, die ebenfalls jede Verständigungspolitik sabotierten, ihr Treiben durch eine versöhnlichere Haltung mindestens zu erschweren? Die Frage ist hier nicht zu beantworten. Sicher ist, daß die Rücksicht auf Frankreich, dessen Boden vom Feinde befreit und durch Elsaß-Lothringen vermehrt werden sollte, die Überlegungen der englischen Politik mitbestimmt hat. Gehörte aber ein voller Triumph Frankreichs über Deutschland notwendig zur englischen Staatsraison?

Damit werden wir noch einmal zurückgeführt auf die Anfänge britisch-französischer Ententepolitik. Die Frage ist genauerer Betrachtung wert, ob und in welchem Maße die englische Politik durch rein militärtechnische Erwägungen statt durch klare Staatsvernunft in ihre enge Bindung an die französische geraten ist. Das Problem des Militarismus stellt sich so als ein europäisches dar.

3. Kapitel

DIE ENGLISCH-FRANZÖSISCHEN GENERALSTABSABREDEN
UND DIE ENTENTEPOLITIK 1905—14

Die Entstehung der britisch-französischen Entente und ihre Verfestigung zu einem Kriegsbündnis im Sommer 1914 ist ein verwickelter Vorgang, in der politische und rein militär-technische Erwägungen auf seiten der Briten ganz eng ineinander greifen. Wir haben hier nur den Anteil des militärischen Faktors an den Entscheidungen der Londoner Politik genauer zu verfolgen.

Da fällt zunächst auf, wie frühe sich unter den hohen britischen Militärs die Überzeugung herausgebildet hat, daß der große Krieg mit Deutschland unvermeidlich sei — lange vor dem Ende der offiziellen Isolationspolitik und vor dem Beginn der eigentlichen Flottenrivalität! Der spätere General James M. Grierson kommt 1896 als Militärattaché nach Berlin — mit günstigen Vorurteilen für Deutschland und seine Armee, wie sein Biograph bezeugt. Das Erlebnis der Krüger-Depesche, die höchst persönliche Politik Wilhelms II. und manches andere enttäuscht ihn schwer. Schon Ende 1897 schreibt er einem Freund: „Wir müssen gegen die Deutschen vorgehen, und das recht bald, oder sie gehen vor gegen uns. Ein Kriegsvorwand würde nicht schwer zu finden sein, und ich glaube nicht, daß selbst Rußland ihm beistehen würde." Derselbe Grierson hat später, als Chef der Operationsabteilung des britischen Generalstabs, aus dem russisch-japanischen Krieg die Doktrin abgeleitet, daß auch eine Inselmacht heutzutage nicht mehr ohne eine große Landarmee auskommen könne und damit den Beifall anderer Generäle gefunden[1]). Ende 1905 hat er die ersten militärischen Abreden mit dem französischen Generalstab in Gang gebracht. Der spätere Feldmarschall William Robertson wird 1902 als Chef der Abteilung für Auslandsnachrichten im War Office um seine Meinung gefragt, ob ein Bündnis mit Deutschland vom militärischen Standpunkt aus ratsam sei. Er verfaßt eine Denkschrift, in der (mit wesentlich politischen Argumenten) eine deutsche Allianz als unpraktikabel und Deutschland geradezu als Englands gefährlichster Rivale bezeichnet wird[2]). Waters, der Nachfolger Griersons in Berlin, bezeugt, daß um

1902 (also gegen Ende des Burenkrieges) im War Office die Meinung vorherrschte, ein deutsch-englischer Krieg werde kommen. „Lieber vielleicht früher als später"; die Hauptaufgabe müsse dabei der britischen Flotte zufallen; aber die englische Armee müsse im Kolonialkrieg mitwirken[3]).

Diese eindeutig deutsch-feindliche Haltung verstärkt sich natürlich rasch seit der großen Wendung von 1904: dem großen britisch-französischen Kolonialabkommen, mit dem die Ententepolitik beginnt. Schon vor dem Ausbruch der Marokko-Krise von 1905 wurde im englischen Generalstab das Problem eines deutsch-französischen Krieges sehr gründlich erörtert. Eine Stabskonferenz in Camberlay im Januar 1905 ordnete die Durchführung eines Kriegsspiels an, das im März/April stattfand und einen Durchmarsch der deutschen Armee durch Belgien als selbstverständlich voraussetzte — ohne irgendwelche Nachrichten darüber aus Deutschland zu besitzen, allein auf Grund der strategischen Gesamtlage[4]). Robertson, der die deutsche Seite in diesem Kriegsspiel führte, ließ starke Truppenmassen auch nördlich der Maas und Sambre zur Umfassung der französischen Armee vorgehen; man kam zu dem Ergebnis, daß Frankreich allein außerstande sein würde, einen solchen Vormarsch aufzuhalten. Diese rein technische Feststellung hat offenbar die weitere Haltung des englischen Generalstabs bestimmt: er nahm sogleich die Entsendung eines britischen Expeditionskorps nach Belgien in Aussicht und hat schließlich nicht geruht, bis dessen Einsatz technisch in allen Einzelheiten vorbereitet war.

Es ist sehr bemerkenswert, daß der englische Generalstab offenbar schon viel früher und klarer als der französische gesehen hat, daß die Deutschen im Fall einer Westoffensive gezwungen sein würden, das französische Verteidigungssystem an der lothringischen Grenze durch eine weit ausholende Vormarschbewegung quer durch Belgien zu umgehen[5]). Die britischen Generäle dachten darüber sehr nüchtern, nämlich rein militärisch: die Neutralitätsverletzung erschien ihnen als unausweichliche Notwendigkeit — was natürlich nicht hinderte, daß gelegentlich auch das moralische Argument auftauchte, den Deutschen sei jede Verletzung des Völkerrechts zuzutrauen. In Frankreich haben die Militärs genau so „militaristisch", d. h. rein militärtechnisch über die belgische Neutralität gedacht. Die Idee einer Beseitigung der belgischen Barriere hatte bekanntlich unter dem dritten Napoleon eine recht bedeutende Rolle gespielt. Nach seinem Sturz war für lange Jahrzehnte an keine französische Offensive mehr zu denken gewesen. Aber schon in den neunziger Jahren, seit der Begründung der russischen Militärallianz, hatten einzelne französische Militärschriftsteller sehr geringschätzig von der belgischen Neutralität zu sprechen begonnen, die kein ernsthaftes Hindernis für den großen französisch-deutschen Zweikampf bilden dürfe[6]). Kurz vor dem Weltkrieg, mit der Steigerung der französischen Rüstung und dem Intimerwerden der englischen Entente, tauchen auch in den Aufmarschplänen des Pariser Generalstabs Ideen eines raschen Vorstoßes durch Belgien gegen die deutsche Grenze auf. Sie sind, wie wir noch sehen werden, nur am Einspruch der englischen Politiker und an der abweisenden Haltung Belgiens gescheitert.

In England hinderte die liberale Grundhaltung des Landes ein glattes Durchdringen rein militärisch-technischen Denkens in den Entschlüssen der Regierung. Bekanntlich hat Lord Grey 1914 das Kabinett und die Nation nur dadurch in den Krieg mit hineinziehen können, daß er ihn als eine Art Kreuzzug zur Rettung Belgiens vor der deutschen Invasion proklamierte. Militärisch aber war nicht die Sicherung Belgiens, sondern Frankreichs das Ziel der englisch-französischen Operationen, und auch die politische Entente der beiden Westmächte ist 1904/5 nicht durch Sorgen um Belgiens, sondern um Frankreichs Schicksal begründet worden. Belgiens Neutralität hatte längst ihren ursprünglichen Sinn verloren, Europa gegen die Eroberungssucht des ewig revolutionären Frankreich zu decken; sie galt seit der Marokkokrisis von 1905 umgekehrt als Deckung Frankreichs gegen die deutsche Übermacht. Die gemeinschaftliche Garantie der Großmächte war zur bloßen Rechtsfiktion geworden, seit sich die Garantiemächte selbst untereinander verfeindeten. Aber es lag in Englands Staatsinteresse, seine Parteinahme für Frankreich mit seiner traditionellen Aufgabe als Hüter des europäischen Völkerrechts zu verbinden. Darum hat die englische Regierung niemals einer Preisgabe Belgiens an französische Offensivpläne vor dem Einmarsch deutscher Truppen zugestimmt. Anderseits gab es ein dringendes englisches Staatsinteresse, die belgische Küste weder in deutsche noch in französische Hände fallen zu lassen; nur das Eingreifen britischer Landtruppen in den deutsch-französischen Zweikampf konnte das verhindern.

War es nun diese politische Erwägung oder war es das Durchdringen der uns schon bekannten militär-technischen Überlegungen des britischen Generalstabs, was 1905/6 den Ausschlag gegeben hat bei dem schwerwiegenden Entschluß, die Verteidigung Frankreichs nicht nur mit Hilfe der Flotte, sondern durch ein großes Expeditionskorps auf dem Hauptkriegsschauplatz durchzuführen? Nach den bisher bekannt gewordenen Quellen läßt sich diese

Frage nicht eindeutig beantworten. Vermutlich hat beides zusammengewirkt. Sicher ist, daß man auch in der englischen Admiralität davon überzeugt war, britische Flottenoperationen allein könnten den Franzosen nicht genügend helfen. Das ursprüngliche Hilfsversprechen Landsdownes an Delcassé, schriftlich formuliert am 17. Mai 1905 während der ersten Marokkokrise, mit dem die Vorgeschichte des späteren Kriegsbündnisses beginnt, enthielt keinerlei konkrete militärische Zusage. Es war darin nur von vertrauensvoller Zusammenarbeit beider Regierungen die Rede, zunächst für den Fall, daß Frankreich den „unprovozierten Angriff" einer dritten Macht fürchten müßte, darüber hinaus in allen irgendwie bedrohlich erscheinenden Verwicklungen der nächsten Zeit. Man spürte aber sehr deutlich das Bemühen der englischen Minister heraus, das Vertrauen der französischen Regierung zu gewinnen — die Sorge, Frankreich könne sich in seiner Verlassenheit (da der russische Alliierte eben damals durch die Revolution und die schwere Niederlage in Ostasien völlig gelähmt war) zu einer politischen Verständigung mit Deutschland genötigt sehen und das Bedürfnis, die französische Politik durch möglichst weitgehende Hilfszusagen zu ermutigen. Aus der Kolonialverständigung von 1904 sollte eine ganz allgemeine, über den Moment hinausdauernde politische Entente entwickelt werden. Der Botschafter Cambon las — wahrscheinlich mit Recht — eine Bereitschaft zu Besprechungen heraus, die zu militärischen Abreden führen könnten, Delcassé selbst noch mehr: ein Versprechen, im Kriegsfall 100 000 Mann an der schleswig-holsteinischen Küste zu landen, wie er später in der Presse bekanntgegeben hat. Ganz frei kann er das kaum erfunden haben. Auf irgendeinem Wege (man hat vermutet: über König Edward) muß er davon erfahren haben, daß die britische Admiralität eben damals Pläne beriet, wie man englische Truppen in Schleswig-Holstein landen könnte (etwa mit dänischer Unterstützung), um den in Frankreich einrückenden Deutschen eine Diversion zu machen, vielleicht auch den Kieler Kanal und den Kriegshafen zu besetzen oder zu zerstören[7]). Aber was konnten solche halb phantastischen Zusagen im Ernst helfen und was war überhaupt von der englischen Armee damals, vor ihrer Neuorganisation, an praktischer Hilfe zu erwarten, wenn der Krieg in den nächsten Wochen ausbrach? Ministerpräsident Rouvier hielt von alledem nichts und ließ Delcassé fallen, in der Hoffnung, durch den Sturz dieses Ministers mit den Deutschen zu einer leidlichen Verständigung über die Marokkofrage zu kommen. Hätte sich Bülow jetzt auf ein zweiseitiges Kolonialabkommen mit Frankreich eingelassen, so ist es kaum wahrscheinlich, daß die von Lansdowne angebotene französischenglische Entente sich zu konkreten militärischen Abreden verdichtet hätte. Vielleicht (meinte später Eyre Crowe) wäre sie überhaupt gescheitert. Selbst Cambon scheint nicht ohne Bedenken gegen eine solche Wendung geblieben zu sein[8]).

Aber die unglückselige Politik Holsteins und Bülows versäumte den günstigen Augenblick und drängte weiter: sie erzwang die Einberufung einer europäischen Konferenz in der Erwartung, daß sich auf ihr die Wertlosigkeit der englischen Unterstützung für Frankreich herausstellen und so die Entente der Westmächte schon im Entstehen gesprengt werden würde. Deutschland trat weiterhin sehr drohend auf. Das wäre völlig unverständlich, wenn man nicht in Berlin die tatsächliche militärische Schwäche Englands gekannt hätte. Was man gar nicht oder doch nicht genügend in Rechnung setzte, war die Bereitschaft der Briten, ihr ganzes Heerwesen umzustellen, um ein zum Einsatz auf dem Festland geeignetes Expeditionskorps zu schaffen — und eben dies unter einer liberalen Regierung, von der man in Deutschland wie in aller Welt ein Abflauen der Kriegsbereitschaft erwartete![9]).

Rouvier, in seinen Hoffnungen auf eine Verständigung mit Berlin schwer enttäuscht, bemühte sich schon wenige Wochen nach Delcassé's Sturz um die vorher verschmähte Stärkung und Vertiefung der englischen Entente. Wir hören von Beratungen des britischen Reichsverteidigungsausschusses im August und September, in dem erörtert wurde, ob die Deutschen im Kriegsfall in Belgien einmarschieren würden und was man dagegen tun könne. Der Generalstab hielt eine deutsche Invasion für sicher, wenn auch nicht unbedingt gleich zu Anfang des Krieges, stieß aber auf Widerspruch einzelner Minister, die sich gegen eine solche Einsicht sträubten, so daß es über die Landung englischer Truppen in Belgien noch zu keinem Entschluß kam[10]). Die Opposition dagegen hatte mancherlei ernsthafte Argumente und wurde vor allem von der Marine gestützt. Dort lebte am stärksten die alt-englische Tradition fort, sich aus kontinentalen Händeln und größeren Landoperationen möglichst herauszuhalten, auf Blockade, Seekrieg und allenfalls „amphibische Operationen" zu vertrauen, in denen der Gegner auf Nebenschauplätzen angegriffen und geschwächt wurde. Den Admirälen, vor allem Fisher, erschien die Armee eher als ein Hilfsorgan der Flotte als umgekehrt. Er hat diesen Standpunkt bis in den Weltkrieg immer wieder sehr energisch verfochten, oft in höchst robuster Form, und hat die Haldane'schen Armeepläne für ebenso verfehlt erklärt wie die Teilnahme an den großen Festlandskämpfen. Sir John Fisher spielte gern den rauhen Seebären, der eine brüske Sprache spricht. Seine und des Admiralitätslords Lee zynische Redensarten, man müsse die deutsche Flotte „verbieten" oder auch „kopenhagen", ehe sie zu groß würde, sind durch die deutsche Marinepropaganda sehr bekannt geworden und haben in Deutschland politisch verheerend gewirkt. In ihnen kam der urwüchsige „Militarismus" derjenigen englischen Waffe zu Wort, in der sich die Engländer überlegen wußten. Admiral Fisher hätte gewiß gern jede Gelegenheit ergriffen, mit Hilfe dieser Überlegenheit die deutsche Kriegsflotte zu vernichten, „lieber früher als später". Aber in England nahm man diese Militaristen nur als Techniker ihres Fachgebietes ernst, und auch da haben sie ihre Idee einer bloßen „naval action" schließlich nicht durchgesetzt, obwohl der „naval school" so bedeutende Figuren wie Lord Esher, der Vorsitzende der Militärreformkommission, und der ständige Sekretär des Reichsverteidigungsrates, Sir George Clarke, angehörten. Die Generalstäbler der Armee behielten zuletzt doch die Oberhand — einfach weil sie beweisen konnten, daß ihr Kriegsplan der wirksamere war und Frankreichs konkreten militärischen Bedürfnissen allein entsprach.

Diese Bedürfnisse meldeten sich gegen Ende 1905 sehr energisch zu Wort, und zwar in doppelter Gestalt: in gewissen Erkundungen des französischen Militärattachés Huguet und in politischen Vorstellungen des Botschafters Paul Cambon. Dahinter stand die Furcht der französischen Regierung, im Fall des Scheiterns der Algeciras-Konferenz einem deutschen Angriff ausgesetzt zu sein und ihm praktisch völlig isoliert begegnen zu müssen. Huguet suchte Mitte Dezember den Chef der Operationsabteilung im britischen Generalstab vorsichtig etwas auszuholen über die Stärke und Mobilmachungsdauer der englischen Armee. Zu seiner Überraschung erfuhr er von Grierson, daß der britische Generalstab sich schon längst mit strategischen Übungen für Festlandsoperationen beschäftigt hatte. Diese hochwillkommene Nachricht wurde bald bestätigt durch eine weitere ermutigende Auskunft aus dem War Office und dem Foreign Office, die sich Huguet mit Hilfe eines inoffiziellen Mittelsmannes (Oberst Repington) beschaffen konnte; sie setzte sogleich die Diplomatie in Bewegung. Der Botschafter Cambon erwirkte von Rouvier die Erlaubnis, sich offiziell bei Lord Grey, dem Außenminister des neuen liberalen Kabinetts, nach dem Grade der englischen Hilfsbereitschaft im Kriegsfall zu erkundigen. Es stellte sich heraus, daß dieser die frankophile Politik seines Vorgängers Lansdowne nicht nur fortzusetzen, sondern in gewissem Sinne sogar noch zu überbieten bereit war. Zwar scheiterten alle Bemühungen des Franzosen, eine feste Bündniszusage für den Kriegsfall zu erreichen — die hätte Grey bei der kriegsfeindlichen Stimmung des Landes und der Mehrzahl seiner Kollegen gar nicht geben können; aber er ließ doch unzweideutig erkennen, daß England seinem Ententegenossen im Fall eines deutschen Angriffs, der das englisch-französische Marokko-Abkommen bedrohte, nicht im Stich lassen würde: das würde die öffentliche Meinung des Landes sofort zum Aufflammen bringen. Von einer Verletzung der belgischen Neutralität war in diesen Unterhaltungen nicht weiter die Rede; es ging hier zweifellos nicht um Belgien, sondern um Frankreich. Aber Grey wird von der Belgien drohenden Gefahr gewußt und eben daraus die innere Sicherheit geschöpft haben, gegebenenfalls die zündende Kriegsparole zu finden. Hatte Lansdowne offiziell immer nur von diplomatischer Unterstützung gesprochen und seine Bereitschaft zu militärischen Abreden für den Ernstfall nur durchblicken lassen, so erklärte sich der neue Minister (nach Rücksprache mit Haldane) ausdrücklich damit einverstanden, die Generalstäbe jetzt schon technische Abreden treffen zu lassen, um eine rasche militärische Hilfe im Ernstfall zu ermöglichen. (Die Admiralstäbe waren schon vorher, wie er wußte, ohne Zwischenschaltung der Diplomatie, miteinander in Verbindung getreten.)[11])

So war denn der Weg eröffnet, auf dem die Kolonialentente von 1904 nach und nach immer mehr zur Militärallianz, zum Kriegsbündnis gegen Deutschland geworden ist. Freilich, wie man weiß, niemals formell, niemals in der Form einer vertraglichen Bindung der englischen Politik an die französische — die hat Grey bis in den August 1914 immer streng vermieden. Aber auch die englische Geschichtsforschung erkennt heute ohne Vorbehalt an, daß aus den technischen Abreden der General- und Admiral-Stäbe moralische Bindungen erwuchsen, die je länger je mehr zur politischen Zwangsläufigkeit wurden. Hat man nun darin eine Auswirkung rein militär-technischen Denkens auf die Diplomatie zu erkennen, etwa gar eine Verfälschung echter Staatsräson durch „militaristische" Gesichtspunkte?

Wer so urteilt, setzt offenbar voraus, daß die echte Staatsräson Englands unter allen Umständen ein Heraushalten aus den großen Machtgegensätzen der kontinentalen Mächte gefordert hätte — eine fortgesetzte Politik der Selbstisolation, wie in den Tagen Gladstones und Salisburys, oder der „freien Hand" nach der Art Bismarcks, d. h. der wechselnden Bündnisse, bald mehr nach der einen, bald mehr nach der anderen Seite. Seit dem Burenkrieg und der starken Flottenrüstung Deutschlands waren aber die Staatsmänner beider großen englischen Parteien überzeugt, daß es mit dieser Methode nicht mehr weiterginge, d. h. daß England dabei Gefahr liefe, sich zwischen alle Stühle zu setzen. Was den führenden Politikern des Landes vor 1914 als britische Staatsräson vorschwebte, haben Männer wie Haldane, Grey und Nicolson mit erstaunlicher Einmütigkeit in ihren Denkschriften und Memoiren dargelegt. Ganz nüchtern, ganz frei von anti-deutschen Empfindungen und eben darum besonders eindrucksvoll hat der jüngere Nicolson in der Biographie seines Vaters ausgesprochen, was das treibende Motiv war: die Furcht vor Deutschlands Übergewicht. Dieses Übergewicht ist den Engländern zum erstenmal während der Marokkokrisis von 1905 ganz klar geworden. Ihr Generalstab berechnete (wie wir schon hörten) militärisch eindeutig, daß Frankreich gegen einen deutschen Angriff, der durch Belgien vorstoßen würde, trotz aller seiner Grenzbefestigungen ohne fremde Hilfe verloren wäre. Da man das auch in Paris wußte, blieb der französischen Politik, wenn sie isoliert blieb, gar nichts übrig als Unterwerfung unter Deutschlands Willen. Der Sturz Delcassés, der aus diesen Erwägungen erfolgte, hat in England (wie alle Memoirenwerke bezeugen) geradezu alarmierend gewirkt: er schien eine kommende Hegemonie der Deutschen über den Kontinent anzukündigen. Das Jahr 1905 war auch das Jahr der kaiserlichen Konvention von Björkö mit Rußland. Ganz deutlich zeichnete sich, wie es von London aus schien, die Absicht der kaiserlichen Regierung am Horizont ab, eine Vereinigung der drei großen Kontinentalmächte gegen England zustande zu bringen. Gelang es auch nur, eine der beiden auf Deutschlands Seite zu ziehen, so war die Überlegenheit Englands zur See angesichts der rasch anwachsenden deutschen Flotte nicht mehr garantiert. Nun hing aber an dem Prestige der Seeherrschaft der Glaube der Völker an die britische Weltmacht überhaupt — erst nach 1919 hat man dieses Prestige dadurch zu ersetzen gesucht, daß England als Vormacht des Völkerbundes zum Hauptgaranten des Weltfriedens wurde. Wer an dieses Prestige rührte (durch den forcierten Flottenbau vor 1914, durch Bloßstellung des Völkerbunds und seiner Ohnmacht seit 1935), der rührte an den Lebensnerv des britischen Weltreichs. Daher die Furcht vor dem deutschen Flottenbau, daher aber auch die ängstliche Bemühung um koloniale agreements seit 1904, deren wichtigstes gerade durch die deutsche Marokkopolitik bedroht wurde. Damit aber schien Englands Weltgeltung überhaupt in Frage gestellt. Eben diese Machtverschiebung zu verhindern, Frankreich unter allen Umständen auf der eigenen Seite festzuhalten, war der Sinn der englischen Entente-Politik von 1905/6.

Sie hing aber auch mit Englands eigentümlicher Art von Machtpolitik zusammen. Das Prestige der absoluten Seeherrschaft war sicherlich noch mehr Fiktion als Wirklichkeit; die Inselmacht war auch mit der größten Flotte nicht imstande, ihre weltweiten Besitzungen in Übersee gewaltsam zu behaupten, wenn sie mit anderen kolonialen Großmächten in militärischen Konflikt geriet. Man wußte in London genau, daß keine Flottendrohung etwa eine Infiltration Persiens durch russische Machtbestrebungen hindern konnte, und der Burenkrieg hatte die militärische Schwäche einer reinen Seemacht peinlich enthüllt.

Man kann der englischen Politik von 1905/6 vielleicht vorwerfen, daß sie die Gefährlichkeit des deutschen Rivalen überschätzt, seinen natürlichen Geltungsdrang und sein Sicherheitsbedürfnis als Hegemoniestreben mißdeutet habe. Man kann Grey nachweisen, daß er — militärischen Dingen völlig fremd — die politische Zwangsläufigkeit verkannt habe, in die man durch generalstabstechnische Abreden geriet. Noch mehr: daß er und seine Feunde, auch Haldane, der Kriegsminister, keine Ahnung gehabt haben von der Größe und Schwere des Abenteuers, auf das sie sich einließen, indem sie eine unmittelbare Beteiligung Englands an den Hauptkämpfen auf dem Festland in Aussicht nahmen (gegen den Widerspruch der Admiralität!) und durch die Generalstäbe vorbereiten ließen[12]). Schließlich kann man kritisieren, daß er die meisten Mitglieder des liberalen Kabinetts, ihren Widerspruch fürchtend, bis zum Herbst 1911 im dunkeln gelassen hat über die große Entscheidung, die sich 1906 vollzog. Aber man kann schlechterdings nicht behaupten, daß diese Entscheidung selbst durch andere Erwägungen als solche der britischen Staatsräson, d. h. durch Englands politischen Macht- und Geltungswillen, bestimmt worden ist, und muß anerkennen, daß Grey im Januar 1906 vor der klaren Alternative stand: entweder die französische Politik durch konkrete Zusagen zu ermutigen oder aber die Entente fahren zu lassen, an deren Behauptung ein so großes englisches Machtinteresse hing. Echte „Militaristen" waren die englischen Admiräle wie Fisher, die mit dem Gedanken eines Präventivkrieges zur radikalen Zerstörung der deutschen Kriegsflotte spielten. Was der Generalstab des War Office 1906 durchsetzte, die technische Vorbereitung eines Feldzuges zur besseren Deckung Frankreichs im Kriegsfall, hielt sich durchaus im Rahmen britischer Staatsräson — jedenfalls in diesem Augenblick, in dem der Ententegenosse nach der Überzeugung der britischen Militärs ohne solche Hilfe praktisch verloren gewesen wäre.

Was die britische Generalität, unter Griersons Führung, 1906 an militärischen Abreden durchführte, entsprach durchaus der diplomatischen Situation. England erschien in den Verhandlungen als der stärkere Teil, die Franzosen waren froh, überhaupt auf britische Hilfe rechnen zu dürfen und fügten sich in allem Wesentlichen den Forderungen des Ententegenossen. Auf ihren anfänglichen Wunsch, das englische Expeditionskorps unter französische Oberleitung zu stellen, in engem Verband mit der französischen Armee, mußten sie sogleich verzichten. Die Einzelheiten der militärischen Besprechungen, von der Forschung schon mehrfach behandelt, brauchen uns hier nicht aufzuhalten. Das Wichtigste war, daß Grierson von Anfang an die Verteidigung Frankreichs auf belgischem, nicht auf französischem Boden plante und der englischen Armee dadurch eine weitgehende Unabhängigkeit gegenüber der französischen Führung sicherte. Frankreich sollte nur die Ausladehäfen, Bahnen und Etappenanlagen zur Verfügung stellen für ein britisches Expeditionskorps, das sofort nach dem deutschen Einmarsch in Belgien die belgische Armee zu verstärken hätte, und zwar mit dem Ziel, sowohl einem deutschen Vormarsch nach Antwerpen wie einem Durchmarsch durch die Ardennen entgegenzutreten. Auch wenn das letztere nötig würde, sollte doch der Weg nach Antwerpen für die Engländer offen gehalten werden. Sie behielten sich vor, die Basis ihrer Operationen ganz nach Antwerpen zu verlegen, sobald die Seeherrschaft im Kanal erst gesichert wäre. Andererseits war ihre Aufstellung für den Fall einer deutschen Ardennenoffensive anscheinend so gedacht, daß sie den linken Flügel der französischen Armee verlängern oder verstärken sollten.

Ein solcher Aufmarschplan konnte nur in genauem Einverständnis sowohl mit dem französischen wie vor allem mit dem belgischen Generalstab aufgestellt werden, und so hat denn Grierson gleich zu Anfang der Beratungen sich die politische Erlaubnis erwirkt, durch den Militärattaché in Brüssel (Barnardiston) mit dem belgischen Generalstabschef Ducarne Verbindung aufzunehmen. Dieser war ebenso überrascht wie die Franzosen durch die englische Initiative, zögerte aber nicht, mit Genehmigung des Kriegsministers den Briten alle gewünschten Einzelheiten über die Stärke der belgischen Armee und ihre Operationspläne im Kriegsfall zu offenbaren. Das Ergebnis der daraufhin einsetzenden, mehrere Monate dauernden Beratungen war, daß ein Aufmarschplan für das britische Expeditionskorps festgelegt wurde, der bis in die geringsten Einzelheiten wie Fahrpläne, Wagenverteilung, Uniformtafeln, Verpflegungsfragen, Requisitionsrechte, Dolmetschergestellung usw. alle technischen Probleme klärte[13]).

Zweifellos war das alles vom Standpunkt einer streng gefaßten Neutralitätspflicht Belgiens völkerrechtlich inkorrekt. Ducarne selbst hatte eine so strenge Auffassung in einer amtlichen Denkschrift von 1900 vertreten: der neutrale Staat dürfe keiner der beiden Kriegsparteien irgendwelche Vorteile gewähren; und zweifellos stellte die einseitige Orientierung Englands über die belgischen Kriegspläne eine sehr weitgehende Begünstigung dar. Darüber war man sich wohl auch in Brüssel klar, wie allerhand ängstliche Bemühungen, die Kenntnis der Vorgänge auf ganz wenige Personen zu beschränken, zu beweisen scheinen. Aber handelte es sich wirklich (wie die deutsche Kriegspublizistik seit 1915 immer wieder zu beweisen versucht hat) um einen förmlichen Übergang Belgiens ins Lager der Westmächte, um eine „Militärkonvention, die ohne offizielle Bestätigung die Wirkung einer Bindung hatte" — „anwendbar auch dann, wenn Deutschland nicht angriff, aber Frankreich die englisch-belgische Unterstützung forderte?"[14]). Das wäre doch nur dann einleuchtend, wenn Belgien seit den militärischen Abmachungen von 1906 sich eindeutig an die Seite der Westmächte gebunden gefühlt hätte—durch moralische Verpflichtungen ähnlich denen, die sich zwischen Frankreich und England entwickelten. Eben dies aber ist offensichtlich nicht der Fall gewesen. Im Gegenteil: der belgische Generalstab, von Anfang an höchst mißtrauisch gegen die praktische Wirksamkeit der englischen Hilfeleistung, hat sich nach dem friedlichen Ausgang der Algeciras-Konferenz zunächst ganz reserviert, später geradezu abwehrend verhalten gegen alle weiteren Annäherungs- und Erkundungsversuche von englisch-französischer Seite. Man spürte in Brüssel offenbar deutlich, daß mit der weiteren militärischen Erstarkung Frankreichs und der allmählichen Erholung seines russischen Alliierten im Pariser Generalstab die Zuversicht und mit der Zuversicht auch die Neigung zur eigenen Offensive wuchs. Das weckte Mißtrauen, ob man nicht im Ernstfall auch von Frankreich her mit einem Einfall zu rechnen haben würde, und so entwickelte sich unter Führung General Ducarnes (der 1910 aus dem aktiven Dienst ausschied) in den letzten Jahren vor dem Krieg eine lebhafte und erfolgreiche Agitation zugunsten einer Stärkung der eigenen Wehrkraft: man wollte die Grenzen des Landes so weit als möglich aus eigener Kraft zu schützen versuchen, ohne in die Abhängigkeit von der Politik fremder Mächte zu geraten. Zu eben diesem Zweck bereitete der Generalstab planmäßig die Verteidigung des Landes sowohl gegen die eine wie gegen die andere Seite vor.

Was die Besprechungen von 1906 zeigen, ist nach alledem nicht als grundsätzliche Wendung der belgischen Politik, vergleichbar der englischen von 1905/6, zu bewerten. Es war, vom belgischen Standpunkt gesehen, nur ein

Versuch der Militärtechniker, konkrete Aufmarschpläne für einen konkreten — und als höchst wahrscheinlich betrachteten — Fall zu entwickeln, und zwar unter Ausnutzung der von außen her unerwartet angebotenen Kriegshilfe. Daß schon ein solcher Versuch gegen die streng gefaßte völkerrechtliche Neutralitätspflicht verstieße, wurde den Beteiligten offenbar schon während der Beratungen selbst bewußt. Zu ihrer Rechtfertigung mochten sie sich sagen, daß die internationale Garantie der belgischen Neutralität praktisch längst zu einer Rechtsfiktion geworden war und daß sie als Soldaten verpflichtet waren, in ihrem praktischen Handeln mit der militärischen Wirklichkeit zu rechnen. Aber der Versuchung, aus der militärischen Abrede politische Konsequenzen zu ziehen und die Neutralität grundsätzlich preiszugeben, ist die belgische Politik nicht erlegen — schon deshalb nicht, weil es bis in den Krieg hinein zweifelhaft blieb, ob eine Bindung an die westlichen Alliierten militärisch und politisch überhaupt vorteilhaft war[15]).

Im englischen Generalstab freilich hat man über die völkerrechtlichen Prinzipien der Neutralität fortdauernd sehr nüchtern gedacht. Ließ sich doch der Plan Griersons, mit der Zeit die Basis der englischen Operationen nach Antwerpen zu verlegen, gar nicht durchführen ohne Verletzung der holländischen Gebietshoheit, der die Scheldemündung unterstand! Weil aber die Generäle keinen ernsthaften Widerstand der Holländer, sondern nur papierene Proteste erwarteten, gingen sie mit leichter Hand über dieses Bedenken hinweg[16]). Schwerlich haben sie das Foreign Office über diesen Teil ihres Planes genauer informiert.

Unklar bleibt, wie der englische Generalstab sich zu verhalten dachte, falls die Deutschen Belgiens Neutralität nicht verletzten. Offenbar lag irgendein fester Plan für diesen Fall nicht vor; von einer Kampfgemeinschaft auf französischem Boden ist in jenen Jahren nirgends die Rede. Muß man aber daraus schließen (wie es neuerdings geschehen ist)[17]), daß die britischen Generäle auf jeden Fall in Belgien einzudringen und ihre Regierung zu einem solchen Schritt mitzureißen gedachten? Es ist ganz unwahrscheinlich, daß ein so „militaristischer" Plan jemals existiert hat. Sehr viel näher liegt die Vermutung, daß man in solchem Fall die Bedrohung Frankreichs für viel weniger dringlich hielt; es blieb dann immer noch Zeit zu überlegen, ob ein englisches Expeditionskorps überhaupt noch nötig wurde und wo es gegebenenfalls einzusetzen wäre.

Tatsächlich hat sich die Aktivität der Briten von dem Augenblick an stark vermindert, als die Krise von Algeciras friedlich vorübergegangen war.

Griersons Nachfolger im Generalstab (seit Oktober 1906) war sehr zurückhaltend im Verkehr mit den französischen Militärs. England hatte kein Interesse, deren Kriegseifer ohne Not zu stärken; man begnügte sich damit, die Interventionspläne von 1906 noch weiter durchzuarbeiten, zu ergänzen, viele Einzelheiten festzulegen, auch durch Beschlüsse des Reichsverteidigungsrates, widerstand aber den immer neuen Versuchen der Franzosen, die englische Expeditionsarmee unter französisches Oberkommando und in die Rolle einer französischen Hilfstruppe zu bringen. Das Wichtigste, was bis 1910 zur Vorbereitung des Krieges geschah, war der Neuaufbau der britischen Armee durch die Haldane'sche Militärreform. Sie ermöglichte eigentlich erst die Erfüllung dessen, was man 1906 den Franzosen versprochen hatte: die Entsendung einer für kontinentale Kriegführung geeigneten modernen Truppe.

Aber die außenpolitische Bedeutung der großen Armeereform ging noch wesentlich weiter: sie hat den kommenden Krieg gegen Deutschland auch geistig vorbereitet und dadurch, von der Armee aus, die antideutsche Wendung der britischen Außenpolitik noch wesentlich versteifen helfen. Man sieht deutlich, wie eine ganze Generation jüngerer Offiziere, im Staff College von Camberley auf den Festlandskrieg gegen Deutschland vorbereitet, sich daran gewöhnten, diesen Krieg als unvermeidlich und nahe bevorstehend anzusehen. Mit nervös gespannter Erwartung verfolgte man in den Stabsquartieren die Krisen der auswärtigen Politik. Daß der kommende Krieg auf belgisch-französischen Schlachtfeldern ausgetragen werden müßte, an der Seite französischer Kriegskameraden, wurde zur Selbstverständlichkeit. Unter keinen Umständen wollte man ihm diesmal so unvorbereitet entgegengehen wie dem Burenkrieg. Eben deshalb führten die Studien- und Übungsreisen des britischen Generalstabes und der Kriegsakademie jetzt nicht mehr bloß auf die Schlachtfelder vor Metz, sondern vielfach in die belgisch-französischen Grenzgebiete, auf den Kriegsschauplatz der Zukunft. Nicht weniger als siebzehnmal hat General Wilson, Direktor der Operationsabteilung seit August 1910, diese Grenzgebiete zu Studienzwecken bereist, zahllose Male Paris aufgesucht zu intimen Besprechungen mit dem französischen Generalstab, mit General Foch eine ganz persönliche Freundschaft geschlossen; als dieser 1910 zum erstenmal auf seine Einladung nach England kam, stellte ihn Wilson seinen Kameraden als künftigen Oberkommandanten der alliierten Heere vor! Zahlreiche Besuche der höheren französischen Generalität in England und umgekehrt schufen eine Atmosphäre gegenseitiger Vertraulichkeit und Kameradschaft, in der die ehemalige Geringschätzung der

Franzosen für das britische Söldnerheer rasch dahinschwand. Kurzum: man empfand sich in der Armee längst als verbündet, ehe die britische Politik sich förmlich an Frankreich band. Von irgendwelchen Vorbehalten, wie die offizielle Politik sie machte, war auf den Freundschaftsbanketten mit französischen Offizieren längst keine Rede mehr, und es bedurfte gelegentlich politischer Warnungen von London her, um offen deutschfeindliche Kundgebungen des Offizierkorps zu verhindern[18]).

So hat das britische Offizierkorps seinen reichlichen Anteil gehabt an der Erzeugung jenes kriegerischen Geistes, der die politische Atmosphäre des letzten Jahrzehnts vor dem Weltkrieg in ganz Europa so schwül werden ließ. Welche Ermutigung das alles für die französische Politik bedeutete, bedarf kaum einer Erläuterung. Aber die Franzosen hatten auch noch das besondere Glück, an der Spitze der Operationsabteilung des britischen Generalstabs seit 1910 einen Mann zu wissen, den man ohne Bedenken und Einschränkung als „hörig" ihren eigenen Zielen und Ideen nennen darf: General Henry Wilson. Er gehörte zum Typus des „politischen Generals", der sich keineswegs auf seine technischen Aufgaben beschränkt, sondern ein eigenes politisches Ziel verfolgt. Dieses Ziel aber war ganz eindeutig: Niederwerfung Deutschlands in einem gemeinsamen Feldzug der Westmächte, an deren raschen Sieg er mit erstaunlichem Optimismus glaubte. In der Verfolgung dieses Zieles hat er auch die politische Intrige nicht gescheut. Mit Erstaunen liest man in seinen Tagebüchern, wie er mit Führern der politischen Opposition gegen die eigene Regierung intrigiert: 1913 gegen den Kriegsminister, seinen Vorgesetzten, um ihn zur Zurücknahme gewisser Erklärungen gegen die allgemeine Dienstpflicht im Unterhaus zu zwingen, im Juli-August 1914, um das zögernde Kabinett zu beschleunigter Kriegserklärung an Deutschland zu bringen und den Kampf Greys mit den pazifistischen Ministern zu deren Ungunsten entscheiden zu helfen[19]). Militärisch stand er ganz im Bann der Ideen Fochs, der das seit 1906 wesentlich verstärkte Selbstvertrauen Frankreichs in strategische Angriffspläne umsetzte; er teilte auch — entgegen aller englischen Tradition — die Geringschätzung des französischen Generalstabs für die Flotte als Kampfmittel für den großen Krieg. Und so hat er weitaus das meiste dafür getan, daß die englische Armee in den Weltkrieg als eine Art von Hilfsorgan der französischen ohne jede operative Selbständigkeit hineingezogen ist, wie sie noch 1906 durch Grierson festgehalten war.

Die entscheidende Wendung brachte die zweite Marokkokrise von 1911, die Frankreich in einer bedeutend besseren Lage überstand als die erste von

1905/6. Auf den russischen Verbündeten war allerdings auch jetzt noch nicht allzuviel Hoffnung zu setzen, da seine Rüstungen noch weit entfernt von Vollendung waren (wie sich uns später noch zeigen wird). Immerhin hatte es sich von der Katastrophe von 1905/6 schon leidlich erholt. Frankreichs eigene Rüstung hatte bedeutende Fortschritte gemacht, und seine Unterlegenheit gegenüber den Deutschen war längst nicht mehr so sicher, wie sie dem britischen Generalstab 1905 erschienen war. Vor allem aber fanden die Franzosen jetzt für ihre Wünsche in Wilson einen Helfer, bereit zu jedem Liebesdienst.

Ähnlich wie 1905 drängten sie auch diesmal auf eine förmliche Militärallianz. General Foch trug diesen Wunsch schon im April 1911 dem englischen Militärattaché vor — noch vor dem Beginn des neuen Marokkounternehmens, durch das die Verträge von Algeciras durchbrochen werden sollten. Seine düstere, zweckbestimmte Schilderung des deutschen Hegemoniestrebens, das ganz Europa bedrohe, fand im Foreign Office allseitige Zustimmung; und so ließ man es schon im April, längst ehe eine deutsche Drohung überhaupt vorlag, geschehen, daß der Generalstab Pläne für die Überfahrt aller sechs Divisionen des britischen Expeditionskorps ausarbeitete. Wie weit dies in Verbindung mit Pariser Stellen geschah und die französische Politik zu ihrem Vorgehen in Marokko ermutigt hat, ist nicht deutlich zu erkennen[20]). Die entscheidende Wendung vollzog sich erst, als das Erscheinen eines deutschen Kriegsschiffes vor Agadir und Lloyd Georges bekannte drohende Rede die Krisis aufs äußerste zugespitzt hatten. Jetzt reiste Wilson nach Paris und schloß in überraschend kurzer Frist, binnen wenigen Stunden, ein schriftliches Abkommen der beiden Generalstäbe ab, das praktisch die englische Armee der französischen als eine Art Hilfskorps zur Verfügung stellte (20./21. Juli). Gleichzeitige Mobilmachung beider Heere, Transport der englischen Truppen nach der Ausladung auf französischen Bahnen in den Konzentrationsraum Busigny—Hirson—Maubeuge, Unterstellung ihrer Operationen unter die allgemeinen Direktiven des französischen Oberkommandos — das waren die wichtigsten Bestimmungen, die noch bis in den Beginn des Weltkriegs in Wirksamkeit geblieben sind. Sie fügten das englische Expeditionskorps ganz und gar in die französischen Operationspläne ein — Pläne, die Wilson im Augenblick seiner Unterschrift unter dieses Abkommen nicht einmal kannte und nicht früher als im September erfahren hat! Die Tatsache, daß die französische Armee das Bahnmaterial für die britischen Divisionen freihalten mußte, schuf neue moralische Bindungen für die Briten: sie durften ihre Mobilmachung im Ernstfall nicht verzögern, sollten ihre Alliierten nicht in ernste Verlegenheit geraten. Fochs Wünsche waren damit erfüllt. Freilich erregte das Abkommen im Reichsverteidigungsrat heftigen Widerspruch bei der Admiralität. Aber es gelang Wilson, in mehrstündiger eindrucksvoller Rede die Minister von der Notwendigkeit dieser Abreden zu überzeugen (23. August) und ihre Annahme durchzusetzen — nicht als förmliche Militärkonvention, aber als schriftliche Verabredung für den Fall einer Kriegsallianz. Die opponierende Flottenleitung wurde zum Nachgeben gezwungen — eben zu diesem Zweck wurde Churchill damals zum Ersten Lord der Admiralität ernannt.

Von Deckung Belgiens war jetzt keine Rede mehr, nur noch von Sicherung Frankreichs. Der britische Aufmarsch war viel weiter nach Westen verlegt als 1906, auf französischen Boden, also besser gesichert vor deutschen Überraschungen; aber die englische Front wurde so zur bloßen Verlängerung des linken französischen Flügels und in das Schicksal des alliierten Heeres auf Gedeih und Verderb mit hineingezogen. Die Rückzugsstraße nach Antwerpen war preisgegeben, das Interesse Englands, vor allem die belgische Kanalküste vor dem deutschen Zugriff zu sichern, strategisch unberücksichtigt geblieben. Mit dem belgischen Generalstab war die Fühlung ganz verlorengegangen und wurde auch nicht mehr wiederhergestellt. Denn die Belgier mißtrauten (wie schon früher erörtert) den Absichten der französischen Heeresleitung und verhielten sich völlig abweisend, als die Engländer 1912 mit einer Mischung von Drohungen und Lockungen sich bemühten, sie für den Kriegsfall auf seiten der Westmächte durch irgendwelche Zusagen oder Abreden festzulegen.

Unter diesen Umständen brachte die belgische Neutralität, statt den Westmächten zu nützen, eine bedenkliche Unsicherheit in ihre strategischen Aufmarschpläne. In Paris empfand man das am stärksten. Schon im Februar 1911 hatte General Michel den Vorschlag einer französischen Großoffensive mitten durch Belgien entwickelt ohne Rücksicht darauf, ob die Deutschen vorher eingerückt wären oder nicht. Angeregt war er dazu durch General Wilson vom britischen Generalstab, der die deutschen Offensivpläne richtiger durchschaute als der französische unter Joffre. Im Juli 1911 waren Michels Operationspläne und organisatorischen Reformvorschläge als technisch undurchführbar abgelehnt worden. Aber in der höheren Generalität setzte sich um diese Zeit doch ein neuer Offensivgeist durch, der die ängstliche Abwehrhaltung, die durch lange Jahre geherrscht hatte, überwinden wollte. Sollten die Deutschen, wie man erwartete, durch belgisches Gebiet vorstoßen, so wollte man ihnen jetzt mit einer Gegenoffensive womöglich zuvorkommen. General Joffre, Generalstabschef seit Ende Juli 1911, dachte zuerst an eine Offensive nach Elsaß-Lothringen, ging aber bald zu der Idee eines Angriffs durch Südbelgien über[21]). Für das Gelingen einer solchen Operation hing beinahe alles davon ab, daß sie rechtzeitig erfolgte und noch in den beginnenden deutschen Aufmarsch hineinstieß. Joffre hat darum mehrfach darauf gedrängt, man möge ihm Freiheit zur Offensive nach Belgien hinein geben, ohne daß vorher der deutsche Einmarsch abgewartet würde. Poincaré war grundsätzlich einverstanden, erklärte aber, um der öffentlichen Meinung der Welt, vor allem um Englands willen müsse mindestens so lange zugewartet werden, bis der französische Einmarsch in Belgien durch drohende deutsche Maßnahmen als völlig gerechtfertigt erschiene[22]). Man sieht also, wie der Militärtechniker in Frankreich durch den Politiker in enge Schranken verwiesen wurde — anders als in Deutschland, wo das Problem der belgischen Neutralität vor 1914 niemals zwischen Soldaten und Politikern förmlich beraten worden ist. Aber die Regierung Poincaré hat sich dann doch eifrig bemüht, die englische Politik im Sinn der Wünsche ihrer Generalstabschefs zu beeinflussen.

Gelegenheit dazu gab die Reise Haldanes nach Berlin im Februar 1912, die der Entspannung des Verhältnisses zwischen Deutschland und England dienen sollte, nachdem die Kriegsgefahr von 1911 auf die öffentliche Meinung Großbritanniens schockierend gewirkt hatte. Wenn es der deutschen Diplomatie gelang (und von Paris aus gesehen schien es zeitweise so), die Briten gegen Zugeständnisse in der Frage der Flottenrüstung zu irgendwelchen Neutralitätszusagen zu gewinnen, so wurden alle französischen Offensivpläne höchst gefährlich. Auf keinen Fall war es der französischen Armee dann möglich, als erste die belgische Grenze zu überschreiten — Deutschland konnte das als „unprovozierten Angriff" auslegen, sich auf die Neutralitätszusage der Briten für diesen Fall berufen und die öffentliche Meinung Englands dafür gewinnen. So setzte denn im März 1912 ein wahres Trommelfeuer ängstlicher Beschwörungen in London ein, die Entente nicht an die Deutschen zu verraten — Beschwörungen, in denen mehrmals recht deutlich darauf hingewiesen wurde, Frankreich könne sich unter Umständen genötigt sehen, den „Schein des Angreifers" auf sich zu laden, weil seine Armee strategisch einer deutschen Invasion in Belgien zuvorkommen müßte[23]). Nicht ohne Erstaunen sieht man, daß der britische Botschafter Lord Bertic sich nicht scheute, Poincaré zu solchen Beschwörungen geradezu aufzustacheln und vor der vielleicht nicht ganz zuverlässigen Haltung seines eigenen Chefs zu warnen. Weniger erstaunlich ist es zu hören, daß die französische Diplomatie sich auf die Zustimmung des englischen Generalstabs, d. h. Wilsons, zu ihren Agressivplänen berufen konnte[24]).

Daß diese aufgeregten Warnungen dazu beigetragen haben, die ohnedies geringe Neigung des englischen Außenministers zu einem Neutralitätsabkommen mit Deutschland vollends zu ersticken, ist wohl nicht zu bezweifeln. Von einer entscheidenden Einwirkung militär-technischer Erwägungen auf die englische Bündnispolitik wird man gleichwohl nicht reden dürfen. Längst ehe der französische Botschafter seine ernsten Vorstellungen in London erhob, war die Haldane-Mission insofern schon gescheitert, als die Berliner Neutralitätsformel vom Kabinett abgelehnt war[25]). England hatte einmal Partei ergriffen und hielt daran fest. Auch von irgendeiner Ermutigung französischer Offensivpläne durch das britische auswärtige Amt läßt sich nicht sprechen. Dem französischen Botschafter zeigten allerdings Grey und noch mehr sein Unterstaatssekretär Nicolson ein sehr freundliches Gesicht: mit keinem Wort haben sie damals den Gedanken eines vorbeugenden Einmarsches in Belgien abgewehrt. Gleichwohl ist deutlich zu erkennen, wie sie darüber dachten: schon vorher hatten sie einer Denkschrift ihres Gehilfen Sir Eyre Crowe zugestimmt, die es für eine wesentliche Pflicht britischer Politik erklärte, nicht etwa Belgien auf die Seite der Westmächte zu zwingen, sondern dort nur als Beschützer vertraglich festgelegter Neutralität aufzutreten[26]).

In dieser Haltung wurde die britische Politik durch die Haltung Belgiens wesentlich bestärkt. Alle Erkundungen und Fühlungnahmen in Brüssel, durch den Marine- und Militär-Attaché wie durch den Gesandten, ergaben eindeutig, daß die belgische Regierung entschlossen war, sich gegen jeden Einmarsch, sowohl von Westen wie von Osten, zur Wehr zu setzen, den sie nicht selbst herbeigerufen hätte. Selbst Wilson scheint sich jetzt die Einsicht aufgedrängt zu haben, daß ein voreiliger Einmarsch bedenklich sei, weil er das immerhin stattliche belgische Heer dem Gegner in die Arme treiben würde. Schon zweifelte er, ob die Belgier nicht überhaupt auf Deutschland setzten und beriet sich mit den Franzosen, wie man dem begegnen könnte. Im Oktober entschied jedenfalls Lord Grey, daß England die belgische Neutralität in keinem Fall verletzen würde, ehe sie nicht von deutscher Seite her durchbrochen wäre. General Wilson selbst wurde nach Paris geschickt mit dem Auftrag, dem französischen Generalstab diesen Entschluß zu übermitteln und diesen zu ersuchen, auf keinen Fall das französische Heer vor dem deutschen in Belgien einrücken zu lassen, da sonst die Lage der englischen Regierung äußerst schwierig würde. (27. November 1912)[27]. Damit war der Plan Joffres endgültig beseitigt und eine wichtige Entscheidung gefallen. Sie erfolgte unmittelbar nach dem berühmten Briefwechsel Greys mit Cambon, in dem die militärischen Abmachungen einschließlich des neuen Flottenabkommens diplomatisch bestätigt wurden. Es mochte eine kalte Dusche sein für französische Militaristen — jedenfalls zeigte es ein deutliches Übergewicht politischer Raison über militär-technisches Denken.

Ist dies nun überhaupt das Ergebnis unserer Betrachtungen: daß die britische Staatsräson zuletzt doch stärker war als aller Kriegseifer der Militaristen und alle militär-technischen Forderungen der Generalstäbe? Man kann sehr ernsthaft die Frage stellen, ob es eine gesunde Staatsräson war, die Lord Grey 1911/12 veranlaßte, die Entente mit Frankreich noch mehr zu befestigen (auch durch militärische Abreden) als 1905/6. War es wirklich auch jetzt noch nötig, das französische Selbstbewußtsein zu stärken, seine koloniale Expansionspolitik noch weiter zu stützen und Deutschland größere Erfolge in Afrika zu mißgönnen? Hätte die Friedenspolitik Bethmann Hollwegs nicht doch bessere Aussichten gehabt, sich gegen die Militaristen vom Schlage Tirpitz' durchzusetzen, wenn man ihm besser greifbare Chancen eines politischen Abkommens in London geboten hätte? Man kann so fragen; man kann weiter feststellen, daß die britische Armee nicht wenig dazu beigetragen hat, die deutschfeindliche Stimmung in England zu verstärken und die französischen Chauvinisten zu ermutigen. Aber man wird nicht behaupten dürfen, daß die offizielle Außenpolitik des britischen Reiches vor 1914 in wesentlichen Entscheidungen durch andere als rein politische Erwägungen bestimmt und daß sie durch die Soldaten ins Schlepptau genommen wäre.

Gefährlicher als der blinde Kampfeseifer seiner Admirale und Soldaten war für England das Umgekehrte: die Verdunkelung kriegstechnischer Räson durch politische Neigungen und Vorurteile. General Wilson hat seinen frankophilen Neigungen nicht nur die operative Selbständigkeit der britischen Armee geopfert, sondern hat sich durch sie auch verführen lassen, einem verfehlten Operationsplan zuzustimmen. Er ließ sich von französischen Offensivplänen imponieren, die sich nachher als falsche Berechnung erwiesen haben: aufgebaut auf einer gänzlich unzulänglichen, im Grunde phantasielosen Vorstellung von den deutschen Angriffsplänen und von der Leistungsfähigkeit der eigenen Truppe. Er hat in billigem Optimismus von einem raschen Sieg geträumt und nicht einmal geahnt, in welche ungeheuren Gefahren und Opfer er die britische Armee hineinführte — trotz der Warnungen nüchtern einsichtiger Generäle wie Haig und Kitchener[28]). England, dessen militärische Macht sich immer erst langsam entwickeln konnte, ist so in einen Kriegsplan hineingezogen worden, der ganz auf rasche einmalige Entscheidung aufgebaut war, in dem die Flotte und die Kräfte des weiten Empire zunächst kaum eine Rolle spielten — ganz gegen die britische Staatsräson. Schließlich blieb das alles vergebliches Bemühen, bloße Kopie eines fremden Vorbilds. Was England am Ende den Sieg verschafft hat, war dann doch nicht die Entscheidung großer Schlachten, sondern die Kraft des zähen Durchhaltens, das langsame Abdrosseln der Lebensluft des Gegners mit Hilfe der Flotte und die Energie der industriellen Kriegsproduktion.

4. Kapitel

DIE ROLLE DES „MILITARISMUS"
IM ZARISTISCHEN RUSSLAND

Unser Überblick über die politische Rolle des Militärwesens in den Hauptstaaten Europas um 1900 wäre unvollständig, wollten wir nicht wenigstens einen kurzen Seitenblick auf das zaristische Rußland werfen. Mehr ist weder möglich noch erforderlich. Denn einerseits hat sich die Osteuropaforschung, soviel ich sehen kann, mit der uns am meisten interessierenden Frage noch kaum beschäftigt, andererseits war die politische Rolle der Armee im Regierungssystem des letzten Zaren sicherlich nicht bedeutend.

Äußerlich gesehen, machte der Zarenhof freilich einen genau so martialischen Eindruck wie der deutsche unter Wilhelm II.: der letzte Zar, als „Oberster Kriegsherr", erschien ständig in Uniform und war ähnlich wie der deutsche Kaiser von einem übergroßen Stab an Generaladjutanten und anderen militärischen Würdenträgern umgeben. Aber anders als dieser besaß er für militärische Dinge im Grunde sehr geringes Interesse und keinerlei Sachverständnis[1]. Vor allem: die russische Armee war, anders als die preußische, in ihrer modernen Gestalt eine viel zu junge Schöpfung, um ein Offizierkorps von einheitlichem, fest geschlossenem Standesgeist und von so starkem politischen Selbstbewußtsein wie jene zu besitzen. Auch das soziale und politische Ansehen dieses Offizierkorps war unvergleich geringer — nicht zuletzt auch deshalb, weil die Armee anders als die preußische seit dem Ende der napoleonischen Feldzüge nur noch wenige Ruhmestaten aufzuweisen, wohl aber mehrfach schwere Niederlagen geerntet hatte.

Erst seit 1874 gab es in Rußland eine moderne Volksarmee mit ernsthaft durchgeführter allgemeiner Wehrpflicht, nach preußisch-deutschem Vorbild; ähnlich wie in Frankreich und England hatten auch hier die raschen deutschen Siege über Frankreich sich revoltierend ausgewirkt. Bis dahin war der Heeresdienst noch immer im wesentlichen von Konskribierten der niederen Stände, Bauernsöhnen und Proletariern mit sehr langer Dienstzeit unter adligen Offizieren ohne höhere militärtechnische Schulung geleistet worden. Die rohen Dienstpflichtgesetze Peters des Großen von 1705, die lebenslängliche Dienstzeit für eine sehr willkürlich ausgewählte Zahl von Untertanen vorsahen, waren seit 1825 wohl verbessert, aber erst nach den schweren Mißerfolgen des Krimkriegs abgeschafft worden. Die 1864 beginnenden Reformen hatten zunächst zu einer Verkürzung der Dienstpflicht auf 15 Jahre und ihre grundsätzliche Ausdehnung auf alle Stände geführt; man ließ aber (ähnlich wie in Frankreich und in den außerpreußischen Staaten Deutschlands) den Loskauf der Söhne wohlhabender Familien durch ein System von „Stellvertretern" zu, außerdem „Beurlaubungen" nach 10 oder 8 Jahren, je nach Leistung und Bildungsstand. Das Analphabetentum der Masse und das geringe Bildungsniveau der Offiziere war das schwerste Hindernis für eine volle Nachahmung des preußischen Vorbilds. Noch 1909 rechnete man mit 38% Analphabeten im Heer[2]. Miljutin, der große Heeresreformer Rußlands, der von 1861—1881 Kriegsminister war, sah sich in seinem grundlegenden Heeresgesetz von 1874 genötigt, für die Masse der Bauernsöhne eine immer noch sechsjährige aktive Dienstzeit beizubehalten[3]; nur für die Gebildeten wurde sie von Anfang an verkürzt: je nach dem Schulungsgrad bis auf ein Jahr (ursprünglich sogar auf 6 Monate). Außerdem wurde sie (nach preußischem Muster) durch das Institut des sogen. „Freiwilligen"-Dienstes auf eigene Kosten erleichtert. Um die Bildung der Offiziere zu verbessern, hat Miljutin mit dem Aufbau moderner Militärschulen niederen und höheren Grades begonnen und die Modernisierung des Generalstabs gefördert, die Militärverwaltung vielfach verbessert. Die Prügelstrafe wurde endlich abgeschafft und versucht, auch den einfachen Mann zu einem ehrliebenden Patrioten zu erziehen — nicht ohne Mitschwingen liberaler Ideen[4].

Die Erfolge dieser Reformen waren bedeutend und ließen sich schon im russisch-türkischen Krieg von 1877/78 erkennen. Nach und nach entstanden bei der Menschenfülle des russischen Riesenreichs fast unerschöpfliche Reserven ausgebildeter Mannschaften. Die russische Armee wurde zur „Dampfwalze", die schon um die Jahrhundertwende rein zahlenmäßig alle anderen auf dem Kontinent weit überragte. Trotzdem hat sie die Schlagkraft der preußisch-deutschen bis zum ersten Weltkrieg niemals erreicht.

Daran war nur teilweise die Ungunst der geographischen Verhältnisse schuld: die unendliche Weite der Räume, bei dünner Besiedlung und überaus spärlichen Verkehrswegen, die eine schnelle Mobilmachung, aber auch die rasche Versammlung und den Aufmarsch der Armee außerordentlich erschwerten. Diese Verzögerung blieb immer eine Hauptsorge der russischen

Heeresleitung; sie ist allerdings bis 1914, unter Drängen und finanzieller Mithilfe der Franzosen, weitgehend durch technische und organisatorische Maßnahmen vermindert worden. Die Durchführung aller Reformen litt aber an den bekannten Mängeln aller russischen Verwaltung: Korruption, Durcheinander der verschiedenen Ressorts, Intrigenwirtschaft am kaiserlichen Hof, Indisziplin der hohen Beamten oder Kommandeure, Hineinreden und Günstlingswirtschaft der Großfürsten, der nächsten Verwandten des Zaren, deren dilettantisches und anmaßendes Mitregieren unter dem schwachen Kaiser Nikolaus II. besonders arg geworden zu sein scheint, und andere Mängel. Klagen darüber liest man in der Memoirenliteratur[5]) und in diplomatischen Berichten bis zum Überdruß. Wichtiger war die Tatsache, daß in Rußland zwei unentbehrliche Voraussetzungen für die Durchführung eines modernen technisierten Volkskrieges einfach fehlten: eine große, wirklich leistungsfähige Rüstungsindustrie und ein politisch lebendiges Volk, das den Staat als sein Vaterland empfindet und ihm nicht bloß in stummem Gehorsam dient. Die Bewaffnung und Ausrüstung der russischen Armee blieb immer ganz unzulänglich, trotz allen Eifers der Kriegsminister. Die Masse des russischen Volks aber hat gar nicht verstanden, warum sein letzter Zar ihm so namenlose Blutopfer und Entbehrungen zumutete wie es im japanischen Kriege und im ersten Weltkrieg geschah.

Insofern ist es schon richtig, wenn man das russische Riesenreich „einen Koloß auf tönernen Füßen" genannt hat. Die Armee, das Machtwerkzeug des Zaren, hat niemals die Popularität genossen wie in Deutschland (oder auch im Frankreich der Dritten Republik); die Rekrutenaushebung mußte deshalb auch mit viel größerer Schonsamkeit erfolgen als dort[6]). Der Offiziersdienst übte, seit er nicht mehr das Privileg der Adelsklasse war, d. h. seit der Miljutin'schen Reform, keine sehr starke Anziehungskraft aus. Wirklichen Reiz hatte er eigentlich nur in den großen Hauptstädten des Landes wie Petersburg, Moskau, Kiew oder auch Warschau, wo das Offizierspatent den Zugang zu einer glänzenden Hof- und Adelsgesellschaft, wohl gar zum Zaren selbst erschloß, wo bunte Uniformen, Ordenssterne und kavalleristische Glanzleistungen einer verwöhnten Damenwelt imponierten und wo von der Gardekavallerie aus der Übergang in diplomatische Posten oder auf hohe Staatsämter für die Angehörigen vornehmer Familien auch ohne bürokratische Vorkenntnisse und juristische Examina möglich war. Aber der eintönige Dienst in den vielen ärmlichen, weltfernen Provinzgarnisonen des weiten Reiches war um so trostloser, zumal bei kärglicher Besoldung, und so gab es immer wieder Klagen über den Mangel an gutem Nachwuchs, zumal aus der schmalen Intelligenzschicht des Landes; erst kurz vor dem Weltkrieg scheint sich das gebessert zu haben[7]). Man kann aber auch von einem geschlossenen Standesgeist im russischen Offizierkorps, vergleichbar dem preußisch-deutschen, nicht reden. Die Reformen Miljutins hat man geradezu „demokratisch" genannt. Sie waren es insofern, als sie sich ganz bewußt gegen den Monopolanspruch der alten Adelskaste auf die Führungsposten richteten. Auf den Militärgymnasien, Junkerschulen und Kriegsakademien wurde ein neues Offizierkorps herangebildet, dem militärisches Fachwissen und sachliche Leistung mehr gelten sollten als der Glanz alter Adelsnamen und die lässig-vornehme Eleganz jener Grandseigneurs, die bisher den Ton angegeben hatten[8]). Dieser Gegensatz scheint besonders schwer im Kreise junger Generalstabsoffiziere empfunden worden zu sein, die ihre militärwissenschaftlichen Studien ernst nahmen und in den hohen Führungsstellen vielfach auf hochadlige Dilettanten stießen, vor allem aus dem Kreise der Großfürsten, die ihre mangelnde Fachbildung durch brutale Energie zu ersetzen suchten[9]). Es war für sie nicht leicht, sich durchzusetzen. In der Armee war der Generalstab, als eine privilegierte Körperschaft frontferner Militärbürokraten, wenig beliebt, die Vorzugsstellung seiner aktiven und ehemaligen Mitglieder im Avancement (die auf einen sehr weiten Offizierskreis ausgedehnt wurde), stark beneidet. Ursprünglich mit allen möglichen Verwaltungsaufgaben belastet, gewann er erst sehr spät moderne Gestalt[10]). Suchomlinow, der erst 1908 an seine Spitze trat, hielt noch immer gut 10 Jahre für nötig, um ihn wirklich auf die Höhe zu bringen[11]). Aber er selbst hat ihm keine Selbständigkeit gegönnt, sondern ihn immer nur als Unterabteilung des Kriegsministeriums betrachtet und als Minister auch so behandelt. Häufiger Wechsel der Chefs (im Gegensatz zu den meist sehr lange amtierenden Kriegsministern) hat dieses Abhängigkeitsverhältnis noch verschärft. Zu einer so angesehenen und selbständigen Stellung wie der deutsche Generalstab hat es also der russische nie gebracht.

Hat er nun, und hat die Haltung des russischen Offizierkorps überhaupt in irgendeiner erkennbaren Weise auf den Gang der russischen Außenpolitik, insbesondere auf die Verschärfung des Verhältnisses zu Deutschland eingewirkt? Nach der Darstellung von Alfred Vagts wäre der Offizierstand, ganz besonders aber der Generalstab, als der eigentliche Träger des russischen Imperialismus zu betrachten[12]). Nun ist sicher richtig, daß die Erziehung des russischen Offizierkorps seit den Reformen Miljutins in einem betont nationalistischen Geist erfolgte. Zarentreue, nationaler Stolz und militärischer Ehrgeiz gehörten wie selbstverständlich zusammen. Sofern dieser Nationalismus von panslavistischen Ideen beflügelt wurde, fanden natürlich auch solche Ideen in der Armee Eingang, machten aber hier, wie die Memoirenliteratur deutlich zeigt, ähnliche Wandlungen durch wie in der russischen Gesellschaft überhaupt: durch mancherlei ernüchternde Erfahrungen mit Polen, Tschechen und Südslawen fand man sich mehr und mehr auf einen rein russischen Nationalismus abgedrängt, der seit der Regierung Alexanders III. (1881—94) durchaus vorherrschte und sich mit einem strengen Monarchismus auch besser vertrug als der Panslawismus der Jahrhundertmitte mit seinen revolutionären (oder doch stark liberalistischen) Zügen[13]). Diese Wandlung bedeutete zumeist auch eine Veränderung in der Sicht der Balkanfragen: von romantischer Sympathie zu nüchterner Prestige- und Machtpolitik. Übrigens trug der „Panslawismus" von Haus aus stark literarische Züge, was seiner Verbreitung in der Armee gewisse Grenzen setzte.

Immerhin gab es einzelne Generäle, die als Schriftsteller (oder als Redner) panslawistische und deutschfeindliche Stimmungen verbreiten halfen, so vor allem Fadejew, der seit den sechziger Jahren ziemlich phantastische Ideen über ein Vordringen der russischen Machtsphäre bis zur Adria propagierte. Von ihm stammt das Schlagwort: „Der Weg nach Konstantinopel führt über Wien." Fadejew ist als politischer Störenfried bald aus dem aktiven Dienst entfernt worden. Gleichwohl hat der deutsche Botschafter, General von Schweinitz, sicherlich einer der besten Kenner des russischen Heerwesens, 1892 in einem seiner glänzendsten Berichte gemeint, er sei „der eigentliche Schöpfer oder wenigstens Kodifikator des russischen Generalstabschauvinismus" gewesen; Schweinitz berichtet zugleich von gewissen Eroberungsphantasien, die er selbst aus dem Munde eines russischen Generalstäblers von hohem Rang (Dragomirows) gehört habe[14]). Er fügt aber gleich hinzu, daß Fadejew jetzt längst vergessen sei und zeigt dann im einzelnen, daß der „Generalstabschauvinismus" doch weit mehr defensiven als aggressiven Charakter trage, selbst in seinen asiatischen Kampfzielen, vollends Deutschland gegenüber.

Im ganzen wird man sagen dürfen, daß der politisierende General in der russischen Armee eine ebenso seltene Ausnahme war wie in der deutschen; das Gros wurde hüben wie drüben von national und monarchisch, vielleicht chauvinistisch gesinnten, aber im Grunde völlig unpolitischen Fachmilitärs gebildet. Die bekannteste Ausnahme ist General Skobelew, ein eitler Radoteur, der auf Grund seiner Verdienste im asiatischen Kolonialkrieg sich zu großen Dingen berufen glaubte und im Frühjahr 1882 die Diplomaten ganz Europas durch seine in Paris und Warschau gehaltenen Brandreden in Unruhe brachte, indem er unverblümt zu einem russisch-französischen Kriegsbündnis gegen die Mittelmächte aufrief. Aber Skobelew, eine Art Gegenstück zu Boulanger, ist ebenso schnell gescheitert wie jener[15]) und brachte keine „Kriegspartei" in der Generalität zusammen. Sie hat sich nach den Berichten unserer Botschafter auch nach seinem Tode nicht gebildet. Das hatte sehr naheliegende Gründe.

Zunächst, in den achtziger Jahren, lebte man noch in dem Bewußtsein hoffnungsloser militärischer Unterlegenheit gegenüber dem deutschen Reich und vollends gegenüber den verbündeten Mittelmächten. Die Modernisierung der Armee, 1874 begonnen, steckte ja noch in ihren Anfängen, und die Feldzüge gegen die Türken 1877/78 hatten auf dem Berliner Kongreß mit einer furchtbaren politischen Enttäuschung geendet. Diese Enttäuschung richtete sich nun freilich, wie man weiß, vor allem gegen den deutschen Bundesgenossen, von dem man sich auf dem Kongreß verraten glaubte. Seit 1879 wurde das Verhältnis der beiden Kaiserhöfe immer kühler, wie es die Berichte und Denkwürdigkeiten Schweinitz' so eindrucksvoll erkennen lassen. Es war aber nicht nur die Hetze russischer Nationalisten wie Katkow oder Aksakow (deren Presseäußerungen um so zügelloser wurden, je mehr ihnen auf dem Gebiet der Innenpolitik Zügel angelegt waren), was deutschfeindliche Stimmungen erzeugte, sondern sicherlich auch die Besorgnis der Militärs vor dem allzu großen Übergewicht der materiellen Macht Deutschlands. Diese Besorgnis scheint sich bei einzelnen Generälen (wie Dragomirow) schon seit dem überwältigenden preußischen Siege bei Königgrätz geregt zu haben. Man war gewöhnt gewesen, die preußische Monarchie als eine Art Schützling zu betrachten und erlebte nun plötzlich, daß sie zur ersten Militärmacht des Kontinents heranwuchs, sich 1876 energisch weigerte, dem russischen Nachbarn in seinen Eroberungsplänen auf dem Balkan hilfreich zu sein und statt dessen sich mit Österreich-Ungarn eng verband. Vom russischen Standpunkt aus gesehen mußte das steigendes Mißbehagen erwecken. In der fortdauernden Auseinandersetzung mit England an der orientalischen Front, mit Österreich-Ungarn auf dem Balkan fühlte man sich bündnis-politisch isoliert, ja vom guten Willen Deutschlands abhängig; denn im Kriegsfall (so sah es der russische Generalstab) war Rußland einem vereinigten Angriff der Deutschen und Österreicher gegenüber nahezu wehrlos.

Die deutschen Militärberichte aus Rußland meldeten in den achtziger Jahren immer wieder von Verlegung russischer Truppen, vor allem großer Kavalleriekörper, in die polnischen Westgebiete, zum Teil nahe der deutschen Grenze, und von strategischen Bahnbauten in eben diesen Gebieten. Im deutschen Generalstab war man geneigt, diese Umgruppierungen als kriegerische Drohungen aufzufassen und veranlaßte immer neue Vorstellungen bei der russischen Regierung durch unsere Botschafter[16]). Die regelmäßige Antwort, es handle sich nur um Sicherungsmaßregeln und technische Verbesserungen der Mobilmachung, stieß ebenso regelmäßig auf Mißtrauen, und dieses Mißtrauen hat ja denn auch (wie früher berichtet: s. Bd. I, 295 ff.) 1887 beim deutschen und österreichischen Generalstab zu Präventivkriegs-Ideen geführt. Ohne Frage haben diese Rüstungsmaßnahmen viel dazu beigetragen, auch politisch die Spannung zwischen beiden Reichen zu verschärfen. Liest man indessen die Darstellung russischer Militärs, so waren sie nichts als ein Produkt ängstlicher Vorsicht. Man war sich klar bewußt, daß im Konfliktsfall das Aufmarschgebiet des russischen Heeres gegen Westen, die weit vorgeschobene polnische Ebene, von Ostpreußen und Galizien her gleichsam im Zangengriff abgeschnürt werden konnte, wie es ja auch in den Plänen Moltkes tatsächlich vorgesehen war, und man fürchtete sich sehr vor der Schnelligkeit dieses Zangengriffs. Denn nichts hatte im russischen Generalstab an den Ereignissen von 1866 und 1870/71 tieferen Eindruck gemacht als die Schnelligkeit der Mobilmachung und des Aufmarschs preußisch-deutscher Armeen. Man sah keine Möglichkeit, auf diesem Gebiet es den Deutschen gleichzutun und verstärkte darum allmählich die Truppenzahl im Westen, besonders die Kavallerie, die im Ernstfall sofort losbrechen sollte, um durch Zerstörung von Eisenbahnlinien den Aufmarsch des Gegners so lange als möglich zu verzögern[17]). Auch das Eisenbahnnetz wurde im polnisch-litauischen Raum verdichtet. Technische Maßnahmen dieser Art gehören überall zu den Aufgaben der Heeresleitung schon im Frieden. Mit „Generalstabs-Chauvinismus" haben sie nichts zu tun.

Solange Bismarck das Ruder des Reiches führte, wurden die politischen Spannungen im deutsch-russischen Verhältnis immer wieder ausgeglichen, zuletzt mit dem freilich sehr künstlichen Mittel des „Rückversicherungsvertrags". Erst dessen Auflösung durch seinen Nachfolger hat bekanntlich die russische Politik in die Arme Frankreichs getrieben. Wir kennen heute die Vorgeschichte und die weitere Entwicklung des russisch-französischen Militärvertrags von 1892 bis in alle Einzelheiten[18]). Publizistisch war er schon lange von den russischen Chauvinisten, vor allem von Katkow, gefordert worden; an dieser Propaganda hatte auch ein General mitgewirkt, von dem wir schon hörten: Skobelew. Man kann aber nicht behaupten, daß die Initiative zu dem französisch-russischen Militärvertrag von der russischen Armee ausgegangen sei[19]). Der Generalstabschef Obrutschew, der die militärische Abmachung vom 17. August 1892 gemeinsam mit dem Franzosen Boisdeffre unterschrieb, war allerdings mit großem Eifer an der endgültigen Formulierung beteiligt; er galt als Hauptträger des russischen Patriotismus Miljutinschen Stils. Aber der eigentliche Anstoß kam eindeutig von französischer Seite, vor allem von Ribot, dem Außenminister und Revanchepolitiker, aus dessen Feder auch der erste Entwurf des Militärvertrags stammt. Auch Freycinet, der Ministerpräsident, hat entscheidend dabei mitgewirkt. Der französische Generalstab diente nur als Werkzeug; er gab nicht den Anstoß wie später General Wilson in den englisch-französischen Verhandlungen; er wurde von den Ministern, die einen großen politischen Erfolg brauchten, um sich zu halten, 1892 mit geradezu nervöser Hast vorwärtsgedrängt, während die Russen ziemlich lange zögerten.

Dieses Zögern hing damit zusammen, daß von Anfang an die Zielsetzungen des russischen Generalstabs mit denen des französischen nicht übereinstimmten. Für Rußland war die Habsburgermonarchie der eigentliche Feind, die Eroberung Galiziens und die „Befreiung" der Balkanslawen das eigentliche Kampfziel, Deutschland zuletzt doch nur deshalb Kriegsgegner, weil es sich schützend vor seinen Verbündeten stellte. Es lag also im Interesse der russischen Heeresleitung, sich die Freiheit des strategischen Handelns zu bewahren und ihre Streitkräfte im Kriegsfall da zu massieren, wo die größeren Siegeschancen winkten, gegen Deutschland aber so lange als möglich in der Verteidigung zu bleiben. Den Franzosen fiel dann die Hauptlast des Kampfes mit den Deutschen zu. Daß sie im Kriegsfall nicht neutral bleiben würden, ließ sich auch ohne Vertrag mit Sicherheit voraussehen; der deutsche Generalstab und Bismarck haben damit schon seit den siebziger Jahren ganz fest gerechnet. Überdies hatte der Außenminister Baron Giers schon im August 1891 seinem Land durch einen diplomatischen Schriftwechsel die Waffenhilfe Frankreichs im Kriegsfall förmlich gesichert. Er war zu dieser Entente geradezu genötigt worden: wollte er eine völlige diplomatische Isolierung Rußlands vermeiden, so mußte er die schon seit 1887 ausgestreckte Hand der Franzosen endlich ergreifen, da ihm die von Holstein inspirierte deutsche Politik jede, auch noch so lose formulierte Freundschaftsversicherung verweigerte, aus lauter Angst, es mit dem österreichischen Bundesgenossen zu verderben. Giers hatte aber nicht im Sinn, nunmehr sein Land in den Dienst französischer Revanchepolitiker ziehen zu lassen und hatte sich darum gehütet, 1891 mehr zu versprechen als gemeinsame Beratungen beider Regierungen über „sofort und gleichzeitig zu ergreifende Maßregeln" für den Fall, daß der europäische Friede von irgendeiner Seite (nicht bloß von deutscher oder österreichischer!) bedroht würde. Das ließ immer noch Zeit und Raum zu politischen Ausgleichsverhandlungen. Gegen die Forderungen Freycinet's, (die der frankophile Pariser Gesandte Rußlands, Baron Mohrenheim, sogleich, aber ohne Ermächtigung akzeptiert hatte) die allgemein gehaltene Zusage von 1891 in eine förmliche Militärkonvention zu verwandeln, hat er sich lange und zähe gesträubt. Aber den Franzosen genügten dehnbar gehaltene Zusagen keineswegs. Genau wie die Russen fürchteten sie die Schnelligkeit der deutschen Mobilmachung und die Wucht deutscher Angriffsstöße. Die russischen Verbündeten sollten ihre Hauptmacht gegen Deutschland, nicht gegen Österreich-Ungarn werfen, und zwar sofort, ehe die deutsche Angriffsarmee tief in Frankreich eindringen konnte; also mußte die russische Mobilmachung mit allen nur denkbaren Mitteln beschleunigt werden. Schon auf die erste Kunde von der Mobilmachung einer der Dreibundmächte, heißt es im 2. Artikel der geheimen Militärkonvention vom 17. August 1892, werden Frankreich und Rußland „ohne daß noch besonders eine vorhergehende Verständigung nötig ist, sofort und gemeinsam ihre gesamten Streitkräfte mobil machen und so nahe wie möglich an die Grenze werfen". Dazu in Art. 3: „Diese Streitkräfte (Frankreich 1 300 000, Rußland 700 000 — 800 000) werden mit Nachdruck und aller Schnelligkeit derart vorgesehen, daß Deutschland sogleich sowohl nach Osten wie nach Westen zu kämpfen hat."

Das war eine außerordentlich starke und enge Bindung der russischen Politik an die französische. Man kann es getrost eine entscheidende Wendung in der Vorgeschichte des ersten Weltkriegs nennen — und einen echten Triumph der Militärtechniker über die Politiker. Der Teufelskreis militärtechnischer Zwangsläufigkeiten, der im Juli 1914 den Staatsmännern in Berlin und Petersburg gleichsam die Luft zum Atmen geraubt und ihre Entschließungsfreiheit aufs äußerste eingeengt hat, war damit schon vorgegeben. Daß es General Boisdeffre gelungen ist, für diese Geheimabrede den russischen Generalstabschef Obrutschew, durch ihn den zunächst widerstrebenden und zögernden Kriegsminister Wannowski und schließlich auch den

Zaren zu gewinnen, war eine Meisterleistung französischer Diplomatie. Die politischen Motive, die den Außenminister Giers veranlaßt haben, 1½ Jahre später schließlich doch sein Placet zu geben, brauchen wir hier nicht näher zu erörtern. Auf Seiten der russischen Generäle wird dieselbe Sorge den Ausschlag gegeben haben, die wir schon kennen: die Furcht vor einem überwältigend raschen Vorstoß der Mittelmächte in den polnischen Raum mitten in den russischen Aufmarsch hinein.

Gleichwohl hat es auch auf russischer Seite an kritischen Bedenken gegen die zu enge Bindung nicht gefehlt. Das zeigen deutlich die späteren Verhandlungen der beiden Generalstäbe, die bis 1913 alljährlich erneuert wurden. Immer wieder drängten die französischen Generäle auf einen raschen Vormarsch möglichst großer russischer Heeresmassen in der Richtung auf Berlin, und grundsätzlich konnten sich die russischen Militärs einem solchen Verlangen nicht widersetzen — um so weniger, als sie zum Ausbau ihres strategischen Bahnnetzes auf französische Anleihegelder angewiesen waren. Aber sie brachten immer wieder die Schwierigkeiten der weiten Räume und vor allem die Notwendigkeit zur Sprache, auch gegen österreichische Angriffe große Heeresmassen bereitzustellen — um dann regelmäßig die Antwort zu erhalten: wenn erst einmal Deutschland, der gefährlichste Feind, am Boden liege, würden Österreich-Ungarn und Italien militärisch nicht mehr viel bedeuten. Da die Franzosen sich zu sichern suchten durch immer genauere Festlegung der russischen Aufmarschpläne, ihrer Termine, ihrer Richtung und sogar ihrer Bahnwege, scheinen die Russen seit 1912 ausgewichen zu sein, indem sie den französischen Wünschen formell nachgaben, ihre Aufmarschpläne aber nicht änderten, sondern sehr erhebliche Kräfte zum Gegenstoß gegen die österreichisch-ungarische Offensive in Galizien ansetzten, von deren Planung sie durch Verrat genaue Kenntnis hatten. Auch an der (schon früher durchgeführten) Verlegung von Garnisonen und Aufmarschräumen weiter nach Osten unter Räumung Westpolens haben sie nichts geändert[20]. Nach dem Krieg hat es denn auch auf beiden Seiten nicht an Kritik des Militärabkommens gefehlt: man warf sich gegenseitig vor, den andern ohne Not in fremde politische Interessenkonflikte hineingezogen zu haben.

Aber das war ein Besserwissen post eventum. Zunächst, in den neunziger Jahren, sieht man deutlich, welchen starken Auftrieb das Bestehen des neuen Bündnisses sowohl dem Selbstvertrauen der Franzosen wie dem der Russen gegeben hat. Ohne daß die innerpolitischen Gegensätze zwischen Zarentum und Republikanismus verschwanden, wurde doch die neue Entente, durch gegenseitige Flotten- und Herrscherbesuche äußerlich bekundet, in beiden Ländern mit stürmischem Enthusiasmus von der „öffentlichen Meinung" begrüßt. Ausschweifende Hoffnungen knüpften sich auf beiden Seiten daran, und die Berichte deutscher Diplomaten aus Petersburg bezeugen, daß gerade auch unter den höheren Militärs utopische Vorstellungen von der Macht und der Zukunft Rußlands sich auszubreiten begannen[21]). Die imperialistische Zeitströmung des Jahrhundertendes hat auch die russische Gesellschaft ergriffen und, dem russischen Naturell entsprechend, vielfach phantastische Zukunftsträume von der Weltmission Rußlands erzeugt — Gedanken, die auch im Kopf des schwachen und leicht verführbaren letzten Zaren eine verhängnisvolle Rolle spielten. Das Verhältnis der letzten russischen Kaiser zur „öffentlichen Meinung" ihres Landes gehört überhaupt zu den größten Rätseln der rätselvollen russischen Geschichte. Als absolute Herrscher schienen sie völlig unabhängig vom „Volkswillen", um so mehr, als dieser bis 1905 gar kein verfassungsmäßiges Organ besaß und nichts schwieriger war, als die launenhaften, rasch wechselnden und vielfach gespaltenen Meinungen der schmalen Bevölkerungsschicht zu bestimmen, die sich die russische „Gesellschaft" nannte[22]). Aber das moralische Fundament dieses Herrschertums war vom Treiben anarchistischer Kräfte so tief unterwühlt, daß es sich beständig unsicher fühlte — selbst dem Offizierkorps der Armee gegenüber, das ebenso von Geheimpolizei überwacht wurde wie alle anderen Volksschichten[23]). Eben diese Unsicherheit hat sich offenbar auf die Außenpolitik der Zaren ausgewirkt: durch äußerlich glänzende Erfolge innere Spannungen zu übertäuben, war immer ein Kunstmittel der Monarchen. Excercitus facit imperatorem. In Rußland mit der grenzenlosen Weite seiner Räume hat das mehr als normal zu Abenteuern verführt. Unter Nikolaus II. war das erste große Abenteuer der russisch-japanische Krieg, das zweite der Weltkrieg.

Für die erste dieser Unternehmungen hauptsächlich soldatische Kreise verantwortlich zu machen, wäre schon deshalb verfehlt, weil sich eine klare Verantwortlichkeit — abgesehen von der des Kaisers selbst — wohl überhaupt nicht bestimmen läßt. Blinde Unterschätzung der militärischen Leistungsfähigkeit Japans durch militärische Beobachter, Eigensinn und nationalistische Machtträume des Kaisers, die Einflüsterungen verantwortungsloser Abenteurer und die brutale Selbstsucht großfürstlicher Verwandter haben in schwer unterscheidbarer Weise zusammengewirkt, um den Zaren in das mit verbrecherischem Leichtsinn begonnene Wagnis hineinzutreiben. Der offizielle Träger der militärischen Verantwortung, Kriegsminister Kuropatkin, war entschiedener Gegner dieses Krieges, den er gleichwohl dann als Oberbefehlshaber durchführen mußte. Er gehörte überhaupt nicht zu den Chauvinisten und hat noch zwei Jahre nach der schweren Balkankrise von 1908 ein Buch veröffentlicht: „Rußland für die Russen", in dem er den Panslawismus als ebenso unsinnig wie gefährlich abtat; damals hat er auch dem deutschen Militärbevollmächtigten von Hintze ein friedliches Abkommen mit Österreich und Deutschland über die Zukunft des Balkans und der Türkei vorgeschlagen und ausdrücklich erklärt: Rußland brauche zu seinem Wiederaufbau eine lange Epoche des Friedens.

Das war nun freilich nach den bösen Erfahrungen des russisch-japanischen Krieges und nach der fast völligen Auflösung der russischen Armee in den Jahren der Revolution. Der innere Machtverfall des Kaiserreiches war so gründlich, daß an kriegerische Unternehmungen für absehbare Zeit überhaupt nicht zu denken war. Auf dem Höhepunkt der Balkankrise von 1909 mußte der Kriegsminister Roediger im Kronrat gestehen, daß die Armee nicht einmal zur Verteidigung des Reiches mehr fähig sei; schon vorher war festgestellt worden, daß sie sogar mit der Türkei einen Krieg nicht mehr wagen könne, und von der Schwarzmeerflotte galt dasselbe[24]). Ein „Reichsverteidigungsrat", der 1905 unter dem Vorsitz des Großfürsten Nikolai Nikolajewitsch zur Reorganisation des Heeres eingesetzt war, hatte vollkommen versagt. Erst die Berufung Suchomlinows zum Kriegsminister 1909 hat dann Wandel geschaffen. Mit rücksichtsloser Energie hat er, auf die Gunst des Zaren gestützt, aber auch von dem neu geschaffenen Parlament, der Reichsduma, im allgemeinen gefördert, die Bereitstellung sehr großer Geldmittel für den Wiederaufbau der Armee durchgesetzt, wobei der überraschend große Aufschwung der russischen Wirtschaft in den letzten Friedensjahren hilfreich war. Auf die Einzelheiten seines Reorganisationswerkes brauchen wir hier nicht einzugehen[25]). Ihr Ergebnis war vor allem eine Erhöhung der Kriegstüchtigkeit und wesentliche Beschleunigung des Mobilmachungsverfahrens, das eifrig geübt wurde; seit 1913 geriet die russische Armee aber auch zahlenmäßig in jenes hektische Aufrüstungsfieber hinein, das die letzten Jahre vor dem Krieg auf dem ganzen Kontinent kennzeichnete — nicht ohne Drängen der Franzosen, die bedeutende neue Anleihen zu geben versprachen. Abgesehen von einer Verlängerung der Dienstzeit um ein halbes Jahr wurde jetzt eine ungeheure Heeresvermehrung vorbereitet und im Juli 1914 von der Duma genehmigt: sie sollte im Lauf weniger Jahre den Mannschaftsbestand im Frieden um beinahe 40%, d. h. um weit mehr als dreihunderttausend Mann steigern. Dieses „große Programm" konnte sich allerdings vor 1916 praktisch kaum auswirken. Suchomlinow selbst hat den 1913 erreichten Zustand so bezeichnet: „Der Apparat war fertig, um jede Armee von beliebiger Größe in Bewegung zu setzen, aber die fertige Armee fehlte sowohl im Hinblick auf die Zahl der ausgebildeten Mannschaften wie auf Bewaffnung, Ausrüstung und Verpflegung, denn hierfür wurden die Mittel erst ab 1913 flüssig." „Der große Rahmen, in den eine den Ausmaßen Rußlands entsprechende russische Armee in einem Jahrzehnt hineinwachsen konnte und der Apparat, der eine solche Armee leiten konnte, war aufgebaut. Gelang es nach und nach, den Nachwuchs des stehenden Heeres im Offizier- und Beamtenkorps auf die Höhe zu bringen... und die Rudimente aus vergangenen Zeiten durch Beseitigung der Sonderstellung der Großfürsten auszuscheiden, dann konnten der Zar und seine Diplomatie damit rechnen, in wenigen Jahren ein politisches Instrument zur Verfügung zu haben, das mit den besten Armeen der Welt wetteifern konnte"[26]).

Das klingt sehr vorsichtig. Leider hat Suchomlinow in kritischen Augenblicken nicht immer so vorsichtig gesprochen. Als eine Ministerkonferenz im Januar 1914 darüber beriet, ob man es wagen könne, mit militärischer Gewalt gegen die Türkei vorzugehen, um sie zur Entlassung des deutschen Generals Liman von Sanders zu zwingen (dessen Tätigkeit als Korpskommandant in Stambul und Leiter einer deutschen Militärmission die russischen Nationalisten aufregte), wurde er gefragt, ob die Armee kampfbereit sei, falls es darüber zu einem Konflikt mit Deutschland käme; er versicherte, ebenso wie der Generalstabschef Shilinski, sie sei vollkommen bereit zu einem Duell mit Deutschland, vollends mit Österreich-Ungarn; aber es würde schwerlich dazu kommen[27]). In der entscheidenden Sitzung des Ministerrates vom 25. Juli 1914 über die serbische Krise, der grundsätzlich eine Teilmobilmachung gegen Österreich-Ungarn beschloß, falls dieses einer kriegerische Aktion gegen Serbien einleiten sollte, hat er (nach seinem eigenen Zeugnis)[28] keineswegs gewarnt. Er entschuldigt sich mit seiner Unzuständigkeit als Soldat für politische Fragen, erinnert aber auch an das Schicksal seines Vorgängers, General Rödiger, der 1909 die Kampfunfähigkeit der Armee offen bekannt hatte und bald danach aus seinem Amt entlassen war. Anders als 1909, meint er aber auch, habe Rußland 1914 „berechtigt geschienen, einem Krieg mit Ruhe ins Auge zu sehen. Nie vorher war Rußland für einen Krieg besser gerüstet gewesen." Dieses Selbstzeugnis scheint mir von hohem Wert. Man wird es unbedenklich als Schlüssel benützen dürfen zur Beantwortung der Frage, welchen Anteil die Leiter der russischen Armee am Kriegsausbruch von 1914 gehabt haben. Alle Berichte deutscher Diplomaten und Militärbevollmächtigten aus Petersburg in den Jahren seit 1909 ergeben im Grunde dasselbe Bild[29]).

Der für den russischen Ehrgeiz so enttäuschende Ausgang der bosnisch-serbischen Krise von 1908/9 hat den russischen Chauvinismus wohl tief ernüchtert, aber zugleich zur Erbitterung gegen Deutschland angestachelt, dessen diplomatisches Eingreifen Iswolski zum Rückzug gezwungen hatte. Die Armee insbesondere empfand es als unerträgliche Demütigung, daß ihre eigene Schwäche einen solchen Rückzug unvermeidlich gemacht hatte. Sie brannte darauf, diese Scharte so bald als möglich wieder auszuwetzen. Daher ihr verdreifachter Eifer, sich zu reorganisieren und in enger Zusammenarbeit mit dem französischen Generalstab einen nunmehr offensiven Kriegsplan auszuarbeiten. Dem Zaren sollte, wie es Suchomlinow ausdrückte, „in wenigen Jahren ein politisches Instrument zur Verfügung stehen, das mit den besten Armeen der Welt wetteifern konnte."

Das war rein soldatisch empfunden. Mit politischen Erwägungen, konkreten Machtzielen hatte es sehr wenig zu tun. Auf „panslawistische" oder „neoslawistische" Ideologien war die Armee ebensowenig festgelegt wie die Rechtsparteien der Duma, die ihr am nächsten standen und ihren Aufbau am meisten förderten. Die extreme monarchistische Rechte hielt die traditionelle Balkanpolitik Rußlands sogar für ein Unglück, wie wir schon aus dem Munde des Generals Kuropatkin hörten. Die Oktobristen unter Gutschkow setzten sich zwar für Aktivität auf dem Balkan, aber zugleich für Verständigung mit Deutschland ein, und die übrigen konservativen Gruppen vermieden wenigstens die Hetze gegen das Deutsche Reich, das sie als Hort konservativer Zustände betrachteten[30]). Im übrigen gab es ein ständiges Schwanken in den schweifenden Hoffnungen des russischen Imperialismus zwischen asiatischen und europäischen Machtzielen, und klare Vorstellungen von der Zukunft des Balkans gab es wohl nirgends. Von allgemeiner ungeteilter Sympathie für die Serben kann keine Rede sein, zumal sie den russischen Protektor nach dem Balkankrieg 1912 von neuem enttäuscht hatten. Aber nicht die konkreten Machtziele waren zuletzt bestimmend für den Gang der russischen Außenpolitik, sondern ganz einfach der Ehrgeiz der Macht. Dieser Ehrgeiz aber stieß auf einen durch Deutschland gestützten Rivalen, und er konnte die diplomatische Niederlage von 1908/9 nicht verwinden. Wilder Haß auf Österreich-Ungarn herrschte seitdem in fast allen Parteien; er entsprang letztlich aus Eifersucht — einer Eifersucht, die sich mit Mißachtung und dem Gefühl langsam wachsender eigener militärischer Überlegenheit mischte.

Wie sollte es anders sein, als daß solche Empfindungen in der Armee ein besonders starkes Echo fanden? Das bedeutete nicht ohne weiteres Kriegslust und Kriegshetze der Militärs. Natürlich gab es Hitzköpfe unter den Generälen, wie in jeder Armee. Aber wer das russische Heer wirklich kannte, der kannte auch seine Schwächen. Alle Berichte stimmen darin überein, daß die verantwortlichen Männer der Heeresleitung sich bis 1914 der Gefahren eines Krieges und der geheimen Schwäche ihres Machtinstrumentes zu genau bewußt waren, um zum Kriege zu treiben; es gibt keine Persönlichkeit, hat Graf Pourtalès mehrmals gemeldet, die überhaupt als Führer einer militärischen „Kriegspartei" hervortreten könnte, wie es einst Skobelew versucht hatte. Die russischen Generäle waren genau ebenso Nursoldaten wie die deutschen, und die Scheidung zwischen politischen und militärischen Ressorts war nicht minder wasserdicht als in Berlin[31]). Zar Nikolaus, der als „Oberster Kriegsherr" beide Gewalten in sich vereinigen sollte, war aber dazu noch weniger fähig als Wilhelm II. Sicherlich war er viel weniger „Militarist" als dieser, also weniger geneigt, sich von militärischen Beratern bestimmen zu lassen. Sein Oheim Nikolai Nikolajewitsch, der ihn mindestens zeitweise stark beeinflußt zu haben scheint[32]), war dank seiner großfürstlichen Stellung nicht Sprachrohr der Armee. Nicht die militärischen, sondern zuletzt doch die zivilen Berater, an erster Stelle der Außenminister Sasonow, sind dafür verantwortlich, daß ihm der Befehl zur Mobilmachung abgerungen wurde. Man hat in der Kriegsschuldliteratur immer stark unterstrichen, daß der Generalstabschef Januschkewitsch mit Unterstützung Sasonows erreichte, daß die am 25. grundsätzlich beschlossene Teilmobilmachung gegen Österreich am 30. Juli in eine Generalmobilmachung umgewandelt wurde. Und sicherlich schwand damit die letzte Hoffnung, den fürchterlichen Mechanismus noch aufzuhalten, der nun im Wettlauf der Generalstäbe um Tage und Stunden sich auszuwirken begann. Aber daran kann doch nicht ernstlich gezweifelt werden, daß auch schon Januschkewitsch „zwangsläufig" handelte: Eine Teilmobilmachung war technisch so gut wie undurchführbar, weil sie die ganzen russischen Aufmarschpläne in Verwirrung und den polnischen Operationsraum in schwerste Gefahr brachte, sofern man nicht ganz sicher war (und wie konnte man es sein?), daß Deutschland einem russisch-österreichischen Zweikampf untätig zusehen würde. Überdies waren die Mobilmachungspläne gerade noch in Umarbeitung, so daß genau durchgearbeitete Planungen für eine Teilmobilmachung überhaupt fehlten. Überdies — und nicht zuletzt — widersprach eine Teilmobilmachung den Verpflichtungen der russisch-französischen Militärkonvention von 1892 und allen Abmachungen der beiden Generalstäbe[33]).

Nach alledem kann die Intervention des Generals Januschkewitsch keine Mitverantwortung der russischen Generalstabs für den Kriegsentschluß begründen. Anders steht es mit der Haltung des Kriegsministers Suchomlinow während der schon erwähnten Kronratssitzung vom 25. Juli. Er hat nicht gewarnt, weil er sich nur als Soldaten empfand, und als Soldat hat er sich verpflichtet geglaubt, persönlichen Mut zu zeigen, so wie man ihn im Kriege braucht: ohne volle Gewißheit des Erfolges, im Vertrauen darauf, daß die Kraft des Willens über Schwierigkeiten hinweghelfen wird. Offenbar hat er sich dabei über die Leistungsfähigkeit der von ihm reorganisierten Armee schwer getäuscht[34]). Aber war er nun Kriegstreiber? Man darf nicht übersehen, daß der grundsätzliche Entschluß zur Teilmobilmachung für einen bestimmten Fall noch keineswegs identisch war mit dem engültigen Entschluß zum Kriege. Man wollte zunächst nur durch die militärische Drohung der diplomatischen Unterstützung Serbiens den rechten Nachdruck geben, und selbst nach der Generalmobilmachung vom 31. Juli hat sich Sasonow an die Hoffnung geklammert, trotz ihrer würden diplomatische Ausgleichsverhandlungen noch möglich bleiben. Ähnlich scheint die Haltung Suchomlinows gewesen zu sein. Seine Versicherung am 27. Juli dem deutschen Militärattaché gegenüber, er wünsche dringend den Frieden, hielt dieser für aufrichtig und fügte hinzu, der Minister habe ihm den Eindruck großer Nervosität und Besorgnis gemacht. Wer das alles nur als taktisches Manöver abtun will, um Zeit für Rüstungsmaßnahmen zu gewinnen, muß sich immerhin darüber klar sein, unter welchem ungeheuerlichen politischen Druck der General stand. Auch in Rußland — und gerade hier! — waren die Zeiten längst vorüber, in denen die Regierenden ihre Politik nach den nüchternen Erwägungen reiner „Staatsraison" führen konnten — so wie es noch Bismarck als Ideal monarchischer Staatsführung vorgeschwebt und wie es einst der Außenminister Giers ernstlich versucht hatte. Der letzte Vertreter nüchterner „Kabinettspolitik", der Finanzminister und Ministerpräsident Kokowzow, war im Frühjahr 1914 von Chauvinisten und Militärs, denen er nicht genug tat (darunter wohl auch Suchomlinow), aus dem Amt gedrängt worden. Der Außenminister Sasonow hat sich zweifellos vor dem Krieg gefürchtet, und Nikolaus II. noch mehr. Aber beide glaubten die Sicherheit des Thrones gefährdet, wenn sie jetzt die Serben im Stich ließen. Sie wagten es einfach nicht, der öffentlichen Meinung ihres Landes einen zweiten solchen Rückzug vor den Drohungen des Wiener Rivalen wie 1909 zuzumuten, und diesmal einen noch ärgeren angesichts des bereits begonnenen Krieges der Österreicher gegen Serbien. Es war politischer Geltungsdrang, Prestigebedürfnis der „Großmacht", nicht kriegerischer Ehrgeiz, was im Rate des Zaren zuletzt den Ausschlag gab — wie fast immer in der Geschichte unserer Staatenwelt.

II. Teil

MILITÄRISCH-POLITISCHE VERHÄLTNISSE
IM WILHELMINISCHEN DEUTSCHLAND
1890—1914

5. Kapitel

DIE „MILITARISIERUNG" DES DEUTSCHEN BÜRGERTUMS

Will man den Gegensatz, der die Militärverhältnisse der westeuropäischen Großmächte von denen Preußen-Deutschlands im 19. Jahrhundert unterschied, auf eine kurze Formel bringen, so kann man sagen: dort erschien als eine Art von notwendigem Übel, was hier den höchsten Stolz der Nation bildete. So war es jedenfalls um die Jahrhundertmitte, in der Blütezeit des Liberalismus. Bald nach 1870 hat sich dann freilich, wie unsere Betrachtung erkennen ließ, ein Wandel vollzogen, der jenen Gegensaz abschwächte: die Wertschätzung militärischer Macht nahm auch in den parlamentarisch regierten Großstaaten des Westens zu, seit die große koloniale Expansionsbewegung des Jahrhundertendes einsetzte und immer neue Konflikte der Machtinteressen hervorrief. Bald nach 1900 führte das zur Bildung und Verfestigung jener großen Machtblöcke, deren Gegensatz sich dann im ersten Weltkrieg mit der Gewalt einer Explosion entladen hat.

Dabei hat die Nachahmung des preußisch-deutschen Wehrsystems, zunächst in den kontinentalen Großmächten des Westens und Ostens, wie unsere Darstellung zeigte, eine sehr wesentliche Rolle gespielt. Das Wunder des jähen deutschen Machtaufstieges unter Bismarck, zuerst sichtbar geworden in den unglaublich raschen und großen Schlachtensiegen von 1864, 1866 und 1870/71, brachte die Militärs in ganz Europa in Bewegung. Das führte nach wenigen Jahrzehnten zu einer „Militarisierung" des politischen Lebens, die um 1860 gewiß niemand für möglich gehalten hätte. Ein Wettrüsten begann, in dem Deutschland seinen zahlenmäßigen Vorsprung vor Frankreich rasch verlor und sehr bald (schon um 1890) weit hinter der Kriegsstärke seiner späteren Kriegsgegner zurückblieb. Trotzdem ist das neudeutsche Reich von diesen schon vor 1914 als bedrohliche Übermacht empfunden und später angeklagt worden, in hemmungslosem, „militaristischem" Ehrgeiz und Kampfeseifer nach Hegemonie in Europa, wenn nicht gar in der Welt, gestrebt und den Frieden zerstört zu haben.

Die Frage, wie das möglich war und was von solchen Anklagen zu halten ist, wird ein zentrales Thema dieses zweiten Bandes unserer Darstellung bilden. Das wilhelminische Reich, dem wir uns jetzt zuwenden, bildet auch für das Problem des deutschen „Militarismus" eine durchaus neue Epoche. Die Welt hat das auch immer so empfunden. Der Regierung Bismarcks hat niemand, so lange sie dauerte, vorgeworfen, sie bedrohe den europäischen Frieden. Im Gegenteil: nichts ist eindrucksvoller, als in den Berichten ausländischer Diplomaten während der siebziger und achtziger Jahre zu verfolgen, wie anfängliche Befürchtungen, Bismarck könne die geballte Kraft des neuen Reiches zu gewaltsamer Machterweiterung mißbrauchen, sehr rasch verschwanden und wie sich nach und nach Vertrauen anstelle des Mißtrauens bildete. Nicht als Friedensstörer, sondern als Friedenshort, trotz aller Energie seiner Machtbehauptung, erschien damals das Reich der europäischen Mitte. Die Vorstellung, Bismarcks „Realpolitik" sei Vorstufe und Anfang eines rein „militaristischen" Nationalismus gewesen, der grundsätzlich Gewalt vor Recht setzte und nur noch auf „Blut und Eisen" statt auf friedliches Verhandeln baute, hat zwar ihre Wurzeln in den innerpolitischen Kämpfen der sechziger Jahre, ist aber erst nach seinem Sturz zu einem politischen Schlagwort der anti-deutschen Publizistik geworden. Solange Bismarck selbst noch am Steuer stand, konnte im Ernst niemand daran zweifeln, daß kühle Staatsräson, nicht nationalistische Leidenschaft und nicht militaristischer Kampfeseifer den Kurs der deutschen Politik bestimmte.

Was hat nun dieses Vertrauen unter seinen Nachfolgern erschüttert und das wilhelminische Deutschland in den Ruf gebracht, vom Geist eines gewalttätigen „Militarismus" beherrscht zu sein? Wir müssen, um darauf eine Antwort zu finden, zunächst die Stellung der Armee im ganzen des deutschen politischen Lebens ins Auge fassen.

Den verschwommenen und viel mißbrauchten Begriff des „Militarismus" haben wir im ersten Satz dieses Werkes so zu bestimmen versucht, daß darunter eine „Übersteigerung und Überschätzung des Soldatentums" verstanden werden soll, durch die das natürliche Verhältnis von Staatskunst und Kriegstechnik „ungesund" wird. Nun gehört es zu den ältesten Requisiten antipreußischer Publizistik, Übersteigerung und Überschätzung des Soldatentums schon den preußischen Soldatenkönigen des 18. Jahrhunderts vorzuwerfen. Dabei pflegte man im 18. Jahrhundert vom Standpunkt jener Höfe auszugehen, die ihre Finanzen lieber in der Entfaltung fürstlichen Prunkes (so überwiegend in der ersten Jahrhunderthälfte) oder in der Pflege wirtschaftlicher Landeswohlfahrt (so im Zeitalter des „aufgeklärten Absolutismus!") anlegten als in der Aufstellung großer Söldnerheere. Späteren Beurteilern schwebten (mehr oder weniger bewußt) die Ideale moderner Wohlfahrtspolitik und möglichst ungestörter bürgerlicher Freiheit vor Augen. Demgegenüber hat unsere Darstellung betont, daß die Bemühung um wirtschaftliche Landeswohlfahrt, Rechts- und Kulturpflege zwar in der Politik Friedrichs des Großen gleichfalls eine beträchtliche Rolle spielte, daß er aber, ähnlich wie sein Vater, als erste und dringendste Aufgabe seiner Regierung das Emporkommen Preußens zu einer neuen unabhängigen Machtstellung betrachtet hat — eine Aufgabe, die nicht ohne die Schöpfung einer großen, in den Augen der andern sogar übergroßen Armee gelöst werden konnte. Daß er von „einseitiger Überschätzung" des Soldatischen gleichwohl frei gewesen sei, weil ihm das Kämpfen und Erobern niemals zum Selbstzweck und zur höchsten Lebenserfüllung wurde und weil selbst im Kriege vorwiegend politische, nicht einseitig militärische Erwägungen sein Handeln bestimmten, suchte unser erstes Kapitel nachzuweisen. Wer die auswärtige Politik und den Stil der Kriegführung Friedrichs des Großen ins Auge faßt, wird also, wenn er tiefer eindringt, seine Kennzeichnung als „Militarist" ablehnen müssen.

Damit soll natürlich nicht bestritten werden, was ohnedies jedermann weiß: daß im altpreußischen Militärstaat seit Friedrich Wilhelm I. das öffentliche Leben in einem Maße von der Existenz einer gleichsam „überdimensionierten" Armee bestimmt wurde, das in ganz Europa unerhört war. Weit mehr als zwei Drittel der Staatseinnahmen (5 von 6,9 Millionen Thalern) wurden beim Regierungsantritt Friedrichs II. auf den Unterhalt eines Heeres verwendet, dessen Kopfstärke (einschließlich vieler im Ausland Geworbener) nicht weniger als 3,8% der Bevölkerung ausmachte[1]. Die zwangsweise Heranziehung des Adels und seiner bäuerlichen Untertanen zum Heeresdienst, die Besetzung unzähliger Amtsstellen mit ausgedienten Militärpersonen, die Einführung des Prinzips militärischer Subordination in die gesamte Ämterhierarchie bis hinauf zu den Ministerstellen — das alles hat bekanntlich den ganzen Lebensstil in Preußen entscheidend verändert. Man kann es ruhig eine „Militarisierung" des preußischen Volkes nennen, auf dem Lande ebenso wie in der Stadt. Aber man muß sich darüber klar sein, daß diese Art von zwangsweiser „Militarisierung" noch längst nicht jenen „militaristischen" Geist in der Masse des Bürgertums erzeugte, den man im Auge hat, wenn von „militaristischer" Gesinnung der Deutschen am Vorabend des ersten Weltkrieges die Rede ist. Der Ursprung dieses neudeutschen Militarismus ist nicht ohne weiteres aus dem Militärwesen der altpreußischen Soldatenkönige abzuleiten. Denn dieses erzeugte blinden Gehorsam; die militaristische Gesinnung, die im neudeutschen Bürgertum aufkam, war eine Entartungsform des patriotischen Stolzes und Kraftbewußtseins freier Bürger, politisch eher zur Opposition gegen den Regierungskurs geneigt.

Der Umschlag des natürlichen Verhältnisses von Staatskunst und Kriegshandwerk, den die Kriege unserer Epoche zeigen, d. h. das Überranntwerden nüchterner Staatsräson durch kämpferische Leidenschaft und militärtechnische Zwangsläufigkeiten setzt die Erfüllung der ganzen Nation mit patriotischem und kriegerischem Ehrgeiz voraus, wie im dritten Kapitel des 1. Bandes gezeigt wurde. Davon konnte bei den Untertanen der preußischen Soldatenkönige überhaupt noch keine Rede sein. Ihnen sind die radikalen Neuerungen Friedrich Wilhelms I., die den Potsdamer Militärstaat schufen, als eine Art von Revolution über den Kopf gestülpt worden und zunächst als ein fürchterliches Verhängnis erschienen[2]. Von irgendwelcher Popularität der Armee kann bis zu den Kriegen Friedrichs des Großen noch keineswegs gesprochen werden. Das Bürgertum betrachtete den Hochmut und die Anmaßung der adligen Offiziere mit ebenso feindseligen Blicken wie das wilde, nur durch grausame Disziplin in Zucht gehaltene Soldatenvolk, das aus aller Herren Ländern zusammengeräubert war. Die schwere Last der ständigen Einquartierung dieser Söldner mitsamt den Soldatenweibern und -kindern in Bürgerhäusern, der Kavallerie auf den Dörfern, dazu der Servis- und Fouragegelder, der vielen Militärfuhren, das häufige Aufgebot der ganzen Einwohnerschaft zum Einfangen von Deserteuren, die brutale Handhabung und weite Ausdehnung der Militärjustiz, der barsche Verkehrston auf allen Ämtern, das rücksichtslose Hineinreden der Militärs in die Verwaltung der Garnisonstädte, die wirtschaftliche Konkurrenz der Gewerbe durch handwerkende Soldaten, die ihren kärglichen Sold durch Nebenverdienste aufbessern mußten, nicht zuletzt die harte Steuerlast der Bauern für Militärzwecke[3] — wie hätte das alles ohne viel Seufzen und Fluchen ertragen werden sollen? Wie der Offizier auf den „Zivilbedienten" als „Blackscheißer" herabsah, so der Bürger auf den gemeinen Soldaten als „freches Gesindel" und „Taugenichts"[4]. Die öffentlich vollzogenen Prügelszenen auf den Exerzierplätzen und Kasernenhöfen waren auch wenig geeignet, die Achtung des Bürgers vor dem Soldatenstand zu heben. Von Anfang an hat es in den Garnisonstädten oft heftige Konflikte und Straßentumulte zwischen Bürgern und Soldaten gegeben. Auch die siegreichen Feldzüge Friedrichs des Großen, die so viel Bewunderung für den König und so viel patriotischen Stolz weckten, haben an dem sozialen Ansehen des Soldatenstandes nicht viel verändert. Wir hörten schon früher von der bitteren Kritik am preußischen Militärsystem, von der die politische Publizistik des Jahrhundertendes, mit ihren humanitären Tendenzen, erfüllt war (s. Bd. I, Kapitel 2). Die preußischen Militärreformer vor und besonders nach 1806 haben diese Kritik vollauf geteilt. Die große Wendung zum kriegerischen Patriotismus, wenigstens der oberen Stände, brachten erst die Befreiungskriege gegen Napoleon mit ihrem Volksaufgebot, das die alte Berufsarmee ergänzte — freilich noch nicht sogleich ersetzte. Unsere frühere Betrachtung hat aber gezeigt, wie rasch der große Aufschwung der Erhebungszeit wieder verebbte und wie das restaurierte preußische Königtum sich bemühte, den als „jakobinisch" empfundenen Patriotismus der Kriegsjahre einzudämmen und die Armee trotz der Wehrgesetze von 1815 im Geist einer königlichen Leibgarde zum Schutz monarchischer Institutionen zu erziehen. Die Kasernenarmee, die so entstand, in langer mühsamer Exerzierarbeit vor allem zu Paradenmärschen gedrillt, hatte für den bürgerlichen Patrioten wenig Begeisterndes. Im außerpreußischen Deutschland aber bestand bis 1866 ein ähnliches Verhältnis des liberalen Bürgertums zur Armee wie in Frankreich: der Loskauf der wohlhabenden Bürgersöhne von der Dienstpflicht raubte der Armee den Zustrom aus den Schichten höherer Bildung, entfremdete diese völlig dem Militärwesen und ließ das stehende Heer zu einer wenig geachteten, armselig ausgestatteten Truppe von Wachsoldaten herabsinken, die schon dank ihrer Kleinheit außerstande war, viel mehr als eine Art von Polizeidienst zu leisten[5]). Man kann den Offizierkorps der süddeutschen Mittelstaaten nachrühmen, daß in ihnen viel weniger Kastengeist herrschte als im preußischen, daß ihre Mitglieder ohne Scheu bürgerlichen Umgang pflegten und wohl auch vielfach mehr Bildungsinteressen nachgingen als in Preußen üblich. Aber von irgendwelcher Popularität des Militärwesens kann in Süddeutschland vor 1870 noch viel weniger die Rede sein als in Preußen. Der soldatische Dienst, nur von der niederen Bevölkerungsklasse geleistet und praktisch — trotz langjähriger formeller Dienstverpflichtung — auf wenige kurze Ausbildungszeiten beschränkt, nahm von den Kräften des Landes nur einen beschränkten Teil in Anspruch; gleichwohl war die Armee — besonders in Württemberg — der Gegenstand beständiger Angriffe in der Kammer. Das liberale Bürgertum empfand das stehende Heer nicht als Stolz des Landes, sondern als unnütze Last, ja wohl gar als „Fremdkörper" und „Krebsschaden" im Leben des Staates, als „Brutstätte feilen Sklavensinns" und „Werkzeug des Despotismus", ganz im Stil Karl von Rottecks, dessen Klagen wir schon kennen (Bd. I, Kap. 5).

Zu so offenen Äußerungen militärfeindlicher Gesinnung gab es im vormärzlichen Preußen keine Möglichkeit, mangels einer ständischen Landesvertretung — aber vor 1848 wohl auch keine Neigung; denn weder die Großtaten preußischer Waffen im großen Befreiungskampf noch der alte Siegesruhm der friderizianischen Armee waren im Gedächtnis des Volkes verblaßt. Wie starke Spannungen aber auch hier zwischen Militär und Zivil bestanden, zeigte jählings und überraschend der Verlauf der Berliner Märzrevolution. Sie ist weit mehr aus diesen Spannungen als aus irgendeiner anderen Ursache zu erklären: aus dem Haß des Berliner Bürgertums auf die adlige Offizierskaste, besonders der Garderegimenter, darüber hinaus auf das System des Militärstaates überhaupt, der seinem Wesen nach bürgerlicher Freiheit im Sinn des Liberalismus feindlich war[6]). Was die aufständischen Berliner wollten, war ein unmilitärisches Bürgerkönigtum im Stil Louis Philipps, gestützt ausschließlich auf Bürgermilizen — also einen totalen Abbruch der altpreußischen Tradition. Daß damit eine Einigung der deutschen Nation unter Führung Preußens nicht zu erreichen war, bewies der Verlauf der deutschen Revolution seit dem September 1848, zuletzt das Scheitern der preußischen Unionspläne in Olmütz. So brachte der 1860 ausbrechende Streit um die Militärreform nur noch eine stark abgeschwächte Wiederholung der Gegensätze von 1848. (Vgl. Bd. I, Kap. 6.) Aber er war noch erbittert genug, um zeitweilig die Zukunftsaussichten der preußischen Monarchie ernstlich zu bedrohen — niemand wäre damals auf den Gedanken verfallen, die Mehrheit des preußischen und des deutschen Volkes sei von Natur „militärfromm" oder „militaristisch" gesinnt[7]).

Man muß sich das alles vor Augen halten, um die geradezu unglaublich starke Wirkung der „Einigungskriege" Bismarcks auf die politische Gesinnung der Deutschen recht zu ermessen. Am anschaulichsten wird sie vielleicht beim Vergleich der württembergischen Volksstimmung und Presse vor und nach dem Kriege von 1870/71[8]). Mit welchem Pathos hatte Moritz Mohl noch 1867 seine Landsleute beschworen, Süddeutschland vor der „äußersten Gefahr" einer Barbarisierung durch Übernahme des preußischen Wehrsystems zu bewahren! „Ich bin überzeugt, meine Herren, Sie werden es auf Ihrem Totenbett bereuen!" Es sei eine unerträgliche Zumutung, hatte damals der Stuttgarter „Beobachter" geschrieben, den begabten Söhnen des Schwabenlandes dieselben unnatürlichen „Körperverrenkungen" des preußischen Militärdrills zuzumuten, die gut sein möchten für die „in so vielfacher Beziehung hinter ihnen zurückstehenden Kinder der norddeutschen Tiefebene." Was sollte der Süddeutsche mit Exerzitien anfangen, die „da unten vielleicht nötig sind, um ein erträgliches allgemeines Niveau zu erreichen?" Der Krieg mit Frankreich fegte alle diese Hemmungen mit einem Schlage hinweg. Die württembergische Felddivision erhielt Gelegenheit, sich am Oberrhein, bei Wörth, Sedan und vor Paris militärisch auszuzeichnen und empfing von König Wilhelm persönlich höchstes Lob für ihre erstaunliche Leistung. Der Sturm dieser Erlebnisse, die Teilnahme an einem großen vaterländischen Krieg genügten, um den alten, zähen Partikularismus der Schwaben wie eine Rauchfahne davonzublasen. Die Württemberger wurden stolz darauf, zu den besten Truppen des nationalen Heeres gezählt zu werden, und sie haben sich als solche auch in beiden Weltkriegen bewährt.

So ist die vielberufene „Militärfrömmigkeit" des deutschen Bürgertums ein relativ junges Produkt unserer Geschichte. Wer die schlechthin entscheidende Bedeutung der Freiheitskriege von 1813—15 und der Einigungskriege von 1864—71 für die Entstehung und den Erfolg unserer nationalen Einheitsbewegung bedenkt, wird sich nicht wundern, daß die Armee den Deutschen seit der Reichsgründung, im Glücksgefühl der endlich erreichten Einigung und Macht, als ein unschätzbares nationales Kleinod erschien und daß die so lange gepflegten Ressentiments gegen den preußischen „Militarismus" und „Kommißgeist" nunmehr verblaßten oder gar erloschen — innerhalb wie außerhalb Preußens. Jedenfalls in denjenigen Volksschichten, die sich als Träger nationalen Geschichtsbewußtseins, nationaler politischer Tradition empfanden — also im größten Teil des deutschen Bürgertums, geführt von den akademischen Kreisen, die in der nationalen Erhebung des Jahres 1848 eine so große Rolle gespielt hatten. Je mehr sich der bürgerliche Liberalismus durch Bismarck verführen ließ, seine alten Freiheitsideale dem jetzt als „Realpolitik" gepriesenen, einseitigen Machtstreben einer neuen Zeit zu opfern, um so größer wurde natürlich auch die „Militärfrömmigkeit". Die Kritik an gewissen Auswüchsen des preußischen Militärwesens, die Klagen über Soldatenmißhandlung, Brutalitäten der Unteroffiziere, Hochmut und Klassengeist des Offizierkorps, über Mängel der Militärjustiz u. dgl. hörten zwar niemals auf, wurden aber (ähnlich wie in Frankreich und anderen Ländern) mehr oder weniger zum Privileg der linksliberalen Opposition[9]). Eine grundsätzliche Ablehnung des preußischen Wehrsystems mit seiner streng durchgeführten allgemeinen Dienstpflicht und der daraus gebildeten königlichen

Armee bestand aber auch hier nicht, wie die Parteiprogramme dieser Linksgruppen zeigen[10]). Sie hätte der freisinnigen Volkspartei alle Wahlaussichten gekostet. Denn von der Vortrefflichkeit dieses militärischen Systems im ganzen (trotz mancher Mängel im einzelnen) waren alle „bürgerlichen" Parteien überzeugt — nur die junge, ebenso traditionslose wie traditionsfeindliche Sozialdemokratie nicht, der ein Milizsystem anstelle des stehenden Heeres vorschwebte.

Es hat im Grunde auch nicht an der Bereitschaft der deutschen Volksvertretung gefehlt, für die Rüstung und ihre mehrfach geforderte Verstärkung die nötigen finanziellen Opfer zu bringen. Der bekannte Konflikt, der darüber 1886 mit Bismarck ausbrach, hätte vermieden werden können, wenn der Kanzler nicht das Mißtrauen des Reichstags durch sein Bemühen geweckt hätte, durch langfristige Festlegung des Heeresetats das Budgetrecht der Volksvertreter mehr oder weniger zu lähmen. Größere Schwierigkeiten gab es bei der Heeresvorlage Caprivis 1892/93, aber doch wohl mehr aus dem Bedürfnis des Reichstages, die seit Bismarcks Sturz ihm zuteil gewordene größere Bewegungsfreiheit in Finanzfragen nun auch praktisch zur Geltung zu bringen, als aus mangelnder „Wehrfreudigkeit", die allerdings in einer außenpolitisch noch recht günstigen Lage nicht allzu groß war. Ebenso wie 1887 genügte auch diesmal der Appell an den Patriotismus der Wähler, durch Auflösung des Reichstags, um die Opposition zu überwinden. Gewisse Einsparungen hat der Reichstag auch bei den späteren Heeresvorlagen der Regierung (1899 und 1905) gefordert und durchgesetzt; sie blieben aber ohne grundsätzliche Bedeutung, da das Kriegsministerium selbst (wie später noch zu erörtern sein wird) eine wesentliche Verstärkung des Heeres damals für unnötig hielt und da das Schwergewicht der deutschen Rüstung sich seit 1898 ganz einseitig auf die Kriegsmarine verlagerte. Für diese aber war den Parteien, unter dem Druck der allgemeinen Volksstimmung, schier kein Opfer zu groß. Als dann seit der zweiten Marokkokrise von 1911 jedermann in der Nation spürte, in welche ernste Lebensgefahr das Reich durch seine außenpolitische Isolierung geraten war, ist es zuerst der Reichstag gewesen, der die Wehrvorlagen der Regierung zu sparsam fand und auf schnellere Aufrüstung drängte — wiederum durch eine starke Volksbewegung unterstützt.

Zur Steigerung der Wehrfreudigkeit des deutschen Volkes hat natürlich auch recht wesentlich das Geschichtsbild beigetragen, das die sogen. „kleindeutsche" Historie unter Führung von Sybel, Droysen und Treitschke schuf und das seit den großen Triumphen der Politik Bismarcks sich nunmehr überall, nicht zuletzt auch in den Schulen aller Grade, durchsetzte. Hier erschien die königliche Armee, der Preußen von Friedrich dem Großen bis zu Wilhelm I. eine so unvergleichlich lange Reihe glänzender Siege und seinen raschen Aufstieg zur Macht, Deutschland aber die Überwindung aller partikularen Hemmnisse auf dem Wege zum Nationalstaat verdankte, in einer so hellen Gloriole wie noch keiner früheren Generation. War sie früher dem liberalen Bürgertum als „Hort der Reaktion" erschienen, so wurde sie jetzt als Trägerin und Garantie des wahren politischen Fortschritts gefeiert und das ganze Geschichtsbild dementsprechend umgestaltet, so daß jetzt die bürgerlich-liberalen Erinnerungen preußisch-deutscher Vergangenheit mehr oder weniger in den Schatten rücken konnten. Seine extremste Ausbildung und Übersteigerung fand dieses neue Geschichtsbild in den Berliner Vorlesungen Heinrich von Treitschkes über „Politik", denen die akademische Jugend, aber auch viele Offiziere in den neunziger Jahren begeistert zuströmten. Pathetisch feierte der Redner die „göttliche Majestät des Krieges", pries die allgemeine Wehrpflicht als Fundament der politischen Freiheit, die Erziehung zu blindem Gehorsam als beste Charakterschule, die preußische Generalität als eine Auslese freimütiger, charaktervoller Männer, erklärte: „Ein wirklicher Feldherr ist immer zugleich ein Staatsmann", rühmte Moltkes politischen Tiefblick und nannte den alten Haudegen Blücher „ein politisches Genie."

Kein Wunder, daß die Feiern nationaler Gedenktage ein stark militärisches Gepräge trugen — sind es doch in aller Welt vorzugsweise die Kriegshelden, denen man Denkmäler setzt und große Schlachtensiege, an denen das Geschichtsbewußtsein der Menge haftet. Im neudeutschen Reich gab es unzählige Denkmalsenthüllungen zum Gedächtnis von Generälen und Schlachtensiegen, alle mit militärischen Paraden verbunden — ein „patriotisches" Gepränge, bei dem die „Spitzen der Behörden", die „Generalität" und die „Honoratioren" die Hauptrolle spielten, das einfache Volk aber nur in der Form von „Kriegervereinen", wohl auch von Sängerbünden beteiligt wurde. Nur der Sedan-Tag, der nach 1871 das Gedächtnis der Leipziger Völkerschlacht verdrängte, behielt, wenigstens auf dem Lande, bis um die Jahrhundertwende (nach meiner Erinnerung) den Charakter eines Volksfestes, um dann erst langsam zu verblassen[11]). Es ist aber charakteristisch, daß er und nicht der Reichsgründungstag (18. Januar) zunächst zur patriotischen Hauptfeier wurde — was freilich auch mit der besser geeigneten Jahreszeit zusammenhängen mag. Die Kaisergeburtstagfeier (27. Januar) zeigte vollends eine ganz überwiegend militärische Form¹²). Den größten Eindruck machten bei solchen Veranstaltungen die feierlichen Paraden mit schmetternder Militärmusik — trotz aller Kritik in der demokratischen Presse und im Reichstag ein ebenso populäres Schauspiel, wie es heute noch Militäraufzüge in aller Welt zu sein pflegen, selbst in Ländern wie England, die sich als grundsätzlich antimilitaristisch betrachten. „Preußische Damen werden nie müde, wenn sie Soldaten sehen", sagte ein türkischer Diplomat anläßlich einer endlosen Parade 1889 zu den Hofdamen der Kaiserin. „Das war uns so recht aus dem Herzen gesprochen und machte uns nicht wenig stolz", bemerkte die Gräfin Keller dazu — sicherlich nicht bloß im Sinn der höfischen Gesellschaft¹³).

Im ganzen erschien der Patriotismus im neudeutschen Reich zunächst stark nach rückwärts gewendet: er begeisterte sich an den „Großtaten der Väter" und an dem Glück der endlich vollzogenen Einigung. Wie es der Historiker der Reichsgründung, Heinrich von Sybel, am 27. Januar 1871 seinem Freunde Baumgarten schrieb: „Was zwanzig Jahre der Inhalt alles Wünschens und Strebens gewesen, das ist nun in so unendlich herrlicher Weise erfüllt! Woher soll man in meinen Lebensjahren noch einen neuen Inhalt für das weitere Leben nehmen?"¹⁴) Eine sehr natürliche Empfindung! Sie entsprach auch vollkommen der politischen Haltung des Reichsgründers, der immer wieder erklärt hat, Deutschland sei nunmehr außenpolitisch „saturiert" und strebe nur nach Mehrung der Güter des Friedens, nicht der äußeren Macht. Aber Patriotismus, wenn er echt bleiben soll, kann auf die Dauer nicht von Rückblicken leben. Und da die deutsche Innenpolitik fast vom ersten Tage an sich höchst unglücklich gestaltete — mehr noch durch Bismarcks Schuld als durch die der Parteien — entstand die Gefahr, daß der Stolz der Nation auf die „Großtaten der Väter" in ein erhöhtes Kraftbewußtsein umschlug — vor allem in der jüngeren Generation — und außenpolitisch nach neuen Zukunftszielen drängte. Kaum war Bismarck aus dem Amt entlassen, wurde er zur Legende: zum „Recken aus dem Sachsenwald", der seine politischen Erfolge wesentlich der geballten Faust, dem harten und rücksichtslosen Einsatz militärischer Machtmittel verdankt haben sollte. Er selbst ist — als Folge seines publizistischen Kampfes gegen die Politik seiner Nachfolger — am Aufwuchern dieser Legende mitschuldig geworden; und doch wäre nur seine Autorität imstande gewesen, der öffentlichen Meinung die engen Schranken bewußt zu halten, die jeder äußeren Machtentfaltung Deutschlands durch seine geographische und geschichtliche Lage nun einmal gezogen sind — ungeachtet seiner (durch die Reichsgründung erst voll entfesselten) natürlichen Vitalität. Die jüngere

Generation drängte über solche Schranken hinweg. Wer die wilhelminische Epoche noch aus eigenem Erleben in Erinnerung hat (wie der Verfasser), dem steht auch deutlich vor Augen, wie damals die neuen Schlagworte vom Streben nach „Weltmacht" und „Seemacht" von der jüngeren Generation geradezu als Erlösung empfunden wurden von dem ewig rückwärts gewandten Pathos des herkömmlichen Patriotismus.

Die dankbare Bewunderung der großen Leistungen der Armee in drei siegreichen Kriegen ließ natürlich auch das soziale Ansehen des Offizierstandes noch höher steigen, als es schon vorher gewesen war. Die oberste Rangstufe hatten ihm schon die altpreußischen Soldatenkönige angewiesen — jetzt nahm er sie unbestritten in den Augen der ganzen bürgerlichen Gesellschaft ein. Natürlich gab es immer viele Beschwerden über Standeshochmut und anmaßliches Auftreten jüngerer Offiziere. Im ganzen aber überwog doch, besonders in Preußen (weniger in Süddeutschland mit seiner anderen militärischen Tradition, am wenigsten im Elsaß) die Devotion, ja vielfach Servilität des Bürgers, nicht nur des Kleinbürgers, gegenüber der Offiziersuniform, wie es 1906 das ebenso lächerlich-groteske wie erfolgreiche Auftreten des Köpenicker Schusters Voigt als „Hauptmann" enthüllte. Einen wesentlichen Teil seines sozialen Ansehens verdankte der Offiziersstand der Tatsache, daß er allein, als Erbe der altpreußischen Zeit, festgeprägte, zuchtvolle Lebensformen, strenge Ehrbegriffe und einen geschlossenen Standesgeist besaß und sich dadurch aus der allgemeinen Form- und Traditionslosigkeit der modernen, demokratischen Industriegesellschaft heraushob, also als eine echte „Elite" erschien. Der Anteil des Adels am Offizierkorps ging zwar naturgemäß mit dem Anwachsen der Armee zu einem Millionenheer stark zurück; er behauptete aber doch nach wie vor eine bedeutende Rolle, vor allem in den oberen Führungsstellen, im Gardecorps und in bestimmten bevorzugten Regimentern[15]. Die deutsche Militärliteratur hat die positive Bedeutung, ja Unentbehrlichkeit dieses geschlossenen Standesgeistes mit seinem hochentwickelten Ehrgefühl für eine wirksame Führung der Armee immer stark betont; nach dem verlorenen Krieg hat man aber auch in selbstkritischen Betrachtungen die aus dem Kastengeist des Offizierkorps entspringenden Schwächen und Gefahren hervorgehoben: das Künstliche seiner Selbstabschließung vom Leben des Volkes, die Unnatur seiner immer äußerlicher werdenden Ehrbegriffe und Duellunsitte, die eine besondere Klasse „Satisfaktionsfähiger" aus dem Ganzen der Nation ausschied, die eigentümliche Abneigung des von adligen Lebensformen bestimmten höheren deutschen Offiziers gegen alles

Technische (was zu bedenklichen Hemmungen in der Modernisierung unserer Waffentechnik führte[16]), die Überschätzung forschen äußeren Auftretens im Verhältnis zur intellektuellen Bildung, die nicht selten spürbare Bevorzugung gut empfohlener Herren von Adel bei der Beförderung u. a. m. Eine besondere, für die wilhelminische Epoche charakteristische Gefahr für das Offizierkorps entstand aus dem Eindringen zahlreicher Elemente aus den Kreisen der Großindustrie und Hochfinanz. Die von dorther kommenden jungen Herren brachten vielfach in ihren Regimentern (besonders der Kavallerie) einen Lebensstil auf, der nicht mehr adlig, noch weniger altpreußisch, sondern einfach luxuriös war und die „Vornehmheit" des Offizierkorps in eine recht unerfreuliche Beleuchtung rückte.

Dieses Eindringen „plutokratischer" Elemente war eine unmittelbare Folge des sozialen Ansehens, das der Offizierstand genoß: es lockte viele, auf diesem Wege gesellschaftlichen Rang, wohl gar unmittelbaren Zugang zum kaiserlichen Hof zu gewinnen[17]). Damit ist schon der Punkt berührt, an dem die „Militarisierung" des deutschen Lebens unmittelbare politische Bedeutung im Sinn unseres Generalthemas gewinnt: das Eindringen militärischer Denkweise in die politische Vorstellungswelt des deutschen Bürgertums.

Es erfolgte hauptsächlich auf dem Wege über den „Reserveoffizier" — eine militärische Figur, die erst nach der Reichsgründung in der deutschen Armee eine größere Rolle zu spielen begann. Noch im Kriege von 1870/71 war die Zahl der Reserveoffiziere sehr unbedeutend gewesen[18]). Denn bis zur Roonschen Heeresreform trat der Einjährig-Freiwillige, der zum „Offizier des Beurlaubtenstandes" gewählt und ernannt wurde, gewöhnlich zur Landwehr über. Erst seit der engen Verschmelzung der Landwehr mit der Linie und der Zerstörung ihres Charakters als selbständiger Feldtruppe neben der aktiven Armee änderte sich das. Vor allem kam der Landwehr- und Reserve-Offizier seitdem in ein viel engeres Verhältnis zum Offizierkorps der Linie, und dieses wurde doppelt vorsichtig in der Auswahl. Für sie war nicht nur die dienstliche Leistungsfähigkeit maßgebend; vielmehr hatte der Bezirkskommandeur, der die Offiziersanwärter von den ihm unterstellten Offizieren auswählen ließ und sie dem Militärkabinett zur Ernennung vorschlug, auch auf die „bürgerliche Lebensstellung" und „außerdienstliches Verhalten" zu achten: eine Bestimmung, die politischen Erwägungen ebenso wie gesellschaftlichen Vorurteilen ein weites Tor öffnete. Politisch links stehende Persönlichkeiten und solche jüdischer Herkunft hatten so gut wie keine Aussicht, zum Reserveoffizier befördert zu werden[19]). Aber auch Bauern- oder Handwerker-, vollends Arbeitersöhne waren nicht (oder doch nur in seltenen Ausnahmefällen) wählbar; dasselbe galt für Kleinkaufleute, die selbst am Ladentisch standen; manchmal sogar für solche, deren Ehefrau aus kleinbürgerlichem Hause stammte[20]). Das Reserveoffizierkorps betrachtete sich selbst als eine soziale Elite, und so wurde es der Ehrgeiz des jungen deutschen Staatsbürgers, durch seine Ernennung zum Reserveoffizier seinen Rang als „vornehmer Mann" bestätigt zu erhalten. Es ist kaum auszudenken, in welchem Maße dadurch die Klassengegensätze in Deutschland versteift worden sind. Für die Angehörigen gewisser Berufe, vor allem für den Juristenstand und die höheren Verwaltungsbeamten, war es einfach Ehrensache, nicht nur Reserveoffizier zu sein, sondern womöglich zu einem Regiment mit vorwiegend adligem Offizierkorps zu gehören, am besten der Kavallerie. So entwickelte sich ein Ehrgeiz der militärischen Rangordnung auch im Zivilleben, der fast an gewisse Traditionen der alt-russischen Staatsordnung erinnert. Verdiente Staatsmänner erhielten als Auszeichnung irgendeinen militärischen Rang. Bülow wurde Husarenoberst, Michaelis wurde vom Reservehauptmann zum Oberstleutnant befördert, der Finanzminister von Scholtz vom Vizefeldwebel zum Leutnant der Landwehr a. D. Es wurde guter Stil auch für höhere Staatsbeamte, bei jeder nur irgend passenden Gelegenheit den Soldatenrock zu tragen. So erschien Bethmann Hollweg bei seinem ersten Auftreten als Kanzler im Reichstag in Majorsuniform — eine Übung, an der Bismarck mit seiner ewigen Verkleidung als Kürassiergeneral gewiß nicht unschuldig gewesen ist. Nur wer die Uniform mit den silbernen Achselstücken tragen durfte, galt noch als ein ganzer Kerl, vollends wenn er es bis zum Rittmeister der Reserve oder Landwehr gebracht hatte. Die Nachahmung adliger Lebenssitten und des schnoddrigen Kasinotons in bürgerlichen Kreisen nahm vielfach geradezu lächerliche Formen an — am lächerlichsten vielleicht im studentischen Verbindungswesen, in dem eine unreife oder halbreife Jugend ihre Männlichkeit durch möglichst gezwungene und steife Verkehrsformen sich selbst zu bestätigen suchte. „Forsches" Auftreten und ständige Bereitschaft zum Duell wurde in weiten Kreisen zum akademischen Lebensstil.

Aber es blieb nicht bei der Nachahmung äußerer Lebensformen. Dem aktiven Offizierkorps war ein strenger Royalismus nicht nur anerzogen, sondern im monarchischen Staat selbstverständlich und natürlich. Die Herkunft so vieler Offiziere und der meisten höheren militärischen Führer aus dem preußischen Militäradel verstärkte und versteifte ihn noch. Die Armee war grundsätzlich unpolitisch, neigte aber — ähnlich wie in Frankreich, nur noch viel stärker — in ihren politischen Sympathien einseitig zu den Rechtsparteien. Wie stark sich das auch im Reserve-Offizierkorps auswirkte, dafür gibt es ganz erstaunliche Beispiele. So berichtet General Liebert von einem Fall aus den neunziger Jahren, in dem mehrere hannöverische Reserveoffiziere vor das Ehrengericht gestellt und verabschiedet wurden, weil es beim Stammtisch herausgekommen war, daß sie bei einer Reichstagswahl welfisch gewählt hatten. Liebert hielt (als Generalstabschef des X. Armeekorps) ihre Verabschiedung für selbstverständlich, hatte aber empfohlen, sie ganz in der Stille zu vollziehen[21]). Der Landrat Prinz Heinrich von Schönaich-Carolath, ein höchst angesehener Standesherr und Rittmeister à la suite der Armee, erhielt 1884 eine scharfe Verwarnung aus dem Militärcabinett, weil er als freikonservativer Abgeordneter es gewagt hatte, im Reichstag für eine Gleichstellung der Subaltern-Offiziere mit den Beamten in der Frage der Hinterbliebenenfürsorge zu sprechen — und dies, obwohl er gleich darauf der anderslautenden Regierungsvorlage zugestimmt hatte. Als er im nächsten Jahr für einen Antrag des linksliberalen Abgeordneten Eugen Richter stimmte, der willkürliche Etatsüberschreitungen der Militärverwaltung verhindern sollte, wurde er aus seinem Militärverhältnis entlassen. Bismarck soll (nach Waldersee) zunächst zugestimmt haben. Da indessen ein politischer Skandal daraus zu entstehen drohte und besonders die Standesgenossen Schönaich-Carolaths sich sehr aufregten, wurde nach langen Verhandlungen, in dem höchste Offiziere und Staatsbeamte mit ihrem Rücktritt drohten, schließlich doch Begnadigung versprochen, falls der Prinz, der seine Loyalität betonte, diese Haltung in nächster Zeit praktisch bewähren würde. Neun Monate später wurde die Entlassung zurückgenommen; der Prinz blieb aber dauernd an oberster Stelle verdächtig und hatte noch 1912 ernste Schwierigkeiten mit dem Militärkabinett, als öffentlich bekannt wurde, daß er nach dem großen Wahlsieg der Sozialdemokraten in geheimer Abstimmung für eine Wahl Bebels in das Reichstagspräsidium gestimmt hatte. Kein Arbeiter, schrieb damals entrüstet die Deutsche Zeitung, werde in Kriegervereinen geduldet, der einen Sozialdemokraten zum Stadtverordneten wähle. Was solle man da von diesem Prinzen halten? Erschwerend kam der Vorwurf des Militärkabinetts hinzu, er sei in Uniform bei einem des Sozialismus verdächtigen Gastwirt eingekehrt[22]).

Prinz Schönaich ist als Politiker weiteren Kreisen des In- und Auslands erst dadurch beganntgeworden, daß er 1890 in einer rasch berühmt gewordenen Reichstagsrede vor einseitig kämpferischen Maßnahmen gegen die Sozialdemokratie warnte und das gebildete Bürgertum zu geistiger Auseinandersetzung mit dem Sozialismus aufrief. Was er selbst dazu beitragen konnte, war unbedeutend. Aber sicher ist, daß er in jener Rede an den wundesten Punkt der Innenpolitik des bismarckischen Reiches gerührt hatte: an die unheilvolle Spaltung der Nation in zwei Lager: das der militärfrommen bürgerlichen Rechten und der grundsätzlich antimilitärischen Linken. Diese Haltung wurde ganz wesentlich dadurch vertieft, daß die liberalen Traditionen der Jahrhundertmitte im höheren Bürgertum und in der Beamtenschaft seit den achtziger Jahren so stark verblaßten. Wer vorankommen wollte in der preußischen Verwaltung, mußte unter dem alten Bismarck und seinem Innenminister Puttkamer unbedingt „zuverlässig" im Sinn der konservativen Parteien sein. Der politische Einfluß des Offizierkorps hat diese Richtung noch verstärkt[23]. Nach dem Abgang Bismarcks erwies er sich aber auch für das außenpolitische Denken des deutschen Bürgertums als gefährlich. Die Begriffe „stramm" und „schlapp", dem Jargon der Exerzierplätze und Kasinos entstammend, beherrschen mehr und mehr das Gerede „national" gesinnter Bürgerklubs und patriotischer Stammtische über außenpolitische Fragen. Nun ist dem Soldaten die Vorstellung natürlich, daß mit bloßer Willensenergie auch schwere Hindernisse sich zuletzt überwinden lassen. Im Kriege darf keine Gefahr schrecken — wenigstens nicht in den unteren Führungsrängen. Im Bereich der Politik, vollends auf dem Felde der Diplomatie mit seinen überaus komplizierten Fragen, reichen so primitive Rezepte nicht aus. Zur Staatskunst gehört auch die Fähigkeit, unter Umständen auf Umwegen und durch Kompromisse oder Nachgeben zum Ziele zu gelangen. Es war ein Unheil, daß militärische Vorstellungen von der natürlichen „Schlappheit" des Zivilisten und „Federfuchsers" sich immer weiter verbreiteten und das Kraftbewußtsein unserer rasch aufsteigenden Nation erst vollends übersteigern halfen. Von der Bismarcklegende, die sich bald nach dem Abgang des großen Kanzlers bildete, war schon oben die Rede. Sie hat seinen Nachfolgern schwer zu schaffen gemacht, und es wird sich kaum leugnen lassen, daß die „Militarisierung" der Nation an dieser Entwicklung einen starken Anteil hatte. Sie half mit dazu, in „nationalen" Kreisen eine Atmosphäre zu schaffen, deren Druck die schwachen Reichsregierungen der wilhelminischen Epoche oft nur mit Mühe widerstehen konnten.

6. Kapitel

KRIEG UND POLITIK IM MILITÄRISCHEN SCHRIFTTUM
DER LETZTEN FRIEDENSJAHRZEHNTE

Grundsätzlich sollte das Offizierkorps außerhalb aller politischen Parteiungen stehen und nur seinem „Obersten Kriegsherrn" verpflichtet sein. Das verhinderte aber nicht, daß sich eine Publizistik militärischer Autoren entwickelte, die vom rein Militärtechnischen auch auf das Politische vielfach übergriff. Sie stammte zumeist von pensionierten oder „zur Disposition gestellten" Offizieren, da die Schriftstellerei aktiver Militärs erhebliche Schwierigkeiten hatte: sie war nur mit Erlaubnis vorgesetzter Dienststellen gestattet und so natürlich durch viele dienstliche Rücksichten beengt. Literarische, öffentlich vorgetragene Kritik eines Offiziers an militärischen Einrichtungen und offiziell anerkannten Ansichten über die vaterländische Geschichte, besonders über die „Großtaten" der Einigungskriege, wurde leicht als „ungehörig" empfunden: als Verstoß gegen die „Standespflichten", d. h. wider den Korpsgeist und wider das militärische Subordinationsprinzip. Sie konnte also der Karriere des Autors gefährlich werden. Das Militärkabinett suchte aber auch die oppositionelle Schriftstellerei entlassener, oft verärgerter Offiziere zu verhindern, und Wilhelm II. hat sie (in gelegentlichen Ausbrüchen) mit kriegs- und ehrengerichtlicher Verfolgung bedroht. Im Generalstab gab es eine förmliche Vorzensur für Arbeiten über solche Gegenstände, die schon einmal in früheren Studien derselben Behörde behandelt waren[1]). Die politische Schriftstellerei von Reserveoffizieren ließ sich natürlich auf die Dauer weder kontrollieren noch eindämmen; immerhin stand auch der Reserveoffizier immer in der Gefahr, wegen irgendwelcher öffentlicher Äußerungen vor ein militärisches Ehrengericht gestellt zu werden[2]).

Für unsere Betrachtung ist die literarische Betätigung deutscher Offiziere nur insofern interessant, als sie etwas von der politischen Grundeinstellung des höheren Offizierkorps, insbesondere des Generalstabs, erkennen läßt. Natürlich läßt sich, was einer dieser Schriftsteller vorträgt, nicht ohne weiteres als die Ansicht des ganzen Offizierkorps ansprechen. Gewisse Gemeinsamkeiten, die überall hervorscheinen, gibt es aber doch.

Was am stärksten von solchen Gemeinsamkeiten in die Augen fällt, ist ein starkes, oft übertriebenes Bewußtsein von der schwer gefährdeten Lage Deutschlands in der Welt, jedenfalls seit dem Abgang Bismarcks. „Feinde ringsum!" — keinem unserer Nachbarn darf man trauen: das ist die allgemeine Überzeugung. Im Generalstab hatte schon seit 1887 Graf Waldersee die Folgerung daraus gezogen, „daß es besser ist, Initiative zu ergreifen, als sie dem Gegner zu lassen"[3]. Er hatte also den Präventivkrieg gegen Rußland empfohlen, und wir wissen schon, daß auch der ältere Moltke immer wieder dem Gedanken zugeneigt hatte, den Deutschland bedrohenden Gefahren durch rasches Zuschlagen zuvorzukommen — in mehrfach scharf hervorgetretenem Gegensatz zu Bismarck. Hat sich nun die Idee des Präventivkrieges im Generalstab als feste Tradition vererbt?

Bei den nächsten Nachfolgern Waldersees, dem Grafen Schlieffen und dem jüngeren Moltke, läßt sie sich — jedenfalls in deutlich erkennbarer Form — nicht nachweisen. Schlieffen war im Gegensatz zu Waldersee ein ganz unpolitischer Offizier, reiner Techniker der Strategie. Er hat während seiner Dienstzeit als Generalstabschef, wie später noch zu zeigen sein wird, niemals in die Politik hineingeredet, insbesondere amtlich niemals zum Präventivkrieg gedrängt. Wie einseitig kämpferisch auch seine politischen Vorstellungen waren, hat das ziemlich ausgedehnte historisch-politische Schrifttum gezeigt, das er nach seiner Emeritierung begann. Bismarck wird darin ganz im Stil der alldeutschen Legende geschildert: „Der Diplomat des Blutes und des Eisens, der den Knäuel der Politik auf dem Schlachtfelde mit dem Schwerte durchhauen hat. Der Rufer im Streit, der gewaltige Recke, der mit mächtiger Stimme Deutschlands Söhne zum Kampf gegen die Feinde der Freiheit und der Größe des Vaterlands entflammte, war Soldat, wenn er auch der Armee nur der Form nach angehörte." Den Krieg von 1870 hat er mit „schnellem Zugreifen" begonnen, ehe eine feindliche Koalition zustande kam[4]. In einem rasch berühmt gewordenen Aufsatz von 1909 über den „Krieg in der Gegenwart" läßt Schlieffen die militärisch-politische Einkesselung, die jetzt vollendet ist, schon fast mit dem Moment der Reichsgründung beginnen und sieht ganz Europa erfüllt von dauerndem, unversöhnlichem Haß gegen Deutschland: Frankreichs Rachedurst „hat ganz Europa unter die Waffen gerufen", in England haßt man den „früher verachteten deutschen Konkurrenten", in Rußland herrscht die „ererbte Antipathie des Slaven gegen den Germanen", in Italien die Irredenta und der Haß auf Österreich. Nur die imponierende Stärke der deutschen Wehrmacht hat bisher unsere Gegner verhindert, über uns herzufallen; aber sie lauern auf den nächsten günstigen Moment, um unser Land von allen Seiten zu überfluten. „Die Gefahr erscheint riesengroß" — ob und wann der Krieg kommen wird, bleibt aber ungewiß. In solcher Lage tut eine starke Rüstung, feste politische Haltung und sichere militärische Führung not. Von rechtzeitigem Losschlagen, vom Präventivkrieg ist indessen mit keinem Wort die Rede. Auch in einer vertraulichen Denkschrift von 1912 nicht, die Schlieffens letzten großen Operationsplan enthält. Hier wird zwar lebhaft bedauert, daß die deutsche Politik während der Marokkokrise von 1911 nicht den festen Willen gezeigt habe, notfalls die Armee zum Kampf einzusetzen; aber nicht etwa deshalb, weil Schlieffen einen Präventivkrieg gewünscht hätte, sondern weil er fest davon überzeugt ist, die Gegner wären vor einer ernsthaften Kriegsdrohung ebenso zurückgewichen, wie sie es (so meint er) 1905 und 1909 getan hätten, aus Furcht vor der deutschen Armee[5]).

Das ist ein stark vereinfachtes, etwas primitives Bild der politischen Wirklichkeit: Europa lebt gewissermaßen in einer Dauerkrise, und es gibt kein anderes Mittel, sie zu beschwören, als eine starke Rüstung und stete Bereitschaft zum Losschlagen. Der Soldat bestätigt sich gewissermaßen selbst durch geschichtliche Betrachtungen die zentrale Bedeutung seines Standes. Er verbleibt aber streng in den Grenzen seines Fachressorts, indem er die Entscheidung über Krieg und Frieden dem Staatsmann überläßt; und es ist sehr bemerkenswert, daß Schlieffen auch jener starre Fatalismus zu fehlen scheint, den man in der Militärliteratur jener Epoche so häufig findet: die Vorstellung von der absoluten Unvermeidlichkeit des sehr bald kommenden Krieges.

Dieser Fatalismus tritt besonders da hervor, wo die Lehren Darwins vom „Kampf ums Dasein" in das politische Denken eingedrungen sind. Welche Art von Kriegsphilosophie dabei in soldatischen Köpfen entstehen konnte, dafür findet man in den Memoiren Conrad von Hötzendorffs ein so eindrucksvolles Beispiel, daß ich es nicht übergehen möchte, obgleich der österreichische Generalstabschef ja nicht zur deutschen Generalität gehörte. Conrad meint im Rückblick auf den ersten Weltkrieg, der österreichische und der deutsche Kaiser hätten ihn viel zu lange hinausgeschoben und dabei verkannt, daß nun einmal Kampf das Prinzip der Natur ist, von Urzeiten her, schon unendlich lange vor der Entstehung organischen Lebens auf der Erde. Alle Lebewesen kämpfen beständig ums Dasein. Das Raubtier mordet, und gar erst der Mensch mordet die Tierwelt skrupellos zu seinen Zwecken. „Er steht nicht außerhalb der Natur — auch er ist ihren Gesetzen unterworfen und machtlos gegenüber ihrem konsequenten Walten", das den Kampf in sich schließt. Philantropische Religionen und Morallehren mögen ihn zeitweise in seinen krassesten Formen abschwächen helfen — „ihn als treibendes Element aus der Welt zu schaffen, wird ihnen aber nie gelingen". So ist denn auch für Conrad der Weltkrieg nichts weiter gewesen als „ein Gewitter, das naturnotwendig zur Entladung drängte"; er wäre auch ohne das österreichische Ultimatum an Serbien „naturnotwendig" ausgebrochen. „Imperialismus" ist für ihn nichts weiter als der natürliche Betätigungsdrang sich entfaltender Volkskräfte, der unvermeidbar zu gewaltsamen Konflikten führt, sobald er auf Widerstand stößt — ein Schauspiel, das die Geschichte seit Jahrtausenden immer wieder vorführt[6]). Gewiß: das sind in dieser Form nachträgliche Betrachtungen. Aber sie haben zweifellos das Denken ihres Urhebers schon vor dem Kriege bestimmt. Niemand hat im letzten Jahrzehnt vor 1914 so oft, so hartnäckig und so leidenschaftliche zum Präventivkrieg gedrängt wie Baron Conrad; davon wird später noch zu reden sein.

Zwischen dem Chef des deutschen und dem des österreichischen Generalstabs gab es also große Unterschiede der politischen Haltung. Sicherlich hing das damit zusammen, daß man in Wien den Druck der ungeheuren Verantwortung für ein Kriegsunternehmen, das so wenig sichere Erfolgschancen bot wie der Zweifrontenkrieg, weniger stark und unmittelbar empfand als in Berlin; denn in Österreich hat man immer dazu geneigt, die Leistungsfähigkeit des deutschen Bundesgenossen zu überschätzen. Dazu kam die Furcht vor der rasch fortschreitenden inneren Zersetzung des Habsburger Staates: der Krieg konnte als das wirksamste Mittel zur Festigung einer ins Wanken geratenden staatlichen Autorität erscheinen. Im übrigen stand Conrad mit seiner darwinistischen Kriegstheorie nicht allein, sondern mitten im Strom der Zeit. Wer über die „militaristischen" Entgleisungen der österreichischen und deutschen Militärliteratur gerecht urteilen wird, muß sich dessen bewußt sein.

Die politische Ideenwelt der Zeit um 1900, der Epoche des Imperialismus, im Zusammenhang zu schildern, ist hier nicht der Ort, und der Verfasser darf dafür auf eine seiner anderen Schriften verweisen[7]). Hier muß die Bemerkung genügen, daß der Glaube an das sittliche Recht des Krieges und an seine Schicksalhaftigkeit, wie wir ihn schon in der Literatur des deutschen Idealismus und seiner Epigonen verfolgt haben (Band I, Kap. 8, Abschn. III), keineswegs auf Deutschland beschränkt blieb. Er findet sich auch in der westlichen Welt (einschließlich Amerikas) weit verbreitet — ohne freilich die öffentliche Meinung überall so weitgehend zu bestimmen wie in Deutschland. Aber in der Epoche der neuen, überhitzten und überaus kriegerischen Kolonialpolitik, die man „Imperialismus" zu nennen pflegt, hat das politische Denken in der ganzen Welt stark militante Züge angenommen. Dazu trug der politische Darwinismus ebenso bei wie die sogen. „Entlarvung" des bürgerlichen Idealismus durch die marxistische Bewegung und die Predigt des Klassenkampfes. Eine große Rolle spielten in aller Welt die Theorien militanter Geographen und Nationalökonomen vom „Lebensraum" und von der Notwendigkeit gesicherter Absatz- und Rohstoffmärkte[8]). Aber auch die moderne Lebensphilosophie, in Deutschland vor allem durch Nietzsche vertreten, mit ihrer Verherrlichung des willensstarken Herrenmenschen und ihrem Lobpreis der sicheren Instinkte anstelle der „feigen", ewig schwankenden Intelligenz wirkte sich politisch aus und half, humanitäre und pazifistische Strömungen in den Schatten zu drängen. Wer die politische Publizistik um die Jahrhundertwende heute liest, kann zuweilen den Eindruck gewinnen, als ob die europäische Bildungswelt, müde eines überlangen Friedens, sich geradezu gesehnt hätte nach dem großen, aufwühlenden Abenteuer eines neuen Krieges, der als „Stahlbad" wirken und eine satt und bequem gewordene Bürgerlichkeit zerstören sollte. Es gab auch in England und Frankreich „Militaristen", und sie meldeten sich in den letzten Vorkriegsjahrzehnten, deren außenpolitische Atmosphäre immer schwüler wurde, recht kräftig zu Wort. Ihre englische Spielart hat man neuerdings „Navalisten" genannt, weil sie sich vorzugsweise unter den überaus selbstbewußten Admirälen der Kriegsmarine, den Flottenenthusiasten der „Navy League" und den Verehrern des Kapitäns Mahan mit seiner Lehre von der weltbeherrschenden Rolle der Seemacht in aller Geschichte fanden. Tatsächlich gibt es kein Schlagwort deutscher Militaristen, das sich nicht (manchmal in abgewandelter Form, oft aber sehr massiv) schon in den neunziger Jahren in der Publizistik britischer „Navalisten" wiederfände — und zwar in breiter Streuung. Die Rede vom „sittlichen Stahlbad" des Krieges taucht dort ebenso auf wie die darwinistische Doktrin vom ewigen Lebenskampf der Völker und Rassen oder von der Unvermeidlichkeit eines baldigen Kriegsausbruchs, ja von der unbedingten Notwendigkeit eines Präventivkriegs zur Sicherung englischer Seeherrschaft durch rasche, völlige Vernichtung der deutschen Flotte, ohne vorherige Ankündigung — eine Drohung, die man (in mehr oder weniger offener Form) sogar mehrfach in den öffentlichen Reden britischer Seelords hören konnte. In der niederen Publizistik vollends war das, was man

„Kriegshetze" zu nennen pflegt, in den letzten Friedensjahrzehnten fast überall weit verbreitet.

Auf der deutschen Seite hat bekanntlich die Propaganda des „Alldeutschen Verbandes" das meiste dazu getan, das deutsche Volk in die „imperialistischen" Strömungen der Epoche hineinzureißen. Ihre außenpolitischen Ziele blieben vage und haben mehrfach geschwankt. Jedenfalls sollte aber Deutschland von der Stufe einer bloßen Kontinentalmacht zur „Weltmacht" erhoben werden, und es sollte sich bereit halten, seine „Gleichberechtigung" als eine solche Macht nötigenfalls mit kriegerischer Gewalt zu erkämpfen. Was die Alldeutschen in Verfolgung solcher Ziele von der deutschen Außenpolitik forderten, war ein brutales Auftreten in der Verfechtung deutscher Interessen: Germanisierung fremder Volksteile im Reich und im Donaustaat, Unterstützung der Volksdeutschen in aller Welt, Schaffung eines Großreiches von Berlin bis Bagdad u. ä. — lauter unreife, oft undiskutierbare Projekte, die denn auch in der Mehrheit des deutschen Bürgertums kein starkes Echo fanden. Aber der „Aufstieg zur Weltmacht" als solcher darf wohl als das gemeinsame Verlangen des gesamten deutschen Bürgertums betrachtet werden — jedenfalls aller derer, die sich selbst als „national gesinnt" empfanden[9]). Der Begriff der „Weltmacht" selbst blieb meist sehr vage; bei den Gemäßigten (wie etwa bei Paul Rohrbach oder dem Historiker und Publizisten Hans Delbrück) bedeutete er nicht so sehr neuen Kolonialerwerb wie ein Recht zur Mitsprache in allen großen Machtentscheidungen, wirtschaftlichen und kulturellen Einfluß in allen Teilen der Welt, keinesfalls kontinentale Gebietserweiterung. Aber immer führte der „Imperialismus" zur Forderung einer großen Kriegsflotte, die der englischen Respekt einflößen und unseren Überseehandel schon durch ihr bloßes Dasein schützen sollte.

Mit welcher Energie und welchem Erfolg die deutsche Kriegsmarine unter Leitung von Tirpitz diese imperialistischen Stimmungen in Deutschland angefacht und zum Aufbau einer starken Schlachtflotte ausgenützt hat, ist bekannt und soll später noch zur Sprache kommen. Hat auch die Armee die imperialistische Strömung gefördert?

Ausgediente Offiziere fanden sich zahlreich im alldeutschen Verband, neben vielen höheren Beamten, Wirtschaftsführern, Professoren und Lehrern. Unter ihnen tat sich besonders General a. D. Liebert hervor, der auf einem Afrikakommando zum Kolonialschwärmer geworden war und nach seiner frühen Verabschiedung in das politische Treiben nationaler Verbände hineingeriet. In der Kolonialgesellschaft, bei den Alldeutschen, im Flottenverein, in einem 1904 gegründeten „Reichsverband gegen die Sozialdemokratie" und schließlich auch als Abgeordneter im Reichstag verkörperte er einen neuen Offizierstypus, wie ihn die altpreußische Armee noch nicht gekannt hatte: den General als Volksredner und politischen Funktionär, der um seines hohen sozialen Ansehens willen von politischen Gruppen angeworben wird, in Volksversammlungen weniger durch sein hohes patriotisches Pathos als durch stirnrunzelnde Bemerkungen über das „Versagen" der Zivilisten im Auswärtigen Amt Eindruck macht und doch im Grunde von Politik nicht das geringste versteht[10]). Politisch besser geschult war der General Keim, der schon als junger Offizier in Tageszeitungen geschrieben hatte und von Caprivi zeitweise als Gehilfe zur Propaganda für die Heeresreform von 1892 herangezogen worden war. Auch er war frühzeitig verabschiedet worden und entfaltete dann eine enorme Aktivität als Präsident des Flottenvereins. Da ihm Tirpitz mit seinen großen Flottenvorlagen lange nicht genug tat, gab es bald Konflikte mit dem Reichsmarineamt, innerhalb des Vereins und mit dem Zentrum, die schließlich zu Keims Rücktritt führten. Seine Betriebsamkeit suchte sich aber sofort ein neues Feld: zuerst durch Gründung eines Jugendverbandes mit dem Ziel, religiöse Gesinnung und humanistische Bildung durch nationale Weltanschauung zu ersetzen, dann in einem „vaterländischen Schriftenverband", der Flugschriften ähnlicher Tendenz in Massenauflagen vertrieb und im Alldeutschen Verband, zuletzt, seit 1912, durch die Organisation des deutschen „Wehrvereins" mit der Aufgabe, durch kräftige Agitation für eine starke Heeresvermehrung zu wirken[11]).

Männer wie Liebert und Keim mit ihrem extremen Nationalismus alldeutschen Stils hatten sicherlich viele Gesinnungsgenossen im deutschen Offizierkorps. Aber aus dem Stil der altpreußischen Armee fallen sie durch ihre politische Betriebsamkeit völlig heraus. Die altpreußische Tradition war dem neuen, lärmenden, in Massenversammlungen sich ausrasenden, auf imperialistische Ziele gerichteten Nationalismus durchaus abhold. Während der Flottenverein als Propagandainstrument des Kriegsmarineamts galt und als solches — trotz mancher Konflikte — auch benutzt wurde, stieß der Wehrverein General Keims im preußischen Kriegsministeriums zunächst auf Bedenken und Abneigung: man fand ihn überflüssig und lästig[12]). Mit der nüchternen Frage: „Wie wollen Sie Ostafrika gegen England verteidigen?" erwiderte Caprivi, eben Reichskanzler geworden, auf einen begeisterten Bericht des eben von dort heimgekehrten Majors Liebert und brachte ihn damit völlig aus der Fassung[13]). „Je weniger Afrika, desto besser für uns!" hat Caprivi mehrfach zu seinem Presseadjutanten, Major Keim, gesagt und mit diesem darüber manchen Disput gehabt. Von politischen Modeströmungen ließ sich dieser kluge, nüchterne Soldat und Staatsmann niemals imponieren; obwohl er lange Jahre als Chef der Admiralität die Kriegsmarine befehligt hatte, war ihm doch niemals zweifelhaft, daß die Marine im Ernstfall immer nur eine Nebenrolle spielen könne; keinesfalls sollte sie einer politischen Annäherung an England im Wege stehen, und dringend warnte er davor, zu ihren Gunsten den weiteren Ausbau des Heeres zu vernachlässigen, da ihm die Gefahr des Zweifrontenkrieges immer sehr lebendig vor Augen stand[14]). Darin stimmte er völlig überein mit seinem politischen Gegner, dem Grafen Waldersee, der 1889 im Generalstab — und zwar durch seinen späteren Nachfolger Grafen Schlieffen — eine Denkschrift ausarbeiten ließ, die den Schutz deutscher Häfen und Überseeverbindungen ausschließlich von der Hilfe einer verbündeten englischen Flotte erwartete, ohne die Möglichkeit, eine solche Aufgabe mit deutschen Kräften zu leisten, auch nur zu erwähnen[15]). Auch Waldersee war Gegner einer expansiven Kolonialpolitik. In einem vertraulichen Brief äußerte er 1889 den Wunsch, wir möchten recht bald Samoa „in leidlich verständiger Weise loswerden und dazu womöglich ganz Ostafrika." Über die großen Flottenpläne des Kaisers dachte er sehr skeptisch: sie würden uns mit England verfeinden, ohne daß wir hoffen könnten, jemals ernsthafte Konkurrenten der britischen Seemacht zu werden[16]). Ähnlich dachte Schlieffen. Er hielt die große Kriegsflotte, wie berichtet wird, für unfruchtbaren Luxus[17]). Zu seinem Oberquartiermeister, Freiherrn von Freytag-Loringhoven, bemerkte er während des russisch-japanischen Krieges: „Dieses Kiautschou kann einem schlaflose Nächte machen", und Freytag selbst erklärt, nie begriffen zu haben, wie man hoffen konnte, mit Hilfe einer deutschen Schlachtflotte überseeische Gebiete im Kriegsfall verteidigen zu können. Auch den Tirpitz'schen Gedanken, die Flotte müsse so groß sein, daß sie für England ein ernsthaftes Risiko bedeutete und die Briten dadurch von dem Eintritt in den Krieg abschreckte, hielt Freytag für verfehlt[18]). Die Verknappung des Heeresbudgets durch die ungeheuren Kosten der Seerüstung (sie betrugen 1911 nicht weniger als 59,3% der Heeresausgaben!) hat man im Generalstab natürlich mit Sorgen verfolgt. Moltke erklärte 1909 in einer vom Reichskanzler einberufenen Besprechung der Chefs der obersten Reichs- und Militärbehörden, unsere Fotte werde niemals stark genug sein, um einen Seekrieg gegen England mit Aussicht auf Erfolg wagen zu können; daher müsse ein Krieg mit England unbedingt vermieden werden. Sein Nachfolger im Weltkrieg, General von Falkenhayn, hat Tirpitz nach der Marneschlacht ingrimmig vorgehalten, wenn wir keine Flotte hätten, so hätten wir die zwei Armeekorps mehr zur Verfügung gehabt, deren Abzug von der Westfront nach Ostpreußen uns zum Verhängnis wurde[19]).

Diese Rivalität der beiden Wehrmachtsteile war ganz natürlich; irgendwie wird sie wohl in jeder Wehrmacht auftreten. Sicher ist aber, daß nicht so sehr Eifersucht wie das Bewußtsein ihrer überschweren Verantwortlichkeit für den Ausgang eines Zweifrontenkrieges die deutschen Generalstabschefs gehindert hat, die allgemeine Flotten- und Kolonialbegeisterung zu teilen. Es kam hinzu, daß auch der konservative Landadel Altpreußens, der mit dem Offizierkorps des Heeres so eng zusammenhing, nur sehr zögernd dem Strom der neuen Zeit gefolgt ist und gegen das neue, überwiegend bürgerliche Offizierkorps der Marine vielfach ein gewisses Mißtrauen behielt.

Als Ergebnis dieser Betrachtungen ist festzuhalten, daß diejenigen Stellen der Armee, denen die größte Verantwortung oblag, Generalstab und Kriegsministerium, an der imperialistischen Strömung, der Kolonialschwärmerei und der Flottenbegeisterung der Vorkriegsjahrzehnte keinen erkennbaren Anteil gehabt haben. Das schließt natürlich nicht aus, daß einzelne führende Generäle und Generalstabsoffiziere von jenen Strömunegn stärker erfaßt wurden. So scheint Colmar Freiherr von der Goltz, dessen überragende Begabung als Soldat und Schriftsteller dank der Abneigung Wilhelms II. gegen seine Persönlichkeit auf deutschem Boden sich nicht voll auswirken konnte, als Reorganisator der türkischen Armee in das Fahrwasser eines halbromantischen Imperialismus geraten zu sein. In seinem Briefwechsel finden sich schon 1899 Äußerungen über England, die ganz dem Stil des Flottenvereins entsprechen, dazu seltsame Phantasien über eine Besetzung Ägyptens durch türkische Truppen unter deutscher Führung und über einen Vorstoß gegen Indien zur Brechung der englischen Weltherrschaft; auch von deutschen Truppenlandungen auf der englischen Insel im Bunde mit Holland ist die Rede. Das sind bloße Träumereien, nicht ernsthafte Pläne, sicherlich, aber doch aufschlußreich für die politische Grundhaltung des Briefschreibers. In einer großen Denkschrift von 1899 hat er denn auch erkennen lassen, daß ihm der Gedanke einer starken, zur Offensive befähigten Kriegsmarine durchaus sympathisch war[20]). Auch der Idee eines Präventivkrieges scheint er nicht ferngestanden zu haben. In einem Schreiben an Waldersee sprach er schon 1886 vom „allzulangen Frieden" und von der „Notwendigkeit" eines baldigen Krieges. Die Herausgeber seiner Denkwürdigkeiten berichten, er habe während der Marokkokrise von 1905 und der Balkankrise von 1908/9 den Krieg statt einer diplomatischen Lösung gewünscht. In einem vertraulichen Brief von 1908 äußert er, das deutsche Volk möchte sich endlich davon überzeugen lassen, daß es auch aus einem Kriege mit England dank seiner überlegenen Volkskraft „am Ende als Sieger hervorgehen muß, sobald es den Krieg nur lange genug fortführt"[21]. In einem glänzend geschriebenen Aufsatz, der zur Unterstützung der zweiten großen Flottenvorlage Tirpitz' im Frühjahr 1900 erschien, suchte er diese Anschauung einem weiten Leserkreis plausibel zu machen; selbst eine Landung deutscher Truppen in England, erklärte er, sei nicht ganz unmöglich. Was er vorbrachte, sind im wesentlichen dieselben historisch-ökonomisch-politischen Argumente, mit denen der Flottenverein die Notwendigkeit deutscher „Seegeltung" neben England zu begründen pflegte[22]. Gelegentlich klingt aber auch die Kriegsphilosophie Treitschkes in seinen Briefen an. So schreibt er einmal 1908: „Ich wüßte wohl, was ich dem deutschen Volk zu wünschen hätte, um es gesunden zu lassen — nämlich vor allen guten Dingen zwei: einen langen schweren Kampf um seine Existenz und dadurch erzwungene Rückkehr zu den einfachen Verhältnissen seiner Väter[23].

Isoliert genommen klingt das heute erschreckend, auch wenn es in erster Linie als Zeugnis spartanischer Lebensgesinnung und nicht als „Kriegshetze" verstanden werden muß. Übrigens hat Goltz so extrem gewagte Äußerungen nur im vertrauten Freundeskreis getan. Sein meistgelesenes Buch „Das Volk in Waffen", als Aufruf zu wehrhafter Gesinnung gedacht, hält sich von einseitiger Verhimmelung des Krieges und von Exkursen auf das politische Gebiet auch in den späteren Auflagen fern. Es ist auch frei von der Illusion vieler Zeitgenossen, der nächste Krieg werde ebenso kurz sein wie die Einigungskriege Bismarcks. Vielmehr schildert er ihn als Vernichtungskrieg der Millionenheere mit furchtbarer Zerstörungsgewalt und von nicht absehbarer Dauer.

Politisch viel bedenklicher war das Wirken eines anderen schriftstellernden Generals, der zeitweise ebenfalls im Generalstab einen bedeutenden Posten bekleidet hat: Friedrich von Bernhardis. Seine Publizistik hat in der Diskussion über die „Kriegsschuldfrage" eine so ungewöhnlich große Rolle gespielt, daß wir hier ausführlich darauf eingehen müssen.

Friedrich von Bernhardi war ganz gewiß keine Durchschnittsfigur. Man kann ihn sogar eine Ausnahmeerscheinung unter den deutschen Generälen nennen. Sohn des bedeutendsten Militärschriftstellers der Bismarckepoche,

Theodor von Bernhardis, dessen vielbändige, interessante Tagebücher er herausgegeben hat, besaß er von früh an einen starken schriftstellerischen Ehrgeiz und ebenso wie sein Vater lebhafte politische Interessen. Durch große Weltreisen hat er seinen politischen und geistigen Horizont erweitert. Sein Schrifttum zeigt ein nicht alltägliches Maß von historisch-literarischer Bildung und viel militärischen Sachverstand. Als Soldat steckte er voller Reformideen, die allerdings dem Ruf des „Extravaganten" nicht entgingen und praktisch erfolglos blieben. Als Chef der kriegsgeschichtlichen Abteilung im Großen Generalstab (seit 1898) zeigte er sich erstaunlich produktiv, arbeitssam und unternehmungsfreudig, geriet aber bald mit Schlieffen in Konflikt, dem er zu radikal gewesen zu sein scheint in seinem Bestreben, die herkömmliche harmonisierende und vielfach patriotisch aufgeschönte Kriegsgeschichtschreibung seiner Behörde durch rücksichtslos kritische Studien zu ersetzen. Die Folge war seine frühzeitige (und in betont unfreundlicher Form erfolgte) Versetzung in ein Frontkommando (1901) ohne Rückberufung in den Generalstab. Ebenso selbstbewußt wie eigenwillig, hat er das seinem früheren Vorgesetzten später vergolten, indem er an dessen taktisch-strategischen Grundsätzen eine sehr offene — und sachlich sicher ernst zu nehmende[24] — Kritik zu üben wagte, ohne Rücksicht auf die damals schon mythisch gewordene Autorität Schlieffens in der höheren Generalität. Diese Kritik erfolgte in einem zweibändigen Werk, das den Ehrgeiz hatte, die fragmentarisch gebliebene Kriegstheorie Clausewitz' zu ersetzen und für moderne Verhältnisse umzugestalten: „Vom heutigen Kriege." Bernhardi beendete die Niederschrift 1911, zwei Jahre nach seiner Verabschiedung aus der Armee, aber in Fortsetzung von Studien, die er schon im Generalstab begonnen hatte. Es war ein etwas weitschweifiges, aber kenntnis- und gedankenreiches Buch, wesentlich militärtechnischen Inhalts, dem man die Beratung durch eine ganze Reihe von Spezialisten anmerkt. Das Kapitel über „Einfluß der Politik auf die Kriegführung" gibt die uns schon bekannte Auffassung der Moltkeschule wieder, aber in sehr gemäßigtem Sinn und mit deutlicher Bemühung, auch den Ansprüchen des Staatsmannes auf die Kriegsleitung gerecht zu werden[25].

Nun waren die militärtechnischen Betrachtungen dieses Werkes ursprünglich in politisch-historische eingehüllt, die auf Wunsch des Fachverlags (Mittler) abgetrennt und 1912 als eigenes Buch (bei Cotta) unter dem Titel: „Deutschland und der nächste Krieg" veröffentlicht wurden. Diese Publikation war ein literarischer Riesenerfolg und ein politisches Unglück. Nichts ist für den Ruf des deutschen Generalstabs in der Welt so verhängnisvoll geworden wie diese Schrift, die in wenigen Jahren 7 Auflagen erlebte und in fast alle Kultursprachen (selbst ins Japanische) übersetzt wurde. Daß sie von einem entlassenen Offizier und einem „Außenseiter" stammte, blieb ebenso unbeachtet wie ihr rein privater Charakter. Unzählige Male ist sie als Beweis dafür angeführt worden, daß der deutsche Generalstab eine systematische Kriegshetze betreibe, und zwar mit dem Ziel, für Deutschland die Welthegemonie zu erobern.

Nun hatte Bernhardi seinen politischen Dilettantismus schon früher erwiesen, indem er 1890 (damals noch Ulanenrittmeister) anonym eine Broschüre veröffentlichte: „Videant consules, ne quid respublica detrimenti capiat!" Sie hatte von dem eben sein Amt antretenden neuen Kanzler Caprivi nichts geringeres gefordert, als daß er die grundsätzliche Scheu Bismarcks vor Präventivkriegen aufgebe und den Krieg gegen die sich anbahnende Koalition Rußland-Frankreich eröffnen möge, ehe diese beiden Nachbarmächte noch stärker aufgerüstet wären; denn auf die Dauer sei dieser Krieg doch nicht zu vermeiden. Grundsätzliche Friedenspolitik sei als die Wurzel alles Übels zu betrachten[26]). Das war ganz im Sinn des damaligen Generalstabschefs Grafen Waldersee gesprochen, zu dem Bernhardi in einem besonders nahen Verhältnis stand. Er hat ihn als den eigentlich zur Nachfolge Bismarcks berufenen Retter Deutschlands betrachtet und seine Opposition gegen den nüchternen, innen- und außenpolitisch gemäßigten Kurs Caprivis geteilt — in Übereinstimmung mit anderen Generalstabsoffizieren.

Eine so offene und direkte Aufforderung zum Losschlagen wie jene Broschüre enthält aber nun das Buch von 1912 nicht, obwohl es aus einer Epoche stammt, die den Verfasser zu heftiger Opposition gegen die „schmähliche Friedenspolitik" der Regierung trieb[27]). Bernhardi bewegt sich, nach Literatenart, in ziemlich vagen Allgemeinheiten und hat im Grunde nur das Ziel, einerseits das Recht und die Notwendigkeit des Krieges gegen pazifistische Strömungen zu verteidigen, andererseits im Moment der zweiten Marokkokrise und der bekannten Drohungen Lloyd Georges die deutsche Nation zu äußerster Anspannung ihrer Wehrkraft aufzurufen[28]). Das Recht des Präventivkriegs wird rein theoretisch verteidigt, und zwar nur für den Fall besonders günstiger Erfolgsaussichten oder unmittelbar drohender Kriegsgefahr. Die Betrachtung der Weltlage von 1911 ergibt aber dann, daß die äußeren Umstände denkbar ungünstig sind; insbesondere werden die Aussichten eines Seekrieges mit England überaus düster geschildert. (Bernhardi sieht ganz richtig voraus, daß England eine „weite" Blockade durchführen wird, gegen die wir praktisch fast ohnmächtig sind.) Das hindert aber nicht, daß er eine „aggresive" Kriegführung zur See und die entsprechende riesige Schlachtflotte fordert. Vor allem verlangt er eine aggressive Außenpolitik, die für Deutschland die Suprematie in Europa (unter Beseitigung des veralteten „Gleichgewichts der Mächte") und eine ganz neue „Weltstellung" durchsetzen soll, nötigenfalls ohne den Krieg zu scheuen. Wie das zu geschehen hätte und was sich der Verfasser unter deutscher „Weltstellung" vorstellt, bleibt gänzlich unklar. Bald ist bloß von einer Führerstellung des deutschen Geistes in der Welt die Rede, die politisch gesichert werden müsse, bald von einem neuen „Mitteleuropa" unter deutscher Herrschaft, bald von „politisch bestimmendem Einfluß" Deutschlands auf seine Absatzmärkte, bald von „neuem Lebensraum", den wir für unsere rasch anwachsende Bevölkerung brauchen. Aber gleich darauf wird festgestellt, daß es freie „Lebensräume" eigentlich in Europa nicht gibt, auch nicht in den Osträumen, und daß auch die Erweiterung unseres afrikanischen Kolonialbesitzes unserem Bevölkerungsdruck nicht abhelfen würde. Sehr brutal wird von der Notwendigkeit gesprochen, die Macht Frankreichs ein für allemal zu zerstören — was längst hätte geschehen sollen, um uns Rückenfreiheit für die Verfolgung weltpolitischer Ziele zu verschaffen; aber im Zusammenhang solcher Pläne erscheint dann wieder England als Hauptfeind. Über die Neutralität Belgiens spricht sich Bernhardi sehr abfällig aus: sie ist längst zum bloßen Schein geworden, und seit der Erwerbung des Kongostaates gar nicht mehr berechtigt. Überhaupt widerspricht dauernde Neutralität dem Wesen des Staates und muß sogar in gewissem Sinn als unsittlich bezeichnet werden. Angesichts der Notwendigkeiten unserer Kriegführung braucht sie uns ebensowenig zu hemmen wie das gleichfalls verfehlte Prinzip der Nichteinmischung in die inneren Verhältnisse eines fremden Staates. Das Recht ist überhaupt nicht eine übermenschliche Wirklichkeit, sondern eine willkürliche Erfindung des menschlichen Intellekts. Es sieht bei jedem Volk anders aus, und Verträge haben nur insoweit Gültigkeit, als sie mit den Interessen übereinstimmen.

In summa: man darf den Krieg nicht scheuen und nicht hinausschieben, wenn er zur Notwendigkeit wird. Die wichtigste Forderung des Augenblicks ist ein Höchstmaß von Rüstungen, und zwar zur See ebenso wie zu Lande. Wir müssen das Äußerste aufbieten, um jeden Augenblick losschlagen zu können — nicht eigentlich deshalb, weil eine unmittelbare Kriegsgefahr von außen drohte (sie wird anerkannt, steht aber nicht im Mittelpunkt der Erwägungen), sondern um eines höchst vagen Zieles erhöhter deutscher Machtgeltung willen. „Weltmacht oder Niedergang!" lautet die Parole. Wenn aber die Stunde des Krieges kommt, müssen sofort „klare Verhältnisse" für den Aufmarsch deutscher Heere geschaffen werden, d. h. wir müssen durch irgendwelche politischen „Aktionen" in Europa oder auch in Afrika die Westmächte zum Angriff ihrerseits zwingen, sodaß wir militärisch sofort offensiv werden können, ohne doch das Odium des Angreifers auf uns zu laden. Wie das geschehen soll, das zu überlegen ist Sache der Diplomatie.

Das alles sind Gedankengänge, die man doch nicht einfach als Einfälle eines extremen Außenseiters abtun kann. Denn allzu vieles davon wird sich später im militärischen Schrifttum des Weltkrieges, vor allem im Kreise Ludendorffs, wiederholen (und mußte darum schon hier ausgebreitet werden). Nicht in den Einzelheiten, aber in der politischen Mentalität, die aus dem Buche spricht, hat es doch wohl symptomatische Bedeutung: als erste ausführliche Äußerung „militaristischer" Gesinnung, d. h. eines Kampfgeistes, der aus dem rein soldatischen Beruf (wo er legitim ist) auf die politische Sphäre überzugreifen beginnt, unmittelbar politische Wirkungen bewußt erstrebend. Bernhardi verlangt ausdrücklich, das ganze deutsche Erziehungswesen müsse im Sinn seines Programmes umgestaltet werden: den Deutschen soll die ihnen angeblich eigene allzu große Friedfertigkeit und Rechtlichkeit systematisch ausgetrieben werden, damit sie endlich reif werden, ihre weltgeschichtliche Mission zu erkennen und in einem Kampf auf Leben und Tod durchzusetzen.

Was die Welt an dem Buche erschreckt hat, war wohl vor allem die hemmungslose, auch über rechtliche Schranken einfach wegspringende Dynamik des politischen Geltungsdranges und Kraftbewußtseins, die aus ihm sprach. Zur Rechtfertigung des Krieges ist alles zusammengetragen, was seit einem Jahrhundert sich in Deutschland an Ideen eines kämpferischen Patriotismus geregt hatte: von Schillers Betrachtungen über deutsche Größe und den Freiheitskämpfern um Arndt und Stein bis zur Staatsphilosophie der deutschen Idealisten und ihrer späten Epigonen, die wir schon im ersten Band dieses Werkes (Kap. 8, Abschnitt III) erörtert haben. Eine ganz zentrale Rolle spielt in den Zitaten Bernhardis H. v. Treitschke, besonders dessen Vorlesungen über „Politik" mit ihren Lobpreisungen des Krieges als sittlichen Erziehers der Völker; sie werden so sehr übersteigert, daß der Frieden zuletzt geradezu als Völkerverderber erscheint und die Größe des Staatsmannes daran gemessen wird, ob er rechtzeitig loszuschlagen den Mut findet, auch ohne volle Sicherheit des Erfolges — unter Umständen bloß um der Ehre willen! Neben das hohe Ethos deutscher liberaler Staatsgesinnung, die den Menschen erst in der freiwilligen Selbsthingabe für die Volksgemeinschaft sich zur Persönlichkeit vollenden sieht, wird ganz naiv die Machtphilosophie Nietzsches und die darwinistische Lehre vom ewigen Daseinskampf und der natürlichen Auslese der Starken gestellt; der Krieg erscheint dann nicht mehr als Erzieher zu wahrer Sittlichkeit, sondern als „biologische Notwendigkeit" und als „gesunde Arznei" zur Ausscheidung der Minderwertigen. Neben den Biologen erscheint aber auch Goethe (mit einzelnen Zitaten) als Kronzeuge, und selbst das Christentum muß es sich gefallen lassen, zusammen mit der materialistischen Weltanschauung zu Hilfe gerufen zu werden.

Alles in allem konnte der Leser hier ein ganzes Kompendium deutscher Kriegsphilosophie beisammen finden — vorgetragen nicht mit der plumpen und naiven Brutalität alldeutscher Propagandaschriften, sondern mit unleugbarem literarischem Geschick und in der Redeweise eines gebildeten Mannes. Kein Wunder also, daß dieses Buch so viel dazu beigetragen hat, im Ausland die Vorstellung zu befestigen, die deutsche Geistesgeschichte zeige ein immer stärkeres Durchbrechen angeborener militanter Instinkte, das Volk Goethes sei unter dem Einfluß Preußens ganz und gar zu einem Volk von „Militaristen" geworden — eine Vorstellung, die auch heute noch keineswegs ganz ausgestorben ist. Man darf die Schrift Bernhardis wohl als Musterbeispiel jenes deutschen Doktrinarismus betrachten, der sich auf ein theoretisches Prinzip verbeißt, ohne die politische Gefährlichkeit seiner einseitig zugespitzten Thesen auch nur zu bemerken. Bernhardi hat sich später allen Ernstes damit zu rechtfertigen gemeint, daß er behauptete, von der Wirkung des Buches auf das Ausland hätte er ja nichts ahnen können[29]).

Über die Aufnahme des Buches bei der höheren Generalität ist mir nichts Näheres bekannt — wohl aber, daß auf sein Erscheinen an den Verfasser eine Kabinettsorder erging, die „in ihrer Schärfe kaum zu überbieten war"[30]). Sicherlich war die Stellungnahme der früheren Kameraden Bernhardis mitbedingt von dem Grade der Siegeszuversicht, mit der sie jeweils einem kommenden Krieg entgegensahen. Bei dem Chef des Generalstabs, dem jüngeren Moltke, war diese Zuversicht recht gering, und so hat er Bernhardi einen „vollkommenen Phantasten" genannt. „Glauben Sie mir, viele Hunde sind des Hasen Tod", hat er auf einer Generalstabsreise zu seinem Mitarbeiter Frh. v. Freytag-Loringhoven gesagt, als dieser ihm seine Zweifel an den

Aussichten eines Dreifrontenkrieges durch ermunternde Worte auszureden suchte. Freytag-Loringhoven hat diese innere Unsicherheit als „pazifistisch" und als ungehörig für einen Soldaten empfunden. Aber daß auch er von schweren Sorgen nicht frei war, ist aus seinen Memoiren recht gut zu erkennen[31]). Sorgen einfach abzuschütteln, wäre vielleicht „soldatisch", aber für den, der die wirkliche Lage Deutschlands und die Gewagtheit aller „Siegesrezepte" kannte, nicht tapfer, sondern gewissenlos gewesen. Zu Angriffsgelüsten vollends reichte auch der größte Optimismus nicht hin. Und so ist die Haltung, die der Generalstab als Ganzes zum Kriegsproblem einnahm, wohl am besten durch die Sätze zu kennzeichnen, die sich in einer seiner Denkschriften schon 1902 finden: „Wir wollen nicht erobern, sondern nur verteidigen, was wir besitzen. Wir werden wohl nie die Angreifenden, sondern stets die Angegriffenen sein. Die notwendigen *schnellen* Erfolge kann uns aber mit Sicherheit nur die Offensive bringen"[32]).

7. Kapitel

MILITÄRISCHE UND ZIVILGEWALT
IM NEUDEUTSCHEN KAISERREICH

Die Geschichte des neudeutschen Reiches bietet ein Musterbeispiel dafür, wie wenig Verfassungsformen als solche bedeuten gegenüber den Willenskräften und geistigen Strömungen, die das Bild der politischen Wirklichkeit in einem Staatswesen bestimmen. Das Reich Bismarcks war von einer Militärmonarchie geschaffen worden, deren Herrscher eine reine Soldatenfigur war; sein leitender Staatsmann war ausdrücklich zu dem Zweck ins Amt gerufen worden, die unbeschränkte Verfügungsgewalt des Monarchen über sein Heer gegen das Mitspracherecht der Volksvertretung zu verteidigen. Seine Vertrauensstellung beruhte bis zum Ende seiner Amtstätigkeit darauf, daß er keinen Augenblick nachließ in der eifersüchtigen Wahrnehmung der unkontrollierten „Kommandogewalt" als Privileg der Krone, und wir werden sogleich noch sehen, daß er um dieses Privilegs willen nicht nur auf eine formelle Überordnung seines Ministeriums über die militärischen Zentralbehörden verzichtet hat, sondern auch auf deren straffe Zusammenfassung in einer einheitlichen Wehrmachtsbehörde. Blickt man nur auf die Behördenorganisationen, so kann man die deutsche Armee schon in der Zeit Bismarcks einen „Staat im Staate" nennen. Trotzdem war das politische Übergewicht der zivilen über die militärische Gewalt, solange er selbst das Staatsruder in der Hand hielt, niemals ernstlich in Frage gestellt. Der politische Kurs des Reichsschiffs wurde ausschließlich durch ihn bestimmt — auch in Fragen der Rüstung und der militärischen Abreden mit unseren Verbündeten. Unter Wilhelm I. jedenfalls kam kein Eigenwille militärischer Führerpersönlichkeiten gegen die Autorität des Kanzlers auf — auch nicht der unruhige Ehrgeiz des Generalstabschefs Waldersee, der erst unter Wilhelm II. zeitweise zu einer politisch bedeutenden Figur wurde[1]).

Unter Bismarcks Nachfolgern hat sich an der Heeresorganisation und der verfassungsrechtlichen Stellung des Reichskanzlers nichts Wesentliches geändert, aber das politische Klima wurde sogleich ein völlig anderes, und die inneren Schwächen der „systemlosen", allzu einseitig auf die persönlichen Machtbedürfnisse Bismarcks und auf die politische Fügsamkeit seines „alten Herren" zugeschnittenen Reichsverfassung traten jählings zutage. Schon vor dem großen Kriege zeigte sich, was dann in seinem Verlauf erst vollends verhängnisvoll wurde: daß die politische Gewalt verfassungsrechtlich kein so eindeutiges Übergewicht über die militärische besaß, um diese von sich abhängig zu halten und ihren eigenen Kurs ungestört von „militaristischen" Einflüssen steuern zu können. In der Weimarer Republik wurde das anders: die Reichswehr wurde in aller Form zivilen Vorgesetzten unterstellt: Parteipolitikern im Amt des Kriegsministers und des Reichspräsidenten. Auf den Gang der deutschen Politik Einfluß zu gewinnen, schien für die Armee nach der Katastrophe von 1918 völlig aussichtslos; nur als Schutzgarde republikanischer Regierungen konnte sie noch Bedeutung gewinnen. Aber ihre strenge verfassungsrechtliche Einordnung in das neue Staatswesen hat durchaus nicht bewirkt, daß sie für dieses innerlich gewonnen wurde; ja, in der großen Krise von 1932/33 war sie als Werkzeug der Regierung für den Fall eines Bürgerkrieges praktisch unverwendbar geworden. Danach hat Hitler, der Diktator, verfassungsrechtlich und politisch eine so vollkommene Abhängigkeit der militärischen von der zivilen Staatsgewalt hergestellt und eine so straffe Zusammenfassung aller militärischen Führungsstellen in einer Hand durchgeführt, wie sie in Deutschland noch nie zuvor erreicht worden war. Aber da er selbst, der „Zivilist", der radikalste aller „Militaristen" war, wurde gleichwohl das ganze deutsche Leben militarisiert und zwar in extremster Form, und eine so radikal „militante" Politik getrieben, wie sie keinen der preußischen Soldatenkönige in den Sinn gekommen wäre.

Solche Betrachtungen mögen uns davon warnen, die praktische Bedeutung des Formalen, des Verfassungsrechtes und der Behördenorganisation, für das Staatsleben zu überschätzen. Man darf sie aber auch nicht unterschätzen. Insbesondere kann niemand daran zweifeln, daß die eigentümliche Wehrverfassung des Reiches, die Bismarck seinen Nachfolgern hinterließ, deren ohnedies allzu beschränkte politische Bewegungsfreiheit noch mehr eingeengt und die Neigung Wilhelms II. zum Selbstherrschertum in gefährlicher Weise gefördert hat. Im Besitz einer militärischen „Kommandogewalt", in die ihm kein Minister hineinreden durfte, glaubte er sich befugt und befähigt, auch in politischen Fragen mehr oder weniger zu „kommandieren". Der Prozeß der Versachlichung des persönlichen Herrschertums, der im modernen Staatsleben angesichts seiner zunehmenden Komplikation unvermeidlich ist, wurde dadurch ungebührlich verzögert. Es war aber auch rein militärisch nur schädlich, daß die (uns schon bekannte) Fiktion des „roi connétable", des königlichen Feldherrntums, bis ins 20. Jahrhundert festgehalten wurde.

Die Vorstellung, daß zwischen den König als „Obersten Kriegsherrn" und seine Armee sich kein dem Parlament verantwortlicher Minister drängen dürfe, hatte schon in den Tagen Manteuffels und Roons den Ausbau des preußischen Kriegsministeriums zu einer Zentralbehörde, die alle Zweige des Militärwesens, Kommando- und Verwaltungssachen zugleich umfaßte, wie es überall sonst üblich war, verhindert (vgl. Bd. I Kap. 6—7). Militärkabinett und Generalstab hatten sich zu selbständigen Organen der königlichen Kommandogewalt entwickelt und das Kriegsministerium mehr und mehr auf reine Verwaltungssachen beschränkt — ein Prozeß, der sich im neuen Reich noch fortsetzte, und zwar mit Unterstützung Bismarcks. Es ist erstaunlich, mit welcher Energie der Kanzler 1883 gegen den Kriegsminister v. Kameke vorging, als dieser sich im Reichstag zu gewissen Konzessionen hinsichtlich der kommunalen Steuerfreiheit des Offizierkorps bereit zeigte, um dafür ein Militärpensionsgesetz durchzusetzen. Kameke, der es ablehnte, parlamentarischen Forderungen immer gleich mit polternden Drohungen entgegenzutreten und beständig auf die unkontrollierte Kommandogewalt des Monarchen zu pochen, wurde von Bismarck in einer Immediateingabe schwächlicher Nachgiebigkeit beschuldigt. Als aktiver General habe er nicht das Recht, wie ein englischer Zivilminister „um die Gunst des Parlaments zu werben und zu paktieren", vollends ohne vorheriges Einverständnis des Kanzlers. „Ein parlamentarischer General im aktiven Dienst ist stets eine unpreußische Erscheinung, als Kriegsminister aber eine gefährliche. Damit würde eine Zukunft angebahnt werden, in welcher die monarchischen Traditionen unseres Heeres langsam aber sicher hinfällig werden müßten"[2]).

Das klang wie eine Erneuerung von Kampfstimmungen der Konfliktszeit; nahm man es wörtlich, so lief es darauf hinaus, dem Kriegsminister jede politische Selbständigkeit zu nehmen und ihn zum bloßen Verteidiger der kaiserlichen Kommandogewalt zu machen, d. h. seine Verantwortlichkeit vor dem Reichstag geradezu umzukehren. Das war eine ganz unmögliche Zumutung, und Kameke hat denn auch sofort seinen Abschied gefordert und erhalten. Sein Sturz war planmäßig durch Waldersee, damals Stellvertreter Moltkes im Generalstab, und Albedyll, seit 1871 Chef des Militärkabinetts, einen getreuen Schüler Manteuffels, vorbereitet worden. Beide erreichten damit gleichzeitig eine weitere Loslösung ihrer Behörden vom Kriegsministerium und ihre Anerkennung als formal gleichgeordnete Immediatstellen — eine Anerkennung, auf die sich Kamekes Nachfolger, Paul Bronsart von Schellendorf, schon vor seiner Ernennung verpflichten mußte[3]). Albedyll hatte seinerseits schon seit Jahren — im Gegensatz zu seinem Vorgänger v. Tresckow — die Zuständigkeit seines Amtes zu erweitern und den Anspruch des Ministeriums auf Kontrasignatur kaiserlicher Ordres einzuschränken sich bemüht. Auch dieses Bemühen hat Bismarck eifrig unterstützt und 1885 durchgesetzt, daß alle militärischen Ordres, die nicht eine Veränderung im Heeresetat zur Folge hatten, grundsätzlich ohne ministerielle Gegenzeichnung ergingen[4]).

Nun wäre es sicherlich falsch, diese Haltung so zu deuten, als wäre Bismarck auf militärischem Gebiet einfach in absolutistische Vorstellungen zurückgefallen. Unmittelbar nach der Entlassung Kamekes hat er Albedyll einmal bedeuten lassen, der „Kriegsminister sei nicht mehr wie vor der Verfassung lediglich ein seiner Majestät untergebener General", sondern bekleide eine Stellung, die der Kritik des Parlaments unterliege[5]). Die parlamentarische Verantwortlichkeit des Kriegsministers sollte also nicht einfach weggewischt werden, und die Träger dieses Amtes haben es auch nach Kamekes Sturz immer abgelehnt, sich unter Berufung auf irgendwelche soldatische Gehorsamspflichten darüber hinwegzusetzen[6]). Aber mit Hilfe der militärischen Kommandogewalt die Rechte des Reichstags so weit als möglich zu beschneiden — dazu allerdings wollte Bismarck den Kriegsminister als Werkzeug und Helfer benutzen[7]). Weil Kameke eben so wie Stosch, der Chef der Admiralität, einer solchen Rolle widerstrebte, ließ er 1883 beide fallen — unbekümmert um die Frage, ob das, was er ihnen zumutete, für einen ehrlich konstitutionellen Minister und selbständigen Charakter überhaupt tragbar war. Die ewigen Kompetenzstreitigkeiten zwischen Kriegsministerium und Militärkabinett haben Bismarck sicher wenig interessiert; aber auch vor einem allzu großen Machtzuwachs des letzteren durch Wegfall aller Kontrasignaturen für die von ihm veranlaßten Kabinettsordres scheint er keine Sorge gehabt zu haben, seit einmal Edwin v. Manteuffel beiseite geschoben war.

Wenn er so die weite — und im einzelnen sehr unklar abgegrenzte — Sphäre der königlichen „Kommandogewalt" dem Kaiser selbst, d. h. praktisch dem Militärkabinett oder dem Generalstab überließ, so hatte es politisch nicht allzuviel zu bedeuten, daß er um so stärker bemüht war, das Kriegsministerium als Verwaltungsbehörde unter seine eigene Kontrolle zu bekommen. Im Rahmen der preußischen Verfassung hatte der Kriegsminister, wie wir schon wissen, (Bd. I, 227 f.) eine Vorzugsstellung unter seinen Kollegen eingenommen: er besaß das Recht zum Immediatvortrag ohne Kontrolle durch den Ministerpräsidenten. Das zwang diesen nicht nur zu unbequemen Rücksichten, sondern entzog auch grundsätzlich das Heerwesen seiner politischen Aufsicht. Diesen Zustand suchte Bismarck mit Hilfe der Reichsverfassung zu ändern. Das Kriegswesen war Reichssache geworden; aber einen Reichskriegsminister gab es nicht, weil das Reichsheer aus Kontingenten verschiedener Bundesstaaten, teilweise mit eigenen Kriegsministerien, zusammengesetzt war. Roon, der als preußischer Kriegsminister die Reichskriegsverwaltung mitbetreuen mußte, hat vergeblich versucht, Reichskriegsminister zu werden. Bismarck hat das nicht zugelassen und streng daran festgehalten, der einzige dem Reichstag verantwortliche Reichsminister zu bleiben; der preußische Kriegsminister wurde Bevollmächtigter Preußens im Bundesrat und Vorsitzender des Bundesratsausschusses für das Heerwesen; nur als solcher trat er dem Reichstag gegenüber. Er mußte dort Rede und Antwort stehen, wenn Militärsachen beraten wurden, mußte unter Umständen viel Kritik aushalten — ohne doch eigentlich selbst dem Parlament verantwortlich zu sein. Denn politische Verantwortung trug der Reichskanzler allein, und Bismarck hat daraus sehr weitgehende Machtbefugnisse abgeleitet. Er betrachtete sich selbst als Chef der Reichskriegsverwaltung für das Landheer und erst recht für die Kriegsmarine, die ja keine preußische, sondern Reichseinrichtung war. Die preußischen Kriegsminister konnte er sich freilich nicht ebenso unterordnen wie den Chef der Marineverwaltung, der als Staatssekretär förmlich sein Untergebener und „Stellvertreter" war. Aber er hat viel Mühe darauf verwandt, durch gelegentliche Eingriffe in die Verwaltung — bis in Einzelheiten der Gewehr- und Geschützverbesserung, der Erhöhung von Pferdegeldern für Offiziere oder der militärischen Stellenbesetzungen —, den preußischen Kriegsministern seine eigene Vorrangstellung bewußt zu erhalten[8]). Da der Heeresetat Reichssache war, konnte er auch in der Funktion eines Reichsfinanzministers die Militärverwaltung von seinem Willen abhängig machen.

Trotz alledem muß man sagen, daß es im bismarckischen Reich weder eine straffe und eindeutige Überordnung der politischen Führung über die militärische gegeben hat, noch eine wirkliche Einheit des militärischen Oberkommandos, noch ein gemischtes Zentralorgan zu systematischer Kriegsvorbereitung im Zusammenwirken von militärischen und zivilen Stellen. Gewiß: die anfänglichen Reibungen zwischen Militärkabinett und Kriegsministerium haben allmählich aufgehört, seit dieses, nach mehrfach raschem Ministerwechsel unter Wilhelm II., sich damit abfand, nur noch für Verwaltungssachen im engeren Sinn des Wortes zuständig zu sein. Aber wer hatte nun eigentlich noch die Verantwortung für eine militärische Gesamtplanung, die über das Erledigen von laufenden Geschäften hinausging? Der Kriegsminister nicht, da er ja nur noch Hilfsorgan des Kanzlers war, in die Geheimnisse der Generalstabsplanung nicht eingeweiht wurde und an Allerhöchster Stelle sehr viel seltener Gehör fand als der Chef des Militärkabinetts; auf den praktischen Truppendienst besaß er nur indirekten Einfluß, da ihm die kommandierenden Generäle und die Waffeninspekteure in Kommandosachen nicht unterstellt waren, sondern unmittelbar dem Monarchen unterstanden. Mit der Kriegsmarine hatte er vollends gar nichts zu tun. Der Generalstab war auch keine Zentralstelle; seine Zuständigkeit war im Frieden streng begrenzt auf strategische Planungen und Übungen, Schulung der Generalstabsoffiziere, Sammeln und Auswerten von militärischen Auslandsnachrichten und kriegsgeschichtlichen Studien. Die Kriegsminister von Einem und von Hetringen zeigten sich noch kurz vor 1914 sehr eifersüchtig darauf bedacht, in Rüstungsfragen den Vortritt vor dem Generalstabschef zu haben[9]). Am wenigsten war der Chef des Militärkabinetts geeignet, eine große militärpolitische Verantwortung zu tragen: ein Hofgeneral, dessen fachliche Zuständigkeit sich im wesentlichen auf Personalfragen (in erweitertem Sinn) beschränkte. Und doch stand er dem Thron nach der preußischen Militärtradition weit näher als alle anderen: er fungierte als Vermittlungsorgan zu allen Führungsstellen der Armee. Als solcher gewann er um so größeren Einfluß auf wichtige militärpolitische Entscheidungen, je weniger der Inhaber des Throns imstande war, die Rolle wirklich auszufüllen, die ihm die Verfassung zuwies: als „Oberster Kriegsherr" den lebendigen Vereinigungspunkt aller Zweige des Kriegswesens zu bilden, von dem die entscheidende Initiative ausging. Wilhelm II. war dazu schon deshalb außerstande, weil er in der beständigen Unruhe immer neuer Reisen und Festlichkeiten, mit denen er seine Tage hinbrachte, zu ernsthafter, stetiger Arbeit überhaupt keine Zeit behielt und auch im Militärwesen zuletzt ein Halbdilettant blieb.

Die von Bismarck so sorgsam konservierte, von allen ministeriellen Instanzen unabhängige „Kommandogewalt" hat also durchaus nicht dazu gedient, die Einheitlichkeit der militärischen Führung zu verstärken — im Gegenteil: sie hat zu einem bloßen Nebeneinander vieler „Immediatstellen" ohne klare hierarchische Ordnung geführt, und die vieldeutige Unterscheidung zwischen Kommando- und Verwaltungssachen hat immer wieder Verwirrung und innere Reibungen erzeugt. Man muß doch wohl bedauern, daß aus der Gründung eines „Bundesfeldherrnamtes" oder „Deutschen Generalstabs" nichts geworden ist, die Bismarck 1873 einmal flüchtig erwogen hat[10]). Vielleicht hätte eine solche Behörde zu einer wirklichen Zentralinstanz werden können — freilich nur dann, wenn ihr der Kaiser auch die praktische Ausübung seiner „Kommandogewalt" überließ. Einen ähnlichen Plan hat 1889 der General Verdy du Vernois entwickelt: er wollte das Militärkabinett auf reine Personalsachen beschränken, dafür aber den Generalstab zu einem „Stab des Oberkommandos" ausbauen, dem „alle Kommandoangelegenheiten, welche der Ausbildung der Armee und die operativen Vorarbeiten betreffen", zufallen sollten; das Kriegsministerium bliebe dann auf die „Verwaltungs-, staatlichen und parlamentarischen Verhältnisse" beschränkt, hätte also mit Hilfe des Reichstags die nötigen Mittel zu beschaffen[11]). Dieser Plan ist indessen, obwohl Verdy bald darauf Kriegsminister wurde, niemals ernstlich diskutiert worden.

Nur für die Kriegsmarine war schon 1859 ein „Oberkommando" geschaffen worden — begreiflicherweise, da auf diesem Gebiet die persönliche Führung des Königs nicht einmal als Fiktion möglich war; überdies war die Flotte damals noch sehr klein. Es kam aber bald zu Reibungen des Oberkommandos mit dem Kriegsministerium, das in Verwaltungssachen auch die Marine betreute; 1870 hat darum Bismarck Verwaltungs- und Kommandosachen in einem neugeschaffenen Marineministerium vereinigt, das seit 1872 „kaiserliche Admiralität" hieß und als Verwaltungsbehörde dem Kanzler unterstand. Es war aber dann eine der ersten Taten Wilhelms II., die so geschaffene Einheit wieder zu zerreißen. Das Oberkommando wurde 1889 wieder von der Verwaltung getrennt, unmittelbar dem Kaiser unterstellt, und die Verwaltungsbehörde, das Staatssekretariat der Marine, in ihren Befugnissen noch enger begrenzt als das frühere Marineministerium, obwohl sich gerade auf dem Gebiet der Marine Kommando- und Verwaltungssachen besonders schwer voneinander trennen lassen. Zur Begründung betonte Bismarck im Reichstag noch einmal mit Schärfe die Notwendigkeit einer über alle parlamentarischen Einflüsse erhabenen Kommandogewalt: „Eine Einmischung des Reichskanzlers in das Kommando der Armee und Marine halte ich als das sorgfältigst zu Verhütende, weil der Reichskanzler eben vom Reichstage in einer gewissen Abhängigkeit ist und eine Einmischung des Reichstages in die geltende Macht des Kommandos die größte Gefahr für die staatlichen

Verhältnisse bedeuten würde"[12]). Das war eine förmliche Abdikation der Zivilgewalt in den wichtigsten Fragen des Militärwesens, und Wilhelm II. erweiterte sofort den Bereich seines persönlichen Regiments durch Schaffung eines Marinekabinetts nach dem Muster des Militärkabinetts. Admiral von Senden-Bibran, den der Kaiser hierzu berief, wird von Graf Philipp Eulenburg, dem Günstling Wilhelms II., als ein etwas beschränkter Kopf, aber als sturer Vertreter der Flottenaufrüstung geschildert. Einen klaren, einheitlichen Kurs der Marinepolitik vermochte auch er nicht zu steuern; vielmehr waren die folgenden Jahre bis zur Berufung von Tirpitz in das Staatssekretariat (1897) nach dessen Urteil eine Epoche vollendeter Direktionslosigkeit und neuer beständiger Streitigkeiten der Marinebehörden untereinander. Um ihnen zugunsten seines eigenen Amtes ein Ende zu machen, unterstützte Tirpitz das Bestreben des Kaisers (den er weitgehend von sich abhängig wußte), sein persönliches Regiment noch mehr auszuweiten und ebenso wie in der Armee nun auch in der Marine jede Zwischeninstanz zwischen sich und den Frontkommandos auszuschalten. „Euer Majestät können jetzt Ihr eigener Admiral sein", hat er Wilhelm II. 1899 gesagt. Das Oberkommando der Marine wurde damals aufgelöst und nichts als ein „Admiralstab" mit sehr begrenzten Befugnissen davon übriggelassen. Der Kaiser erklärte sich selbst zum Oberbefehlshaber und verlieh einer ganzen Reihe von Kommandobehörden Immediatstellung: den Chefs der beiden Marinestationen in Nord- und Ostsee, dem Inspekteur des Bildungswesens, dem Chef des ersten Geschwaders und dem des Kreuzergeschwaders und dem neuernannten Generalinspekteur der Marine. Das Chaos der marinetechnischen Befehlsgebung, das die Folge war, hat Tirpitz im Weltkrieg selbst noch erleben müssen und bitter beklagt; praktisch wurde auch hier der Einfluß des Kabinettschefs über Gebühr erhöht, ja in vielen Fällen maßgebend, da dem Kaiser zu selbständiger Entscheidung in Marinefragen im allgemeinen die technische Sachkenntnis und Erfahrung fehlte.

Die Auswirkung des persönlichen kaiserlichen Regimentes im Bereich des Heerwesens wird man weniger ungünstig beurteilen dürfen als in dem der Marine. Im Kriege jedenfalls hat es praktisch keine Rolle mehr gespielt: da wurde der kaiserliche Generalstab vom ersten Tage an die einzig maßgebende Führungsinstanz, das Militärkabinett auf reine Personalfragen beschränkt, das Kriegsministerium zu einem bloßen Hilfsorgan der „Obersten Heeresleitung" und in dieser selbst der Wille des Kaisers von allen operativen Entscheidungen praktisch ferngehalten. Es wäre auch ungerecht und einseitig zu verkennen, daß der grundsätzliche Ausschluß ziviler Instanzen, besonders parlamentarischer Einflüsse von allem, was zur kaiserlichen Kommandogewalt gehörte, große Vorteile bot; der Vergleich mit den parlamentarisch regierten Staaten Europas hat uns das schon verdeutlicht. Die militärischen Fachleute wurden in Deutschland viel weniger als dort in ihrer Arbeit durch unsachgemäße Einreden und Forderungen der „Zivilisten" gestört. Aber freilich, dieser Vorteil wurde teuer erkauft.

Das erste und wichtigste Versäumnis, das aus der Selbstisolierung der Wehrmacht im Staat folgte, wurde schon erwähnt: es ist niemals zu einer Gesamtplanung für den „Ernstfall" gekommen, an der (wie in den Verteidigungsräten des Westens) politische und militärische Spitzenbehörden zusammenwirkten, Diplomatie und Heerführung, Wirtschaftsbehörden und Kriegsministerium, aber auch Armee und Flotte ihre Pläne aufeinander abstimmen konnten. Zu welchen verheerenden Folgen das geführt hat, sowohl in der strategischen Planung wie in der Rüstung und wirtschaftlichen Kriegsvorbereitung, wird uns noch im übernächsten Kapitel beschäftigen.

Das zweite Verhängnis war die tiefe Entfremdung des deutschen Offiziersstandes gegenüber dem politischen Leben der Nation. Soldatische Kritik am Treiben der Parteien, heftige Abneigung gegen parlamentarische Redekämpfe, Mißtrauen gegen die autoritätsfeindliche, vielfach antimilitaristische oder pazifistische Haltung der Linksparteien gibt es in allen Ländern; wir haben sie insbesondere in Frankreich verfolgt. In einer monarchischen Armee sind sie doppelt natürlich. Aber es war doch ein Unheil, daß im Bismarck-Deutschland die grundsätzliche Kampfhaltung der Konfliktsjahre 1862–66 niemals verschwand, ja unter Wilhelm II. sich noch versteifte, seit mit der zunehmenden Industrialisierung Deutschlands auch die Flut der sozialdemokratischen Wahlstimmen unaufhaltsam stieg. Seit der Kaiser selbst, enttäuscht über den Fehlschlag seines sozialpolitischen Anfangskurses, so törichte Kampfparolen ausgab wie seine bekannte Aufforderung an neu vereidigte Rekruten, im Ernstfall auf die eigenen Eltern zu schießen, seine Beschimpfung der Reichstagsabgeordneten als „vaterlandslose Gesellen" und seinen Königsberger Aufruf von 1893 zur Bekämpfung der „Umsturzgefahr", erschien die Armee den sozialistischen Volksmassen wieder ganz als Leibgarde des Monarchen zur Bekämpfung des „inneren Feindes". Liest man etwa die Memoiren des Kriegsministers von Einem, so erschrickt man über den radikalen Mangel an Verständnis für die sachliche Notwendigkeit parlamentarischer Kritik an den Mängeln des Heerwesens. Daß trotz aller Einzelkritik die deutschen Volksvertreter (und die hinter ihnen stehende Wählerschaft) im ganzen sehr viel guten Willen zeigten, für echte militärische Bedürfnisse Opfer zu bringen, wenn nur ihr Bewilligungsrecht nicht verkürzt wurde, haben die Militärs nur zögernd oder gar nicht anerkannt. Sympathie fanden hier nur die „wehrfreudigen" Rechtsparteien, die Vertreter des „national gesinnten" Bürgertums und des konservativen Adels, während die Linke mit einem Haß verfolgt wurde, der naturgemäß Gegenhaß erzeugte. So hat der Gegensatz zwischen „Militaristen" und „Antimilitaristen" die natürliche Gegnerschaft zwischen Rechts- und Linksparteien in Deutschland noch mehr verstärkt und vertieft als irgendwo sonst. Es ist eine Kluft daraus geworden, die sich bis zum Ende der Weimarer Republik nicht mehr schließen sollte und das politische Leben der Nation in ganz gefährlicher Weise zerrissen hat.

Dazu trat — als drittes Gefahrenmoment — eine Übersteigerung des natürlichen Gegensatzes zwischen „Militärs" und „Zivilisten". Je mehr sich das Offizierkorps mit dem Bewußtsein erfüllte, unter unmittelbarem und ausschließlichem „Kommando Seiner Majestät" zu stehen und seine ganz persönliche Gefolgschaft zu bilden, um so mehr entfremdete es sich dem bürgerlichen Leben. Von innerer Zugehörigkeit zur allgemeinen Staatsbürgerschaft blieb kaum etwas übrig: Wer den farbigen Rock des Königs zu tragen die Ehre hatte, gehörte gleichsam zu einer anderen, höheren Welt. Der Kaiser selbst lebte in einer politischen Vorstellungswelt, wie sie im Casino der Potsdamer Garderegimenter herkömmlich war und ist nie ganz darüber hinausgewachsen. „Die Verfassung habe ich nie gelesen und kenne sie nicht", soll er gelegentlich erklärt haben[13]). Dem entsprach es, wenn er ihm unbequeme Entschlüsse seines Staatsministeriums als eine Art von Insubordination auffaßte[14]). Als ihm 1896 der Reichskanzler Hohenlohe mitteilte, das Staatsministerium würde sich wohl bereit finden, die verfassungsmäßige Verantwortung für eine nach den Wünschen des Kaisers abgeänderte Militärstrafprozeßordnung zu übernehmen, setzte er eigenhändig folgende Fußnote auf das Schreiben: „Das Staatsministerium geht die Armee und ihre inneren Einrichtungen gar nichts an, da dieselbe durch die Verfassung ausdrücklich dem König als sein allereigenstes Gebiet vorbehalten ist. Daher ist das Staatsministerium auch nicht in der Lage, für die Armee, die ich kommandiere, eine verfassungsmäßige Verantwortung zu übernehmen"[15]). Wenn es so stand, dann hatten also „Zivilisten" überhaupt nichts in militärische Angelegenheiten hineinzureden.

Da es nach dem Abgang Bismarcks keinen Reichskanzler von überragender

Autorität mehr gab, wurde die fast rein militärische Umgebung, in der sich das tägliche Leben des Kaisers abspielte, zu einer politischen Gefahr. Eine seiner ersten Regierungshandlungen war, daß er seine „Maison militaire", das ganze Gefolge von General- und Flügeladjutanten, Generalen à la suite der Armee und dem Chef des Militärkabinetts schon im Frieden zum „Kaiserlichen Hauptquartier" vereinigte und einem General als „Kommandanten" unterstellte. Dahinter scheint der Wunsch zu stecken, eine geschlossene Front gegen den Einfluß ziviler Ratgeber am Hofe zu schaffen. Der Zeitkalender für Immediatvorträge, den der neue „Kommandant des Hauptquartiers" 1889 aufstellte, zeigt ein erstaunliches Übergewicht der Militärvorträge. Der Reichskanzler erscheint unter den Vortragenden überhaupt nicht (wahrscheinlich deshalb, weil seine Vorträge, üblicherweise am Samstagnachmittag, nicht regelmäßig stattfanden). Der Chef des Zivilkabinetts ist nur zweimal, militärische Dienststellen sind achtmal aufgeführt[16]). Unter den letzteren ist auch einmal der Kriegsminister genannt; doch zeigte der Kaiser Neigung, ihn auf schriftliche Eingaben zu verweisen, die er durch den Chef des Militärkabinetts vorzulegen hatte[17]).

Seinen Zivilministern gegenüber hat Wilhelm II. tatsächlich eine solche „Regierung aus dem Kabinett" (ganz im Stil des altpreußischen Absolutismus vor der Stein'schen Reform) durchgesetzt: er empfing sie (abgesehen vom Reichskanzler) kaum öfter als einmal im Jahr — bei der Kieler Flottenregatta — und ließ ihre laufenden Anträge durch den Chef des Zivilkabinetts beraten und vortragen. So umgab ihn der Schwarm seines militärischen Gefolges wie eine dichte Wolke. In ihrem Kreise fand er jederzeit ein williges Echo für seine politischen Tiraden und für die selbstgefälligen übersteigerten Kundgebungen seines Herrscherwillens. Der „forsche" und oft schnoddrige Ton, in dem man hier über politische Dinge redete, und der Hochmut, mit dem man auf die „schlappen Zivilisten" des diplomatischen Dienstes herabzublicken pflegte, spiegelt sich deutlich in den Reden und zahllosen Randbemerkungen des Kaisers auf dienstlichen Schriftstücken wider. Im Gegensatz zu seinen kaiserlichen Vorgängern hat er irgendwelchen Respekt vor den sachlichen Leistungen und der Amtswürde seiner Minister nicht gekannt.

Man hat schon in den neunziger Jahren oft anklagend von einer „militärischen Nebenregierung" gesprochen — in vertrauten Zirkeln, aber auch in der Presse — und hat sorgenvoll an die „Kamarilla" Friedrich Wilhelms IV. erinnert. Im ganzen war das sicherlich eine Übertreibung: zu einer regelmäßigen politischen Wirksamkeit fehlte es diesen General- und Flügeladjutanten, zumeist Persönlichkeiten, die „in der Einsamkeit des Kasernenlebens und der Exklusivität des Offizierkorps aufgewachsen waren", an tieferem politischem Interesse (wie es dereinst die Gerlachs besessen hatten), aber auch an Sachkenntnis, politischer Erfahrung und allgemeiner geistiger Bedeutung — obwohl Wilhelm II. geneigt war, in jedem Gardeoffizier „eine Quintessenz aller guten Sitten, aller Bildung und geistigen Begabung" zu erblicken und seine Flügeladjutanten für wahre Elitemenschen hielt[18]). Immerhin: hie und da, in gewissen kritischen Momenten, läßt sich der Einfluß militärischer Persönlichkeiten ohne politische Verantwortung auf die Entscheidungen des Kaisers doch erkennen — am deutlichsten da, wo das Interesse der Armee oder Marine unmittelbar mit berührt war[19]).

Die politisch gefährlichste dieser Persönlichkeiten war ohne Zweifel der Generalquartiermeister, seit 1888 Generalstabschef Graf Waldersee. Sein Versuch, den alten Moltke und durch ihn die Reichspolitik 1887 in einen Präventivkrieg gegen Rußland hineinzutreiben und feste militärische Abreden mit dem Wiener Generalstab für diesen Fall zu treffen, hat uns schon früher beschäftigt (Bd. I S. 295 ff.). Er scheiterte an der festen und ruhigen Haltung Bismarcks. Aber dann trieb ihn sein unruhiger Ehrgeiz dazu, die enge persönliche Vertrauensstellung, die er inzwischen bei Wilhelm II. gewonnen hatte, zum Sturz des alten Kanzlers auszunutzen — nicht ohne Hoffnung, womöglichst selbst dessen Nachfolger zu werden. Die Intrigen, die er zu diesem Zweck mit Baron Holstein und anderen Gegnern Bismarcks angesponnen hat, sind zu bekannt, um hier näherer Erörterung zu bedürfen. Im Moment der letzten Entscheidung spielten dabei bekanntlich gewisse Konsularberichte aus Rußland eine Rolle, die der Kaiser mit einer beinahe hysterisch wirkenden Aufregung zu dem Vorwurf gegen Bismarck benutzte, dieser enthalte ihm wichtige, auf einen baldigen russischen Angriff deutende Informationen vor. Schwerlich wäre er auf den Gedanken verfallen, diese recht harmlosen Berichte so aufzubauschen, wäre ihm nicht genau derselbe Vorwurf gegen den Kanzler schon seit Monaten von Waldersee eingeblasen worden, und zwar unter Vorlage anderen russischen Nachrichtenmaterials[19]). Diese Methode nun: den Kaiser durch erschreckende Auslandsnachrichten zu beunruhigen, dadurch von der Unzulänglichkeit seiner offiziellen Diplomatie zu überzeugen und um so enger mit dem Generalstabschef zu verbinden, der angeblich so viel bessere Auslandsinformationen besaß und so viel klarer in die Welt blickte, war ein mehrfach erprobtes Kunstmittel der Politik Waldersees. Er unterhielt schon seit Jahren, ähnlich wie später sein österreichischer Kollege Conrad von Hötzendorff, einen regen privaten Briefwechsel mit den deutschen Miltärattachés in den wichtigsten Hauptstädten Europas: Paris, Wien, Rom, Petersburg: sorgsam ausgesuchten jüngeren Generalstabsoffizieren, die zur Unterstützung des jeweiligen Botschafters Nachrichten über das ausländische Heerwesen zu sammeln hatten. Sie waren natürlich beeifert, das Vertrauen des Generalstabschefs zu erwerben und berichteten ganz in seinem Sinn auch über politische Verhältnisse — als Militärs ohnedies immer geneigt, die Rüstungsmaßnahmen fremder Regierungen als unmittelbare Bedrohung für Deutschland aufzufassen. Nun war es Vorschrift, daß jeder Militärattaché seine Berichte dem diplomatischen Missionschef, dem er dienstlich unterstand, vor der Absendung vorlegte; dieser ließ sie, nötigenfalls mit seinen Bemerkungen versehen, als Kuriersendung an das Auswärtige Amt nach Berlin gelangen, das sie je nach Inhalt an das Militärkabinett, Kriegsministerium oder den Generalstab weitergab. Waldersee umging aber diese unbequeme Kontrolle der Diplomatie mit Hilfe seiner Privatkorrespondenz; ja er suchte die Militärattachés zu kritischen Äußerungen über ihre diplomatischen Vorgesetzten geradezu zu ermuntern. Dem Kaiser schlug er vor, diese Militärdiplomaten sich selbst unmittelbar, also ohne Zwischenschaltung des alten Kanzlers, zu unterstellen, zunächst aber mit den Herren von Deines (Wien) und von Huene (Paris), die zugleich Flügeladjutanten waren, einen direkten politischen Briefwechsel zu führen. So könne er sich von dem politischen Monopol der beiden Bismarcks, Vater und Sohn, freimachen. Der Kaiser müsse immer mehrere Ratgeber nebeneinander hören und sie sorgsam auseinanderhalten. Ohne Zweifel wären die Berichte der Militärattachés weit besser und zuverlässiger als die der zünftigen Diplomaten, die ja doch immer nur ihrem reichlich alt gewordenen Chef in Berlin nach dem Munde redeten.

Unter dem alten Moltke hatte es nie irgendwelche Gegensätzlichkeiten zwischen ziviler und militärischer Berichterstattung gegeben. Die Berichte der Militärattachés hatte Bismarck immer als willkommene Ergänzung zu denen seiner Diplomaten betrachtet; gelegentlich hatte er sich auch von ihnen politische Eindrücke berichten lassen, obwohl sie offiziell streng auf das Militärtechnische beschränkt waren. Ganz besonders wichtig waren ihm die Berichte des „Militärbevollmächtigten" beim russischen Zaren, der herkömmlich eine Sonderstellung unter den Diplomaten einnahm. In kritischen Augenblicken hatte er sich auch nicht mit allgemeinen Berichten des Generalstabs über die „militärische Lage" begnügt, sondern ganz genaue Auskunft verlangt über Truppenstärke, Garnisonorte, Truppenverteilung, Eisenbahnlinien u. dgl. des möglichen Gegners. Der Apparat der Militärdiplomatie hatte restlos zu seiner, des leitenden Staatsmanns, Verfügung gestanden.

Das war anders geworden seit dem Augenblick, als Waldersee offiziell Moltkes Nachfolger geworden war. Seit dem Frühjahr 1889 scheint Bismarck mißtrauisch geworden zu sein gegen die politische Betriebsamkeit der Militärattachés. Jedenfalls legte er plötzlich Wert darauf, sie unter strengere Aufsicht des Auswärtigen Amtes zu bringen und ließ eine neue Instruktion für den Berner Militärattaché entwerfen, die dessen Berichterstattung auch über rein militärtechnische Fragen der diplomatischen Kontrolle unterwarf; sogar seine militärischen Aufträge sollten ihm durch das Auswärtige Amt erteilt werden. Darüber kam es, da der Kriegsminister widerstebte, zu einem Kompromiß. Der Kanzler behielt sich aber eine neue Generalinstruktion aller Militärattachés durch das Auswärtige Amt vor. Diese Bemühung stieß auf den heftigen Widerspruch Waldersees, der es jetzt auch unerträglich fand, daß ein preußischer Offizier einen „zivilistischen" Vorgesetzten haben sollte. Auch das Oberkommando der Marine meldete schwere Bedenken an: die Marine-Attachés wären bisher nur von der militärischen Behörde instruiert worden und hätten „in weitem Umfang" mit ihr in direktem Schriftverkehr gestanden.

Das war im Herbst 1889. Bismarcks Machtstellung war damals schon nicht mehr die alte, und das könnte der Grund dafür gewesen sein, daß er die geplante Generalinstruktion nicht mehr durchgeführt hat. Aber sehr bald nach seinem Sturz hat sein Nachfolger, General Caprivi, das Problem der Militärdiplomatie wieder aufgegriffen, und zwar durchaus nicht im Sinn seiner früheren militärischen Standesgenossen, sondern ganz und gar als Staatsmann, auf den Wegen Bismarcks. Ein Runderlaß vom 20. Juni 1890 suchte die politische Betriebsamkeit der Militärattachés dadurch abzubremsen, daß er sie ausdrücklich anwies, politische Nachrichten nur mündlich ihrem jeweiligen Missionschef mitzuteilen; ihre militärische Berichterstattung wurde unter verschärfte diplomatische Kontrolle gestellt. Im Dezember wurde dann, nach Benehmen mit dem Kriegsministerium und Generalstab, die von Bismarck geplante Generalinstruktion erlassen; sie regelte das Verhältnis der Militärattachés zu den Missionschefs endgültig im Sinn der Unterordnung und unterwarf ihre Berichte, etwa im Sinn der bismarckischen Tradition, der Aufsicht des diplomatischen Dienstes. Diese Generalinstruktion vom 11. Dezember 1890 ist bis zum Ende der Monarchie in Kraft geblieben — nur daß der Höfling Bülow 1900 den Kaiser persönlich anstelle der „heimischen Militärbehörden" zum Dienstvorgesetzten der Attachés und zum Adressaten ihrer Berichte gemacht hat.

Man darf die Genehmigung dieser Instruktion durch Wilhelm II. als einen Sieg Caprivis über Waldersee auffassen. Der leidenschaftliche Kampf, den der Generalstabschef dagegen geführt hat, läßt sich in einer Reihe von Eingaben und Niederschriften verfolgen, die zu den eindruckvollsten Zeugnissen „militaristischen" Kastengeistes im damaligen Offizierkorps gehören[20]).

Immerhin ist die Haltung Waldersees als ein „extremer Fall" zu betrachten. Auf seine aufgeregten Klagen über den Instruktionsentwurf gab ihm der Chef des Militärkabinetts, General von Hahnke, die trockene Antwort: „Er müsse Caprivi darin recht geben, daß es nicht zulässig sei, daß politische Auffassungen, die er nicht kontrollieren könne, an den Kaiser (durch die Attachéberichte) heranträten." Und der Kriegsminister von Kaltenborn erklärte zu Waldersees Enttäuschung, er stimme dem Grundgedanken der Instruktion „aus vollem Herzen" zu, daß der Militärattaché auch im Ausland nur Offizier sein solle, „ferngehalten von jeder eigentlich politischen Tätigkeit". Freilich sollte er dann auch, wie früher, seine Instruktionen vom Kriegsministerium empfangen.

Waldersee hat damals gehofft, es würde bald zwischen Caprivi und dem Kaiser zum Bruch kommen und hat dem auf seine Art vorzuarbeiten gesucht. Es kam aber ganz anders: er selber fiel plötzlich in Ungnade, weil er das Selbstvertrauen und Geltungsbedürfnis Wilhelms II. durch eine Manöverkritik schwer verletzt hatte und wurde als kommandierender General nach Hamburg abgeschoben (Januar 1891). Sein Nachfolger, Graf Schlieffen, frei von jedem politischen Ehrgeiz, hat sich widerspruchslos den Wünschen Caprivis gefügt und ausdrücklich in einem Rundschreiben an die Militärattachés auf die direkte Zusendung ihrer Berichte verzichtet[21]).

Man hat nun öfters darauf hingewiesen, daß die Instruktion von 1890 als solche nicht imstande gewesen sei, eine „inoffizielle" politische Berichterstattung der Militärattachés zu verhindern; denn in der Tat blieb der Weg der Privatkorrespondenz mit dem Generalstabschef und des Immediatberichts der „Flügeladjutanten" immer noch offen. Wilhelm II. hat denn auch nach 1890 nicht ganz darauf verzichtet, gelegentlich die Günstlinge Waldersees als politische Ratgeber zu benutzen[22]). Aber bis 1895 waren diese alle aus ihren Auslandsposten entfernt[23]); vor allem: da der neue Generalstabschef von politischen Berichten nichts wissen wollte, konnte keiner der

Attachés es wagen, auf eigene Faust und ungedeckt durch den Chef solche abzuschicken. Von Präventivkriegsideen war unter dem Nachfolger Waldersees im Generalstab ohnedies keine Rede mehr — was hätten also politische Berichte der Militärattachés jetzt noch ausrichten sollen? Politische Informationen von irgendwelcher Bedeutung hat, soviel wir sehen können, nach 1890 nur noch der Militärbevollmächtigte am Zarenhof, Kapitän v. Hintze (1908—11), geliefert. Diese befanden sich aber im allgemeinen in Übereinstimmung mit den Meldungen des Petersburger Botschafters und wurden dort auch meistens vorgelegt.

So scheint es, daß die Gefahr einer militärischen Nebendiplomatie durch den Sturz Waldersees und durch das kluge und entschlossene Eingreifen Caprivis beschworen ist — soweit sie von seiten des Heeres drohte. Ganz anders stand es mit der Berichterstattung der deutschen Marineattachés in London. Die politische Aktivität dieser Offiziere war völlig hemmungslos, seit Tirpitz als Protektor und Antreiber über ihnen stand. Hier versagten in der Tat alle Bremsen amtlicher Instruktion. Die Londoner Marineattachés bedurften aber nicht einmal der Privatkorrespondenz und der Privilegien der Flügeladjutanten, um ihre politischen Meinungen an Allerhöchster Stelle anzubringen: ihnen stand unter dem Schutz von Tirpitz schließlich auch der Weg des offiziellen Berichtes dafür offen. Von der unheilvollen Wirkung dieses Treibens auf den Gang unserer Englandpolitik wird im nächsten Kapitel noch zu reden sein.

Übrigens war die politische Rolle Waldersees auch nach seinem Sturz noch nicht ganz zu Ende. Von Hamburg aus knüpfte er schon bald Verbindungen mit dem (unter seiner Mitwirkung) gestürzten Altreichskanzlers in Friedrichsruh an und benutzte jede seiner vielen Fahrten nach Berlin, um sich bei früheren politischen Freunden in Erinnerung zu bringen. Mit besonderem Eifer sammelte er dort Nachrichten über politische Spannungen, die sich zwischen Wilhelm II. und seinem Kanzler Caprivi erhoben, weil dieser den allzu „forschen" Kurs der kaiserlichen Innenpolitik nicht mitmachen wollte. Seit Ende 1895 wieder in kaiserlicher Gunst, suchte er vorsichtig sich selbst als „starken Mann" für den Fall innerpolitischer Konflikte zu empfehlen. Schon seit der Königsberger „Umsturz"-Rede des Kaisers vom September 1894 war in Berlin viel von Staatsstreichplänen die Rede. Bei Hof und bei den Hochkonservativen träumte man davon, einen Konflikt mit dem Reichstag wegen eines neuen Sozialistengesetzes herbeizuführen und diesen notfalls zu einer gewaltsamen Änderung des Reichstagswahlrechtes zu benutzen.

Als Vertreter der Schwerindustrie drängte der Saarbrückener Kohlenkönig Frh. von Stumm-Halberg den Kaiser in dieser Richtung. Vertreter der Marine bei Hofe dachten mehr an einen Konflikt aus Anlaß des Widerstandes, den der Reichstag damals (1896/7) noch gegen die kaiserlichen Flottenpläne leistete. In dieser Lage hat Waldersee, der selbst von großen Flottenbauten nichts wissen wollte, sich an den Kaiser herangedrängt und ihn in einer Denkschrift zu bereden gesucht, gegen die Sozialdemokratie eine Art von Präventivkrieg zu beginnen (22. Januar 1897). Ein großer Streik der Hamburger Werftarbeiter, in dem diese musterhaft ihrer Streikleitung folgten und jede gewaltsame Ausschreitung vermieden, zeigte nach seiner Meinung erschreckend, wie glänzend die Arbeitermassen bereits organisiert wären. Es liege im Interesse des Staates, den wohlorganisierten, von Klassenhaß erfüllten Massen und ihrer Führung „die Bestimmung des Zeitpunktes für den Beginn der großen Abrechnung nicht zu überlassen, sondern diese nach Möglichkeit zu beschleunigen". Denn die Zuverlässigkeit der Armee sei auf die Dauer durch die Wühlarbeit der Sozialisten, auch bei der ländlichen Bevölkerung, bedroht. Er empfahl also scharfe Gesetzesvorlagen mit der Absicht, die sozialdemokratischen Führer dadurch zu provozieren und erklärte sich in einem Gespräch mit dem Kaiser sehr gern zu „festem Zufassen" bereit, wenn er dazu (nämlich als Kanzler) berufen werden sollte: „Nur dürfe die Probe nicht mehr zu lange aufgeschoben bleiben, denn sonst werde ich zu alt." Erreicht hat er immerhin, daß der Kaiser, der seine Denkschrift begeistert aufnahm, sie dem Staatsministerium vorlas und ihm selbst die ersehnte Berufung zwar nicht für den Augenblick, wohl aber für später — falls „festes Zugreifen" nötig würde und es „zum Schießen" käme — in Aussicht stellte. Es erging sogleich eine Rundfrage des Kriegsministers bei den kommandierenden Generälen, die (wie es scheint) um Stellungnahme ersucht wurden. In seiner eigenen Antwort empfahl Waldersee für den Notfall Abschaffung des Reichstagswahlrechtes und, wenn einer solchen nicht alle verbündeten Regierungen zustimmen sollten, als äußersten Schritt den Austritt Preußens aus dem Reiche und dessen Wiederherstellung auf neuer Grundlage. Daß er mit solchen (an Bismarcks frühere Staatsstreichpläne sich anlehnenden) Ideen nicht allein stand, zeigte ihm u. a. ein Privatbrief seines Freundes Verdy, des früheren Kriegsministers, der zur Stärkung der staatlichen Autorität „zunächst den Zusammenbruch der konstitutionellen, parlamentarischen Institutionen" für nötig hielt. Eine Zeitlang galt jetzt Waldersee bei den Konservativen als der „kommende Mann", auf den sie ihre politischen Hoffnungen setzten, und er selbst beeiferte sich, Verbindungen mit rechtsstehenden Reichstagsabgeordneten anzuknüpfen. Schließlich hat aber Wilhelm II. doch nicht den Entschluß gefunden, das gefährliche Experiment zu wagen und den militärischen Draufgänger in das höchste Staatsamt zu berufen[24]).

Einen „politischen General" von der Betriebsamkeit und dem Ehrgeiz Waldersees hatte es in der preußischen Armee seit Edwin von Manteuffel nicht mehr gegeben — und es gab bis 1914 auch keinen weiteren mehr. Von der politischen Aktivität des „Kaiserlichen Hauptquartiers", der General- und Flügeladjutanten, läßt sich nur im Kollektiv reden — kaum eine einzelne Gestalt tritt da deutlich faßbar heraus. Gleichwohl sind ungünstige politische Einflüsse dieses Kreises auf Wilhelm II. vielfältig bezeugt, vor allem in den neunziger Jahren, als sein „persönliches Regiment" noch in voller Blüte stand und beim Mangel einer überlegenen Führergestalt unter seinen Ratgebern geradezu das Chaos herrschte. Ohne Zweifel sind seine autokratischen Neigungen durch die militärische Umgebung verstärkt worden, der (nach einem Wort des Admirals von Senden) „eine starke Regierung, die ohne Reichstag wirtschaften kann" als ideal erschien[25]).

Caprivi, der niemals versucht oder gewünscht hat, ohne oder gegen den Reichstag zu regieren, sondern ganz bewußt die ewige Kampfhaltung Bismarcks aufgab, galt im Kaiserlichen Hauptquartier schon deshalb als „schlapp" und unzuverlässig. Nicht ohne Verwunderung sieht man, daß eine so ausgesprochen soldatische, gerade und charaktervolle Persönlichkeit wie er bei seinen früheren Standesgenossen keine Unterstützung, sondern immer nur Kritik und Widerstand gefunden hat. Seine große, bis 1913 grundlegende Heeresreform wurde am Hofe bekämpft, weil sie die längst fällig gewordene Verkürzung der aktiven Dienstzeit der Wehrpflichtigen auf zwei Jahre einführte, um die Armee vergrößern zu können; das unvermeidliche Kompromiß mit dem Reichstag von 1893 (die Einführung von Halbbataillonen) wurde als schwächliche Konzession verurteilt. Auch die Opposition der Agrarier und Reaktionäre, die ihn wegen seiner liberalen Zollpolitik und seines Widerstands gegen die vom Kaiser gewünschte Umsturzvorlage haßten, scheint im Hauptquartier starken Widerhall gefunden zu haben; wenn der General v. Plessen, seit 1892 Kommandant des kaiserlichen Hauptquartiers und ein alter Freund des Kanzlers, für dessen Politik einzutreten wagte, so tat er es nur mit einer gewissen Verlegenheit, wie Eulenburg berichtet[26]). Sehr bald fiel Caprivi den Intrigen seiner hochkonservativen Gegner zum Opfer. Aber der Nachfolger, Fürst Hohenlohe, geriet auch sehr bald in Konflikt mit dem Kaiser und seinem militärischen Gefolge. In dem höchst unerfreulichen Kampf um die Reform des Militärstrafprozesses, der schließlich zur Entlassung des tüchtigen Kriegsministers Walther Bronsart von Schellendorf führte und zeitweise selbst den Kanzler ernstlich in seiner Stellung bedrohte, kann man besonders deutlich verfolgen, wie die starr konservative Haltung Wilhelms II. durch seine militärische Umgebung noch versteift wurde. Der Kaiser lehnte vor allem die Öffentlichkeit militärischer Strafprozesse ab, obwohl diese in Bayern längst bestand und auch vom preußischen Staatsministerium mit allen gegen eine Stimme beschlossen wurde. Seinem Freunde Philipp Eulenburg gestand er, was ihn dazu vor allem bestimmte: „Was würde aus mir vor der Armee, die darin ein Niederreißen aller schützenden Mauern sähe?" In der Tat war das die Auffassung des Generals von Hahnke, Chefs des Militärkabinetts: „Die Armee müsse immer ein abgesonderter Körper bleiben, in den niemand mit kritischen Augen hineinsehen dürfe", erklärte er damals dem Reichskanzler Hohenlohe[27]). Über diese Frage ist es zu heftigen Angriffen in der Presse und im Reichstag auf die militärische „Nebenregierung" und auf das persönliche Regiment Wilhems II. gekommen. Sie trafen den Kaiser sehr empfindlich. Einen Angriff der Kölnischen Zeitung auf den Generaladjutanten von Hahnke erwiderte er damit, daß er den Reichskanzler anwies, „allen Behörden im Lande" bei Strafe sofortiger Dienstentlassung jede Form des Verkehrs mit diesem (bis dahin halb offiziellen) Blatt zu verbieten[28]). In welchem Maße Baron Holstein, der „böse Geist" des Auswärtigen Amtes, an dem Presseangriff auf die „Militärclique" als Hintermann beteiligt gewesen ist, läßt sich bisher nicht genau erkennen. In der Umgebung des Kaisers wurde aber ganz allgemein vermutet, das Auswärtige Amt stecke dahinter; dessen Leiter, Freiherr von Marschall, wurde dafür verantwortlich gemacht. Marschall konnte sich von diesen Anwürfen durch seine bekannte „Flucht in die Öffentlichkeit" reinigen: durch einen glänzend geführten Prozeß gegen seine publizistischen Verleumder, gegen den Kriminalkommissar Tausch und andere Agenten der politischen Polizei, die als Zwischenträger und Spitzel in einem unterirdischen Kampf verschiedener Ministerien gegeneinander tätig geworden waren. Der Staatssekretär gewann seinen Prozeß vollständig; aber die wirklichen Hintermänner jener Agenten blieben im Schatten, und am kaiserlichen Hofe machte man ihm jetzt zum Vorwurf, daß er durch seinen Prozeß so großen Skandal erweckt, preußische Staatsorgane öffentlich bloßgestellt — kurzum: sehr „unpreußisch" gehandelt habe. Die Abneigung des Kaisers gegen ihn wuchs noch, seine Klagen über die „Süddeutschen" Marschall und Hohenlohe, mit denen man nun einmal in Preußen nicht regieren könne, fanden ein verständnisvolles Echo in seiner militärischen Umgebung. Das Ende war Marschalls Entlassung (Sommer 1897)[29]).

Sein Nachfolger, Bernhard von Bülow, gewann schon als Staatssekretär eine so starke Vertrauensstellung beim Kaiser, daß er mehr und mehr zur führenden Gestalt der Reichspolitik wurde. Wir wissen heute — nicht zuletzt aus seinem eigenen Memoirenwerk — wieviel diesem geschmeidigen Höfling zu echter staatsmännischer Größe gefehlt hat. Aber unleugbar war es schon ein Vorteil, daß durch ihn größere Einheitlichkeit in die Führung der Regierungsgeschäfte kam, da die Nebeneinflüsse unverantwortlicher Stellen, auch der militärischen, jetzt zurückgedrängt wurden. Es scheint aber auch, daß Wilhelm II., ganz erfüllt von der großen Aufgabe seines Flottenaufbaus, das Interesse an innerpolitischen Fragen weitgehend verlor und daß er sich daran gewöhnte, die stetig fortschreitende Demokratisierung der deutschen Wählerschaft und die Verschiebung des parlamentarischen Schwergewichts im Reichstag nach links als unaufhaltsam hinzunehmen. Staatsstreichgedanken hat er jedenfalls in den letzten Vorkriegsjahren weit von sich gewiesen[30]). Er konnte nichts daran ändern, daß trotz aller seiner selbstherrlichen Gesten die Macht der Volksvertretung langsam wuchs, da die Chance, durch Reichstagsauflösung willige Mehrheiten zu finden, immer geringer wurde. An seiner totalen Verständnislosigkeit für die gesetzliche Beschränkung der konstitutionellen Monarchie und für die parlamentarische Verantwortlichkeit seiner Minister hat sich freilich nichts geändert — auch nicht durch seine bösen Erfahrungen mit der sogen. Daily-Telegraph-Affäre 1908. Noch 1911 war er imstande, das Rücktrittsgesuch eines Reichsstaatssekretärs als „haarsträubendes" Zeichen von „Ungehorsam" aufzufassen[31]). Er erwartete also damals noch immer von seinen Ministern militärische Subordination.

An seiner militärischen „Kommandogewalt" hielt er um so zäher fest, je mehr er sich von den Entscheidungen der inneren Politik abgedrängt fühlte. Jahr für Jahr mußten seine Kriegsminister im Reichstag diese Kommandogewalt, ihre unklare Abgrenzung und die Exemtion des Militärkabinetts von aller parlamentarischen Kontrolle gegen Angriffe der Linksparteien verteidigen — die früheren Zwistigkeiten zwischen den Militärbehörden verschwanden völlig hinter dieser gemeinsamen Frontstellung. Soweit sich die Angriffe der Linken gegen eine „militärische Nebenregierung" richteten, stießen sie im letzten Friedensjahrzehnt wohl meist ins Leere. Daß aber die Sonderstellung der Armee im Staate, gedeckt durch die „kaiserliche Kommandogewalt", gleichwohl zu einer sehr ernsten politischen Gefahr werden konnte, bewiesen 1913 die Vorgänge im Elsaß, deren Gedächtnis sich an den Namen „Zabern" knüpft. In ihnen haben wir einen offenen Machtkampf zwischen militärischer und ziviler Gewalt vor uns, dessen Ausgang die Mängel der bismarckischen Staatsverfassung noch einmal erschreckend deutlich macht.

Wie die neueste Darstellung dieser Geschehnisse mit Recht betont[32]), ruhte die absolute, unkontrollierte Kommandogewalt des Monarchen auf der stillschweigenden Voraussetzung eines vollen inneren Einklangs zwischen Volk, Heer und Monarchie, wie er in Preußen vor allem durch die Befreiungskriege hergestellt und durch die großen Siege der Reichsgründungsepoche erneuert und vertieft worden war. Nur da, wo die Popularität der Armee außer jedem Zweifel stand, war die unbegrenzte Kommandogewalt des Monarchen für ein modernes Staatsvolk überhaupt erträglich. Im Elsaß gab es keinen solchen Einklang. Die Armee galt großen Teilen der alteingesessenen Bevölkerung noch immer als eine Art von Besatzungsmacht, und sie selbst betrachtete das Land wesentlich als Festungsglacis. Das führte von selbst zu mancherlei Reibungen und Zusammenstößen zwischen Militär und Zivilbevölkerung, die sich mehrten und an Schärfe zunahmen, seit die neue Landesverfassung von 1911 das politische Selbstbewußtsein der Elsässer gehoben hatte, gleichzeitig aber die außenpolitische Gewitterschwüle der letzten Vorkriegsjahre ihre Augen wieder mehr nach Frankreich lenkte. Der bedeutendste dieser „Zwischenfälle" erfolgte im Oktober 1913 in Zabern; es war bei weitem nicht der erste. Daß die militärischen Dienststellen mit übertriebener, die Schranke strenger Gesetzlichkeit und des berechtigten Selbstschutzes der Armee weit überschreitender Schärfe auf gewisse Kränkungen und Anrempelungen reagierten, war nicht bloß der Fehler einzelner Offiziere (wie des Generals von Deimling), die sich durch betonten „Schneid" nach oben empfehlen wollten oder auch einfach die Nerven verloren, sondern hing mit der an und für sich schon schwierigen Lage des Militärs in diesem politisch unsicheren Grenzland zusammen, in dem noch immer französische, nicht preußische Traditionen die Staatsgesinnung und die Lebensformen der Einwohner bestimmten. Auf der anderen Seite sah die Zivilverwaltung, unter der Leitung des Statthalters Grafen Wedel, mit Schrecken, wie das brutale „Durchgreifen" des Militärs ihre eifrigen Bemühungen durchkreuzte, ja zunichte machte, die Elsässer zu gewinnen und mit Hilfe der neuen Verfassung sich in das deutsche politische Leben einwurzeln zu lassen.

Es handelt sich also um einen echten und sehr ernsthaften Konflikt der beiden Gewalten; beide konnten gute Gründe für ihre Haltung anführen. Die Aufgabe der Reichsleitung wäre es gewesen, einen erträglichen Ausgleich zu finden und zu erzwingen, der die bürgerlichen Rechte der Einwohnerschaft aufs strengste wahrte, ohne deshalb die öffentliche Autorität des Militärs zu schädigen. Sachlich wäre ein solcher Ausgleich nicht schwer zu finden gewesen. Aber wer war dafür zuständig? Bismarck hatte es versäumt, seinem Kanzleramt einen institutionell (nicht bloß persönlich) gesicherten Einfluß auf die Regierung des Reichslandes zu verschaffen. Alles war, wie in einem militärisch besetzen Land, einfach der „Kommandogewalt" des Kaisers anvertraut; diesem unterstand der Reichsstatthalter ebenso unmittelbar wie die im Elsaß kommandierenden Generäle. Weder in die Verwaltung noch in die Ausübung der Militärgewalt hatte der Reichskanzler von Amts wegen hineinzureden. Bethmann Hollweg konnte nicht mehr tun, als dem Statthalter durch Fürsprache beim Kaiser zu Hilfe kommen. In diesem allein vereinigten sich Militär- und Zivilgewalt; er allein hätte die verfahrene Lage retten können. Aber was von vornherein zu befürchten war, bestätigt das Studium der Einzelvorgänge in wahrhaft erschütterndem Umfang: der Kaiser versagte nicht nur restlos gegenüber einer solchen Aufgabe, sondern er hat sie nicht einmal als Aufgabe erkannt. Von Anfang an stand er in jedem einzelnen „Zwischenfall" auf seiten der Militärs, belobte und belohnte sie für ihren „Schneid", weigerte sich auf dem Höhepunkt der Zabernkrise, den Statthalter auch nur zum Vortrag zu empfangen und war nur durch Einsatz stärkster Mittel, vor allem durch die Abschiedsforderung des Statthalters und seiner Landesregierung zu halbwegs beschwichtigenden Maßnahmen zu bringen. Diese waren aber in jedem Einzelfall so berechnet, daß der Eindruck eines Sieges der Militärs über die Zivilbehörden im wesentlichen erhalten blieb; sie sollten nur dem Kanzler und Kriegsminister ein Mittel in die Hand geben, die Kritik der Reichstagsmehrheit mit irgendwelchen Mitteilungen zu besänftigen. Die Bevölkerung des Elsaß aber behielt den Eindruck, daß die Zivilbehörden praktisch außerstande waren, sie gegen Willkürakte der Militärgewalt zu schützen.

In die schlimmste Lage von allen geriet der Reichskanzler: gegenüber der wütenden Opposition des Reichstages blieb ihm nichts übrig, als die Kommandogewalt des Kaisers zu verteidigen, so gut es eben ging, die Härte des Konflikts zwischen Militär- und Zivilbehörden zu leugnen und selbst das Militär tunlichst in Schutz zu nehmen. Das Mißbilligungsvotum, das der

Reichstag mit sehr großer Mehrheit (293 : 54) gegen ihn beschloß, mußte er hinnehmen ohne jede Möglichkeit, den wahren Sachverhalt und seine wahre Gesinnung zu offenbaren (die freilich nichts weniger als militärfeindlich war, sondern grundsätzlich eher militärfromm). Jede andere Haltung, jedes entschiedene Auftreten gegen die Militärs hätte ihn sofort zu Fall gebracht. Noch niemals zuvor war die hilflose Lage, in der sich der deutsche Reichskanzler, eingeklemmt zwischen Reichstag und militärischer Kommandogewalt, befand, mit so grausamer Klarheit offenbar geworden wie in der Zabern-Affäre. Sie war das Vorspiel zu noch grausameren Erfahrungen des ersten Weltkriegs.

8. Kapitel

KRIEGSRÜSTUNG ZUR SEE
TIRPITZ UND DIE SCHLACHTFLOTTE

Erster Abschnitt

Grundzüge deutscher Flottenpolitik vor 1914

Das Übergewicht militärischer über politische Rücksichten im wilhelminischen Deutschland, das die Zabern-Affäre offenbarte, hat sich auf keinem Gebiet so verhängnisvoll ausgewirkt wie auf dem der Kriegsrüstung zu Wasser und zu Lande. Die deutsche Marinepolitik in der Ära Tirpitz hat unsere außenpolitische Lage in entscheidender Weise verschlechtert, und die strategische Planung des Generalstabs, seit Schlieffen ganz einseitig von militärtechnischen Erwägungen bestimmt, hat eine militärisch-politische Zwangslage geschaffen, die unsere Diplomatie im Moment der großen Weltkrisis Juli 1914 geradezu in Fesseln schlug.

Der überraschend schnelle Bau einer großen Schlachtflotte, der zweitstärksten der Welt, war der größte Stolz und die größte Hoffnung des deutschen Patriotismus im Zeitalter Wilhelms II. Nichts hat den Kaiser der Nation — jedenfalls ihren bürgerlichen Teilen — so fortschrittlich und zeitgemäß erscheinen lassen, trotz aller absolutistischen Gesten und romantischen Neigungen, wie seine führende Rolle im Aufbau einer modernen deutschen Kriegsflotte. In ihr verkörperte sich recht eigentlich der außenpolitische Ehrgeiz der im Bismarck-Reich geeinten, aber nun nach neuen Zielen, nach „Weltgeltung" strebenden Deutschen. Admiral Tirpitz hat nicht nur diese Flotte geschaffen — in einer systematischen Aufbauarbeit von bewunderungswürdiger Energie, Zähigkeit und Gründlichkeit der technischen Durchgestaltung — sondern hat auch den Ehrgeiz unseres Volkes, zu einer großen Seemacht von gleichem politischem Rang wie das vielbewunderte England aufzusteigen, mit derselben planmäßigen Energie angefacht, in gewissem Sinn erst erweckt. Er sprengte völlig den Rahmen des herkömmlichen militärischen

Dienstbetriebes, indem er sein Reichsmarineamt zu einer politischen Propaganda- und Nachrichtenzentrale machte und systematisch einen Werbefeldzug zur Unterstützung seiner Marinevorlagen organisierte, wie man ihn bis dahin in Deutschland noch nie erlebt hatte, und zwar mit Hilfe privater Mittel, vor allem der Schwerindustrie[1]). Alle Schichten des Volkes wurden von dieser Agitation erfaßt, am meisten aber die Gebildeten, und zwar von der Schuljugend bis zu den Universitätsprofessoren; tausende von populär-wissenschaftlichen Vorträgen, ein technisch glänzend aufgemachtes Schrifttum, Massenversammlungen, persönliche Besuche hoher Marineoffiziere bei politisch Prominenten bis hinauf zu den Bundesfürsten, Einladungen immer breiterer Kreise zu Flottenbesuchen, — alle Mittel moderner Werbetechnik wurden eingesetzt und zu den älteren „vaterländischen" Vereinen, die man zu Hilfe rief (Kolonialgesellschaft, alldeutscher Verband), noch ein eigener „Flottenverein" gegründet, der nach wenigen Jahren schon fast eine Million Mitglieder zählte.

Seine Propaganda wurde dadurch sehr erleichtert, daß die Kriegsflotte schon 1848 eine besondere Rolle als Symbol der nationalen Einigung, als Ausdruck eines neu gewonnenen nationalen Kraftbewußtseins gespielt hatte. Historische Erinnerungen an die alte Hanseherrlichkeit des Mittelalters schwangen dabei mit. In der kaiserlichen Flotte zu dienen, konnte selbst einem Bayern als verlockend erscheinen, da sie ja keine borussische, sondern Reichssache war. Gerade in der Jugend Binnendeutschlands lebten vielfach romantische Vorstellungen von der Freiheit und Weltweite des Seemannsdaseins, mit dessen Mühsal und Eintönigkeit nur der Küstenbewohner näher vertraut war.

So hatte die Flottenpropaganda rasch in ganz Deutschland großen Erfolg. In den Hansestädten freilich, wo man seit Jahrhunderten gewöhnt war, seinen Handel weithin unter dem Schutz der englischen Flotte zu treiben, das britische Freihandelssystem mit größtem Vorteil auszunutzen und tausend persönliche Beziehungen zu überseeischen Ländern besaß, fragte man zunächst mit Mißtrauen, wozu eine große deutsche Kriegsmarine dienen sollte, die ja doch niemals der britischen gewachsen sein und die Engländer höchstens verärgern würde. Aber diese Hemmungen wurden bald ebenso überwunden wie die Abneigung ostelbischer Agrarier und Konservativer gegen die neumodischen, altpreußischen Traditionen so fremde und so überaus kostspielige Kriegsflotte. Bald wirkte sich der Druck der allgemeinen Flottenbegeisterung auch auf die Volksvertretung aus. Derselbe Reichstag, der noch

1896 sich gegen kleinere Flottenvorlagen gesträubt hatte, wagte keine Opposition mehr, als ihm 1898 das von Tirpitz vorbereitete, grundlegende Gesetz zum systematischen Aufbau einer starken Schlachtflotte vorgelegt wurde. Schon zwei Jahre später wurde ein neues Flottengesetz bewilligt, das die Anzahl der Linienschiffe verdoppelte[2]) und den Reichstag für eine Periode von 17 Jahren auf sehr hohe Bewilligungen festlegte. Ebensowenig stießen die späteren „Novellen" von 1906, 1908 und 1912 auf ernsthafte Schwierigkeiten; die politisch gefährlichste (von 1908) ist sogar vom Reichstag selbst mit angeregt worden. Wenn irgendeine Maßnahme der kaiserlichen Regierung populär war, so die große, im Ausland als überstürzt und gewaltsam empfundene Aufrüstung der Flotte.

Tirpitz — ihr Schöpfer — galt im letzten Friedensjahrzehnt in Deutschland allgemein als die stärkste Persönlichkeit im Kreise der Berater Wilhelms II. Man hielt ihn nicht nur für einen bedeutenden Marinetechniker und ungewöhnlich geschickten Tagespolitiker, sondern vielfach, besonders bei den Rechtsparteien, auch für einen Staatsmann von Format, dem die Führung der Reichsgeschäfte eigentlich anvertraut werden sollte. Noch während des Weltkrieges konnte er, trotz aller Enttäuschung patriotischer Hoffnungen durch seine Schlachtflotte, eine ganz große politische Rolle spielen — als Führer der nationalistischen Opposition. Selbst die Katastrophe von 1918 hat weder sein politisches Selbstbewußtsein erschüttert noch den Glanz seines Namens und seiner Leistung völlig verdunkelt — jedenfalls nicht bei den Rechtsparteien. Heute noch ist die Debatte darüber, ob seine Flottenpolitik ein Irrweg oder eine echt staatsmännische Leistung gewesen ist, nicht ganz abgeschlossen[3]).

Betrachtet man ihn vom Studium der Schriften her, die er nach 1918 veröffentlicht hat, so erscheint er als ein typischer „Alldeutscher" und „Militarist". „Solange die Erde von Menschen bewohnt ist", heißt es im Vorwort zu seinem Dokumentenwerk, „hat im Leben der Völker Macht vor Recht gestanden." „Das deutsche Volk hat sich zur Erhebung als Weltvolk nicht geeignet oder nicht geneigt gezeigt. Die Kraft an sich war dazu vorhanden... der Weg zur Höhe war ihm gewiesen, während es sich von seinen schlechten Instinkten in die Tiefe reißen ließ"[4]). Als „Aufbau der deutschen Weltmacht" schildert er selbst seine Tätigkeit als Organisator der deutschen Kriegsmarine, als „deutsche Ohnmachtspolitik im Weltkrieg" den Gang des politischen Geschehens, an dem er nicht mehr aktiv beteiligt war. Ein so dröhnendes Pathos war der Stil der von ihm und seinen Anhängern 1917 begründeten „Vaterlandspartei". Aber es wäre ungerecht, ihn wesentlich als nationalistischen Agitator oder als Ehrgeizigen zu betrachten, der vor allem sich selber durchsetzen wollte. Es lag ihm fern — jedenfalls vor 1914 — nach dem Reichskanzlerposten zu streben wie Waldersee. Er hat den oft extremen Flottenwünschen und Phantasien des Kaisers widerstanden, sofern er sie für sachlich bedenklich hielt und darüber auch schwere Konflikte nicht gescheut. Ein Schmeichler und Höfling war er durchaus nicht, sondern ein überaus ernster, ganz von beruflichem Pflichteifer durchdrungener Mann, aus altpreußischer Beamtentradition herkommend, immer nur durch sachliche Argumente zu überzeugen bemüht. Durch seine eiserne Sachlichkeit ist er dem romantischen, sprunghaften, auf seine Einfälle eitlen Monarchen nicht selten auf die Nerven gefallen. Er hat auch bei weitem nicht alle Eroberungsträume seiner alldeutschen Anhänger geteilt und ist extremen Forderungen des Flottenvereins mit solcher Festigkeit entgegengetreten, daß er dort seit 1905 geradezu als „zentrumshörig" galt und jede Verbindung zwischen dem Reichsmarineamt und dem Verein abriß. Man kann den verbissenen Eifer, mit dem Tirpitz schon von Jugend an immer nur das eine Ziel verfolgt hat: Schaffung einer großen Schlachtflotte zur Begründung deutscher „Weltmacht", Fanatismus nennen. Aber ein Abenteurer ist dieser Fanatiker eigentlich doch nicht gewesen. Alles was er unternahm und plante, war sorgsam durchdacht, und beinahe ängstlich war er darum besorgt, daß jeder Konflikt mit England vermieden werden müsse, solange die neue Kriegsflotte noch nicht fertig dastand. Weder hat er jemals einen Präventivkrieg geplant, noch überhaupt einen Angriff auf die englische Flotte; unsere Kriegsmarine sollte nicht etwa einen Krieg provozieren, sondern im Gegenteil — so hoffte und erklärte Tirpitz immer wieder — durch ihr Dasein und ihre Stärke einen englischen Angriff verhindern. Er war kein Draufgänger und brannte durchaus nicht von kriegerischem Tatendrang.

Dennoch kann man heute nicht anders urteilen, als daß sein Lebenswerk nicht nur im ganzen ein Fehlschlag gewesen ist, sondern daß es politisch ebenso wie militärtechnisch auf falschen Berechnungen beruhte.

Politisch wurde die Notwendigkeit einer starken deutschen Flottenrüstung immer wieder damit begründet, daß die enorme Vitalität der deutschen Nation nun einmal mit Naturgewalt über die Grenzen der hergebrachten Betätigung im kontinentalen Raum herausdränge und nur im Rahmen der neuen Weltpolitik und Weltwirtschaft Genüge finden könne. Der jährliche Zuwachs um mehr als dreiviertel Millionen reichsdeutscher Bevölkerung, hieß es, müsse irgendwie einen „Abfluß" finden: sei es in neu zu erwerbenden überseeischen Kolonien (da die der Bismarckzeit als Siedlungsräume kaum in Betracht kamen), sei es durch rasche Steigerung der Exportindustrie. Beides sei aber nur dann zu erreichen, wenn wir mit einer „achtunggebietenden", schlagfertigen Kriegsflotte an die Seite der alten Seemächte treten könnten. Sie sollte uns „Gleichberechtigung" unter den großen See- und Weltmächten verschaffen, d. h. Mitbeteiligung oder zum mindesten „Mitspracherecht" bei der großen Aufteilung der Erde, die eben damals im Gang war; gleichzeitig sollte sie den deutschen Überseehandel schützen, indem sie seinen freien Zugang zu den wichtigsten Absatz- und Rohstoffmärkten jenseits der Meere militärtechnisch sicherte. Daß dies unbedingt nötig und daß es bei gesteigerter Rüstung zur See auch erreichbar sei, war die fast allgemeine Überzeugung der Gebildeten jener Zeit und nicht etwa ein Produkt der Flottenpropaganda. Von den politischen Parteien stand nur die extreme Linke, besonders die Sozialdemokratie, zu diesen Gedankengängen in Opposition. Niemand hat mehr dazu beigetragen, ihnen in der öffentlichen Meinung Gewicht und Autorität zu verschaffen als die deutschen Gelehrten, besonders die Nationalökonomen und die Historiker, einschließlich der berühmtesten Namen. Die Nationalökonomen wurden nicht müde, immer wieder die Möglichkeit einer Ablösung der freien Weltwirtschaft durch ein System sich selbst abschließender nationaler Märkte zu erörtern — ohne daß ihre Prophezeiungen bis 1914 sich bestätigten und ohne daß sie zu sagen wußten, wie etwa der Übergang des britischen Empire zu einem geschlossenen Schutzzollsystem durch Einsatz von deutschen Schlachtschiffen verhindert werden könnte. Zu den ökonomischen Motiven trat bei den Historikern schon sehr bald ein politisches hinzu: die Kriegsflotte sollte für Deutschland eine „Weltmachtstellung" sichern (oder auch erkämpfen), die es befähigen würde, die „Welthegemonie" Englands zu brechen und ein neues Gleichgewicht der Weltmächte anstelle der früheren, jetzt veralteten Balance der europäischen Großmächte zu setzen. Damit erhielt die nationale Machtpolitik Deutschlands den neuen Glanz einer „Weltmission" — Gedanken, die dann bis tief in den Weltkrieg hinein fortgewirkt haben[5]). In der Publizistik des Flottenvereins wurden solche Gedanken dann breit (und vielfach vergröbernd oder entstellend) ausgewalzt.

Aber waren sie nun eigentlich richtig — entstammten sie echter, wissenschaftlich begründeter Einsicht, oder waren sie durch politische Wunschträume mitbestimmt?

Zunächst ist festzustellen, daß die Begriffe „Weltstaat" und „Weltmacht" in der deutschen Publizistik recht verschwommen blieben[6]). Sofern man „Kolonialmacht" mit großem überseeischem Besitz darunter verstand, kam Deutschland offenbar schon viel zu spät, um ernsthaft eine „Weltmacht" von gleichem Rang wie Großbritannien oder Frankreich werden zu können — ganz zu schweigen von Amerika und Rußland, deren Aufstieg zur „Weltmacht" um 1900 erst begann (bzw. noch bevorstand). Unsere Versuche unter der Kanzlerschaft Bülows, an allen möglichen Stellen der Welt neues Kolonialgebiet zu erwerben, haben bekanntlich über sehr bescheidene Erfolge nicht hinausgeführt, und der Einsatz der Kriegsflotte zu politischen Demonstrationen hat daran auch nichts ändern können. In einzelnen Fällen (Manila-Zwischenfälle 1898, Venezuela-Konflikt 1901—3) hat er nur zu internationalen Spannungen und Verstimmungen geführt, ohne Deutschland realen Nutzen zu bringen[7]). Die deutsche Politik hat aus diesen Erfahrungen gelernt und unter Bethmann Hollweg ihre kolonialpolitischen Anstrengungen immer mehr darauf konzentriert, anstelle einer planlosen Beteiligung an kolonialpolitischen Händeln in aller Welt den Erwerb eines großen, geschlossenen Kolonialgebietes in Äquatorialafrika diplomatisch vorzubereiten (in Ergänzung unserer rein wirtschaftlich-technischen Betätigung in der Türkei) — und zwar in Verständigung mit dem britischen Weltreich, nicht im Gegensatz zu ihm[8]). Das war der einzig aussichtsreiche Weg. Der Bau einer großen Schlachtflotte hat aber eine solche Verständigung (wie noch zu zeigen sein wird) mehr erschwert als gefördert.

Natürlich brauchten wir eine ansehnliche Kriegsmarine, um jenseits der See neben den anderen europäischen Großmächten eindrucksvoll auftreten und in den tausend kleinen Streitigkeiten, wie sie der Überseehandel mit den verschiedenartigsten Ländern, zivilisierten und weniger zivilisierten, mit sich bringt, durch Zeigen der deutschen Flagge unter Kanonenschutz unsere Rechtsansprüche und Wirtschaftsinteressen durchsetzen zu können. Dazu war aber eine Flotte von Auslandskreuzern, nicht von Schlachtschiffen erforderlich. Sie bestand schon zu Bismarcks Zeiten, bedurfte aber des Ausbaues entsprechend der Vergrößerung unseres Welthandels[9]). Um sie wirksam und unabhängig von England einsetzen zu können, war der Erwerb überseeischer Stützpunkte für Kohlen-, Material- und Proviantversorgung, womöglich mit Werftanlagen, erwünscht. Kiautschou war als ein solcher Stützpunkt gedacht: es sollte unserer Marine ein selbständiges Auftreten in Ostasien ermöglichen, ohne daß sie (wie Tirpitz es ausdrückte) „mit Sein oder Nichtsein von den Hongkonger Docks und damit von der britischen Gnade abhing."

Die Erwerbung dieses Hafens war die einzige kolonialpolitische Aktion, bei der die Marine — und zwar Tirpitz persönlich — entscheidend mitwirkte. Das Reichsmarineamt, dem die Verwaltung unterstellt blieb, hat auch einen wichtigen Handelshafen und sogar ein bedeutendes Zentrum deutschen Kultureinflusses auf China daraus gemacht. Aber die Ergänzung dieses einen Stützpunktes durch eine ganze Kette von weiteren Marinestationen, wie sie Bülow und Tirpitz sich 1898 wünschten[10]) und wie sie das Reichsmarineamt im Weltkrieg als Frucht eines deutschen Sieges über England erträumte, war praktisch unerreichbar: es hätte uns in unverhältnismäßig große Kosten gestürzt, politisch ebenso wie finanziell, und auf das britische Weltreich geradezu als Herausforderung gewirkt. So blieb der Erwerb von Kiautschou isoliert, führte zu mancherlei diplomatischen Reibungen, schuf einen politisch unerwünschten Interessengegensatz zu der neuen Großmacht Japan und war im Kriegsfall gegen diese und England niemals militärisch zu behaupten.

Das war nun überhaupt die natürliche Schwäche unserer „Weltpolitik", sofern man Kolonialpolitik und Welthandelspolitik darunter verstand: es gab schlechterdings keine Möglichkeit, den Besitz unserer Kolonien und die Fortsetzung unseres Überseehandels im Falle eines Krieges mit England militärisch zu sichern — es sei denn, wir hätten die britische Seemacht überhaupt zerstört, die Insel erobert oder durch Aushungerung zur Unterwerfung gezwungen. Mit Auslandskreuzern ließ sich die Herrschaft Englands über die Weltmeere niemals erfolgreich bekämpfen. Diese Einsicht ist für das Lebenswerk Tirpitz' geradezu grundlegend geworden: von Anfang an war sein Ziel, alle Kraft auf den Bau einer großen Schlachtflotte für den Kampf in der Nordsee zu konzentrieren und die Vermehrung der Auslandskreuzer erst in zweiter Linie zu betreiben[11]). Er folgte darin, wie neuerdings betont worden ist[12]), einem allgemeinen Zug der Zeit und knüpfte auch an ältere deutsche Rüstungspläne an. Aber die schroffe Einseitigkeit, mit der die Idee der Schlachtflotte seit 1898 in Deutschland verfolgt und bis zum förmlichen Rüstungswettlauf mit England gesteigert wurde, ist doch sein ganz persönliches Werk und belastet ihn mit einer ganz besonderen geschichtlichen Verantwortung. Denn der Bau dieser Flotte war von Anfang an bewußt gegen England gerichtet, nicht aus grundsätzlicher Feindschaft, die Tirpitz völlig fern lag, sondern einfach deshalb, weil sie dem Streben nach deutscher „Weltmacht" dienen sollte, und weil England dieser „Weltmacht" am meisten im Wege stand[13]). Was eine Flotte von Auslandskreuzern niemals erreichen konnte, sollte die Drohung mit einer großen Schlachtflotte erzwingen:

Deutschlands Anerkennung als gleichberechtigter Partner in der „Weltpolitik". Man kann nicht sagen, daß Tirpitz bestrebt gewesen sei, die deutsche Politik in einen antienglischen Kurs hineinzudrängen. Er hat sogar nichts mehr gefürchtet als einen ernsthaften Konflikt zwischen uns und den Briten, ehe die Flotte zu genügender Stärke herangewachsen wäre und ist deshalb auch keineswegs konsequent gewesen in seiner Befürwortung einer russenfreundlichen oder sonstwie kontinentalen Bündnispolitik[14]). Das prahlerische Auftrumpfen des Kaisers mit seiner Flotte den Engländern gegenüber und die hemmungslose Englandhetze der Alldeutschen und des Flottenvereins waren ihm ganz und gar nicht recht. Seine außenpolitischen Ansichten liefen bis 1914 im Grunde einfach darauf hinaus, daß die deutsche Diplomatie durch „Kurztreten" den ungestörten Ausbau der Flotte ermöglichen und durch irgendein anti-englisches Bündnis ihr Erfolg im Ernstfall sichern sollte. Aber das bedeutete doch nichts anderes als das Mittel zum Zweck machen und das gesunde Verhältnis von Staatskunst und Kriegshandwerk auf den Kopf stellen. Tatsächlich wurde die Bewegungsfreiheit der deutschen Außenpolitik dadurch, daß wir unseren Flottenausbau so eindeutig auf eine Schlachtflotte in der Nordsee konzentrierten, bedenklich eingeengt.

Die Nordsee, bis dahin ziemlich leer von großen Schlachtschiffen, da die britische Kriegsmarine ursprünglich für andere Fronten bestimmt und großenteils im Mittelmeer stationiert war, wurde zum Schauplatz eines immer riesiger anwachsenden Wettstreites der beiden größten Küstenstaaten. Mußte das alles sein? War es unvermeidlich, daß zwischen den beiden stammverwandten Völkern, deren Zusammenstehen — oder auch nur friedliches Nebeneinander — den Frieden Europas für unabsehbare Zeit hätte sichern können, zu erbitterten, auf gegenseitige Vernichtung bedachten Gegnern wurden? Und welchen Anteil hatte der deutsche Flottenbau daran?

Wer eine Antwort sucht, wird zwischen vorder- und hintergründigen Motiven des Gegensatzes unterscheiden müssen. Letztere können erst im weiteren Verlauf unserer Betrachtung nach und nach sichtbar werden.

Vordergründig war die gegenseitige Furcht vor plötzlichem Angriff und Überfall. Den weitaus meisten Engländern blieb die Flottenpolitik Wilhelms II. überhaupt unverständlich. Weshalb begnügten sich diese Deutschen nicht damit, die stärkste Landmacht der Erde zu sein? Warum machten sie so ungeheure Anstrengungen, auch noch eine Seemacht ersten Ranges zu werden — wenn nicht, um England eines Tages zu überfallen? Wenn sie immer von der Notwendigkeit redeten, ihren Welthandel zu schützen, so mußte man fragen: wer in aller Welt beschnitt ihnen denn die Freiheit ihres Handels? Waren sie nicht Englands schärfste Handelskonkurrenten in dessen eigenen Kolonien und Dominions? Und war es nicht offensichtlich, daß ihre neue Schlachtflotte überhaupt nicht imstande war, außerhalb der Nordsee irgendeine Handelsverbindung zu schützen? Wozu also dieser Aufwand, wenn nicht, um die englische Heimatflotte zu zerstören? Sollten die Deutschen wirklich Milliarden opfern — und darüber ihre Landrüstung zurückstellen —, bloß, um auch eine „See- und Weltmacht" zu sein — also um eines bloßen Prestigegewinnes willen? Die Furcht vor geheimen deutschen Invasionsabsichten, die in der britischen öffentlichen Meinung eine so große Rolle spielte, war nicht bloß Propagandarede, sondern ein altes Erbstück insularer Politik.

Natürlich war diese Furcht unbegründet angesichts der bleibenden, gewaltigen Überlegenheit der britischen Schlachtflotte. Aber ebenso unbegründet war die auf deutscher Seite geäußerte Furcht vor einem plötzlichen britischen Überfall zur Vernichtung der deutschen Flotte und des deutschen Überseehandels. Sie tauchte immer wieder in der deutschen Presse auf, sobald eine neue Flottenvorlage in Sicht stand, und Tirpitz hat sie noch in seinen Memoiren wiederholt heraufbeschworen. Es ist aber heute längst erwiesen, daß die dafür von der Propaganda des Reichsmarineamts systematisch gesammelten Äußerungen englischer Militaristen und „Navalisten", Kolonialinteressenten und verantwortungsloser Literaten politisch ohne ernsthafte Bedeutung waren[15]). Natürlich war es sehr bedenklich als Symptom „navalistischer" Gesinnung breiter Massen des englischen Volkes, wenn einzelne bärbeißige See-Lords oder Admiräle ihrem Ärger über die deutsche Flottenkonkurrenz durch massive Drohungen gegen unsere Kriegsmarine Ausdruck gaben und damit auf Wahlfeldzügen oder vaterländischen Kundgebungen lauten Beifall bei ihren Hörern ernteten. Es besagt aber nichts für die Haltung der englischen Regierung. Man darf auch nicht etwa annehmen, die primitive Vorstellung, man könne die unbequeme Konkurrenz der deutschen Exporthändler und Reeder dadurch loswerden, daß man die deutsche Handelsflotte versenke, wäre allgemeine Ansicht in England gewesen. Gerade in den führenden Handelshäusern der Londoner City hat man nichts so gefürchtet wie einen deutsch-englischen Krieg. Überhaupt ist es ein Irrtum (der freilich von Tirpitz und seiner Flottenpropaganda bewußt unterhalten wurde), als wäre die englisch-deutsche Spannung, die schließlich im Weltkrieg sich entlud, wesentlich aus wirtschaftlichen Ursachen zu erklären, d. h. als ein Ausfluß englischen

"Handelsneides". Ohne Zweifel war die Verärgerung englischer Handels- und Industriekreise über die rapide anwachsende deutsche Konkurrenz und ihre Handelsmethoden sehr groß und hat zeitweise zu panikartigen Ausbrüchen von Deutschenhaß in der Presse geführt. Aber die Zeiten des Merkantilismus und der Handelskriege waren doch längst endgültig vorbei; die weltwirtschaftliche Verflechtung der verschiedenen Volkswirtschaften war längst so eng geworden, daß die Blüte des Einen auch als ein Vorteil für den Anderen erschien, der stärkste Konkurrent zugleich als der beste Abnehmer. Die englische Regierung hat niemals an gewaltsames Niederschlagen des deutschen Konkurrenten gedacht; aber auch eine Selbstabsperrung des Empire vom Weltmarkt, die vor 1900, als die „imperialistische" Idee in ihrer Blüte stand, zeitweise befürchtet wurde, war praktisch undurchführbar. Übrigens war der Höhepunkt des englisch-deutschen Konkurrenzkampfes um 1905 schon überwunden, die Wirtschaft beider Länder in steilem Aufstieg; die konkurrierenden Unternehmungen waren jetzt bereits besser als vorher aufeinander eingespielt. Deutschland war der beste Abnehmer Englands in Europa, der zweitbeste überhaupt, England der beste Absatzmarkt deutscher Waren. Vor allem: das natürliche Schwergewicht des deutschen Exports lag gar nicht auf dem Handel nach Übersee, sondern — wie natürlich — auf dem Handelsverkehr mit den europäischen Märkten — umgekehrt wie in England[16]). Das Handelsvolumen unserer Kolonien war vollends verschwindend gering[17]).

Es bedurfte nach alledem nicht einer großen Schlachtflotte in der Nordsee, um das Gedeihen des deutschen Auslandshandels und der deutschen Industrie vor dem englischen „Handelsneid" zu schützen. Konkurrenzkämpfe können im Rahmen einer freien Weltwirtschaft, wie sie vor 1914 bestand, nur mit wirtschaftlichen Mitteln ausgetragen werden. Tirpitz und der Flottenverein haben es oft als unwürdig einer so großen Nation wie Deutschland bezeichnet, im Welthandel nur eine „Parasiten-Existenz" zu führen. Aber konnte der Bau einer großen Schlachtflotte daran etwas ändern? Wäre die britische Regierung wirklich zu einem System des wirtschaftlichen Protektionismus und der Selbstabschließung des Empire übergegangen, so wäre der Einsatz unserer Schlachtflotte ein völlig ungeeignetes Mittel gewesen, die Briten zu einer liberalen Handelspolitik zu zwingen.

Gab es aber nun auch politische Gegensätze zwischen uns und England — Gegensätze so ernster Art, daß sie den Bau einer großen deutschen Schlachtflotte nötig machten? Zur Zeit der beiden ersten Flottengesetze (von 1898 und 1900) kann davon keinesfalls die Rede sein. Weit verbreitet war allerdings eine stimmungsmäßige Englandfeindschaft der deutschen Öffentlichkeit, aus moralischer Empörung über den Burenkrieg erwachsen und genährt durch mancherlei Zwischenfälle (Beschlagnahme deutscher Postdampfer an der afrikanischen Küste während des Krieges), die von der deutschen Flottenpropaganda kräftig ausgenützt, aber bald durch Entgegenkommen der britischen Regierung beigelegt wurden. Statt einer Konfliktsstimmung waltete in diesen Jahren bei der Londoner wie bei der Berliner Regierung das Bemühen vor, womöglich zu einer Dauerverständigung, ja wohl gar zu einem Bündnis zu kommen, und zwar drüben zeitweise noch mehr als bei uns. Bekanntlich sind diese Bemühungen schließlich (1901) gescheitert, und nicht nur an übergroßer Vorsicht und allzu hohen Forderungen der deutschen Seite, sondern zuletzt an der Abneigung Salisburys und seines Kabinettes, sich auf feste Bindungen an das von zwei Seiten bedrohte Deutschland einzulassen. Aber der deutsche Flottenbau hat dabei nicht die geringste Rolle gespielt.

Das erste Flottengesetz von 1898 konnte nach außen durch das rein technische Bedürfnis gerechtfertigt erscheinen, die Küstenverteidigung durch eine zu kleineren Offensivstößen befähigte Hochseeflotte zu ergänzen und zu verbessern. Schon das zweite von 1900 veränderte dagegen, sobald es durchgeführt war, das Kräfteverhältnis der deutschen zur britischen Seemacht in ganz entscheidender Weise: von 1:2 auf 2:3. Es gab dem deutschen Flottenbau also, wie mit Recht gesagt worden ist, einen „politisch offensiven Sinn"[18]), indem es die absolute See-Hegemonie Englands (das ja nicht nur seine Nordseeküste zu verteidigen hatte), ernsthaft bedrohte. Es war nur eine Frage der Zeit, wann die Engländer, die bei der Beratung des Gesetzes ausdrücklich als Gegner Deutschlands genannt waren, die große Veränderung bemerken und ihre politischen Konsequenzen daraus ziehen würden.

Das hat immerhin mehrere Jahre gedauert, und die englische Regierung war zunächst eher bemüht, die öffentliche Meinung ihres Landes über das deutsche Flottenprogramm zu beruhigen — solange sie noch irgendwelche Hoffnung auf eine allgemeine politische Verständigung mit den Deutschen hatte und durch den Burenkrieg in ihrer Bewegungsfreiheit gehemmt war. Trotz einzelner heftig warnender Zeitungsstimmen brachte sie die Flottenfrage in den bis 1901 geführten Bündnisverhandlungen gar nicht zur Sprache und bekundete mehrfach öffentlich ihr Verständnis dafür, daß die Deutschen angesichts ihrer stark wachsenden Übersee-Interessen auch ihre Kriegsflotte vermehrten. Aber im britischen Unterhaus und in der Presse wurden doch immer mehr besorgte Stimmen laut, als sich zeigte, daß die deutschen Flottenpläne nicht auf dem Papier blieben. Seit 1902 und vollends in den verhängnisvollen Jahren 1903—4, in denen sich die große Wendung der britischen Politik zu Frankreich hin vorbereitete, gab es schon einen ganzen Chorus solcher Warner. Unser Londoner Botschafter Graf Metternich und sein Vertreter, Graf Bernstorff, warnten immer wieder vor der hier aufkommenden tiefen Verstimmung. Beim Abschluß des Kolonialabkommens mit Frankreich über Nordafrika 1904, das sich später als so folgenreich erwies, scheinen Besorgnisse vor Deutschland noch keine unmittelbare Rolle gespielt zu haben. Aber aus dem Kolonialabkommen erwuchs schon im folgenden Jahr die politische Entente, als die deutsche Regierung den Versuch machte, die augenblickliche Gunst ihrer außenpolitischen Lage zu einer Einmischung in die koloniale Eroberungspolitik Frankreichs auszunutzen. Auch bei dieser für Deutschland so unerwarteten und so folgenreichen Wendung ist sicherlich die Furcht vor einer großen deutschen Flotte nicht letztlich bestimmend gewesen; aber es wird sich doch nicht leugnen lassen, daß die schon längst bestehende Empfindung der Engländer, in Deutschland einen nicht nur unbequemen und anspruchsvollen, sondern auch gefährlichen Nachbarn und Konkurrenten zu haben, dadurch sehr verstärkt worden ist, daß nun zu der längst bitter empfundenen wirtschaftlichen Konkurrenz auch die militärische zur See hinzutrat. Die Furcht vor der deutschen Flotte hat in der Stimmung der englischen Wählerschaft die politische Wendung nach Frankreich hinüber ganz wesentlich erleichtert. Seit sie einmal vollzogen war, gab es kaum noch eine Hemmung gegen den Ausbruch deutschfeindlicher Gefühle in der Presse, die sich nunmehr auch regelmäßig in Warnrufen vor der deutschen Flotte und vor angeblichen deutschen Invasionsplänen entluden. Eine Art von erster englischer Flottenpanik brachte schon der Winter 1904/5, lange vor Beginn der Marokkokrise. Diese wurde dann von Wilhelm II. und Tirpitz sofort zur Ankündigung einer neuen Flottenvorlage ausgenützt, von der alldeutschen Presse und dem Flottenverein mit maßlosen Beschimpfungen Englands und noch maßloseren Rüstungsforderungen beantwortet. Damit begann ein unheilvoller Wettlauf der beiderseitigen Flottenpropaganda, die zu immer tieferer gegenseitiger Entfremdung der beiden Völker geführt hat[19]).

Ehe wir den Fortgang dieser unheilvollen Entwicklung genauer verfolgen, halten wir einen Augenblick inne und fragen nach den letzten Motiven der Wendung Englands zu Frankreich hin, die über unser Schicksal entschieden hat. Ich denke, man erkennt sie am deutlichsten aus der großen, vielzitierten

Denkschrift Eyre Crowes, des britischen Deutschland-Experten, vom 1. Januar 1907, in der die damals im Foreign Office herrschende Haltung uns gegenüber so präzise dargelegt und begründet wird und deren Empfehlungen die britische Politik in den letzten Vorkriegsjahren so offensichtlich bestimmt haben. Crowe malt nicht einfach Gespenster an die Wand. Er hält zwar deutsche Pläne für möglich, sich der „allgemeinen politischen Hegemonie" und der Seeherrschaft gewaltsam zu bemächtigen, um die Unabhängigkeit seiner Nachbarn, besonders Englands zu bedrohen — Pläne, wie sie von der alldeutschen Publizistik laut verkündet wurden; aber er stellt daneben noch eine zweite Möglichkeit: vielleicht sind die deutschen Weltmachtsträume wirklich nur vage Träume, hinter denen nichts weiter steckt als der Wunsch, unter den großen Mächten der Welt eine gleichberechtigte, führende Rolle zu spielen, den deutschen Auslandshandel systematisch zu steigern, deutsche Kultur weithin zu verbreiten, auf friedlichem Wege und überall in der Welt neue Zentren deutscher Interessen zu schaffen; vielleicht denken es die Deutschen der Zukunft zu überlassen, ob ihnen eines Tages ein Wechsel der allgemeinen Weltverhältnisse die Möglichkeit bieten wird, einen größeren Anteil als bisher an der Beherrschung fremder Erdteile zu nehmen. Aber auch eine solche, zunächst gar nicht kriegerische Haltung erscheint Crowe als eine „schreckliche Bedrohung" für die übrige Welt; und so müsse die britische Politik alles daransetzen, das Wachstum der deutschen Macht in festen Schranken zu halten.

Warum eigentlich? Die deutsche Flotte ist es nicht, die ihn am meisten beängstigt. Sicherlich wäre eine Verbindung der größten Flotte mit der größten Armee schlechthin unerträglich für die Welt. Aber Crowe erkennt an, daß Deutschland das Recht hat, eine so große Flotte zu bauen wie es wünscht, lehnt jede Einmischung in die deutsche Flottenpolitik ab und ist überzeugt, daß die Deutschen die Hoffnungslosigkeit ihres Wettrüstens bald einsehen werden, wenn sie erst einmal erleben, daß England unvermeidlich zwei Schiffe für jedes neue baut, das sie auf Stapel legen[20]). Das klingt ebenso selbstsicher wie frei von kleinlicher Eifersucht. Crowe sieht keine unmittelbare Kriegsgefahr vor Augen. Aber was er fürchtet und was ihn abstößt, ist die „ruhelose, explosive, bestürzende Aktivität Deutschlands", die enorme Vitalität seines Lebens und die unberechenbare Dynamik seiner Politik[21]).

Das ist eine Haltung, die fast schon an die späteren Sorgen des freien Westens vor der kämpferisch geballten Kraft und unruhigen Dynamik des bolschewistischen Rußland erinnert. Denn natürlich spielte auch der innerpolitische Gegensatz insularer und kontinentaler Denkweise, freiheitlicher und autoritärer Regierungsformen mit hinein, und zwar schon seit den Anfängen des Bismarckreiches. Er erweckte auf englischer Seite beständiges Mißtrauen gegen die friedfertige Haltung der deutschen Politik — ein Mißtrauen, das durch die Propaganda der Alldeutschen, durch die kaiserlichen Rodomontaden von künftiger deutscher Seeherrschaft („Der Dreizack des Ozeans gehört in unsere Faust!" „Unsere Zukunft liegt auf dem Wasser!"), aber auch durch die Flottenbauten noch verstärkt wurde. Letztlich entscheidend war das aber alles nicht. Letztlich entscheidend war einfach das tatsächliche Übergewicht der deutschen Macht auf dem europäischen Kontinent, vollendet durch den Niederbruch Rußlands im japanischen Krieg und die nachfolgende Revolution. Um dieses Übergewicht nicht zu groß werden zu lassen — und nicht primär um der deutschen Kriegsflotte willen — ist England im Marokko-Konflikt ganz offen auf die Seite Frankreichs getreten und hat das von uns schon früher (oben Kapitel 3) erörterte System militärischer Hilfszusagen eingeleitet, an dem seither nicht mehr zu rütteln war.

Niemals ist die enge Begrenzung der Möglichkeiten deutscher Machtentfaltung deutlicher geworden als in diesen Jahren. Kaum hatten wir dank des natürlichen Wachstums deutscher Volkskraft und dank des russischen Zusammenbruchs die Gefahr überwunden, in einem Zweifrontenkrieg einfach erdrückt zu werden, als unser erster Schritt zur Ausnützung dieser Lage, die Marokkopolitik Bülow-Holsteins, uns in noch ärgere Gefahren verstrickte. An die Stelle des Zweifrontendrucks trat die „Einkreisung". War nun eine noch stärkere Aufrüstung zur See das geeignete Heilmittel, um diese Gefahren zu beschwören?

Man kennt die Tirpitz'sche Theorie der „Risikoflotte", wie man sie schon in der Begründung zum zweiten Flottengesetz findet. Die deutsche Kriegsflotte braucht der britischen nicht an Stärke gleichzukommen; da diese außerstande ist, alle Kräfte gegen Deutschland zu konzentrieren, kann ihr auch schon eine schwächere deutsche Marine gefährlich werden: so gefährlich, daß sie selbst im Falle eines Sieges in der Seeschlacht außerstande sein wird, mit geschwächter Kraft noch weiter einer Koalition von Seemächten zweiten Ranges gewachsen zu sein, d. h. den sogen. Two Power Standard aufrechtzuerhalten. Diese Zielsetzung hat Tirpitz noch dahin ergänzt, daß der Besitz einer starken Flotte unsere Bündnisfähigkeit steigern würde[22]). Dahinter steckte die in Deutschland weit verbreitete Vorstellung, daß es ein gemeinsames Interesse aller zweitrangigen Seemächte gäbe, unter deutscher Führung die englische Hegemonie zur See zu brechen und in einem kommenden Krieg die „Freiheit der Meere" zu erkämpfen.

Jede einzelne dieser Thesen hat sich als ein grausamer Irrtum erwiesen, und vergeblich hat Tirpitz später versucht, das Scheitern seiner Politik der angeblichen Unfähigkeit der deutschen Diplomatie zur Last zu legen. Keinen einzigen Bundesgenossen hat uns die gesteigerte Flottenmacht eingebracht, denn keine der europäischen Großmächte hat jemals daran gedacht, Englands Flottenmacht durch eine eigene Rüstung zur See übertrumpfen oder gar mit Deutschland eine gemeinsame Front gegen England bilden zu wollen: weder Frankreich noch Rußland noch gar die aufsteigenden Seemächte Japan und Amerika. Das Risiko für England, in einer Seeschlacht gegen die deutsche Flotte so stark geschwächt zu werden, daß es den Zweimächtestandard nicht mehr aufrechterhalten konnte, fiel in dem Augenblick dahin, in dem es Freundschaft mit Frankreich schloß und dadurch die Möglichkeit erhielt, seine ganze Schlachtflotte in der Nordsee zu konzentrieren[23]). Diese Konzentration, schon seit 1902 vorbereitet, wurde nach der zweiten Marokko-Krise zu Ende geführt, indem Großbritannien den Schutz der französischen Nord- und Westküste gegen einen deutschen Angriff übernahm und dafür Frankreich die Verteidigung des Mittelmeeres überließ[24]). Dadurch war England in der Lage, trotz aller deutschen Neubauten eine absolute Überlegenheit uns gegenüber aufrechtzuerhalten, und einen „Zweimächteverband" im früheren Sinn brauchte es gar nicht mehr, seit Frankreich an seiner Seite stand, Deutschland aber ohne seemächtigen Bundesgenossen blieb — vollends seit der Kolonialverständigung mit Rußland 1907, die auch diesen alten Gegner ins Lager der Westmächte führte.

Die Hoffnung, durch das Mittel einer starken Flotte die Engländer so einzuschüchtern, daß sie einem Kampf gegen uns fernblieben, hat sich also als eine gigantische Fehlspekulation erwiesen. Es wirkt wie eine tragische Ironie, daß Tirpitz 1909 in einer von Bülow anberaumten Beratung der Wehrmachtspitzen mit den obersten Reichsbehörden auf Befragen erklärt hat, schon in zwei Jahren würde „die Gefahrenzone in unserem Verhältnis zu England erheblich geringer geworden, in fünf bis sechs Jahren, also 1915, überstanden sein"[25]). Unser Flottenbau hat England durchaus nicht eingeschüchtert, wohl aber in die Arme Frankreichs treiben helfen: nicht so, daß die Entente von 1905 wesentlich durch maritime Sorgen Englands begründet, wohl aber so, daß sie dadurch wesentlich versteift und schließlich unzerreißbar gemacht wurde. Denn seit den Marineabreden von 1912, die zu einer völligen Verlegung der französischen Schlachtflotte ins Mittelmeer führten, war es England moralisch so gut wie unmöglich geworden, die Franzosen gegen einen deutschen Marineangriff schutzlos zu lassen — wie niemand deutlicher und besorgter sah als der damalige Erste Lord der Admiralität, Winston Churchill[26]).

Letztlich beruhte das Tirpitz'sche Flottenprogramm auf einer — für das wilhelminische Zeitalter charakteristischen — Selbstüberschätzung der deutschen Kraft. Die Vorstellung, daß Englands Leistungsfähigkeit in der Vergrößerung seiner Flotte verhältnismäßig bald zu erschöpfen sein würde, hat offenbar von Anfang an im Reichsmarineamt eine verhängnisvolle Rolle gespielt[27]). Unzweifelhaft sind die Engländer durch den Zwang, ihre Flottenausgaben in immer rapiderem Tempo zu vermehren, um der deutschen Kriegsmarine überlegen zu bleiben, zeitweise in finanzielle Bedrängnis geraten, vor allem seit dem Übergang zum Bau von Großkampfschiffen 1905, durch den sie vergeblich die deutsche Konkurrenz abzuschütteln hofften. Dies um so mehr, als gleichzeitig die von Lloyd George durchgesetzte große Sozialreform gewaltige Opfer, vor allem der oberen Stände, erforderte. Aber die Vorstellung deutscher Marinefanatiker, das englische „Krämervolk" würde sich durch finanzielle und technische Schwierigkeiten davon abschrecken lassen, seine Supremazie auf den Weltmeeren und die Sicherheit seiner Insel unter allen Umständen zu behaupten, verkannte vollständig das Wesen dieser stolzen Nation. Unsere Diplomaten haben auch niemals aufgehört, vor solchem Irrglauben zu warnen, und wenn Tirpitz, gestützt auf Berichte seiner Marine-Attachés, den Rüstungseifer der Briten als künstliche Mache von Werftbesitzern und anderen Rüstungsinteressenten zu bagatellisieren suchte, so bewies er damit nur die Enge seines politischen Horizonts. Über die Tatsache, daß unsere eigenen Finanzen noch weniger als die englischen unerschöpflich waren und daß eine gleichzeitige starke Vergrößerung von Armee und Flotte, wie sie 1911 geplant wurde, trotz der Finanzreform von 1909 unsere Kräfte überstieg und den Reichshaushalt in arge Verwirrung bringen mußte, setzte er sich kühn hinweg[28]).

Weder zur Neutralität noch vollends zur politischen Freundschaft ließ sich England durch die ihm vorgehaltene drohende Faust der deutschen Flottenrüstung zwingen. Die Vorstellung, daß dies gelingen könnte, war ein typisch „militaristischer" Gedanke. Wieviel kam aber auf ein gutes Verhältnis zu England an, wollten wir der Gefahren des Zweifrontenkrieges Herr werden! In Wahrheit hatten wir selbst einen Krieg mit dem Inselvolk weit mehr zu fürchten als dieses. Denn nichts Geringeres stand uns dann bevor als der Verlust aller Kolonien, unsere Abschließung vom Überseehandel — ja die Hungerblockade. Konnte uns die Schlachtflotte davor schützen?

Die Verbesserung unserer Blockadeabwehr war der Ursprung und zentrale Zweck aller Bemühungen des Reichs um Verstärkung unserer Kriegsmarine gewesen. Die jämmerlichen Erfahrungen, die wir 1864 und 1870/71 mit der Ohnmacht unserer Küstenverteidigung gemacht hatten, waren schon in den Tagen Stoschs zum Anstoß der Aufrüstung geworden. Daß gegenüber einer starken feindlichen Marine die reine Küstenverteidigung nicht genüge, sondern nur durch offensive Vorstöße kampfkräftiger Hochseegeschwader die Blockade durchbrochen werden könne, war der Kerngedanke der glänzenden Dienstschrift IX von 1894 gewesen, durch die sich Tirpitz zuerst einen Namen in der Marine gemacht hat[29]). Sicherlich hatte er damit im Grundsatz recht — aber nur dann, wenn der Gegner, wie man damals noch allgemein erwartete, im Ernstfall eine enge Blockadekette nicht allzu fern von der deutschen Küste vor die deutschen Häfen legen würde. Die mit Kohle beheizten Schiffe jener Zeit, vor allem die Torpedoboote, besaßen nur eine beschränkte Reichweite, und je weiter eine Schlacht von den heimischen Gewässern entfernt stattfand, um so größer wurde die Bedrohung der Überlebenden durch Minenfelder, Torpedoangriffe und Verfolger auf der Heimfahrt. Nun hieß es aber schon in jener Denkschrift: „Grundsätzliche Verfechter der Flottendefensive gehen von der Annahme aus, daß der offensive Gegner sich zur Entscheidung stellen müsse, wo man es gerade wünscht. Dieses ist tatsächlich aber nur in sehr beschränktem Maße der Fall. Die lästige Tätigkeit des Feindes braucht sich nämlich keineswegs hart an der Küste abzuspielen, sondern sie kann es sehr wohl auf See, und jedenfalls weit ab von den eigenen Werken, so daß der eigenen Flotte dann nur die Wahl bleibt zwischen Untätigkeit, d. h. moralischer Selbstvernichtung oder dem Entscheidungskampf auf offener See" — wozu sie (heißt es weiter) die nötigen technischen Fähigkeiten besitzen muß.

Als Tirpitz das schrieb, dachte er, wie in allen folgenden Jahren bis 1914, an einen Zusammenstoß der Flotten in der „Deutschen Bucht" irgendwo zwischen Helgoland und der Themsemündung. Wie aber, wenn der Engländer uns den Gefallen nicht tat, sich an dieser uns erwünschten Stelle zur Entscheidung zu stellen, sondern die „weite Blockade" vorzog, d. h. die Absperrung der ganzen Nordsee am Kanal einerseits, zwischen der Nordspitze Schottlands und Norwegen anderseits? Dann war die deutsche Flotte außerstande, einen Durchbruch durch die Blockade auch nur zu versuchen, und der von Tirpitz gefürchtete Zustand ihrer „Untätigkeit", d. h. moralischer Selbstvernichtung", trat doch ein.

Tatsächlich ist das ja nun im Weltkrieg der Fall gewesen, und das Lebenswerk des Großadmirals hat sich damit auch militärisch in seinem Kern als Fehlschlag erwiesen — ein Fehlschlag von ungeheuerlichen Folgen. Denn weil die Flotte unfähig war, den Würgegriff der Blockade zu lockern, wurde die Lebens- und Widerstandskraft der deutschen Nation, je länger der Krieg dauerte, um so mehr von den Wurzeln her gelähmt. Die rasche Entscheidung zur See, für die unsere Flotte gebaut war, trat ebensowenig ein wie der rasche Zusammenbruch Frankreichs, auf den die Pläne des Generalstabs mit Zuversicht rechneten. Es war nur ein schwacher Trost, daß die große Schlachtflotte wenigstens eines zu leisten vermochte: durch Beherrschung der Ostsee (und indirekt auch des Bosporus) dem russischen Gegner die Verbindung mit seinen westlichen Alliierten und deren Materiallieferungen zu erschweren. Ihre wichtigste und eigentliche Aufgabe hat sie gleichwohl nicht erfüllt. Die oft wiederholten Versicherungen Tirpitz', der Offensivgeist der britischen Marine und ihr Prestigebedürfnis würden sie einfach zwingen, eine große Entscheidungsschlacht bei Helgoland oder auf der Doggerbank zu suchen[30]), beruhten auf einem großen Irrtum.

Allerdings war dieser Irrtum erst spät als solcher erkennbar. Bis 1911 hat die britische Admiralität tatsächlich eine „enge" Blockade der deutschen Nordseebucht geplant, so etwa, wie sie Tirpitz sich vorstellte: leichte Seestreitkräfte vor der Elbe- und Wesermündung, gleich dahinter stärkere Flottenverbände zur Unterstützung und Aufnahme, das Ganze gestützt auf eine der friesischen Inseln, die man gleich nach Kriegsausbruch erobern und zu einem Waffenplatz ausbauen wollte. Bedenken gegen die Zweckmäßigkeit dieses Planes wurden zwar schon 1907 erhoben[31]), drangen aber zunächst nicht durch. Erst durch das Eingreifen Churchills als Marineminister 1911 wurden die Dislokationen der Flotte so geändert, daß die Sperrlinie für die Deutschen praktisch unerreichbar, die ganze Nordsee aber zu einem „toten Meer" wurde. Maßgebend dafür waren technische Schwierigkeiten des älteren Planes, gesteigert durch neuerliche Befestigungen der Nordsee-Inseln, nicht etwa ein grundsätzlicher Verzicht auf die Seeschlacht. Die englische Marineleitung hat diese im Kriege sogar gesucht, und dazu mehrfach kräftige Vorstöße in die Nordsee unternommen[32]) — aber vergeblich; denn die deutsche Flottenleitung wollte (und konnte) sich genauso wenig wie die britische auf einen Entscheidungskampf fern von den heimischen Gewässern und unter ungünstigen äußeren Umständen einlassen. Wenn ihr Tirpitz das nachträglich als Mangel an Schneid vorgeworfen und somit die Verantwortung für das Scheitern seiner Flottenpolitik andern aufzubürden versucht hat, so ist ihm entgegenzuhalten, daß eine Vernichtung der deutschen Schlachtflotte gleich zu Kriegsanfang katastrophale militärische und politische Folgen hätte haben müssen, und daß er selbst nachweislich in den entscheidenden Wochen sich gehütet hat, zu einem gewissenlosen Abenteuer zu raten — trotz alles Drängens auf irgendeinen „Einsatz" der Schlachtflotte[33]).

Übrigens war die „Fernblockade" von 1914 weder für Tirpitz noch für den Admiralstab eine *völlige* Überraschung. Schon 1907 wurde sie in einer Denkschrift des Reichsmarineamtes für den Reichskanzler „über die Bedeutung des Seebeuterechtes" in einer Weise behandelt, die im Grunde schon eine erschreckende Hilflosigkeit unserer seestrategischen Pläne zeigte. Tirpitz nimmt an, daß der Engländer „nach wenigen Jahren" eine enge Seeblockade infolge des Wachstums unserer Schlachtflotte nicht mehr wagen werde. Er werde uns also „die Passage südlich und nördlich von England verlegen". „Eine so erweiterte Blockade würde in ihrer Hauptwirkung auf uns nicht viel hinter der engen Küstenblockade zurückstehen. Wir würden sie auf die Dauer wirtschaftlich auch nicht aushalten können." Aber als Gegenwehr sieht er nur die Möglichkeit einer „rücksichtslosen Anwendung des Seebeuterechtes im weitesten Sinn, hierbei eingeschlossene Beunruhigung der englischen Küste und Häfen durch unsere Schlachtflotte oder Teile derselben. Ein anderes Mittel haben wir nicht, und das wissen die Engländer. Denn eine Blockade Englands durch uns kommt auf absehbare Zeit überhaupt nicht in Frage." Landungsoperationen wären eine Utopie. Es bleibt also nur die „Störung des Handels" unter Ausnützung des Seebeuterechts.

Bedeutete aber eine Handelsstörung durch Angriffe auf die englische Ostküste überhaupt eine ernsthafte Bedrohung des britischen Weltreiches? Unser Londoner Botschafter, Graf Metternich, bezweifelte es (in einer Gegendenkschrift), da die Hauptmasse des englischen Seeverkehrs sich durch die uns unerreichbaren Westhäfen Englands vollzöge. Die zuversichtliche Behauptung des Reichsmarineamts, wir würden „durch die englische Flotte hindurch, über sie hinweg oder um sie herum den Krieg gegen England rücksichtslos führen", hielt er für eine bloße Phrase und erwartete völlige Abschneidung Deutschlands von allen Seezufuhren im Kriege, falls es nicht gelänge, das herkömmliche Seebeuterecht durch völkerrechtliche Bestimmungen einzuschränken und insbesondere dem freien Seehandel zwischen neutralen Häfen (entgegen der englischen Doktrin von der voyage continu) völkerrechtlich zu sichern. Sein Vorschlag, dies auf der damals tagenden Haager Friedenskonferenz wenigstens zu versuchen, stieß auf den erbitterten Widerspruch des Reichsmarineamtes, das eine übertriebene Zuversicht zur Schau trug in der Einschätzung der praktischen Aussichten eines deutschen Kaperkrieges[34]).

Mit Kreuzerfahrten und Durchbrechung der „engen" Blockade unserer Nordseehäfen, wie sie die Schlachtflotte vollbringen sollte, war aber nun die Fortdauer unserer Seezufuhren im Kriege keinesfalls zu sichern. Daran hat Tirpitz selbst den obersten Reichsämtern keinen Zweifel gelassen. In einer Denkschrift von 1906 legte er das dem Kriegsminister ganz offen dar und drängte auf Beratungen der obersten Reichsämter über die Frage, was sich tun ließe, um die Gefahr einer wirtschaftlichen Erdrosselung Deutschlands durch Abschneiden seiner Seezufuhren wenigstens zu mildern. Seine Denkschrift hat den ersten Anstoß zu solchen Beratungen gegeben, die allerdings erst seit 1911/12 in schnelleren Fluß kamen, und dauernd ist das Reichsmarineamt dabei als Warner und Dränger tätig gewesen[35]). Während die zivilen Stellen schließlich geneigt waren, auf die Londoner Seerechtsdeklaration von 1909 zu vertrauen, in der eine gewisse Einschränkung des Seebeuterechts, wie sie Metternich 1907 gewünscht hatte, tatsächlich vereinbart wurde, hat die Marine immer bezweifelt, daß sich England an solche Abmachungen halten würde. Allerdings hat auch der Admiralstab zunächst gehofft, daß wenigstens ein Teil der neutralen Häfen, insbesondere die holländischen und dänischen, uns im Krieg als Durchfuhrhäfen offen bleiben würden. Admiralstabschef Büchsel erhob deshalb 1905 Einspruch gegen den Schlieffenschen Feldzugsplan, der sowohl Belgien wie Holland zum Kriegsgebiet machen wollte[36]). Schlieffens Nachfolger, General v. Moltke, erkannte die Berechtigung dieses Einspruchs an und baute den Feldzugsplan (nicht ohne ernste Schwierigkeit) so um, daß wenigstens die holländische Neutralität geschont wurde. Holland, meinte er in einer Niederschrift von 1911, werde „unsere Luftröhre bleiben müssen, damit wir atmen können". Wenn England uns den Krieg erkläre, wegen Verletzung der belgischen Neutralität, könne es ja nicht denselben Rechtsbruch gegen Holland begehen[37]). Mit solchen und ähnlichen Hoffnungen und Erwägungen hat man sich in den höchsten Reichsämtern noch bis 1914 getragen und dabei besonders gern auf Amerika vertraut, das die Freiheit des neutralen Seehandels wohl schützen werde[38]). Auf britischer Seite war man sich indessen klar darüber, daß die

Respektierung der Freiheit des holländischen Durchfuhrhandels eine höchst wirksame Durchbrechung der totalen Seeblockade zur Folge haben müßte und hat schon lange vor dem Krieg erwogen, ob England „es sich leisten könnte, ein in diesem Fall so überaus einseitiges Völkerrecht anzuerkennen"[39]). Die Londoner Seerechtsdeklaration von 1909 wurde deshalb schließlich von der britischen Regierung nicht ratifiziert.

Tirpitz, der das immer prophezeit hatte, behielt also recht. Aber bedeuteten seine Warnungen vor einer totalen Seeblockade Deutschlands im Grunde nicht eine Bankrotterklärung seiner Flottenpolitik, die doch höhere Ziele verfolgte als den (von jeher erstrebten) lokalen Küstenschutz? Was sollte man eigentlich mit der großen Schlachtflotte anfangen, wenn die Briten nun gar nicht in der „Deutschen Bucht" erschienen? Diese Frage hat manchen unserer Marinefachleute in der Tat ernstlich beunruhigt. Eine Denkschrift des Admiralstabschefs von Fischel von 1910 widersprach offen der Lieblingsvorstellung Tirpitz', indem sie ausführte, es würde unzulässiger Optimismus sein, anzunehmen, „der Feind werde aus bloßer Lust am Draufgehen uns Hals über Kopf in einer Stellung angreifen, die wir nur deshalb einnehmen, weil sie uns taktischen Vorteil verspricht." Den Engländern käme es nur auf die Absperrung des deutschen Seehandels von den Weltmeeren an; sie würden sich hüten, große Schiffsverluste zu riskieren und statt dessen die Ausgänge aus der Nordsee sperren. Das Gros ihrer Flotte würde in einem schottischen Hafen versammelt bleiben, nur leichte Streitkräfte würden in die „Deutsche Bucht" vordringen[40]).

Admiral von Fischel wurde sehr bald aus seiner Stellung abgelöst, und das Reichsmarineamt ließ ohne Rücksicht auf den Admiralstab eigene strategische Studien und Kriegsspiele über den Krieg in der „Deutschen Bucht" durchführen. Im Gegensatz zum Generalstab hat der Admiralstab, dessen Chefs zwischen 1899—1914 nicht weniger als siebenmal wechselten, kaum eine feste strategische Tradition ausbilden können. Über das voraussichtliche Verhalten des Gegners im Ernstfall hat er offenbar nie rechte Klarheit gewonnen. Im ganzen scheint es, daß er schon seit 1909 die Möglichkeit einer bloßen „Fernblockade" erkannt, aber nicht recht daran geglaubt und darum auch keine klar durchdachten Operationspläne für diesen Fall entwickelt hat[41]). Er blieb immer in Unsicherheit, und schließlich ist Tirpitz offenbar selbst unsicher geworden. Es wird berichtet, daß er im Mai 1914 aus Anlaß einer Gefechtsübung den Chef der Hochseeflotte, Admiral von Ingenohl, gefragt hat, was er täte, wenn die Engländer nun gar nicht kämen, und daß ihm dieser ebensowenig wie sein Stab eine Antwort darauf zu geben wußte. Er selbst sprach in einer gleichzeitigen Niederschrift, die mit der „weiten Blockade" rechnete, von „Offensive" und Kaperkrieg, für den man zwei neue Kreuzergeschwader aufstellen müßte — wiederholte also nur seine alten Ansichten von 1907[42]).

Gab es durchaus keine besseren Möglichkeiten für einen Kampf mit dem britischen Gegner? Eine aufsehenerregende Broschüre des Vizeadmirals Galster übte 1907, als Tirpitz gerade den Übergang zum Bau von Großkampfschiffen (Dreadnoughts) vorbereitete, fachmännische Kritik an der Flottenbaupolitik des Reichsmarineamts mit ihren großen „Paradeschiffen" (wie sie Admiral Pohl später genannt hat) und der Einseitigkeit ihrer Schlachtflottenpläne. Auch Galster sah klar voraus: „Mit dem Ausbruch des Krieges hört der Seehandel Deutschlands unweigerlich auf." Er hielt einen günstigen Ausgang einer großen Seeschlacht für unwahrscheinlich und wollte deshalb das Schwergewicht auf den „Kleinkrieg" legen. Dafür empfahl er Vermehrung der Torpedoboote und U-Boote, stärkste Beweglichkeit der Flotte, um den Gegner zu Dislokationen zu zwingen, planmäßige Störung des friedlichen Handelsverkehrs durch schnelle und stark bewaffnete Kreuzer mit großem Fahrbereich, die sich auf befestigte Stützpunkte in unseren Kolonien zurückziehen könnten[43]). Der Einwand von Tirpitz, die technische Entwicklung und damit der serienmäßige Bau von U-Booten habe erst dann wesentliche Fortschritte machen können, als der Dieselmotor erfunden war, und für die Torpedowaffe sei reichlich genug geschehen, mag zutreffen; auch ist nicht einzusehen, wie im Kleinkrieg das Hauptziel, die Brechung der totalen Handelssperre, hätte erreicht werden können. Anderseits ist wohl unleugbar, daß die starre Festlegung der Flotte auf die Nordsee und auf einen letztlich aussichtslosen Wettlauf im Linienschiffbau eine gewisse Unzulänglichkeit unserer leichten Seestreitkräfte und unseres Aufklärungsdienstes zu Beginn des Weltkrieges zur Folge gehabt hat. Sicherlich hatte die eiserne Konsequenz, mit der Tirpitz seine Baupläne durchführte, große technische Vorzüge vor der Zerfahrenheit, die unter seinen Vorgängern geherrscht hatte. Aber sie trug rein dogmatischen Charakter[44]), wenn nicht die gleiche Sicherheit der seestrategischen Planung dahinterstand, ja sie lähmte den Admiralstab in der Freiheit seiner Entschlüsse. Die strategische Grundkonzeption lag ja ein für allemal fest, nach der die Flotte gebaut wurde und für die sie allein geignet war: was blieb dann noch an Freiheit strategischer Erwägungen? Betrachtet man aber die verschiedenen operativen Weisungen, die der Admiralstab im Laufe der Jahre herausgab, so zeigt sich bald, daß man hier doch recht unsicher war, ob und wie man die von Tirpitz gebaute große Schlachtflotte nun eigentlich zum Einsatz bringen sollte.

Konnte es auch anders sein? Der moderne Seekrieg mit dampfgetriebenen, gepanzerten Schlachtschiffen war etwas völlig neues, kaum erst im amerikanisch-spanischen und russisch-japanischen Krieg erprobt. Uns Deutschen vollends fehlte alle Erfahrung in modernen Seeschlachten und in der strategischen Erprobung unserer Gewässer. Englands Seekriege waren immer um die Sicherung oder Abschneidung von Handelswegen oder Truppenlandungen gegangen. Gelang es den Engländern, die ganze Nordsee vom Seehandel abzuschneiden, so wurde die Seeschlacht hinter Helgoland, wie sie Tirpitz plante und erhoffte, gewissermaßen etwas Abstraktes: ein gegenseitiges Sichbeschießen riesiger Schiffskörper auf einer toten See. Sollte die britische Fernblockade durchbrochen werden, so war das nur von den nordischen Gewässern aus möglich, da die Öffnung des Kanals aus seestrategischen Gründen völlig aussichtslos, ja nicht einmal ein Vorstoß zur Störung englischer Truppentransporte nach Frankreich durchführbar war[45]. Das hieß also: Besetzung Dänemarks oder wohl gar Norwegens, um von dort aus den Zugang zu den Weltmeeren zu gewinnen[46]. Tatsächlich ist auch einmal vom Admiralstab ein Vorstoß aus den dänischen Gewässern vorgeschlagen worden, längst ehe man an englische Fernblockade dachte. Das war im Winter 1904/5 zur Zeit der englischen Flottenpanik, als drüben die Wogen der Erregung über das deutsche Flottengesetz von 1900 sehr hoch gingen, der Zivillord der Admiralität Lee mit der Möglichkeit eines plötzlichen vernichtenden Überfalls auf die deutsche Kriegsmarine drohte und nun sorgenvolle Beratungen zwischen Admiral- und Generalstab darüber gehalten wurden, was geschehen könnte, wenn eine solche Drohung Wirklichkeit würde. Während Tirpitz damals an einen englischen Angriff nicht glauben wollte und meinte, wir könnten „wenigstens einen gelegentlichen Seesieg in der Nordsee erhoffen", hielt der Admiralstab das Wagnis einer Seeschlacht in der „Deutschen Bucht" für völlig aussichtslos. Admiralstabschef Büchsel entwickelte aber den kühnen Plan einer Offensive vom Kattegat in das Skagerak, um von dort aus der britischen Offensivflotte in die Flanke zu fallen — eine Operation, zu der wir natürlich die Herrschaft über die dänischen Seestraßen fest in der Hand haben und nötigenfalls durch militärische Besetzung Dänemarks erzwingen mußten. Der Plan scheiterte am politischen Widerspruch Bülows und des Auswärtigen Amtes und am militärischen Schlieffens, der erklärte, die zur Besetzung nötigen Truppen nicht von der Westfront abziehen zu können[47]. Der

Durchmarsch durch Belgien war damals schon beschlossene Sache (was Büchsel wohl nicht wußte), und die Ungunst der geographischen Lage Deutschlands auch noch durch einen zweiten Neutralitätsbruch verbessern zu wollen um eines höchst unsicheren Flottenerfolges willen, war allzu gewagt.

So blieb es bei der Nordsee als Operationsgebiet. Aber das Hin und Her darüber, ob man nicht doch die Ostsee als Versammlungsraum, ersatzweise auch als Operationsfeld, benutzen und einen Offensivstoß lieber von Skagen aus führen sollte, ging noch lange weiter. Im übrigen ließen die Weisungen des Admiralstabs bis 1914 eigentlich alle erkennen, daß man recht unsicher war, ob, wo und wie ein Flottenangriff aus der Deutschen Bucht überhaupt Erfolg haben könnte. Die Absperrung unseres Seeverkehrs, hieß es in der Direktive für 1909, auf dem Höhepunkt des deutschen Rüstungseifers, müsse von Anfang an durch eine Offensive verhindert werden, auch im Fall der Fernblockade — es blieb aber völlig dunkel, wo und wie das geschehen sollte. Es war sogar die Rede davon, daß der Feind in der Nordsee nicht angetroffen würde und somit ein „Luftstoß" erfolgte — dann sollte durch Vorstöße bis zur feindlichen Küste, Minenlegen und Schädigung des feindlichen Schiffsverkehrs wenigstens ein „moralischer Erfolg" erzielt werden. Nach 1912 wurde ein so weiter Vorstoß als aussichtslos bezeichnet; eine Seeschlacht war nur noch unter besonders günstigen Umständen anzunehmen; zunächst wollte man sich mit kleineren „kräftigen Offensivstößen" gegen die Blockadeflotte begnügen, um sie nach Möglichkeit zu schwächen. Vor einer Schlacht in weiter entfernten Gebieten, in die unsere Torpedoboote nicht folgen könnten, wird in einer Denkschrift des Admiralstabs von 1913 geradezu gewarnt, und ein Kriegsspiel des Winters 1913/14 bestätigte diese Warnung sehr nachdrücklich; man rechnete damals schon mit einer Aufstellung der englischen Hauptflotte bei Scapa Flow statt am Firth of Forth. Ein Immediatvortrag des Admiralstabschefs vom 26. Mai 1914 kam zu dem Schluß, man dürfe keinen zu großen Einsatz wagen und könne eine Fernoffensive nur durch U-Boote und Minenleger führen, während die Hauptflotte sich zunächst damit begnügen müsse, die Blockade (offenbar noch immer gedacht in der Deutschen Bucht) „immer weiter herauszudrücken". Erst wenn das Übergewicht der Engländer durch viele Kleinangriffe stark geschwächt wäre, könnten wir es wagen, die Schlachtflotte als Ganzes einzusetzen[48]).

Damit war der Gedanke eines „Blitzkrieges" zur See, der die Briten mit einer großen Entscheidungsschlacht ihrer Suprematie berauben sollte, schon vor Kriegsbeginn als aussichtslos aufgegeben.

Aber auch für das Zusammenwirken von Heer und Marine im Kriegsfall ist bis 1914 kein recht befriedigender Operationsplan zustande gekommen, obwohl der Admiralstab immer großen Wert darauf legte, die Grundzüge seiner Direktiven mit dem Generalstab zu besprechen und diesen über jede wichtige Abänderung auf dem laufenden zu halten[49]); seit 1903 fand auch ein gelegentlicher Austausch von Admiral- und Generalstabsoffizieren zu informatorischer Dienstleistung statt[50]).

Gemeinsam haben beide Stäbe 1899 die Undurchführbarkeit einer Truppenlandung in England festgestellt[51]). Schlieffen, der bis zu der großen politischen Wendung von 1904 immer nur einen Zweifrontenkrieg (ohne Beteiligung Englands) vor Augen sah, wünschte den Einsatz der Flotte zu aktiver Mitwirkung, sei es im Osten, sei es im Westen. Entsprechende Operationspläne der Marineleitung in den neunziger Jahren sahen Flottenvorstöße in den Kanal oder auch in die Ostsee vor und konnten dabei an ältere Pläne Caprivis anknüpfen, der — anders als 1870 — zum mindesten einen eindrucksvollen Anfangserfolg gegen die französische Flotte erhofft und geplant hatte[52]). Noch 1902 wünschte Schlieffen einen Vernichtungskampf mit der französischen Flotte und Konzentration aller Streitkräfte der Marine zu diesem Zweck auf die Westfront — ganz entsprechend seinen damaligen Operationsplänen für das Landheer. Als aber der darüber entstandene Schriftwechsel mit dem Admiralstab ergab, daß die deutsche Flotte nur unter Selbstvernichtung imstande wäre, der weit überlegen französischen eine Schlacht zu liefern und völlig außerstande, die Seeherrschaft an der französischen Küste zu behaupten, ließ er seine Forderung fallen. Die Flotte sollte jetzt auf jede Offensive im Westen verzichten, sich auf Verteidigung der Nordseeküste beschränken und versuchen, die Seeherrschaft in der Ostsee zu gewinnen. Er versprach sich davon erhebliche Vorteile: das Offenhalten der Seeverbindung nach Danzig und Königsberg und die Möglichkeit, mit Truppenlandungen an der russischen Küste zu drohen und dadurch die Kämpfe an unserer Ostfront zu erleichtern — ein aussichtsreicher Plan, der aber niemals gründlich durchdacht worden ist, weil außer der Heeres- auch die Marineleitung sich immer einseitiger gegen Westen festlegte.

Denn seit dem zweiten Flottengesetz war ja nun einmal England zum Hauptgegner und die Durchbrechung der britischen Blockade zur Hauptaufgabe unserer Marine geworden. Die von der Inselmacht drohenden Gefahren hat Schlieffen zweifellos unterschätzt — und zwar sowohl die Gefahr der totalen Handelssperre wie das Schwergewicht des englischen Expeditionskorps.

Erst in einem Nachtrag zu seinem großen Operationsplan von 1905 hat er sich überhaupt mit dem Eingreifen der Briten in den Krieg beschäftigt, wahrscheinlich veranlaßt durch sehr exakte Meldungen des deutschen Militärattachés in London über die voraussichtliche Stärke und Zusammensetzung der britischen Expeditionsarmee[53]). Darin war u. a. die Rede von der Möglichkeit, daß englische Truppen entweder in Antwerpen oder an der jütischen Küste landeten — letzteres eine Aussicht, die Schlieffens Nachfolger zunächst recht ernst genommen zu haben scheinen wegen der Gefahr einer Zerstörung des Kaiser-Wilhelm-Kanals, Beschädigungen der Kieler Flottenanlagen und der Bedrohung Hamburgs und Lübecks[54]). Schlieffen sah ihr ziemlich gleichmütig entgegen, glaubte ein englisches Landungskorps in Antwerpen „am sichersten untergebracht", weil der Einschließung ausgesetzt, meinte aber auch mit einer Landung in Jütland ohne allzu große Schwierigkeiten fertigzuwerden.

Inzwischen wuchs die Kampfkraft der deutschen Nordseeflotte, und der Admiralstab sprach in seinen Direktiven seit 1905 von der Möglichkeit, unter besonders günstigen Umständen jenen Vernichtungskampf auf offener See, den er 1902 gegenüber Frankreich für aussichtslos erklärt hatte, sogar gegen England durchführen zu können. Der neue Generalstabschef Moltke, ganz und gar erfüllt vom Schlieffen'schen Gedanken der großen Westoffensive, erklärte 1908, er halte es zwar für „wahrscheinlich", daß die Briten Landungsoperationen größeren Stils an unserer oder der dänischen Küste unternehmen wollten, „messe ihnen aber keinen entscheidenden Einfluß auf den Hauptkriegsschauplatz bei". Keinesfalls sollte sich die Marine durch die Abwehr solcher Landungen oder andere Nebenaufgaben zugunsten des Landheers zu einer Zersplitterung ihrer Kräfte verleiten lassen, sondern diese für die „Entscheidungsschlacht" zusammenhalten. Auch eine Beherrschung der Ostsee biete keinen Ersatz für den taktischen Erfolg einer großen Seeschlacht und könne „auf die Kriegführung zu Lande keinen Einfluß ausüben". Alles wird also jetzt auf die eine Karte der Entscheidungsschlacht an der Westfront gesetzt, die Möglichkeit gar nicht erst erwogen, unsere Seeherrschaft in der Ostsee zu Vorstößen bis in die Finnische Bucht und gegen Petersburg oder zu Landungsoperationen hinter der russischen Front auszunützen. Generalstabs- und Admiralstabschef starren beide nur nach dem Westen, jener scheint von der Möglichkeit einer erfolgreichen „Entscheidungsschlacht" durchaus überzeugt, und dieser wünscht die Nordseeflotte nicht durch Unternehmungen in der Ostsee zu schwächen. Mehrfach (1909 und 1911) hat Moltke der Seekriegsleitung diese Grundsätze wiederholt: beide Wehrmachtteile sollten unabhängig voneinander je nach ihrem Bedürfnis handeln. Das ging so weit, daß er schon 1910 (oder 1911) und dann wieder nach Kriegsausbruch der Marine erklärt haben soll, er lege auf Störung der englischen Truppentransporte nach Frankreich keinen Wert; es sei nur erwünscht, das britische Expeditionskorps nach Frankreich kommen und die deutsche Armee mit ihm „abrechnen" zu lassen[55]). Sicherlich hat er damals gewußt, daß die Marine praktisch außerstande war, die britischen Seeverbindungen im Kanal ernstlich zu stören; er könnte also sich und andere mit solchen Redensarten über eine sehr bittere Wirklichkeit hinwegzutrösten versucht haben. Hat er aber an den Erfolg der großen Seeschlacht ernstlich geglaubt? Seine Äußerungen im Rat der Obersten Staats- und Militärbehörden am 3. Juni 1909 klingen ganz anders. Als Tirpitz dort ausführte, im Augenblick könne die Flotte einem Zusammenstoß mit der englischen noch nicht mit Ruhe entgegensehen, in 5—6 Jahren sei aber „die Gefahr vorüber", erklärte Moltke sehr schlicht und trocken: „Da die Marine einen Krieg gegen England nicht mit Aussicht auf Erfolg führen könne, müsse dieser Krieg eben vermieden werden. Ja, wenn wir noch Bundesgenossen gegen England fänden, aber das sei ja nach Ansicht des Reichskanzlers nicht zu erwarten... Er sähe auch gar nicht, wann sich diese unglückliche Lage einmal ändern könne, denn unsere Marine bliebe immer wesentlich schwächer als die englische"[56]). „Eine ehrenvolle Verständigung, etwa auf der Basis einer Verlangsamung des Bautempos, scheine daher auch ihm erstrebenswert"[57]). Man sieht: von Siegeszuversicht im Blick auf die Tirpitzflotte ist bei dem Generalstabschef keine Rede. Wenn er immer empfohlen hat, sie möge ihre Kräfte für die große Seeschlacht beisammen halten, so kann ihn wohl kaum eine andere Erwägung dabei bestimmt haben als der Wunsch, für den Ausgang des Seekrieges keine Mitverantwortung dadurch zu übernehmen, daß er maritime Kräfte für besondere Bedürfnisse der Armee anforderte. An den großen, in den ersten Kriegswochen zu erfechtenden deutschen Seesieg wird er in Wahrheit ebensowenig geglaubt haben wie der Admiralstab selbst. Mit diesem Glauben stand Tirpitz (wenn er ihn 1914 wirklich noch unvermindert in sich getragen hat) bei Kriegsbeginn unter den hohen Militärs wohl so ziemlich allein.

Zweiter Abschnitt

Wettrüsten seit 1905 und erste Flottenverhandlungen mit England

Blickt man von diesem Endpunkt zurück, so erscheint das erbitterte Ringen, das sich im letzten Friedensjahrzehnt zwischen ziviler und Militärgewalt abspielte, um eine gewisse Beschränkung der Flottenaufrüstung zur Milderung außenpolitischer Spannungen zu erreichen, in einer geradezu gespenstischen Beleuchtung. Die Marineverwaltung kämpft für ein illusionäres Ziel; Kanzler und Auswärtiges Amt wollen der Staatsvernunft gegen militaristische Verblendung zum Sieg verhelfen; aber sie stehen innenpolitisch auf verlorenem Posten und außenpolitisch letztlich auch, da der Zerfall Europas in zwei feindliche Bündnissysteme unaufhaltsam fortschreitet und die Möglichkeit, ihn durch diplomatische Verständigung zu überbrücken, ebenso unerweisbar bleibt wie es später im Krieg die Möglichkeit sein wird, zu einem Verständigungsfrieden zu kommen.

Wir suchen aus den Kämpfen der Jahre 1904—14 vor allem diejenigen Momente herauszuheben, in denen sich der Gegensatz zwischen militärischer und politischer Denkweise besonders deutlich offenbart.

Dabei bemerken wir sogleich, daß auf dem Gebiet der Flottenpolitik das Übergewicht technischer über politischer Erwägungen, die Einengung freier Willensentscheidung durch sogen. technische „Zwangsläufigkeiten", die für den modernen Militarismus überhaupt charakteristisch ist, eine besonders große Rolle spielt. Das zeigte sich vor allem bei dem Übergang zum Bau von Großkampfschiffen („Dreadnoughts") seit 1906. Nach der ersten Flottenpanik von 1904/5 und der danach folgenden Marokkokrise suchte die englische Marineleitung (Lord Fisher) die unbequeme Konkurrenz der deutschen Kriegsmarine dadurch abzuschütteln, daß sie die Größe und Bewaffnung ihrer neugebauten Linienschiffe und großen Kreuzer mit einem jähen Sprung so erhöhte, daß durch ihren Einsatz alle älteren Typen schlagartig entwertet wurden. Es war natürlich, ja unvermeidlich, daß die deutsche Kriegsmarine diesen Vorsprung durch Vergrößerung der eigenen Neubauten aufzuholen suchte — um so mehr, als nach den Erfahrungen des russisch-japanischen Krieges die Marinefachleute in aller Welt auf den Bau moderner, sehr starker und schneller Schiffe drängten. Aber die Vergrößerung der Schiffstypen bedeutete sogleich eine gewaltige Steigerung der Kosten, die auf die Dauer nur dann zu ertragen war, wenn man sich zu einer Verringerung der

Schiffszahl entschloß — eine Entwicklung, die allmählich auch in allen Flotten eingetreten ist und um so sinnvoller war, als sich ja nun auf jedem Linienschiff eine stärkere Kampfkraft als früher konzentrierte. Tirpitz selbst hat dem Chef des Marinekabinetts von Müller gegenüber einmal in vertraulichem Gespräch Zweifel geäußert, „ob wir auf die Dauer das im Flottengesetz vorgesehene Linienschiff-Bautempo würden durchhalten können, weil die Kosten für das einzelne Schiff zu einer für die Reichsfinanzen untragbaren Höhe angewachsen wären und noch weiter anwüchsen"[58]). Aber praktisch hat er aus dieser Erkenntnis niemals Konsequenzen gezogen.

Trotz des Übergangs zum Großkampfschiffbau 1906 hielt er nicht nur eisern an der im Flottengesetz festgelegten Zahl von Schiffsbauten fest, sondern vergrößerte sie noch wesentlich durch eine „Novelle", die sechs vom Reichstag 1900 abgelehnte große Kreuzer nachforderte. Rein technische Motive spielten dabei eine vordringliche Rolle: das Bautempo von jährlich drei Schiffen, der Marineleitung erwünscht zur vollen Ausnützung der Kapazität unserer Werften, sollte beibehalten werden; freilich stand dahinter auch ein politisches Ziel: die Engländer sollten an den Rand ihrer eigenen technischen und finanziellen Leistungsfähigkeit gedrängt werden; es sollte ihnen auf die Länge unmöglich gemacht werden, jeweils die doppelte Schiffszahl wie die Deutschen neu auf Kiel zu legen. Zwei Jahre später ging man bereits zum „Vierertempo" über, ohne daß dafür eine besondere außenpolitische Veranlassung vorgelegen hätte, allein in Ausnützung günstiger Stimmungen im Reichstag zur Zeit des „Bülow-Blocks". Die gesetzliche Lebensdauer der Schiffe wurde von 25 auf 20 Jahre herabgesetzt und dadurch eine wesentliche Beschleunigung im Bau modernster Großkampfschiffe erreicht.

Die technische Nützlichkeit, vielleicht Unvermeidlichkeit einer solchen Verkürzung der Indiensthaltung der Schiffe im Zeitalter rapide fortschreitender Technik leuchtet ebenso ein wie die politische Gefährlichkeit des Übergangs zum „Vierertempo". Aber das Reichsmarineamt war damals längst über die Rolle eines technischen Werkzeuges hinausgewachsen und steuerte eigene außenpolitische Ziele an. Der Staatssekretär der Marine weiß sich, dank seiner Vertrauensstellung beim Kaiser, mächtiger als die Diplomaten des Auswärtigen Amtes, die er allesamt im Grunde verachtet. Auch dem Reichskanzler, dessen Untergebener er als Staatssekretär doch war, stand er längst wie eine gleichberechtigte Instanz gegenüber. In jedem Konfliktsfall ist er sofort mit der Drohung zur Hand, seinen Abschied zu fordern und völlig gewiß, damit zuletzt seinen Willen durchzusetzen. Mit dem Höfling

Bülow hat er, solange dieser in Allerhöchster Gunst stand, immer ein gutes Verhältnis gesucht und im allgemeinen auch gefunden[59]). Das war um so leichter, als der Grandseigneur Bülow sich um Details der Flottenpolitik offenbar wenig gekümmert hat und politische Besorgnisse mit leichter Hand von sich zu schieben liebte — jedenfalls dann, wenn sie ihn in Konflikt mit Lieblingsideen des Kaisers zu bringen drohten.

Die erste große Flottennovelle von 1905/6 hat er ohne Widerstand unterschrieben und dem Großadmiral sogar zugeredet, nur ja recht hohe Forderungen zu stellen, obwohl schon auf einer Beratung am 21. Dezember 1904 der Londoner Botschafter und der Staatssekretär des Auswärtigen dringend vor einer großen Novelle gewarnt hatten. Ja, es scheint, als wäre Bülow sogar bereit gewesen, dem wilden Drängen des Flottenvereins und der hinter ihm stehenden Rüstungsindustrie nachzugeben, eine noch wesentlich größere Vorlage als die von Tirpitz aufgestellte einzubringen und im Reichstag „eine große nationale Sache daraus zu machen"[60]). Später hat er es dankbar als ein staatsmännisches Verdienst des Staatssekretärs gerühmt, daß dieser solchen Versuchungen widerstand und darüber sich sogar mit dem Flottenverein überwarf — aus Sorge vor einem unmittelbaren Konflikt mit England, aber wohl mehr noch aus technischen Bedenken[61]). Auch die außenpolitisch so folgenreiche Flottenvorlage von 1908 hat Bülow widerstandslos genehmigt und seinem intimen Berater, Baron Holstein, damals sein unbedingtes Vertrauen geäußert, daß Tirpitz „nur das unbedingt Nötige" fordern werde. Das Schreiben, in dem er das tat, zeigt aber deutlich, daß er die machtpolitische Bedeutung und Gefahr der neuen Vorlage gar nicht begriffen hat[62]).

Die außenpolitische Reaktion blieb aber nicht aus. Der Übergang der Deutschen zum „Vierertempo" (zunächst für einige Jahre) zwang die Briten zu einer wahrhaft atemlosen Hast im Neubau von Großkampfschiffen, wenn sie ihren two keels standard festhalten wollten, und die Belastung des englischen Steuerzahlers stieg, in Verbindung mit den geplanten Sozialreformen, ins Unabsehbare — mit der Folge schwerer innenpolitischer Kämpfe, die zuletzt zur Entmachtung des Oberhauses, der bedeutungsvollsten Verfassungsänderung seit langer Zeit, führten. Die britische Steuerlast war übrigens jetzt schon wesentlich höher als die des deutschen Staatsbürgers. Mit ihr stieg aber auch die Erbitterung auf Deutschland immer höher. Daß die Flotte unter den Ursachen des Deutschenhasses in England nunmehr weitaus an erster Stelle stand, meldeten diplomatische, aber auch militärische Beobachter[63]) schon seit Jahren.

Allmählich begannen diese Berichte doch auch auf den Optimisten Bülow tieferen Eindruck zu machen. Nachgerade war die deutsche Außenpolitik in eine Lage geraten, die für Optimismus keinerlei Raum mehr ließ. Auf das Kolonialabkommen Englands mit Frankreich war 1907 ein ebensolches mit Rußland gefolgt und ebenso rasch wie jenes zu einer politischen Entente ausgebaut worden. Der russisch-englische Weltgegensatz, auf dessen Unüberwindlichkeit die deutsche Diplomatie in ihrem Verhalten gegenüber England so fest gebaut hatte, war — zunächst jedenfalls — überwunden und die außenpolitische Isolierung Deutschlands noch viel unheimlicher geworden als zuvor. Die feindselige Haltung der britischen Politik während der lang anhaltenden Balkankrise im Winter 1908/9 und die nunmehr unversöhnlich gewordene Haltung Rußlands gegen das Reich, vor dessen starker Waffenhilfe für Österreich-Ungarn es zähneknirschend zurückweichen mußte (s. o. Kap. 4), machten diese neue Lage vor aller Welt deutlich. Europa war nunmehr vollends in zwei feindliche Lager zerfallen, und vor der deutschen Politik erhob sich die sehr ernste Frage, ob wir den Gegensatz zu England durch weitere Steigerung unserer Rüstungen zur See noch verschärfen oder nicht lieber versuchen sollten, durch Entgegenkommen in der Rüstungsfrage ihn wenigstens abzuschwächen. Die (uns schon bekannte) Antwort des Reichsmarineamtes: „Weiterbauen, bis sie uns kommen müssen" war die Antwort typischer „Militaristen". Sie beruhte auf dem Irrglauben, daß allein durch militärische Kraftanstrengung große politische Probleme sich meistern lassen, verkannte die Energie des britischen Willens zur Selbstbehauptung, die durch Drohungen nur noch verstärkt wurde, überschätzte bei weitem die eigene Kraft und sah — echt kämpferisch — immer nur das eigene Lebensinteresse, ohne die tiefsitzende Sorge des Inselvolkes um die Sicherheit seiner Seezufuhren und den Zusammenhalt seines Weltreiches recht zu würdigen, die doch beide auf seiner Suprematie zur See beruhten. Bisher war unsere Flottenrüstung zwar nicht ohne Meinungsdifferenzen im einzelnen, aber im ganzen doch mit Unterstützung der politischen Reichsleitung durchgeführt worden. Der Reichskanzler trug dafür nach außen die volle politische Verantwortung. Jetzt, als sie für unsere Außenpolitik unmittelbar gefährlich wurde, begann Bülow über die Richtigkeit des bisherigen Weges unsicher zu werden — ungefähr um dieselbe Zeit, als die politische Autorität Wilhelms II. durch die Daily-Telegraph-Affäre so schwer erschüttert wurde.

Starken Eindruck scheint ihm die Kritik des Admirals Galster an der Einseitigkeit des Schlachtflottenbaus gemacht zu haben[64]. Sollte es möglich sein, mehr zur Küstenbefestigung und zum U-Boot-Bau überzugehen und damit „den Hauptgrund für die Spannung mit England" aus der Welt zu schaffen? Ende Dezember 1908 fragte er plötzlich bei Tirpitz an, ob er auch sicher wäre, daß die große Schlachtflotte überhaupt zum Einsatz käme und ob man nicht besser täte, durch Verstärkung der Küstenbefestigungen, Beschaffung von Seeminen und Vermehrung der U-Boot-Flotte zur reinen Defensive überzugehen; auch regte er Verlangsamung des Bautempos (Preisgabe des Vierertempos) für die nächsten drei Jahre an, um die Nervosität der Engländer zu beschwichtigen. Das war eine für den Großadmiral nach so langen Jahren mühsamer Aufbauarbeit erschütternde Anfrage. Auf seinen Protest und seine Abschiedsdrohung wich Bülow, schon nicht mehr ganz sicher der kaiserlichen Gunst, sofort zurück. Aber die Frage der Flottenverständigung mit England kam doch wieder bald in Gang[65]). Den ersten Anstoß dazu hatten mehrfach von britischen Kabinettsmitgliedern, besonders von dem Schatzkanzler Lloyd George, seit Sommer 1908 geäußerte Wünsche gegeben, mit der deutschen Regierung in beiderseitigem Interesse eine Beschränkung oder Verlangsamung des Dreadnought-Baus zu verabreden. Als sie im August 1908 aus Anlaß eines Besuches, den König Eduard VII. dem Kaiser in Cronberg abstattete, Wilhelm II. persönlich von dem englischen Minister Hardinge vorgetragen wurden, hatte dieser sie in so schroffem Ton als Einmischung in seine Souveränitätsrechte zurückgewiesen, daß der britischen Regierung die Lust zu weiteren Verhandlungen vergangen war und sie zunächst nicht mehr darauf zurückkam. Da sie aber ernstlich fürchten mußte, bis 1912 mit ihrem Dreadnought-Bau hinter der deutschen Marine zurückzubleiben, entschloß sie sich zu einem drastischen Gegenschlag: in einer Art von Panikstimmung wurde im März 1909 vom Parlament beschlossen, nötigenfalls nicht weniger als acht Großkampfschiffe noch in demselben Jahr auf Stapel zu legen.

Daß es zu einer sehr energischen Gegenrüstung kommen könnte, scheint Tirpitz schon im Herbst 1908 befürchtet zu haben. Diese Aussicht war um so bedenklicher, als der deutsche Flottenbau gerade jetzt eine neue „Gefahrenzone" durchlief, weil die Erweiterung des Nordostseekanals, die der Dreadnought-Bau notwendig gemacht hatte, ebenso wie die Befestigung von Helgoland nicht vor 1914 fertig werden konnte. Im September, auf der Rominter Herbstjagd des Kaisers, will er versucht haben, diesen in stundenlanger Unterredung davon zu überzeugen, daß eine allzu schroffe Abweisung der englischen Verständigungsversuche politisch unklug wäre, schon deshalb, weil sie das Odium grundsätzlich kriegerischer Haltung auf uns lüde[66]).

Später hat er der deutschen Diplomatie vorgeworfen, sie habe damals eine nie wiederkehrende Möglichkeit versäumt, die Briten auf ein für Deutschland günstiges Stärkeverhältnis der beiden Flotten (etwa 3:4) festzulegen[67]. Es ist aber offensichtlich, daß er in Rominten gar nicht gewagt hat, einen konkreten Vorschlag für solche Verhandlungen auch nur vorzubringen, ebenso: daß er auch dem Kanzler gegenüber damals kein Wort von solchen Möglichkeiten geäußert hat. Noch Anfang Januar wies er vielmehr die Anregung Bülows, vom Vierertempo auf ein Dreiertempo zurückzugehen, als „Demütigung Deutschlands" und als „unnötig" schroff zurück. Aber gleich danach änderte er seine Haltung[68]. Er scheint sich jetzt erst überlegt zu haben, daß man das englische Bedürfnis nach einer Flottenverständigung benutzen könnte, um auch die britischen Dreadnought-Bauten vertraglich zu begrenzen. Sollte die britische Regierung auf ihre frühere Anregung zurückkommen, meinte er jetzt, so sollten wir sie keinesfalls abweisen, sondern ihr einen Vertrag anbieten, in dem Deutschland sich für die nächsten 10 Jahre verpflichte, nicht mehr als drei „capital ships" jährlich zu bauen, England nicht mehr als vier. Diesen Vorschlag hat er dann auch weiterhin festgehalten und sich zugetraut, auch den Kaiser dafür zu gewinnen. In der Tat war es ja eine verlockende Möglichkeit, den Engländern Entgegenkommen zu beweisen, das Odium der Unverträglichkeit vor der Welt zu vermeiden und doch am Schiffsbestand, den das Flottengesetz von 1900 erreichen wollte, nichts nachzulassen — im Gegenteil: man brauchte nur die Stappellegung von zwei Großkampfschiffen, die für 1910 und 1911 geplant waren, auf die Zeit nach 1912 zu verschieben und war dann vertraglich gebunden, 1912—1917 regelmäßig drei (statt wie bisher vorgesehen zwei) Neubauten jährlich auf Kiel zu legen, also noch vier Schiffe mehr als 1908 geplant bis 1920 zu bauen[69].
Nun betrachtete der Kaiser grundsätzlich jede englische Anregung zur Beschränkung der Flottenbauten als unverschämte Anmaßung, jede deutsche Konzession als „Demütigung" und Schlappheit; an den „gesetzlich festgelegten" Schiffsbestand der Flotte, seines Hobbys, wollte er überhaupt nicht rühren lassen und glaubte, die Engländer, auf die er immer mit einer seltsamen Mischung von Neid und Selbstüberhebung blickte, durch bloße militärische Stärke dahin bringen zu können, daß sie eines Tages „auf den Knien gerutscht" kämen, um seine Freundschaft und Hilfe zu erbitten[70]. Aber sie durch einen Vertrag zum Verzicht auf den two-power-standard zu bewegen, das war ein Vorschlag, der ihm wohl einleuchten konnte.
Die Frage wurde akut, als im Frühjahr 1909 während der Etatberatung

sowohl im Londoner Unterhaus wie im Berliner Reichstag viel Kritik an der neuesten Wendung der Flottenpolitik geübt und dringende Wünsche der Parteien geäußert wurden, durch eine Verständigung die ungeheuren Kosten des Wettrüstens zu vermindern. Der englische Außenminister Grey wurde in sehr bestimmter Form gefragt, ob er noch keine Schritte zu diesem Zweck unternommen hätte oder beabsichtige und drängte nun in Berlin auf eine Erklärung, die es ihm ermöglichen sollte, das Parlament zu beruhigen, ohne die Person des Kaisers (und dessen schroffe Cronberger Ablehnung) in die Debatte zu bringen. Bülow, offensichtlich noch ganz unter dem Eindruck der kaiserlichen Abneigung gegen Flottengespräche, bemühte sich um Formulierungen, die starke Zurückhaltung bekunden sollten, ohne doch die Tür nach England gänzlich zuzuschlagen. Das letztere zu tun hat Tirpitz deutlich gewarnt und geraten, sowohl den Kaiser wie den Reichstag für eine Politik des Verhandelns zu gewinnen[71]). Kurz darauf gelang es ihm auch, Wilhelm II. von der Möglichkeit und Nützlichkeit seiner Verhandlungsvorschläge zu überzeugen. Unter heftigem Gepolter gegen das „unqualifizierbare Benehmen" der englischen Unterhändler in Cronberg und gegen den Botschafter Metternich, der sie hätte nötigen müssen, dafür „um Verzeihung zu bitten", erteilte er am 3. April dem Reichskanzler Auftrag, Flottenverhandlungen nach Tirpitz' Vorschlägen aufzunehmen, falls „England uns ehrlich um Unterhandlungen bittet"[72]).

Diesem Auftrag entsprechend ließ Bülow sogleich die Stimmung in London erkunden und berief, da sie sich als nicht ganz ungünstig erwies, am 3. Juni die Spitzen militärischer und ziviler Reichsbehörden mit dem Botschafter Grafen Metternich zu einer Besprechung zusammen, um gemeinsam festzulegen, was sich von deutscher Seite vorschlagen ließe, falls die britische Regierung von neuem den Wunsch nach Flottenverhandlungen äußern sollte. Die Sitzung wurde zu einem Duell zwischen Tirpitz und dem Botschafter Grafen Metternich, den der Kanzler gleich zu Anfang gegen höchst ungerechte, von Tirpitz suggerierte Angriffe des Kaisers zu decken suchte. Metternich seinerseits erklärte die Tirpitz'sche Formel eines Verhältnisses von 3:4 in den Flottenbauten nicht nur für unzureichend, sondern geradezu für gefährlich: bestünden wir darauf, unsere Schlachtflotte in so hohem Maße der englischen anzugleichen, so werde das bald zum Krieg führen. Tirpitz, schwer gereizt, ging sofort zum Gegenangriff über. Er war inzwischen schon selbst wieder zweifelhaft geworden, ob er mit seinem Vorschlag 3:4 wirklich Aussicht hätte, die Engländer zu dem gewünschten Vertrag zu bringen und erklärte, der rechte Zeitpunkt für Flottenabreden sei jetzt (nachdem das große Flottenprogramm im englischen Unterhaus angenommen war) schon verpaßt — natürlich durch Schuld der Diplomaten! Man solle jetzt abwarten, ob die Briten überhaupt noch wollten und was sie etwa vorzuschlagen hätten; keinesfalls wäre er bereit, dem Botschafter irgendeine Formel des Ausgleichs in die Hand zu geben, weil dieser sie dann vielleicht mißverständlich benützen würde. Metternichs Vorschlag, den Endtermin des Flottengesetzes (1920) um fünf Jahre hinauszuschieben, lehnte er radikal ab. Als aber dann Bethmann Hollweg, Staatssekretär des Innern, eingriff und vermittelnd vorschlug, der Botschafter solle ermächtigt werden, gegebenenfalls eine Verlangsamung unseres Bautempos anzubieten, zunächst ohne konkrete Zahlen zu nennen, wurde das zum Beschluß erhoben. Tirpitz gab Bethmann auch zu, daß eine Verminderung der Neubauten für 1910 von 4 auf 3 Schiffe ohne Schwierigkeiten möglich sei, falls die Engländer eine Gegenleistung böten[73]).

Das war, alles in allem, ein äußerst bescheidenes Ergebnis. Aber Bethmann Hollweg, bald darauf zum Reichskanzler ernannt, knüpfte daran sofort wieder an in seinen Bemühungen, mit England in ein besseres Verhältnis zu kommen — ein Ziel, das zu erreichen er als wichtigste Aufgabe seiner ganzen Außenpolitik betrachtete. Zu seiner Überraschung fand sich Tirpitz jetzt zu einer Verständigungsformel bereit, die über seine früheren Vorschläge scheinbar noch hinausging: das Verhältnis der Neubauten von Großkampfschiffen 3:4 sollte auf 1910 beschränkt bleiben, in den Jahren 1911—14 sollten nur je zwei deutsche, drei englische Großkampfschiffe auf Stapel gelegt werden; auf eine Novelle 1912 wurde ausdrücklich verzichtet; den Bau der in den nächsten Jahren eingesparten drei Schiffe dachte Tirpitz auf die Jahre 1915—17 zu verteilen. Die Gesamtzahl unseres Schiffsbestandes, wie sie das Flottengesetz bis 1920 erreichen wollte, blieb ungemindert; es trat nur eine gewisse Verzögerung des Programms für die Jahre bis 1914, also bis zur Überwindung der sogen. „Gefahrenzone" ein — mit dem ungeheuren Vorteil für Deutschland, daß dafür auch das englische, gesetzlich gar nicht normierte Bauprogramm für fünf Jahre stark begrenzt und vertraglich festgelegt wurde. Nun hatten aber die englischen Minister in den letzten Jahren mehrfach erkennen lassen (und Metternich hatte es am 3. Juni bestätigt), daß sie bereit wären, sich mit einem Stärkeverhältnis der Neubauten von 2:3 abzufinden. Also rechnete Tirpitz jetzt heraus, daß die Neubauten der kommenden fünf Jahre den Engländern (wenn man sie allein zusammenzählte) in der Tat eine Überlegenheit in eben diesem Verhältnis verschaffen würde. Was er verschwieg, war die Tatsache, daß beim Zusammenzählen aller Neubauten seit Beginn der Dreadnought-Periode sich bis 1914 doch wieder ein Verhältnis von 3:4 ergab[74]). Bethmann Hollweg hat diesen Trick zwar sofort durchschaut und war sich durchaus im Zweifel, ob ein solches Angebot für die Engländer annehmbar sein würde. Ebenso wie vorher schon Bülow betonte er stark die Verantwortung der „Marinefachleute", nicht durch ihre militärischen Forderungen eine politische Verständigung mit England „von vornherein aussichtslos" zu machen. Er war aber froh, zunächst überhaupt freie Bahn für seine Politik der Verständigung zu erhalten; in gemeinsamem Vortrag mit dem Marinestaatssekretär in Schloß Wilhelmshöhe konnte er erreichen, daß Wilhelm II. sich mit einer sofortigen Einleitung offizieller Verhandlungen, ohne weiteres Abwarten britischer Eröffnungen, einverstanden erklärte.

Mit Tirpitz stimmte er darin überein, daß man die Flottenverhandlungen nicht sofort mit politischen Problemen (Wirtschafts-, Kolonial- oder Neutralitätsabkommen) belasten sollte, wie es Bülow geplant hatte; das würde ihr Zustandekommen gefährden. Aber natürlich betrachtete er ein Rüstungsabkommen nicht als Selbstzweck, sondern als Einleitung zu einer allgemeinen politischen Annäherung der beiden Mächte — im Gegensatz zu Tirpitz, dem es im Grunde nur auf das militärische Ziel der Begrenzung des englischen Bauprogramms ankam. Einseitige deutsche Konzessionen im Flottenbau nur zugunsten politischer Zwecke hat der Staatssekretär immer abgelehnt und war geneigt, politische Zusagen von englischer Seite nur als „schöne Worte" zu betrachten[75]). Dieses Gegensatzes bewußt, legte der Kanzler von Anfang an Wert darauf, die Verhandlungen ohne Hineinreden der Militärs durchzuführen. Auf das Drängen des Großadmirals, den Botschafter Grafen Metternich von seinem Posten abzulösen und durch einen weniger unbequemen Diplomaten zu ersetzen, gab er überhaupt keine Antwort (und zog sich dadurch sogleich das Mißtrauen des mächtigen Mannes zu), verlegte aber stillschweigend die Verhandlung nach Berlin in persönliche Unterredungen mit dem britischen Botschafter Goschen. Dabei vermied er es zunächst überhaupt, bestimmte Zahlen für das Rüstungsabkommen zu nennen — vermutlich in der Hoffnung (die für seine politische Methode charakteristisch ist), eines Tages vielleicht doch bessere Angebote beim Kaiser und Reichsmarineamt durchsetzen zu können, wenn erst einmal konkrete Aussichten auf eine politische Verständigung mit England winkten. In eben diese Richtung wiesen ihn auch die Ratschläge des Gesandten Kiderlen-Wächter in Bukarest, dessen Gutachten er in seiner Verhandlungstaktik sehr weitgehend gefolgt ist. Die marinetechnischen Besprechungen sollten, riet dieser, womöglich den Militärs überlassen werden, weil vorauszusehen war, daß sie sich sehr schwierig gestalten würden. Die Verantwortung dafür, und für den schlechten ersten Eindruck konkreter deutscher Vorschläge auf die Engländer, sollte die Regierung von sich abzuschieben suchen[76]). Aber war das nicht ein überkünstliches Spiel? Der Londoner Botschafter Metternich (unzweifelhaft einer der klügsten deutschen Diplomaten, von unbestechlicher Nüchternheit in seinem politischen Urteil), war, obwohl selber leidenschaftlich bemüht um eine Verbesserung des deutsch-englischen Verhältnisses, von Anfang an skeptisch. Er kannte zu genau die Bindung Englands an seine Entente-Genossen, um vorläufig mehr als „allgemeine Freundschaftsversicherungen" aus London zu erwarten, hielt aber vor allem die von Tirpitz vorgeschlagene Formel eines Flottenabkommens für vollkommen ungenügend. Immer wieder betonte er, daß es den Engländern (im Gegensatz zu uns) im wesentlichen nur auf ein Rüstungsabkommen ankäme, da sie unsere Freundschaft im Grunde nicht brauchten. Bloße Verlangsamung des Bautempos hätte für sie keinen großen Wert, da sie reale Einsparungen machen wollten; würde die von Tirpitz gewünschte Relation 3:4 im Flottenbau erst einmal diskutiert, meinte er, so wäre an politische Verpflichtungen Englands nicht mehr zu denken. Sehr bald würden wir aber doch genötigt sein, in der Flottenfrage „unsere Karten aufzudecken."

Alle diese Voraussagen haben sich sogleich bestätigt. Sir Edward Grey zeigte sich grundsätzlich sehr gern bereit zu einer Verständigung, drängte aber immerfort auf konkrete Vorschläge zur Rüstungsfrage; ohne ein Flottenabkommen wären politische Annäherungen aussichtslos angesichts der britischen Volksstimmung. Er ließ auch keinen Zweifel daran, daß politische Abmachungen mit Deutschland keinesfalls die Entente Englands mit Frankreich und Rußland gefährden oder lockern dürften. Als Bethmann sich schließlich herbeiließ, mit großer Vorsicht von einem Flottenabkommen zu sprechen, das für eine bestimmte Reihe von Jahren die Zahl der Neubauten in beiden Ländern begrenzen sollte, doch ohne Preisgabe des deutschen Flottengesetzes, wurde das sofort für unzureichend erklärt, weil dadurch eine wesentliche Entlastung des britischen Flottenbudgets nicht erzielt würde. So sind die Verhandlungen nach wenigen Wochen im Sande verlaufen, ohne daß der Tirpitz'sche Vorschlag überhaupt zur Sprache gekommen wäre.

Wäre er den Briten vorgelegt worden, so hätte sich sehr bald herausstellen müssen, daß er im Grunde gar keine echte „Konzession" der deutschen Seite enthielt, für die man Gegenleistungen erwarten durfte, sondern umgekehrt uns größere Vorteile als der Gegenseite bot. Bethmann nannte es freilich „ein großes Opfer", das wir damit brächten, daß wir „die tatsächlich bestehende Suprematie zur See auch anerkennen". Aber praktischen Wert hätte diese Anerkennung für England doch nur dann gehabt, wenn wir imstande gewesen wären, seine Suprematie mit Gewalt zu brechen[77]). Was die Briten wünschten, war ganz einfach eine Verminderung unseres Flottenprogramms, wie es das Flottengesetz samt seinen Nachträgen enthielt. Ob Bethmann Hollweg recht hatte, wenn er demgegenüber erklärte, das sei „nach dem Stande unserer öffentlichen Meinung in Presse und Reichstag ein Ding der Unmöglichkeit", mag dahingestellt bleiben (Kiderlen scheint es nicht ganz so unmöglich gefunden zu haben). Aber es wäre am Widerspruch des Kaisers und seiner Seeoffiziere mit Sicherheit gescheitert[78]). Ja, Bethmann hätte gar nicht wagen können, es auch nur zu fordern, ohne seine sofortige Entlassung zu riskieren. Hier gab es eine schlechthin unüberschreitbare Grenze der Zivilgewalt im wilhelminischen Reich.

Es gab aber auch noch andere, rein in der Sache liegende Schwierigkeiten, die der Kanzler selbst sehr einleuchtend gekennzeichnet hat[79]). „Kein Land kann die Zusicherung geben, daß es nie und nimmer über eine gewisse Anzahl von Schiffen bauen werde." Auch ein Abkommen, das für einen sehr langen Zeitraum das Bautempo einschränkte, war für beide Seiten bedenklich angesichts der rapiden Entwicklung der Technik und der Möglichkeit eines jähen Wechsels politischer Konstellationen. Das alles freilich nur unter der Voraussetzung, daß eine starke, England einigermaßen gewachsene Kriegsflotte als unentbehrliches Mittel deutscher Selbstbehauptung unter den Großmächten zu gelten hatte. Eben dies war aber damals die allgemeine Überzeugung in den politisch tragenden Schichten der Nation. Kein Reichskanzler kam darüber hinweg; unsere nachträgliche Einsicht, daß der große Schlachtflottenbau im wesentlichen vergeblich und darum ein ungeheurer Fehler gewesen ist, hat erst der Verlauf des Weltkriegs gebracht.

So darf man wohl von einer tragischen Verstrickung sprechen, an der die Ausgleichsverhandlungen des Kanzlers 1909 gescheitert sind. Die Tragik beschränkt sich aber nicht nur auf das Militärische. Wer heute die klugen, oft scharfsinnigen Analysen der außenpolitischen Lage Englands und Deutschlands liest, wie sie sich in den diplomatischen Dokumenten jener Jahre finden, — auf deutscher Seite besonders bei Metternich und Kiderlen — kann sich einer starken Bewegung nicht leicht erwehren. Wieviel ehrliches Bemühen, auch die Lage und die Lebensinteressen der Gegenseite zu verstehen, einander näher zu kommen, einen gangbaren Weg zur Entwirrung und Überwindung der Gegensätze zu entdecken — und zuletzt bleibt alles vergebens! Weder der Kanzler noch seine Berater täuschen sich darüber, daß von England niemals das zu erreichen sein wird, was für Deutschland doch so lebenswichtig wäre: die feste Zusage der Neutralität im Fall eines Zweifrontenkrieges, in den wir durch unser Bündnis mit Österreich-Ungarn wider Willen verstrickt werden könnten. Bethmann sieht klar, „daß die Gegensätze zu uns, weil in ihrem letzten Grunde auf die Besorgnis vor einer Überflügelung durch uns zurückgehend, nur schwer und langsam ausgeglichen werden können". Gleichwohl quält man sich auf deutscher Seite, irgendeine Form politischer Verständigung mit England zu finden, die verhindern soll, „daß England sich in Zukunft nicht bei jeder neuen Gelegenheit im gegnerischen Lager zeigt"[80]). Sie wird nicht gefunden. Die Spaltung Europas in zwei feindliche Lager ist schon so stark verfestigt, daß die britischen Diplomaten ganz offen erklären, „das europäische Gleichgewicht — Dreibund — Tripel-Entente — dürfe nicht aufgehoben werden". England könne uns nicht mehr an Zusagen gewähren als seinen Entente-Genossen — mit denen es aber auch ohne feste Verpflichtungen bereits in einer Art von Frontgemeinschaft verbunden war.

Dritter Abschnitt

Weitere Flottengespräche 1910—12 und ihr Scheitern

Das Steckenbleiben der Flottengespräche im Herbst 1909 war mit verschuldet durch innenpolitische Ereignisse in England, vor allem durch Wahlkämpfe, die das Schicksal der liberalen Regierung zeitweise in Frage stellten. Aber daß die Verhandlungen bis zum August 1910 völlig aufhörten, hatte noch andere Gründe. Man wußte jetzt in England, daß auf größere Ersparnisse im Flottenbau mit Hilfe eines agreement nicht zu rechnen war. Anderseits war der Schock über die deutsche Flottennovelle von 1908 allmählich am Verebben. Die enorme Anspannung der britischen Werften im Dreadnoughtbau seit 1909 gab den Engländern das Gefühl der Überlegenheit zur See und damit der Sicherheit wieder. Man konnte sich jetzt Zeit lassen, und Grey tat das um so mehr, als sich unter seinen Mitarbeitern im

Foreign Office längst eine Summe von Mißtrauen, ja offener Feindschaft gegen Deutschland angesammelt hatte, deren Auswirkung man in den Dokumenten der britischen Diplomatie nicht ohne Erschütterung verfolgt. Immerhin gab es auch Gegenstimmen (und zwar in beiden Ländern), die sehr entschieden eine Entspannung im Verhältnis Englands zu Deutschland forderten, und so hat der Minister Ende Juli 1910 noch einmal die Hand über den Kanal hinübergestreckt. Da er wußte, daß am Bestand des deutschen Flottengesetzes nicht mehr zu rütteln war, versuchte er es mit dem Vorschlag einer laufenden gegenseitigen Orientierung der Marinebehörden beider Länder über den Stand der Flottenbauten und über die Baupläne jeden Jahres, um damit das gegenseitige Mißtrauen zu vermindern und neue Flottenskandale zu verhindern, wie sie im Vorjahr durch falsche Gerüchte und Mißverständnisse in England entstanden waren[81]). Außerdem suchte er die Verhandlungen über die Flottenbeschränkung auf einen neuen Weg zu bringen, indem er anregte, Deutschland möge versprechen, sein Bauprogramm nicht über das Flottengesetz hinaus zu erweitern. Nun hatten ja der Kaiser und Tirpitz schon im Vorjahr ins Auge gefaßt, auf eine Erweiterung des Bauplans (Novelle 1912) ausdrücklich zu verzichten, wenn dadurch eine Begrenzung auch der englischen Dreadnought-Bauten zu erreichen war. Wilhelm II. scheint das neue Memorandum Greys (vom 26. Juli) so verstanden zu haben, daß dieser als Gegenkonzession irgendeine Begrenzung der britischen Flottenbauten anbieten wollte (obgleich der Wortlaut der Denkschrift nichts davon enthielt) und griff sogleich mit beiden Händen zu. „Agreement mit England sehr willkommen", schrieb er an den Rand und phantasierte bereits von einem Bündnis, das ein gemeinsames Einstehen für die „offene Tür" überall im Welthandel einschließen sollte, vielleicht sogar durch das Angebot von deutschen Garantien für die britische Kolonialherrschaft in Indien schmackhaft gemacht werden könnte[82]). Tirpitz äußerte zwar höchstes Mißtrauen gegen die Hintergedanken des britischen Memorandums, wollte aber doch mit einem Gegenvorschlag antworten. Mit gegenseitigem Werftbesuch der Marine-Attachés zu Informationszwecken sollten wir uns einverstanden und außerdem bereit erklären, von 1912 an fünf Jahre lang, also bis 1916, nur zwei Schiffe jährlich zu bauen, wenn die Gegenseite ihre jährlichen Bauten auf drei beschränken würde. Das klang wie eine Wiederholung seines vorjährigen Erbietens, nur mit Verschiebung der Vertragsdauer um zwei Jahre (Beginn 1912 statt 1910); es enthielt aber in Wirklichkeit gar nichts weiter als eine Bestätigung des Flottengesetzes (nach der Fassung von 1908), das ja ohnedies schon von 1912—1917 nur zwei jährliche Neubauten vorsah; von irgendeiner Verlangsamung des Bautempos durch Hinausschieben einzelner Stapellegungen war also überhaupt keine Rede mehr[83]). Aus dem Vortrag, den er am 24. Oktober dem Kaiser hielt, wird ganz deutlich, wie sehr ihn damals die Aussicht beunruhigte, die Briten könnten uns durch hemmungslose Steigerung ihres Bautempos „ausmanövrieren", d. h. den „Risikogedanken" zunichte und damit sein ganzes Lebenswerk zu einem Fehlschlag machen. Daß ein Verhältnis beider Flotten von 3:4 „zur Zeit (!) nicht mehr erreichbar" sei, war ihm jetzt klargeworden. Um so eifriger drängte er darauf, das Festhalten an einem Zahlenverhältnis der beiden Schlachtflotten von 2:3 zum Angelpunkt der gesamten Flottenpolitik zu machen[84]).

Die Antwort des Reichskanzlers auf die Anregung Greys war schon vor dem Eingang der Tirpitz'schen Vorschläge formuliert und ließ sich auf militärische Einzelheiten überhaupt nicht ein. Bethmann erklärte sich grundsätzlich bereit, auf die britischen Vorschläge einzugehen, deutete auch an, daß er noch immer damit einverstanden sei, über eine Verlangsamung des Bautempos „im Rahmen des Flottengesetzes" zu verhandeln; zunächst aber müsse er wissen, welche Gegenleistung Großbritannien zu bieten hätte; noch etwas schärfer als im Vorjahr wurde betont, daß ein Flottenabkommen für uns wertlos wäre, so lange wir nicht durch gleichzeitige politische Absprachen „gesicherte gegenseitige Beziehungen" erreichten — ein Ausdruck, der ganz von fern auf ein Neutralitätsabkommen hindeutete[85]).

Der Kanzler bemühte sich, möglichst konkret zu werden und das Bedürfnis der deutschen Politik nach einer Besserung des deutsch-englischen Verhältnisses an vielen Einzelbeschwerden über englische Unfreundlichkeit zu veranschaulichen. Anderseits suchte er die Aufrichtigkeit seiner Bereitschaft zur Verständigung in den nächsten Monaten durch allerhand diplomatische Gefälligkeiten zu unterstreichen. Metternich meldete denn auch Mitte Dezember von unerwartet großer, grundsätzlicher Bereitschaft Greys, für die Verbesserung der deutsch-englischen Beziehungen etwas zu tun. Das hinderte aber nicht, daß eine Antwort des englischen Ministers auf das Bethmann'sche Angebot hartnäckig ausblieb — bis Ende März 1911! Nimmt man zu dieser auffallend langen Verzögerung die Tatsache hinzu, daß man im britischen Foreign Office nicht versäumte, die Entente-Genossen regelmäßig über die (nur scheinbar „geheimen") Verhandlungen mit Berlin zu informieren, ihre politische Harmlosigkeit zu betonen und zu versichern, man habe die Anerbietung Bethmann Hollwegs nicht einfach abweisen können, glaube aber selbst nicht an die Möglichkeit eines politischen Abkommens[86]) — so wird es schwer, an die volle Ernsthaftigkeit der Greyschen Versöhnungsabsichten zu glauben. In einer Unterhausrede sprach er von der Möglichkeit, eine „gewisse Verzögerung der Flottenausgaben im Rahmen des Flottengesetzes" zu verabreden und von einem Verzicht der Deutschen auf eine Vergrößerung ihres Flottenprogramms — aber ohne jede Andeutung einer englischen Gegenleistung. Seine offizielle Antwortnote bewegte sich erst recht in Allgemeinheiten: sie betonte die Schwierigkeit, dem deutschen Partner irgendein politisches Angebot zu machen, das nicht in Paris und Petersburg verstimmen würde, wollte mit einer Verständigung über Fragen des näheren Orients beginnen und erwähnte ein „Arrangement über Flottenausgaben" nur am Rande mit der Bemerkung, es sollten politische und militärische Fragen gleichzeitig behandelt werden[87]).

Das Ganze war im Grunde nur noch ein Ausweichen vor der Aufgabe, die Flottenbesprechung durch praktische Vorschläge voranzubringen. Die deutsche Replik (vom 9. Mai) redete denn auch eine recht nüchtern-abweisende (von dem neuen Staatssekretär Kiderlen-Wächter mitgeformte) Sprache. Das angebotene Arrangement über die Bagdad-Bahn und die persische Frage schob sie als völlig ungeeignet zur Grundlage einer allgemeinpolitischen Verständigung beiseite. Ganz deutlich wurde jetzt erklärt, nur ein deutsch-englischer Neutralitätsvertrag würde den europäischen Frieden dauerhaft sichern können; England möge doch seine Beziehungen zu Deutschland „auf dieselbe Grundlage stellen" wie die zu Frankreich und Rußland. Ein Abkommen zur Verlangsamung des Bautempos der deutschen Flotte, hieß es kurzab, sei jetzt aussichtslos geworden; denn nach dem Flottengesetz würde das Tempo von 1912 an ohnedies auf zwei Schiffe per Jahr herabsinken; eine noch stärkere Einschränkung würde aus finanzpolitischen Bedenken und aus Rücksicht auf die deutsche Schiffbauindustrie untragbar sein.

Damit war das deutsch-englische Flottengespräch an einen toten Punkt gelangt[88]). Schuld daran trug wesentlich, aber keineswegs ausschließlich, die Starrheit des Tirpitz'schen Bauprogramms. Auch die englische Politik hat sehr wenig Bereitschaft zu militärischem oder politischem Entgegenkommen gezeigt, konkrete Vorschläge zunächst noch gar nicht aufgestellt. Was sie daran hinderte, war letzten Endes ein ganz massives britisches Machtinteresse und neugestärktes Bewußtsein politisch-militärischer Überlegenheit gegenüber dem unbequemen deutschen Rivalen.

Mit kalter Entschlossenheit hatte man sich in London jetzt mit der Tatsache des deutschen Flottenbaus abgefunden. Das zeigten die Reden der britischen Minister im Unterhaus im Frühjahr 1911. Sowohl der Marineminister McKenna wie Sir Edward Grey sprachen von einem völlig genügenden Sicherheitsüberschuß, den man jetzt erreicht habe: 30 gegen 21 moderne Großkampfschiffe bis 1914! Der deutsche Militärattaché Widenmann meldete dies als eine Kapitulation der Engländer und als großen Triumph der zähen deutschen Flottenpolitik: endlich wären die stolzen Briten dahingebracht, den Two-power-Standard aufzugeben und sich in ein Machtverhältnis von 3:2 zu fügen. Der Kaiser war begeistert und schrieb unter den Bericht: „Hätten wir vor vier bis fünf Jahren, wie Bülow und Metternich wollten, mit Bauen aufgehört, so wäre der Krieg ‚Copenhague' jetzt da. So respektieren sie unseren festen Willen und müssen sich den Thatsachen beugen. Also ruhig weitergebaut" — eventuell nach 1912 noch mehr als jährlich zwei große Schiffe![89]) Der Wunsch, das britische Weltreich aus seinen Ententen zu lösen und auf die deutsche Seite hinüberzuziehen, blieb bei ihm unvermindert; aber er suchte das jetzt eher durch plumpe Drohungen und Ausfälle gegen die Deutschfeindlichkeit britischer Staatsmänner zu erreichen — sprach allerdings zum englischen Botschafter Goschen noch immer von einem Flottenabkommen, das auf die politische Verständigung folgen müsse[90]). Aber ein solches Abkommen sollte weder „den Weiterausbau unserer Flotte hindern oder verzögern" noch „Sicherheit geben, daß unser Flottenprogramm keine Vermehrung erfährt. Letzteres richtet sich lediglich nach den Maßnahmen Englands". Man sieht aus diesen Randbemerkungen zu einem Bericht Metternichs, wie Wilhelm II. sich ein Flottenabkommen dachte: lediglich als Bindung Englands auf die Relation 2:3, ohne jede Beschränkung des deutschen Bauprogramms.

Tirpitz hat später dem Reichskanzler Bethmann Hollweg vorgeworfen, er habe die im Frühjahr 1911 bestehende Möglichkeit, die Engländer auf ein Verhältnis von 2:3 vertraglich festzulegen, gröblich versäumt: „die Bahn zu einem festen Marineabkommen, das alle öffentlichen Zänkereien und jede neue Flottenpanik in England unmöglich machte, war damit frei. Der deutsche Kanzler brauchte nur zuzugreifen". Wie unsinnig diese Behauptung angesichts der britischen Haltung ist, haben wir bereits gesehen. Es fällt aber auch schwer, an die Ehrlichkeit dieser Anklage zu glauben, wenn man sieht, wie Tirpitz selbst damals über ein Flotten-Agreement gedacht hat. Er wie sein Werkzeug, Korvettenkapitän Widenmann, Marineattaché in London, scheinen in der Tat so etwas wie ein englisches Angebot der Festlegung auf die Formel 2:3 erwartet zu haben (das nie erfolgt ist). Aber nun lagen sie sofort dem Kaiser mit Warnungen in den Ohren: hinter einem solchen Angebot stecke in Wahrheit nichts als ein Versuch, uns auf das „Zweiertempo" dauernd festzulegen, auch für die Jahre nach 1917, in denen es, wegen der Ersatzbauten laut Flottengesetz, automatisch zum Dreiertempo gesteigert werden müsse. Jedes Flottenabkommen laufe jetzt auf eine „Zertrümmerung des Flottengesetzes" hinaus. Tirpitz war aber jetzt, seit er seinen „Triumph" in der Tasche hatte und nun sicher zu sein glaubte, daß die Briten am Ende ihrer Möglichkeiten angekommen wären, auch mit der Erhaltung des Flottengesetzes nicht mehr zufrieden. Er protestierte dagegen, daß Bethmann Hollweg in seiner Antwortnote an Grey vom 9. Mai überhaupt noch die Bereitwilligkeit erkennen ließ, englische Vorschläge für ein naval agreement zu diskutieren. Daraus könnten die Engländer den Schluß ziehen, daß wir bereit wären, „uns für die Jahre 1912—17 auf das Zweiertempo und für die Folgezeit auf das Dreiertempo" (entsprechend dem Flottengesetz) „festzulegen". In Wahrheit sei das Dreiertempo das „Prinzip des Gesetzes"; es könne notwendig werden, schon 1912 dazu überzugehen; bauten wir 1912—17 im Zweiertempo (wie es dem Gesetz entsprach), so würde es 1918 unmöglich sein (infolge parlamentarischer Schwierigkeiten) wieder auf das Dreiertempo zu kommen. „Damit aber wäre das ganze Flottengesetz über den Haufen geworfen"[91]).

Aber warf eine solche Rabulistik nicht erst recht das Flottengesetz als maßgebende feste Norm über den Haufen? Es ist ganz deutlich: Für diesen Marinefanatiker gab es keine Grenze seines kämpferischen Willens und keine Rücksichten politischer Vernunft. Schon jetzt war klar zu sehen, daß er nur auf einen äußeren Anlaß, auf eine politische Krise wartete, um die schon längst gewünschte „Novelle" im Reichstag durchsetzen zu können.

Diese politische Krise kam noch in demselben Sommer: die zweite Marokkokrise. Bekanntlich führte sie ganz hart an den Rand des Krieges, und zwar des Seekrieges mit England heran. Die bekannte Rede des Schatzkanzlers Lloyd George vom 21. Juli ließ — in Verbindung mit einer Probemobilisation der englischen Flotte — keinen Zweifel daran, daß England nicht zögern würde, mit seiner ganzen Macht auf Frankreichs Seite zu treten, falls es über Marokko in einen Konflikt mit dem Deutschen Reich geraten sollte. Es war das erste, unmittelbare Wetterleuchten über Europa, und wer (wie der Verfasser) jene Tage miterlebt hat, erinnert sich deutlich an den tiefen Schrecken, den dieses Ereignis in der öffentlichen Meinung Deutschlands hervorrief[92]). Von diesem Tage an wurden wir uns mit einem Schlage der furchtbaren Möglichkeit bewußt, daß ein künftiger Krieg nicht als Zwei-, sondern Dreifrontenkrieg über uns kommen könnte, und die Sorge um die Zukunft ist dann bis 1914 nicht mehr zur Ruhe gekommen. Sie hat zugleich zu einer großen und sehr wirksamen Agitation für die Heeresverstärkung (durch den „Wehrverein" des Generals Keim) geführt; gegen eine größere Flottennovelle dagegen erhoben sich jetzt zum ersten Male ernste Bedenken auch in solchen Kreisen, die bis dahin eifrige Anhänger und Bewunderer der Tirpitz'schen Flottenpolitik gewesen waren. Denn erschien es nicht nachgerade aussichtslos, den Wettlauf der Flottenrüstung immer weiter zu steigern, und wurde dadurch die Spannung mit England nicht erst recht vermehrt statt vermindert?

Der Staatssekretär der Marine kannte solche Bedenken nicht. Fast der erste Gedanke nach der Rede Lloyd Georges war bei ihm: das wird eine große Entrüstung in Deutschland geben. „Die Möglichkeit einer Novelle rückt damit näher." Aber was könnte man fordern? Vielleicht größere Kanonen, mehr Personal, vor allem 3–4 große Kreuzer über das Gesetz hinaus? Darüber begann sofort die Verhandlung mit den Mitarbeitern[93]). Wer sie im einzelnen verfolgt, sieht sogleich, daß ein bestimmter technischer Sachzwang kaum vorlag, nur allerhand Wünsche, über die man hin und her beriet. Capelle (der Stellvertreter des Staatssekretärs), hätte am liebsten „Fortsetzung des Vierertempos" über die Grenze von 1912 hinaus gefordert, gab aber zu, daß dazu „starke Nerven" gehörten und vermißte „bis jetzt die dazu notwendige Entrüstung und Begeisterung" vollständig. Im ganzen blieb er überhaupt bedenklich, ob jetzt eine Novelle innen- und außenpolitisch opportun wäre – ohne darüber freilich zu völliger Klarheit zu kommen[94]). Jedenfalls riet er, mit einer Novelle bis 1913 zu warten. Es gibt von ihm eine interessante, nur für den inneren Dienstgebrauch des Reichsmarineamtes bestimmte Denkschrift aus dem Herbst 1911, die neuerdings im Nachlaß des Staatssekretärs gefunden wurde. Darin sucht er die politischen Gedankengänge seines Chefs gleichsam zu übertrumpfen, indem er ausführt, die Engländer wären jetzt schon außerstande, ihr Prinzip „two keels to one" auf die Dauer durchzuhalten. Über kurz oder lang mußten sie eine politische Verständigung mit Deutschland suchen. „Nicht England hat die Trümpfe in der Hand, sondern wir. Wir brauchen nur geduldig zu warten, bis unser jetziges Flottengesetz durchgeführt ist." Eine künftige Verständigung würde nur auf dieser Basis möglich sein, also: „keine weiteren Erhöhungen" der

Schiffszahl! Die Krönung der kaiserlichen Flottenpolitik sollte doch schließlich „ein Bündnis mit England sein, das uns volle politische und militärische Gleichberechtigung sichert"[95]).

Die naive politische Erwartung Capelles, England werde bald gezwungen sein, ein Bündnis mit Deutschland zu suchen, wird Tirpitz schwerlich geteilt haben. In seinen Rüstungsplänen ließ er sich durch die Bedenken seines nächsten Mitarbeiters durchaus nicht beirren. Schon im August während eines Schwarzwaldaufenthaltes hatte er sich immer mehr in dem Gedanken versteift: der Moment müsse schleunigst ausgenutzt, der Regierung eine Novelle dadurch mundgerecht gemacht werden, daß man sie ihr als „Kompensation" für die im Marokkostreit erlittene „Schlappe" hinstellte: als Beweis der deutschen Kampfbereitschaft, die sich keine diplomatische „Ohrfeige" gefallen lassen würde — Gedankengänge eines typischen „Militaristen". Ein Krieg für die Wiederherstellung der Algeciras-Akte wäre sicherlich nicht lohnend und unpopulär. „Wollen uns die Engländer aber die Novelle verbieten, dann haben wir den Kriegsgrund, der jedermann in Deutschland verständlich wäre, und alsdann müssen wir dem Schicksal seinen Lauf lassen" — obwohl gerade jetzt, vor der Erweiterung des Nordostseekanals und der Befestigung Helgolands, der Zeitpunkt für einen Seekrieg „so ungünstig wie nur möglich ist". Vierertempo wäre zuviel, aber Dreiertempo sollten wir haben, dazu Typenvergrößerung, Personalvermehrung, Beschaffung von Luftschiffen, vielleicht eine gewisse Steigerung der U-Boot-Bauten. Die Frage war offenbar nicht: was ist jetzt technisch am dringendsten, sondern nur: wieviel läßt sich jetzt durchsetzen? Am 30. August lag bereits eine Denkschrift für den Reichskanzler vor, die konkretere Forderungen aufstellte: Formierung eines dritten aktiven Geschwaders, beschleunigter Ersatz veralteter Panzerkreuzer, Dreier- statt Zweier-Tempo für sechs Jahre, also sechs große Schiffe mehr als im Flottengesetz vorgesehen. Bethmann Hollweg, dem die Denkschrift am nächsten Tage vorgetragen wurde, lehnte sie, in der bei ihm gewöhnlichen Vorsicht und Unentschlossenheit, nicht sogleich völlig ab, erhob aber, nach Beratung mit Kiderlen und dem Reichsschatzsekretär Wermuth, starke Bedenken: die Novelle könnte uns den Krieg bringen und wäre finanziell untragbar. Tirpitz war klug genug, nicht allzu hart zu drängen und schlug Hinausschieben der Entscheidung bis nach dem Abschluß der Marokkoverhandlungen mit Frankreich vor — was der Kanzler bereitwillig aufgriff.

Nun wurde der Londoner Marine-Attaché Widenmann zu Hilfe gerufen: er mußte dem Kanzler und vor allem dem Kaiser klarmachen, daß man in

England eine deutsche Flottennovelle, die das „Zweiertempo" beseitige, längst erwarte und sich auch leicht damit abfinden würde, da seit der Drohrede Lloyd Georges die Stimmung drüben umgeschlagen sei: man habe das „Schuldbewußtsein", zu nahe an den Krieg herangedrängt zu haben, werfe in politischen Kreisen dem Außenminister Grey seine einseitig deutschfeindliche Politik offen vor und verlange eine Kursänderung. Wenn das zutraf — und es traf bis zu einem gewissen Grade zu — so stellt dieser „Bericht" des Militärattachés geradezu ein Musterbeispiel „militaristischer Denkweise" dar: die wachsende Verständigungsbereitschaft in England macht eine unmittelbare Kriegsgefahr unwahrscheinlich, also beantwortet man sie mit verstärkter Rüstung!

Auf den Kaiser, der schon kurz zuvor in einer Hamburger Rede den Gedanken verstärkter Flottenrüstung hatte durchblicken lassen[96], wirkte der Immediatvortrag Widenmanns auf der Yacht „Hohenzollern" am 4. September, den Tirpitz arrangiert hatte, natürlich ganz nach Wunsch — auf Bethmann, dem er wiederholt werden mußte, geradezu entsetzenerregend — wenn man der bewußt karikierenden Darstellung trauen darf, die Widenmann von seiner Audienz beim Kanzler gibt. Aber es sollte sich bald erweisen, daß der Marineattaché, auf die Allerhöchste Gunst gestützt, am längeren Hebelarm saß. Als Antreiber hat er sogar auf die Politik seines Chefs eingewirkt, als Berichterstatter über die britische Politik den ihm vorgesetzten Botschafter nicht nur politisch in den Schatten, sondern schließlich aus dem Amt gedrängt. Widenmann war, wie seine Berichte zeigen, ein überdurchschnittlich begabter Seeoffizier mit hervorragenden Fachkenntnissen, zahlreichen, eifrig gepflegten Verbindungen zu englischen Marinekreisen und von großem Diensteifer — indessen ganz erfüllt von anti-englischen Vorurteilen, dünkelhaft und anmaßend in seinem Verhältnis zur Diplomatie, politisch ein gefährlicher Dilettant. Metternich charakterisierte seine Tätigkeit als: „bestellte Hetzarbeit".

Zunächst freilich blieben Gegenwirkungen nicht aus: Vorstellungen nicht nur des Kanzlers und Reichsschatzsekretärs, sondern auch höchster Seeoffiziere beim Kaiser[97], vor allem des Chefs der Hochseeflotte, Admiral von Holtzendorff. Auf Grund praktischer Erfahrungen lehnte dieser eine weitere Steigerung der Schiffszahlen unbedingt ab und forderte statt dessen die Ausbesserung innerer Schäden der Flotte durch Vermehrung des Personals und der Indienststellung von Schiffen — womit er nach einem Bericht Capelles „die rebellische Stimmung" der „gesamten" Frontoffiziere wiedergab. Offensichtlich war das Bautempo den Möglichkeiten der Beschaffung ausgebildeten Personals, besonders an Offizieren, weit vorausgeeilt. Die Diskussion zwischen Tirpitz und seinem Stellvertreter über diese Fragen zeigt deutlich, daß auch der Staatssekretär jetzt zeitweise unsicher wurde und daß er den Kaiser nicht mehr fest in der Hand hatte. (Er sprach jetzt selbst von baldigem Abgang.) Auch in der Presse erhob sich, vom Kanzler unter der Hand gefördert, vielstimmiger Widerspruch gegen ein neues Flottengesetz in diesem gefährlichen Augenblick. Aber mit beneidenswertem Geschick wußte der alte Taktiker dieser Schwierigkeiten Herr zu werden. In einem klug berechneten Immediatvortrag in Rominten (26. September) griff er plötzlich denselben Gedanken eines Flotten-Agreements wieder auf, den er im Frühjahr so heftig bekämpft hatte – nur mit völlig neuer Wendung[98]). Wir sollten, so riet er, da eine Flottennovelle jetzt auf so große Schwierigkeiten stieße (und bei den bevorstehenden Wahlkämpfen Wasser auf die Mühle der Sozialdemokraten liefern würde), ihre Vorlage um ein Jahr verschieben; um sie vorzubereiten, sollte aber gleich nach den Wahlen, etwa im Februar, ein öffentliches Angebot an England ergehen, sich mit uns auf ein dauerndes Stärkeverhältnis der beiden Kriegsflotten von 2:3 zu einigen — wohlgemerkt, der Gesamtzahlen, nicht der jährlichen Neubauten! Gingen die Engländer darauf ein, so wäre der Weg für eine Flottennovelle frei, da ja tatsächlich ein solches Verhältnis der Gesamtstärken noch längst nicht erreicht sei[99]) und die absolute Zahl der Schiffe ja durch das Abkommen nicht normiert würde; lehnten sie ab oder behandelten sie unser Angebot, wie zu erwarten, dilatorisch, so hätten wir ein prachtvolles Propagandamittel in der Hand: wir hätten unseren guten Willen zu einem festen Abkommen demonstriert, dem Reichstag bewiesen, daß es sich nicht um „uferlose" Baupläne handele und die Unversöhnlichkeit der Briten dem Volke deutlich vor Augen geführt. Das Schlagwort von der „Risikoflotte" sei jetzt verbraucht, der „2:3 standard" werde rasch zum populären Schlagwort der Agitation werden. Eine Flottennovelle im Herbst 1912 würde also ohne Schwierigkeit durchzubringen sein — besonders dann, wenn sie, wie Tirpitz jetzt vorschlug, sich zunächst auf die Forderung von drei statt sechs Linienschiffen über das Flottengesetz hinaus beschränke, verteilt auf sechs Jahre. Die Bildung eines dritten Linienschiffgeschwaders (unter teilweiser Heranziehung von Reserveschiffen) sei dann möglich und auch eine erhebliche Vermehrung des Personalbestandes.

Man kann diesen Vorschlag geradezu raffiniert nennen: unter der Maske freiwilliger Selbstbeschränkung der deutschen Flotte im Verhältnis zu England sollte der Weg freigemacht werden zu einer neuen Erhöhung der Schiffszahlen auf deutscher Seite. Natürlich war der Kaiser begeistert von der Klugheit seines Admirals und erklärte sich überzeugt davon, daß die Briten schon durch ihre Finanzlage gezwungen sein würden, unser Angebot anzunehmen. In einem Erlaß an Bethmann Hollweg, dem er Weisungen genau entsprechend den Vorschlägen Tirpitz' erteilte, sprach er von einem „entscheidenden Wendepunkt in der Geschichte unseres Vaterlandes" und von einer „nationalen Tat", die der Begeisterung der Deutschen den rechten Weg weisen müsse — einen Weg, den er mit kaiserlichem Stolz jetzt selbst entdeckt zu haben behauptete.

Gedeckt durch die grundsätzliche Zustimmung des Monarchen drängte Tirpitz weiter: schon am nächsten Tag forderte er vom Kanzler, er solle die Novelle sofort ankündigen und sie schon im nächsten Frühjahr, nicht erst im Herbst, einbringen. Unter den Gründen, die er selbst für diese stürmische Eile angibt, ist nur einer einleuchtend: die Novelle sollte „von der noch frischen Volksstimmung anläßlich der Marokkokrise" getragen, der zögernde Kanzler sofort öffentlich festgelegt werden. Dem aber suchte sich Bethmann mit Zähigkeit zu entziehen. Gänzlich abgelehnt hat er die von Tirpitz geplante Aufforderung an die Briten, sich vertraglich auf ein Stärkeverhältnis von 2:3 festzulegen[100]). Gleich seine erste Antwort an den Staatssekretär ließ erkennen, daß er die Hintergedanken dieses „Angebotes" durchschaute und sich klar darüber war, wie es in England verstanden werden müßte: als Ankündigung gewaltig verstärkter deutscher Rüstungen, um (wie sich Tirpitz ausdrückte) „den militärischen Abstand zwischen den beiden Flotten zu verringern".

Darüber begann nun ein hartnäckig geführter Streit zwischen den Zivilund Militär-Behörden, den wir hier im einzelnen nicht zu verfolgen brauchen. Da Bethmann eine Ankündigung des künftigen Stärkeverhältnisses 2:3 als Vorbereitung der Novelle ablehnte und auch der Admiralstabschef von Heeringen Bedenken anmeldete, ließen Tirpitz und der Kaiser den Agreementsgedanken merkwürdig schnell fallen: am 25. November wurde er aus der Begründung des Gesetzentwurfes herausgestrichen und damit „der entscheidende Wendepunkt in der Geschichte unseres Vaterlandes" bewußt versäumt. Um so eifriger waren aber jetzt Kaiser und Großadmiral darauf bedacht, den Kanzler möglichst bald auf die Novelle festzulegen: sie sollte sogleich in die Etataufstellung für 1912 aufgenommen werden. „Das Volk", behauptete Wilhelm II., „verlangt stürmisch nach einer Novelle"[101]). Der

Kanzler suchte die Vorlage, die er nicht verhindern konnte, so lange als möglich hinauszuschieben — wenigstens bis nach den Wahlen, um nicht durch die Aussicht auf neue große Flottenausgaben Wasser auf die Mühlen der sozialdemokratischen Opposition zu leiten, aber auch in der stillen Hoffnung, später vor dem neuen Reichstag vielleicht doch noch darum herumzukommen. Der Reichsschatzsekretär Wermuth, sein bedeutendster Mitarbeiter, war der Meinung, daß eine Heeresverstärkung sehr viel dringender nötig wäre als nochmals neue Schlachtschiffe und weigerte sich entschieden, das eben erst mühsam durch eine Finanzreform ins Gleichgewicht gebrachte Reichsbudget von neuem zu gefährden durch Aufreißen großer Lücken, die nur durch Anleihen gestopft werden könnten; jedenfalls müßten zunächst die Bedürfnisse von Heer und Marine aufeinander abgestimmt werden, und zwar im Rahmen eines Finanzplans für längere Zeit. Wermuth war ein klarer Kopf von altpreußischer Strenge und Nüchternheit, der die außenpolitische Lage und die wahren Bedürfnisse Deutschlands zutreffend beurteilte, aber auch eine charaktervolle Persönlichkeit: er nahm sofort seinen Abschied, als er seine Finanzpläne nicht durchsetzen konnte[102]). Bethmann Hollweg war keine Kämpfernatur und kein Mann der raschen Entschlüsse, aber auch in der schwierigen Zwangslage, immerfort abwägen zu müssen, ob es zu verantworten sei, um dieser oder jener Einzelfrage willen das Steuer der Reichspolitik aus der Hand zu geben. Gegen den Widerstand des Kaisers, hinter dem er auch jetzt wieder eine mächtige Agitation flottenfreundlicher Kreise sich erheben sah, glaubte er sich außerstande, die Flottennovelle zu verhindern[103]). Er versuchte zunächst allerhand Kompromißvorschläge, um eine förmliche Erweiterung des Flottengesetzes zu vermeiden und doch den Wünschen der Marine nach erhöhter Kriegsbereitschaft, wie sie auch Holtzendorff vertrat, gerecht zu werden[104]). Aber es gelang ihm nur, den Umfang der Neubauforderung auf die Hälfte (drei Linienschiffe, Wechsel von Zweier- und Dreier-Tempo) herabzudrücken, konnte aber nicht verhindern, daß die Wehrvorlage schon in der Thronrede (am 7. Februar) angekündigt wurde, ehe die Beschaffung der Mittel gesichert war.

Was ihn am meisten an der Flottenvorlage beunruhigte, war natürlich ihre Wirkung auf die außenpolitische Lage des Reiches. Alle Berichte aus London (im Grunde auch die des Marineattachés) ließen erkennen, daß nach dem Abklingen der zweiten Marokkokrise eine Art von Selbstbesinnung in England eingesetzt hatte: ein Erschrecken vor dem so jäh aufgetauchten Kriegsgespenst, ein Fragen weiter Kreise, warum eigentlich England sich um kolonialer Interessen Frankreichs willen in einen europäischen Krieg stürzen solle. Die Kritik an dem Kurs der Regierungspolitik verdichtete sich gegen Ende des Jahres in einer Art von Aufruhr im Unterhause, als die Brutalität des russischen Vorgehens in Persien auch den Wert der russischen Entente sehr ernstlich in Frage stellte und zeitweise geradezu die Sicherheit Indiens, dieses größten Sorgenkindes des Empire, zu bedrohen schien[105]). Die Opposition des Unterhauses drängte immer stärker auf Verständigung mit Deutschland. Die Regierung Asquith-Grey gab ihr insofern nach, als sie sich auf ausgedehnte Verhandlungen über Kolonialfragen mit unserer Diplomatie einließ, in denen sich die verlockende Aussicht eröffnete, alte Streitigkeiten um die Bagdadbahn auszugleichen und unseren zersplitterten afrikanischen Besitz durch spätere Erwerbungen belgischer und portugiesischer Gebiete zu einem großen zentralafrikanischen Gesamtreich zusammenzuschließen.

War das nicht der richtige Augenblick, mußte man sich in Berlin fragen, um wenigstens den Versuch zu machen zu einer Lockerung des Ententerings, ehe es endgültig zu spät war, den mißtrauischen Briten durch versöhnliche Haltung die Friedfertigkeit der deutschen Politik zu demonstrieren, das Reich Bismarcks wieder wie einst als den Friedenshort Europas und seine Regierung als „ehrlichen Makler" erscheinen zu lassen, der Spannungen ausglich statt sie durch militärisches Auftrumpfen zu verschärfen? Es gab viele und sehr harte Interessengegensätze innerhalb der britisch-russischen Entente in aller Welt: in China, in Persien, am Bosporus, also viele Ansätze für die deutsche Politik, sich den Briten nützlich zu erweisen. Vor allem: Je härter man die Spannungen mit Rußland in London empfand, um so mehr kam für die deutsche Politik darauf an, ihrerseits weltpolitische Gegensätze zwischen uns und dem Empire auszuräumen. Wo die nächste und unmittelbarste Kriegsgefahr drohte, war seit der Krise von 1908/9 jedermann klar: vom Balkan und von Rußland her, wo wir uns damals durch unsere Unterstützung Österreich-Ungarns schwer verhaßt gemacht hatten. Bülow selbst will bei seinem Abgang dem Kaiser dringend geraten haben, auf keinen Fall „die bosnische Aktion von 1908 zu wiederholen"[106]). In der Tat kam jetzt alles darauf an, den Balkanehrgeiz der Bundesgenossen so zu zügeln, daß der Krieg mit Rußland so lange als möglich hinausgeschoben oder endgültig verhindert wurde. Je länger das glückte, um so mehr wuchs die Aussicht, daß die britisch-russische Entente sich eines Tages von selbst wieder lockerte. Gelang es nicht, dann war es für unsere Zukunft schlechthin entscheidend, den Krieg ganz eindeutig als Verteidigungskampf der Mittelmächte gegen russische Aggression erscheinen zu lassen und damit der englischen Politik ein Fernbleiben aus dem Kampf überhaupt erst zu ermöglichen. Das erforderte schon im Frieden von seiten des Heeres einen Kriegsplan, der auf reine, unzweideutige Defensive im Westen hinauslief und alle Kraft gegen Osten einsetzte, von seiten der Marine eine Rüstungspolitik, die zum mindesten jede Steigerung des britischen Mißtrauens über das Unvermeidliche hinaus vermied. Das Unglücklichste, was überhaupt in diesem Augenblick geschehen konnte, war das Einbringen einer Flottennovelle, die den Engländern das Gefühl gab, am Anfang eines neuen Rüstungswettlaufs mit den Deutschen zu stehen und jede Hoffnung begraben zu müssen, daß sie ihre Steuergelder nun endlich zu besseren Zwecken verwenden könnten — eine Hoffnung, die Seelord McKenna gerade im September 1911 seinen Wählern tröstlich vor Augen gehalten hatte und die sein Nachfolger, Winston Churchill, zwei Monate später erneut aussprach[107]).

Unser Botschafter Graf Metternich hat alles aufgeboten, dem Kaiser und seiner Regierung diese Lage klar vor Augen zu stellen — in klugen und mutigen Berichten und Privatbriefen, ohne jede Scheu vor der kaiserlichen Ungnade, obwohl er genau wußte, wieviel Mißfallen er damit erregte. Aber der Eindruck seiner Berichte wurde weitgehend zerstört durch die Gegenberichte, die sich Tirpitz von seinem Marineattaché liefern ließ und die jedesmal den lebhaften Beifall Wilhelms II. fanden, während die kaiserlichen Randnoten die Meldungen des Botschafters als „Quatsch!" oder „unglaubliches Blech" abtaten. Die politischen Sorgen der Diplomaten hat weder der Marineattaché noch sein Auftraggeber überhaupt begriffen. Ihnen genügte es zu wissen, daß die Novelle keine sofortige Kriegserklärung zur Folge haben würde; wenn Metternich voraussagte, ein weiteres Wettrüsten würde in England schließlich zu der Überzeugung führen, „daß ein Krieg mit Deutschland unvermeidlich wird", so sprach der Kaiser ganz militärisch von „Hasenfuß" und „Angstmeierei". Ein Bericht Kühlmanns, der die Möglichkeit günstiger Kolonialabkommen mit England schilderte, wurde dahin beschieden, daß der Kaiser keine Kolonien wünsche, sondern Schiffe. „Kolonien haben wir genug!! Wenn ich welche haben will, kaufe ich sie oder nehme sie ohne England!" In einem höchst ungnädigen, eigenhändigen Erlaß wurde der Botschaftsrat kurzerhand angewiesen, „seine Nase in die Seekriegsgeschichte zu stecken" und daraus zu lernen, daß Kolonien ohne große Flottenmacht wertlos wären. Auf die Vorstellung unserer Londoner Diplomaten, daß ein großes Schlachtschiff mehr, das erst in vier Jahren fertig würde, doch nicht den Verzicht auf koloniale Verständigung wert sei und daß auch sechs Schiffe mehr unsere Lage nicht entscheidend verbessern würden, da sie ja doch durch englische Mehrbauten sofort übertrumpft würden, ging überhaupt niemand ein. Bethmanns Bemühungen, die Wirkung der Widenmannschen Berichte auf den Kaiser dadurch abzuschwächen, daß er sie durch den Botschafter (kritisch oder ironisch) kommentieren ließ, blieben ohne Erfolg, weil der Kaiser sich immer ganz auf die Seite des Militärs gegen den Botschafter stellte; und wenn er um die Erlaubnis bat, dem jungen Seeoffizier seine fortwährenden Übergriffe in die politische Sphäre zu verweisen, wurde er schroff abgewiesen: „Nein! Er ist Offizier und kann nur vom Obersten Kriegsherrn, nicht von Zivilvorgesetzten mißbilligt werden"[108]. Kein Wunder, daß der von der kaiserlichen Gnadensonne so hell Beschienene sich herausnahm, in seinen „Privatberichten" an Tirpitz, die der „Oberste Kriegsherr" natürlich zu lesen bekam, seinen diplomatischen Vorgesetzten nicht nur sehr offen zu kritisieren, sondern ihn indirekt sogar zu verdächtigen: als eine Persönlichkeit, die sich vor allem anderen um die Gunst Churchills, des Engländers, bemühe[109]. Er selbst tat sich etwas zugute auf den betont schroffen Ton, mit dem er englischen Ministern und Admirälen in Vertretung des „nationalen Interesses" begegnete (oder doch begegnet sein wollte) und bemühte sich, Mißtrauen gegen alles und jedes zu säen, was die Engländer taten, planten oder vorschlugen. Wilhelm II. fand alle seine Berichte „vorzüglich". Jede Rücksichtnahme auf englische Wünsche im Flottenbau erklärte er jetzt wieder für „Ingerenz eines fremden Volkes, wie ich sie mir als oberster Kriegsherr und Kaiser nun und nimmer gefallen lassen kann und werde! Und die für unser Volk eine Demütigung bedeutet!"[110]

Unter diesen Umständen muß man es fast als ein Wunder bezeichnen, daß es Anfang Februar 1912 doch noch einmal zu Ausgleichsverhandlungen zwischen beiden Ländern kam, die anfangs mit großen Hoffnungen begrüßt wurden: zur Mission des britischen Kriegsministers Lord Haldane nach Berlin. Sie hat in der Diskussion des „Kriegsschuldproblems" von jeher eine große Rolle gespielt; denn sie erschien, von fern betrachtet, als die letzte und wichtigste der „versäumten Gelegenheiten" vor dem Krieg, die Gegensätze zwischen den beiden Völkern zu überbrücken, ihr Scheitern als höchst verhängnisvoll. Sieht man aus der Nähe zu, so zeigt sich, daß die Bedeutung dieser Verhandlungen nicht überschätzt werden darf. Denn sie waren im Grunde schon aussichtslos, ehe sie begannen.

Schon ihr Zustandekommen beruhte auf einer Art von Mißverständnis.

Ähnlich wie 1909 fing es an mit wohlgemeinten, aber rein privaten und etwas übereifrigen Bemühungen der beiden internationalen Geschäftsmänner Ballin, Generaldirektor der Hapag, und seines Freundes, des englischen Bankiers Sir Ernest Cassel. Auf Anregung Ballins bot sich Cassel dem mit ihm befreundeten Marineminister Churchill als Vermittler einer persönlichen Aussprache mit Kaiser Wilhelm II. über eine Flottenverständigung an. Das muß in einer Form geschehen sein, die Churchill vermuten ließ, der Kaiser stünde selbst hinter dieser Einladung; nachher gab es Differenzen zwischen den Diplomaten beider Länder, ob nun eigentlich die erste Anregung von diesseits oder von jenseits des Kanals ausgegangen sei. Sein persönliches Erscheinen in Berlin hielt Churchill für bedenklich, war aber grundsätzlich mit einer vertraulichen Verhandlung über die Flottenfrage einverstanden und fand dafür ein besonders lebhaftes Echo bei Lloyd George, der ja seit langem auf Verminderung der Flottenausgaben durch ein Abkommen mit den Deutschen drängte. Mit Zustimmung von Grey und Asquith übergaben die beiden Minister dem Unterhändler ein kurzes Memorandum als Unterlage für seine Besprechungen mit dem Kaiser. Darin wurde gefordert, Deutschland solle anerkennen, daß England der Suprematie zur See bedürfe und darum zusagen, sein gegenwärtiges Flottenprogramm nicht zu steigern, sondern womöglich zu verlangsamen oder zu verkürzen; dafür versprach England eine Förderung deutscher Kolonialwünsche und erklärte sich bereit, Vorschläge für eine politische Verständigung entgegenzunehmen, die beide Mächte binden sollten, an keinen Angriffsplänen gegeneinander teilzunehmen. Wie Grey in seinen Memoiren berichtet, betrachtete er die ganze Unternehmung mit großer Skepsis und war fest entschlossen, sich dadurch keinesfalls von der Seite Frankreichs losreißen zu lassen. Für die Deutschen war das (scheinbar) von englischer Seite ausgehende Angebot eine Überraschung, brachte aber inhaltlich eigentlich nichts Neues. So kann man sich nur wundern, mit welchem Enthusiasmus der Kaiser darauf einging. In einer dramatisch verlaufenden Besprechung mit Cassel, Ballin und Bethmann Hollweg setzte er persönlich, ohne vorherige Rücksprache mit Tirpitz, eine im wesentlichen zusagende Antwortnote auf. Man wird annehmen müssen, daß die beiden Vermittler in der begeisternden Hoffnung, durch ihre private Bemühung ein großes politisches Werk zustande zu bringen, sehr optimistische Schilderungen von der Bereitschaft des englischen Kabinettes gegeben haben, mit Deutschland zu einer friedlichen Einigung zu kommen und daß die bewegliche Phantasie des Kaisers durch die scheinbare Aussicht rasch entzündet worden ist, sein Lebenswerk, den Flottenbau, durch ein deutsch-englisches Freundschaftsbündnis zu krönen[111]). War ihm nicht immer gesagt worden, eines Tages müßten die Engländer, am Ende ihrer Rüstungsmöglichkeit angelangt, mit Bündnisangeboten kommen? Jetzt, schien es, kamen sie wirklich. In Wahrheit hatte sich an der grundsätzlichen Haltung der britischen Politik nichts geändert. Was den Marineminister und den Schatzkanzler zu ihrem Schritt bestimmt hatte, war — nach Churchills Memoiren — vor allem der Wunsch zu erfahren, ob die Deutschen wirklich, wie man schon lange fürchtete, eine neue große Flottenvermehrung planten und dadurch das Sparprogramm der englischen Liberalen abermals über den Haufen werfen würden, dessen Dringlichkeit die schweren innerpolitischen Kämpfe der letzten Jahre um Erbschaftssteuer und Oberhaus noch gesteigert hatten. Planten sie eine Novelle, so ließen sie sich vielleicht durch das Angebot eines politischen Agreements noch davon abbringen — wenn nicht, so hatte die Regierung jedenfalls den Versuch einer Verständigung gemacht und konnte sich darauf dem Lande gegenüber berufen. Dies zu können, war um so dringlicher erwünscht, als gerade in jenen Monaten die parlamentarische Kritik an der Ententepolitik Greys ihren Höhepunkt erreichte, das Vordringen russischer Truppen in Persien gegen Teheran den Außenminister zu heftigen Protesten nötigte und eine Verständigung mit Deutschland von immer mehr Stimmen gefordert wurde. Es lohnte sich also schon, die früheren Versuche zu einer vertraglichen Beschränkung des deutschen Flottenbaues auf einem direkteren Wege als 1909 zu erneuern. Auf alle Fälle erlangte man Klarheit über das deutsche Flottenprogramm[112]).

Der Kaiser seinerseits dachte nicht daran, die Flottennovelle fallenzulassen, obwohl sie beim Eintreffen Cassels in Berlin öffentlich noch nicht angekündigt war. Vielmehr verlangte die von ihm eigenhändig aufgesetzte Erwiderung, die der Vermittler mit auf den Weg bekam, daß „die bereits vorbereiteten Etatansätze des Jahres 1912", also die Forderungen der Flottennovelle, in das Flottenagreement mit eingeschlossen werden müßten. Um ja keinen Zweifel zu lassen, übermittelte der Kanzler Sir Ernest Cassel auch noch eine kurze Zusammenfassung des Inhalts der Novelle — „ein unschätzbares Dokument", wie Churchill schreibt, über dem man in der Admiralität sofort die ganze Nacht gesessen habe.

Es war die zweite Überraschung dieser Verhandlungen, daß man sie jetzt nicht sofort von London aus abbrach, obwohl Churchill sofort feststellte, daß es sich in der Novelle um eine sehr beträchtliche Verstärkung der deutschen Flotte handelte — vor allem durch Aufstellung eines dritten aktiven Geschwaders von Linienschiffen und starke Erhöhung des Mannschaftsstandes — und daß die britische Marineverwaltung große Summen aufwenden, ja das Mittelmeergeschwader in die Nordsee werde ziehen müssen, um die nötige Überlegenheit zu behaupten. Aber vielleicht war es doch möglich, einen Teil dieser Belastung abzuwenden, indem man die Deutschen veranlaßte, die Durchführung des gesamten Flottengesetzes zu verzögern: von sechs auf zwölf Jahre? Ein so ruhiges Bautempo, schrieb Churchill an Grey, „würde die Anbahnung freundschaftlicher Beziehungen ermöglichen, und wir könnten ebenfalls mit dem Tempo heruntergehen, obwohl ich mich nur ungern auf ein Verhandeln hierüber einlassen würde". Ein Systemwechsel allerdings, fügte er hinzu, d. h. eine Preisgabe der bestehenden Entente, „wäre sicherlich nicht möglich, auch wenn er erwünscht wäre".

Das war ein klares und einfaches Programm. Für eine politische Verständigung ließ es nur sehr wenig Raum: nur eine gewisse Hoffnung auf allmähliche Entspannung. Aber das war das erstemal, soviel ich sehe, daß auf britischer Seite überhaupt von vertraglicher Einschränkung (oder doch Verlangsamung) auch der eigenen Rüstung gesprochen wurde. Und immerhin betonte man jetzt den eigenen Wunsch, zu einer Verständigung zu kommen, so stark, daß man einen englischen Minister nach Berlin hinübersandte — zwar nicht den Außenminister Grey, den der Kaiser eingeladen hatte, aber den besten Deutschlandkenner, den man besaß: den Kriegsminister Lord Haldane, einen ausgesprochenen Verehrer des deutschen Geistes und Bewunderer des deutschen Militärwesens. Seine Reise wurde mit privaten Anlässen getarnt und als bloße Informationsreise bezeichnet; aber er konnte doch im Auftrag des britischen Kabinetts reden und Vorschläge machen — formal ein erstaunlicher Fortschritt gegen früher.

Er selbst hat denn auch seinen Auftrag mit idealistischem, ja beinahe religiösem Eifer als eine große historische Mission aufgefaßt, zur Völkerversöhnung beizutragen[113]). Und er stieß dabei auf eine ebenso echte und edle Bereitschaft bei dem deutschen Reichskanzler, so daß die Begegnung der beiden Männer zu einem menschlich bewegenden Erlebnis wurde — wie denn überhaupt die Persönlichkeit Bethmann Hollwegs bei den Engländern, denen er wie ein zweiter Abraham Lincoln erschien — auch mit seinen inneren Nöten und Hemmungen — von Anfang an viel Sympathie und Vertrauen erweckt hat. So schienen die Voraussetzungen für eine Verständigung günstig. Aber die sehr lange Unterredung, zu der sich die beiden Staatsmänner am Nachmittag des 8. Februar trafen, zeigte doch auch die ganze Schwierigkeit des Unternehmens: eine beide Teile befriedigende Formel für eine politische Entente wurde trotz eifrigen Suchens nicht gefunden, und in der Kernfrage, dem Flottenabkommen, wagte Bethmann die Novelle nicht einfach zu opfern, sondern versprach nur, sich „die Sache noch einmal zu überlegen"[114]; denn die letzte Entscheidung lag — paradoxerweise — weder bei ihm noch beim Kaiser, sondern bei dem Marinefachmann, bei Tirpitz.

Die ganze Verhandlung war zunächst eingeleitet worden unter bewußter Ausschaltung des Staatssekretärs, dessen Eigensinn selbst der Kaiser fürchtete. Es ist auch fraglich, ob Tirpitz dem Programm zugestimmt hätte, das Wilhelm II. am 4. Februar für die Verhandlungen aufsetzte: danach sollte die Novelle nur „vorläufig" festgehalten werden; offenbar war an ihre Erweichung gedacht, falls die Engländer den „twopower-standard" uns gegenüber aufgeben und einen „klaren Bündnisvertrag oder mindestens Neutralitätsvertrag" schließen würden — beides, wie sich bald zeigen sollte, illusionäre Erwartungen, die Metternich keinen Augenblick und Bethmann offenbar nur mit starken Zweifeln geteilt hat. Diese Zweifel hatten sich auch deutlich ausgedrückt, als der Kanzler am 6. Februar mit Tirpitz darüber sprach, dem der Kaiser sein Programm am 5. hatte mitteilen lassen. Dadurch, daß er an der Ankündigung der Wehrvorlage in der Thronrede — am Tage vor Eintreffen Haldanes in Berlin — festgehalten hatte, war von vornherein seine eigene Verhandlungsposition stark erschwert worden. Man kann dasselbe auch von Wilhelm II. sagen: Tirpitz gegenüber hatte er sein erstes Programm am 5. nur noch mit halber Kraft aufrechterhalten und nicht mehr von „vorläufiger" Beibehaltung der Novelle gesprochen, sondern vom „bestimmt ausgedrückten Willen", dabei zu verbleiben. „Ingerenz fremden Staates darauf unzulässig", und von „scharfem Nachdruck auf Gegenseitigkeit" bei Konzessionen. Und Tirpitz selber?

In den Notizen, die er sich vor der entscheidenden Unterredung mit Haldane machte, zu der ihn Wilhelm II. am 9. Februar kommen ließ, ist nichts als Zweifel und Ablehnung ausgedrückt. Politisch denken die Engländer, meint er, nicht an ein echtes Neutralitätsabkommen, ihre Kolonialangebote sind praktisch wertlos, militärisch müssen wir auf einer festen Relation 2:3 bestehen, aber von einer Relation ist in ihren Angeboten nicht die Rede. War er also von vorneherein entschlossen, das Abkommen zu sabotieren? Der Kaiser selbst fürchtete es und ließ ihn durch den Kabinettschef Müller dringend ermahnen, nicht durch kleinlichen Eigensinn den Abschluß einer großen deutsch-englischen Entente zu verhindern, „das Schicksal Deutschlands und der ganzen Welt" hinge jetzt an seinem Verhalten in der Aussprache mit Haldane, und wenn sie zum Erfolg führte, dann würde er, der Kaiser, dafür sorgen, „daß die Welt erführe, daß er (Tirpitz) der Mann wäre, dem Deutschland und die Welt den Frieden verdankt und einen Haufen Kolonialgebiet dazu". Dann würde er „eine Position in der Welt haben, wie seit Bismarck kein deutscher Minister, ebenso vor dem Reichstag, mit dem er dann Fangball spielen könne". Eine Aufzählung großer Kolonialerwerbungen war beigefügt, die Haldane versprochen habe — der Monarch schien ganz begeistert darüber, in seltsamem Gegensatz zu seinen früheren Äußerungen, die wir kennen, und ganz erfüllt von Illusionen über politische Bündnismöglichkeiten, vermutlich auf Grund von Meldungen des Kanzlers über den günstigen Eindruck, den ihm seine erste Begegnung mit Haldane am Vorabend hinterlassen hatte.

Tirpitz selbst hat später behauptet, er wäre bereit gewesen, „bei realer Gegenleistung der Engländer (brauchbare Neutralitätserklärung oder beiderseitige Flottenbeschränkung)" nötigenfalls die ganze Novelle fallen zu lassen. Nun hat vor dem Zusammentreffen mit Haldane eine Besprechung im Reichsmarineamt stattgefunden, zu der der Staatssekretär seinen Stellvertreter Vizeadmiral Capelle, Konteradmiral Dähnhardt, den Chef der Zentralabteilung Hopman und andere höhere Seeoffiziere beizog. Über diese Aussprache berichtet Hopman: „Admiral Capelle äußerte sich dahin, falls England tatsächlich wesentliche Zugeständnisse auf dem Gebiete der Kolonialpolitik mache und die Absicht habe, den der Entwicklung beider Länder trennenden Gegensatz aus der Welt zu schaffen, so sei es richtig, unsere Novelle rückhaltlos preiszugeben. Sie wäre alsdann gänzlich unlogisch; denn Anbahnung freundschaftlicher Beziehungen einerseits, Vermehrung unseres Flottenbestandes und Bereitstellung eines dritten aktiven Geschwaders andererseits seien diametrale Gegensätze. Falls es zu einer annehmbaren Verständigung mit England komme, so bedeute das eine Anerkennung der See- und Weltmachtstellung Deutschlands, auf die niemand stolzer sein könne als Admiral von Tirpitz selber". Capelle schlug also Zurückziehung der Novelle vor, sobald „die in Aussicht gestellten Zugeständnisse zweifelsfrei und sicher seien. Er fand, von den anderen Herren unterstützt, auch die Zustimmung des Staatssekretärs"[115]).

Ob auch der letzte Satz dieses aus der Erinnerung niedergeschriebenen Berichtes den Sachverhalt richtig wiedergibt, muß doch als sehr zweifelhaft erscheinen. Zwar scheint er bestätigt zu werden durch einen neuen Fund im Nachlaß des Großadmirals: einen Zettel von der Hand Capelles, der das Ergebnis der Besprechung im obigen Sinne noch einmal festlegt. Aber es ist ganz unsicher, ob er auch die Meinung Tirpitz' wiedergibt, zumal dessen Zustimmung nicht ausdrücklich erwähnt wird[116]). Hat er wirklich zugestimmt, so kann es nur ein halbes Einverständnis gewesen sein. Denn am nächsten Tag, in der entscheidenden Unterredung, zeigte er ein ganz anderes Gesicht. Er selbst berichtet in einer (wohl erst später entstandenen) Aufzeichnung über den Verlauf des Gespräches, „er habe von vornherein an dem Prinzip der Novelle selbst festgehalten", da er der Bereitschaft der Engländer zu politischem Entgegenkommen durchaus mißtraute und in den Verhandlungen des Winters schon so sehr viel habe nachgeben müssen[117]). In der Unterredung selbst kämpfte er zähe für die Beibehaltung der Novelle und machte auf den englischen Minister ebenso wie auf den Kaiser den Eindruck eines sehr „dickköpfigen" Unterhändlers[118]). Haldane zeigte sehr viel Verständnis für das Bedürfnis der Deutschen nach einer starken Seerüstung, sogar für das Grundprinzip der Novelle, hielt sich aber, bei aller Bereitschaft zum Entgegenkommen, streng an das von Churchill aufgestellte (und gleichzeitig in seiner berühmten Rede in Glasgow über die deutsche „Luxusflotte" nochmals bestätigte) Programm. Er schlug also vor, zum mindesten das neue Bauprogramm auf 12 statt 6 Jahre zu erstrecken und hielt eisern daran fest, daß jede Kiellegung eines neuen Dreadnoughts durch zwei englische beantwortet werden müßte[119]). Der 2:3 Standard, den Tirpitz forderte, würde erst als Ergebnis einer länger dauernden deutsch-englischen Freundschaft denkbar sein. Damit war die Verhandlung praktisch schon gescheitert, und die Frage, welche militärische Gegenkonzession die Engländer bei größerem deutschem Entgegenkommen etwa zu bieten hätten, kam gar nicht mehr zur Sprache. Alles, was Tirpitz zugestehen wollte (und zwar nach der Schilderung des Kaisers nur auf dessen Eingreifen hin), war eine Verlangsamung des Bautempos in der Weise, daß die Kiellegung der drei neu zu bauenden Schiffe etwas verzögert werden sollte, die erste um ein Jahr, die zweite um zwei, die dritte um etwa drei Jahre. In dem dringenden Wunsch, die Verhandlung nicht einfach scheitern zu lassen (vielleicht auch in der Hoffnung, durch Eingreifen Bethmann Hollwegs würden sich neue Verbesserungen erzielen lassen), scheint Haldane sich am Schluß der Unterredung so optimistisch geäußert zu haben, daß die beiden deutschen Partner das agreement gesichert glaubten und besonders der Kaiser sich schon in Hoffnungen auf großen kolonialen Gewinn wiegte. Der britische Botschafter Goschen dagegen war entsetzt darüber, daß Haldane überhaupt auf so geringe Zugeständnisse der Deutschen eingegangen war, und der Minister selbst zeigte sich ihm gegenüber sehr niedergeschlagen über seinen Mißerfolg[120]). Er gab indessen noch nicht alle Hoffnung auf, zumal ihm der Kanzler sagen ließ, er möge in der Rüstungsfrage nur festbleiben, „er selbst wolle das Abkommen nicht an Tirpitz scheitern lassen". Aber natürlich konnte Bethmann weitere Konzessionen nur dann erreichen, wenn er dem Kaiser weitgehende politische Zusagen der britischen Seite vorlegen konnte, und so haben die beiden Staatsmänner in ihrer letzten Unterredung sich sofort darangemacht, irgendeine Form von Neutralitäts- und Kolonialabkommen gemeinsam zu formulieren.

Darüber sind die Verhandlungen auch nach der Abreise Haldanes noch mehrere Wochen zwischen Berlin und London hin und her gegangen. Tirpitz hatte dem Minister ein gedrucktes Exemplar seiner Novellenvorlage nebst Begründung nach England mitgegeben — vielleicht in der Erwartung, die andere Seite würde sich zu einem weiteren Feilschen um Einzelheiten bereitfinden, wobei man dann immer noch einzelne Stücke gegen günstige politische Angebote preisgeben könnte. Die Novelle wäre so als eine Art von „Kompensationsobjekt" benutzt worden, um politische Zugeständnisse zu erpressen[121]). Wenn er dies wirklich plante, dann war es eine absolute Fehlrechnung. Die Prüfung der Novellenvorlage durch die britische Admiralität ergab, daß sie die deutsche Kampfkraft (und damit die Kosten der britischen Gegenmaßnahmen) noch weit mehr steigern würde, als Churchill von Anfang an befürchtet und Haldane in Berlin, noch ohne Kenntnis des Wortlauts der Novelle, gesehen hatte. Das ließ die Mission Haldanes in London im wesentlichen als gescheitert erscheinen. Sich ein Agreement durch militärischen Druck abpressen zu lassen, daran hat keiner der britischen Minister gedacht. Noch weniger daran natürlich, militärische Gegenkonzessionen zu machen.

Man kann die Frage stellen (aber nicht mit Sicherheit aus den diplomatischen Akten beantworten), ob wirklich die von der Admiralität erhobenen militärisch-technischen Bedenken gegen die deutsche Flottenvorlage, besonders gegen die Mannschaftsverstärkung, die jetzt plötzlich in den Vordergrund trat, der entscheidende Grund war für die zunehmende Versteifung der britischen Haltung seit Haldanes Rückkehr nach London oder nicht vielleicht politische Hemmungen, vor allem die Rücksicht auf die Empfindlichkeit der Ententegenossen. Diese Rücksicht trat von Anfang an sehr stark hervor. Schon in Berlin hat Haldane selbst dem französischen Botschafter versichert, er halte den Bestand der Triple-Entente als Gegengewicht gegen den Dreibund der Mittelmächte für unbedingt notwendig zur Aufrechterhaltung des Gleichgewichtes in Europa[122]). Wenn das seine Meinung war, so dachte er also nicht daran, durch eine Verständigung diesen Zustand der Blockbildung ändern zu wollen. Grey vollends hat sich eifrig bemüht, in Paris und Petersburg die politische Harmlosigkeit der Mission Haldanes zu betonen, und deutsch-feindliche Diplomaten wie Nicolson und Lord Bertie haben aus ihrer Mißbilligung des ganzen Unternehmens den Franzosen gegenüber kein Hehl gemacht, ja diese zum Einspruch eher aufgereizt. Unzweifelhaft hat es die Sorge um die Ententegenossen dem britischen Außenminister sehr schwer oder gar unmöglich gemacht, eine Deutschland wirklich befriedigende Formel für ein politisches Einverständnis zu finden. Immerhin war es (wie wir schon früher gesehen haben, s. Kap. 3) nicht erst der Einspruch Poincarés, was ihn und sein Kabinett zur Ablehnung der deutschen Formulierung bestimmte[123]). Es war auch nicht eigentlich (jedenfalls nicht bloß) Vorliebe für Frankreich, vollends nicht für Rußland, was diese negative Entscheidung bewirkte. Es schien den Briten einfach unmöglich, die Triple-Entente zu gefährden oder gar fahrenzulassen, weil sie es für unmöglich hielten, sich auf die Freundschaft Deutschlands zu verlassen — eines Deutschland, dessen Politik man nicht traute. Wie eng dieses Mißtrauen mit der Furcht vor einem deutschen Übergewicht auf dem Kontinent zusammenhing, haben wir schon früher erörtert. Aber es war doch nicht bloß dadurch bedingt. Die Furcht vor der kontinentalen Hegemonie des Reiches mußte sich jedes Jahr vermindern, je gewaltiger Frankreich und Rußland aufrüsteten. Um 1912 war sie sicherlich schon im Schwinden und statt dessen die Besorgnis vor der zunehmenden Militärmacht Rußlands im Wachsen. Den Kern alles Mißtrauens bildete jetzt zweifellos die Erfahrung von der Hemmungslosigkeit des deutschen Flottenbaus.

Als Haldane nach Berlin hinüberging, hatte Churchill seine erste Hoffnung, durch politische Angebote eine Fixierung oder Reduzierung des deutschen Flottenprogramms erreichen zu können, schon begraben müssen, aber doch noch auf eine wesentliche, für England finanziell stark ins Gewicht fallende Verlangsamung gehofft. Was Haldane mitbrachte, war schwer enttäuschend. Nicht nur deshalb, weil die geringe Verschiebung der Bautermine die finanzielle Last der britischen Gegenrüstung nicht wesentlich erleichterte, sondern vor allem deshalb (und das haben Tirpitz und Wilhelm II. nie begriffen), weil es den guten Willen der deutschen Machthaber zu echter Partnerschaft von neuem zweifelhaft erscheinen ließ, das englische Mißtrauen also zu bestätigen schien. Es mutete den Briten zu, die neu zu begründende Freundschaft mit gesteigerten Flottenrüstungen zu beginnen. „Die Welt würde über das Abkommen lachen", hatte Haldane schon in Berlin zu Tirpitz gesagt, „und unser Volk würde meinen, daß man uns zum Narren gehalten habe". Diese Meinung setzte sich nachher in London durch.

Hätte ein Fallenlassen der ganzen Novelle, das Metternich immer wieder dringend empfahl, doch noch zu einem befriedigenden Abkommen geführt? Was zu haben gewesen wäre, hat — nach langem Hin und Her — die entscheidende britische Kabinettsitzung vom 17. März festgestellt. Es lief auf ein Versprechen der englischen Regierung hinaus, an keinem „unprovozierten Angriff auf Deutschland teilzunehmen", keine aggressive Politik gegen uns zu treiben und keine gegen uns gerichteten aggressiven Bündnisse oder Ententen einzugehen[124]). Das war als völkerrechtliche Verpflichtung ziemlich wertlos. Es hätte überhaupt nur dann politischen Sinn gehabt, wenn es als Anfang einer von beiden Seiten fortdauernd gesuchten Entspannung, freundschaftlichen Annäherung und Minderung des Mißtrauens betrachtet werden durfte. Genau so hat es denn auch Grey verstanden haben wollen und dabei das Vertrauen seiner Regierung zur Persönlichkeit Bethmann Hollwegs stark — für das Herrscherbewußtsein Wilhelms II. viel zu stark! — unterstrichen[125]). Das Unglück aber war, daß der deutsche Kanzler seine Politik der Verständigung nur dann durchsetzen konnte, wenn er imstande war, dem Kaiser einen festen Neutralitätsvertrag mit England zu bieten. Es war ein verhängnisvoller Kreislauf der Hemmungen: die Deutschen wollten zuerst feste Vertragsbedingungen, die Engländer vor allem anderen Aufhören des Wettrüstens, um zueinander Vertrauen zu fassen.

Bethmann Hollweg hat, unter dem starken Eindruck des Haldane-Besuches, mit fast verzweifeltem Eifer darum gekämpft, die Flottennovelle noch weiter abzuschwächen, um sie, wenn irgend möglich, der anderen Seite doch noch erträglich zu machen, etwa durch Herausstreichen der Neubauten oder durch ihre Vertagung ins Unbestimmte[126]). Diese Versuche, vom Staatssekretär des Äußeren Kiderlen-Wächter und zeitweise, aber in stark verwässerter Form, auch vom Kabinettschef von Müller unterstützt, scheiterten am Widerstand Tirpitz'. Der Staatssekretär bestürmte den Kaiser in seinen Denkschriften, eisern „durchzuhalten" (ein Schlagwort, das im Weltkrieg immer wiederkehren sollte), keine Einmischung der Fremden in die deutsche Flottenpolitik zu dulden und den Lockrufen der Engländer (wie Widenmann es nannte) tapfer zu widerstehen. Denn diese wollten sich ja doch nur durch ein Flottenabkommen versichern, daß unsere Flotte England in keiner Weise mehr gefährlich werden könne, und aus dem „circulus vitiosus" sei nun einmal nicht herauszukommen: daß wir nur durch starke Flottenmacht die andern zur Freundschaft und Achtung zwingen könnten, diese aber nur in der Entente mit Frankreich Sicherheit gegen unsere Macht zu finden glaubten. Solche Mahnungen fanden eine starke Unterstützung durch die Londoner „Berichte" des Korvettenkapitäns Widenmann, der nach wie vor alles aufbot, um dem Kaiser die Hinterhältigkeit und Unaufrichtigkeit der britischen Politik zu demonstrieren: die wollten ja nur das deutsche Flottengesetz zu Fall bringen! Gleichzeitig lamentierte er über die angebliche Unfähigkeit der deutschen Diplomaten, vor allem des Botschaftsrates Kühlmann und des Botschafters Graf Metternich. „Wenn nur Metternich von hier fort wäre! Er ist ein nationales Unglück für uns", hieß es in einem seiner „Privatbriefe" an das Reichsmarineamt. Ende Februar war es so weit, daß der Kaiser jedes Nachgeben in der Flottenfrage über die mit Haldane getroffenen Abreden hinaus ablehnte und darauf drängte, die Novelle möglichst bald im Reichstag einzubringen[127]), um den Kanzler darauf festzulegen. Als dieser zögerte und immer noch nicht die Hoffnung aufgeben wollte, es könnte auch ohne neue Konzessionen ein Abkommen mit England erreicht werden, kam es zu einer förmlichen Explosion kaiserlichen Ungeduld. Zunächst erhielt Metternich einen groben Verweis dafür, daß er sich nicht einfach geweigert hätte, eine dem Monarchen als „unerhörte Zumutung" erscheinende Stellungnahme der britischen Admiralität zu der Flottennovelle nach Berlin weiterzugeben. Dann wurde der Kaiser, offensichtlich unter dem Einfluß seiner militärischen Umgebung in Wilhelmshaven, ausfällig gegen den Reichskanzler selbst und gegen das Auswärtige Amt. In betont militärischem Ton wurde dieses angeherrscht: es habe „in der Englischen Angelegenheit" keinen Schritt ohne vorherige Einholung kaiserlicher Befehle zu tun; dem Kanzler aber wurde am 5. März kurzerhand befohlen, die Wehrvorlage bis zum nächsten Abend zu veröffentlichen — also noch vor der Durchberatung im Bundesrat (ein ganz ungewöhnlicher Schritt!); widrigenfalls werde der Kaiser sie durch den Kriegsminister und Marine-Staatssekretär publizieren lassen. „Meine und des deutschen Volkes Geduld ist zu Ende!" Graf Metternich erhielt die telegraphische Weisung — über den Kopf des Kanzlers und Auswärtigen Amtes hinweg — es bliebe endgültig bei der Verabredung mit Haldane. „Sollte England seine Schiffe aus dem Mittelmeer zurückziehen nach England,

Nordsee (was gleich darauf geschehen ist!), wird das hier als Kriegsdrohung aufgefaßt werden und mit einer verstärkten Novelle — Dreiertempo — und eventuell Mobilmachung beantwortet werden."

Das Abschiedsgesuch, das Bethmann Hollweg daraufhin einreichte, enthält ein sehr eindrucksvolles Bekenntnis seines Friedenswillens und seiner nüchternen Einsicht: „Wird uns ein Krieg aufgenötigt, so werden wir ihn schlagen und mit Gottes Hilfe nicht dabei untergehen. Unsererseits aber einen Krieg heraufbeschwören, ohne daß unsere Ehre oder unsere Lebensinteressen tangiert sind, würde ich für eine Versündigung an dem Geschick Deutschlands halten, selbst wenn wir nach menschlicher Voraussicht den völligen Sieg erhoffen könnten. Aber auch das ist, jedenfalls zur See, nicht der Fall. Euer Majestät Marine wird sich auf das Heldenmütigste schlagen, aber nach den Mitteilungen, die mir der Staatssekretär des Reichsmarineamts wiederholt gemacht hat, kann auf ihren Sieg über die englischen und französischen Flotten nicht gerechnet werden"[128].

Der Erfolg des Abschiedsgesuches war der, daß die Ankündigung der Novelle noch einmal aufgeschoben wurde. Zunächst erklärte sich Wilhelm II. sogar bereit, den Bautermin für alle drei Schiffe doch wieder offenzulassen; aber sofort zwang ihn Tirpitz, diese Konzession wieder zurückzuziehen, indem er nun seinerseits den Abschied forderte. In den daraufhin von neuem beginnenden Streit mit dem Reichskanzler hat sich sogar die Kaiserin eingemischt, indem sie zu ihm hinfuhr und ihn anflehte, ihren Gatten nicht länger auf die Folter der Ungewißheit zu spannen. Sie erreichte aber nicht mehr, als daß Bethmann erklärte (wie es scheint), nicht mehr unbedingt auf einer Abänderung der Novelle zu bestehen[129]). Dagegen weigerte er sich nach wie vor, sie zu veröffentlichen, solange noch nicht der letzte Hoffnungsschimmer auf günstige politische Zusagen der englischen Regierung geschwunden war. Die Wirkung der Widenmann'schen Berichte suchte er durch seine Kommentare abzuschwächen und machte durch Kiderlen den — allerdings vergeblichen — Versuch, dem Marine-Attaché weitere rein politische Berichte verbieten zu lassen. Am 12. März sandte er durch Kühlmann neu formulierte Vorschläge für ein politisches Abkommen nach London, die eine Vermittlung zwischen deutschen Wünschen und englischen Möglichkeiten versuchten. Er war dann schwer enttäuscht und niedergeschlagen, als er aus den Beschlüssen des britischen Kabinetts vom 14. und 17. März entnehmen mußte, daß man sich drüben auch auf diese Formel nicht einließ. Für den Kaiser war die Sache mit dieser englischen Antwort entschieden: er nannte sie „eine solche kaltschnäuzige Frechheit, daß Weiteres sich erübrigt" ... „Das Agreement Haldane'scher Verhandlung ist tot". England sollte jetzt „ein Schutz- und Trutzbündnis mit Hineinziehung von Frankreich" angeboten werden — um es durch dessen Ablehnung „vor aller Welt flagrant ins Unrecht zu setzen".

Über diesen negativen Ausgang war Wilhelm II., wie Tirpitz berichtet, in „sehr vergnügter Stimmung" und glaubte seinen widerstrebenden Kanzler endlich „besiegt" zu haben. Aber von dem totalen seelischen Zusammenbruch Bethmanns, den er seinen Admirälen spöttisch schilderte, ist in den amtlichen Akten nichts zu bemerken[130]). Er hat der kaiserlichen Weisung, den Briten und Franzosen ein „Schutz- und Trutzbündnis" anzubieten, soviel man sieht, überhaupt keine Beachtung geschenkt, obwohl der Monarch selbst ein solches Angebot in einem Privatbrief an König Georg V. ausgesprochen hatte. Nach England ließ er weitere Weisungen für die Fortführung der Verhandlungen ergehen, wünschte sogar, durch Kühlmann in persönlichen Unterredungen die einzelnen Kabinettsmitglieder über die Berliner Situation aufklären zu lassen (was Metternich unter Protest ablehnte), zögerte die Veröffentlichung der Novelle bis 22. März hinaus und ließ erst am 3. April die Aktion endgültig abbrechen, nachdem noch ein dritter britischer Kabinettsbeschluß Ende März erneut zu einer Ablehnung der deutschen Bündnisformel geführt hatte.

Kaiser Wilhelm triumphierte: „Viel kostbare Zeit, Mühe, Arbeit und ein unendlicher Ärger sind die Folge (der verkehrten deutschen Diplomatie) gewesen! Resultat = Null! Ich hoffe, daß sich meine Diplomatie hieraus die Lehre ziehen wird, in Zukunft mehr auf ihren Herren und seine Befehle und Wünsche zu horchen als bisher, besonders wenn es gilt, mit England etwas zuwege zu bringen, das sie noch nicht zu behandeln versteht, während ich es gut kenne! ... Gottlob, daß nichts von der Novelle geopfert wurde, das wäre vor dem deutschen Volk nicht zu vertreten gewesen ... Ich habe Haldane und seine sauberen Kollegen rechtzeitig durchschaut und ihnen den Spaß gründlich versalzen. Dem deutschen Volk habe ich sein Anrecht auf die Seegeltung und sein Selbstbestimmungsrecht in Rüstungsangelegenheiten gerettet, den Engländern gezeigt, daß sie, wenn sie an unsere Rüstung tasten, auf Granit beißen, und dadurch vielleicht ihren Haß vermehrt, aber ihren Respekt erworben, der sie in gegebener Zeit zur Fortsetzung von hoffentlich in bescheidenerem Ton geführten Verhandlungen mit günstigem Ausgang veranlassen wird"[131]).

Ein noch krasserer und echterer Ausbruch „militaristischer" Denkweise ist schwer vorzustellen. Tirpitz triumphierte mit, setzte aber die Miene milder Versöhnlichkeit gegenüber dem unterlegenen Gegner auf. Das Opfer seines Sieges wurde Graf Metternich. Längst ehe die Flottennovelle vom Reichstag mit großer Mehrheit und unverändert bewilligt wurde (14./21. Mai), war er, unter kräftiger Nachhilfe Tirpitz' und Widenmanns, von seinem Londoner Posten abberufen worden. Der Marineattaché, der routinemäßig ebenfalls abgelöst werden mußte, genoß bei seinem Abgang aufs höchste die Sonne kaiserlicher Gunst, erhielt einen Orden und wurde zu höherem Rang befördert. In zwei ganz vertraulichen, langen Privataudienzen wurde er vom Kaiser nach seinem Urteil über den soeben gestürzten Botschafter gefragt und benutzte die willkommene Gelegenheit dazu, ganze Kübel gehässiger Kritik über ihn auszuschütten, mit eifrigen Vorschlägen für eine bessere Instruktion des Nachfolgers durch Tirpitz[132]). Die Kaiserin ließ ihn eigens zum Essen en famille nach Potsdam einladen, um ihm ihren allerhöchsten Dank für seine so vortrefflichen und für ihren Gemahl stärkenden Londoner Berichte auszusprechen. Bald danach hatte er die Genugtuung zu erfahren, daß in der Tat die Instruktion des neuen Londoner Botschafters, Frh. von Marschall, dem Großadmiral übertragen war; er selbst wurde zu dessen „Einführung" noch bis August nach London zurückgeschickt und rühmt sich, ihn ganz für seine politischen Anschauungen gewonnen zu haben[133]). Sein Nachfolger, Kapitänleutnant von Müller, hat ihn an Beschränktheit des politischen Horizonts und an Eifer, sich in rein politische Fragen zu mischen, noch übertroffen. Von Anfang an hat er sich offenbar dazu berufen gefühlt, als eine Art von Kontrollorgan des Reichsmarineamts zur Überwachung der Londoner Botschaft zu fungieren. Manche seiner Berichte enthalten überhaupt nichts anderes als politische Gerüchtemacherei; die Ermahnungen des Botschafters Fürsten Lichnowsky (der auf den rasch verstorbenen Frh. von Marschall folgte), sich auf sein Marinefach zu beschränken, hat er keinen Augenblick ernst genommen. Für ihn zerfiel die deutsche Politik ganz deutlich in zwei feindliche Lager: das der Diplomatie und das der Marine. Man muß auf der Hut sein, schrieb er, daß die „Tintendiplomatie", immer zu Konzessionen geneigt, in ihren Kolonialverhandlungen nicht etwa Bedingungen vertritt, „die wir — die kaiserliche Marine — nicht akzeptieren können". Mehr noch: es ist überhaupt kein Erfolg unserer Diplomaten in den Kolonialverhandlungen zu wünschen; denn „unsere Diplomatie hofft, daß die öffentliche Meinung Deutschlands durch diese ‚Tat' endlich aus ihrer (von der Marine und den Alldeutschen) gegen England verhetzten Stimmung befreit und zu einer Verständigungspolitik geneigt gemacht werde — d. h. daß der Einfluß der Marine... auf die Allerhöchste Person und das Volk und seine Vertreter gebrochen und die Konzessionspolitik des Auswärtigen Amtes England gegenüber als die fruchtbringendere endlich die Oberhand gewinnen werde". Die „nach weiteren (rein äußerlichen) Erfolgen dürstende Diplomatie wird dann auch auf Anregungen zu einem Flottenabkommen sicher einzugehen bestrebt sein"[134]).

Es versteht sich, daß dieser wackere Parteigänger auch nach 1912 fortdauernd auf Marineverstärkungen zur radikalen Durchführung des „Dreiertempos" drängte und sich mit Eifer gegen die Vorschläge Churchills wandte, die Flottenlast durch ein „Feierjahr" im Schlachtschiffbau wenigstens zeitweise zu erleichtern. Für ihn steckte weiter nichts dahinter als die Absicht, das deutsche Flottengesetz zu Fall zu bringen, und was er darüber zu berichten hatte, ließ er sich vom Reichsmarineamt wörtlich vorschreiben[135]). Es lief auf einen Versuch hinaus, die Verantwortung für eine Ablehnung des Feierjahres soweit als möglich auf die „Diplomatien" abzuschieben. Mit alledem errang er sich die höchste Gunst Wilhelms II., der einen langen Bericht vom März 1914, in dem erneut das „Dreiertempo" gefordert wurde, mit der Bemerkung „ganz hervorragend, mit geradezu staatsmännischem Blick" unterzeichnete und Vorwürfe gegen das Reichsmarineamt wegen angeblicher Versäumnisse seiner Baupolitik erhob.

Aber gerade dieser Bericht machte deutlich, wie hoffnungslos das Wettrüsten für uns geworden war, seit Churchills gewaltige Tatkraft und Organisationsgabe die englische Flottenpolitik bestimmte. Es war wohl das erste Mal, daß Tirpitz sich entschließen mußte, in einem kritischen Kommentar von dem Übereifer seines eigenen Untergebenen und Werkzeugs abzurücken. Der Ernst unserer außenpolitischen Lage, die Gefahr eines Kriegsbrandes vom Balkan her war 1913 schon so groß und so unmittelbar bedrohlich geworden, daß nur ein völlig Blinder noch verkennen konnte, was jetzt am dringendsten nötig war: nicht neue Panzerkreuzer und Ersatz für veraltete Schiffstypen, sondern ein eiliges Nachholen der allzu lange vernachlässigten Vermehrung der Landstreitkräfte. In den Verhandlungen, die mit dem Reichskanzler und Kriegsminister über neue Wehrvorlagen gepflogen wurden, hat der Staatssekretär bald einsehen müssen, daß für eine weitere Vermehrung der Schiffsbauten, wie er und der Kaiser sie wünschten und forderten, schlechterdings kein Geld mehr übrig war und daß auch die längst überfällige, von Holtzendorff schon 1912 geforderte innere Konsolidierung der Flotte gewaltige neue Steuersummen verschlingen und noch mindestens sechs bis acht Jahre in Anspruch nehmen würde. Deutschland war mindestens ebenso am Ende seiner Möglichkeiten angelangt, wie das Tirpitz immer von England prophezeit hatte.

Was war nun das Gesamtergebnis der mit so viel Aufwand von Energie, rastlosem Eifer, politischer Klugheit, ja Verschlagenheit und finanziellen Opfern betriebenen Flottenpolitik?

Der Marineattaché Widenmann hat in seinem Schlußbericht von 1912 behauptet, die Engländer hätten sich mit der Tatsache einer starken deutschen Flotte und auch mit der jüngsten Flottennovelle ohne Schwierigkeit abgefunden; ja die feste Haltung Deutschlands in der Flottenfrage habe sie weit mehr zur politischen Verständigung bereit gemacht als sie es je gewesen wären. Tirpitz behauptet in seinem Memoirenwerk dasselbe und betrachtet die Tatsache, daß die beiden letzten Vorkriegsjahre ohne deutsch-englische Reibungen verliefen, ja mehrfach ein diplomatisches Zusammenwirken beider Mächte zeigten, zuletzt sogar koloniale Agreements zustande kamen, nicht als Verdienst Bethmann Hollwegs und seiner stetigen, versöhnlichen und vorsichtigen Außenpolitik, sondern als seine eigene Leistung. Wir wären eben damals dank unserer Flottenpolitik in den Rang einer anerkannten Weltmacht hineingewachsen, mit der England nicht mehr anzubinden wagte.

Grausamer Irrtum, wie sich 1914 zeigen sollte! Sicher zeigten die Briten 1912—14 keine Neigung, mit uns anzubinden. Im Gegenteil: gleich nach dem Scheitern der Haldane-Mission und der daran anknüpfenden Verhandlungen erklärte Sir Edward Grey seine Bereitschaft, über koloniale Fragen weiter zu verhandeln und auf diesem Wege eine politische Verständigung zu versuchen. Aber was ihn dazu veranlaßte, war nicht die Furcht vor der deutschen Flotte, sondern vor dem Krieg.

9. Kapitel

KRIEGSRÜSTUNG ZU LANDE
SCHLIEFFEN UND SEIN GROSSER FELDZUGSPLAN

Erster Abschnitt
Schlieffens „rein militärischer" Kriegsplan

Die politische Haltung der deutschen Heeresleitung im wilhelminischen Deutschland stand im schärfsten Gegensatz zu der des Reichsmarineamtes. Von politischer Aktivität, Propaganda, Zurschaustellung moderner Waffentechnik, Aufreizung des nationalen Geltungsdranges war hier keine Rede — weder im Kriegsministerium noch im Generalstab. Jenes betrachtete sich als reine Verwaltungsbehörde und — wir hörten es schon — bloß ausführendes Organ der kaiserlichen Kommandogewalt; die zwiespältige Stellung seiner Leiter als Generäle der Armee und als Minister mit parlamentarischer Verantwortung wurde von ihnen als schwere Last empfunden, die sie sich durch Selbstbeschränkung auf den rein militärischen Dienstbereich möglichst zu erleichtern suchten. Im Generalstab aber hatte Moltke eine Tradition strenger Zurückhaltung und Selbstbescheidung geschaffen, die nach dem jähen Sturz seines politisch so betriebsamen Nachfolgers Waldersee in Graf Schlieffen sofort wieder auflebte. Nach außen mit seiner Leistung möglichst wenig hervorzutreten, „mehr zu sein als zu scheinen", galt ihm als Ideal. Wie mißtrauisch, ja ablehnend man im Generalstab — von einzelnen Ausnahmen abgesehen — den Propagandafeldzügen des Reichsmarineamtes für „Weltpolitik" und „Seeherrschaft" gegenüberstand, haben wir schon früher gesehen.

In allem und jedem hat Schlieffen sich bemüht, es seinem großen Vorbild Moltke gleichzutun, selbst in der äußeren Haltung, der Schweigsamkeit und kühlen Reserve im dienstlichen Verkehr und in seiner Sprache: der soldatisch knappen, klaren Formung seiner Sätze. Nur daß freilich ein wahrhaft spartanisches Übermaß von Arbeitsamkeit ersetzen mußte, was ihm an leichthin strömender Fülle des schöpferischen Genius versagt war. Gleichwohl galt er bei den Offizieren seines Stabes als Meister der Strategie und genoß überall im Heer den höchsten Respekt. Wie Tirpitz in der Marine, so wurde Schlieffen in der Armee schon nach wenigen Jahren zur vielbewunderten Führergestalt; aber er hat niemals versucht, seine Macht innerhalb der militärischen Hierarchie auszudehnen, sich selbst zu einer Zentralfigur zu machen oder gar politisch zu intrigieren wie sein Vorgänger Waldersee. In strenger Selbstbeschränkung auf die Grenzen seines Ressorts hat er nicht einmal in Rüstungsfragen sich einen entscheidenden Einfluß gesichert und diese fast gänzlich dem Kriegsminister überlassen. Beinahe ängstlich bemüht, jeden Konflikt mit dem Kaiser zu vermeiden, hat er offenbar nie daran gedacht, sich in dessen Flottenpolitik zugunsten des Heeres irgendwie einzumischen. Er war reiner Militärtechniker, ganz und gar kein politischer Kopf und keine Kämpfernatur, letztlich eher zu kritischer Selbsteinschätzung als zur Selbstüberhebung geneigt. Von „militaristischer" Haltung kann bei ihm keine Rede sein — sofern man darunter eine Neigung versteht, militärische Erwägungen grundsätzlich über politische zu stellen. Im Moment der größten Versuchung für Deutschland, durch einen Präventivkrieg gegen Frankreich das russisch-französische Militärbündnis gewaltsam zu sprengen und damit die Gefahr eines Zweifrontenkrieges für lange Zeit aus der Welt zu schaffen — während der Lähmung Rußlands durch die Revolution zur Zeit der ersten Marokkokrise von 1905/6 — hat er nicht einen Finger gerührt, um einen solchen Krieg in Gang zu bringen, obwohl er sich natürlich der nie wiederkehrenden Gunst der Stunde klar bewußt war und dies im Gespräch mit vertrauten Freunden gelegentlich auch wohl durchblicken ließ[1]). Weit entfernt von politischer Eigenmächtigkeit, hat er sich immer sorgfältig um Fühlungnahme mit dem Auswärtigen Amt bemüht und jahrelang regelmäßige Besuche beim Direktor der politischen Abteilung, Geheimrat Holstein, gemacht, um sich dort Informationen erster Hand zu holen. Die politisch gefährliche Seite seiner Operationsentwürfe, den Plan eines Durchmarschs durch neutrales Gebiet, hat er schon im ersten Entwurf (wie ich im einzelnen nachweisen konnte) dem Reichskanzler und dem Auswärtigen Amt zur Kenntnis gebracht.

Sein Verhalten war also politisch völlig korrekt. Dennoch kann man nicht anders urteilen, als daß die Summe seines Wirkens, der große Feldzugsplan von 1905, für die deutsche Politik noch unheilvoller geworden ist als das Übermaß unserer Flottenrüstung in der Ära Tirpitz. (Wir werden das noch ausführlich zu erörtern haben.) Die Verantwortung dafür trifft den Generalstabschef nur zum kleineren Teil. Sie lastet in voller Schwere auf der politischen Führung des Reiches, die eben einen solchen Plan ohne Widerspruch, ja ohne die politischen Konsequenzen auch nur gründlich zu durchdenken und durchzuberaten, hingenommen hat — also auf den Kanzlern Hohenlohe, Bülow und Bethmann Hollweg, und auf Baron Holstein, der zuerst davon erfuhr. Es war eine glatte Kapitulation politischer Räson vor militärischen Planungen — der Staatskunst also vor dem Kriegshandwerk mit seinen technischen „Zwangsläufigkeiten". Wie kam diese unheilvolle Planung zustande, und wie wirkte sie sich aus?

Der Gedanke, die 1831 geschaffene unbequeme Barriere belgischer Neutralität einfach zu überspringen, um einen deutsch-französischen Machtkampf schneller zur Entscheidung zu bringen, war als solcher nichts Unerhörtes. Er wurde in der Militärliteratur und den Studien der Generalstäbe Englands, Frankreichs und Belgiens seit langem als die wahrscheinlichste Form deutscher Angriffsstrategie betrachtet — nicht auf Grund irgendwelcher Agentennachrichten über die Arbeiten unseres Generalstabes (deren Geheimnis bis zum Kriegsausbruch streng gewahrt blieb), sondern einfach auf Grund technisch-strategischer Überlegungen: als eine Art von schicksalhafter Gegebenheit angesichts der starken Verriegelung der französischen Ostgrenze durch Festungswerke. (Wir haben darüber Näheres schon im 3. Kapitel dieses Buches gehört.) Der deutsche Durchmarsch durch Belgien 1914 ist also schließlich nichts anderes gewesen, als was alle Welt erwartete — nur daß die Kühnheit seiner Anlage alle Vermutungen übertraf. Studiert man die **Vorgeschichte** des großen Schlieffenschen Aufmarsch- und Feldzugsplans von 1905 im einzelnen, so zeigt sich denn auch, daß ausschließlich militärische Erwägungen, in jahrzehntelang fortgesetzten Kriegsspielen, Generalstabsreisen, Übungen und Besprechungen zu ihrer Endgestalt ausgereift, den Generalstabschef bestimmt haben.

Natürlich ist sich Schlieffen darüber im klaren gewesen, daß unser Einbruch in neutrales Gebiet (Luxemburg, Belgien, nach dem Entwurf von 1905 auch Holland) ernste politische Folgen haben würde: zum mindesten die Vermehrung unserer Gegner durch Hinzutritt der belgischen, wahrscheinlich aber auch der englischen Armee. Indessen half er sich über solche Bedenken mit Erwägungen hinweg, die man wohl nur als typisch soldatisch bezeichnen kann. „Wenn wir in blindem Vertrauen auf die Heiligkeit der Neutralität längs der ganzen Front Belfort—Montmédy angreifen wollten", schreibt er 1905, „so würden wir bald in der rechten Flanke von einem praktischen und skrupelfreien Gegner durch das südliche Belgien und Luxemburg in wirksamer Weise umfaßt werden. Die Gegenmaßnahmen der Belgier würden entweder unzureichend sein oder zu spät zur Geltung kommen. Die Aufrechterhaltung der Neutralität von Luxemburg und Belgien... wird demnach für die Deutschen durch die Gesetze der Notwehr ausgeschlossen. Davon sind die Franzosen jetzt ebenso überzeugt wie wir." Das „Gesetz der Notwehr" wird also zur Rechtfertigung des offenen Völkerrechtsbruchs angerufen. Wer es miterlebt hat, erinnert sich noch deutlich, welche beherrschende Rolle eben dieser Gedanke in der öffentlichen Meinung Deutschlands 1914 gespielt hat: es gibt praktisch keinen anderen Weg zum militärischen Erfolg — damit half man sich allgemein über die Bestürzung darüber hinweg, daß wir den Krieg mit dem Überfall auf ein friedliches, politisch abseits stehendes Volk begannen. Unsere militärische Zwangslage und die Überzeugung, der Gegner würde, falls wir zögerten, „skrupelfrei und praktisch" (d. h. „realpolitisch") genug sein, genau denselben Weg zu betreten, hat Schlieffen in seinen Denkschriften immer wieder als militärische Begründung für den Neutralitätsbruch angeführt. Erst in einer Niederschrift von 1912, lange nach seiner Entlassung, fügte er (vermutlich unter dem Einfluß von Pressestimmen) ein politisches Argument hinzu: „Belgien gilt als neutrales Land, ist es aber in der Tat nicht. Es hat vor mehr als dreißig Jahren Lüttich und Namur zu starken Festungen gemacht, um Deutschland ein Eindringen in sein Gebiet zu verwehren, gegen Frankreich aber seine Grenze offen gelassen."

Daß und warum dieser Vorwurf gegen die Belgier ungerecht war, haben wir schon im 3. Kapitel dieses Buches erörtert. Dort ist zugleich deutlich geworden, daß Schlieffen sich auch von dem „skrupelfreien" Vorgehen der Franzosen ein schiefes, zum mindesten allzu stark vereinfachtes Bild gemacht hat[2]). An diesem Punkt stand er (wohl unbewußt) in schärfstem Gegensatz zu den Ansichten des älteren Moltke, der in seinem Operationsplan von 1887 ausdrücklich erklärte, ein Vorrücken der Franzosen durch Belgien wäre „in hohem Grade unwahrscheinlich", und zwar ebenso aus militärischen wie aus politischen Gründen: der Vorstoß könnte militärisch durch einen Flankenstoß der Deutschen von Süden her leicht zum Stehen gebracht werden, würde die belgische Armee auf den Plan rufen und die Engländer schwer verstimmen, ja wohl gar „zu aktivem Vorgehen" gegen Frankreich herausfordern. Ein Vorgehen der deutschen Angriffsarmee durch Belgien zur Umgehung der Franzosen hat Moltke niemals auch nur erwogen. Er wäre damit auch zweifellos auf den Widerstand Bismarcks gestoßen, der 1887, auf gewisse Anzapfungen der englischen Presse hin, in den Zeitungen offiziös erklären ließ, Deutschland werde niemals einen Krieg mit der Verletzung eines europäischen Vertrages beginnen; die Kombinationen des deutschen Generalstabs wären mit der Idee eines Durchmarsches durch Belgien keineswegs erschöpft; auch irre man, wenn man glaube, die Leitung der deutschen Politik sei den Gesichtspunkten des Generalstabes unterworfen[3]).

Noch schiefer als die Haltung der Franzosen beurteilte Schlieffen 1905 die der Holländer, deren Neutralität zu verletzen ihm offensichtlich eine Beklemmung bedeutete. (Er wollte den die Maas deckenden Südzipfel der Provinz Limburg durchschreiten.) „Die Niederlande", meinte er schließlich, „erblicken in dem mit Frankreich verbündeten England nicht weniger einen Feind wie Deutschland. Ein Abkommen wird sich mit ihnen erzielen lassen." Das war aber eine Illusion, wie schon sein Nachfolger erkannte; sie ist auch ihm selber bald zerronnen[4]).

In der Tat, es gab keine ernsthafte Möglichkeit, mit politischen Argumenten oder diplomatischen Abkommen den Eindruck brutaler Gewalttätigkeit abzuschwächen, den eine deutsche Offensive durch neutrale Länder in der Welt hervorrufen mußte — obwohl es ganz gewiß nicht die erste Tat dieser Art in der neueren Geschichte Europas war. Es gab nur die Berufung auf militärische Notwendigkeiten. War diese Notwendigkeit wirklich eisern und unausweichlich? Eine sachgerechte Antwort auf diese Frage zu finden, ist für den Historiker schwierig; aber sie läßt sich nicht umgehen.

Daran kann wohl kein Zweifel sein, daß ein Anrennen gegen die stark befestigte französische Ostgrenze an Maas und Mosel in der Tat sehr wenig Aussichten auf Erfolg, gar keine auf raschen Erfolg bot. Schlieffen selbst hat eine solche Aktion zeitweise (1894) ins Auge gefaßt, sich aber rasch von der Aussichtslosigkeit überzeugt. Auch der ältere Moltke hat eine Wiederholung der Offensive von 1870 über die seitdem so stark ausgebauten Befestigungslinien an Mosel und Maas hinweg nicht für möglich gehalten. Er wollte überhaupt nicht mehr an die Möglichkeit einer raschen Kriegsentscheidung im Zeitalter der modernen Massenheere glauben und berief sich dafür auf unsere Erfahrungen mit dem Volkskrieg in Frankreich. In seiner letzten Reichstagsrede vom Mai 1890 hat er es für ganz unwahrscheinlich erklärt, daß ein Kampf zwischen den hochgerüsteten modernen Großmächten Europas mit ihren unerschöpflichen Reserven in einem oder zwei Feldzügen durch totale Niederwerfung eines der Gegner entschieden werden könnte. „Es kann ein Siebenjähriger, es kann ein Dreißigjähriger Krieg werden", prophezeite er warnend. Auch Caprivi und der jüngere Moltke neigten zu einer ähnlichen Auffassung[5]). Demgegenüber war Schlieffen der Meinung, ein moderner Industriestaat dürfe sich den „Luxus" einer hinhaltenden Kriegführung einfach nicht erlauben: er müsse suchen, durch rasche Entscheidung das stillstehende Räderwerk seiner Wirtschaft möglichst bald wieder in Gang zu bringen. Darüber, ob und in welchem Maß das gelingen könnte, haben die Meinungen unserer Militärfachleute vor 1914 offenbar geschwankt. Aber praktisch überwog sowohl im Generalstab wie im Kriegsministerium nach dem Abgang Moltkes die Auffassung, es käme mehr darauf an, die Mittel für eine rasche als für eine nachhaltige Kriegführung bereitzustellen, und die Hoffnung, durch starke Schläge Frankreich so schnell niederwerfen zu können, daß wir schon nach wenigen Wochen unsere Hauptkraft gegen Rußland werfen könnten. Wer auf ein solches Ziel lossteuerte, dem blieb in der Tat kein anderer Weg offen als der Vormarsch durch Belgien zur raschen Umfassung des Gegners.

Aber bot dieser Weg sichere — oder doch sehr große — Aussichten auf Erfolg? Zunächst gibt zu denken, daß der große Moltke ein solches Unternehmen niemals ins Auge gefaßt hat. Wir haben von seinen strategischen Erwägungen und Plänen seit 1871 bereits früher gehört (Bd. I, S. 92 ff.). Schon im April 1871, eben als Sieger aus Frankreich zurückgekehrt, rechnet er mit einem späteren Zweifrontenkrieg (da die eben Besiegten niemals ohne russische Hilfe wagen werden, erneut loszuschlagen) und schreibt dazu mit erstaunlicher Nüchternheit: „Deutschland darf nicht hoffen, durch eine rasche und glückliche Offensive nach Westen sich in kurzer Zeit von dem einen Gegner zu befreien, um sich dann gegen einen anderen zu wenden. Wir haben eben erst erlebt, wie schwer es ist, selbst den siegreichen Kampf gegen Frankreich zu beenden." Nur einmal, während der Balkanwirren 1877, hat Moltke einen Aufmarschplan entworfen, der den ersten Stoß gegen die Franzosen richten und sie zu einer „großen Entscheidungsschlacht" in Lothringen zwingen wollte. Aber auch da ist keine Rede davon, daß ein Sieg in der „Entscheidungsschlacht" zu einem Vormarsch gegen Paris führen könnte. Vielmehr soll es nach dem Schlachtensieg „der Diplomatie überlassen werden, ob sie uns, wenn auch nur auf der Grundlage des Status quo ante, nach dieser einen Seite hin Ruhe schaffen kann". Als „Erfolg" des Entscheidungskampfes wird also nichts weiter erhofft als die Möglichkeit eines Verständigungsfriedens, um dann alle Macht gegen Osten werfen zu können. Fällt die Schlachtentscheidung gegen uns aus, so bleibt nur ein zäher Abwehrkampf im Westen, nötigenfalls unter Rückzug bis an den Rhein. Alle späteren Aufmarschpläne Moltkes sehen nur noch Verteidigung im Westen vor, mit taktischen Offensivstößen, aber unter Ausnützung günstiger Defensivstellungen in dem begrenzten Raum zwischen Metz und der lothringisch-belgischen Grenze, unter Deckung der Südflanke durch die Festung Straßburg. Die Hauptoffensive ist jedesmal im Osten geplant. Dort, in der endlosen Weite flachen Landes ohne starke natürliche Hindernisse, ist eine wirksame Verteidigung unserer mehr als 750 km langen Grenze überhaupt nur durch eine Offensive großen Stils möglich; eine solche verspricht aber auch gute Erfolge, wenn sie mit den Österreichern gemeinsam unternommen wird. Die eigentümliche Gestalt der russischen Westgrenze lädt geradezu ein zu einer großen Zangenbewegung der verbündeten Armeen, zur Einkesselung der zaristischen Heere im weit vorspringenden polnischen Raum; überdies besteht auch ein klares politisches Bedürfnis, den österreichischen Bundesgenossen gleich zu Kriegsanfang nicht den Russen gegenüber allein zu lassen. Da Bismarck feste militärische Abreden mit dem Wiener Generalstab nicht zuließ — immer in Besorgnis, die Österreicher könnten sich zu einer leichtsinnigen Balkanpolitik verleiten lassen — mußte Moltke darauf verzichten (s. Bd. I, S. 295 ff.). An der Idee einer großen Ostoffensive hat er aber bis zuletzt festgehalten, obwohl ihm der Krieg mit Rußland an sich sehr wenig verlockend erschien. Indessen dachte er weder an irgendwelche Eroberungen in Rußland („Die Russen haben absolut nichts, was man ihnen selbst nach dem siegreichsten Krieg abnehmen könnte", war seine Meinung) noch an eine totale Vernichtung der russischen Streitkräfte. Er wollte diese nur so stark schwächen und die Frontlinie so weit nach Osten vorschieben (und dadurch verkürzen), daß eine unmittelbare Gefahr für Deutschland nicht mehr bestand. Tief ins Innere Rußlands einzudringen, lehnte er ab. Den Gedanken eines Totalsieges wie in Frankreich 1871 hat er für den Fall eines Zweifrontenkrieges offensichtlich aufgegeben.

Eben dieser Verzicht, und nicht bloß eine andere Aufmarschrichtung (wie es gewöhnlich dargestellt wird), war es, was Moltkes Strategie von der seines Nachfolgers Schlieffen grundsätzlich unterschied. Es ist vielleicht der erstaunlichste Beweis seiner Größe, daß er sich durch den Riesenerfolg seines französischen Feldzugs keinen Augenblick zu Selbsttäuschungen über die natürlichen Grenzen deutscher Macht verführen ließ. Wir haben früher gesehen (Bd. I, S. 287), daß er beim Friedensschluß 1871 mit Zähigkeit auf dem Erwerb Lothringens und der großen Festung Metz bestanden hat. Seine späteren Aufmarschpläne zeigen deutlich, warum er es tat: er brauchte eine wesentliche Verstärkung der deutschen Verteidigungslinien im Westen, weil er schon damals voraussah, daß der nächste Krieg ein Zweifrontenkrieg sein würde und er sich nun den Rücken freihalten mußte für große Angriffsoperationen gegen Rußland. Lothringen hat er immer nur als Vorfeld der Verteidigung betrachtet, sehr geeignet zum Austragen großer Feldschlachten, und ist immer bereit gewesen, notfalls bis an die tiefe und breite Strombarriere des Rheins zurückzugehen. Für Schlieffen wurde dieser Raum zur Ausgangsbasis einer großen Westoffensive — allerdings so, daß er den Aufmarschraum immer weiter nach Norden ausdehnte, zuletzt bis an den Niederrhein bei Wesel. Das war nur dadurch möglich, daß er fast die gesamte deutsche Heeresmacht an der Westfront zusammenballte, nach dem alten Grundsatz der Clausewitz-Moltke-Schule, die Kräfte beisammenzuhalten, um an dem entscheidenden Punkt zahlenmäßig überlegen zu sein — aber seltsamerweise im Gegensatz zum alten Moltke selbst, der sich an keine Doktrinen gebunden fühlte und eine förmliche Zweiteilung des deutschen Heeres, wenn auch mit großem Übergewicht an der Ostfront, bevorzugt hatte.

Graf Schlieffen hat sich immer als getreuer Schüler Moltkes betrachtet und sich eifrig bemüht (wir hörten es schon), es dem großen Meister gleichzutun. Er war auch kein unruhiger Draufgänger wie Waldersee und sicherlich kein Abenteurer, sondern ein sehr gewissenhaft wägender und rechnender Planer. Dennoch steckt in seinen Plänen etwas von der stark gesteigerten Zuversicht der jüngeren Generation des wilhelminischen Deutschland, das die europäische Machtstellung des Bismarckreiches nicht mehr selbst hat erkämpfen helfen, dem sie vielmehr schon als Erbe überkommen ist und das nun in Gefahr steht, das sichere Augenmaß für die Grenzen dieser Macht zu verlieren: Grenzen seiner militärischen Leistungsfähigkeit ebenso auf dem Lande wie zur See. Man darf hier wohl von einer übermächtigen Zeitströmung sprechen, der sich keine Einzelpersönlichkeit einfach entziehen konnte. Ein Kriegsplan, der grundsätzlich auf den Totalsieg verzichtet und es notfalls der Diplomatie überlassen will, wie sie einen nur halb durchgeschlagenen Krieg durch Verständigung der Kabinette zu Ende bringt, war wohl im Zeitalter Bismarcks noch möglich, aber ein halbes Menschenalter später nicht mehr[5a]).

Der vielberedete Offensivplan Schlieffens gewann seine reifste (und auf den Nachfolger vererbte) Gestalt in dem Krisenjahr 1905, als Rußland durch seine Niederlagen in Ostasien und seine Revolution nach außen vollständig aktionsunfähig geworden war. Da lag es nahe, einen Plan allein zum „Krieg gegen Frankreich", also ohne Rücksicht auf die Ostfront zu entwerfen. Aber die Kühnheit und Einseitigkeit dieses Plans erklärt sich nicht aus dieser besonderen und vorübergehenden Lage. Der Gedanke, zunächst einen Totalsieg im Westen zu erringen, ehe die Ostoffensive beginnen kann, taucht schon in einer Denkschrift von 1892 auf; die Idee, den Gegner durch Belgien hindurch zu umgehen, wird andeutungsweise sogar schon 1891 hingeworfen; seit 1897 ist ein fester Plan daraus geworden, und noch 1912, lange nach seiner Entlassung, hat Schlieffen einen letzten großen Operationsentwurf aufgesetzt, in dem er empfiehlt, die Ostfront zunächst völlig von Truppen zu entblößen; denn das Schicksal der Österreicher, meint er, würde sich zuletzt doch an der Seine und nicht am San entscheiden, und die Russen würden sich vielleicht durch große deutsche Siege in Frankreich vom Eintritt in den Krieg gegen Deutschland abschrecken lassen — und dies, obwohl 1912 die Kriegsgefahr offensichtlich vom Balkan, nicht vom Westen her drohte! Man sieht: was hinter dem Gedanken einer einseitigen Westoffensive steckt, sind keine politischen, sondern rein militärische Erwägungen: Schlieffen glaubt, daß der Franzose der gefährlichere Gegner ist und daß nur in den beschränkten, durch Gebirg und Meer klar begrenzten Räumen Frankreichs, nicht in der grenzenlosen Weite der russischen Ebenen sich ein Totalsieg, und zwar ein schneller Totalsieg erringen läßt. Ein solcher Sieg aber mußte es sein, nicht ein bloßer Teilerfolg, sondern die vollständige Vernichtung der feindlichen Kampfkraft mit einem Schlage, wenn der Krieg rasch zu Ende gebracht werden sollte. Auch im Zweifrontenkrieg sollte das möglich gemacht werden. Das anscheinend Unmögliche durch geballte Kraft- und Willensanstrengung zu ertrotzen, ist immer der Ehrgeiz und Stolz des Soldaten.

Nun glaubte aber Graf Schlieffen auch eine sichere Methode zu kennen, wie sich ein Totalsieg schnell erringen ließ: ein Siegesrezept, das ihm als so zuverlässig galt, daß er geradezu alles auf diese eine Karte setzte. Es war die strategische Umfassung des Gegners, die ihn in der Flanke packt, ihm den Rückzug abschneidet und so seine Vernichtung ermöglicht. Frontaler Angriff mit gehäuften, tief gestaffelten Kräften, wie ihn Napoleon bevorzugt hatte und wie er 1870/71 noch immer zur traditionellen Schlachtentaktik preußischer Generale gehörte, versprach angesichts der enorm gesteigerten Wirkung moderner Feuerwaffen keinen durchschlagenden Erfolg mehr. Auch das Durchbrechen feindlicher Linien war sehr schwierig geworden, selbst bei gehäuftem Artillerieeinsatz, da die motorisierten Panzer von heute noch nicht erfunden waren. Aus dieser Lage ergab sich für Schlieffen die Notwendigkeit, Frontalangriffe möglichst zu vermeiden und die Entscheidung in Umgehungsmanövern und Flankenangriffen zu suchen. Frontalangriff, lehrte er, führt im besten Fall nur zum Zurückdrängen des Gegners, also zu einem „ordinären Sieg", der keine Entscheidung bringt. Nur mit Hilfe der Umfassung lassen sich wirklich entscheidende Siege erreichen, und alle großen Schlachtenerfolge und erfolgreichen Feldzüge der Weltgeschichte beruhten nach seiner Meinung wesentlich auf dieser Methode, dem sogenannten „Cannae-" oder „Leuthen-"Prinzip — das war eine These, die er seinen Generalstäblern in immer neuen Variationen eingehämmert und veranschaulicht hat. Seine Richtigkeit ließ er in der kriegsgeschichtlichen Abteilung seines Stabes durch mancherlei historische Arbeiten erhärten, die er später selbst durch eigene „Cannae-Studien" ergänzt hat. Der große „Schlieffen-Plan" von 1905 beruht ganz und gar auf dieser These; er ist im Grunde nichts anderes als ein Versuch ihrer praktischen Durchführung in allergrößtem Stil. Von den „Aufmarschplänen" Moltkes unterscheidet er sich schon dadurch, daß er sich nicht damit begnügt, den ersten Aufmarsch der deutschen Heere festzulegen und das weitere Vorgehen, je nach dem Wechsel der Situationen und dem Verhalten des Gegners, der Genialität des Heerführers, seinem Einfallsreichtum und seiner Willensenergie zu überlassen. Vielmehr sucht er den Verlauf des ganzen Feldzuges bis in Einzelheiten im voraus zu bestimmen: als eine streng geschlossene, zentral gesteuerte Gesamtaktion des Millionenheeres, und zwar auf Grund eines einzigen operativen Prinzips.

Die getreuesten Schüler und Epigonen Schlieffens haben diesen Operationsplan als ein beinahe unfehlbares Siegesrezept betrachtet. Nur die Unfähigkeit des jüngeren Moltke als Heerführer und die von ihm vorgenommene „Verwässerung" des großen Plans (Verstärkung des linken statt des rechten Flügels) hätten den 1914 eingetretenen Mißerfolg verschuldet. Diese Auffassung ist dann fast zum Gemeingut der deutschen Kriegshistorie geworden und hat im wesentlichen auch die offizielle Darstellung des Reichsarchivswerkes bestimmt. Ich selbst habe dem gegenüber in meinem Buch über den „Schlieffen-Plan" nachzuweisen versucht, daß in diesem Operationsplan bei nüchterner Durchprüfung aller Einzelheiten eine ganze Reihe von Faktoren der Unsicherheit und gewisse gefährliche Schwächen stecken, die ihn weit eher als Wagnis mit ziemlich geringen Erfolgschancen erscheinen lassen denn als sicheres Siegesrezept. Das Ergebnis meiner Untersuchungen, die auch Schlieffens Vorentwürfe, seine späteren Konzeptionen und die kritische Stellungnahme des jüngeren Moltke umfassen, läßt sich in wenigen Sätzen etwa folgendermaßen zusammenfassen: der Vorstoß großer deutscher Heeresmassen durch Belgien an der feindlichen Front entlang ließ sich bei der Enge des Raums und der Zerstörung aller Eisenbahnen, Brücken und Tunnels nicht beliebig steigern; er stand überdies von vorneherein in der Gefahr, einerseits in Teilaktionen der verschiedenen Armeegruppen zu zerfallen (deren einheitliche Steuerung, wie sie Schlieffen sich dachte, schon aus technischen Gründen kaum möglich war), andererseits sich nach und nach totzulaufen. Schon ein schneller Vormarsch durch das erbittert sich wehrende Belgien konnte nur beim Zusammenwirken besonders günstiger Umstände glücken; der entscheidende rechte Heeresflügel aber verlor unvermeidlich um so mehr an Stoßkraft, je tiefer er in Frankreich eindrang, zumal sein Nachschub an Kampfmitteln und Reservemannschaften größte Schwierigkeit machte. Zur Umfassung und Einschließung der Riesenfestung Paris war er ohne raschen Nachschub einer großen Heeresmasse völlig außerstande — wie Schlieffen selbst erkannt hat. Vor allem war er in größter Gefahr (was der Generalstabschef merkwürdigerweise nicht einmal erwähnt), seinerseits vom Gegner auf seiner rechten Flanke umfaßt zu werden (wie es 1914 ja auch zu geschehen drohte); denn dieser befand sich im Besitz eines zentral auf Paris orientierten, völlig intakten Bahnnetzes, mit dessen Hilfe er ohne Schwierigkeit größere Truppenmengen von weniger bedrohten Frontteilen auf seinen äußersten linken Flügel verschieben konnte (ein Vorteil, den die französische Heeresleitung allerdings erst merkwürdig spät erkannt hat). Ein Abdrängen der ganzen französischen Armee von Paris, ihr Zurückwerfen nach Südosten und ihre rasche Vernichtung binnen weniger Wochen, wie es Schlieffen plante, war also recht unwahrscheinlich — um es vorsichtig auszudrücken. Wurde dieses letzte Ziel aber nicht rasch erreicht, so war im Grunde der „Blitzkrieg" überhaupt gescheitert. Und von Woche zu Woche stieg immer riesenhafter die Gefahr für die Ostfront der Mittelmächte am Horizont auf.

Nun läßt sich gewiß über militärische Erfolgschancen immer streiten. Denn schließlich ist jeder Krieg eine höchst unsichere Sache, und ohne großes Wagnis wird auch nichts Großes gewonnen. Aber für die Fragestellung dieses Buches kommt es auch nicht so sehr darauf an, ob der große Plan Schlieffens ein sicheres Siegesrezept gewesen ist oder nicht, als vielmehr darauf, daß er eine ausschließlich von militärtechnischen Erwägungen bestimmte Kriegsplanung war, ohne jede Mitwirkung politischer Gesichtspunkte: das Produkt einer militärischen Planstelle von hoher Leistungsfähigkeit, aber mehr aus der Doktrin als aus der historisch-politischen Wirklichkeit entsprungen — man ist versucht zu sagen: ein ähnlich abstraktes Gebilde der Strategie am Kartentisch wie die Tirpitzschen Seeschlachtpläne. Der Schlieffenplan ist ein wahres Musterbeispiel für die Wahrheit der paradoxen Sätze von Clausewitz: „Es ist ein widersinniges Verfahren, bei Kriegsentwürfen Militärs zu Rate zu ziehen, damit sie ‚rein militärisch' darüber urteilen sollen, was die Kabinette zu tun haben; aber noch widersinniger ist das Verlangen der Theoretiker, daß die vorhandenen Kriegsmittel dem Feldherrn überwiesen werden sollen, um danach einen militärischen Entwurf zum Kriege oder Feldzuge zu machen[6])." Genau dies war unser Unglück: der Feldzugsplan von 1914 war „rein militärisch" erdacht, und die „vorhandenen Kriegsmittel" wurden dem Feldherrn überwiesen, ohne daß rechtzeitig eine Abstimmung zwischen Kriegsbedarf und verfügbaren Mitteln erfolgt wäre. Die Sonderstellung der Armee als „Staat im Staate", der fortdauernde Zwiespalt zwischen militärischen und politischen Instanzen, aber auch die Zersplitterung der Zuständigkeiten zwischen den verschiedensten Militärbehörden unter der Oberleitung eines „Obersten Kriegsherrn", dem doch die Fähigkeit zu sachlicher Verantwortung fehlte — alle diese Strukturfehler, die wir früher in der Wehrverfassung des kaiserlichen Deutschland nachzuweisen suchten, haben sich an diesem Punkte verhängnisvoll ausgewirkt.

Als Schlieffen seine Operationspläne für einen großen Westfeldzug entwarf (1897—1905), mußte er zwar schon mit einem Zweifrontenkrieg rechnen, konnte aber noch der Meinung sein, daß vielleicht ein Streit zwischen Deutschland und Frankreich, wie etwa der um Marokko, den konkreten Anlaß geben würde. Über das Bestehen einer russisch-französischen Militärallianz war man natürlich im Generalstab orientiert, aber anscheinend nicht, oder nur sehr mangelhaft, über ihre konkreten Bestimmungen. Jedenfalls hat der jüngere Moltke, wie aus einer Aktennotiz hervorgeht, noch 1912 eine anfängliche Zurückhaltung Rußlands für möglich gehalten, falls nur Frankreich und Deutschland miteinander in Konflikt gerieten[7]). Wir wissen, daß er damit irrte (vgl. Kap. 4). Er hat aber auch selbst nicht geglaubt, daß eine solche Möglichkeit noch praktische Bedeutung hätte und war sich völlig klar darüber, daß der nächste Krieg über Balkanstreitigkeiten zwischen Österreich-Ungarn und Rußland ausbrechen würde. Das hat ihn aber nicht veranlaßt, den Operationsplan seines Vorgängers grundsätzlich zu ändern — im Gegenteil: die Notwendigkeit der großen Westoffensive erschien ihm so zwingend, daß er 1913 einen zweiten Aufmarschplan, den sogenannten „großen Ostaufmarsch", als überflüssig hat fallen lassen. Ein solcher Plan war seit den Tagen Schlieffens alljährlich neben dem Westaufmarsch bearbeitet worden; er sah eine Zusammenballung der deutschen Hauptmacht an der Ost- statt an der Westfront vor, für den Fall, daß Frankreich bei einem deutsch-russischen Konflikt zunächst untätig beiseite stünde. Das war nun allerdings nicht nur unwahrscheinlich geworden, sondern seit der Militärallianz von 1892 praktisch ausgeschlossen. Ein auf solche Voraussetzungen aufgebauter Plan war in der Tat überflüssig.

Nicht überflüssig, sondern im höchsten Grade notwendig war dagegen die Überlegung der politischen Folgen, die es haben mußte, wenn Deutschland einen Krieg zur Unterstützung Österreich-Ungarns gegen Rußland mit einem Großangriff gegen Frankreich begann, der nach einem Überfall auf die neutralen Länder Luxemburg und Belgien zur Invasion tief nach Frankreich hineinführte mit dem Ziel, die französische Heeresmacht total zu zerschmettern. Bismarck hat drei Kriege rasch nacheinander geführt, von denen keiner „Verteidigungskrieg" (im strengen Sinn des Wortes) genannt werden kann, weil es jedesmal um einen offenen Widerstreit politischer Machtinteressen und nicht um die Behauptung, sondern um die Erhöhung der preußisch-deutschen Macht ging. Seine Diplomatie hat aber jedes Mal mit größter Kunst dafür gesorgt, daß die moralisch-politische Verantwortung für den Kriegsausbruch in den Augen der Welt nicht einseitig auf ihm selbst hängenblieb, sondern der andern Seite zugeschoben wurde. Die preußisch-deutsche Monarchie der Bismarckzeit erfreute sich einer absoluten militärischen Überlegenheit über ihre Gegner. Diese Überlegenheit war seither geschwunden, und keiner der Staatsmänner des wilhelminischen Reiches konnte noch daran denken, durch kriegerische Trümpfe die deutsche Macht zu vermehren; vor Kriegsausbruch hat auch keiner daran gedacht. Es kam ihnen nur noch darauf an, die eigene Macht und die des Verbündeten ungeschmälert zu behaupten. Nahmen wir um Österreich-Ungarns willen die ungeheure Last und Gefahr eines Zweifrontenkriegs auf uns, so mußte alles aufgeboten werden, seine Ausweitung zu einem Dreifrontenkrieg tunlichst zu verhindern, vor allem aber seinen Charakter als reiner Verteidigungskrieg und als bloße Hilfsaktion für den Alliierten aller Welt so deutlich als möglich zu machen. Dafür gab es nur einen Weg: Verzicht auf den Neutralitätsbruch, Defensive mit bloß taktischen Offensivstößen im Westen, stärkste Aktivität an der Ostfront. Also Festhalten an den Grundzügen des alten Moltkeschen Kriegsplans.

Der Krieg hätte dadurch ein völlig anderes Gesicht bekommen. Natürlich lassen sich die politischen Folgen eines so veränderten deutschen Vorgehens nur vermuten, nicht mit absoluter Sicherheit berechnen. Absolut sicher ist immerhin, daß Belgien (mit seinen drei kriegsstarken Armeekorps) nicht zu unseren Gegnern gestoßen wäre. Sehr unwahrscheinlich ist auch, daß es Sir E. Grey gelungen wäre (falls er es überhaupt beabsichtigt hätte), seine Landsleute in einen Festlandskrieg hineinzuziehen, bei dem es praktisch nur noch darum gegangen wäre, den Franzosen Elsaß-Lothringen erobern zu helfen, nicht aber darum, sie vor einer deutschen Invasion und völligen Zerstörung ihrer Militärmacht zu schützen. Wir wissen schon, daß England zuletzt nicht um Belgiens, sondern um Frankreichs willen zu den Waffen gegriffen hat (oben Kap. 3) und daß es Deutschlands Übermacht zu Lande um so mehr fürchtete, als es Anlaß zu haben glaubte, sich schon jetzt von seiner Seemacht bedroht zu fühlen (Kap. 8). Aber war der unheilvolle Gang des Kriegsgeschehens auch dann unvermeidlich, wenn Deutschland sich im Westen auf reine Abwehr beschränkte und jeden Anschein kontinentaler Eroberungs- und Hegemoniegelüste vermied? Immerhin hat sich ja das britische Kabinett 1912 bereit gezeigt zu einer vertraglichen Verpflichtung, keinen „unprovozierten" Angriff auf Deutschland zu unterstützen, und nichts hat die Regierung Poincaré damals so erschreckt wie die Nachricht von dieser Bereitschaft – sie wußte sehr wohl warum[8]). Schließlich: wäre das französische Volk mit derselben vaterländischen Begeisterung zu Felde gezogen, wie sie 1914 aufflammte, wenn es nicht gegolten hätte, eine deutsche Invasion abzuwehren, sondern die 1871 verlorenen Provinzen zurückzuerobern und den Russen zu helfen, das Kaiserreich an der Donau zu zerstören? Das ist beides nicht leicht vorzustellen.

Militärisch freilich hätte ein so veränderter Kriegsplan vermutlich den Verzicht auf einen vollen Sieg, auf einen „Vernichtungssieg" bedeutet – nicht nur im Westen, sondern doch wohl auch im Osten. Zum mindesten ist nicht beweisbar, was manche Kritiker an der Obersten Heeresleitung nach 1918 behauptet haben: wir hätten in Rußland sehr viel größere Chancen eines raschen Totalsieges gehabt als in Frankreich. Es mag sein, daß Schlieffens Bedenken dagegen übertrieben waren: daß er die Schwierigkeit, die russischen Befestigungen am Narew zu überwinden oder zu umgehen, ebenso überschätzt hat wie den Mangel an Verkehrsverbindungen und Nachschublinien; seine Hauptsorge, die Russen würden sich einer Entscheidungsschlacht einfach durch Rückzug in das Innere ihres weiten Reiches entziehen, verkannte offenbar ihre politische Zwangslage: sie hatten sich den Franzosen gegenüber zu einer Großoffensive gegen Deutschland verpflichtet, und zwar sofort nach der Mobilmachung; auch hätte die zaristische Regierung den Krieg schwerlich mit einem großen Rückzug beginnen können, ohne die Gefahr neuer revolutionärer Erhebungen zu provozieren. Seit wir aber den Aufmarschplan der Russen für den Fall eines drohenden deutschen Großangriffs kennen (die Versammlung der Heere sollte bis nach Brest-Litowsk und in die Gegend nördlich der Pripjet-Sümpfe zurückverlegt werden), erscheinen die Zweifel des jüngeren Moltke, ob eine Einkreisung und Überwältigung der russischen Hauptarmee gleich in den ersten Wochen noch möglich sein würde, durchaus berechtigt[9]). Das „Siegesrezept" Schlieffens ließ sich nicht einfach vom Westen nach Osten übertragen, um den Totalerfolg zu garantieren. Auch die Aufmarschpläne des älteren Moltke waren nicht einfach wiederholbar, da sich die Angriffskraft der französischen Armee inzwischen ganz gewaltig verstärkt hatte und ihre Führung von einem Offensivgeist beseelt war, den sie früher noch nicht gekannt hatte. (Freilich war auch die Stärke der Abwehr seitdem außerordentlich gewachsen, durch deutsche Heeresvermehrungen, vor allem durch die Feuerkraft des Maschinengewehrs und die Technik moderner Erdbefestigungen.) Man hätte wohl schon sehr erhebliche Teile (vielleicht sogar mehr als die Hälfte?) unseres Heeres an der Westfront stehen lassen müssen, um dort einen französischen Durchbruch ins Reich zu verhindern und etwa aus der Festungsfront vorbrechende Armeen zu vernichten. Immerhin: wer den tatsächlichen Verlauf unserer Ostfeldzüge 1914 und 1915 bedenkt und die Erfahrungen, die unsere Truppenführer damals mit der Langsamkeit und dem Ungeschick der russischen Führung sowie mit der unzulänglichen artilleristischen Ausrüstung des Gegners gemacht haben, wird sich nicht leicht überreden lassen, der Plan des älteren Moltke, die russischen Heere durch eine kräftige Offensive gemeinsam mit den Österreichern (also wohl mit zahlenmäßiger Überlegenheit) wirksam zu schlagen, sei 1914 gänzlich überholt gewesen. War eine „Vernichtung" unerreichbar, so blieb vielleicht doch die Möglichkeit, die russische Offensivkraft so schwer zu lähmen und so weit zurückzudrängen, daß sie zunächst nicht mehr bedrohlich war.

Wie groß oder wie gering die Erfolgschancen eines solchen Unternehmens waren, mag von den Fachmilitärs umstritten werden. Aber die militärischen Argumente allein genügen auch hier nicht. Unbestreitbar ist, daß es keinen anderen Weg gab, die so bunt zusammengesetzte und so unzulänglich ausgerüstete Armee unseres Bundesgenossen Österreich-Ungarn auf der Höhe ihrer Leistungsfähigkeit zu halten und diese noch zu steigern als den, ihr im Zusammenwirken mit den deutschen Truppen zu großen Anfangserfolgen zu verhelfen. Überließ man ihr zunächst (und für wie lange Zeit?) die Abwehr des russischen Angriffs allein, so bestand die größte Gefahr, daß sie unter der Wucht dieses Angriffs (wie es im September 1914 denn auch geschehen ist) zusammenbrach und ihre besten Kräfte für immer verlor — ganz abgesehen von der Bitterkeit des Empfindens, vom deutschen Bundesgenossen im Stich gelassen zu sein. Das gegenseitige Verhältnis des deutschen und österreichischen Generalstabs und ihrer Kriegspläne wird uns noch in dem nächsten Kapitel beschäftigen. Hier mag die Bemerkung genügen, daß Schlieffen auf das Zusammenwirken mit der österreichischen Armee von Anfang an sehr geringen Wert gelegt, von ihr nur sehr geringe Leistungen erwartet und sich gegenüber dem Wiener Generalstab einer kühlen Zurückhaltung befleißigt hat, die dort als hochmütig empfunden wurde.

Fassen wir zusammen: jeder Kriegsplan, der etwas taugen soll, muß auch politisch, nicht nur militärtechnisch gründlich durchdacht sein. Wenn man es in Frankreich für nötig hielt, alle Operationspläne der Regierung (im Obersten Kriegsrat) vorzulegen und sie von ihr nach ausführlicher Diskussion genehmigen zu lassen, so wäre ein solches Verfahren in Deutschland mit seiner ungeheuer bedrängten Lage erst recht notwendig gewesen. Man mag den großen Operationsplan Schlieffens von 1905 als militärtechnische Leistung noch so sehr bewundern: daß sein Grundgedanke von der politischen Reichsleitung ohne weiteres gebilligt wurde, ohne die schweren politischen Bedenken, die dagegen sprachen, überhaupt zum Gegenstand einer Beratung zu machen, ohne jede Rückfrage (wenigstens bis 1913)[10]) ob denn wirklich kein anderer, politisch weniger gefährlicher Operationsplan möglich wäre als eben dieser, ja ohne die Einzelheiten des Planes überhaupt zur Kenntnis zu nehmen — das gehört zu den Unbegreiflichkeiten des wilhelminischen Reiches. Oder vielmehr: es begreift sich allein aus den Mängeln dieses

Regierungssystems und dieser Wehrorganisation, die wir nun schon so ausführlich erörtert haben.

Als Graf Hutten-Czapski im Mai 1900 im Auftrag Schlieffens den Geheimrat Holstein im Auswärtigen Amt davon vertraulich unterrichtete, daß der Generalstab beabsichtige, „sich durch bestehende internationale Abmachungen im Fall eines Zweifrontenkrieges nicht einengen zu lassen", und ihn bat, dazu Stellung zu nehmen, antwortete Holstein (wie Graf Hutten berichtet) nach längerem brütendem Schweigen: „Wenn der Chef des Großen Generalstabs und vollends eine strategische Autorität wie Schlieffen eine solche Maßnahme für erforderlich hält, dann sei es die Pflicht der Diplomatie, sich auf sie einzustellen und sie auf die mögliche Weise vorzubereiten." Das war alles – und dabei ist es bis 1914 geblieben, über allen Wechsel der politischen Situationen hinweg[11]). Politischen Einspruch gegen einen vom Generalstab ausgearbeiteten geheimen Feldzugsplan zu erheben wäre im Deutschland Wilhelms II. als unbefugte Einmischung in ein fremdes Ressort erschienen. Es hätte schon ein ganz ungewöhnliches Maß von politischer Autorität und Selbstsicherheit dazu gehört, um als leitender Staatsmann, ohne jede Stütze durch den Monarchen, der einhelligen Ansicht aller militärischen Sachverständigen, es gäbe nur diesen einen Weg zu unserer Rettung, entgegenzutreten. Bethmann hat das immer stark empfunden. „Für jeden auch nur einigermaßen ernsten Beurteiler", schreibt er 1919, „lagen die ungeheuren Gefahren des Zweifrontenkrieges so nackt zutage, daß es eine untragbare Verantwortung gewesen wäre, von ziviler Stellung aus einen nach allen Richtungen durchdachten und als zwingend bezeichneten militärischen Plan durchkreuzen zu wollen, dessen Verurteilung danach als alleinige Ursache eines eintretenden Mißerfolges gegolten hätte[12])." Gegen den Vorwurf der Militärs, er habe ihnen während des Kriegs durch solche Einmischung das Konzept verdorben, hat er sich noch nach 1918 wehren müssen. Ausdrücklich versichert er deshalb in seinen „Betrachtungen zum Weltkrieg": „An der Aufstellung des Feldzugsplanes ist die politische Leitung nicht beteiligt gewesen. Auch nicht an den Änderungen, denen der Schlieffensche Plan geraume Zeit vor Ausbruch des Krieges unterzogen worden ist, endlich nicht an den Abweichungen von der so modifizierten Form bei seiner praktischen Ausführung. Überhaupt ist während meiner ganzen Amtstätigkeit keine Art von Kriegsrat abgehalten worden, bei dem sich die Politik in das militärische Für und Wider eingemischt hätte." Sicher war es so. Aber war das nicht die verkehrte Welt?

Zweiter Abschnitt

Schlieffen und die deutsche Rüstungspolitik

Es fehlte nicht bloß an Zusammenarbeit militärischer und politischer Stellen bei der Vorbereitung des Krieges: auch die Obersten Militärbehörden untereinander waren nicht einig; Generalstab und Kriegsministerium hatten sehr verschiedene Ansichten von den Bedürfnissen deutscher Rüstungspolitik. Vielleicht das Merkwürdigste an dem Schlieffenplan ist, daß er Operationen vorsah — und zwar an ganz entscheidender Stelle — für die nach seinem eigenen Geständnis die Streitkräfte fehlten.

Eine strategische Umfassung ist nur dann möglich, wenn die Kampffront sehr lang ausgereckt wird, so daß sie die feindliche an Länge übertrifft und doch an der entscheidenden Stelle überlegene Massen einsetzen kann. Dazu werden beim Kampf mit Millionenheeren außerordentlich große Truppenzahlen benötigt, und nicht bloß irgendwelche Massen, sondern wirklich kampftüchtige Truppen. Das Problem, wie es möglich sein sollte, sie zu beschaffen, spielt eine Hauptrolle in der Korrespondenz des Generalstabs unter Schlieffen mit dem Kriegsministerium, taucht aber auch in den Operationsplänen von 1905 als sehr dringlich auf. „Ehe die Deutschen an die Somme oder an die Oise kommen", heißt es da, „werden sie sich überzeugt haben, daß sie für das Unternehmen, das sie auf sich genommen haben, zu schwach sind. Wir werden die Erfahrung aller früheren Eroberer bestätigt finden, daß der Angriffskrieg sehr viele Kräfte erfordert und sehr viele verbraucht, daß diese ebenso beständig abnehmen wie diejenigen des Verteidigers zunehmen und dies ganz besonders in einem Lande, das von Festungen starrt[13]). Ein enormes Etappengebiet, Luxemburg, Belgien und das nördliche Frankreich umfassend, muß gesichert, zahlreiche Festungen, darunter Antwerpen, müssen belagert, eingeschlossen und beobachtet werden; Eisenbahnen, Straßen, die zahllosen großen und kleinen Städte des volkreichen Landes bedürfen besonderer Sicherung. Damit die aktiven Korps für die Schlacht unberührt bleiben, muß außer der Landwehr auch der Landsturm gleich zu Kriegsanfang mobilisiert und ins Feld geschickt werden — nötigenfalls unter Änderung der bestehenden Wehrgesetze. Aber mit alledem ist immer noch keine Armee zur Deckung gegen die Engländer geschaffen, deren Landung bei Dünkirchen, Calais oder Boulogne Schlieffen immerhin für möglich hielt. Er meint aber, falls sie von dort her auftauchen sollten, würde es möglich sein, sie durch eine bloße Nebenaktion unseres rechten Heeresflügels zu erledigen, ohne dadurch unseren Vormarsch nach Frankreich ernstlich zu verzögern — ein Gedanke, der heute fast abenteuerlich wirkt, aber deutlich zeigt, daß der Schlieffenplan von 1905 die Kampfkraft der Briten überhaupt noch nicht ernst genommen hat. Viel wichtiger ist unserem Strategen eine andere Sorge: es fehlen die Truppen zur Umgehung und Einschließung der gewaltig ausgedehnten Festung Paris, ohne deren Ausschaltung aus den Operationen der Feldzug doch zu keinem glücklichen Ende gebracht werden konnte, wie Schlieffen im Lauf seiner Studien erkannte. Er hielt dafür mehr als ein Drittel der zur Invasion bestimmten Truppenzahlen für erforderlich: sieben Armeekorps für die Aufgabe, Paris rasch zu umgehen, ein etwa von Westen heranrückendes englisches Landungskorps zu schlagen und der an der Marne stehenden französischen Armee den Rückzug nach Süden abzuschneiden, sechs weitere für die Einschließung und Belagerung der Stadt.

Diese gewaltigen Streitkräfte konnten nicht etwa einer allgemeinen Heeresreserve entnommen werden; denn eine solche operative Reserve gab es nicht. Es gehört vielmehr zu den auffallendsten Besonderheiten der Strategie Schlieffens, daß er grundsätzlich alle irgend verfügbaren Streitkräfte an die Front warf, alles auf den raschen Erfolg seiner Umfassungsoperation abstellte, ein „Nähren der Schlacht aus der Tiefe" nicht vorsah und es den einzelnen Angriffsarmeen überließ, die etwa für taktische Einzeloperationen notwendigen Reserven selbst aus ihren Truppenkörpern auszuscheiden. Er mußte also schon zu anderen Aushilfen greifen, um seinen Operationsplan trotz offensichtlich unzureichender Kräfte durchzuführen. Zuerst hat er daran gedacht, die ganze Angriffsarmee im Vormarsch so weit nach rechts zu verschieben, daß ein starker Überhang von Truppen zur Umfassung und Einschließung von Paris dadurch verfügbar würde. Später muß ihm zweifelhaft geworden sein, ob das mit Sicherheit gelingen würde, und so bringt der Operationsplan von 1905 in seiner endgültigen Fassung den Vorschlag, gleich vom ersten Mobilmachungstag an mindestens acht neue Armeekorps aufzustellen, gebildet aus Mannschaften der Ersatzbataillone und aus „überschießenden", das heißt nicht sogleich zur aktiven Truppe eingezogenen Reservisten[14]).

Aber war das eine wirkliche Aushilfe? Schlieffen selbst war unsicher, ob es im Ernstfall möglich sein würde, diese neuen Armeekorps noch rechtzeitig durch Belgien hindurch auf den äußersten rechten Heeresflügel, das heißt bis vor Paris zu bringen, wo sie am nötigsten gebraucht wurden. Sein großer Operationsplan läßt offen, wie man die Schwierigkeiten des Transports (bei völliger Zerstörung des belgischen Bahnnetzes!) überwinden könnte. Er sagt nur: was die Bahnen nicht befördern könnten, müsse dann eben am Ostflügel, etwa bei Metz, oder auf dem rechten Moselufer Verwendung finden. Daß an dieser Stelle, in dem Rechnen mit gar nicht verfügbaren Truppen, eine bedenkliche Schwäche des großen Planes lag, hat schon Ludendorff lebhaft empfunden[15]). Schlieffen, meint er, sei zu sehr Theoretiker der reinen Strategie, zu wenig Praktiker des Kriegshandwerks gewesen. Es ist ihm auch aufgefallen, daß Schlieffen auf seinen Generalstabsreisen beständig mit dem Einsatz von Reservedivisionen, Reservekorps, Landwehrbrigaden und „Ersatzkorps" in der Schlacht rechnete, die damals teils noch gar nicht, teils nur in sehr unvollkommener Form und Ausrüstung existierten. Hat er etwa damit gerechnet, daß ihm der Kriegsausbruch freie Hand zu großen Improvisationen geben würde, da ja von diesem Moment an das Kriegsministerium zu einem bloßen Werkzeug in der Hand der obersten Heeresleitung herabsinken mußte? Aber ließen sich Improvisationen ohne Vorbereitung schon im Frieden, durch Bereitstellung von Führungsstäben, Waffen und Ausrüstung, überhaupt erfolgreich durchführen?

Damit ist eine der größten Schwächen in der Vorbereitung des Landkrieges berührt: Generalstab und Kriegsministerium zogen nicht an einem Strang.

Daß sie das Problem der Rüstung mit verschiedenen Augen betrachteten, war natürlich. Für den Generalstab war es leichter, große Forderungen aufzustellen als für den Kriegsminister, sie beim Reichsschatzsekretär und im Reichstag durchzubringen und als politische Notwendigkeit zu begründen. Die ewigen Finanzverlegenheiten des Reichs — eine Folge von Strukturfehlern des deutschen Bundesstaates und seiner Steuerverteilung, verschlimmert durch die wenig glückliche Finanzpolitik des Reichsgründers — haben den stetigen Ausbau des deutschen Heeres, entsprechend dem Wachstum der Bevölkerung und den Fortschritten der Kriegstechnik, ebenso erschwert und verzögert wie die von Bismarck selbst geschaffene Fessel der Septennate, das heißt der Festlegung des Heeresetats auf jeweils sieben Jahre. Aber so steht es nun doch nicht, als ob allein und wesentlich der Geldmangel oder der Widerstand des Parlaments (wie es die Militärs gern darstellen[16])) jene Beschränkung unserer Heeresrüstung verschuldet hätte, die man später als Versäumnis empfand. Man kann auch nicht sagen, daß der Generalstab von Anfang an und immer der fordernde Teil, das Kriegsministerium von jeher der Bremsklotz gewesen sei: die einzige wirklich bedeutende und durchgreifende Vermehrung und Neuorganisation des deutschen Heeres, die überhaupt vor 1912 erfolgt ist, die von 1893, wurde nicht vom Generalstab, sondern vom Kriegsminister von Verdy angeregt und vom Reichskanzler, General von Caprivi, gegen heftige Widerstände des Kaisers und seiner militärischen Höflinge durchgesetzt[17]). Caprivi zog damit kaltblütig die Konsequenz aus der durch ihn selbst vollzogenen Kündigung des Rückversicherungsvertrages mit Rußland — ohne Näheres vom Inhalt des russisch-französischen Militärabkommens zu wissen, aber in klarer und nüchterner Voraussicht des nunmehr sicher zu erwartenden Zweifrontenkrieges der Zukunft. Graf Schlieffen war an der Vorbereitung und Durchführung der großen Militärvorlage völlig unbeteiligt. Sie wurde ihm nur „zur Kenntnisnahme" zugeschickt; viel mehr hat er auch später nicht erreicht. Sich streng an die herkömmlichen Grenzen seines Ressorts haltend hat er dem Kriegsministerium zwar immer wieder Wünsche und Forderungen — zum Teil recht weitgehende — vorgetragen, wenn er zur Stellungnahme aufgefordert wurde, hat gelegentlich auch gegen seine völlige Ausschaltung aus den Beratungen Einspruch erhoben, aber niemals entscheidenden Einfluß auf die Heeresvorlagen beansprucht. Das hatte bedenkliche Folgen, als mit den Ministern von Gossler (1896—1903) und von Einem (1903—1909) ein ausgesprochen konservativer, ja reaktionärer Geist in die Kriegsverwaltungsbehörde einzog. Eine wesentliche Vermehrung der Friedensstämme und Erhöhung der Truppenzahl über das Gesetz von 1893 hinaus stieß hier auf Widerspruch. Obwohl dieses Gesetz nicht verhindern konnte, daß der russisch-französische Zweibund schon um die Jahrhundertwende eine erheblich größere Truppenzahl ins Feld stellen konnte als der Dreibund[18]), war man im preußischen Kriegsministerium doch überzeugt, daß die deutsche Armee allen Kriegsanforderungen gewachsen sein würde, wenn sie nur ihre „bisherigen bewährten Heereseinrichtungen" ohne Vermehrung der Friedensstämme weiter „ausbaute und festigte"[19]). Grundsätzlich lehnte man es ab, sich auf ein Wettrüsten mit den Nachbarn einzulassen. General von Einem, der schon unter Gossler als Chef der Armeeabteilung die Haltung des Ministeriums in Rüstungsfragen stark mitbestimmte, schrieb bereits 1899: „Das Wettrüsten muß doch einmal ein Ende nehmen, und es muß der Augenblick kommen, wo der zur Vermehrung der Streitkräfte strebende und anregende Chef des Generalstabs sich mit dem begnügen muß, was die

Heeresverwaltung zur Verfügung stellt. Jede gesunde Organisation hört auf, wenn jede Truppenvermehrung des vermutlichen Gegners ohne weiteres bei uns eine solche nach sich zieht[20].“

Das klingt, von späteren Erfahrungen her betrachtet, beinahe grotesk und ist auch schon oft als Mangel an Einsicht in das militärisch Notwendige verurteilt worden. Es wäre aber unbillig zu verkennen, daß sich das Sträuben gegen die hemmungslose Aufrüstung als Grundsatz nicht einfach mißbilligen, sondern auch wohl als ein Stück nüchterner Staatsvernunft (etwa im Sinn der Bismarckschen Tradition) auffassen läßt. Die altpreußische Armee, die in solchen Äußerungen zu Worte kam, strebte nicht nach Beherrschung des Kontinents, wollte von „Weltmachtstreben" erst recht nichts wissen, sondern bloß von Verteidigung des Vaterlands und unterschied sich darin sehr bewußt von der Politik des Reichsmarineamts. Vor allem: sie hatte noch ein Gefühl dafür (das Tirpitz fehlte), daß ein Rüstungswettlauf mit den anderen Großmächten für Deutschland zuletzt doch aussichtslos war, weil jede Heeresvermehrung auf unserer Seite von den anderen doch wieder überboten werden konnte. Was bleibt, ist der Vorwurf, daß Gossler — und mehr noch von Einem — allzu zuversichtlich auf die qualitative Überlegenheit des deutschen Heeres gebaut haben. Darin schwang wohl noch etwas von dem stolzen Bewußtsein überlegenen Könnens mit, das sich die preußische Armee in den Einigungskriegen erworben hatte — ein Bewußtsein, dessen Berechtigung sich doch von Jahrzehnt zu Jahrzehnt verminderte, vor allem gegenüber den Franzosen. Man vergaß dabei, daß schließlich auch 1870/71 die „stärkeren Bataillone" gesiegt hatten: 33 gegen 26 Infanteriedivisionen! Man hat überhaupt nicht recht verstanden, warum es Schlieffen so sehr auf die überlegene Zahl ankam. „Der Gedanke", schrieb von Einem in der eben zitierten Niederschrift, „daß solche Massen Mann an Mann und Mann gegen Mann in einer langen Linie fechten könnten, ist doch in das Gebiet der Phantasie zu verweisen. Wären nur die Zahlen ausschlaggebend, so wäre eine Feldherrnkunst nicht vonnöten. Und doch ist sie es immer gewesen und wird es auch in Zukunft sein, die die Überlegenheit der Massen auf den entscheidenden Punkt konzentriert. Diese Weisheit dem Chef des Generalstabs zuzurufen, ist nun eigentlich nicht Sache des Kriegsministeriums. Im Gegenteil müßte es Aufgabe des Chefs sein, damit etwaige Besorgnisse des Kriegsministeriums zu zerstreuen." Statt dessen, fährt die Denkschrift fort, erklärt der Chef jetzt die deutsche Truppenstärke für ungenügend zu einer Offensive großen Stils. Nun sind aber „noch niemals einem Feldherrn 23 aktive Armeekorps für den Krieg zur Verfügung gestellt worden. Wenn er mit einem solchen Heer sich nicht stark genug wähnt für eine Offensive, dann werden auch einige Korps mehr ihm das Gefühl des Vertrauens nicht geben können."

Noch deutlicher läßt sich der Gegensatz militärischen Denkens, der Generalstab und Kriegsministerium voneinander trennte, gar nicht mehr ausdrücken. Ganz klar wird aber auch, daß von Einem von den Feldzugsplänen Schlieffens (die schon seit 1897 den Durchmarsch durch Belgien vorsahen) keine nähere Vorstellung hatte. In der Tat ist das Geheimnis dieser Pläne auch dem Ministerium gegenüber streng gewahrt worden, wahrscheinlich bis zu der bekannten, von Ludendorff und Moltke gemeinsam konzipierten Denkschrift vom 21. Dezember 1912, in der die Maske endgültig gelüftet wurde[21]). Das mag unvermeidlich gewesen sein – daß es die Verständigung zwischen beiden Behörden außerordentlich erschwert hat, ist offensichtlich. Und eine vertrauliche Aussprache zwischen den leitenden Männern hat offenbar nicht stattgefunden.

Natürlich gab es auch noch andere Gründe für das Zögern des Ministeriums. Mehrfach, sogar noch 1906 nach der ersten Marokkokrise, berief sich von Einem darauf, daß ja keine unmittelbare politische Gefahr drohe und sträubte sich mit solcher Begründung gegen eine neue Heeresvorlage, die ihm der Reichskanzler Bülow geradezu anbot und die vor allem eine Modernisierung der technischen Ausrüstung bringen sollte[22]). Er ließ also Tirpitz allein die parlamentarischen Früchte der eben überstandenen Krise einheimsen. Es ist offensichtlich, daß er bis zum Ende seines Ministeriums niemals, auch nicht nach der Balkankrise von 1908, den vollen Ernst der deutschen politischen Lage und seiner eigenen Verantwortung für rechtzeitige Rüstungsmaßnahmen empfunden hat. Eine große Rolle spielte die altpreußische Sparsamkeit und die Abneigung des Soldaten vor schwierigen Debatten im Parlament. Sie wurde noch dadurch wesentlich verstärkt, daß die Finanzbedürfnisse des Reichsmarineamtes rapide stiegen: sie erreichten 1908 mit einem Jahresetat von 400 Millionen Mark fast die Hälfte der Heeresausgaben. Im Kriegsministerium war man nicht wenig entsetzt über diese Ansprüche; aber man respektierte sie ohne Protest, da ja der höchstpersönliche Wille des Kaisers dahinterstand. Sowohl die Flottengesetze von 1898 und 1900 wie die Novellen von 1906, 1908 und 1912 haben nachweislich (und nicht ohne persönliches Eingreifen des Monarchen) höchst notwendige Heeresverstärkungen verhindert bzw. eingeschränkt[23]). Auch der große

Offiziersbedarf der Marine schuf für die Armee Verlegenheiten, weil er ihren Offiziersnachwuchs sehr fühlbar verminderte und damit ihre Erweiterung erschwerte.

Was nicht so deutlich in den Akten steht, aber aus den ständigen Klagen des Ministeriums über Mangel an geeigneten Offiziersanwärtern und aus gelegentlichen Äußerungen[24]) sich erschließen läßt, ist die Sorge, die Armee könnte bei hemmungsloser Erweiterung Schaden an ihrem politischen Charakter als unbedingt zuverlässige Stütze des Thrones nehmen. Was würde aus der adligen Standestradition des Offizierskorps, wenn eine große Menge von Elementen kleinbürgerlicher Herkunft darin Aufnahme fände, was aus der schrankenlosen Loyalität der Unteroffiziere, wenn Arbeitersöhne mit sozialdemokratischer Erziehung neben den braven märkisch-pommerischen Bauernsöhnen, die ihren Kernbestand darstellten, zu diesem Dienstrang aufstiegen[25])? Die Sorge vor einem demokratisierten Volksheer schwang vermutlich jedesmal mit, wenn der Kriegsminister vor einer Verschlechterung der Qualität des Heeres durch allzu rasche Aufblähung warnte.

Zunächst aber ging es bei diesen Warnungen doch um andere Dinge. Eine laufende Vergrößerung des Heeres entstand automatisch dadurch, daß die allgemeine Dienstpflicht Jahr für Jahr wachsende Massen von ausgebildeten Soldaten in den „Beurlaubtenstand" entließ — ein Prozeß, der durch die Einführung der zwei- statt dreijährigen Dienstzeit 1893 noch erheblich beschleunigt worden war. Die Frage entstand, wie diese Massen im Kriegsfall am besten verwendet würden. Die jüngeren Jahrgänge wurden gleich bei der Mobilmachung zu ihren Regimentern eingezogen und füllten diese bis zur Kriegsstärke auf. Für die Verwendung der andern gab es eigene Reservedivisionen und Landwehrbrigaden, die erst im Kriegsfall gebildet werden, aber mit der Linientruppe gemeinsam ins Feld rücken sollten. Die große Zahl und die sehr ungleichmäßige Qualität und Ausrüstung dieser Reserveverbände waren es, die dem Minister Sorge machten. Da besondere Friedensstämme für diese Formationen, wie sie Verdy gefordert hatte, fehlten, ihre Mannschaften großenteils zu den älteren Jahrgängen gehörten, für ihre Ausrüstung und Bewaffnung, besonders mit Artillerie, Trainkolonnen, Verkehrs-, Nachrichten- und Sanitätstruppen nur sehr ungenügend gesorgt war, aber auch die Besetzung der Führerstellen und höheren Stäbe Schwierigkeiten machte, fürchtete das Ministerium, die Kampfkraft des Heeres würde gelähmt werden durch das Zusammenwirken von aktiven und Reserveverbänden an der Front. Seine Pläne liefen darauf hinaus, lieber eine kleinere, aber voll kampftüchtige und gleichmäßig organisierte Fronttruppe zu schaffen, die weniger leistungsfähigen Teile der Reservetruppen aus der Kampffront auszuscheiden und der „Besatzungsarmee" zu überweisen. Mit weiterer Vermehrung der Friedensformationen wollte man so lange innehalten, bis die vorhandenen aktiven Korps durch allmähliche Ausfüllung von Lücken und Erhöhung ihrer Mannschaftsbestände verstärkt, die Reserveformationen von den bisherigen Mängeln befreit wären. Auch neigte man grundsätzlich dazu, die Reserve- und Landwehrformationen nicht gleich an der Front einzusetzen, sondern für Nebenaufgaben der Kriegführung zu verwenden und einen Großteil der Mannschaftsreserven für den Ersatz von Verlusten der Kampftruppen zurückzuhalten.

Das waren die konkreten Fragen, über die man sich um 1900 zwischen Generalstab und Kriegsministerium stritt. Da Schlieffen seine Taktik mehrfach wechselte, erscheint der Streit manchmal fast verworren. Aber hinter den vielen technischen Einzelheiten blickt doch seine Grundhaltung ziemlich deutlich hervor.

Er war darin moderner als die Offiziere des Ministeriums, daß er keinerlei Scheu hatte vor dem Operieren mit Millionenheeren; er sprach gelegentlich mit Ironie von den Sorgen Roons, der 1870/71 gefordert habe, mit dem Gefangennehmen von Franzosen innezuhalten, weil es ihm an Bewachungsmannschaften fehle[26]). Von Anfang an hat er es auch abgelehnt, sich auf die angebliche qualitative Überlegenheit des deutschen Soldaten zu verlassen und gefordert: jeder Wehrfähige ohne Ausnahme müsse auch in das Heer eingestellt werden[27]). Damit zog er einfach die Konsequenz aus der Nachahmung des deutschen Heeressystems durch unsere Nachbarn, wie es auch schon Caprivi mit seinem großen Heeresgesetz von 1893 versucht hatte. Da an eine weitere Vermehrung der Friedensformationen vorläufig nicht zu denken war, hat sich Schlieffen zunächst 1892 vor allem für die Verbesserung der Reservekorps eingesetzt. Er forderte Maßnahmen, die es ermöglichen sollten, „unsere Reserveformationen unmittelbar nach Abschluß der Mobilmachung an den Feind zu führen", wo sie in engem Verband mit den Liniendivisionen fechten sollten. Die herkömmliche scharfe Unterscheidung zwischen Feld- und Besatzungsheer lehnte er grundsätzlich ab, um jeden kampffähigen Mann an die Front bringen zu können. Auch der Zusammenschluß von Ersatzbataillonen des Heeres zu höheren mobilen Verbänden unter eigenen Führungsstäben, wie sie in den acht Kriegskorps des Operationsplans von 1905 erscheinen, hat er schon in seinen ersten Amtsjahren gewünscht. Offenbar kam es ihm zunächst noch mehr auf die große Zahl als auf die Qualität der Fronttruppen an.

Aber er blieb in dieser Haltung nicht konsequent, was den Eindruck seiner Darlegungen auf das Kriegsministerium stark gemindert zu haben scheint. Schon im Oktober 1893 hat er plötzlich erklärt, die Vermischung von Reserveverbänden, die in ihrer Zusammensetzung vielfach der früheren Landwehr glichen, mit aktiven Korps sei äußerst bedenklich, wie alle Erfahrungen der neueren Kriegsgeschichte lehrten. Sie drohe die Schlagkraft der Linienverbände zu lähmen. So hat er schon damals, fast unmittelbar nach der Caprivischen Heeresreform, auf weitere starke Vermehrung der Friedensformationen gedrängt, die er allerdings erst von dem nächsten, 1899 fälligen Heeresgesetz erhoffen konnte; außerdem wünschte er die Bildung von „Kriegskorps", die nach der Mobilmachung aus gewissen „überzähligen" aktiven Truppenteilen zusammengefügt werden sollten. Tatsächlich brachte das Heeresgesetz von 1899 die Organisation von drei neuen Armeekorps im Frieden, aber nur eine geringe Verstärkung der Friedenspräsenszahl — einer weitergehenden Heeresverstärkung stand das zweite Flottengesetz mit seinem gewaltigen Finanzbedarf im Wege. Für Schlieffen, der auf sieben neue Armeekorps gehofft hatte (ein Wunsch, den er allerdings dem Ministerium nicht vorgetragen zu haben scheint), mußte das eine schwere Enttäuschung bedeuten; doch hört man nichts von Protesten. Nach der bösen Erfahrung, die sein Vorgänger, Graf Waldersee, mit der Ungnade Wilhelms II. aus Anlaß einer Manöverkritik gemacht hatte, hat er den Kaiser immer mit höchster Vorsicht behandelt, ist auch bei Kaisermanövern niemals seinen willkürlichen Eingriffen entgegengetreten.

Indessen hat er auch noch weiter versucht, durch Neubildung von Kriegsformationen die Stärke des Feldheers zu vergrößern. Seine konkreten Vorschläge erschienen im Ministerium etwas zwielichtig und unklar. Einerseits wiederholte, ja verschärfte er seine frühere Kritik an den Reserveformationen, erklärte es von neuem für völlig abwegig, sie mit Kampfverbänden der Linientruppen zu vermischen und wollte überhaupt nur noch „aktive Truppen" als „Operationsarmee" einsetzen; anderseits wollte er aber dann doch Reservetruppenteile zur Auffüllung neuer „aktiver" Korps und Divisionen heranziehen, die er aus „überschießenden" Verbänden der Linie im Krieg neu zu bilden wünschte. Offensichtlich war das ein etwas künstlich erdachter Kompromiß, mit dem Hintergedanken, auf dem Weg über „Kriegskorps" eines Tages doch noch zu neuen Korpsverbänden der Friedensarmee zu kommen[28]). Aber in der Ära hochgesteigerter Flottenrüstungen war daran nicht zu denken. Gossler mußte seit 1900 sogar auf seine ursprüngliche Absicht verzichten, das Heerespräsensgesetz von 1899 nachträglich zu erweitern — was Schlieffen mit „ernsten Bedenken" aufnahm, aber sofort (mit überraschend schneller und radikaler Wendung) mit dem Vorschlag beantwortete, nunmehr „die Reservedivisionen zu einer Verwendung Schulter an Schulter mit der aktiven Feldarmee zu befähigen" (27. 3. 1900).

An dieser Zielsetzung hat er dann bis ans Ende seiner Amtstätigkeit festgehalten. Außer einer Verbesserung forderte er jetzt auch eine erhebliche Vermehrung der Reservedivisionen — mit dem Endziel, sofort bei Kriegsbeginn die gesamte ausgebildete Mannschaft Deutschlands mobil machen und ins Feld senden zu können. Sicherlich hing das mit seinen eben damals ausreifenden Plänen für einen „Blitzkrieg" in Frankreich zusammen. Aber es ist begreiflich, daß man im Ministerium, ohne nähere Kenntnis dieser Pläne und von der überlieferten Vorstellung beherrscht, die Mannschaftsreserven sollten erst nach und nach eingesetzt und vor allem zur Auffüllung von Kriegsverlusten zurückgehalten werden, über die Forderungen des Generalstabschefs den Kopf zu schütteln begann. Eine sofortige Mobilmachung aller Reserven war nur möglich, wenn sie schon im Frieden in kampffähigen Verbänden organisiert und ausgebildet wurden. Das war eine gewaltige Aufgabe angesichts der Masse „überschießender" Reservisten und Landwehrleute: allein in Preußen rechnete man mit 900 000 Mann! Im Ministerium hielt man eine solche Zielsetzung für utopisch. „Wie sollen wir", lautet eine Referentennotiz von 1901[29]), „den ganzen Beurlaubtenstand schon von vorneherein in Formationen zusammenstellen? Wo soll das Geld herkommen für die Friedensbeschaffung und Aufbewahrung der enormen Masse der Bekleidungs- und Ausrüstungsstücke und des Feldgeräts? Wie soll die Auffrischung der Bestände geschehen? Das ginge ja ins Unendliche." Auch die von Schlieffen gewünschte Bildung von „Kriegskorps" aus „überschießenden" aktiven Truppenteilen und Reserveformationen erschienen im Ministerium als unpraktischer Vorschlag eines Theoretikers. Der seit 1903 amtierende Kriegsminister von Einem war darin noch skeptischer als sein weniger konservativer Vorgänger Gossler. Dieser hatte sich durch Schlieffens Wünsche bestimmen lassen, die Aufstellung von vier solchen Korps organisatorisch vorzubereiten. Von Einem wollte davon nichts mehr wissen. Eine Aufzeichnung seiner Hand vom Herbst 1903[30]), läßt deutlich erkennen, daß er die Idee der Kriegskorps überhaupt für eine Marotte des nun beinahe zweiundsiebzigjährigen und zum Abgang reifen Generalstabschefs hielt, dessen Nachfolger hoffentlich auf solchen „unzweckmäßigen Improvisationen" nicht bestehen würde. Er fürchtete schwere Störungen des Ganges der Mobilmachung und des Aufmarsches durch solche Improvisationen, hielt es aber auch für unmöglich, sie ausreichend mit Feldartillerie und Munitionskolonnen auszustatten, ohne diese den aktiven Korps zu entnehmen und deren Kampfkraft dadurch bedenklich zu schwächen. Diesem Widerspruch gegenüber hat Schlieffen nur mit Mühe beim Kaiser durchgesetzt, daß wenigstens zwei „Kriegskorps" beibehalten wurden.

Am Ende seiner Laufbahn mußte er es erleben, daß der Kriegsminister die Einbringung einer neuen Heeresvorlage um ein volles Jahr verschob und ihren Inhalt auf ein Minimum von Truppenvermehrung beschränkte (1905). Ihm selbst wurde der Entwurf erst nach Genehmigung durch den Kaiser vorgelegt, sein Wunsch, die noch bestehenden großen Lücken der Rüstung möchten schneller ausgefüllt werden (mehr forderte er nicht), blieb unberücksichtigt. Seine Ablösung als Generalstabschef war damals schon beschlossene Sache, sein späterer Nachfolger Moltke bereits zum Generalquartiermeister ernannt. Der Kriegsminister aber erklärte ihm 1904 in einem Schreiben (ebenso wie im Reichstag), er halte „die Entwicklung des Heeres nach der Seite der Formierung neuer Verbände und der Errichtung neuer Truppenteile im wesentlichen für abgeschlossen" und sehe die Präsenzstärke und Zahl der Kadres als ausreichend für das Kriegsbedürfnis an.

Welch schroffer Gegensatz zu den Anschauungen Schlieffens, wie dieser sie in seinem großen Organisationsplan eben damals formulierte! „Wir haben die allgemeine Wehrpflicht und das Volk in Waffen erfunden und den andern Nationen die Notwendigkeit, diese Institutionen einzuführen, bewiesen. Nachdem wir aber unsere geschworenen Feinde dahin gebracht haben, ihre Heere ins Ungemessene zu vermehren, haben wir in unseren Anstrengungen nachgelassen. Wir pochen noch immer auf unsere hohe Einwohnerzahl, auf die Volksmassen, die uns zu Gebote stehen, aber diese Massen sind nicht in der vollen Zahl der Brauchbaren ausgebildet und bewaffnet."

Das war ein Appell, mit dem die Forderung begründet werden sollte, sofort bei der Mobilmachung acht „Kriegskorps" aufzustellen. Wie aber die Improvisation dieser Korps gelingen und so rechtzeitig vollendet werden sollte, daß sie noch bei der Umgehung und Einschließung von Paris wirksam werden konnte — darüber blieb er jede Erklärung schuldig. Angesichts der offenbaren Unmöglichkeit, die für seinen „Blitzkrieg" erforderliche Truppenzahl auf dem Wege vermehrter Friedenskadres zu beschaffen, flüchtete der Stratege in die Hoffnung, sein Ziel mit Hilfe von improvisierten Kriegsformationen zu erreichen. Aber war diese Hoffnung nicht eine Utopie?

Sein letzter Antrag an das Kriegsministerium (vom 4. 11. 1905[31]) erhebt Einspruch gegen die Erklärung von Einems, die Entwicklung des Heeres sei nunmehr im wesentlichen abgeschlossen, die Aufstellung weiterer Formationen nun nicht mehr nötig. Schlieffen glaubt aber, „in nächster Zeit auf wesentliche Veränderungen nicht rechnen zu können", findet sich also praktisch mit dem neuen Heeresgesetz ab — auch damit, daß „die Aufstellung besonderer neuer Feldformationen unter den augenblicklichen Verhältnissen nicht zu erwarten ist". Statt dessen fordert er, um „alle ausgebildeten Mannschaften für den Kriegsfall nutzbar zu machen", daß die Bildung „überplanmäßiger Formationen" aus solchen Mannschaften und Offizieren des Beurlaubtenstandes, die im Kriegsfall bei den Ersatztruppenteilen entbehrlich sind, energisch gefördert wird. Solche Formationen hatte schon der Mobilmachungsplan von 1902 vorgesehen, es fehlte aber an Waffen, Ausrüstung und vorbereitenden organisatorischen Maßnahmen. Diese sollten jetzt beschafft werden, „damit diese Formationen den Feldtruppen zur Ablösung sofort folgen können" — zur Ablösung nämlich in Garnisondiensten, Bahnbewachung und anderen Besatzungsaufgaben, zunächst mit behelfsmäßiger Garnisonausrüstung. Von der Bildung neuer Kampftruppen aus ihnen, wie sie der große „Schlieffenplan" von 1905 doch vorsieht, ist keine Rede. Erst im weiteren Verlauf, heißt es, sollen diese Formationen „für geeignete Aufgaben des Feldkrieges brauchbar gemacht werden" — das ist alles.

Es blieb also, trotz dieses Antrages, ein ungelöster Zwiespalt bestehen zwischen der Theorie des großen, kühnen Feldzugsplans und der nüchternen Wirklichkeit des deutschen Rüstungsstandes[32]). Man hat von dem großen Schlieffenplan gesagt, er sei zunächst mehr Programm als realisierbare Planung gewesen. War er so gemeint, dann hätte er, um zu wirken, nicht als streng gehütetes Geheimnis in den Panzerschränken des Großen Generalstabes liegen bleiben dürfen. Realisierbar war er — wenn überhaupt — nur dann, wenn der Kurs der deutschen Rüstungspolitik völlig geändert, die Aufrüstung bis zum sofortigen Einsatz der gesamten Reserven an ausgebildeten Mannschaften an der Front gesteigert wurde — falls diese enorme Anstrengung nicht sogleich durch Gegenrüstungen unserer Feinde übertrumpft wurde, also vergeblich blieb.

Dritter Abschnitt

Strategie und Rüstungspolitik nach Schlieffens Abgang

Der neue Generalstabschef von Moltke hat zunächst das Erbe seines Vorgängers unverändert übernommen und fortgesetzt, sowohl in der Organisationsplanung wie in der Rüstungspolitik. Aber es geschah doch aus einer neuen Grundhaltung heraus, und rüstungspolitisch hat er in den letzten Vorkriegsjahren, offenbar unter Ludendorffs Einfluß, eine vorher im Generalstab unbekannte Aktivität entwickelt.

Seine strategischen Ideen findet man am deutlichsten in einer sehr ausführlichen Denkschrift von 1913 entwickelt, überschrieben: „Verhalten Deutschlands in einem Dreibundkriege"[33]). Darin setzt Moltke sich ausführlich mit den Operationsplänen seines größten Vorgängers, seines Oheims, auseinander. Dessen Gedanke, gemeinsam mit Österreich-Ungarn eine große Offensive im Osten zu führen, habe auf der Voraussetzung beruht, daß der russische Aufmarsch sehr langsam und in Polen erfolgen würde. Dort wollte man den Gegner vor der Vollendung seiner Aufmarschbewegungen von Nord und Süd her überfallen, also in die Zange nehmen. Die französische Armee war damals (vor 1890) viel schwächer als sie heute ist, so daß ihre Abwehr auch mit relativ geringen Kräften möglich erschien. Der Feldmarschall rechnete mit einer französischen Offensive zur Eroberung Elsaß-Lothringens und war der Meinung, sie würde dank der günstigen Gestaltung unserer Westgrenze zum Scheitern gebracht werden können. Die relativ kurze Westgrenze (nur rund 30 Meilen) ermögliche uns eine rein defensive Haltung, die 120 Meilen lange Ostgrenze ließe sich nur durch offensives Vorgehen verteidigen.

Inzwischen hat sich aber alles verändert. Der starke Ausbau des russischen Eisenbahnnetzes führte zur Beschleunigung des russischen Aufmarsches. Dieser ist weit nach Osten verlegt: in die Linie Kowno—Grodno—Bialystok—Brest-Litowsk. Dadurch ist eine deutsch-österreichische Offensive nach Polen wirkungslos gemacht. Ein deutscher Angriff gegen den neuen russischen Aufmarschraum würde heute befestigte Stellungen im schwer durchschreitbaren Sumpfgebiet des Narew und Njemen zu überwinden haben. Österreich-Ungarn würde gegen Iwangorod—Kowel vorgehen müssen und dabei auf die Rokitnosümpfe stoßen. So ist eine gemeinsame Offensive beider Heere gegen den russischen Aufmarsch kaum noch durchführbar. Selbst eine Forcierung des Narews würde uns nicht viel nützen; denn die Russen könnten dann in ihr weites Hinterland ausweichen. Jedenfalls würde sich dieser russische Feldzug endlos hinziehen.

Die Franzosen haben aber jetzt ihre Armee ungefähr auf dieselbe Stärke gebracht wie die deutsche. Eine rein defensive Abwehr dieser Armee mit bloßen Teilkräften würde nur ganz kurze Zeit möglich sein. Der Krieg an der Ostfront ist aber eine sehr langwierige Unternehmung, so daß ein Herumwerfen der Hauptkräfte nach Westen erst sehr spät möglich würde.

Es bleibt uns also, wenn wir nicht in rein defensive Haltung verfallen, sondern den Gegner besiegen wollen, nichts anderes übrig, als eine starke Offensive im Westen zu führen und im Osten nur schwache Kräfte zurückzulassen. Nur im Westen ist eine rasche Entscheidung möglich, weil nur hier beide Heere dicht an der Landesgrenze aufmarschieren.

Zum Offensivstoß im Westen müssen aber so starke Kräfte eingesetzt werden wie nur irgend möglich. Schlieffens hinterlassene Denkschrift von 1912[34]) will deshalb im Osten überhaupt keine Truppen stehen lassen und beruft sich dafür auf den Feldmarschall Moltke, der 1866 auch alle Kräfte auf die Hauptschlacht in Böhmen konzentriert und die Rheinfront von Truppen entblößt habe. Diese historische Parallele ist aber (wegen der heute vollkommen veränderten Bündnisverhältnisse) unzutreffend. Läßt man an der Ostfront nichts stehen, so ist der Russe bald in Berlin, und alle Erfolge im Westen (auf die Schlieffen mit so großer Sicherheit baut) nützen dann nichts. Außerdem wird Österreich-Ungarn, ohne deutsche Unterstützung gelassen, rein defensiv bleiben — also uns nicht entlasten. Die Österreicher werden nur dann aktiv werden, wenn deutsche Kampftruppen zum mindesten die russische Narew-Armee festhalten.

Im Westen muß die Festungskette an der französischen Ostgrenze umgangen werden — ein Unternehmen, das freilich seine großen Schwierigkeiten hat. „Es ist nicht angenehm, den Feldzug mit der Gebietsverletzung eines neutralen Nachbarstaates zu beginnen." Wir sollten versuchen, ein politisches Abkommen mit Belgien zu treffen, etwa in der Art, daß wir den Belgiern Gebietserweiterungen für den Fall versprechen, daß sie auf unsere Seite treten oder doch stillhalten. Man müßte ihnen zum mindesten die Erhaltung ihres vollen Besitzstandes garantieren. Ihr Land soll nur als Durchmarschgebiet dienen, keine Art von Annektion darf unser Kriegsziel sein. Freilich hält Moltke das Gelingen eines solchen Abkommens praktisch für beinahe ausgeschlossen. Wir müssen also damit rechnen, daß durch die belgische Armee sich die Truppenzahl unserer Gegner um rund 150000 Mann vermehrt. Auch England wird, ja *muß* gegen uns Partei ergreifen; denn es ist für die Briten eine Lebensfrage, zu verhindern, daß sich die Deutschen an der Kanalküste festsetzen. Sie werden uns niemals glauben, daß wir das nicht beabsichtigen. Eine deutsche Festsetzung am Kanal würde dauernd englische Flottenkräfte dort fesseln, „was England unfähig macht zur Behauptung seiner Weltstellung".

Sollten wir angesichts dieser Aussicht auf den Durchmarsch durch Belgien verzichten, falls England dafür Neutralität verspricht? Moltke hält das für sehr gefährlich. Ob England vage Neutralitätszusagen wirklich halten würde, ist ungewiß. Greift es aber in den Krieg trotz seiner Zusagen ein, so haben wir die einzige Chance eines schnellen Erfolges, die wir besitzen, ohne sicheren Gewinn aus der Hand gegeben. Nur eine aktive Kriegsteilnahme Englands an unserer Seite könnte uns den Verzicht auf die große Umfassungsoperation erträglich machen. Die Briten halten aber Deutschland für stärker als Frankreich; sie fürchten dessen Niederlage und eine deutsche Hegemonie in Europa. Sie wollen das europäische Gleichgewicht aufrechterhalten.

Als Gegner sind sie nicht zu unterschätzen. Sie besitzen jetzt eine voll ausgerüstete moderne Expeditionsarmee von 132000 Mann. England und Frankreich haben sich bereits aneinander gebunden und rechnen fest mit unserem Durchmarsch durch Belgien. Wahrscheinlich wird die englische Expeditionsarmee in der Gegend Dünkirchen—Calais landen, nicht in Antwerpen, wie Schlieffen 1906 erwartete. Die Landung dort scheint mit Rücksicht auf eine etwaige Gegenwirkung der deutschen Flotte aufgegeben zu sein. Wir werden in Belgien also auch englische Truppen zu bekämpfen haben; deshalb muß unser rechter Angriffsflügel sehr stark gemacht werden, und die französische Ostfront kann nicht auch noch angegriffen werden.

Keinesfalls dürfen wir (wie in Schlieffens Operationsplänen vorgesehen) die holländische Provinz Limburg (deren Südzipfel die Maas abwärts von Maastricht deckt) durchschreiten und damit auch noch die holländische Neutralität verletzen; denn wir brauchen Holland als „Luftröhre" für unsere Überseezufuhren.

Die Franzosen ihrerseits wollen gemeinsam mit Belgiern und Engländern unseren rechten Angriffsflügel zum Stehen bringen und die deutsche Front mit starken Kräften von Verdun her durchstoßen. Damit muß man bei der Verteilung der Kräfte rechnen. Über den Grundgedanken der Operation und die Vorbereitung des Aufmarschs hinaus strategische Erwägungen anzustellen³⁵), ist nicht möglich. Unser Bestreben muß immer sein: den linken feindlichen Flügel womöglich zu umfassen und den eigenen linken Flügel an der starken Festung Metz angelehnt zu halten.

In der Hauptsache stimmt das alles mit den Operationsplänen Schlieffens überein. Aber die Grundhaltung ist doch spürbar anders geworden. Zu den rein militärtechnischen Erwägungen des Schlieffenplans haben sich jetzt auch politische gesellt, sogar in großem Umfang, wie auch in anderen Denkschriften Moltkes³⁶). Vor allem: Es ist viel weniger Siegeszuversicht und überquellendes Kraftgefühl als schwere Sorge und die Vorstellung von einer unausweichlichen Zwangslage, was hinter dem Programm des großen Umfassungsangriffes durch Belgien steckt. Moltke sieht klar voraus, daß er politisch verhängnisvoll wirken muß, steht aber einigermaßen ratlos vor der Frage, was man tun könnte, um ihn zu vermeiden. Es paßt gut dazu, daß er in den „Kriegsspielen" des Generalstabs sich gern bereit zeigte, darauf zu verzichten, wenn nur die Franzosen aus ihren Maasfestungen herauskamen und der deutschen Seite Gelegenheit boten, den Entscheidungskampf auf lothringischem Boden auszufechten — im Gegensatz zu Schlieffen, der in jedem Fall starr an seinen Invasions- und Umfassungsplänen festhalten wollte, auch wenn eine französische Offensive tief in die Reichslande hereinführen sollte. Man wird also sagen müssen: Der große Plan Schlieffens ist von dessen Nachfolger zwar beibehalten worden, aber offenbar ohne innere Freudigkeit — eher als letztes Auskunftsmittel in schwerer Notlage denn als gläubig verfolgtes Siegesrezept³⁷). Als ihm der Staatssekretär von Jagow Anfang 1913 vorstellte, ein Durchmarsch durch Belgien würde uns mit Sicherheit die Engländer auf den Hals ziehen und eine Abänderung des großen Operationsplanes anregte, wurde Moltke „sehr nachdenklich", versprach eine gründliche Nachprüfung und veranstaltete darüber auch eine Beratung im Generalstab; diese führte, wie zu erwarten, zu einem negativen Ergebnis: es müsse bei dem Durchmarsch durch Belgien bleiben³⁸). Aber war es nicht eigentlich ein verzweifelter Entschluß, einen Gegner in wenigen Wochen „vernichten" zu wollen, der zu stark geworden war, um ihn nach den Plänen des älteren Moltke bloß abwehren zu können — und dies, obwohl wir ihm eingestandenermaßen weder an Zahl noch an Qualität des Heeres eindeutig überlegen waren?

Vielleicht war es aber auch schon zu spät geworden für eine totale Neugestaltung der Operationspläne unter systematischem Ausbau starker Verteidigungsstellungen zwischen Maas, Saar und Rhein. Jedenfalls unterblieb sie — ungeachtet aller bösen politischen Konsequenzen, ungeachtet auch der ernsten Schwierigkeiten, in die der deutsche Generalstab dadurch in seinem Verhältnis zu dem österreichischen geriet und von denen wir noch später hören werden.

Nur gewisse, rein technische Änderungen hat Moltke an den Plänen Schlieffens vorgenommen, die aber nicht aus einer grundsätzlichen Abneigung gegen die große Überflügelungsoperation und gegen die Überrumpelung Belgiens entsprangen, sondern aus nüchterner strategischer Erwägung: Der linke deutsche Heeresflügel wurde erheblich stärker angesetzt, als es Schlieffen geplant hatte — ohne übrigens die absolute Truppenzahl des rechten Flügels zu verringern. Man wußte im Generalstab, daß die französische Heeresleitung sich nicht mehr, wie zur Zeit Schlieffens, mit einer vorsichtigen Defensive begnügen wollte, sondern offensives Vorgehen mit starken Kräften plante, ermutigt durch das Erstarken des russischen Alliierten, und durch die neueren Abreden beider Generalstäbe zu stärkerer Aktivität gezwungen. Es war zu erwarten, daß die Franzosen von Verdun aus einen Durchbruch durch die deutsche Aufmarschfront versuchen würden; dieser Gefahr gegenüber hielt es Moltke in Übereinstimmung mit seinem damaligen Chef der Aufmarschabteilung, Oberst Ludendorff[39]), für notwendig, die Truppenverteilung des Schlieffenplans entsprechend zu verändern — was ihm später von den getreuesten Jüngern Schlieffens so oft als „Verwässerung" des großen Plans vorgeworfen ist, schwerlich mit Recht. Wie viel auch ihm darauf ankam, den rechten deutschen Angriffsflügel möglichst stark zu machen, zeigt außer der oben zitierten Denkschrift von 1913 die Tatsache, daß er trotz seiner Sorgen um die Ostfront deren Deckungstruppen zu Kriegsanfang schwächer bemessen hat als es Schlieffen für den Fall des Zweifrontenkrieges 1905 geplant hatte.

Auch *rüstungspolitisch* hat sich Moltke zunächst in den Bahnen seines Vorgängers bewegt. Die praktische Unmöglichkeit, eine wesentliche Erweiterung der Friedenskadres der Armee durchzusetzen, erkannte er bis 1911 ebenso wie dieser an, machte auch dieselbe Erfahrung, daß der Kriegsminister von Einem sich nicht allzuviel um die Wünsche des Generalstabs kümmerte und diesen erst nachträglich von seinen Vorlagen in Kenntnis setzte. Eine verbindliche, durchaus nicht kämpferische Natur, erhob er keine Einwände, als der Minister 1909 von neuem erklärte, daß „der Rahmen des Heeres trotz einiger Lücken auf längere Zeit als unveränderlich anzusehen sei", daß er die 1910 fällige neue Heeresvorlage auf 1911 verschob und sie ganz auf die Verstärkung der Hilfswaffen beschränken wollte. Der Dreadnoughtbau mit seinen enormen Kosten, die Flottennovelle von 1908, die Notwendigkeit einer großen Finanzreform — das alles beeindruckte ihn so, daß er dem neuen Reichskanzler von Bethmann Hollweg 1909 trotz der eben bestandenen Balkankrise einräumte, „nur aus der militär-politischen Lage sei (für den Reichstag) keine genügende Motivierung einer größeren Militärvorlage zu schaffen"[40]).

Aber von Anfang an hat er, wie sein Vorgänger, darauf gedrängt, innerhalb des einmal bestehenden Rahmens die Bildung größerer Kriegsverbände aus den ausgebildeten Reservemannschaften vorzubereiten und möglichst große Teile des „Besatzungsheeres" durch entsprechende Ausrüstung und Bewaffnung zum Kampfeinsatz zu befähigen. Nach und nach wurde diese Forderung immer häufiger und dringlicher erhoben: doch wohl unter dem starken Eindruck der seit der bosnischen Krise jäh emporlodernden Feindschaft Rußlands und der dort mit Macht einsetzenden Erneuerung und Verstärkung des Heeres. Sehr bald wurde dabei der neue Chef der Aufmarschabteilung Oberstleutnant (später Oberst) Ludendorff federführend. Die von ihm konzipierten Anträge an das Ministerium lassen eine neue Tonart erklingen: Es sind nicht mehr bloß trocken-sachliche Hinweise auf wünschenswerte Verbesserungen unseres Rüstungsstandes, sondern immer stürmischer werdende Überredungsversuche. Die Entwicklung des modernen Heerwesens zur Aufstellung von Massenheeren bei allen „großen Wehrmächten" zwingt uns, so wird dargelegt, unsere Menschenreserven bis aufs äußerste auszunutzen und also endlich die vorhandenen Reserveformationen zu wirklich einsatzfähigen großen Kampfverbänden auszugestalten. Mit den bisherigen Aushilfen und halben Maßnahmen ist es nicht länger getan: Wir brauchen vielmehr Reservedivisionen und Reservekorps, ausgestattet mit allen dazugehörenden Truppengattungen, schweren Waffen und technischen Hilfsmitteln. Dafür werden ganz präzise, sehr weitgehende Vorschläge gemacht. Auch der alte Schlieffensche Gedanke einer Aufstellung mobiler, kampffähiger Verbände aus den Ersatztruppenteilen wird wieder aufgegriffen. Er wird aber sogleich ins beinahe Grenzenlose erweitert: Der Generalstab begnügt sich nicht mehr damit (wie Schlieffen in seinem letzten Antrag), die Verwirklichung jener „überplanmäßigen Ersatzformationen", die schon der Mobilmachungsplan von 1902 vorgesehen hatte, und ihre Ausrüstung als Garnisontruppen zu fordern. Er plant jetzt nichts Geringeres als die Schaffung eines vollständigen, „wirklich schlagkräftigen Ersatzheeres", formiert in „gemischten Brigaden", die aber wieder in höheren Verbänden unter je einem „höheren Kommandeur" im Rang eines kommandierenden Generals zusammengefaßt werden sollen. Sehr bezeichnend für Ludendorffs Denkweise sind die von ihm formulierten Begründungen: „Jeder Staat, der mit äußerster Energie um seinen Bestand ringt, muß alle Kräfte und Hilfsmittel einsetzen, wenn er den höchsten Pflichten genügen will", heißt es mit einem patriotischen Pathos, das zum Stil aller seiner Denkschriften gehört (20. 7. 1910). Weiter dann: „Die Zahl unserer Feinde ist eine so große, daß es unabweisbare Pflicht für uns werden kann, in bestimmten Fällen von vornherein die gesamte wehrfähige Mannschaft des Reiches ihnen entgegenzustellen. Alles kommt darauf an, daß wir die ersten Schlachten gewinnen; wenn das gelungen ist, ist es wenig von Belang, wenn auch durch eine kriegerische Verwendung die Ersatztruppen dauernd ihren eigentlichen Aufgaben entzogen werden sollten." (1. 7. 1910.)

Also alles wird auf die eine Karte der ersten großen Schlachterfolge gesetzt — ähnlich wie bei Schlieffen. Aber die Verwendung dieser „Ersatzkorps" ist ganz anders gedacht: nicht zum Einsatz in der Entscheidungsschlacht in Frankreich sind sie bestimmt, überhaupt nicht „zu sofortiger Verwendung gemeinsam mit dem mobilen Feldheere", wie das Kriegsministerium zunächst befürchtete: „Das würde schon wegen des Eisenbahnaufmarsches nicht möglich sein". Vielmehr sollen sie selbständig auf Neben-Kriegsschauplätzen auftreten, und nur in besonderen Notfällen, so etwa in Schleswig-Holstein zur Abwehr einer britischen Landung (die Moltke ernsthaft befürchtete), oder im Osten an der Weichsel, Netze oder Warthe, jedenfalls immer „gestützt auf Festungen, Flußläufe und sonstige Abschnitte." Schon das Dasein eines solchen „Ersatzheeres", meint Ludendorff, könnte weitere Gegner vom Angriff auf unser Land abschrecken. Sofern sein Kampfeinsatz nicht nötig wird, stehen seine Mannschaften nach wie vor zum Ersatz von Kriegsverlusten zur Verfügung[41]).

Man sieht: aus dem reichlich utopisch wirkenden Programm der Schlieffenschen „acht Ersatzkorps" ist ein praktikabler Vorschlag geworden: Nicht Lückenbüßer für die kämpfende Front an ihrer gefährlichsten Stelle sollen im Kriegsfall improvisiert werden, sondern eine Art von zweiter Landwehr soll zur unmittelbaren Verteidigung des Heimatbodens planmäßig vorbereitet werden. In dieser neuen Gestalt leuchtete der Vorschlag auch dem Kriegsministerium, das jetzt unter Führung von Heeringens stand, besser ein; nur die Ausdehnung der geforderten neuen Formationen erschien als utopisch. Nach längerem Hin und Her wurden im Sommer 1911 „mobile Ersatzbrigaden", gemischt aus Ersatztruppen verschiedener Waffengattungen, für den Kriegsfall vorbereitet und ihre Zusammenfassung in höheren Verbänden („Ersatzkorps" bzw. „Ersatzdivisionen") durch Aufstellung von „Ersatzkommandeuren zu besonderer Verwendung" vorgesehen. Bei Kriegsausbruch gab es sechs solcher Kommandeure; die für die Truppe vorgesehene Ausrüstung war aber immer noch höchst unvollkommen. Eine größere Bedeutung hat die Einrichtung nicht gewonnen.

Als sie geschaffen wurde, war sie in gewissem Sinn schon überholt. Denn inzwischen vollzog sich eine ganz unerwartete, radikale Wendung des Kurses deutscher Rüstungspolitik. Die fragwürdigen Kriegsimprovisationen, um die man so lange gestritten hatte, verloren ihre Bedeutung, weil mit einer ruckartigen Anstrengung der bisher so ängstlich gehütete Rahmen des Friedensheeres nun doch gesprengt oder wenigstens stark erweitert wurde. Es handelt sich um eines der merkwürdigsten und denkwürdigsten Ereignisse in der Geschichte des preußisch-deutschen Heerwesens. Denkwürdig vor allem deshalb, weil hier offensichtlich ein völlig irrationales Moment, der jähe Umschlag der öffentlichen Meinung in Deutschland seit der zweiten Marokkokrise und der bekannten Drohrede Lloyd Georges, den eigentlichen Ausschlag gegeben hat. Das für den preußisch-deutschen Beamtenstaat Unerhörte geschah: Eine Welle nationaler Erregung drängte die Regierung mit solcher Gewalt zu einer großen Rüstungsaktion, daß alle Bedenken der Finanz- und Militär-Experten einfach zu Boden fielen.

Bethmann Hollweg hat zweifellos nicht geahnt, welchen Stein er ins Rollen brachte, als er am 9. Oktober 1911 dem Kriegsminister von Heeringen die Anregung gab, schon jetzt (statt erst 1916) mit einer neuen Heeresvorlage hervorzutreten — anscheinend mehr noch in dem Bedürfnis, durch eine solche Vorlage die von Tirpitz angekündigte, außenpolitisch höchst unerwünschte Flottennovelle zu hintertreiben (mindestens zu verzögern), als aus der Überzeugung, eine große Heeresvermehrung sei dringend notwendig. Natürlich konnte sich das Ministerium einer solchen, von oben kommenden Anregung nicht widersetzen, zumal auch der Kaiser schon seit 1910 auf eine stärkere Heeresvermehrung gedrängt hatte und selbst im Reichstag bei der Bewilligung der letzten Heeresvorlage zu Anfang des Jahres Kritik an ihrer Unzulänglichkeit geübt worden war. Der Kriegsminister zeigte aber zunächst geringen Eifer, den Kurs seiner Rüstungspolitik grundsätzlich zu ändern.

Erst als ihn Bethmann auf die Gefahr hinweisen ließ, daß die wehrfreudig gewordene Stimmung der Volksvertreter auch diesmal wieder allein der Marine zugute kommen würde, gerieten Kriegsministerium und Generalstab in lebhaftere Bewegung; mit Recht betonten sie jetzt, was früher noch nie in amtlichen Denkschriften der Heeresverwaltung gesagt worden war: daß die Entscheidung über das Schicksal Deutschlands zuletzt auf dem Lande, nicht auf der See falle, ja, daß eine Flottennovelle in diesem Augenblick die Kriegsgefahr sogar steigern könne[42]).

Nun wissen wir schon (oben Kap. 8, III), daß die Flottennovelle doch kam, daß Bethmann Hollweg eben darum Bedenken trug, vor den Wahlen eine neue, doppelte Rüstungsvorlage anzukündigen, daß ernste Finanzschwierigkeiten durch das Nebeneinander von Heeres- und Marineforderungen entstanden, die sich natürlich auch auf den Umfang der Heeresvorlage auswirkten und daß schließlich die Hoffnung, mit England zu einer Flottenverständigung zu kommen, neue Verzögerungen brachte. Aber dann erlebte die Regierung zu ihrer Überraschung, daß der neu gewählte Reichstag, in dem die Sozialdemokratie zur stärksten Fraktion geworden war, beide Wehrvorlagen samt den zugehörigen Steuervermehrungen anstandslos bewilligte, ja daß abermals kritische Stimmen laut wurden, denen die Heeresvorlage immer noch unzureichend erschien. Diese Erfahrung hat weitreichende Wirkungen gehabt.

Hatten Kriegsminister und Generalstab noch 1910 erklärt, eine neue größere Heeresvorlage lasse sich mit „militärpolitischen Gründen" nicht ausreichend motivieren, so fielen solche Bedenken jetzt glatt zu Boden. Es genügte jetzt, auf den gewaltigen zahlenmäßigen Vorsprung hinzuweisen, den die verbündeten Armeen Frankreichs und Rußlands inzwischen über die Heere des Dreibundes gewonnen hatten, um allenthalben patriotische Besorgnisse zu erwecken und die Volksvertretung zu großen Bewilligungen zu bewegen. Für die systematische Schürung patriotischer Befürchtungen sorgte der von General Keim Anfang 1912 gegründete „Wehrverein". Er übertraf schon bald den Flottenverein an politischer Bedeutung, obwohl er, anders als jener, von amtlichen Stellen keine Unterstützung fand. Er galt vielmehr im Kriegsministerium als überaus unbequem, mit seiner übertreibenden Schilderung der Mängel und Lücken unseres Heerwesens vor den Ohren des Auslands sogar als gemeingefährlich. Trotzdem ist seit 1912 in den Denkschriften des Ministeriums deutlich zu spüren, wie man sich vor der nationalen Entrüstung über mangelnden Rüstungseifer und „schlappe

Haltung" gegenüber dem Kanzler und seinem Finanzsekretär zu fürchten begann[43]). Vor allem gab diese Agitation allen denjenigen Elementen im Generalstab und Kriegsministerium einen starken Auftrieb, die schon längst danach drängten, den Rüstungswettlauf mit unseren Nachbarn ernstlich aufzunehmen und zu diesem Zweck „die volle Wehrkraft des deutschen Volkes auszuschöpfen", das heißt die Aushebungen so zu erweitern, daß künftig jeder Diensttaugliche auch in das Heer eingestellt würde. Bisher war das nicht geschehen, vielmehr nach der in Art. 60 der Reichsverfassung (formell nur bis 1871) festgelegten Bestimmung verfahren worden, daß jeweils ein Prozent der Bevölkerung im Frieden unter den Waffen stehen sollte[44]). Jetzt drängten die Eiferer, nach französischem Muster weit darüber hinauszugehen. Das Endziel hat Ludendorff mit einer für ihn sehr charakteristischen Wendung formuliert: „Wir müssen wieder das Volk in Waffen werden, zu dem wir einst in großer Zeit durch große Männer geschaffen wurden. Es darf darin für Deutschland kein Zurück, es darf nur ein Vorwärts geben"[45]).

Das Heeresgesetz von 1912, das eine Verstärkung der Friedenspräsenz um rund 29 000 Mann und mancherlei technische Verbesserungen brachte[46]), tat den militärischen Eiferern bei weitem noch nicht Genüge. Bis zum Spätherbst 1912 deutete aber nichts darauf hin, daß sie im Generalstab und Kriegsministerium größere Bedeutung gewinnen und eine neue, noch viel gewaltigere Heeresvorlage durchsetzen würden. Noch am 13. Oktober erklärten Moltke und Heeringen bei einem gemeinsamen Immediatvortrag in Hubertusstock den nunmehr erreichten Rüstungsstand für ausreichend, das Heer „allen Eventualitäten politischer Art" gewachsen und sogar die vom Kaiser gewünschte beschleunigte Aufstellung von Maschinengewehrkompanien für nicht dringend. Schon am nächsten Tage unterzeichnete aber Moltke ein von Ludendorff entworfenes Schreiben an den Kriegsminister, das „sehr erhebliche Mehreinstellungen" von Rekruten für notwendig erklärte, um eine „ausschlaggebende Erhöhung unserer Friedensetats an Mannschaften und Pferden" und dementsprechend eine bessere Zusammensetzung der (als völlig unzureichend bezeichneten) Reserve- und Landwehrformationen zu ermöglichen. Dieses Schreiben eröffnete eine ganze Reihe von Forderungen des Generalstabs nach Erhöhung der Mannschaftsetats durch eine neue Heeresvorlage, die seit Ende November immer dringlicher wurden. Sie haben auffallend schnell auch den Kriegsminister von Heeringen in seiner bisherigen Haltung erschüttert, obwohl er dadurch in die peinliche Lage geriet, frühere Erklärungen (auch vor dem Reichstag) zurücknehmen zu müssen und in der Reichskanzlei höchste Verwunderung zu erregen. Außenpolitische Ereignisse, die eine unerwartete Drohung für Deutschland bedeutet hätten, konnte er ebenso wenig überzeugend ins Feld führen wie Moltke, der mit ihm noch Anfang Dezember darin übereinstimmte, daß „die militärpolitische Lage zur Zeit eine für uns günstige" sei. Was in aller Welt hat also einen so plötzlichen und so radikalen Umschwung in der Haltung der leitenden Männer, Heeringens und vor allem Moltkes bewirkt?

Die Akten allein (und die auf ihnen fußende, sorgfältige Darstellung des Reichsarchivwerks) geben darauf keine befriedigende Auskunft. Sie zeigen nur (und das freilich ganz deutlich), daß Moltke nicht durch irgendwelche politischen Tagesereignisse oder Gefahren bestimmt wurde, sondern durch ganz allgemeine Sorgen für die Zukunft: ungünstige Verschiebungen der europäischen Machtverhältnisse, besonders durch weiteres Anwachsen der russischen Macht und die Balkanereignisse, könnten schon bald, vielleicht in zwei bis drei Jahren eintreten und zum Kriege führen. Dafür müßten wir gerüstet sein[47]. Nun war die Sorge vor dem raschen Fortschritt der russischen Rüstungen im Generalstab sicherlich sehr groß. Aber sie bestand schon lange. Warum so plötzlich das Bedürfnis nach einer neuen, ganz gewaltigen Truppenverstärkung?

Was sich als neues, für diese Wendung bedeutsames Moment erkennen läßt, ist eigentlich nichts weiter als eine Personalveränderung: Oberst Ludendorff hatte seit Oktober 1912 durch den Abgang seines Vorgesetzten, des Generalquartiermeisters Stein, unmittelbaren Zugang zum Chef des Generalstabs gewonnen. Es ist ganz offenbar, daß dieser Feuerkopf mit seiner eisernen Entschlossenheit seinen Chef, den vornehmen, feingebildeten, aber innerlich unsicheren, zwischen Entschluß und Bedenken oft schwankenden Moltke sogleich fasziniert und mit sich fortgerissen hat — weit über seine eigene Natur hinaus, wie sich aus nachträglichen, gesprächsweisen Abschwächungen der von ihm unterzeichneten, von Ludendorff entworfenen Schreiben erkennen läßt.

Oder war es noch mehr als der persönliche Einfluß dieses bedeutenden Mitarbeiters, was Moltke in diesen Monaten umgetrieben und zu seinen unerwartet großen Rüstungsforderungen veranlaßt hat? Ist ihm etwa erst jetzt, bei Besprechungen über die Aufmarsch- und Operationspläne Schlieffens (der ihm Ende 1912 einen neuen großen Feldzugsplan übersandte, in dem für die Ostgrenze überhaupt keine Truppen mehr übrig blieben) die ganze unerhörte Gewagtheit der geplanten Umfassungsoperationen bewußt geworden? „Ist Frankreich in den ersten großen Schlachten geschlagen", hatte er 1911 in einer großen Denkschrift geschrieben, „so wird das Land, das über keine großen Reserven an Menschenmaterial verfügt, kaum imstande sein, einen lang andauernden Krieg weiterzuführen." Der Kriegsminister hatte ein doppeltes Fragezeichen daneben gesetzt und an den langen Volkskrieg des Winters 1870/71 erinnert[48]). Ob nicht auch Moltke Zweifel aufgestiegen sind, angesichts der fortschreitend stärkeren Rüstung Frankreichs? Wir wissen es nicht. Aber wir sehen ihn in dieser Denkschrift und in einer neuen, noch größeren, die er selbst für den Kanzler entwarf, und dann gemeinsam mit Ludendorff überarbeitete (vom 21. Dezember 1912) sich in langen, rein politischen Erwägungen ergehen über die hoffnungslose und immer hoffnungsloser werdende Isolierung Deutschlands unter den großen Mächten, über den Ausfall Italiens als militärischer Bundesgenosse, was den Ausgang des Krieges mit Frankreich viel zweifelhafter machen werde als man früher gedacht habe, und über die bittere Notwendigkeit, daß wir unseren Lebenskampf im wesentlichen aus eigener Kraft werden durchfechten müssen. Dabei wird (im amtlichen Schriftverkehr mit anderen Dienststellen doch wohl zum ersten Mal) der Bruch der belgischen Neutralität zur Überwältigung Frankreichs als notwendig bezeichnet. Aus diesen allgemeinen Erwägungen kommt die Denkschrift zu der Forderung einer riesigen Heeresvermehrung, die in der verschärften, von Ludendorff mitbestimmten Endfassung nicht weniger als die jährliche Mehreinstellung von 150 000 Rekruten, also eine Vermehrung der Friedenspräsenz (in zwei Jahrgängen) um rund 300 000 Mann und die Aufstellung von „mindestens drei" vollständig neuen, aus dem Nichts zu schaffenden Armeekorps gipfelt. Für Moltke war das, wie schon sein ursprünglicher Entwurf zeigt, ein in langen Jahren zu erreichendes Fernprogramm. Ludendorff machte ein Sofortprogramm daraus, von dem er nichts ablassen wollte, trotz aller Nachweise des Kriegsministeriums, daß ein so jäher Sprung praktisch einfach unausführbar sei — und nicht nur aus finanziellen Gründen. Ludendorffs Hartnäckigkeit führte zuletzt zum Bruch: Er wurde als Regimentskommandeur in die Truppe versetzt, und Moltke fand mit dem Kriegsminister und Reichskanzler einen Ausgleich. Was dabei zustande kam, war immer noch die gewaltigste Heeresvorlage, die Deutschland jemals erlebt hat: Sie forderte eine Vermehrung um 117 000 Mann und fast 19 000 Offiziere und Unteroffiziere. Bethmanns unmittelbar an das Volk gerichteter Appell, die enormen Kosten (über eine Milliarde allein für einmalige Ausgaben!) nicht wieder durch Anleihen, sondern durch einen vom Vermögen zu zahlenden Wehrbeitrag aufzubringen, war eine kühne, aber staatsmännische und erfolgreiche Tat. Sie räumte mit einem Schlag alle so viel umstrittenen Fragen der Steuerkompetenzen des Reiches aus dem Wege und zwang den Reichstag, der öffentlichen Meinung folgend das gewaltige Opfer zu bewilligen. Die Durchsetzung der großen Wehrvorlage war die erfolgreichste aller Aktionen der Regierung Bethmann Hollwegs. Jedermann hatte damals das Gefühl, es sei nun geschehen, was auf einmal geschehen konnte, um jahrzehntelange Versäumnisse nachzuholen und den Vorsprung an Truppenzahlen, den unsere Nachbarn gewonnen hatten, einigermaßen auszugleichen.

Der Kanzler selbst ist nur zögernd und voll Bedenken an diese große Aktion herangegangen, zu der ihn die Militärs überreden mußten. Er fürchtete, die politischen Spannungen könnten durch einen solchen jähen Rüstungssprung noch vermehrt werden und der Rüstungswettlauf könnte nun erst recht weitergehen. Damit behielt er nur allzu recht. Das Gesetz war noch nicht im Reichstag angenommen, als schon die größten Gegenrüstungen der Nachbarmächte — in Frankreich unter Einführung der dreijährigen Dienstzeit! — begannen. Der Wettlauf wurde zum Rennen, und die große deutsche Heeresnovelle von 1913 hat sich bis zum Kriegsausbruch nicht mehr so auswirken können, daß an dem Stärkeverhältnis der beiden Machtgruppen Wesentliches geändert wurde — nicht einmal im Verhältnis Deutschland zu Frankreich[49]).

Der große Operationsplan Schlieffens blieb also nach wie vor ein Wagnis mit recht unsicheren Erfolgschancen. Aber eines war doch erreicht durch das beständige Drängen des Generalstabs: Die deutsche Armee konnte vom ersten Tage an mit sehr viel stärkeren, kriegsmäßig ausgerüsteten Reserveverbänden ins Feld rücken als die Franzosen, die alle Anstrengung auf eine möglichst hohe Präsenzziffer konzentriert hatten und nun lange Zeit brauchten, um alle ihre Reserveverbände zu mobilisieren. Der sofortige Einsatz von 13 deutschen Reservekorps an der Westfront war die größte Überaschung für den französischen Generalstab, der das für unmöglich gehalten und eben darum mit einem so weit ausholenden Umfassungsmarsch durch Belgien nicht gerechnet hatte[50]). Wir erhielten dadurch die Möglichkeit, trotz der enormen Aufrüstung Frankreichs und des Eingreifens starker belgischer und englischer Verbände in den Kampf, auf dem entscheidenden rechten Flügel (1.—3. Armee) zunächst eine gewaltige zahlenmäßige Überlegenheit zu entwickeln[51]). So erklärt sich, daß Moltke trotz aller Sorgen schließlich doch an die Möglichkeit eines großen und raschen Schlachterfolgs zu glauben wagte. Danach aber, meinte er (wie wir schon hörten), müsse die Widerstandskraft Frankreichs rasch zusammenbrechen, da ihm die Menschenreserven fehlten.

Mit solchen Erwartungen — oder vielmehr ungesicherten Hoffnungen — ging der Generalstab in die Julikrise 1914 hinein.

10. Kapitel

DIE GENERALSTÄBE UND DER KRIEGSAUSBRUCH

Erster Abschnitt
Präventivkriegsideen im österreichischen Generalstab

Am Ursprung der Julikrise von 1914 ist der deutsche Generalstab so wenig beteiligt gewesen, daß sein Chef nicht einmal um seine Meinung gefragt wurde, als Kaiser Wilhelm den Österreichern jene unbedingte Hilfszusage für den Fall eines Krieges mit Rußland gab, die sich nachher als so verhängnisvoll erwies. Moltke hat später versichert, wenn er gefragt worden wäre, hätte er mit Rücksicht auf die militärische Gesamtlage entschieden davor gewarnt[1]). Mag das nun zutreffen oder nicht (seine Gesamthaltung im Juli 1914 wird uns noch ausführlich beschäftigen): Sicher ist, daß an den entscheidenden Tagen (5. bis 6. Juli) weder mit dem Generalstabschef noch mit seinem Stellvertreter noch mit dem Kriegsminister von Falkenhayn eine eigentliche Beratung stattgefunden hat. Moltke selbst war bekanntlich bis zum 27. Juli auf Badekur abwesend, sein Vertreter, General von Bertrab, erhielt die schon getroffene Entscheidung einfach mitgeteilt und Falkenhayn wurde zwar formell nach der Kriegsbereitschaft der Armee, aber keineswegs um Rat gefragt[2]).

Es war also unsinnig, den Ursprung des Weltkrieges in irgendwelchen kriegerischen Gelüsten des deutschen Generalstabes zu suchen. Aber dafür, daß die Julikrise in eine Katastrophe hineinführte, ist er allerdings in hohem Maße mitverantwortlich — auch wenn sich zeigen läßt, daß weder der Generalstabschef noch der Kriegsminister in irgendeinem Augenblick den Krieg herbeizuführen wünschten. Das Maß ihrer Mitverantwortung zu bestimmen, ist aber unmöglich, ohne vorher das Verhältnis des deutschen zum österreichischen Generalstab eingehend zu klären. Denn hier, im Generalstab der verbündeten Donaumonarchie, lag unzweifelhaft das Zentrum aller kriegerischen Energie in jenen entscheidungsvollen Wochen — einer Energie, die zuletzt alle Ausgleichsbemühungen der Diplomaten überrannt hat. Conrad von Hötzendorf, der österreichische Generalstabschef, hat gewiß nicht den Weltkrieg gewollt, wohl aber den Krieg: seinen schon seit Jahren immer wieder geforderten serbischen Krieg, und zwar ohne Rücksicht auf die Gefahr eines Großbrandes. Ein radikales Kämpfertum, das politische Probleme nur mit Waffengewalt glaubt lösen zu können, hat sich kraft seines Einflusses in Wien schließlich durchgesetzt; in Deutschland war es dann die sogenannte „Zwangsläufigkeit" rein militärischer Erwägungen, was die Staatsvernunft lähmte. Wenn „Militarismus" (wie er zu Anfang dieses Werkes definiert wurde) einseitiges Kämpfertum und Übertäuben der politischen Vernunft durch rein militärtechnische Überlegungen bedeutet, dann muß die Julikrise von 1914 als äußerste Zuspitzung der Gefahren des Militarismus erscheinen.

Merkwürdig genug, daß der eigentliche Anstoß zum Ausbruch dieser Krise nicht von dem als „militaristisch" verschrienen Preußen-Deutschland ausging, sondern von der habsburgischen Doppelmonarchie, deren Diplomatie seit langem als vorsichtig, schwankend und unsicher galt — eine Folge der militärischen und innenpolitischen Schwäche dieses altertümlichen Staatswesens. Es war nichts weniger als überschäumendes Kraftbewußtsein und Eroberungsdrang, was die Staatsmänner Österreichs den Ratschlägen Conrads folgen ließ; im Gegenteil: es war die Angst vor dem gänzlichen Verfall des Vielvölkerstaates, den sie nur durch eine „energische Aktion" glaubten aufhalten zu können, ehe es endgültig zu spät wäre. Zu einer solchen Aktion drängte sie der Generalstabschef schon seit Jahren.

Conrad von Hötzendorf war unter den Offizieren der k. u. k. Armee entschieden eine Ausnahmeerscheinung und wurde als solche auch von früh an empfunden. Von zierlicher Figur und lebhaftem Temperament, mit nervös zuckenden, aber eindrucksvollen Gesichtszügen und auffallend klugen Augen, in seinem Äußeren eher nachlässig als gepflegt, wirkte er von Natur nicht eigentlich soldatisch. Als Taktiklehrer an der Kriegsschule, auch als Verfasser von Lehrschriften hat er schon in jungen Jahren viel Bewunderung bei seinen Hörern und Lesern erweckt. Was ihn vor anderen auszeichnete, war vor allem sein Einfallsreichtum und seine rastlose Aktivität. Sein stürmisches, immer erneutes Drängen auf Modernisierung und Verstärkung der österreichisch-ungarischen Armee war um so verdienstlicher, als diese seit 1889 in einen Zustand vollkommener Stagnation, ja geradezu des „Verdorrens" geraten war, wie ihr Kriegsminister, Graf Schönaich, 1907/08 mehrfach im Parlament erklärte. Unter eifriger Mitwirkung Conrads ist von diesen Versäumnissen wenigstens ein kleiner Teil 1912 aufgeholt worden. Aber seine Aktivität beschränkte sich nicht auf das militärische Gebiet.

Wer die fünf dicken Wälzer seiner Memoiren durcharbeitet und dann noch seinen schriftlichen Nachlaß und den Berg seiner Korrespondenzen im Wiener Kriegsarchiv mustert, steht einigermaßen fassungslos vor der ungeheuren Schreiblust dieses Soldaten. In immer neuen, oft endlosen Denkschriften für den Kaiser und den Außenminister entwickelte er nicht nur militärische Reformvorschläge, sondern in breitestem Umfang seine außenpolitischen Ideen und seine grundsätzliche Auffassung des Verhältnisses von Politik und Kriegführung. Vergeblich hat sich der Außenminister Baron Aehrenthal gelegentlich dieser Flut zu erwehren gesucht und dringend gebeten, die strittigen Fragen doch lieber mündlich zu diskutieren[3]. Ihm und seinem Nachfolger, Grafen Berchtold, blieb schließlich nichts übrig, als die Zuschriften des Generalstabschefs teilweise unbeantwortet zu lassen. Eine grundsätzliche Beschränkung des Generalstabs auf militärtechnische Fragen lehnte Conrad einfach ab. Als Aehrenthal sich 1909 gegen den Vorwurf wehrte, er habe zu Anfang des Jahres eine günstige Kriegschance nicht ausgenutzt, und als er die Entscheidung über Krieg und Frieden grundsätzlich dem Außenminister vorbehielt, da der Krieg nach Clausewitz nur eine Fortführung der Politik mit anderen Mitteln sei, protestierte Conrad in einer Randglosse aufs entschiedenste: „Bei dem innigen Zusammenhang der Führung des Krieges mit seiner Vorbereitung, und zwar auch auf Grund der politischen Lage, fällt diese Verantwortung auch auf den Chef des Generalstabs als Rath [sc. der Krone] — er trägt in dieser Hinsicht, wie die Geschichte lehrt, eine viel größere als der Minister des Äußeren. Clausewitz ist hier falsch zitiert. In der Anwendung des Mittels „Krieg" liegt eben die Politik"[4].

In der Tat: Der Krieg erscheint in den Denkschriften Conrads nicht nur als unentbehrliches, sondern als wichtigstes, ja allein wesentliches Mittel der Politik. Niemals, heißt es in einer Denkschrift von 1910, dürfen „diplomatische Bedenken und Vorsichtigkeiten, innenpolitische Schwierigkeiten sowie die Scheu vor finanziellen Opfern" zum Anlaß werden, um kriegerischen Konsequenzen auszuweichen; man muß immer bedenken, „daß sich die Schicksale der Staaten, der Völker, der Dynastien nicht am diplomatischen Konferenztisch, sondern am (!) Schlachtfeld entscheiden"[5]. „Man mag die Dinge drehen, wie man will, in letzter und entscheidender Linie ist es doch das militärische Kraftverhältnis, welches bestimmend wirkt für die Politik, weil diese sofort den Boden verliert, wenn sie mit dem militärischen Kraftverhältnis nicht in Einklang steht"[6]).

Dieser letzte Satz enthält sicherlich eine politisch-historische Wahrheit. Aber es ist nun seltsam, zu sehen, wie eng der Blick dieses Soldaten auf das „militärische Kraftverhältnis" zwischen Österreich-Ungarn und seinen nächsten Nachbarn, Italien und Serbien, begrenzt war, wenn er seine Kriegspläne schmiedete. Für ihn gab es im Grunde nur ein einziges Mittel, die inneren Nöte des sich langsam zersetzenden Vielvölkerstaates zu heilen: den militärischen Kraftbeweis, das „Abrechnen" mit den offenen und heimlichen Gegnern der Doppelmonarchie, und zwar durch jähen Überfall in der Form des Präventivkrieges. Schon im Frühjahr 1907 forderte er einen solchen Krieg gegen Italien, und zwar mit keiner anderen Begründung, als daß dieses Land in Wahrheit Feind, nicht Bundesgenosse Österreichs sei, ihm seine Adriastellung zu rauben trachte, die Irredentabewegung in Südtirol und Triest nähre und seine Wehrmacht dauernd verstärke, sicherlich zum Angriff auf den Habsburgerstaat. Man sollte also zuschlagen, ehe es zu spät würde — der Zustimmung Deutschlands (behauptete Conrad kühnlich) dürfe man sicher sein, Rußland sei nicht kriegsbereit[7]).

Dieser italienische Krieg sollte zugleich als eine Art von Vorarbeit für den nächsten Schlag dienen: für die Niederwerfung und Annexion Serbiens, die der Generalstabschef für notwendig erklärte, um die Annexion Bosniens und der Herzegowina zu sichern, die Bildung eines großen südslawischen Reiches außerhalb der österreichischen Reichsgrenzen (mit starker Anziehungskraft auf die österreichischen Südslawen) für immer zu verhindern und eine Landbrücke für den Orienthandel der Donaumonarchie zu gewinnen. Im Blick auf dieses Ziel war General Conrad die im Winter 1908/09 ausbrechende Krise um die Annektion Bosniens hochwillkommen. Er traf nicht nur alle Vorbereitungen zum Krieg mit Serbien, sondern drängte seit Januar 1909, auf alle Fälle gegen diesen Nachbarn loszuschlagen, einerlei ob dieser aggressiv würde oder nicht; Serbien und Montenegro müßten „als selbständige Gebilde weggeschafft" werden[8]). Da Rußland noch unter den Nachwirkungen der Revolution von 1905/06 litt und weder Italien noch Frankreich großen Kriegseifer zeigten, Deutschland aber „in schimmernder Wehr" seinem Bundesgenossen gegen Rußland beizustehen versprach, glaubte Conrad seine Aktion ohne große Gefahren durchführen zu können. Um so größer war seine Enttäuschung, als die Serben unter dem Druck der europäischen Mächte einlenkten und daraufhin auch die Wiener Regierung den

Streit für beendet erklärte. Er ist später immer wieder in seinen Denkschriften auf diese Ereignisse zurückgekommen, mit Vorwürfen gegen Aehrenthals angeblich schwächliche Diplomatie: sie habe eine große Gelegenheit versäumt, die Autorität der Monarchie und den österreichischen Reichsgedanken nach innen und außen wieder zu festigen. Seine Kriegslust war wesentlich dadurch verstärkt worden, daß es ihm Anfang 1909 gelungen war, zum ersten Mal präzise Hilfszusagen für den Fall eines russischen Angriffs vom deutschen Generalstab zu erlangen — eine Wendung der Dinge, auf deren politische Gefährlichkeit wir später noch zurückkommen müssen.

Conrads Kriegsplan war aber nur aufgeschoben, nicht etwa aufgegeben. Seine politische Aktivität steigerte sich noch und geriet in immer stärkeren Gegensatz zu Aehrenthal. Dieser zog aus der bosnischen Annektionskrise die Lehre, daß jeder Schritt zur Erweiterung der österreichischen Macht auf dem Balkan das Land in die Gefahr eines europäischen Krieges brächte und empfahl deshalb äußerste Selbstbeschränkung. Man solle sich bemühen, das Gleichgewicht der Balkanstaaten zu fördern (vor allem durch Begünstigung Bulgariens), aber keinesfalls „der natürlichen Entwicklung der Balkanstaaten entgegentreten". Die Anziehungskraft Serbiens auf die südslawische Bevölkerung Österreichs sollte man durch eine vernünftige Innenpolitik, besonders in Bosnien, zu vermindern suchen, aber auch die österreichisch-serbischen Spannungen nach Möglichkeit verringern, vor allem durch Abschluß eines für Serbien günstigen Handelsvertrags. Von einem Streben nach Beherrschung der Adria im Kampf mit Italien wollte er durchaus nichts wissen, und erst recht nichts von Präventivkriegen. Zu seiner Bemerkung, die Armee solle stark sein, aber nur für die Sicherung des Reiches und die Wahrung seiner „vitalen Interessen", schrieb Conrad an den Rand: „Welcher Staat könnte eine solche imposante Macht heute dauernd erhalten? Daher sie zeitweilig schaffen, dann aber auch ausnützen[9])!"

Fragt man, wie er sie ausnützen wollte, so stößt man auf erstaunlich primitive Urteile und Einfälle. Anfang 1910 überlegt er, ob es besser sei, die außenpolitische Schwäche Rußlands zu einem Präventivkrieg gegen diesen möglichen Gegner auszunutzen oder lieber zunächst mit Italien „abzurechnen", mit den Russen dagegen einstweilen ein „freund-nachbarliches Verhältnis" zu suchen. Das Letzere empfiehlt er schließlich dem Kaiser als „vorteilhafter vom militärischen Standpunkt"; Serbien und Montenegro könnten gegebenenfalls mit Italien zusammen erledigt werden[10]). Ähnliche Gedanken kehren in einer sehr merkwürdigen „Dienstanweisung" an die „Bürochefs" des Generalstabs vom 12. April 1910 wieder: Rußland, heißt es da (im Rahmen einer langen Betrachtung über die Politik fast aller Staaten der Welt), wird wohl demnächst in neue Konflikte mit Japan verwickelt werden; diese Lage müssen wir ausnützen — am besten durch einen Angriff auf Italien, Serbien und Montenegro. Die Abteilungschefs werden angewiesen, Aufmarschpläne für diesen Fall (aber auch für viele andere, nicht zuletzt auch gegen Rußland) auszuarbeiten, zunächst aber sämtliche politisch-militärischen Denkschriften und Studien Conrads seit 1905 durchzuarbeiten, um sich daraus mit dem Geist politisch-kriegerischer Initiative zu erfüllen, die sie im Gegensatz zur Politik des Auswärtigen Ministeriums beseelt. Letztere ist eine Politik des bloßen Beharrens, der ewigen Erhaltung des Status quo, der „frommen Wünsche", auf die sich keine Generalstabsplanung gründen läßt. Der Staat muß „Politik mit positiven Zielen hinsichtlich der Entwicklung seiner Machtsphäre machen, wenn er nicht verdrängt werden will"[11]).

Das war geradezu ein Aufwiegeln der Offiziere des Generalstabs gegen die offizielle Politik der Regierung, und man begreift, daß Baron Aehrenthal diesen Generalstabschef als „gefährlichen Mann" empfand. Nach mehrfachen, heftigen Zusammenstößen (sowohl über Rüstungsprobleme wie über die Frage des Präventivkrieges gegen Italien, den Conrad seit dem Ausbruch des Tripoliskrieges mit noch verstärktem Eifer betrieb), setzte der Außenminister 1911 die Entlassung seines Gegners aus dem Generalstab durch[12]). Aber der Nachfolger, General Schemua, war offensichtlich nur eine Notlösung, politisch eine absolute Null[13]); er wurde schon nach einem Jahr, gleich nach dem Tode Aehrenthals, wieder gegen Conrad ausgewechselt. Dieser entwickelte nun, gestützt auf die Gunst des Thronfolgers Franz Ferdinand, mit verdoppelter Energie seine Präventivkriegsideen. Sie richteten sich jetzt, während der Balkankriege, nicht mehr gegen Italien, sondern gegen Serbien und Rußland. Die Entwicklung Serbiens zu einer „nennenswerten Militärmacht", erklärte er am 20. Januar 1913, muß unter allen Umständen verhindert werden, am „wirksamsten und rationellsten" durch einen Krieg gegen Rußland. „Wenn Deutschland nur etwas in die Zukunft blicken wollte, so müßte es zu analogen Schlüssen kommen", im Interesse seiner eigenen Orientpolitik, die eine Verstärkung der Balkanstaaten nicht dulden darf. Es ist auch für Deutschland nur von Vorteil, wenn die Kraftprobe zwischen Dreibund und Tripel-Entente möglichst bald zum Austrag kommt. Scheut es aber zurück, so muß zunächst Serbien angegriffen und zertrümmert werden, und zwar „noch im heurigen Frühjahr", da die Erfolgschancen mit jedem längeren Hinausschieben abnehmen! Also wird gefordert: Mobilmachung am ersten, Beginn der Operationen am 15. März! Greift Rußland ein, so läßt sich die Hauptmasse der k. u. k. Armee immer noch rechtzeitig nach Galizien herumwerfen (ein Vorschlag, der im Juli 1914 wiederkehren wird). Nach einem bestimmten Kriegsanlaß wird nicht weiter gefragt[14]).

Diese Denkschrift eröffnete eine schier endlose Korrespondenz mit dem neuen Außenminister Grafen Berchtold, in der in immer neuen Varianten dasselbe Thema behandelt wird. Graf Berchtold war ein typischer Grandseigneur altösterreichischen Stils: gewandt auf dem höfischen Parkett und im Verkehr mit fremden Diplomaten, aber meilenfern von jeder Fühlung mit dem täglichen Leben des Volkes, mit den inneren Problemen des Vielvölkerstaates und seinen wirtschaftlichen Nöten, ja im Grunde ohne viel Interesse an der Politik überhaupt: ein Mangel, den er auch dem Kaiser gegenüber nicht verhehlt hat, und der ihn veranlaßte, sich lange gegen die Berufung in sein schweres Amt zu sträuben[15]). Die merkwürdige Isolierung des österreichisch-ungarischen Außenministeriums gegenüber den konkreten Problemen der beiden Reichshälften und ihren Parlamenten wirkt sich bei ihm besonders deutlich aus. Seine Korrespondenz mit Conrad zeigt ihn von Anfang an unsicher, im Grunde ängstlich, aber bemüht, dem stärkeren Charakter gegenüber als mutiger Aktivist zu erscheinen und darum seine Ängstlichkeit hinter (angeblichen oder wirklichen) Hemmungen von dritter Seite her zu verstecken[16]). Conrad hat sich ihm gegenüber als der Stärkere gefühlt und ihn zum Werkzeug seiner eigenen Pläne zu machen gesucht. Seit Berchtolds Berufung kannte er überhaupt keine Hemmungen mehr in der Ausdehnung seiner Aktivität über den militärischen Bereich hinaus. In seinem Nachlaß findet sich eine erstaunlich ausgedehnte, rein politische Korrespondenz mit den österreichischen Militärattachés, besonders in London, Petersburg und Bukarest, von ihm selbst zum Teil in der vertraulichen Duzform geführt, wie sie im österreichischen Offizierskorps in Nachwirkung altadliger Traditionen weithin üblich war; sie erweckt den Eindruck einer vollständigen, von den Botschaftern unkontrollierten Nebendiplomatie des Generalstabs. Conrad läßt sich etwa von seinem Petersburger Attaché melden, es bestünde Hoffnung, daß Rußland sich ganz gegen die Türkei wenden und dann Österreich freie Hand gegen Serbien lassen würde; gleich nach Empfang drängt er auf baldiges Losschlagen gegen diesen Nachbarn ohne Beachtung der russischen Gefahr[17]). Charakteristisch für sein politisches Denken ist sein immer wieder geäußerter Glaube, daß ein Entscheidungskampf um die Zukunft der Donaumonarchie über kurz oder lang doch bevorstehe, die Lage sich aber nur noch verschlechtern könne; also, ist regelmäßig der Schluß, muß man jetzt zuschlagen, auch wenn die Mächtekonstellation längst nicht mehr so günstig ist wie 1907 oder 1909. Es ist dieselbe Ansicht, die im Juli 1914 in Wien den Ausschlag für die Kriegsentscheidung gegeben hat.

Nun war die Vorstellung, daß Österreich-Ungarn durch seine hilflose Passivität während der beiden Balkankriege sein außenpolitisches Prestige verlöre, gewiß nicht unbegründet; auch der Gedanke, sich durch eine militärische Kraftäußerung wieder Ansehen zu verschaffen und die antiösterreichische Agitation der Serben gewaltsam zu dämpfen, ist zumindest verständlich. Aber war die militärische Kraft, die hinter solchen Plänen stand, wirklich so imponierend, um sich kühne Aktionen zutrauen zu dürfen? Niemand kannte doch besser als Conrad ihre Schwächen. Was ihn beseelt, ist politischer Geltungsdrang ohne echtes Kraftgefühl — mehr Krampf als wirkliche Zuversicht. Dazu kommt ein bedenklicher Mangel an klarer politischer Zielsetzung. Wie sollte es möglich sein, das Problem des südslawischen Nationalismus durch eine militärische Niederwerfung Serbiens wirklich zu lösen? Mußte das nicht zu einer endlos verlängerten Militärdiktatur und ewig neuen Aufstandsversuchen führen? Überdies setzten sich die Ungarn gegen jede Annektion serbischen Gebietes mit höchster Energie zur Wehr: sie wollten ihre privilegierte Stellung im Rahmen der Gesamtmonarchie nicht durch ein weiteres Anwachsen des slawischen Elementes gefährden lassen. Aber selbst wenn man diesen Widerstand hätte besiegen können (was ohne Bürgerkrieg so gut wie ausgeschlossen war): wäre dadurch die Gefahr für den inneren Zusammenhalt des Donaureiches nicht noch größer geworden? Conrad glaubte zeitweise, die Serben durch eine Mischung von Verlockungen und Drohungen zu freiwilligem Eintritt in die Donaumonarchie bringen zu können; sträubten sie sich, so wollte er ihnen den Krieg machen, und zwar durch Herausforderung mit Hilfe eines sehr brutalen Ultimatums, das bereits an den Juli 1914 erinnert[18]). Einmal in das Donaureich hineingezwungen, sollten sie (in Gemeinschaft mit Kroaten und Slowenen) eine Sonderstellung erhalten analog der Bayerns im Deutschen Reich und dadurch zufriedengestellt werden: eine seltsame Utopie, die um so weltfremder wirkt, als Conrad gleichzeitig das serbische Gebiet durch beträchtliche Abtretungen an Rumänien und Bulgarien verstümmeln wollte[19]).

Daß Rußland im Falle eines serbisch-österreichischen Krieges neutral bleiben würde, war 1913 infolge der neuerlichen militärischen Verstärkung des Zarenreiches schon sehr viel unwahrscheinlicher geworden als 1908/09. Conrad war sich auch darüber klar, daß Deutschland einen Präventivkrieg gegen Serbien zu unterstützen wenig Neigung zeigen würde — und war sehr ärgerlich darüber. „In gierigem Egoismus", schreibt er im Juli 1913, „trachtet Deutschland, die Monarchie aus Serbien und überhaupt vom Balkan kommerziell zu verdrängen." Es will die Balkanstaaten lieber selbständig erhalten, um sie wirtschaftlich besser ausbeuten zu können. Aber das Widerstreben des Bundesgenossen „darf die Monarchie nicht von der Verfolgung ihrer Interessen abhalten. Denn man kann sicher voraussetzen, daß umgekehrt Deutschland skrupellos die Monarchie zum Mittun zwingen würde, wenn seine Interessen, so z. B. das Vorgehen Rußlands in Asien, dies erheischen würden. Ritterliche Rücksichtnahmen können in der Politik zum Verbrechen am eigenen Staate werden, sind mindestens übel angebracht." Mit anderen Worten: Deutschland soll zum „Mittun", das heißt zur Unterstützung einer österreichischen Eroberungspolitik auf dem Balkan einfach genötigt werden. Nur daß Conrad die russische Gefahr jetzt noch nicht ganz ernst nimmt, sondern (im Sinn der Berichte seines Petersburger Militärattachés) dem Außenminister die phantastische Idee vorgaukelt, sich vertraglich mit Rußland in der Weise zu einigen, daß diesem die Türkei, der Donaumonarchie der westliche Balkan zur Eroberung überlassen wird[20]). Er hat es aber mit dem Losschlagen so eilig, daß er eine solche Abmachung gar nicht erst abwarten will, sondern rät, den Krieg sofort zu eröffnen, noch vor dem Beginn der Augustmanöver, ohne vorher den deutschen Bundesgenossen, ja sogar ohne die beiden Ministerpräsidenten der Doppelmonarchie zu fragen!

Während der Balkankriege ist es Conrad noch nicht gelungen, sich mit seinen Kriegs- und Eroberungsplänen durchzusetzen. Auf einer Ministerkonferenz im Oktober 1913, die darüber beriet, wie man die Belgrader Regierung zwingen könne, sich den Beschlüssen der Großmächte zu fügen und Albanien zu räumen, blieb er mit seinem Antrag, Serbien gewaltsam niederzuwerfen, auch wenn es in der albanischen Frage nachgeben sollte, allein. Die Minister stimmten zumeist dem Vorschlag Tiszas zu, sich mit einer diplomatischen Demütigung zu begnügen, die man durch bloße Drohungen „mit der äußersten Konsequenz" erzwingen könne; einige wollten (nach Conrads Bericht) wenigstens gewisse Gebiete besetzen, um Serbien

„den Herrn zu zeigen". Von Annektion oder Eingliederung nach dem Muster Bayerns (wie Conrad sie forderte) wollte keiner etwas wissen. Es scheint aber doch von Absetzung der Dynastie Karageorgiewitsch, von Gebietsverkleinerungen, wirtschaftlichen und militärischen Beschränkungen der Souveränität Serbiens die Rede gewesen zu sein. Graf Berchtold stimmte in allgemeinen Wendungen dem Generalstabschef zu, gab aber zu bedenken, daß eine Intervention Rußlands zu befürchten und weder von Deutschland noch von Italien Unterstützung zu erwarten sei. Ganz besonders beunruhigte ihn (und sehr mit Recht, wie sich 1914 zeigen sollte) die lange Frist von drei Wochen, die das Heer vom Beginn der Mobilmachung bis zur Eröffnung der Feindseligkeiten brauchte. Conrad setzte dem einfach seinen Kampfwillen entgegen: „Man muß militärische Erfolge anstreben, unbekümmert, was die anderen machen... Wenn es kriegerisch wird (und es nun einmal zu einem Krieg mit Rußland kommen muß), so ist der jetzige Zeitpunkt auch nicht ungünstiger als ein andermal[21]." Diesem gefährlichen Fatalismus stimmte (nach seinem Bericht) selbst Tisza zu. Würde dieser bedeutende ungarische Staatsmann auf die Dauer bereit und imstande sein, dem Drängen der Militaristen und dem — von allen Beratern der Krone so stark empfundenen — Prestigebedürfnis der Monarchie zu widerstehen? Von Berchtold ließ sich ein solcher Widerstand nur so lange erwarten, als noch keine allgemeine Kriegsstimmung die Wiener Gesellschaft beherrschte[22]).

Eine solche Kriegsstimmung brach aber aus, als die Ermordung des Thronfolgers Franz Ferdinand und seiner Gemahlin am 28. Juni 1914 aller Welt die Tiefe des Hasses und der Gefahr offenbarte, die den alternden Habsburgerstaat vom serbischen Nationalismus her bedrohten. Der Ruf nach Vergeltung und nach gewaltsamer, endgültiger Ausräumung des Verschwörernestes in Belgrad war ein ganz elementarer Ausbruch nicht mehr zu zähmender Leidenschaften — ein Aufbäumen altösterreichischen Stolzes und deutschen Nationalgefühls, bestätigt durch zahlreiche spontane Straßenkundgebungen, nicht nur in Österreich, sondern genauso in Reichsdeutschland, vor allem in München und Berlin. Eine Regierung, die sich jetzt noch gescheut hätte, sehr energische Schritte zu tun, um die serbischen Nationalisten zu demütigen und ihre Aktivität womöglich für immer zu lähmen, wäre der allgemeinen Verachtung anheimgefallen, wohl gar vom Strom einer parlamentarischen Opposition hinweggefegt worden. Nach aktenmäßigen Beweisen für die Mitschuld der serbischen Regierungsorgane, wie sie die österreichische Regierung vergeblich zu beschaffen sich mühte, fragte in der allgemeinen Erregung kaum ein Mensch: Alles war instinktiv davon überzeugt, und wir wissen ja heute auch, daß dieser Instinkt nicht fehlging[23]). Man hatte in Wien schon seit langen Jahren die bittere Empfindung, daß der alte Kaiserstaat von den Balkanstaaten als Großmacht nicht mehr recht ernst genommen würde. Jetzt schäumten Erbitterung und Geltungsdrang einfach über — in der öffentlichen Meinung, aber auch in der Diplomatie. „Wenn der Weltkrieg daraus entsteht, so kann uns das gleichbleiben", sagte Graf Hoyos, der Kabinettschef (Generalsekretär) des Außenministeriums am 15. Juli seinem Besucher, dem Historiker Joseph Redlich, als er ihn vertraulich von der Absicht der Regierung in Kenntnis setzte, den Krieg gegen Serbien zu erzwingen[24]). Wo die Leidenschaft rast, pflegt ruhige Staatsvernunft rasch überrannt zu werden.

Welchen Anteil hatte General Conrad an den kriegerischen Entschlüssen des Juli 1914? Er selbst berichtet, was auch von anderen Seiten bestätigt wird: er habe im Sommer 1914 die allgemeine Lage für ein Kriegsunternehmen Österreich-Ungarns viel ungünstiger gefunden als 1909 und sogar noch 1913; vor allem beunruhigte ihn die Haltung Rumäniens, das im zweiten Balkankrieg auf die Seite Serbiens getreten war und gerade im Juli 1914 eine sehr freundschaftliche Verbindung zum Zarenhofe anzuknüpfen schien. Die unzweideutige Warnung, die der russische Außenminister damals am rumänischen Hof für den Fall eines Angriffs Österreichs auf Serbien aussprach, machte in Wien starken Eindruck[25]). Schon im Januar 1914 hatte Conrad in einer großen Denkschrift berechnet, daß die Tripel-Entente „in zahlenmäßiger und geographischer Hinsicht" das Übergewicht über den Dreibund haben würde, falls außer Serbien und Montenegro auch Rumänien auf ihrer Seite kämpfen würde — und dies, obwohl er damals noch mit überraschender Zuversicht hoffte, Italien würde sich auf der Seite des Dreibunds festhalten lassen[26]). Seit Ende 1913 will er die Meinung vertreten haben, die Stunde für eine kriegerische Initiative Österreichs gegen Serbien sei nun endgültig verpaßt — was ihn aber nicht hinderte, im Gespräch mit dem deutschen Botschafter Tschirschky und dem Militärattaché Graf Kageneck trübe Betrachtungen darüber anzustellen, daß es vielleicht besser wäre, den unvermeidlichen Konflikt mit Rußland schon bald auszutragen, da es ja doch nur immer schlimmer würde. Es scheint auch, daß er damals zu zweifeln anfing, wie lange das national so bunt zusammengesetzte Heer der Doppelmonarchie noch zusammenhalten würde. Seinem Freunde

Baron Chlumecky gegenüber hat er Anfang Juli geäußert: „Im Jahre 1908/09 wäre es ein Spiel mit aufgelegten Karten gewesen, 1912/13 noch ein Spiel mit Chancen, jetzt ist es ein Va-banque-Spiel." „Es wird ein aussichtsloser Kampf werden", schrieb er seiner späteren zweiten Frau, „dennoch muß er geführt werden, da eine so alte Monarchie und eine so glorreiche Armee nicht ruhmlos untergehen können; so sehe ich einer trüben Zukunft und einem trüben Ausklingen meines Lebens entgegen"[27]).

Er hat aber geglaubt, auch einem Va-banque-Spiel, ja einem aussichtslosen Kampf durch Österreich „nicht mehr ausweichen" zu können, sollte die Monarchie nicht überhaupt als Ganzes abdanken. Um ihr Prestige zu retten, sollte „der Knoten gewaltsam durchhauen", das heißt dem inneren Zersetzungsprozeß des Vielvölkerstaates gewaltsam ein Ende gemacht werden. Darüber, wie das durch einen Krieg gegen Serbien erreicht werden könnte, war er sich offenbar 1914 ebensowenig im klaren wie früher. Als ihm Graf Berchtold in einer Aussprache vom 6. Juli vorhielt: „Die Deutschen werden uns fragen, was nach dem Krieg geschehen wird", war seine (sehr soldatische) Antwort: „Dann sagen Sie, daß wir das selbst nicht wüßten"[28]).

Sofort nach dem Attentat, schon am 29. Juni, riet er zur Mobilmachung gegen Serbien. Rückblickend darf man heute wohl sagen, daß ein solcher rascher Schritt politisch sehr viel wirksamer und für den Frieden Europas weniger gefährlich gewesen wäre als das endlose Hinauszögern jeder Aktion, das statt dessen bevorzugt wurde, die Nerven der europäischen Staatsmänner auf die Folter spannte und schließlich doch in einer kriegerischen Aktion endete, die aber nun zu spät kam. Indessen zeigte sich der Außenminister Graf Berchtold ängstlich und unsicher sowohl im Blick auf die slawischen Volksteile der Monarchie wie auf den deutschen und rumänischen Bundesgenossen. Er wollte sich vorläufig mit gewissen Forderungen an Serbien zur Beschränkung der nationalistischen Propaganda begnügen und vor allem das Resultat der gerichtlichen Untersuchung über die Hintergründe des Attentats abwarten, — eine völkerrechtliche korrekte, politisch sehr vorsichtige, eher zu vorsichtige Haltung, der aber auch die beiden Ministerpräsidenten Grafen Tisza und Stürgkh beistimmten. Dabei spielte die Furcht vor einem Eingreifen Rußlands und die Unsicherheit über Deutschlands Haltung eine wichtige Rolle[29]).

Dieselbe Unsicherheit beherrschte den alten Kaiser, bei dem Conrad am 5. Juli eine Audienz hatte, um ihn für eine kriegerische Aktion gegen Serbien zu bestimmen. Alle Wiener Staatsmänner waren sich offenbar bewußt, daß ein österreichischer Angriff auf Serbien als Provokation eines russischen Angriffs auf Österreich aufgefaßt werden konnte und also Deutschland nach dem Wortlaut des Dreibundvertrags (allerdings nicht des Zweibundes von 1879) von der formellen Verpflichtung zur Hilfeleistung entband. Vor allem erinnerten sie sich wohl der sehr ernsten Warnungen, die während der serbisch-albanischen Krise des Winters 1912/13 von Berlin gekommen waren, als Bethmann Hollweg sich mühte, gemeinsam mit Lord Grey zu verhindern, daß aus den Balkanstreitigkeiten ein Weltbrand erwüchse[30]). Ohne feste Hilfszusagen von deutscher Seite wollte aber schließlich auch Conrad den Krieg nicht wagen. Erst das bedingungslose Hilfsversprechen, das die Berliner Regierung am 6. Juli erteilte, hat diese Zweifel beseitigt und damit einen jähen Umschlag in der österreichischen Politik bewirkt. Dieser Umschlag erfolgte in der bekannten Ministerratssitzung vom 7. Juli, in der sich Graf Tisza trotz schwerster Bedenken gegen den Krieg schließlich bereitfinden ließ, der Übersendung eines Ultimatums an Serbien zuzustimmen (oder sich damit abzufinden), das so abgefaßt werden sollte, daß seine Annahme politisch unmöglich, der Krieg also sicher war. Der vorher so ängstliche und unsichere Berchtold zeigte sich jetzt, seit er der deutschen Unterstützung gewiß war (man hatte von Berlin aus sogar zum raschen Zuschlagen geraten!), plötzlich als der starke Mann, der eine endgültige „Abrechnung" mit dem verhaßten Nachbarn für unentbehrlich, alle diplomatischen Auseinandersetzungen und politischen Abmachungen mit Serbien für praktisch zwecklos erklärte. Vermutlich hatte er ähnliche Mahnungen zur Besonnenheit aus Berlin erwartet, wie sie der deutsche Botschafter Tschirschky im ersten Augenblick ausgesprochen und wie man sie im Winter 1912/13 vom deutschen Kanzler gehört hatte. Daß dieser jetzt zu raschem Losschlagen riet, wird Berchtold erst ganz deutlich gemacht haben, wie stark der Eindruck des Attentats auf Europa war und welche unerwartet neuen Chancen sich damit für Österreich eröffneten. Er zog daraus die Konsequenz und gab den so oft von ihm abgewiesenen oder überhörten Forderungen Conrads jetzt nach. An den eigentlichen Beratungen der Minister hat dieser freilich nicht teilgenommen: er wurde erst nachmittags zugezogen, als die Hauptentscheidung schon gefallen war, und nur als Sachverständiger zu technischen Fragen der Mobilmachung gehört[31]). Gleichwohl trägt er eine große Mitverantwortung für die Beschlüsse des 7. Juli; denn was die Minister von ihm wissen wollten, war im Grunde doch nur: ob die k. u. k. Armee auch wirklich imstande sein würde, einen Vernichtungskrieg gegen Serbien rasch durchzuführen — trotz der von allen gefürchteten russischen Intervention. Darüber hat er jedoch keine klare Auskunft erteilt — ja, er hat sich wohl selbst den Ernst dieser Frage verschleiert.

Österreich-Ungarn war außerstande, wie Conrad sehr gut wußte, gleichzeitig an der serbischen und an der russischen Front einen Krieg mit voller Energie durchzuführen. Sobald ein russischer Angriff auf seine Nordgrenzen drohte, mußte es seine Angriffshandlungen gegen Serbien einstellen, dort zu reiner Defensive übergehen und alle irgend entbehrlichen Truppen nach Galizien werfen. Griff Rußland erst nach Beginn des serbischen Krieges ein, so war bis dahin entweder (was der Generalstab fürchtete)[32]) noch gar kein Zusammenstoß mit den Serben erfolgt, oder man war schon in Kämpfe verstrickt und konnte sich nur sehr schwer daraus wieder loslösen. Man stieß also gänzlich ins Ungewisse vor, mit der sehr ernsten Gefahr (die dann im August 1914 auch eingetreten ist) sich mit Truppenteilen in Serbien festzulegen, die an der galizischen Front im entscheidenden Augenblick fehlten. Conrad hatte zwar einen Mobilmachungsplan ausgearbeitet, der es ermöglichen sollte, trotz großer eisenbahntechnischer Schwierigkeiten eine nachträgliche Verschiebung der Armee nach Galizien auch dann noch vorzunehmen, wenn der Aufmarsch gegen Serbien bereits im Gang war. Aber er mußte bis spätestens zum fünften Mobilmachungstage wissen, ob sie nötig sein, d. h. ob Rußland eingreifen würde oder nicht. Andernfalls traten gefährliche Verwicklungen und Verzögerungen des Aufmarsches ein. Das hat er dem Ministerrat auch gesagt. Aber was er offenbar nicht gesagt hat[33]) und was keiner der für den Krieg votierenden Minister bemerkt zu haben scheint, war die Tatsache, daß damit der serbische Kriegsplan zum reinen „Vabanque-Spiel" wurde. Denn im Ernst konnte ja doch niemand in Wien glauben, daß Rußland untätig zusehen würde, wie Serbien politisch vernichtet wurde. (Man sprach nicht mehr von Annektion, die Tisza unbedingt ablehnte, aber wie 1913 von Verkleinerung, Absetzung der Karageorgiewitsch und von einem militärischen Vasallenverhältnis des verkleinerten Staates zur Donaumonarchie.) Das hätte die Abdankung Rußlands als Großmacht in den Augen der Balkanvölker bedeutet, wie auch Conrad gesprächsweise anerkannte[34]). Auf die russische Neutralität hat demnach weder er noch Tisza noch Berchtold vertraut — nur daß der letztere jetzt das alte Argument Conrads hervorholte: Rußland bereite seit langem einen Balkanbund gegen Österreich vor, der Krieg sei also ohnedies unvermeidlich, aber seine Aussichten würden später noch viel schlechter werden. Wenn also Rußlands Eingreifen so gut wie sicher war, dann konnte die Niederwerfung der serbisch-montenegrinischen Streitmacht überhaupt erst begonnen werden nach der Vernichtung der russischen — oder zum mindesten nach ihrer endgültigen Ausschaltung.

War aber darauf so sicher zu rechnen?

Im Ministerrat hat Conrad die unglaublich törichte (aber für die geistige Verfassung mancher österreichischer Diplomaten bezeichnende) Ansicht des Grafen Hoyos zurückgewiesen, „daß wir alle unsere Kräfte auf den Balkan verwenden würden, Deutschland aber Rußland auf sich nehmen werde" — eine Ansicht, die Hoyos kurz zuvor in Berlin als Sondergesandter des Wiener Außenministeriums geäußert hatte[35]). Der Generalstabschef schnitt ihm das Wort ab mit der Bemerkung, für den gemeinsamen Kampf gegen Rußland wären bestimmte militärische Abmachungen mit dem deutschen Generalstab getroffen.

Diese Mitteilung hat vermutlich im Ministerrat starken Eindruck gemacht. In Verbindung mit der Versicherung Conrads, die Kräfteverhältnisse der Großmächte würden sich in den nächsten Jahren „eher zu unseren Ungunsten" verschieben, hat sie sicherlich den Kriegseifer der Versammelten noch gestärkt.

Gleichwohl wird man nicht sagen dürfen, daß der Generalstabschef die Minister durch einen übertriebenen Optimismus seiner Schilderung der militärisch-politischen Lage getäuscht habe. Schon vor dem Ministerrat hatte er dem Außenminister eine Denkschrift vorgelegt, in der ganz offen und in sehr ernstem Ton dargelegt wurde, daß sich die Gesamtlage Österreich-Ungarns im Fall der Neutralität Rumäniens ganz entscheidend verschlechtern, im Fall seines Übertritts auf die Gegenseite sogar katastrophal gestalten würde. Die Neutralität dieses Verbündeten würde einen Ausfall von 20 Divisionen, das heißt von 400 000 Mann bedeuten, seine Kriegsbeteiligung den doppelten Verlust und eine schwere Bedrohung des Donaustaates durch eine Invasion rumänischer Truppen in die Kernprovinzen. Auch die Tatsache wurde hier nicht verschwiegen, daß die Hauptlast des Krieges gegen Rußland zunächst auf Österreich-Ungarn allein fallen würde, während das verbündete deutsche Heer die Entscheidung in Frankreich suchen und währenddessen an der Ostfront zahlenmäßig unterlegen sein würde. „Diese schwere Aufgabe unserer Hauptkräfte konnte nur so lange mit Aussicht auf Erfolg durchgeführt werden, als mit der Mitwirkung der rumänischen Armee zu rechnen war." Das Abschwenken Rumäniens aber führe zu einer „gründlichen Änderung der Gesamtlage".

Das von Graf Hoyos geführte Protokoll der Sitzung vom 7. Juli läßt nicht erkennen, ob diese Denkschrift in ihr überhaupt zu Sprache gekommen ist. Tatsächlich scheint Tisza der einzige der Minister gewesen zu sein, den das rumänische Problem ernstlich beunruhigte, nicht zuletzt aus der Sorge des Ungarn um Siebenbürgen heraus. Ob General Conrad seine Besorgnisse wegen der Neutralität Rumäniens auch mündlich dargelegt hat, ist nicht ersichtlich[35]). Mit irgendwelchem Nachdruck kann er es aber kaum getan haben, denn Tisza blieb mit seinem Widerspruch vollkommen isoliert. Immerhin scheint der Generalstabschef die Sitzung mit etwas beklommenem Herzen verlassen zu haben. Seinem Mitarbeiter Oberst Metzger gegenüber äußerte er gleich darauf seine Befürchtung, Österreich-Ungarn werde einem Kampf mit Serbien, Rußland, Rumänien zugleich nicht gewachsen sein. „Ich möchte mir gerne einreden, daß es nicht so sei, aber es ist so." War es nur diese Sorge, die ihn bedrückte? War er sich seines Sieges über die russischen Angriffsheere in Gemeinschaft mit den Deutschen ganz sicher, wenn Rumänien neutral blieb? Und durfte er es sein?

Um darauf eine Antwort zu finden, müssen wir unseren Bericht über die Julitage 1914 unterbrechen und zunächst die Abmachungen zwischen dem österreichischen und dem deutschen Generalstab betrachten.

Zweiter Abschnitt

Abmachungen des österreichischen mit dem deutschen Generalstab

Im deutsch-österreichischen Bündnisverhältnis war ein bedeutsamer Wandel eingetreten seit den Tagen Bismarcks und des älteren Moltke. Seit dem Sturz des alten Kanzlers war man mit politischen Zusagen der Bundeshilfe immer großzügiger geworden — bis zur Leichtfertigkeit; aber gleichzeitig war seit dem Abgang Moltkes die zugesagte Unterstützung militärisch immer unsicherer und wertloser geworden[1]). Bismarck hatte genaue Abreden der beiden Generalstäbe für den Kriegsfall immer nur ungern zugelassen, ein bindendes Militärabkommen überhaupt verboten. Er fürchtete, die Wiener Politik würde leichtfertig werden in ihrer Balkanpolitik und nachlassen in ihren Rüstungsbemühungen, wenn sie allzu sicher auf ihren starken deutschen Alliierten vertrauen durfte. Das Bündnis sollte streng beschränkt bleiben auf die reine Verteidigung, und Bismarck erklärte ausdrücklich (sehr anders, als es 1914 geschah), wir würden Rußland niemals eher den Krieg erklären, als bis es Österreich tatsächlich angegriffen hätte. Auch von bindenden Zusagen für die Stärke der deutschen Ostfront wollte er nichts wissen[2]). Trotzdem durften sich die Österreicher damals mit voller Zuversicht darauf verlassen, daß die deutsche Armee sie im Falle eines russischen Angriffs nicht im Stich lassen, sondern die größere Hälfte ihrer Truppen zu einer gemeinsamen Offensive gegen Rußland einsetzen würde. Denn dies war Moltkes Kriegsplan.

Den Sinn dieser Bündnispolitik hat Wilhelm II. offenbar niemals verstanden. Dem österreichischen Generalstabschef Beck versicherte er 1889 in Gegenwart Kaiser Franz Josephs: „Aus welchen Ursachen immer Sie mobilisieren, ob wegen Bulgarien oder sonst — der Tag Ihrer Mobilisierung ist auch der Mobilisierungstag für meine Armee, und da können die Kanzler sagen, was sie wollen." Später (1895, wiederholt 1908) hat er dem österreichischen Botschafter sogar gesagt: „Kaiser Franz Joseph sei preußischer Feldmarschall und demzufolge habe er nur zu befehlen, die ganze preußische Armee werde seinem Kommando folgen"[3]). Da auch Waldersee und der Kriegsminister Verdy dem General Beck sehr weitgehende Zusagen machten, drohte der Sinn des Bündnisses durch den Eifer der Militärs und die politische Torheit des Kaisers völlig verschoben zu werden. Das hat Caprivi durch energisches Eingreifen verhindert und dabei in voller Übereinstimmung mit dem neuen Generalstabschef Schlieffen gehandelt. Dieser wurde dabei allerdings nicht von politischen, sondern ausschließlich von den uns schon bekannten militärischen Motiven bestimmt. Da er das Schwergewicht des deutschen Aufmarschs so stark nach dem Westen verlegte, hätte man vielleicht erwarten können, daß er um so größeren Wert darauf gelegt hätte, sich einer tatkräftigen und wirksamen Aktivität der Österreicher an der Ostfront zu versichern. Das war aber keineswegs der Fall; denn von der Leistungsfähigkeit der verbündeten Armee hielt er sehr wenig und meinte, das Schicksal Österreich-Ungarns würde sich ja zuletzt doch nicht am San, sondern an der Seine entscheiden. Im einzelnen haben seine Aufmarsch- und Operationspläne für den Osten sehr stark geschwankt. Anfangs plante er, die deutsche Front näher an die österreichische heranzurücken: er dachte, von Posen oder Schlesien aus nach Osten vorzustoßen, um so die Verbündeten zu einer Offensive fortzureißen, für die er ihnen die Energie nicht recht zutraute. Dann wollte er die deutsche Ostfront doch wieder in Ostpreußen aufbauen und schlug den Österreichern einen Aufmarschplan vor, der ihre Armeen auf eine viel zu breite Front von Oberschlesien bis Lemberg und Czernowitz verteilt und ihnen die Hauptlast der Verteidigung allein aufgebürdet hätte. Da Generaloberst Beck dies abwies, ließ Schlieffen sich überhaupt auf keine gemeinsamen Operationen mehr ein, wurde sehr unzugänglich und begnügte sich mit dem Plan, Ostpreußen durch Offensivstöße gegen den Narew zu decken und die Österreicher dadurch indirekt zu entlasten. Wie einseitig sich das Schwergewicht der deutschen Aufmarschpläne nach dem Westen verschob, wurde dem Bundesgenossen verborgen gehalten. Seit 1896 riß die Verbindung der beiden Generalstäbe so gut wie vollständig ab. Eine Operationsskizze, die General Conrad im Sommer 1908 für den Fall eines Krieges mit Rußland entwarf, setzt voraus, daß Deutschland zuerst einen Hauptschlag gegen die Russen, dann erst gegen die Franzosen führen wird und entwickelt Pläne für eine gemeinsam durchgeführte Einkreisungs- und Vernichtungsschlacht. Er hatte also von den wirklichen deutschen Aufmarschplänen keine Ahnung.

Man begreift, daß ein solcher Zustand im Wiener Generalstab als unerträglich empfunden wurde in dem Augenblick, als mit der bosnischen Krise die Gefahr eines Krieges — und zwar jetzt eines Zweifrontenkrieges gegen Serbien und Rußland zugleich! — unmittelbar auf ihn zukam. Mit ausdrücklicher Genehmigung Aehrenthals, der vorher mit dem Reichskanzler Fürsten Bülow Fühlung genommen hatte, richtete deshalb Conrad am 1. Januar 1909 eine offizielle Anfrage an Moltke, wie sich der deutsche Generalstab den Zweifrontenkrieg mit Rußland und Frankreich vorstelle: ob er die deutschen Streitkräfte auf beide Fronten verteilen würde oder ob er zuerst an einer, dann an der anderen den Hauptschlag führen wolle, und an welcher? Darüber müßte man in Wien orientiert sein, um zu wissen, ob man es wagen dürfe, zuerst mit „Serbien abzurechnen" und sich dann gegen Rußland zu wenden oder ob man den entscheidenden Schlag zunächst gegen die Russen zu führen hätte. Conrad rechnete damals noch auf die Waffenhilfe Rumäniens und wollte in Galizien insgesamt 40 österreichische Infanteriedivisionen gegen Rußland aufmarschieren lassen; sollte zunächst ein „Hauptschlag" gegen Serbien-Montenegro geführt werden, so setzte er dafür 8 bis 9 Divisionen, für die Nordfront zunächst nur 30 an, die erst nach etwa drei Monaten von der Balkanfront her verstärkt werden könnten.

Das war eine recht günstige Rechnung, wie Moltkes Antwort (vom 21. Januar 1909) ausführte. Die Russen hätten nach den ihm zur Verfügung stehenden Nachrichten nicht mehr als 25 Infanteriedivisionen für den Kampf gegen Österreich-Ungarn zur Verfügung, gegen Deutschland rund 29. Allerdings könne die deutsche Heeresleitung zu Kriegsbeginn, falls Frankreich eingriffe, „nur die nötigsten, zur Deckung unserer östlichen Provinzen erforderlichen Kräfte" dort zurücklassen und müsse die Hauptmacht der deutschen Streitmacht zunächst gegen Frankreich einsetzen. Denn hier müßte (wie Moltke mit den Argumenten Schlieffens darlegte, ohne jedoch den Durchmarsch durch Belgien zu erwähnen) die eigentliche Entscheidung auch für die Ostfront gesucht werden. Diese Entscheidung würde aber (fügte er sehr optimistisch hinzu) „kurze Zeit nach beendetem Aufmarsch fallen". „Es ist begründete Aussicht vorhanden, daß Deutschland, wenn ihm der Sieg beschieden sein sollte, in nicht zu langer Zeit starke Heeresteile zur nachhaltigen unmittelbaren Unterstützung [frei] haben wird." Ihr Abtransport ist vorbereitet und vollzieht sich in wenigen Tagen. Bei der Langsamkeit der Mobilmachung und der Operationen des russischen Heeres erscheint es als wahrscheinlich, daß die Entscheidung im Westen gefallen sein wird, bevor die Ereignisse an der österreichisch-russischen Grenze zu einer solchen herangereift sind. Auch im Fall einer Einmischung Frankreichs ist also „die Lage der verbündeten Reiche zwar als ernst, aber nicht als bedrohlich aufzufassen".

Das war ein betonter Zweckoptimismus. Moltke wollte (und mußte) verhindern, daß sich die Österreicher nicht durch die sehr fatale Nachricht, wir würden an der Ostgrenze „nur die nötigsten zur Deckung unserer östlichen Provinzen erforderlichen Kräfte" zurücklassen, von aggressivem Vorgehen gegen die russische Streitmacht abschrecken ließen und etwa auf die Verteidigung der Karpatenpässe beschränkten. Denn dann wäre die deutsche Lage im Osten vollends unhaltbar geworden. Das Schreiben ist aber auch politisch auf einen sehr optimistischen Ton gestimmt. Moltke glaubt weder, daß die Russen so bald nach ihrer Revolution (die ja aus Truppenmeutereien entsprungen war) schon wieder kampffähig sind, noch daß die Italiener sich feindlich zu ihrem Bundesgenossen stellen werden, wie es Conrad (an diesem Punkte längst zum Hypochonder geworden) befürchtete. So bildete sein Brief eine Art von militärischem Gegenstück zu den politischen Fanfarentönen Bülows, der damals so laut von Deutschlands „Nibelungentreue" gegenüber Österreich sprach. Man kannte eben im deutschen Generalstab ganz genau die inneren Schwächen sowohl der russischen wie der italienischen Wehrmacht. Das Schreiben hat seinen Zweck auch voll erreicht: Conrad war nicht etwa enttäuscht und besorgt, sondern versicherte, er habe volles Verständnis für die Notwendigkeit einer deutschen Großoffensive im Westen, habe sie sich auch schon in eigenen strategischen Studien klargemacht und entwickelte sofort mit dem ihm eigenen Eifer große Angriffspläne (mit vielen verwickelten Details) für den russischen Krieg, auch für den Fall einer gleichzeitigen „Abrechnung" mit Serbien. Man gewinnt fast den Eindruck, daß es geradezu seinen Ehrgeiz reizte, schon vor dem Eintreffen deutscher Hilfe aus dem Westen bedeutende Schlachterfolge zu erreichen und dadurch den Waffenruhm der k. u. k. Armee zu erhöhen.

Spätere Kritiker haben in dem Brief Moltkes, der diese Wirkung tat, einen Übergriff des Militärs in die politische Sphäre und eine sehr folgenreiche Erweiterung der deutschen Bündnisverpflichtung über das stets von Bismarck inne gehaltene Maß hinaus erblicken wollen. Der „Schlüssel zur Kriegsschuldfrage" liege darin, daß Deutschland seit diesem Schreiben (und der nachfolgenden Korrespondenz der beiden Generalstabschefs) verpflichtet gewesen sei, auch eine ehrgeizige Erwerbspolitik der Österreicher auf dem Balkan militärisch zu decken[4].

In der Tat enthält das Schreiben Moltkes — wie die meisten seiner Denkschriften — gewisse Betrachtungen, die über das rein militärische Gebiet hinausgehen. Er meint u. a., Serbien „treibe zum Verzweiflungskampf mit Österreich", und es sei vorauszusehen, daß „der Augenblick kommen kann, wo die Langmut des Kaiserstaates den serbischen Provokationen gegenüber ein Ende haben wird. Dann wird der Monarchie kaum etwas anderes übrigbleiben als in Serbien einzumarschieren", und ein aktives Einschreiten Rußlands kann dadurch ausgelöst werden. „Mit diesem würde der Casus foederis für Deutschland gegeben sein"[5].

War damit der „Casus foederis" erweitert, das Verteidigungsbündnis von 1879 zum Angriffsbündnis umgefälscht? Wer auf die lange Reihe von Conrads Präventivkriegsplänen zurückblickt, wie wir sie heute kennen, wird geneigt sein, die Frage zu bejahen. Aber einen Freibrief für jedes Balkanabenteuer, wie er in Potsdam am 6. Juli 1914 den Österreichern erteilt wurde, enthält die Formulierung Moltkes (die sicherlich mit dem Auswärtigen Amt genau verabredet war) doch eigentlich nicht. Wie wenig der Generalstabschef daran dachte, österreichische Balkanabenteuer unterstützen zu wollen, zeigt eindeutig seine Randbemerkung auf dem Schreiben Conrads vom 1. Januar: „Es ist m. E. wichtig, daß Österreich den Krieg mit Serbien nicht provoziert. Solange es sich nur auf die Abwehr gegen Serbien beschränkt, wird Rußland keine Veranlassung haben, aktiv zu werden." Hiernach wird man den fraglichen Satz seiner Antwort so zu verstehen haben, daß „serbische Provokationen" gemeint waren, die, wenn sie von russischer Seite unterstützt wurden, als indirekter, aber lebensbedrohlicher Angriff Rußland selbst zu gelten hatten. Wie Bismarck sich in einem solchen Fall entschieden hätte, ist deshalb nicht mit voller Sicherheit zu beantworten, weil zu seiner Zeit von lebenbedrohender Aktivität der Serben gegen die Donaumonarchie noch nicht gesprochen werden konnte. Mit einiger Sicherheit läßt sich nur sagen, daß der erste Kanzler wohl nicht einverstanden gewesen wäre mit Moltkes Zusage „zu demselben Zeitpunkt, wo Rußland mobil macht, wird auch Deutschland mobil machen, und zwar seine gesamte Armee". Aber das hing mit dem erst nach Bismarcks Tode entstandenen Schlieffen-Plan zusammen, der es in der Tat unmöglich machte, abzuwarten, bis die Russen Österreich angriffen[6]). Nicht zu leugnen ist, daß eine so eindeutige Bündniszusage, wie sie der Moltkesche Brief enthielt, sehr geeignet war, den Kriegspolitiker Conrad in seiner schon allzu großen politischen Aktivität zu bestärken. Aber zum Abschluß einer förmlichen „Militärkonvention", vergleichbar der russisch-französischen von 1892, ja nicht einmal zu festen Abreden beider Generalstäbe in dem Umfang, wie sie zwischen England, Frankreich und zeitweise Belgien zustande kamen, hat der Briefwechsel Moltke — Conrad niemals geführt. Den fortgesetzten Versuchen des Österreichers, den deutschen Generalstab auf bestimmte Truppenzahlen für den Osten oder auf bestimmte Operationen festzulegen, ist Moltke sehr bewußt ausgewichen (wie noch zu erörtern sein wird). Und irgendeine Verpflichtung der deutschen Armee zur Hilfeleistung an Österreich im Falle jedes Balkankonfliktes enthielten seine Zuschriften so wenig, daß im Juli 1914 niemand in Wien auch nur auf den Gedanken verfiel, sich der deutschen Regierung gegenüber bei dem Ersuchen um Bündnishilfe auf diese Korrespondenz zu berufen. Im Gegenteil: bis zu den Potsdamer Zusagen vom 6. Juli war Conrad (wie schon erörtert) ebenso unsicher wie Graf Berchtold, ob die Deutschen „mitmachen" würden. Hätte übrigens der Brief Moltkes vom 21. Januar 1909 tatsächlich eine politische Bindung an die Wiener Politik enthalten, so wäre dafür nicht der Generalstabschef, sondern der Reichskanzler Bülow verantwortlich zu machen, der ihn dazu ermächtigt hatte. Die deutsche Außenpolitik aber war schon längst über die strenge Bündnisbegrenzung der Bismarckzeit hinausgegangen, seit die Auflösung des Rückversicherungsvertrages mit Rußland ihr Österreich gegenüber größere Handlungsfreiheit verschafft hatte. Als 1896 ein russisch-österreichischer Konflikt über der Meerengenfrage auszubrechen drohte, hatte der Reichskanzler Hohenlohe zwar ausdrücklich erklärt, wir sähen den Casus belli weder im Falle einer russischen Okkupation Konstantinopels noch bei einer russischen Besetzung der Dobrudscha als gegeben an — in solchem Falle handle Österreich-Ungarn vielmehr „auf eigene Verantwortlichkeit", wenn es Rußland den Krieg erkläre; aber er hatte sogleich hinzugefügt, wir würden „nicht zugeben, daß seine Großmachtstellung ernsthaft bedroht würde". „Wir bleiben bei dem Programm", hatte er in Wien mitteilen lassen, „daß, wenn die uns befreundete österreichisch-ungarische Monarchie, selbst infolge von Unternehmungen, die wir mißbilligen, in Lebensgefahr kommt, wir ihr beispringen müssen." Dazu kam (schon vorher) die Erklärung: „selbstverständlich stehe dem Kaiser Franz Joseph und seiner Regierung das endgültige Urteil darüber zu, ob ein Lebensinteresse der österreichisch-ungarischen Monarchie durch den Eintritt gewisser Ereignisse verletzt sei oder nicht. Falls die Großmachtstellung Österreich-Ungarns ohne Provokation seinerseits (dies ein wichtiger Zusatz!) bedroht würde, könne sich Kaiser Franz Joseph auf ihn, den Kaiser (Wilhelm II.), verlassen"[7]. Hier war also längst eine grundsätzliche Entscheidung getroffen, die über die Zuständigkeit des Generalstabs weit hinausging, und die Zunahme der Spannungen zwischen den großen europäischen Machtblocks hatte sie seither noch erheblich mehr versteift[8]).

Mit der allgemeinen Zusage einer kräftigen Unterstützung Österreichs nach Abschluß des Frankreichfeldzuges hat sich Conrad natürlich nicht begnügt. Um sofort die Offensive in Galizien ergreifen zu können, auch im Falle eines gleichzeitigen Feldzugs auf dem Balkan, wünschte er genau zu wissen, wann die deutschen Verstärkungen aus dem Westen eintreffen würden und in welcher Zahl. Werden die im Osten verbleibenden Kräfte imstande sein, gleich von Anfang an die I. und II. russische Armee (zusammen 19½ Divisionen) an der ostpreußischen Grenze festzuhalten? Welchen Auftrag haben sie? Werden am 35. Mobilmachungstag wenigstens 20 deutsche Divisionen aus Frankreich eintreffen können, um die österreichische Offensive zu unterstützen? Von alledem wird es abhängen, ob und wo diese angesetzt werden kann.

Man sieht: Conrad wünschte einen ganz genauen Operationsplan mit den

Deutschen zu verabreden, der diese binden und den Erfolg seiner eigenen Offensive garantieren sollte. Aber darauf konnte sich Moltke nun doch nicht einlassen. Seine Antworten vermeiden es durchweg, tiefer auf operative Einzelheiten einzugehen, sind aber in aller Knappheit klar und präzise gefaßt. Die erste konkrete Angabe, die er machte, war, daß im Falle des Zweifrontenkrieges nur noch 13 (statt ehemals 18) deutsche Divisionen im Osten verbleiben sollten. Aber er versicherte, sie würden völlig genügen, um 19½ russische Divisionen von Österreich fernzuhalten. Mit hilfloser Verlegenheit äußerte er sich dagegen über den Termin des Eintreffens deutscher Kräfte von der Westfront im Osten. „Ich bin nicht imstande, auf diese wichtigste aller behandelten Fragen eine präzise Antwort zu geben, da hier der Feind mitbestimmend ist." Je nachdem, ob die Franzosen selbst offensiv würden oder nicht, könne die Entscheidung in 3 bis 4 Wochen gefallen sein und der Transport würde dann nochmals 9 bis 10 Tage beanspruchen. Auf Angaben über die Zahl der nach Osten zu überführenden Truppen und über die Art ihres Einsatzes ließ er sich nicht ein.

Dabei ist es im wesentlichen bis 1914 geblieben. Genauere Angaben über diese Punkte hat Moltke nicht gemacht — nur daß sich seine Schätzungen über den Termin der Osttransporte — entsprechend dem Wachstum der französischen Rüstung — allmählich von 3 bis 4 auf „etwa 6 Wochen nach Beginn der Operationen (d. h. bis etwa zum 60. Mobilmachungstag) verlängerten — eine Frist, die dann ja auch 1914 ungefähr eingehalten, sogar noch unterboten worden ist (nur ohne den im Schlieffen-Plan vorgesehenen Totalsieg in Frankreich!).

Aber Conrad hat sich auch dabei nicht beruhigt. Er wünschte dringend, von Kriegsbeginn an die Initiative auf dem östlichen Kriegsschauplatz in der eigenen Hand zu behalten, also keinesfalls zu warten, bis die deutschen Divisionen von Westen heranrollten und unterdessen die Russen ihre Kräfte voll entwickelt hätten. Er wollte die (schon von seinem Vorgänger Beck geplante) Großoffensive zwischen Weichsel und Bug „am 24. oder 25. Mobilmachungstage" eröffnen, und zwar auch in dem Falle, daß die österreichisch-ungarische Armee zu diesem Zeitpunkt schon stark am Balkan engagiert wäre (infolge Hinauszögerns der russischen Kriegserklärung). Aber dazu müßte er die Gewißheit haben, wie er Moltke erklärte, daß die deutsche Ostarmee an demselben Tage eine Offensive eröffnen und dabei „ihren Hauptstoß mit etwa 10 Divisionen gegen die russische II. Armee, also gegen den Narew begönne, damit es der russischen I. und II. Armee eben nicht möglich werde, weitere Kräfte gegen die österreichisch-ungarische Armee zu wenden". Mit anderen Worten: er forderte eine deutsche Entlastungsoffensive zur Fesselung russischer Kräfte am Narew, nicht etwa eine Großoffensive im Stile des älteren Moltke über den Narew hinweg nach dem Inneren Polens, um dort mit der österreichischen Armee unmittelbar zusammenzuwirken. Der Feldzug sollte so durch Teilschläge eröffnet, die eigentliche Entscheidung aber erst nach Eintreffen der deutschen Hauptmacht von Westen gesucht werden. Dabei äußerte Conrad eine gewisse (und, wie sich später gezeigt hat, nicht unberechtigte) Sorge, ob Deutschland auch imstande sein würde, mit bloß 3 bis 4 Divisionen (dem Rest seiner Osttruppen) die russische I. Armee (Njemen-Armee), die er auf etwa 11½ Divisionen schätzte, in Schach zu halten, wenn 10 Divisionen gegen den Narew vorgingen.

In Erwiderung auf diesen Wunsch hat nun Moltke am 19. März 1909 eine Zusage gegeben, die für das deutsch-österreichische Bündnisverhältnis zu Kriegsanfang und für die Planung Conrads grundlegend geworden ist. Er versprach einen Angriff der Deutschen gegen die Narew-Linie, um die Offensive der Österreicher zwischen Bug und Weichsel zu unterstützen, das heißt eine Verstärkung der dort kämpfenden russischen Heeresteile (III. Armee) vom Narew her zu verhindern. Er gab dieses Versprechen offensichtlich ungern und betonte, die im Osten verbleibenden 13 deutschen Divisionen wären eigentlich nur zum Schutz der Provinzen östlich der Weichsel bestimmt gewesen und es hätte ihrem Führer überlassen werden sollen, ob er diese Verteidigung offensiv durchführen wolle und könne. Der österreichische Generalstab fürchte mit Unrecht, daß die Russen auch ihre II. Armee gegen die galizische Front marschieren lassen würden, da sie ja sicher von Frankreich vertraglich zu einer großen Offensive gegen Deutschland verpflichtet wären. Überdies, schrieb Moltke, hat ein Angriff gegen den Narew mit schwachen deutschen Kräften „große Schwierigkeiten zu überwinden. Er ist in der rechten Flanke durch Warschau, in der linken durch Gegenangriffe von Lomza her bedroht. Dennoch werde ich nicht zögern, den Angriff zu machen, um die gleichzeitige österreichische Offensive zu unterstützen. Euer Excellenz können sich auf diese Zusage, die reichlich überlegt ist, wohl verlassen. Bedingung dabei ist, daß die Bewegungen der Verbündeten gleichzeitig angesetzt und unbedingt durchgeführt werden. Sollte die Ausführung der Absichten eines der Verbündeten durch den Feind unmöglich gemacht werden, so ist schnellste gegenseitige Benachrichtigung unbedingt geboten, da die Sicherheit des Einzelnen ganz vom Zusammenwirken Beider abhängt."

Also eine förmliche Verpflichtung: ein höchst bemerkenswertes Symptom dafür, wie viel der deutschen Heeresleitung jetzt — im Gegensatz zu den Tagen Schlieffens — daran gelegen war, unter allen Umständen den Alliierten zu seiner Großoffensive zu ermutigen und dadurch die schwer bedrohte deutsche Ostfront zu entlasten. Conrad hat das Versprechen Moltkes so wichtig genommen, daß er es sich alle Jahre neu als fortdauernd gültig bestätigen ließ, jedes Mal unter pedantisch genauer Aufzählung des gesamten Briefwechsels. Zweifellos hatte er diese Zusage im Sinn, als er im Ministerrat des 7. Juli 1914 so geheimnisvoll von festen Abreden der beiden Generalstäbe für den Kriegsfall sprach. Was hielt er aber damit, ganz nüchtern betrachtet, in der Hand? Für die ersten Kriegswochen nicht mehr als ein deutsches Ablenkungsmanöver, das einen Teil der russischen Streitkräfte binden sollte, dessen rechtzeitiges Gelingen aber schon deshalb fraglich war, weil die Möglichkeit, einen Flankenstoß der russischen Njemen-Armee gegen die deutsche Narew-Offensive mit stark unterlegenen Kräften abzuwehren, einfach offenblieb. Moltke ist in seiner Antwort gar nicht darauf eingegangen, hatte sich aber klüglich die Möglichkeit offen gehalten, daß die „Ausführung seiner Absichten durch den Feind unmöglich gemacht" werden könnte — wie es ja denn auch im August 1914 durch das Vordringen der Armee Rennenkampf bis zu den masurischen Seen geschehen ist. Es konnte sehr wohl sein, daß die Deutschen erst einmal durch einen kräftigen Vorstoß gegen Nordosten, das heißt gegen die russische I. Armee, sich Luft verschaffen mußten, ehe sie es wagen konnten, sich nach Süden zu wenden. So blieb es im Grunde bei einer recht ungewissen Zusage. Noch ungewisser war die Aussicht, daß starke deutsche Heeresmassen, von Westen kommend, binnen weniger Wochen auf polnischem Boden eintreffen würden, um die dort von den Österreichern begonnene große Offensivschlacht zu einem glücklichen Ende zu führen. Es gehörte schon sehr viel Optimismus dazu, um diese Hoffnung als festen Faktor in die strategische Rechnung einzusetzen. Aber Conrad teilte zunächst diesen Optimismus mit der ganzen deutschen Generalität.

Weitere und bessere Zusagen vom deutschen Generalstab zu erhalten, ist ihm nicht gelungen, obwohl er seit 1913, nach seiner Rückberufung in den Generalstab, sichtlich unruhiger, ja besorgter geworden, darauf drängte[9]). In seiner letzten Unterredung mit Moltke vor Kriegsausbruch (Mai 1914 in Karlsbad) sprach dieser sogar nur von „zwölf Divisionen, vielleicht etwas mehr" östlich der unteren Weichsel und von einem Plan, die deutschen Weichselfestungen auszubauen. Auf Conrads ängstliche Frage: „Was fangen Sie an, wenn Sie im Westen keinen Erfolg haben und im Osten Ihnen die Russen derart in den Rücken kommen?", wußte er nur achselzuckend zu erwidern: „Ja, ich werde machen, was ich kann. Wir sind den Franzosen nicht überlegen."

Das war eine sehr wenig tröstliche Antwort, und wir wissen ja schon, wie pessimistisch (um nicht zu sagen: hoffnungslos) General Conrad tatsächlich im Sommer 1914 in die Zukunft blickte. Was er an deutschen Zusagen in der Hand hielt, war alles andere als ein sicherer Trumpf. An dem Charakter des „Va-banque-Spiels" wurde dadurch nichts Wesentliches geändert. Wenn er trotzdem in jenem verhängnisvollen Ministerrat vom 7. Juli nicht die Bedenken Tiszas gegen den Krieg offen unterstützte, sondern das blinde Vertrauen der andern Minister auf die mächtige Hilfe Deutschlands verstärken half, so wird man das bei einem so verantwortungsbewußten Manne nicht einfach Leichtsinn nennen dürfen. Eher könnte man vom „Mut der Verzweiflung" sprechen. Irgendwie hing es wohl mit jener soldatischen Denkweise zusammen, die wir schon von einem ähnlichen Entschluß Suchomlinows her kennen (vgl. oben Kap. 4): mit der Vorstellung, daß ein rechter Soldat auch vor der größten Gefahr nicht zurückweicht. Die ganze Größe der Gefahr hätte er freilich den Politikern nicht verschweigen dürfen. Und wenn er später von deutschem Verrat schrie, als seine große galizische Offensive scheiterte, ehe die Deutschen imstande waren, gegen den Narew vorzustoßen und ehe die Waffenhilfe aus dem Westen herankam, so war das nicht nur höchst ungerecht, sondern zeigte deutlich, wie sehr es diesem beweglichen Geist an nüchterner Einschätzung der eigenen und der fremden Kräfte fehlte. Freilich beruhte auch der deutsche Feldzugsplan (der ja die österreichische Großoffensive mit einkalkulierte!) auf einer Überschätzung der eigenen Möglichkeiten. Letztlich haben sich beide Generalstäbe gegenseitig überfordert.

Dritter Abschnitt

Conrads und Moltkes Anteil an der Schürzung des Schicksalsknotens

Was der Wiener Ministerrat am 7. Juli zustande gebracht hatte, war in jeder Hinsicht ein halber Entschluß. Statt das Ultimatum an Serbien sofort aufzusetzen und abzusenden, zögerte man es durch lange Wochen hin: erst wegen ungenügender Resultate des Sarajewoer Kriminalprozesses, dann mit Rücksicht auf die Erntearbeiten im Lande, die erst beendet sein müßten, schließlich wegen Poincarés Staatsbesuch in Petersburg. Von sofortiger Mobilisierung, um möglichst bald losschlagen zu können, war so wenig die Rede, daß man den Generalstabschef auf Urlaub schickte, um künstlich jeden Anschein kriegerischer Absichten zu vermeiden. Ein solcher Tarnungsversuch hätte offenbar nur dann Sinn gehabt, wenn man in der Lage gewesen wäre, sofort nach dem Ultimatum die Welt vor „vollendete Tatsachen" in Gestalt einer Besetzung serbischen Landes zu stellen. Der Kriegsminister und der Generalstabschef haben denn auch auf beschleunigte Aktion und ihre schlagartige Durchführung gedrängt; aber es geschah von seiten Conrads mit so auffallend geringem Nachdruck, daß man vermuten möchte, letztlich sei er doch ebenso unsicher gewesen wie Graf Berchtold, der nach der Sitzung des Ministerrats sich wieder recht beängstigt zeigte. Zunächst sollte nach Meinung des Generals die Haltung Rumäniens geklärt werden, ehe man losschlagen könnte[1]). Und so verstrich Woche auf Woche eines wolkenlos schönen Sommers, ohne daß irgend etwas geschah[2]). Es waren nicht die Wiener Militärs, sondern die Berliner politischen Stellen, die auf einen raschen Entschluß drängten. Als endlich am 19. Juli ein zweiter „Ministerrat für gemeinsame Angelegenheiten" Österreichs und Ungarns zusammentrat, um das Ultimatum an Serbien (aber erst für den 23.!) zu beschließen, begründete Berchtold diesen Schritt damit, „daß man schon jetzt beginne, in Berlin nervös zu werden"[3]).

Auch in Berlin waren es aber nicht die Militärs, die „nervös wurden" (die wurden absichtlich im Sommerurlaub festgehalten), sondern Bethmann Hollweg und sein Staatssekretär von Jagow. Mit Ungeduld warteten sie auf Österreich-Ungarns „energische Aktion" zu gewaltsamer Lösung der südslawischen Frage; sie kannten sehr wohl das große Risiko, hofften aber, daß Rußland schließlich doch über „einiges Gepolter" nicht hinausgehen würde, der Krieg sich also „lokalisieren" ließe – vorausgesetzt, daß die daß die Welt, wie 1908, vor vollendete Tatsachen gestellt würde. Und zwar so rasch, daß die allgemeine Entrüstung über die Mordtat von Sarajewo noch andauerte. „Je entschlossener sich Österreich zeigt, je energischer wir es stützen", meinte Jagow, „um so eher wird Rußland still bleiben." Das Zarenreich ist jetzt noch nicht schlagfertig, wird aber in einigen Jahren ein erdrückendes Übergewicht seiner Rüstung besitzen. Letzten Endes wird der Krieg auf die Dauer doch unvermeidlich sein. „Ich will keinen Präventivkrieg, aber wenn der Kampf sich bietet, dürfen wir nicht kneifen." Wir dürfen unserem letzten und einzigen zuverlässigen Bundesgenossen jetzt nicht „in den Arm fallen. Wenn wir das täten, könnte Österreich (und wir selber) uns mit Recht vorwerfen, daß wir ihm seine letzte Möglichkeit politischer Rehabilitierung verwehrt haben. Dann würde der Prozeß seines Dahinsiechens und inneren Zerfalls noch beschleunigt"[4]).

Kriegseifer kann man das keinesfalls nennen, noch weniger Kriegszuversicht, eher trüben Fatalismus angesichts einer scheinbar unaufhaltsam heraufziehenden Gefahr, aber zugleich Entschlossenheit, ihr mit letzter Anstrengung zu begegnen. Der Generalstabschef Moltke ist nicht um seine Ansicht darüber gefragt worden, ob Rußland in diesem Augenblick außerstande sei, einen Großkampf zu wagen. Wir können nicht mit Sicherheit sagen, wie er eine solche Frage beantwortet hätte, wohl aber, daß er mit Sicherheit ein weiteres, für die Mittelmächte sehr gefährliches Anwachsen der russischen Militärmacht in den nächsten Jahren erwartete. Eben deshalb hatte er ja seit 1913 so entschieden auf eine große deutsche Heeresaufrüstung gedrängt; im Mai 1914 hat er dieses Drängen mit ganz besonderem Ernst noch einmal aufgenommen[5]). Zog er nun aus diesen trüben Zukunftsaussichten ähnlich wie sein österreichischer Kollege den Schluß, man sollte losschlagen, ehe es endgültig zu spät wäre? Hat auch er zum Präventivkrieg geraten?

Unsere bisherige Betrachtung hat uns schon gezeigt, daß er alles andere war als ein zuversichtlicher Draufgänger, ein ständig schlagbereiter Aktivist, ja daß er seinen Mitarbeitern gelegentlich geradezu als Defaitist erscheinen konnte (oben Kap. 6, Schluß). Das Studium seines persönlichen Nachlasses ist geeignet, diesen Eindruck zu bestätigen — trotz gelegentlicher Ausbrüche von Entrüstung über die scheinbar schwächliche Haltung des Auswärtigen Amtes, in denen sich einfach die Standesgesinnung des Offizierskorps jener Tage widerspiegelt[6]). Nun hat man aus seiner Korrespondenz mit Conrad Beweise dafür herbeigesucht, daß er dessen Präventivkriegsideen geteilt habe. Als wichtigstes Beweisstück wird ein Privatbrief zitiert, in dem er Antwort sucht auf die bewegliche Klage seines österreichischen Kollegen (vom 10. April 1909), es sei eine sehr günstige Gelegenheit zur „Abrechnung" mit Serbien von den Diplomaten versäumt worden, so daß Österreich nun sicher mit einem späteren Zweifrontenkrieg (gegen Serbien und Rußland) werde rechnen müssen. Darauf hat Moltke (5 Monate später) tröstend erwidert: so lange beide Verbündete „Schulter an Schulter" zusammenstünden, würden sie jeden Ring zu sprengen imstande sein. Allerdings bedaure auch er „aufs tiefste, daß eine Gelegenheit unbenutzt vorübergegangen ist, die unter so günstigen Bedingungen sich sobald nicht wieder bieten dürfte. Ich bin fest überzeugt, daß es gelungen sein würde, den Krieg zwischen Österreich-Ungarn und Serbien zu lokalisieren, und die Monarchie würde nach seiner siegreichen Durchführung im Inneren gefestigt, nach außen gekräftigt eine nicht so leicht mehr zu erschütternde Präponderanz auf dem Balkan gewonnen haben. Selbst wenn Rußland aktiv geworden wäre und ein europäischer Krieg sich entwickelt hätte, wären die Vorbedingungen für Österreich und Deutschland jetzt besser gewesen, als sie in einigen Jahren voraussichtlich sein werden"[7]). Das war ohne Zweifel richtig, aber rein soldatisch gesprochen: Ausschließlich die Chancen eines militärischen Erfolges werden abgewogen. Immerhin: er hält das Eingreifen Rußlands in diesem Moment für ganz unwahrscheinlich und sagt nicht mehr, als daß die Russen jetzt weniger Erfolgschancen gehabt hätten als „voraussichtlich" zu einem späteren Zeitpunkt. Aus einer solchen zunächst rein theoretischen Betrachtung den Wunsch nach möglichst baldiger „Abrechnung" mit Rußland herauszulesen, heißt den Sinn seiner Worte überdehnen. Wie fern es ihm lag, die Österreicher zu irgendwelchen Abenteuern auf dem Balkan zu ermutigen, zeigte sich vier Jahre später, während des ersten Balkankriegs, im Februar 1913. Da schickte er eine (dem Auswärtigen Amt vorher vorgelegte) sehr energische, rein politisch motivierte Warnung an General Conrad, den Konflikt mit Serbien (und indirekt mit Rußland) nicht unnötig zu forcieren. Ganz unzweideutig erklärte er, im deutschen Volk wäre kein Verständnis dafür vorhanden, „wenn österreichischerseits jetzt" (nachdem sich Serbien nachgiebig zeigte) „ein Krieg herausgefordert werden sollte". Die Bundestreue Deutschlands dürfe nicht überfordert werden[8]). Der Kampf an zwei Fronten bedeute für Deutschland in jedem Fall eine gewaltige Belastung. Er sei zwar überzeugt, „daß ein europäischer Krieg über kurz oder lang kommen muß, in dem es sich in letzter Linie handeln wird um einen Kampf zwischen Germanentum und Slawentum". Dieser aber könne nur dann gewagt werden, wenn bei den Völkern „volles Verständnis für die geschichtliche Entscheidung" vorhanden wäre. „Der Beginn eines Weltkrieges sei wohl zu überlegen", fügte er später in einem Gespräch mit dem österreichischen Militärattaché hinzu. In einem Schreiben an Staatssekretär v. Jagow hat er damals seine schwere Besorgnis ausgesprochen über die Unklarheit und Ziellosigkeit der Wiener Politik auf dem Balkan, aber auch gegenüber Rußland, das man ganz unnötig provoziere. In persönlichen Begegnungen mit dem Thronfolger Franz Ferdinand habe er erlebt, daß dieser mit der politischen Haltung seines Protégés General Conrad durchaus nicht einverstanden war. Die österreichische Politik sei gespalten in eine Kriegs- und in eine Friedenspartei. „Für uns ist es fraglos äußerst unbequem, durch unsere Verträge und durch die Notwendigkeit, Österreich zu erhalten, in eine gewisse Abhängigkeit von Wien gekommen zu sein. Die Hauptaufgabe Eurer Exzellenz dürfte sein, nach Möglichkeit österreichische Torheiten zu verhüten, keine angenehme und keine leichte Aufgabe"[9]).

Es liegt kein Anlaß vor zu vermuten, daß sich diese politischen Ansichten Moltkes ein Jahr später grundsätzlich geändert hätten — wenn er auch die Lage Österreichs seit dem Mord von Serajewo mit ganz anderen Augen ansah. Im März 1914 schrieb er mahnend an Conrad, es hätte keinen Zweck, immer wieder den 1908 etwa versäumten Gelegenheiten nachzutrauern; man müsse „mit der Lage rechnen, wie sie nun einmal ist", und Serbien sei nun einmal ein lebenskräftiger, aufblühender Staat von starker Anziehungskraft geworden. Die Donaumonarchie müsse also „alles daran setzen, Serbien wenigstens wirtschaftlich an sich zu fesseln". Die Unterhaltungen, die er zwei Monate später mit seinem österreichischen Kollegen in Karlsbad führte, haben ihn (nach dem Zeugnis seines Mitarbeiters Waldersee) „äußerst ernst gestimmt", und in einer eben damals entstandenen Denkschrift für den Reichskanzler heißt es geradezu: durch den Abfall Rumäniens würde „Österreich auf dem Balkan in einer Weise gebunden sein, daß mit einer österreichischen Offensive nach Rußland hinein ernstlich nicht mehr zu rechnen ist"[10]). Es wäre völlig unbegreiflich, wenn er aus so ernsten Besorgnissen heraus gewünscht haben sollte, Österreich möge den Krieg mit Rußland recht bald provozieren. Freilich scheint er im Sommer 1914 mehrfach seine uns schon bekannte Ansicht wiederholt zu haben, bis 1916 oder 1917 würde sich durch Vollendung des großen russischen Rüstungsprogramms die Lage der Mittelmächte militärisch noch wesentlich verschlimmern. Es heißt aber wiederum solchen Äußerungen Gewalt antun, wenn man aus ihnen den Wunsch nach einem Präventivkrieg herausliest[11]).

Als er am 26. Juli endlich nach Berlin zurückkehrte, waren die wichtigsten politischen Entscheidungen bereits gefallen. Vergeblich hatte das Auswärtige Amt sich bemüht, von dem Inhalt der an Serbien zu stellenden Forderungen rechtzeitig Kenntnis zu erhalten: sie waren allen Mächten gleichzeitig erst 24 Stunden vor der Überreichung bekanntgegeben worden, die am Nachmittag des 23. erfolgt war[12]). Man wußte aber von vornherein, daß die Österreicher ihre Annahme durch Serbien gar nicht wünschten, sondern den Bruch unvermeidlich machen wollten. Als sich am 25. nachmittags in Wien das Gerücht verbreitete, die Serben schienen bereit, sich völlig zu unterwerfen, war man in der Deutschen Botschaft genau so niedergeschlagen darüber, daß nun die große Bereinigungsaktion wieder „im Sande verlaufen würde" wie bei der österreichischen Kriegspartei[13]). Abends kam dann die Nachricht, daß der Gesandte Baron Giesl aus Belgrad abgereist, die serbische Antwort also unbefriedigend ausgefallen sei, und Conrad setzte nun die sofortige Mobilmachung von 8 Armeekorps (insgesamt 26½ Divisionen Infanterie) gegen Serbien durch; er hatte sie schon tags zuvor auf Grund der ersten Nachrichten von serbischer Mobilmachung beantragt. Wir erinnern uns, daß er im Januar 1909 bei der ersten Abrede mit Moltke für diesen Zweck nur „8 bis 9 Divisionen" vorgesehen hatte, während gleichzeitig in Galizien 30 Divisionen zur Deckung der Nordgrenze aufmarschieren sollten. Jetzt wurde für den letzteren Zweck zunächst noch gar nichts mobilisiert, für die serbische Aktion dagegen eine gewaltig verstärkte Kriegsmacht aufgeboten, „um rasch einen durchschlagenen Erfolg zu erzielen"[14]). Wie ist diese sehr bedeutsame Veränderung der früheren Pläne zu erklären? Hat Conrad allen Ernstes gehofft, das Niederwerfen Serbiens so rasch durchführen zu können, daß ein russisches Eingreifen bereits zu spät kam — verzögert oder gar verhindert durch Drohungen Deutschlands, jede russische Mobilmachung durch eigene Mobilmachung zu beantworten? Anders wird sich sein Verhalten kaum erklären lassen. Wie konnte er aber hoffen, ungestört von fremder Einmischung seinen Serbenfeldzug durchzuführen, wenn er doch am 26. gestehen mußte, daß vor dem 12. August an Beginn der kriegerischen Aktion nicht zu denken sei, da man ja mit der österreichischen Mobilmachung unglücklicherweise (und entgegen den ursprünglichen Wünschen des Generalstabschefs) noch gar nicht begonnen hatte? Überdies müsse er spätestens bis zum 4. oder 5. August wissen, ob Rußland eingreifen würde oder nicht;

denn nur bis dahin wäre eine rechtzeitige Umstellung des Aufmarsches auf Transporte der Hauptmasse des Heeres nach der galizischen Nordfront noch möglich[15]). Anscheinend hat er gehofft, durch Hinausschieben der offiziellen Kriegserklärung an Serbien und durch vorläufigen Verzicht auf jede Kriegsmaßnahme in Galizien die russische Intervention noch eine Weile hinhalten zu können. Aber war das nicht eine Politik des reinen Abenteuers? Conrad selbst spricht bei der Schilderung dieser Verlegenheiten von einer „Unklarheit der Lage" und „zerfahrenen Verhältnissen"[16]). Unklar und zerfahren war aber noch mehr die Politik als die Lage der Donaumonarchie. In Berlin hat man sie offenbar erst nach und nach durchschaut.

Man erwartete dort als selbstverständlich, daß auf eine ablehnende Antwort Serbiens sofort der so oft als dringend notwendig angekündigte Gewaltschritt, das heißt die Kriegserklärung folgen würde und riet dazu, (noch ohne die serbische Antwort zu kennen), ihn nunmehr schleunigst zu vollziehen, um Einmischungsgelüsten der Triple-Entente zuvorzukommen. Diesem Rat hat sich Conrad in einer Besprechung mit dem deutschen Botschafter und Graf Berchtold am 26. zunächst widersetzt, offenbar in der vagen Hoffnung, von der soeben die Rede war: Rußland noch eine Zeitlang über Österreichs Absichten täuschen zu können. Berchtold hielt dem sofort entgegen, die „diplomatische Situation würde so lange nicht halten"; er sah also deutlich, daß eine scheinbare Untätigkeit des Habsburgerstaates nach dem Abbruch der diplomatischen Beziehungen zu Serbien nur den Eindruck ängstlicher Schwäche — statt imponierender Stärke, die man doch zeigen wollte! — bei den Mächten der Triple-Entente wecken und Rußland zur Einmischung erst recht ermuntern würde. In der Tat: nachdem Österreich die öffentliche Meinung Europas zuerst durch die Härte seiner Forderungen an Serbien entsetzt und dann durch die brüske Ablehnung der weit entgegenkommenden serbischen Antwort erst recht Empörung erweckt hatte, konnte es unmöglich erwarten, die Mächte, vor allem Rußland, würden ihm nun gemächlich Zeit lassen, einen vernichtenden Schlag gegen Serbien militärisch vorzubereiten. Das war so selbstverständlich, daß es wirklich nicht erst des „Drucks" von Berlin her bedurfte, um Graf Berchtold und am nächsten Tag auch Conrad davon zu überzeugen[17]). Der Außenminister erwirkte also am 28. Juli die kaiserliche Genehmigung zur Kriegserklärung an Serbien — in der ausgesprochenen Absicht, dadurch allen Vermittlungsversuchen europäischer Großmächte, die inzwischen längst angelaufen waren, zuvorzukommen. Österreich bestand darauf, seine politische Energie und seine militärische Kraft unter Beweis zu stellen. Die Deutschen aber sollten alles aufbieten, um Rußland vom Kriege abzuschrecken.

Im deutschen Generalstab war man von Anfang an mißtrauisch, ob die Österreicher sich nicht auf dem Balkan so festlegen würden, daß sie im entscheidenden Augenblick nicht mehr rechtzeitig an der russischen Front zu erscheinen vermöchten[18]). Man begreift also, daß Moltke sehr wenig Neigung zeigte, ihnen den Druck der russischen Gefahr durch deutsche Drohungen mit Mobilmachung gegen das Zarenreich vorzeitig zu erleichtern. Er stimmte mit dem Kanzler am 26. Juli darin völlig überein, daß wir, um den Krieg zu lokalisieren, so lange ruhig bleiben müßten, als Rußland „keine feindlichen Akte vornähme"[19]). Mit Entschiedenheit unterstützte der Generalstabschef die Bemühungen der deutschen Politik, die Wiener Regierung zu politischen Konzessionen an Italien zu bringen, um diesen Bundesgenossen womöglich beim Dreibund festzuhalten — ein Bemühen, das um so dringlicher war, als General Conrad die Gefahr eines Abfalls der Italiener zur Gegenseite geradezu für tödlich hielt und sich bis zum letzten Augenblick an die illusionäre Hoffnung klammerte, seine Kampffront vielleicht doch noch durch italienische Hilfstruppen verstärken zu können[20]). Auch er stimmte also jetzt für Konzessionen an Italien, erreichte damit aber ebenso wenig wie die deutsche Diplomatie: Graf Berchtold war keineswegs bereit, die unsichere italienische Hilfe durch Abtretungen österreichischen Gebiets zu erkaufen. Er hielt die nun einmal angenommene Rolle des „starken Mannes" mit erstaunlicher Zähigkeit durch, anders als 1913. Die deutsche Politik aber folgte, wenn auch von Tag zu Tag mit stärkerem Widerstreben, dem Zug des diplomatischen Leitseils, das sie sich selbst Anfang Juli um den Hals gelegt hatte, indem sie dem Bundesgenossen bedingungslose Hilfe versprach. Dieses Leitseil mit einem energischen Ruck zu zerreißen, brachte Bethmann Hollweg auch dann nicht den Entschluß auf, als die letzte Hoffnung auf „Lokalisierung" des Krieges geschwunden war. Halb war es Fatalismus, was ihn lähmte, das heißt der Glaube, der Entscheidungskampf zwischen den großen Machtblocks müsse über kurz oder lang doch einmal ausgetragen werden, halb die Furcht, beide Mittelmächte, zuerst aber Österreich-Ungarn, würden ihr politisches Prestige, ihre Geltung als Großmacht verlieren, wenn sie dem Druck der russischen Kriegsdrohung nachgäben. In welchem Maße die aufs höchste erregte, in zahllosen Straßenkundgebungen laut werdende patriotische Stimmung jener Tage die Staatsmänner beeinflußt haben mag, läßt sich schwer ermessen. Daß sie einen diplomatischen

Rückzug moralisch erschwere, ja fast unmöglich machte, ist sicher. Haben auch die militärischen Führungsspitzen in diesem Sinn auf den Kanzler eingewirkt?

Wie selbstverständlich es allen militärischen Kreisen war, daß wir Österreich in seinem „Existenzkampf" nicht allein lassen dürften, zeigt besonders anschaulich die Denkschrift des Generalstabs für den Reichskanzler vom 29. Juli[21]. Moltke sieht der Gefahr einer „gegenseitigen Zerfleischung der europäischen Kulturstaaten" mit Entsetzen entgegen; sie wird „die Kultur fast des gesamten Europas auf Jahrzehnte hinaus vernichten". Aber wenn nicht ein Wunder geschieht, wird dieser „schreckliche Krieg", den Deutschland nicht herbeiführen will, dennoch unaufhaltsam über uns kommen. Die deutsche Regierung weiß, „daß sie die tief gewurzelten Gefühle der Bundestreue, eines der schönsten Gefühle deutschen Gemütslebens, in verhängnisvoller Weise verletzen und sich in Widerspruch mit allen Empfindungen ihres Volkes setzen würde, wenn sie ihrem Bundesgenossen in einem Augenblick nicht zu Hilfe kommen wollte, der über dessen Existenz entscheiden muß". Europa müßte Österreich-Ungarn dafür dankbar sein, daß es endlich den serbischen Störenfried zur Ruhe bringen will, dessen dauernde Provokationen es bisher „mit einer bis zur Schwäche gehenden Langmut" ertragen hat; es ist längst an der Zeit, „ein Geschwür auszubrennen, das fortwährend den Körper Europas zu vergiften drohte". Statt dessen hat sich Rußland in die „rein private Auseinandersetzung" Österreichs mit Serbien eingemischt und dadurch den Frieden Europas in Frage gestellt.

So schreibt derselbe Moltke, der noch im Vorjahr so dringend vor österreichischen Balkanabenteuern gewarnt hatte! Deutlicher läßt sich der Umschlag der politischen Stimmungen und der tiefe Eindruck des Attentats von Sarajewo kaum sichtbar machen. Aber von Kriegseifer und Drängen auf rasche Mobilmachung gegen Rußland ist gleichwohl keine Rede. Die Denkschrift will nur darauf aufmerksam machen, daß die Teilmobilmachung, die Rußland für den Fall angekündigt hat, daß Österreich in Serbien einrückt, unaufhaltsam eine ganze Kette von weiteren Mobilisierungsmaßnahmen bei den Mittelmächten, zuletzt auch in Frankreich auslösen wird, die automatisch in den allgemeinen Krieg hineinführen müssen[22]. Der Generalstabschef wünscht keineswegs diesen schrecklichen Prozeß durch militärische Maßnahmen Deutschlands zu beschleunigen; er fordert nur, daß möglichst bald Klarheit darüber geschaffen wird, ob Frankreich und Rußland es auf einen Krieg mit Deutschland ankommen lassen werden; denn wir dürfen es in unserer gefährdeten Lage keinesfalls zulassen, daß sie mit ihren militärischen Vorbereitungen einen Vorsprung vor uns gewinnen. Damit ist bereits die allgemeine Richtung bezeichnet, in der Moltkes weitere Einwirkung auf die Reichsleitung sich bewegen wird. Der Chef des Generalstabs drängt nicht zum Kriege, vor dem es ihm graut, weil er besser als andere sich seiner Gefahren und Schrecken bewußt ist; aber er fühlt sich verpflichtet, darauf hinzuwirken, daß nicht nutzloses Zögern dem Gegner einen gefährlichen Vorsprung verschafft.

Was Moltke befürchtet hatte, geschah: auf die österreichische Kriegserklärung an Serbien vom 28. folgt schlagartig am 29. die Mobilmachung von nicht weniger als 12 russischen Armeekorps (insgesamt 55 Infanterie- und Reservedivisionen), zunächst als Teilmobilmachung nur gegen Österreich-Ungarn gerichtet. Die Tatsache, daß man in Petersburg nicht (wie ursprünglich angekündigt) so lange wartete, bis die Truppen der Donaumonarchie die serbische Grenze überschritten hatten und daß man so gewaltige Massen aufbot, zeigt deutlich, daß man Conrads Plan, einen raschen, mit gewaltiger Überlegenheit geführten Schlag gegen Serbien zu führen, durchschaut hatte und zu durchkreuzen wünschte. Die Wirkung war in Wien ebenso bestürzend wie in Berlin.

Dort war schon am Vortag dem Grafen Berchtold nachträglich bange geworden, ob nicht das Aufgebot von nahezu der halben Armee allein gegen Serbien zu gefährlich wäre angesichts der drohenden Haltung Rußlands. General Conrad hatte erwidert, eine russische Mobilisation müßte Deutschland durch die Drohung mit Gegenmaßnahmen zu verhindern suchen. Seine eigene Unsicherheit verriet sich aber darin, daß er jetzt schon bis zum 1., nicht erst bis zum 5. August wissen wollte, ob es zu einem Zweifrontenkrieg kommen würde oder nicht[23]).

Der Außenminister, der in diesen Tagen ganz abhängig von den politischen Ratschlägen des Generalstabschefs erscheint, schickte denn auch ein entsprechendes Telegramm nach Berlin, das er am 29. mit dem Zusatz wiederholte, „daß wir uns selbstverständlich in unserer kriegerischen Aktion gegen Serbien nicht beirren lassen werden"[24]). Das klang sehr zuversichtlich; aber in Wirklichkeit war sich Conrad schon am Abend des 29. darüber klar, daß der Monarchie nichts übrig bleiben würde, als schon bald zur Gesamtmobilmachung überzugehen und daß zur Abwehr eines russischen Angriffs die drei noch nicht mobilisierten galizischen Korps nicht genügen würden — dies um so weniger, als in eben diesen Tagen die letzte Hoffnung schwand,

Rumänien als Bundesgenossen in den Krieg hineinzuziehen. Die aus Petersburg kommende Mitteilung, die russische Armee beabsichtige gar keinen Angriff, sondern wolle zunächst „Gewehr bei Fuß" an der Grenze stehen bleiben, hätte nur dann tröstlich wirken können, wenn man ihn Wien bereit gewesen wäre, unter dem Druck der militärischen Drohungen Rußlands über ein politisches Kompromiß zu verhandeln. Aber daran war bei der dort herrschenden Geistesverfassung nicht zu denken. Die seit dem 28. immer dringlicher werdenden Mahnungen und Empfehlungen des deutschen Kanzlers, das diplomatische Gespräch mit Rußland nicht abreißen zu lassen, die englischen Vermittlungsvorschläge nicht einfach abzuweisen und nicht unbedingt auf einer militärischen Niederwerfung und Besetzung ganz Serbiens zu bestehen, stießen auf taube Ohren. Nicht ohne Mitschuld Bethmanns und seines Staatssekretärs von Jagow wollte man sie zunächst so verstehen, als käme es den Deutschen nicht so sehr darauf an, den großen Krieg zu vermeiden, als vielmehr darauf, das Odium des Angreifers auf Rußland abzuschieben[25]). Den ganzen ungeheuren Ernst der diplomatisch-militärischen Lage sträubte sich die Wiener Diplomatie, durch ihre Vertreter an auswärtigen Höfen nur sehr mangelhaft orientiert, zu begreifen und anzuerkennen[26]). Immer um ihr Prestige besorgt, berief sie sich mit Vorliebe auf die „Stimmung der Armee und des Landes", die ihr, nachdem der Krieg einmal erklärt sei, jedes Verhandeln mit dem Gegner unmöglich mache.

Dabei war diese Politik der Stärke in Wahrheit nicht viel mehr als Fassade. Graf Berchtold und der österreichische Ministerpräsident Stürgkh äußerten am 30. Juli zu Conrad ihre ernste Besorgnis, ob die Monarchie auch nur finanziell imstande sein würde, einen Zweifrontenkrieg durchzuführen. Und wenn der Generalstabschef sie damit zu trösten suchte, daß es nicht unbedingt zum Krieg mit den Russen kommen müßte, weil diese vielleicht wirklich an der Grenze stehen bleiben würden, so war das nicht mehr als ein Wunschtraum, der aber zeigt, wie zäh er sich in seinen serbischen Kriegsplan verbissen hatte. Tatsächlich bestand er darauf — und zwar mit Erfolg —, daß keine Verhandlung geführt werden dürfe, durch welche die Operationen gegen Serbien aufgehalten würden. Eine neue, sehr ernste Mahnung Bethmanns, durch ein kaiserliches Telegramm an Franz Joseph unterstützt, führte zwar dazu, daß man am 30. abends beim Kaiser darüber beriet, welche Forderungen man an Serbien zu stellen hätte, falls dieses sich wirklich zu voller Unterwerfung bereit finden sollte; aber die Debatte zeigte nur, daß niemand daran dachte, für Rußland erträgliche Bedingungen zu stellen. Der englische Vorschlag, zunächst nur ein Teilgebiet des serbischen Landes (etwa das Gebiet von Belgrad) militärisch zu okkupieren und dann, im Besitz eines solchen Faustpfandes, eine europäische Vermittlungsaktion einzuleiten, in der alle gerechten Ansprüche Österreichs erfüllt werden sollten, wurde für unannehmbar erklärt und in höflicher Umschreibung abgelehnt. Statt dessen wurde der merkwürdige Beschluß gefaßt, den Krieg gegen Serbien fortzusetzen, aber gleichzeitig die allgemeine Mobilisierung (ab 4. August) durchzuführen; sie sollte (nach erneuten Beratungen im Beisein Tiszas am 31.) am 1. August proklamiert werden. Der nicht für Serbien bestimmte Teil der Armee sollte in Galizien versammelt werden, das Hauptquartier aber zunächst auf den serbischen Kriegsschauplatz abgehen. „Es könne bei später eintretendem Kriegsfall gegen Rußland" (den man also auch jetzt noch nicht als sicher erwartete!) „immer noch rechtzeitig genug in Galizien eintreffen"[27]).

Man begreift, daß diese politisch ebenso hartnäckige wie militärisch bedenkliche Haltung der österreichischen Minister in Berlin schwere Sorgen weckte — qualvoll gesteigert durch die unerträgliche Langsamkeit der Korrespondenz zwischen beiden Regierungen, an der vielleicht der deutsche Botschafter Baron Tschirschky auch nicht ganz unschuldig war[28]). Die Aufregung Bethmanns war vor allem deshalb so groß, weil das hartnäckige Schweigen und ewige Ausweichen der Wiener Politiker vor dem Entschluß zu politischen Konzessionen seine letzten Hoffnungen zerstörte, es könne gelingen, wenigstens England aus dem Völkerringen herauszuhalten. Daran war nur dann zu denken, wenn Rußland eindeutig als der Angreifer erschien. Um dieses Zieles willen hatte er denn auch am 28. (wir hörten es schon) das Verlangen der Österreicher abgelehnt, durch Drohungen in Petersburg mit deutschen Rüstungsmaßnahmen die Russen von der Mobilmachung abzuschrecken, und zwar im Einverständnis mit Moltke. Generalstabschef und Kriegsminister zeigten in diesen Tagen überhaupt ein weitgehendes Verständnis für Bethmanns politische Sorgen. In einer Besprechung beim Kaiser am Nachmittag des 29. wünschte Falkenhayn, beunruhigt durch militärische Nachrichten aus Frankreich und England (noch nicht aus Rußland), die Erklärung des Zustandes „drohende Kriegsgefahr", drang damit aber gegen den Widerspruch Bethmanns und auch Moltkes nicht durch, die weniger auffällige Sicherungsmaßnahmen ausreichend fanden. Am Mittag desselben Tages hatte Bethmann sich nun doch veranlaßt gesehen, die Russen in ziemlich drohendem Ton vor Mobilisierungsmaßnahmen zu warnen. Als er am

Abend erfuhr, daß trotzdem die Mobilmachung gegen Österreich-Ungarn erfolgen würde, bat er noch einmal die beiden Generäle zu sich und kam gegen „sehr leichtes Widerstreben" Moltkes zu dem Entschluß, diese Maßnahme noch nicht als kriegerischen Akt zu betrachten, der den Casus foederis für Deutschland darstelle. Falkenhayn, der die von Petersburg kommenden friedfertigen Versicherungen Sasonows als bloßen Schwindel betrachtete und auch an die Neutralität Englands längst nicht mehr glaubte, hat dennoch keinen Widerspruch erhoben, weil er sich streng an seine fachliche Zuständigkeit hielt, eine gewisse Verzögerung der deutschen Mobilmachung gegen Rußland im Einverständnis mit Moltke nicht allzu tragisch nahm und der Meinung war, als Soldat den Politiker nicht in seinen Entschließungen beirren zu dürfen. Statt einer Drohung ging also am Abend des 29. eine eher versöhnlich klingende Warnung nach Petersburg ab. Sie kündigte an, daß nun wohl die Österreicher militärische Gegenmaßnahmen treffen würden, suchte aber die Zarenregierung zu bestimmen, sie möge zunächst den Erfolg der von Deutschland in Wien eingeleiteten Vermittlungsaktion abwarten und vorher keinen kriegerischen Konflikt herbeiführen. Wie tief indessen der Kanzler jetzt schon von der Sorge bedrängt war, der „rollende Stein" würde sich nicht mehr aufhalten lassen, zeigte sich darin, daß er am selben Abend durch den britischen Botschafter den unglücklichen Versuch unternahm, die englische Politik durch das Angebot eines Neutralitätsvertrages aus dem Konflikt herauszubringen — ein Angebot, das man in London fast als beleidigend für die internationale Würde des Weltreiches empfand[29]).

Bethmanns Politik der Vorsicht und Zurückhaltung gegenüber Rußland fand auch am nächsten Morgen noch die Unterstützung des Generalstabschefs. Um 10 Uhr empfing dieser den Verbindungsoffizier des österreichischen Generalstabs, Hauptmann von Fleischmann, und teilte ihm mit, daß Deutschland die Teilmobilmachung der Russen noch nicht als Eintritt des Kriegszustandes betrachte, also auch noch nicht mobilisieren würde. Dagegen hielt er es für selbstverständlich, daß Österreich-Ungarn nunmehr zur Gesamtmobilmachung überginge, riet aber dringend, die Kriegserklärung den Russen zu überlassen mit Rücksicht auf die öffentliche Meinung Europas, insbesondere Englands, das nur so zur Neutralität bewogen werden könnte. Das war ganz im Sinne Bethmanns Hollwegs gesprochen und wurde auch sogleich in einem verschlüsselten Telegramm nach Wien übermittelt[30]). Die von Moltke selbst aufgesetzte, sehr knappe Formulierung war mißverständlich und wurde von Conrad zunächst so gedeutet, als riete der deutsche

Generalstab von der Gesamtmobilmachung Österreich-Ungarns ab — was ihn jedoch in seinen Entschlüssen nicht beirrte[31]). Fleischmann gewann den Eindruck, daß Moltke die allgemeine Lage noch immer mit einer gewissen Zuversicht beurteilte und immer noch „hoffte, den Krieg vermeiden zu können".

Diese Zuversicht schlug aber in der Mittagszeit jählings in ihr Gegenteil um. Was den Anlaß dazu gab, ist aus den Akten ziemlich eindeutig zu entnehmen: die 11 Uhr 50 im Auswärtigen Amt angekommene und sofort an den Generalstab weitergeleitete Meldung aus Petersburg, die einen ganz unerwartet großen Umfang der russischen „Teilmobilmachung" erkennen ließ: nur für die Militärbezirke Warschau, Wilna und Petersburg hieß es, seien keine Einberufungen befohlen[32]). Diese Nachricht enthüllte mit einem Schlag die Größe der Gefahr, die beiden Mittelmächten von Osten her drohte, wenn sie ihre Gegenrüstung noch weiter hinausschoben, und machten die diplomatischen Beteuerungen Sasonows, Mobilmachung bedeute noch lange nicht Krieg, für soldatisches Denken einfach unglaubwürdig. Natürlich konnte Moltke nicht ahnen, welches Drama sich eben in dieser Stunde in der russischen Hauptstadt abspielte. Nach dem Scheitern aller Versuche des russischen Außenministers, mit der österreichischen Diplomatie zu einer Verständigung über das Schicksal Serbiens zu kommen, hatte Sasonow, noch besonders aufgeregt durch Meldungen von der Beschießung Belgrads, sich von den Generälen überzeugen lassen, daß die Teilmobilmachung des russischen Heeres technisch unmöglich und politisch gefährlich sei. Er beschloß den Zaren zu überreden, die schon einmal am Vortag (vorübergehend) angeordnete Mobilisierung sämtlicher Militärbezirke erneut anzuordnen. Die technischen Schwierigkeiten, die hinter diesem Drängen standen, kennen wir schon (oben Kap. 4). Es wurde aber auch viel von angeblich weit fortgeschrittenen deutschen Mobilisierungsmaßnahmen geredet — grundlose Gerüchte und Befürchtungen aufgeregter Leute. Kurz nach Mittag fand jenes berühmte dramatische Ringen zwischen dem Zaren und Sasonow statt, in dem dieser schließlich obsiegte und dem heftig widerstrebenden Monarchen den Ukas der Totalmobilmachung entriß. Es war, vom Zaren her gesehen, nur ein Produkt der Furcht, nicht des Kriegswillens; geschichtlich gesehen, war es das Signal zu einem allgemeinen, nicht mehr aufzuhaltenden Dammbruch. Die verhängnisvolle Order ging um 5 Uhr nachmittags in die Militärbezirke hinaus. Alles, was seit diesem Momente noch zwischen Berlin und Wien verhandelt wurde, bedeutete nur noch Vordergrundaktion, die bald überholt werden sollte. Sie ließ aber den Gegensatz der beiden Generalstäbe deutlich hervortreten.

Die Frage, ob die Österreicher sich nun wohl bald entschließen würden, ihr serbisches Abenteuer aufzugeben und schleunigst die galizische Front zu besetzen, hat Moltke offenbar schon gleich nach den ersten Meldungen aus Rußland beschäftigt. Er ließ durch Fleischmann in Wien „um Mitteilung dortiger Entschlüsse" bitten[33]). Kurz darauf (etwa 2 Uhr nachmittags) hatte er eine Rücksprache mit dem österreichischen Militärattaché Freiherrn von Bienerth, der ihn, aus dem Auswärtigen Amt kommend, so aufgeregt fand, „wie ich ihn noch nie gesehen"[34]). Das vielberufene Telegramm, das Baron Bienerth über seine Unterredung nach Wien schickte, ist in der sogenannten Kriegsschuldforschung immer wieder als schlagender Beweis für den hemmungslosen Kriegswillen Moltkes angeführt worden[35]). Es enthält in der Hauptsache eine dringende Mahnung des Generalstabschefs, sofort gegen Rußland zu mobilisieren und diese Maßnahme öffentlich mit der Mobilmachung der Russen zu begründen (also diese als die Angreifer erscheinen zu lassen). „Jede Stunde Verzögerung verschlimmert die Lage, da Rußland Vorsprung gewinnt." Moltke hat sich aber offenbar mit rein militärischen Ratschlägen im Gespräch nicht begnügt. Er hat auch dringend empfohlen, „mit Italien ehrlichen Ausgleich unter Zusicherung von Kompensationen zu bewirken, damit Italien aktiv beim Dreibund bleibe. Ja keinen Mann an der italienischen Grenze lassen"! Das war ein altes Anliegen sowohl des Generalstabs wie des Auswärtigen Amtes, schon oft vergeblich in Wien vorgetragen und von Moltke an demselben Tage nochmals dem österreichischen Militärattaché ans Herz gelegt[36]). Ihm lag aber offenbar auch daran, die Österreicher zum Widerstand gegen Rußland zu ermutigen und von ihren serbischen Feldzugsplänen abzubringen; jedenfalls hat er davon gesprochen, durch den drohenden Angriff der Russen sei „der Bündnisfall für Deutschland gegeben" ... „Für Österreich-Ungarn zur Erhaltung durchhalten des europäischen Krieges letztes Mittel. Deutschland geht unbedingt mit." Wäre das als politische Zusage aufzufassen, so hätte damit der Generalstabschef seine Kompetenzen überschritten — auch wenn er inhaltlich über das schon am 6. Juli in Potsdam gegebene Versprechen nicht hinausging. Wenn man indessen bedenkt, wie skeptisch man in Wien seit Bethmanns Drängen auf Mäßigung über die Hilfsbereitschaft des deutschen Bundesgenossen dachte und wie unsicher man sich dort im Blick auf einen Zweifrontenkrieg fühlte, so wird man geneigt sein, die ermutigenden Worte des Generals als direkte Antwort auf zweifelnde Fragen seines Gesprächspartners zu verstehen. Viel ernstere Bedenken erweckt der Satz des Telegramms: „Von England erneut eingeleitete Schritte zur Erhaltung des Friedens ablehnen (oder abgelehnt)." So wie er da steht (und von Moltkes Kritikern immer wieder gedeutet ist), wirkt er wie ein Dolchstoß in den Rücken des Kanzlers, der ja eben in diesen Tagen geradezu verzweifelte Anstrengungen machte, die Wiener Politik zur Verständigung mit Rußland im Sinn der englischen Vermittlungsvorschläge zu bewegen. Ein solcher Sabotageakt steht aber in so krassem Widerspruch zu Moltkes sonstigem Verhalten noch am Vormittag des 30. Juli, daß er wenig glaubhaft erscheint. Vielleicht läßt es sich so erklären, daß der Militärattaché, eine längere Unterredung knapp zusammenfassend, sich mißverständlich ausgedrückt oder den General einfach mißverstanden hat: etwa so, daß dieser ihm nur sagen wollte, die Lage sei viel zu kritisch geworden, als daß er persönlich noch länger an den Erfolg britischer Vermittlungsbemühungen glauben könne — jedenfalls dürfe darüber keine Zeit mehr verloren werden. In einem zweiten Telegramm an Conrad, das Moltke selber spät abends abgesandt hat und das die Gedankengänge der Bienerthschen Depesche kurz wiederholt, steht denn auch kein Wort von englischen Vermittlungsvorschlägen.

Praktische Wirkung haben beide Telegramme in Wien nicht gehabt, da sie den Ministern erst am Morgen des 31. Juli vorgelegt wurden, die Konferenz bei Kaiser Franz Joseph aber schon am Abend vorher, wie wir bereits hörten, die Gesamtmobilmachung grundsätzlich beschlossen hatte. Immerhin war das Bienerthsche Telegramm dem Grafen Berchtold sehr hilfreich, als er am Vormittag des 31. durch ein Ministerkonseil (dem auch Tisza beiwohnte) den Entschluß zur allgemeinen Mobilmachung bestätigen und die Empfehlung Wilhelms II. und Bethmanns, sich mit einem „Halt in Belgrad" zu begnügen und dann zu verhandeln, abweisen ließ. Er konnte darauf hinweisen, daß die „maßgebendste militärische Seite" in Berlin offenbar mit dem Kanzler nicht übereinstimme.

Natürlich beschränkte sich die Aktivität Moltkes nicht auf die Korrespondenz mit Wien. Den ganzen Tag über, wird berichtet, gab es „endlose Verhandlungen" mit Falkenhayn und dem Kanzler, dem die beiden Generale zusetzten, daß jetzt auch Deutschland durch die Erklärung „drohender Kriegsgefahr" seine Mobilmachung einleiten müsse. Bethmann Hollweg, der immer noch nicht die Hoffnung auf einen Erfolg seiner Vorstellungen in Wien und Petersburg aufgeben wollte, sträubte sich hartnäckig, seinen Vermittlungsvorschlägen durch militärische Maßnahmen selbst den Weg zu verbauen, mußte aber zuletzt doch versprechen, bis spätestens zum Mittag des 31. einen endgültigen Entschluß zu fassen. Wie gering seine Hoffnung war, den Frieden noch zu retten, ließ er in einer Sitzung des preußischen Staatsministeriums am Nachmittag deutlich erkennen. Unterdessen mehrten sich beim Generalstab die Nachrichten von der Ostgrenze, die eine weitere Ausdehnung der russischen Mobilmachung vermuten oder schon erkennen ließen. Unter diesen Eindrücken, wie es scheint, hat Moltke am späten Abend beim Kanzler Einspruch erhoben gegen die Absendung eines letzten, besonders dringlichen Mahntelegramms nach Wien, in dem sehr entschieden dagegen protestiert wurde, daß man dort schlechterdings jeden Vermittlungsversuch abweise, dadurch vor Europa dokumentiere, daß man den Krieg wolle, auch Deutschland in diesen hineinzöge und die kaiserliche Regierung dem eigenen Volk gegenüber „in eine ganz unhaltbare Situation" brächte. Moltke wird der Meinung gewesen sein, für solche Proteste wäre es jetzt schon zu spät: der Krieg mit Rußland stünde schon unmittelbar vor der Tür[37]). Beweisen konnte er es in diesem Augenblick noch nicht; aber die unmittelbar folgenden Ereignisse gaben ihm recht. Schon um Mitternacht war es ihm auf Grund der im Generalstab einlaufenden Nachrichten von Absperrung der Grenze, Zerstörung von Zollhäusern u. dgl. fast zur Gewißheit geworden, daß die befürchtete Wendung in Rußland eingetreten war[38]); am frühen Morgen des 31. erhielt er weitere bestätigende Nachrichten durch ein Telefongespräch mit dem Generalkommando von Allenstein; um 11 Uhr 40 traf die offizielle Mitteilung des Botschafters Grafen Pourtalès von der russischen Generalmobilmachung aus Petersburg ein.

Damit war aller weiteren Diskussion über die Ratsamkeit deutscher Rüstungsmaßnahmen ein Ende gemacht. Um nicht in gefährlichen Rückstand zu geraten, wurde um 1 Uhr der „Zustand drohender Kriegsgefahr" proklamiert. Das nächste, was nun als Sorge auf dem Generalstabschef lastete, war die noch immer fortdauernde Ungewißheit über die militärischen Maßnahmen und Absichten des Bundesgenossen. Genaueres darüber zu erfahren, war äußerst schwierig, trotz der Entsendung von Verbindungsoffizieren und der Herstellung einer direkten Telefonverbindung zwischen den beiden Generalstäben; denn man wagte, um des militärischen Geheimnisses willen, diese Linie nur zur fernmündlichen Übermittlung chiffrierter Telegramme zu benutzen. Nun hatte schon die „Teilmobilmachung" der Russen am 29. Juli zur Folge gehabt, daß diese mit ihren 55 Divisionen mehr ins Feld stellten als die Gesamtstärke der österreichischen Armee betrug und mehr als das Doppelte von dem, was nach Abzug der nach Serbien in Marsch gesetzten Truppen vom Heer der Habsburgmonarchie noch übrig blieb[39]). War es da überhaupt zu begreifen, daß man in Wien sich immer noch nicht von dem serbischen Unternehmen losmachen konnte, das auf die mühsame Durchquerung eines äußerst wegearmen Gebirgslandes ohne Eisenbahnen hinauslief, also mit Sicherheit viele Wochen in Anspruch nehmen mußte? Und doch ließen die dürftigen Nachrichten, die am 30. Juli die Berliner Stellen erreichten, nur soviel erkennen, daß man in Wien zunächst abwarten wollte, ob nicht deutsche Drohungen in Paris und Petersburg die Russen zur Zurücknahme ihrer Mobilmachungsmaßnahmen bewegen würden, auf keinen Fall den Krieg gegen Serbien aber aufgeben wollte[40]). Aus einer Meldung des deutschen Botschafters, die am 31. vormittags einging, war sogar zu ersehen, daß man am Nachmittag des 30. wieder zweifelhaft geworden war, „ob bei jetziger Sachlage die Mobilisierung noch geboten sei", gleichzeitig aber jede Beschränkung der militärischen Operationen gegen Serbien (im Sinn der englischen Vermittlungsvorschläge) entschieden ablehnte[41]). Tatsächlich wurde ja dann doch am späten Nachmittag (wie wir schon hörten) die allgemeine Mobilisierung in einer Beratung beim Kaiser wenigstens grundsätzlich beschlossen, aber erst nach längerem Hin und Her, in dem Conrad die Minister zu überreden versuchte: man brauche auch nach der Mobilmachung die serbische Aktion nicht aufzugeben, da die Russen vielleicht an der galizischen Grenze ohne Angriff stehen bleiben würden. Für den Notfall würden noch 27½ Infanteriedivisionen verfügbar sein, um den ersten russischen Anprall abzuwehren. Wie sehr er damals wünschte und hoffte, den Großkampf mit Rußland noch länger hinauszuschieben, läßt die Tatsache erkennen, daß er die Proklamierung der allgemeinen Mobilmachung erst für den 1. August, ihren Beginn aber erst für den 4. August festsetzen ließ — bis dahin waren die für Serbien bestimmten Divisionen längst alle nach Süden abgerollt[42]).

Es ist wohl kaum ein Zufall, daß Conrad einen kurzen Bericht über diese Beschlüsse, den er am Abend des 30. aufsetzte, erst am nächsten Vormittag um 8 Uhr nach Berlin depeschieren ließ[43]); denn von dort war Einspruch gegen den abenteuerlichen Versuch zu erwarten, die serbische Aktion mit unverminderter Kraft fortzuführen und nur den Rest der Armee in Galizien zu versammeln. Moltke erhielt diese Nachricht gerade in dem Augenblick, als der Übergang der Russen zu allgemeiner Mobilmachung in Berlin bekannt wurde; sie wurde in mehrfachen Depeschen wiederholt[44]). Es mag ihm beinahe schwindlig dabei geworden sein im Gedanken an die Gefahr für die deutsche Ostgrenze, für die er doch nur so wenige Divisionen zur Verfügung hatte und für deren Schutz er bis dahin mit solcher Bestimmtheit auf die große Offensive der Österreicher in Galizien-Polen gerechnet hatte. Seine durch den Militärattaché Bienerth übermittelte Mahnung war also völlig wirkungslos geblieben! Solche Befürchtungen wurden noch wesentlich verstärkt, als nachmittags 4 Uhr 15 General Conrad telefonieren ließ: „Österreich-ungarische Mobilmachung ist nur durch russische Mobilmachung provoziert. Sie hat nur den Zweck, sich gegen jeden russischen Angriff vorzusehen, ohne jede Absicht, den Krieg zu erklären und zu beginnen"[45]). Daß es sich bei dieser erstaunlichen Mitteilung nur um eine (unglaublich verspätete!) Antwort auf die Mahnung handelte, die Moltke selbst am Vormittag des 30. durch Hauptmann Fleischmann nach Wien hatte ergehen lassen, man möge den russischen Krieg nicht unnötig durch einen Angriff provozieren, konnte er nicht ahnen. Er antwortete also telegraphisch: „Deutschland wird Mobilmachung der gesamten Streitkräfte voraussichtlich 2. August aussprechen und Kampf gegen Rußland und Frankreich aufnehmen. Will es Österreich im Stich lassen?"

Conrad von Hötzendorf hat sich durch diese Anfrage sehr „befremdet" gezeigt, von einem Mißverständnis gesprochen und auf Moltkes Depesche vom Vortag verwiesen. Trotzdem ist nicht zu bezweifeln, daß er noch am Nachmittag des 31. Juli die Absicht hatte, so zu verfahren, wie er nach Berlin telefonieren ließ: an der galizischen Front nur defensiv zu bleiben, um seine serbische Strafaktion ungestört durchführen zu können. Wie fest dieses Programm den Wienern noch immer in den Köpfen saß, zeigte sich in dem „Vortrag", den Berchtold am Nachmittag dieses Tages dem Kaiser Franz Joseph einreichte. Obwohl er inzwischen durch den Botschafter Tschirschky von der Vorbereitung der deutschen Mobilmachung und der Absicht erfahren hatte, ein Ultimatum an Rußland zu richten, behauptete er gleichwohl, der deutsche Generalstab rechne damit, daß die österreichische Armee die Aktion gegen Serbien fortsetzen werde, bei „möglichst baldigem" Vorgehen auch gegen Rußland. Dieselbe Entstellung des wahren Sachverhalts kehrt sogar noch in einer Depesche Szögyénys vom Abend des 31. Juli wieder[46]).

Als der österreichische Botschafter diese Fehlmeldung aus Berlin absandte, hatte Moltke längst Himmel und Hölle in Bewegung gesetzt, um den Österreichern den Ernst der militärischen Lage klarzumachen. Zu einem besonders eindrucksvollen Telegramm an Kaiser Franz Joseph wurde Wilhelm II. veranlaßt: er beschwor den Monarchen, jetzt die militärische Macht seines Landes nicht auf Nebenaufgaben zu zersplittern. „Serbien spielt in dem Riesenkampf, in den Wir Schulter an Schulter eintreten, eine ganz nebensächliche Rolle." Deutschland braucht dringend den Einsatz der österreichischen Hauptkräfte gegen Rußland in seinem schweren Zweifrontenkrieg. Auch Italien müsse unbedingt durch Konzessionen beim Dreibund gehalten werden[47]). Der Generalstabschef ließ Hauptmann Fleischmann kommen und beauftragte ihn, nicht nur telegraphisch Vorstellungen bei General Conrad zu erheben, sondern auch sofort zu demselben Zweck nach Wien zu reisen.

Conrad von Hötzendorf hat seine letzten Gedanken in einem Telegrammentwurf verraten, den er am Abend des 31. diktierte, aber dann in dieser Form doch nicht absandte: „Bei uns steht noch heute nicht fest, ob Rußland nur droht, daher dürfen wir uns vom Vorgehen gegen Serbien nicht abdrängen lassen." In dem endgültig abgesandten Telegramm heißt es statt dessen: „Zur Zeit des Abgehens meiner letzten Mitteilung war über Mobilmachungsabsicht Deutschlands noch keine Nachricht eingelaufen[48]). Daher konnte damit gerechnet werden, den Krieg gegen Serbien durchzuführen, ehe Vorgehen gegen Rußland nötig." Ähnlich wird in einem Brief an Moltke vom 2. August versichert, es sei zu hoffen gewesen, daß die Aufstellung einer Defensivlinie in Galizien, verbunden mit dem energischen diplomatischen Druck der anderen Mächte, besonders Deutschlands, genügen würde, um die Durchführung der Aktion gegen Serbien zu ermöglichen. Vor einer bloßen Drohung dürfe Österreich nicht zurückweichen. „Aus den damals gepflegten diplomatischen Verhandlungen ging unserer Auffassung nach hervor, daß Deutschland, wenn wir von Rußland angegriffen würden, zwar seiner Bundespflicht nachkommen würde, daß es aber einen großen Krieg lieber vermeiden wollte." Deutschlands plötzlicher Entschluß zur Mobilmachung habe für Österreich „eine ganz neue Lage" geschaffen[49]).

Man sieht: der österreichische Generalstabschef hat bis zur letzten Minute mit dem Gedanken gespielt, am Ende könne das Vorgehen der Russen doch nur Bluff sein — oder die Deutschen würden es doch noch fertig bringen, sie vom Angriff abzuschrecken. Jetzt war das als eine Fehlspekulation erwiesen; jetzt mußte er endgültig seine serbischen Pläne fallen lassen und alle Kräfte so rasch, als es noch möglich war, an die Nordfront umleiten. Aber nun suchte er alle Schuld auf die Deutschen zu schieben, die so lange mit der Mobilmachung gezögert, statt dessen nur diplomatisch gedroht und Österreich zu politischen Kompromissen gedrängt hätten. Er bezeugte offenes Mißtrauen gegen den Bundesgenossen, indem er in der Nacht zum 1. August noch einmal telegraphisch Bestätigung dafür forderte, daß Deutschland wirklich „den großen Krieg gegen Rußland sofort und unbedingt führen" würde; denn es dürfe „nicht dazu kommen, daß wir von Serbien ablassen, ohne zum Krieg mit Rußland zu gelangen".

War das nun echtes politisches Mißtrauen, oder entsprach es nur dem Ärger eines Mannes, der seine scheinbar sichere Beute nicht fahren lassen will? Mir scheint es unvorstellbar, daß der General ernsthaft gefürchtet haben soll, die Regierung Wilhelms II. und Bethmann Hollwegs könnte ihre Hilfszusagen zu guter Letzt wieder zurückziehen, weil die Österreicher ihren Vermittlungsvorschlägen nicht folgten. Sollte er es aber doch geglaubt haben: welchen Sinn hatten dann noch seine serbischen Kriegspläne? Wenn er so tat, als wäre Deutschland überhaupt in der Lage gewesen, zwischen einem „großen Krieg gegen Rußland" und einer bloßen Deckung der österreichischen Defensivfront in Galizien zu wählen, so geschah das wider besseres Wissen.

In das Antworttelegramm an Kaiser Wilhelm, das man im Auswärtigen Ministerium am 1. August aufsetzte, hätte Conrad gern die folgende Wendung hineingebracht, die dann vom Minister gestrichen wurde: „Man ist sich bewußt, daß die Aufnahme des Kriegs durch die Hauptkräfte in Galizien zunächst vor allem der Rückendeckung Deutschlands dient"[50]). Das war eine zum mindesten recht einseitige Behauptung. Aber sie deutete einen wirklichen Interessengegensatz der beiden Verbündeten an: für Deutschland war, dank des Schlieffenplans, die Ostfront zunächst nur Nebensache, und so war das Waffenbündnis mit der deutschen Militärmacht, so glänzend es auch schien, für den österreichischen Soldaten bis zu einem gewissen Grade doch enttäuschend: es verwandelte den Kampf um die Hegemonie auf dem Balkan zwangsläufig sofort in ein Ringen mit den Westmächten. Dieser Gegensatz ist gleich in den ersten Kriegswochen sehr schroff hervorgetreten, als Conrad seine große Offensive in Galizien begann und es sich nun zeigte, daß er die Möglichkeiten deutscher Waffenhilfe im Osten weit überschätzt hatte. Das führte zu bitteren Beschwerden über „deutschen Verrat", ja sogleich zu Drohungen Berchtolds mit dem Sonderfrieden. Das „Schulter-an-Schulter-Kämpfen" erwies sich so von Anfang an als eine schwere Not[51]). Das Scheitern der großen galizischen Offensive Anfang September war aber dadurch mit verschuldet, daß Conrad fünf Tage lang seine Militärtransporte nach Süden statt nach Norden hatte laufen lassen, bei ihrer Umlenkung auf unerwartet große Schwierigkeiten stieß, mit der Gesamtmobilmachung zu spät (4. August!) angefangen und dadurch auch seinen Aufmarsch verzögert hatte — schließlich noch dadurch, daß sich eben doch zu große Teile der österreichischen Armee in den Kampf mit Serbien verbissen[52]). Das alles war die Folge des zuerst verspäteten, dann voreilig eingeleiteten und nicht rechtzeitig abgeblasenen Feldzugunternehmens gegen Serbien. General Conrad schob natürlich die Verantwortung dafür auf den deutschen Partner, der allzu lange gezögert habe, sein Vorgehen durch militärischen Druck auf Rußland zu unterstützen.

Der historische Betrachter heute wird geneigt sein, der deutschen Regierung einen andern Vorwurf zu machen: nicht daß sie zu lange, sondern daß sie zu spät und nicht konsequent genug auf politische Mäßigung ihres Bundesgenossen gedrängt hat. Es ist nicht auszudenken, wie anders sich die Schicksale und Machtverhältnisse Europas gestaltet hätten, wenn es 1914 Deutschland ebenso gelungen wäre wie in den Jahren 1912/13, sich in Gemeinschaft mit England als friedesichernde Macht zu bewähren und für die Balkanhändel eine erträgliche Lösung zu finden, das heißt, dem Nationalismus der Serben eine feste Grenze zu setzen. Wie das allerdings ohne eine völlige innere Neugestaltung der habsburgischen Doppelmonarchie zu einer Dauerlösung hätte führen können, ist schwer vorzustellen, und wenn der Wiener „Ministerrat für gemeinsame Angelegenheiten" in seiner Sitzung vom 31. Juli erklärte, auf dem von England und Deutschland vorgeschlagenen Wege sei weder militärisch noch politisch ein Dauererfolg zu erreichen, so hatte er dafür gewiß ernsthafte Gründe. Dennoch kann man das Protokoll dieser Sitzung nicht ohne Erschütterung lesen. Die Frage, ob die dort beschlossene Fortführung des Krieges gegen Serbien militärisch überhaupt noch möglich sei, wurde nicht einmal zur Sprache gebracht; statt dessen glaubte General Conrad den Herren die Aussicht eröffnen zu können, er hoffe, den italienischen Generalstab zur Entsendung von Truppen nicht nur gegen Frankreich, sondern auch an die galizische Front zu bewegen — und dies gegen das unbestimmte Versprechen, unter gewissen Umständen nach dem Kriege über die Abtretung des albanischen Hafens Valona mit sich reden zu lassen![53]) Mit soviel Blindheit ist wohl selten eine europäische Großmacht in einen Existenzkampf hineingestolpert, und die militärische Führungsspitze war daran wesentlich mitbeteiligt.

Vierter Abschnitt

Der Zwangsablauf der Kriegserklärungen

Seit den Mittagsstunden des 31. Juli hat Bethmann Hollweg nicht mehr im Ernst an die Möglichkeit einer Rettung des Friedens geglaubt. Er hatte das Gefühl, die Zügel der Regierung an die Militärs verloren zu haben, und diese spürten mit äußerster Härte den Druck der Verantwortung, die auf ihnen lag. Der seelisch zarte und körperlich kränkelnde Moltke ist ihm schon vor Kriegsbeginn fast erlegen. Wie mir ein Augenzeuge (sein späterer Nachfolger, Generaloberst Beck) 1943 erzählt hat, verlor er die Fassung, als er am 1. August an die Offiziere des Generalstabes den Mobilmachungsbefehl weitergeben mußte — ähnlich wie Graf Pourtalès in seiner Abschiedsaudienz beim russischen Außenminister, fast um dieselbe Stunde.

In der Tat: es war eine fürchterliche Verantwortung, die jetzt auf den Soldaten lag. Rein militärtechnische Erwägungen zerstörten die letzten Ausgleichsmöglichkeiten. Freilich: gab es solche noch?

Bethmann Hollweg war schon, als die ersten Nachrichten einer russischen Generalmobilmachung in Berlin eintrafen, das heißt am frühen Vormittag des 31., entschlossen, darauf mit einem kurzfristigen Ultimatum zu antworten (das dann um 3 Uhr 30 nachmittags abging), obwohl er aus Wien noch keine endgültige Entscheidung über den letzten englischen Vermittlungsvorschlag in der Hand hielt. Ob die österreichischen Minister, die an demselben Vormittag diesen Vorschlag ablehnten, von dem Bevorstehen eines solchen Ultimatums schon Kenntnis hatten, ist aus dem Protokoll nicht zu erkennen; jedenfalls erfuhren sie sehr bald davon[1]). Eine schriftliche Verhandlung über die Annahme oder Ablehnung des Kompromißvorschlages hat zwischen Wien und Berlin danach gar nicht mehr stattgefunden; es ging jetzt nur noch darum, die Österreicher zu schleunigem Einsatz ihrer Hauptkräfte gegen Rußland zu bringen. In dem schon erwähnten Telegramm Wilhelms II. an Kaiser Franz Joseph wurde der „Zustand drohender Kriegsgefahr" bereits als „einleitende Mobilmachung" bezeichnet, der die „definitive" in kürzester Frist folgen würde, mit dem 2. August als erstem Mobilmachungstag; der Kaiser erklärte sich kurzerhand bereit, „in Erfüllung seiner Bundespflicht sofort den Krieg gegen Rußland und Frankreich zu beginnen". Moltkes nächtliche Telegramme an General Conrad besagten: Deutschland habe an Rußland und Frankreich ein Ultimatum mit kürzester

Frist gestellt, in Petersburg Rückgängigmachen aller gegen Deutschland und Österreich getroffenen militärischen Maßnahmen binnen zwölf Stunden gefordert. „Lehnt Rußland diese Forderung ab, erfolgt sofortige Kriegserklärung Deutschlands... Ich halte Annahme der deutschen Forderung durch Rußland für ausgeschlossen"[2]).

Mit anderen Worten: die deutsche Regierung war nicht bereit, unter dem Druck der russischen Generalmobilmachung noch weiter über Vermittlungsvorschläge zu verhandeln. Man betrachtete in Berlin jede unter solchem Druck gewährte Konzession als Prestigeverlust, das heißt als Anerkennung der Machtüberlegenheit der Gegenseite. Das deutsche Ultimatum an Rußland drohte nicht mit Krieg, sondern nur mit Mobilmachung, ließ also die Frage der Kriegserklärung noch offen — sie wurde aber in Moltkes nächtlichem Telegramm nach Wien schon als selbstverständlich vorausgesetzt. Gab Rußland der deutschen Drohung nach, so war seine Niederlage in der serbischen Streitfrage vor aller Welt besiegelt; gab es nicht nach, so wurde der Machtkampf ohne weiteres Verhandeln ausgetragen. Hatte Bethmann Hollweg bis dahin immer von der Notwendigkeit gesprochen, man müsse sich in Wien verständigungsbereit zeigen und nicht unbedingt auf der militärischen Niederwerfung und politischen Erniedrigung Serbiens bestehen, um vor Europa nicht Österreich-Ungarn, sondern Rußland als Störenfried erscheinen zu lassen, so war er jetzt offenbar der Meinung, Rußland habe seinen Angriffswillen durch die Generalmobilmachung so unzweideutig demonstriert, daß es weiterer Schuldbeweise nicht mehr bedürfe. Von diesem Angriffswillen waren die Militärs schon länger als er überzeugt; jedenfalls drängten sie schon längst auf die „einleitende Mobilmachung", weil sie die diplomatischen Verhandlungen nur noch als Schleier betrachteten, hinter dem sich der russische Kampfwille verberge.

Nun kam aber von Petersburg dieselbe Versicherung, die man dort schon nach der Teilmobilmachung abgegeben hatte: für Rußland bedeute Mobilmachung durchaus nicht sogleich Krieg, sondern zunächst nur Sicherungsmaßnahme; man sei gern bereit, ja man wünsche die Verhandlungen über das serbische Problem fortzusetzen. Der Zar versprach Kaiser Wilhelm sogar feierlich: „Solange die Verhandlungen mit Österreich wegen Serbien andauern, werden meine Truppen keine herausfordernden Handlungen unternehmen"[3]). Es liegt kein Anlaß vor, an der Ehrlichkeit dieser Versicherungen zu zweifeln, denn es entsprach durchaus dem russischen Interesse, der Welt zu beweisen, daß die russische Mobilmachung nichts anderes sei als eine Antwort auf die österreichische gegen Serbien. Zogen sich die Verhandlungen mit der Wiener Regierung lange hin, so war das für die langsame russische Mobilmachung nur von Vorteil, scheiterten sie, so war für Rußland nichts verloren.

Politisch wäre es für Deutschland von größten Vorteil gewesen, auf dieses Angebot einzugehen und jetzt noch verstärkt auf die Wiener Politik zu drücken — dies um so mehr, als Sir Edward Grey seinen Eifer um friedliche Beilegung des großen Konfliktes jetzt noch verdoppelte und gerade am 31. Juli so weit ging, dem deutschen Botschafter anzudeuten: sollte es der Berliner Politik gelingen, von Österreich ein wirklich greifbares Zugeständnis zu erreichen und einen vernünftigen Lösungsvorschlag zu machen, dessen Ablehnung Rußland offenbar ins Unrecht setzen würde, so sei er entschlossen, sich in Petersburg und Paris zugunsten der deutschen Sache auszusprechen und zu erklären, daß England jede Beteiligung an den etwaigen „Konsequenzen" der russischen Haltung ablehnen müsse[4]).

Aber als diese neue englische Erklärung am Abend des 31. Juli dem Staatssekretär von Jagow überbracht wurde, war er schon nicht mehr in der Lage, darauf einzugehen — nicht nur deshalb, weil inzwischen schon das Ultimatum an Rußland abgegangen war, sondern vor allem aus militärischen Gründen. Deutschland wußte sich von zwei Fronten her bedroht und es mußte fürchten, alle Chancen eines militärischen Erfolges aus der Hand zu geben, wenn es den Russen auch nur ein paar Tage die Möglichkeit überließ, durch Hinziehen der Verhandlungen die militärische Aggression der Deutschen im Westen aufzuhalten. So erschien es jedenfalls dem Generalstab, und an dieser Stelle wird jählings die unheilvolle Wirkung seiner starren Festlegung auf den Schlieffenplan deutlich.

So stand es nämlich durchaus nicht, daß der Krieg im Osten große Eile erfordert hätte. Die Aufmarschanweisungen für die dort stehende 8. Armee zeigen deutlich, daß man hier für die ersten Tage überhaupt keinen Angriff über die Grenze beabsichtigte, sondern je nach dem Verhalten des Gegners sich mit dem bloßen Grenzschutz begnügen wollte[5]). Um so eiliger hatte es der Generalstab, an der Westfront sofort zum Schlagen zu kommen. Auch da freilich nicht an der ganzen Länge der Front im selben Maße. Natürlich mußten hier die Reichslande durch rechtzeitigen Aufmarsch vor einer französischen Offensive geschützt und die für den Durchmarsch durch Belgien bestimmten starken Kräfte möglichst früh im Raum Aachen—Wesel versammelt werden. Darüber mußten aber immerhin 8 bis 10 Tage bis zum

Beginn der eigentlichen Feindseligkeiten vergehen. So lange ließ sich die förmliche Kriegserklärung an Frankreich und Belgien ohne militärischen Schaden hinausschieben. Was sich aber nicht hinausschieben ließ, war der von Moltke geplante Überfall auf Lüttich.

Schlieffen hatte nördlich dieser Festung, die er für unbedeutend hielt, durch holländisches Gebiet über die Maas vorgehen, Lüttich und Namur nur „beobachten" lassen wollen. Moltke wollte (wie schon früher erörtert) die holländische Neutralität unter allen Umständen schonen, war aber auch im Gegensatz zu Schlieffen der Meinung, daß die beiden Maasfestungen trotz schwacher Besatzungen widerstandsfähige Plätze wären, vor allem aber die Maasbahn sperrten, auf die wir nicht verzichten könnten[6]). Um diese Bahn möglichst ungestört samt der Festung Lüttich in die Hand zu bekommen, hatte er einen „Handstreich" vorgesehen, der nur dann glücken konnte, wenn er schon am Morgen des dritten Mobilmachungstages, also mit noch nicht mobilisierten Truppen der Grenzbezirke, ins Werk gesetzt wurde, das heißt ehe die Belgier Zeit gehabt hatten, die Lücken zwischen ihren weit auseinander liegenden Forts durch Hindernisse zu verrammeln. Dieser ans Abenteuerliche grenzende Plan, seit 1908 erwogen, ist erst mit den Mobilmachungsvorarbeiten für 1913/14, also zum 1. April 1913, im einzelnen festgelegt worden, und zwar nach Plänen des damaligen Obersten Ludendorff (der den Handstreich später auch selbst mit höchster Kühnheit in vorderster Front durchgeführt hat). Er blieb streng behütetes Geheimnis eines engeren Kreises von Generalstabsoffizieren, auch vor der Reichsleitung, selbst vor dem Kaiser. Wenn es richtig ist, daß Bethmann Hollweg zum ersten Mal am 31. Juli nach Ausspruch der „drohenden Kriegsgefahr" davon erfuhr, so muß es für ihn die unangenehmste Überraschung gewesen sein. Daß wir den Krieg gegen Frankreich mit einem Durchmarsch durch Belgien beginnen wollten, war ihm schon lange bekannt, und daß dieser Durchmarsch „überfallartig"[8]) ins Werk gesetzt werden mußte, wenn er glücken sollte, wird ihm wohl auch nicht verborgen geblieben sein. Aber der Plan des Lütticher Handstreichs steigerte nun doch die Eile der Kriegsvorbereitungen gewissermaßen vom Tages- zum Stundentempo. Wir mußten dem Gegner — in diesem Falle einem Neutralen! — sozusagen mit der Kriegseröffnung ins Gesicht springen, ehe er auch nur Zeit gefunden hatte, sich in Abwehrstellung zu begeben. Man kann es in nachträglicher Betrachtung geradezu tragisch finden, daß diese Einzelaktion (die nachher doch nur halb geglückt ist und deren letzte Ziele wahrscheinlich auch auf andere Weise hätten erreicht werden können) die Freiheit unseres politischen Handelns während der entscheidenden Tage der Julikrise so schwer gelähmt hat. Die Tatsache, daß der verantwortliche Leiter der deutschen Politik sich genötigt gesehen (oder doch geglaubt) hat, einen solchen Kriegsplan ohne erkennbaren Widerstand als „militärische Notwendigkeit" hinzunehmen, stellt ein Extrem von hilfloser Abhängigkeit der Politik von der Kriegführung dar. Die Folge war, daß die diplomatische Kriegseröffnung sich in der für Deutschland denkbar unglücklichsten Form vollzog. Da das Hin und Her der Beratungen, aus denen die verschiedenen Kriegserklärungen hervorgegangen sind, schon unendlich oft erörtert worden ist, dürfen wir uns hier damit begnügen, in kurzem Überblick das Maß des Anteils zu bestimmen, den die obersten militärischen Dienststellen am Gang der Ereignisse hatten.

Wir hatten gegen Rußland nicht sogleich mobil gemacht, sondern zunächst ein kurz befristetes Ultimatum gestellt mit der Forderung, das Zarenreich möge seine Mobilisation zurücknehmen — und zwar nicht nur gegen Deutschland, sondern auch gegen die Österreicher. Da niemand erwartete und erwarten konnte, die russische Regierung würde diese Forderung annehmen — vollends in der unmöglichen Frist zwischen Mitternacht und 12 Uhr mittags, die man ihr ließ —, wurde die Kriegserklärung schon vorbereitet, ehe das Ultimatum in Petersburg eingelangt war. Das geschah am Abend des 31. Juli in einer langen Sitzung beim Reichskanzler, an der auch der Generalstabschef teilnahm[9]), Falkenhayn dagegen, der kurz vorher noch einmal auf beschleunigte Mobilmachung gedrängt hatte, fehlte. In dieser Sitzung nun verfocht Moltke mit besonderem Eifer den Standpunkt, daß nach Ablauf der gestellten Frist nicht nur die deutsche Mobilmachung, sondern sogleich die Kriegserklärung an Rußland folgen müsse, und zwar mit der Begründung, wir müßten sofort im Westen aktiv werden. (Er wird die Besetzung der luxemburgischen Bahnen und die Lütticher Aktion im Auge gehabt haben.) Er wollte den Feldzug im Westen schon beginnen und möglichst rasch durchführen, solange die Russen noch damit beschäftigt waren, ihre Truppen zu mobilisieren und zum Aufmarsch zu versammeln. Da der Kanzler sich den militärischen Argumenten nicht zu widersetzen wagte, wurde ein Erlaß an den Botschafter Pourtalès fertiggestellt, der ihn anwies, bis 5 Uhr nachmittags die Kriegserklärung zu übergeben, einerlei ob bis dahin eine negative oder noch gar keine Antwort durch das russische Ministerium erfolgt war (die Erklärung enthielt deshalb Parallelfassungen für jeden der beiden Fälle). Denn der Generalstabschef legte größten Wert darauf, noch am Samstag nachmittag (1. August) die Mobilmachungsorder in alle Garnisonen telegraphieren zu können[10]). Auch für Frankreich wurde eine Kriegserklärung vorbereitet, von der noch zu reden sein wird. Sie ging aber vorläufig noch nicht ab, während der Auftrag an Pourtalès, dem der Kaiser am Morgen des 1. August zustimmte, so pünktlich mittags nach Petersburg telegraphiert wurde, daß nicht einmal Zeit blieb, vorher die von der Verfassung geforderte Zustimmung des Bundesrats zur Kriegserklärung einzuholen; sie wurde nachträglich ohne Widerspruch erteilt.

Der ganze Vorgang zeigt deutlich eine Überstürzung, und zwar ausschließlich auf Drängen des Generalstabschefs, der um die rechtzeitige Durchführung seines Kriegsplanes bangte. Man hat sich offenbar nicht einmal die Zeit genommen, über die politischen Folgen auch nur zu beraten, die daraus erwachsen mußten, daß wir, nicht die Russen als Angreifer erschienen — Folgen sowohl für die Haltung des russischen Volkes wie für die ganz Europas, vor allem aber für die Bundesgenossen Rumänien und Italien, denen wir durch eine Kriegserklärung, die uns als Angreifer erscheinen ließ[11]), selbst den Vorwand lieferten für die Nichterfüllung ihrer Bündnispflicht. Da die Österreicher ihre Kriegserklärung bis zum 6. August hinauszögerten, in der Hoffnung, dadurch den russischen Vormarsch zu verlangsamen, entstand die groteske Situation, daß Deutschland sich sechs Tage früher im Kriege mit Rußland befand als der Verbündete, um dessentwillen es den Kampf überhaupt aufnahm.

Daß es sich um eine „törichte" Überstürzung handele, wurde zuerst dem Kriegsminister Falkenhayn bewußt, der gleich am Morgen des 1. August sich zu Moltke begab, ihn für seine Auffassung gewann, mit ihm zusammen zum Kanzler fuhr, auch diesen überredete, dann aber im Auswärtigen Amt erfuhr, daß seine Intervention schon zu spät kam: das Telegramm an Pourtalès war schon abgegangen[12]). Wahrscheinlich hat das zur Folge gehabt, daß man beschloß, mit dem Ultimatum an Frankreich vorsichtiger zu verfahren. Zunächst aber drängte Falkenhayn mit verdoppeltem Eifer auf die Mobilmachung der deutschen Armee. Gegen anfängliches Widerstreben des Kanzlers setzte er auch durch, daß der Befehl dazu schon nachmittags um 5 Uhr, pünktlich wie vorgesehen, vom Kaiser unterzeichnet wurde, obwohl man (durch Verspätung bzw. Versagen der Drahtverbindung nach Petersburg) zu diesem Zeitpunkt von Pourtalès noch gar keine Antwort hatte, also gar nicht sicher wissen konnte, ob wir mit Rußland im Kriegszustand waren oder nicht. Bethmann Hollweg hat sich nachträglich darüber sehr aufgeregt und erst wieder beruhigt, als er im Laufe der Nacht vom Generalstab erfuhr, daß kleinere russische Truppenabteilungen inzwischen die deutsche Grenze überschritten hätten, der Kriegszustand also tatsächlich eingetreten sei. Die beiden Generäle hatten es ihrerseits so eilig, die Mobilmachung noch an demselben Abend in Gang zu bringen, daß sie sich nicht aufhalten ließen, zu ihren Stäben zu eilen und den Befehl dorthin zu überbringen, als während der Beratung im Schloß über die Kriegserklärung plötzlich ein Telegramm unseres Londoner Botschafters vorgelegt wurde, das die ganze Kriegssituation zu verändern schien.

Es handelte sich um den bekannten — man kann wohl sagen: verzweifelten — Versuch Sir Edward Greys, den europäischen Frieden noch in letzter Stunde durch den phantastischen Vorschlag zu retten, Frankreich sollte gegen eine Zusage Deutschlands, keinen Angriff an der Westfront zu unternehmen, neutral bleiben — oder wenigstens beide Gegner sollten „Gewehr bei Fuß" an der Grenze einander gegenüber stehen bleiben und so England selbst die Neutralität ermöglichen. Zur Beratung dieses Vorschlages, den der Kaiser und sein Kanzler mit ungeheurer Erleichterung, ja fast Begeisterung aufnahmen, wurden die beiden Generäle wieder herbeigeholt, und auch Tirpitz nahm daran teil. Die Reaktion der drei Militärs war sehr charakteristisch verschieden: der Großadmiral, ohne an die Ernsthaftigkeit des Vorschlages zu glauben, riet doch zu politischem Entgegenkommen und half selbst bei der Redaktion einer Kaiserdepesche an den englischen König mit. Er dachte sogleich an den politischen Effekt, den eine einfache Ablehnung ausgelöst hätte, aber wohl auch an das Schicksal seiner Flotte in einem aussichtslosen Kampf. Falkenhayn war geneigt, das Ganze für eine diplomatische Seifenblase zu halten, verlor aber eben deshalb nicht die Nerven, sondern suchte nach einem praktischen Ausweg: vielleicht brauchte man das englische Angebot nicht sogleich abzuschlagen, sondern konnte es mit so starken Vorbehalten und Sicherungen annehmen, daß für den deutschen Heeresaufmarsch keine ernstliche Gefahr entstand? In diesem Sinne hat er Jagow eine Antwortdepesche diktiert, die dann auch abging. Am wenigsten zeigte sich Moltke der unerwarteten Situation gewachsen: er geriet völlig außer Fassung, als Bethmann und der Kaiser ihm plötzlich zumuteten, seinen ganzen Feldzugsplan umzustoßen und die Hauptmasse der Armee gegen Osten aufmarschieren zu lassen. Natürlich war das rein technisch ein unmögliches Verlangen; denn der Mobilmachungs- und Aufmarschplan eines modernen Millionenheeres, das Produkt vielmonatlicher mühsamer Detailarbeit, läßt sich gar nicht von heute auf morgen umstoßen, ohne das Chaos herbeizuführen[13]), und der von Schlieffen vorgesehene Eventualplan „großer Ostaufmarsch" war ja 1913 aufgegeben worden. Daß Wilhelm II. für diese technischen Schwierigkeiten jetzt so wenig Verständnis zeigte, läßt die Oberflächlichkeit seiner militärischen Schulung recht deutlich erkennen, und es war eine sehr ungerechte Kränkung, die er seinem Generalstabschef ins Gesicht schleuderte: „Ihr Onkel würde mir eine andere Antwort gegeben haben!" Aber diese ganze Debatte war zuletzt doch nur darum so aufgeregt, weil in ihr jählings die tiefe Unstimmigkeit zwischen dem „rein militärischen" Schlieffen-Plan und den realen Bedürfnissen Deutschlands ans Licht trat: der Nachteil unserer starren Bindung an die große Westoffensive mit allen ihren politischen Folgen. In dieser Lage hat sich Moltke offenbar hilfloser gezeigt als Falkenhayn, der eine gewisse Verzögerung der Westoffensive nicht für unmöglich hielt, wenn dadurch England Gelegenheit erhielt, seine Angebote zu präzisieren. Gegen Moltkes lebhaften Widerspruch wurde schließlich beschlossen, die Eröffnung des Krieges gegen Frankreich zunächst noch hinauszuschieben, um England versprechen zu können, unsere Armee würde die französische Grenze bis zum Abend des 3. August nicht überschreiten. An den Aufmarschplänen wurde aber vorerst nichts geändert, nur daß der Kaiser über den Kopf und gegen den Widerspruch seines Generalstabschefs das Einrücken deutscher Truppen in Luxemburg sistieren ließ, das als Vorbereitung des Einmarsches in Belgien sofort hatte erfolgen sollen. Die schwere seelische Depression, in die er dadurch Moltke versetzte, ist verständlich: dieser hatte wohl die Empfindung, als verantwortlicher Leiter der Heeresoperationen nicht mehr ganz ernst genommen zu werden. Aber es zeigt doch auch, wie ängstlich er an seinen militärischen Rezepten klebte, daß er nun (nach seinen eigenen Worten) seelisch völlig zusammenbrach.

Der Streit über den Westaufmarsch nahm ein rasches Ende, als schon nach wenigen Stunden Telegramme aus London eintrafen, die den Greyschen Vorschlag als bloßes „Mißverständnis", als Episode ohne praktische Bedeutung erkennen ließen. Aber sehr erbittert wurde noch um die Frage der Kriegserklärung an Frankreich gerungen. Tirpitz hatte schon gleich nach der Bundesratssitzung am Mittag gegen die formelle Kriegserklärung an Rußland Widerspruch erhoben[14]) und bei der Beratung im Schloß sich gegen die sofortige Aufnahme von Feindseligkeiten an der Ostfront erklärt: man solle die Russen zuerst angreifen lassen. Dafür hatte er auch die Zustimmung des Kaisers gefunden. In der Nacht zum Sonntag (zwischen 2.30 und 3.30 Uhr!) setzte sich diese Debatte in anderer Form in der Reichskanzlei fort. Es fand dort eine Beratung der drei leitenden Militärs (Moltke, Falkenhayn, Tirpitz) mit dem Kanzler und den Herren des Auswärtigen Amts statt, in der, bei allseitig überreizten Nerven, die Gegensätze politischer und militärischer Denkweise noch einmal heftig aufeinanderprallten. Die „Zivilisten" bestanden darauf, man müsse, um an der Westfront vorgehen zu können, zunächst eine formelle Kriegserklärung an Frankreich überreichen. Vorher könne man auch keine „Sommation" an Belgien richten, in der es aufgefordert werden sollte, uns den Durchmarsch zu gestatten. Die Militärs fanden eine formelle Kriegserklärung überflüssig; man sollte sie den Franzosen überlassen. Übrigens behauptete Moltke, durch gewisse Grenzzwischenfälle sei inzwischen bewiesen, daß „der Krieg ja schon da sei". Man sieht deutlich: es war den Militärs, besonders dem Kriegsminister Falkenhayn, klargeworden, in welche unheilvolle politische Lage Deutschland dadurch geriet, daß es so rasch und gleichsam blindlings losschlug, ohne sich durch irgendwelche Vermittlungs- und Ausgleichsversuche aufhalten zu lassen, die noch immer zwischen London, Moskau und Paris weiterliefen. So meinten sie, dem Unheil dadurch ausweichen zu können, daß sie die formellen Kriegserklärungen der Gegenseite zuschoben, und grollten den „Zivilisten und Juristen" des Auswärtigen Amtes, daß sie auf der völkerrechtlichen Verpflichtung bestanden, die ihnen, den Soldaten, als reine Formalität erschien[15]). Falkenhayn vertrat diesen Standpunkt „etwas brüsk" (wie Tirpitz berichtet) gegen den Kanzler – aber auch Moltke geriet mit ihm in heftigen Wortwechsel und wies den Versuch des Geheimrats Kriege von der Rechtsabteilung des Auswärtigen Amtes, juristische Argumente vorzubringen, in schroffer Form zurück. Aus dieser Meinungsverschiedenheit sind tiefe Verstimmungen zwischen Bethmann Hollweg und den Militärs entstanden, die noch während des Krieges fortdauernd nachgewirkt haben. In der Militärliteratur, besonders in den vielgelesenen Schriften des Großadmirals, findet sich immer wieder die Anklage, die beim Sturz Bethmanns 1917 auch öffentlich erhoben wurde: er sei durch sein diplomatisches Ungeschick und durch sein Handeln nach „juristisch-doktrinären Gesichtspunkten" schuld daran gewesen, daß Deutschland vor der Welt in den Ruf des brutalen Angreifers geriet. Sogar „innerpolitische Motive" wurden ihm unterstellt, was wohl bedeuten sollte, daß er aus liberal-demokratischer Gesinnung heraus den Krieg gegen das zaristische Rußland forciert habe.

Demgegenüber hat schon Jagow mit Recht betont, daß es niemand anders als der Generalstabschef war, der die überstürzte Kriegserklärung an Rußland aus rein militärischen Gesichtspunkten heraus gefordert und durchgesetzt hat. Weiter: daß es Deutschlands Lage nicht verbessert, sondern noch wesentlich verschlimmert hätte, wenn wir den Krieg im Westen mit einem Überfall „aus heiterem Himmel" auf unseren Nachbarn ohne formelle Kriegserklärung eröffnet hätten[16]). Die Militärs meinten, Frankreich werde schon durch seine Angriffspläne und die Stimmung der Bevölkerung gezwungen sein, über kurz oder lang uns den Krieg zu erklären. Nun zeigt aber alles, was wir von der französischen Politik in jenen Tagen wissen, deutlich, daß man in Paris sich ganz genau des Vorteils bewußt war, den deutschen Angriff abwarten zu können — zumal dieser durch neutrales Gebiet führen sollte. Dort, an der belgischen Maas, dem Angriff durch einen Vorstoß zuvorzukommen, wäre militärisch sehr vorteilhaft — ja man kann sagen: eine „militärische Notwendigkeit" gewesen; aber die Franzosen wagten es nicht, obwohl General Joffre fortdauernd zur Eile drängte, aus den uns schon bekannten politischen Gründen (s oben Kap. 3). Die Rechnung unserer Militärs war also eine Fehlspekulation. Und war es nicht überhaupt eine politische Naivität zu glauben, es genüge der Verzicht auf eine formelle Kriegserklärung, um vor Europa einen Krieg als reinen Verteidigungskrieg erscheinen zu lassen, der mit einem Überfall auf das neutrale Belgien unter offener Verletzung des Völkerrechtes begann? Wir hatten Rußland so eilig den Krieg erklärt, um seinen Verbündeten Frankreich ohne Verzug angreifen zu können, was offenbar nicht möglich war, solange überhaupt noch kein Krieg bestand. Die Westoffensive konnte nach militärischer Meinung nicht anders begonnen werden als mit einem Überfall auf Belgien; dieser wiederum war — auch nach Moltkes Meinung — nicht möglich, ohne vorher Belgien zur Freigabe des Durchmarschs aufzufordern, und diese Aufforderung hing wieder davon ab, daß Krieg zwischen uns und Frankreich bestand. Es war ein Teufelskreis, dem einfach nicht zu entrinnen war, und das Kernproblem war schließlich die belgische Invasion.

Ihre verhängnisvolle Bedeutung blieb natürlich auch den Militärs in jener nächtlichen Diskussion nicht verborgen, zumal die englische Diplomatie mit immer stärkerem Nachdruck betonte, daß ihre Haltung im Kriege wesentlich davon bestimmt werden würde, ob wir die belgische Neutralität respektierten oder nicht. Tirpitz, der damals zuerst von den belgischen Invasionsplänen erfahren haben will[17]), legte dagegen heftigen Einspruch ein, schon im Interesse der Flotte, und sagte den Krieg mit England voraus; auch Bethmann Hollweg scheint noch in diesem letzten Stadium Bedenken dagegen erhoben zu haben — natürlich vergeblich. Tirpitz erreichte immerhin die Zusage (die aber dann doch nicht gehalten wurde), die Sommation an Belgien möglichst spät zu stellen, damit die Flotte Zeit zur Mobilmachung behalte; außerdem wurde vereinbart, die Kriegserklärung an Frankreich trotz der enttäuschenden Nachrichten aus London noch hinauszuschieben — in der Hoffnung, daß inzwischen die Franzosen angreifen würden[18]).

Die erregte Debatte fand am Sonntag vormittag (2. August) eine Fortsetzung im Schloß, wo Moltke und Tirpitz den Kaiser gegen Bethmanns zähen Widerstand zu bestimmen suchten, auf die Kriegserklärung an Frankreich ganz zu verzichten. Der Kanzler vermochte sich mit seiner Ansicht nicht durchzusetzen und wurde beauftragt, die britische Regierung über den bevorstehenden Einmarsch in Belgien durch die Versicherung zu beruhigen, daß wir nur in Notwehr handelten und nicht als Eroberer kämen. Nach seinem Abgang bestürmten beide Militärs den Kaiser mit Vorstellungen über die totale Unfähigkeit des Auswärtigen Amtes und seines Leiters von Jagow, den Tirpitz durch den Konteradmiral Hintze zu ersetzen empfahl. Moltke warf Jagow vor, daß er noch immer in der Illusion lebe, das unaufhaltsam rollende Rad des Schicksals durch diplomatische Noten aufhalten zu können.

Ähnliche Erörterungen über die völlige „Deroute" des Auswärtigen Dienstes hatte zwischen den Militärs schon am Ende ihrer nächtlichen Sitzung stattgefunden. Moltke hatte dabei gemeint, „er müsse jetzt die politische Leitung in die Hand nehmen"[19]). Tatsächlich hat er noch am selben Tage dem Auswärtigen Amt ein sehr merkwürdiges (offenbar sehr eilig entstandenes) Schriftstück übersandt, das in seiner äußeren Form wie eine Art von Dienstanweisung für politisches Handeln „vom militärischen Standpunkt aus" wirkt. Es enthielt Ratschläge, was jetzt im Interesse einer erfolgreichen Kriegführung zu geschehen hätte, um eine möglichst günstige Mächtekonstellation herbeizuführen. In ziemlich primitiver Weise war eine Liste von frommen Wünschen (wie Kriegsbündnis mit den skandinavischen Staaten, Japan und Persien, Entfesselung von Aufständen in Indien, Ägypten und Südafrika) zusammengestellt mit konkreteren Vorschlägen für die Behandlung Italiens, des Balkans und anderer Länder — das Ganze mehr ein Beweis außenpolitischer Phantasie als nüchternen Sachverstands und politischer Schulung[20]). Natürlich wurde erneut gefordert, auf eine Kriegserklärung an Frankreich vorläufig zu verzichten und die Aktion gegen Belgien ganz davon getrennt zu halten.

Das war um so merkwürdiger, als die von Moltke selbst entworfene, schon am 29. Juli in verschlossenem Umschlag an die Brüsseler Gesandtschaft überschickte Note für die belgische Regierung den deutschen Einmarsch in Belgien mit der Notwendigkeit begründete, einen (angeblich) aus „zuverlässiger Quelle" schon gemeldeten Aufmarsch starker französischer Streitkräfte an der Maas-Strecke Givet–Namur abzuwehren. Was aber, wenn der Krieg mit Frankreich im Augenblick der Übergabe dieser Note noch gar nicht eröffnet war? Aber der Generalstab sammelte am 2. August eifrig Nachrichten sehr verschiedener Art und sehr verschiedenen Wertes über Grenzverletzungen durch französisches Militär, um damit zu beweisen, daß der Kriegszustand tatsächlich schon bestünde. Welche Folgen das hatte, werden wir noch zu betrachten haben.

Seit der Frühe des 2. August drangen deutsche Truppen in Luxemburg ein[21]); damit war die große Westoffensive in Gang gesetzt, und es wurde nun Zeit, zunächst die vorgesehene Sommation an die belgische Regierung überreichen zu lassen. Sie wurde darin vor die Wahl gestellt, gegen gewisse politische Zusicherungen wohlwollende Neutralität einem deutschen Vormarsch gegenüber zu bewahren, oder aber sich als Feind zu betrachten. Diese Sommation wurde am 2. August abends 8 Uhr übergeben, ohne daß schon ein förmlicher Kriegszustand mit Frankreich bestand. Die Frist zur Beantwortung war, den Wünschen Moltkes entsprechend, auf zwölf Stunden begrenzt worden, so daß der Vormarsch nach Lüttich noch am 3. August vorbereitet und am 4. August die Grenze überschritten werden konnte. In dem Notenentwurf Moltkes erkennt man leicht die Vorschläge seiner großen Denkschrift von 1913 (s. oben Kap. 9, III) wieder. Er bemühte sich, die belgische Regierung über das Schicksal ihres Landes zu beruhigen und versprach ihr für den Fall militärischen Gewährenlassens nicht nur volle Integrität Belgiens (nebst Entschädigungen für alle Verluste), sondern darüber hinaus „territoriale Kompensationen auf Kosten Frankreichs". Wäre dieses Angebot in Brüssel übergeben worden, so hätte es dort beleidigend, in Frankreich und England empörend gewirkt. Glücklicherweise wurde es im letzten Augenblick auf Befehl Jagows wieder gestrichen[22]). Daß man überhaupt ein so wichtiges Aktenstück nicht im Auswärtigen Amt vorbereitet, sondern der Schublade des Generalstabschefs entnommen hatte, zeigt deutlich, wie schlecht der Krieg diplomatisch vorbereitet und wie sehr man auf

Improvisationen angewiesen war. Freilich: wenn von militärischer Seite immer wieder der Vorwurf gegen Bethmann Hollweg erhoben worden ist, er hätte nichts getan, um uns durch diplomatische Vorbereitung von dem Odium des Neutralitätsbruches zu befreien, so zeigt gerade das von Moltke verfaßte diplomatische Aktenstück, wie unmöglich es war, die Gewalttat diplomatisch zu beschönigen. Die Behauptung, das deutsche Heer müsse einer unmittelbar drohenden französischen Invasion entgegentreten, war viel zu fadenscheinig, um irgendwo außerhalb Deutschlands ernstgenommen zu werden, die Behauptung, Belgien habe seine Neutralitätspflicht verletzt, noch weniger überzeugend trotz alles später dafür aufgewandten gelehrten und publizistischen Fleißes[23]). So blieb schließlich doch nur die eine Möglichkeit der Rechtfertigung: die schlichte Berufung auf unsere militärische und strategische Zwangslage — also eben das, was Bethmann Hollweg in seiner bekannten, viel umstrittenen Reichstagsrede vom 4. August versucht hat. Das offene Bekenntnis des Rechtsbruchs, das er darin aussprach, ist von vielen Deutschen als Selbsterniedrigung empfunden und empört abgewiesen worden — für Belgien war es der einzige Weg, auf dem die nationale Erbitterung, wenn überhaupt, gedämpft werden konnte[24]).

Nach dem Abgang der Weisungen nach Brüssel wurde auch in der Frage der Kriegserklärung an Frankreich eine Lösung gefunden — aber in der Form eines überaus unglücklichen Kompromisses. Schon die Form der Anfrage an die französische Regierung, die der deutsche Botschafter von Schön am 31. Juli zugesandt erhielt, war unter dem Druck militärischer Wünsche recht bedenklich ausgefallen. Außer der Anfrage, ob Frankreich bereit sei, während des deutsch-russischen Zweikampfes neutral zu bleiben, enthielt sie noch einen „geheimen" Zusatz: für den unwahrscheinlichen Fall, daß die Antwort bejahend ausfiele, sollte der Botschafter die Forderung stellen, während des Krieges die Festungen Toul und Verdun einer deutschen Besatzung als „Pfand für Neutralität" zu überlassen. Daß Bethmann Hollweg sich bereit gefunden hat, eine so beleidigende Zumutung in den Text der an Schön übersandten Depesche aufzunehmen, ist schlechthin unverständlich. Man hat auch von militärischer Seite später schärfste Kritik an der politischen „Weltfremdheit" des Generalstabschefs geübt, der für diesen „geheimen" Zusatz verantwortlich war[25]). Verständlich wäre dieser allenfalls dann, wenn er dazu bestimmt gewesen wäre, die französische Neutralität unter allen Umständen zu verhindern. Aber auch dann hätte es kaum eine unglücklichere Begründung für eine deutsche Kriegserklärung geben können; und so bleibt als einzige Deutungsmöglichkeit, was Bethmann darüber sagt: „Nach militärischem Urteil" wäre eine solche Sicherung französischer Neutralität als unentbehrlich erschienen[26]).

Da die französische Regierung einer Neutralitätszusage mit der Erklärung auswich, sie werde „nach ihren Interessen handeln", ist die geheime Instruktion praktisch nicht zur Ausführung gekommen. Aber im Laufe des Krieges gelang den Franzosen die Entzifferung des an Schön gesandten Telegramms, und so hat die unglückselige Eventualforderung noch nachträglich willkommenen Stoff zu antideutscher Kriegspropaganda geboten.

Besser als die Formulierung der Anfrage vom 31. Juli war dem Auswärtigen Amt der Entwurf einer Kriegserklärung an Frankreich gelungen, der am Abend desselben Tages ausgearbeitet wurde. Er gab eine klare und schlichte Darlegung der Zwangslage, in die sich Deutschland verstrickt sah: nach dem Ausbruch des Kampfes mit Rußland nunmehr auch dessen Verbündetem den Krieg ansagen zu müssen, da sich dieser weigere, seine Neutralität zu erklären. Das deutsche Heer könne in seinem Zweifrontenkampf unmöglich abwarten, ob und wann ihm Frankreich in den Rücken fiele. Das war ebenso aufrichtig wie einleuchtend gesprochen und hätte sicherlich seinen Eindruck auf die Welt nicht verfehlt, wenn es publiziert worden wäre. Aber nun hatten sich einmal der Generalstabschef und der Kriegsminister darauf verbissen, daß wir uns nicht selbst durch eine Kriegserklärung als Angreifer proklamieren dürften und des Kaisers Zustimmung dazu gefunden. Der Kanzler und Jagow blieben bei ihren Bedenken, die sich noch steigerten, als eine Meldung aus London eintraf: eine Überschreitung der französischen Grenze durch deutsche Truppen ohne vorangehende Kriegserklärung würde in England einen sehr schlechten, vielleicht für die Haltung Greys entscheidenden Eindruck machen. Am Vormittag des 4. August sollten deutsche Truppen in Belgien einrücken (auf Wunsch Moltkes ohne Kriegserklärung, da er immer noch auf Nachgeben der belgischen Regierung hoffte). Würden sich dann die Franzosen wirklich noch entschließen, den Deutschen mit einer Kriegserklärung zuvorzukommen, da sie sich doch als die Bedrohten und Angegriffenen fühlten? Darüber ist am Vormittag des 3. zwischen Jagow und Moltke verhandelt worden, und schließlich wurde ein Kompromiß gefunden: die Kriegserklärung ging nach Paris ab; aber der Wortlaut des ersten Entwurfs wurde fallengelassen und statt dessen versucht, die Franzosen vor der Welt als Angreifer hinzustellen: durch Aufzählung einer Reihe höchst unbedeutender, vom Generalstab gemeldeter

meldeter Grenzzwischenfälle, von denen sich später die wichtigsten als bloßes Phantasieprodukt aufgeregter Grenzposten oder Nachrichtenjäger herausstellten. Unglücklicher ließ sich ein Existenzkampf zwischen zwei großen Nationen gar nicht mehr vor der Welt begründen.

Von nun an hat das große, furchtbare Schicksal seinen Lauf genommen und ein neues weltgeschichtliches Zeitalter — ein eisernes Zeitalter! — heraufgeführt. Das deutsche Volk ist in den Weltkrieg mit gutem Gewissen gezogen, überzeugt davon, durch eine Vielzahl von „Feinden ringsum" überfallen zu sein. Auch seine politischen und militärischen Führer durften sich sagen, daß sie diese Katastrophe niemals gewollt hätten; sie waren davon einfach überwältigt worden, und wir haben kein Recht, die Echtheit ihres grundsätzlichen Friedenswillens zu bezweifeln. Es hat niemanden an führender Stelle gegeben, der einen Weltkrieg herbeiführen wollte; in diesem Sinne gibt es heute keine „Kriegsschuldfrage" mehr. Es gab aber einen Fatalismus des Glaubens an die Unvermeidbarkeit des großen Krieges und ein starkes nationales Prestige- und Geltungsbedürfnis, die beide zu politischer Blindheit führen konnten — ganz gewiß nicht in Wien und Berlin allein, aber doch hier infolge der bedrohten Lage der mitteleuropäischen Mächte besonders verhängnisvoll. Und vor dem Urteil der Geschichte kann auch politische Blindheit zur Schuld werden. Es genügt uns nicht mehr, den Ausbruch des Ersten Weltkrieges einfach als unabwendbares Fatum, als naturnotwendiges Ergebnis machtpolitischer Spannungsverhältnisse und nationaler Interessengegensätze im Zeitalter des Imperialismus zu begreifen. Inmitten der großen Schicksalsmächte, welche die Menschheit in ihrem Bann und Zwang halten, bleibt doch immer noch — so glauben wir — eine Sphäre der Entscheidungsfreiheit für den verantwortlichen Staatsmann, für die politische Vernunft. Wir müßten an der Zukunft der Menschheit verzweifeln, wenn es nicht so wäre.

Es ist durchaus nicht sicher, daß der Ausbruch des Ersten Weltkriegs hätte vermieden werden können, wenn das Verhältnis von Staatskunst und Kriegshandwerk im kaiserlichen Deutschland in besserer Ordnung gewesen wäre; denn an diesem Ausbruch waren noch viele andere Kräfte, vor allem solche außerhalb Deutschlands, beteiligt. Ganz sicher aber ist, daß der Krieg dann einen weniger unglücklichen Anfang genommen hätte, und sehr wahrscheinlich, daß er unser Volk nicht in eine so tiefe Katastrophe hineingeführt hätte. Das letztere wird der folgende Band dieses Werkes zu zeigen haben.

ANMERKUNGEN

ANMERKUNG ZUM VORWORT

¹) Die Mitteilung des österreichischen Ultimatums vom 23. 7. erging, wie ich in der ersten Auflage S. 312 richtig vermerkt habe, gleichzeitig an alle Mächte am 20. 7. (s. Ö.D. VIII, Nr. 10400), sollte aber an die außerdeutschen Höfe (was ich übersehen habe) erst am 24. überreicht werden. Daß man in Berlin schon vorher einiges vom Inhalt wußte, ist richtig; gleichwohl kannte man nicht den Wortlaut, und eben dieser weckte die größte Bestürzung im Auswärtigen Amt, was *Geiß* a. a. O. 25 f. verschweigt. Vgl. dazu *L. Albertini*, II, 265 f.   S. 8

ANMERKUNGEN ZUM 1. KAPITEL

¹) So besonders General *Lamarque:* De l'Esprit militaire en France (1826), p. 9 f. Ähnlich schon im 18. Jh. bei Turpin de Crissé; auch bei anderen wie Blondel 1836, General de Prival 1824 nach *I. Monteilhet:* Les Institutions militaires de la France (1814—1932), 1932, p. 40. Das interessante und stoffreiche Buch, das die Milizideen von J. Jaurès verficht, gilt dem Kampf gegen den esprit militaire und die armée de caserne. Für die Schilderung des Wehrsystems der Restaurationsepoche und die Haltung des französischen Liberalismus zum Heerwesen stütze ich mich u. a. auf die ungedr. Diss. meines Freiburger Schülers *Werner Schulz:* Die französische Armee im Zeitalter der Restauration (1951), die ein ziemlich reiches Quellenmaterial in Paris auswerten konnte. Die Entwicklung bis 1873 hat *M. Jähns:* Das französische Heer von der großen Revolution bis zur Gegenwart (1873) geschildert — in glänzender Form wie immer, aber mit stark spürbaren antifranzösischen Ressentiments. Die älteren Darstellungen ruhen alle weithin auf dem kenntnis- und stoffreichen, aber parteilich orléanistischen Buch des Herzogs von *Aumale:* Les institutions militaires de France, 1867. M. v. *Szczepanski:* Napoleon III. und sein Heer (Heidelberger Abhdlgn., Bd. 42), 1913, behandelt einen etwas fragmentarischen Teilabschnitt aus den „Wechselbeziehungen zwischen Heer und Staatsverfassung" in Frankreich. Die Bücher von *H. Pfister:* Das französische Heerwesen (1867), und *Exner:* Die französische Armee in Krieg und Frieden (1889), bieten bloße Übersichten über die äußere Heeresorganisation für militärische Instruktionszwecke; sehr ausführlich geschieht dies in *Hepke:* Frankreich. Das Heer am Ende des 19. Jh. (Die Heere und Flotten der Gegenwart, hg. von v. Zepelin), 1900. Für unsere Fragestellung nützlicher war mir die (anonyme) Generalstabsdenkschrift: Die französische Armee, 2. A., 1913 (gedruckt bei Mittler u. Sohn). *W. Frank:* Nationalismus und Demokratie im Frankreich der Dritten Republik, 1933, das den Dreyfus-Prozeß und seine politischen Hintergründe schildern will, vernachlässigt vollständig die eigentlichen historischen Probleme (wie die Stellung der Armee im Volksganzen und die Auswirkung des Prozesses darauf) zugunsten einer ebenso breiten wie tendenziösen Ausmalung von parlamentarischen Skandalgeschichten im Reporterstil. — *Arpad F. Kovacs:* French military institutions before the Franco-Prussian war, American Historic. Review, Vol. 51, 2, Jan. 1946, bietet nur eine kurze Übersicht ohne selbständigen Wert. Mit sehr anschaulichen Quellenbelegen verfolgt *Raoul Girardet:* La société militaire dans la France contemporaine (1815—1939), Paris 1953, die Stellung der Armee in der Gesellschaft Frankreichs und den Geist, der sie erfüllt.   S. 11

²) Brief aus Coppet 3. 10. 1807 an die Braut.   S. 13
³) Man hat allerdings berechnet, daß auch in den 15 Jahren napoleonischer Herrschaft nicht mehr als 52 000 Freiwillige eintraten, das macht auf den Jahresdurchschnitt nur 3500.   S. 15

Anmerkungen zum 1. Kapitel

Übrigens stieg die Zahl der Freiwilligen in den zwanziger Jahren auf etwa 5000 bis 7000 jährlich, im Jahre des spanischen Feldzugs, 1824, noch wesentlich höher.

S. 17   4) Freikauf von der Milizpflicht gab es in Frankreich schon unter Ludwig XIV.

S. 22   5) Näheres darüber s. u. S. 29 ff.

S. 23   6) Zwischen 1821 und 1831 gab es 4499 Offizierspromotionen; 1952 davon entfielen auf Absolventen der Kriegsschule, 2537 auf ehemalige Unteroffiziere (W. *Schulz*, a. a. O.). In den sechziger Jahren bestand (nach *M. Jähns*, a. a. O. 413) die Hälfte der Subalternoffiziere aus ehemaligen Unteroffizieren; nach dem Gesetz von 1883 sollte mindestens ein Drittel aller Offiziere aus sortis du rang bestehen. Tatsächlich waren 1913 etwa drei Fünftel alte Unteroffiziere, da der Besuch der Schule von St. Cyr seit dem Dreyfus-Prozeß rapide zurückging. Allerdings suchten jetzt viele Angehörige der gebildeten Stände auf dem weniger kostspieligen Weg über den Unteroffiziersstand in das Offizierskorps zu gelangen, obwohl sie von da nur in Ausnahmefällen höher als bis zum Kapitän oder allenfalls Major aufsteigen konnten. 1912 entstammten von den höheren Stabsoffizieren 10 %, von den Generälen 2 % dem Unteroffiziersstand. Näheres auch bei *Girardet*, a. a. O., 185 ff., 274 ff.

S. 23   7) Vgl. darüber die Arbeiten meiner Schüler: *Paul Sauer*: Das württembergische Heer zur Zeit des Deutschen und des Norddeutschen Bundes, und *Reinhard Mielitz*: Das badische Militärwesen und die Volksbewaffnung bis 1848, näher zit. in Anm. 5 zu Kap. 5.

S. 24   8) Prosper Mérimée (Korrespondenz): «À force de prêcher que l'argent est le souverain bien, on a profondément altéré les sentiments belliqueux de la France, je ne dis pas dans le peuple, mais dans les classes élevées. L'idée de risquer sa vie est devenue très répugnante, et ceux qui s'appellent les honnêtes gens disent que cela est bas et grossier.» Zitiert nach *Monteilhet*, a. a. O., 47.

S. 24   9) Vgl. seinen Cours complet d'économie politique pratique, 2. Bd., 2. A., 1839/40. Aus ähnlichen Erwägungen hat *A. Comte* mit dem utopischen Gedanken gespielt, die Armee durch 80 000 Gendarmen zu ersetzen.

S. 26   10) Von 330 000 bis 350 000 Mann rechnet *M. Jähns*, a. a. O., 401, etwa 250 000 zu den Berufssoldaten.

S. 28   11) Darüber handelt sehr eindrucksvoll *Girardet*, a. a. O., 162 ff.

S. 28   12) Dabei spielt auch die Befürchtung Thiers' eine gewisse Rolle, durch Einführung der allgemeinen Dienstpflicht das Mißtrauen Bismarcks gegen die „Aufrüstungspläne" der französischen Republik noch mehr zu reizen. Depeschenwechsel mit dem Botschafter Gontart-Biron in den Documents Diplomatiques Français, I. série, Vol. 1 (1929), und *Thiers*: Notes et Souvenirs (1904). *Gontart-Biron*: Mon embassade en Allemagne 1872/73 (1906); Occupation et Libération du territoire 1871—73. Correspondances (1903), Nr. 121.

S. 29   13) Näheres bei *Girardet*, a. a. O., 213 ff., 228 ff. Für das Folgende: ebd. 240 ff.

S. 31   14) Nach *Monteilhet*, p. 254, folgten von den Reservisten 1907 nur 65 % der Einberufung zu den Reserveübungen! — Im Mai 1913 gab es angesichts der drohenden Verlängerung der Dienstzeit auf drei Jahre Soldatenunruhen. Nach *Girardet*, p. 245, rechnete man vor 1914 mit 13 % Kriegsdienstverweigerern im Kriegsfall; tatsächlich waren es 1914 (angesichts der deutschen Invasionsgefahr!) nur 1,5 %.

S. 32   15) Schon um 1900 übertraf die Rekrutierung in Frankreich an rücksichtslos durchgreifender Härte die aller anderen europäischen Staaten. In Rußland wurden damals durchschnittlich die Hälfte, in Italien 37 % der Gestellungspflichtigen aus Familienrücksichten vom Dienst befreit, in Frankreich niemand. Von der arbeitsfähigen männlichen Bevölkerung zwischen 21 und 60 Jahren standen damals in Friedenszeiten im Dienst auf je 1000: in Italien 30,2; in Österreich-Ungarn 34,0; in Rußland 43,6, in Deutschland 48,0, in Frankreich 58,4 (nach *A. v. Drygalski*: Die Organisation der russischen Armee in ihrer Eigenart und im Vergleich mit den Streitkräften Frankreichs, Österreich-Ungarns, Italiens und Deutschlands, 1902).

16) Wie es *O. v. Moser:* Die obersten Gewalten im Weltkrieg (1931), S. 22, doch wohl tut. Vgl. dazu auch *A. Vagts:* Defense and diplomacy (1956), p. 500 ff.   S. 33

17) Vgl. die von *J. M. Bourget:* Gouvernement et commandement. Les leçons de la Guerre Mondiale (1930), p. 61 f., angeführten Stimmen (Schwarte, Marcel Sembat, Mordacq, Cadorna).   S. 35

18) *P. Schmidt:* Statist auf diplomatischer Bühne (1949), S. 66.   S. 35

19) Von *Bourget,* a. a. O., wird die Bedeutung dieser Tradition und des Organisatorischen überhaupt offenbar überschätzt. Das Buch von *P. Renouvin:* Les formes du gouvernement de guerre (in: Histoire Economique et Sociale de la guerre mondiale, série française; Carnegie-Stiftung) o. J. (1926), gibt über die Beziehungen von gouvernement und commandement nur eine flüchtige Übersicht; er behandelt ausführlicher die Kriegsverwaltung Frankreichs als die Kriegführung, besonders auch den Anteil des Parlaments. Eine höchst anschauliche, aber stark journalistisch aufgemachte Schilderung der Beziehungen zwischen parlamentarischen Ministern und Generalstab bietet Lt. Col. *Ch. Bugnel:* Rue St. Dominique et G. C. G. ou les trois dictatures de la guerre (P. 1937). Die Gesamtdarstellung von *Georges Bonnefou:* Histoire pol. de la 3ᵉ Republique. II: La Grande Guerre 1914—1918 (1957), gibt fast nur die Parlamentsverhandlungen während des Krieges wieder, bietet aber damit (besonders mit den Protokollauszügen der Geheimsitzungen 1916—17) ein sehr anschauliches Material. *Jere Clemens King:* Generals and Politicians. Conflict between France's High Command, Parliament and Government 1914—1918. Univ. of California Press (1951) bietet eine ebenso stoffreiche wie lebendige Darstellung. Sie wurde mir erst nach der Niederschrift dieses Kapitels bekannt, machte aber keine Änderungen nötig.   S. 36

20) *Maréchal Joffre:* La Guerre et la politique. Revue des deux mondes. 102. Jg., t. XI (1932), p. 46 ff. Besonders interessant ist seine Beschwerde beim Kriegsminister vom 26. 6. 1915.   S. 37

21) *Maréchal Foch:* Mémoires pour servir à l'histoire de la guerre de 1914—18, t. I (1931), p. 14. Foch selbst war in seinem Avancement lange aufgehalten als „Klerikaler"; er war Jesuitenzögling und schon deshalb dem alten Jakobiner Clémenceau im Grunde unsympathisch. Joffre war Freimaurer. Um Fochs Leben wuchert bereits eine klerikale Legende, s. *G. Beyerhaus:* Die Europapolitik des Marschall Foch, in: Das Reich und Europa (1942), und die dort benutzte französische Quellenliteratur.   S. 38

22) *Georges Clémenceau:* Größe und Tragik eines Sieges (Übersetzung 1930), S. 3, 6, 34, 39, 57 u. ö. Unter den von Cl. Geschilderten macht Pétain als Charakter entschieden die beste Figur.   S. 38

23) Sehr zahlreiche Belege dafür bei *J. C. King,* a. a. O.   S. 38

24) Er richtete nach dem Sturz Joffres auch ein ministerielles Comité de guerre innerhalb seines Kabinetts als formelle Kriegsleitung ein, das aber praktisch ohne Bedeutung blieb, anders als das englische War Council, dem es nachgeahmt war.   S. 40

ANMERKUNGEN ZUM 2. KAPITEL

1) Für das Folgende benutzte ich unter anderen *J. H. Fortescue:* A History of the British Army, vol. 11—13 (1930). *I. S. Omond:* Parliament and the Army 1642—1904. 1933 (Vorlesungen). Aus der Oxford History of England: *E. L. Woodward:* The Age of Reform 1815—1870 (1938), und *R. C. K. Ensor:* England 1870—1914 (1936). Für die Epoche von 1900—1914 wichtig: *P. Kluke:* Heeresaufbau und Heerespolitik Englands. Vom Buren-   S. 44

krieg bis zum Weltkrieg (Beiheft 27 der HZ, 1932). *I. E. Tyler:* The British Army and the Continent 1904—14 (1938). — *D. H. Cole* und *E. C. Priestley:* An Outline of British Military History 1660—1939, London ³1935. — *J. K. Dunlop:* The Development of the British Army 1898—1914 (1938), war auf westdeutschen Bibliotheken nicht aufzutreiben. Eine kurze Übersicht über die Entwicklung der englischen Heeresverfassung findet sich bei *Julius Hatschek* in: Englisches Staatsrecht, Handbuch des öffentlichen Rechts, hg. von *Piloty*, VI, 2, Bd. II: Die Verwaltung (1906) §§ 185—194. Dort unter anderem auch Nachweis der Zusammenhänge zwischen den englischen Milizeinrichtungen des 18. Jh. und dem Konskriptionssystem Friedrich Wilhelms I. von Preußen als Vorbild. Von den Memoirenwerken bieten besonders die von Feldmarschall *Robertson* ein anschauliches Bild englischen Soldatentums vor dem Ersten Weltkrieg: Soldiers and Statesmen 1914/18. Vol. I (1926). From Private to Field-Marshall (1921).

S. 45   2) *I. A. Fortescue,* a. a. O., Vol. XIII, 1930, Schlußseite.

S. 47   3) *I. A. Fortescue,* a. a. O., XI, 16 f. — Sir *C. E. Callwell:* Field-Marshal Sir Henry Wilson, I, 1927, p. 49, vgl. auch *P. Kluke,* a. a. O., S. 24.

S. 48   4) Nach *D. H. Cole* — *E. C. Priestley,* a. a. O., S. 216, kostete um 1856 die Stelle eines Lieutenant-Colonel etwa 7000 Pfund!

S. 57   5) Das erkennt auch *F. M. Robertson,* vol. I, S. 18, an, der aber den Einbau des Generalstabs in das Kriegsministerium doch als Mangel beklagt: er sei dadurch mit reiner Verwaltungsarbeit überlastet worden, von der ihn erst Haldane befreit habe. Außerdem hätte es ihm an unmittelbarer Fühlung mit der Truppe gefehlt, für deren Ausbildung er Vorschriften erließ, aber ohne von den Generalinspekteuren über die praktischen Erfahrungen damit orientiert zu werden.

S. 58   6) Seine Bedeutung ist von *P. Kluke,* a. a. O., p. 69, offensichtlich stark überschätzt worden.

S. 59   7) Ich schildere diesen Aufbau im wesentlichen nach der quellenmäßig sorgsam fundierten Darstellung *P. Klukes,* a. a. O.

S. 61   8) Denkschrift Robertsons Okt. 1902 in seinen Memoiren, a. a. O., p. 22.

S. 62   9) Before the War, 1920. An Autobiography 1929.

S. 65   10) Vgl. besonders *Robertson:* Soldiers and Statesmen, S. 40 ff.

S. 66   11) Allerdings blieb noch im Weltkrieg eine englische Truppe von 70 000 Mann in Indien stationiert, und ihre Verwendung war außerordentlich erschwert durch die Zwischenschaltung des India Office, des Government of India und (in gewissen Fällen) des Foreign Office. Vgl. *Robertson,* a. a. O., I, 158.

S. 70   12) *Robertson,* II, 296: "His desire always was that we should aim at having the strongest army in Europe when the war came to an end, and so be able to ensure that suitable terms of peace were exacted;" ähnlich I, 156: "Scouting the feasibility of a limited participation in the war… here at once commenced to make the British Empire into a military power of the first rank."

S. 70   13) Vgl. besonders die große Denkschrift vom 5. 12. 1915: I, S. 168 ff., dazu die Schlußbemerkungen: II, 300 ff. Das ganze Memoirenwerk dreht sich um das Thema: Soldaten und Politiker.

S. 71   14) Vgl. die ähnlich lautende Formulierung Churchills in seiner World Crisis, Vol. II (1915), p. 21 f.: "As a summit true politics and strategy are one. The manoeuvre which brings an ally into the field is as serviceable as that which wins a great battle" usw. Es bedürfe aber eines "clearing house of ideas, where these different relative values could be established and changed".

S. 73   15) Vgl. die interessanten Betrachtungen *Liddell Harts:* The historical strategy of Britain, in dem Sammelband: The British Way of Warfare, London 1932.

ANMERKUNGEN ZUM 3. KAPITEL

¹) *D. S. MacDiarmid:* The Life of Lt.Gen. Sir James M. Grierson (1923), p. 133. *S. Aston:* The Entente Cordiale and the "Military Conversations", Quarterly Review Nr. 512, April 1932, p. 367.   S. 78

²) Sir *W. Robertson:* Soldiers and Statesmen, I, 20 ff.   S. 78

³) *W. H. H. Waters:* Private and Personal (1928), p. 240 f., zitiert nach der vortrefflichen Monographie von *J. E. Tyler:* The British Army and the Continent 1904—1914 (1938), p. 16 f., und nach *P. Kluke,* a. a. O., 138.   S. 79

⁴) Da noch keinerlei Fühlung mit dem französischen Generalstab bestand, erscheint es ganz unwahrscheinlich, daß man in Camberley etwas von den Spionagenachrichten wußte, die der französische Generalstab seit 1904 besaß; sie stammten übrigens von einem Schwindler, auf den die Spionageabteilung des französischen Generalstabs zwar hereinfiel, aber die Generalstabsleitung nicht, vgl. *W. Foerster:* Berliner Monatshefte X (1932), 1053 ff.; ferner die sorgfältige Zusammenstellung in der von mir angeregten Dissertation von *J. Hanebuth:* Beiträge zur Entwicklung der Rolle der belgischen Neutralität in der französischen Außenpolitik 1900—1914. Gött. Diss. 1947 (Masch.Schr.), S. 29 ff.   S. 79

⁵) *Robertson,* I, 19, berichtet von Verhandlungen über Englands Verhalten im Falle eines deutschen Vormarsches durch Belgien, die schon 1902 stattfanden: Salisbury weigerte sich damals, die britische Haltung in einem solchen Fall von vornherein festzulegen. Was der französische Generalstab in seinen Aufmarschplänen noch bis 1911 von der deutschen Offensive erwartete, blieb weit zurück hinter dem von Robertson 1905 durchgeführten Kriegsspiel. Es scheint, daß selbst Joffre erst durch englische Einwirkung (Wilson, Sept. 1911) zu etwas größerer Kühnheit seiner Gegenoffensivpläne ermutigt wurde: *Hanebuth,* a. a. O., 64 f. — Zu vergleichen sind auch die 1887 ausgestreckten offiziösen Fühler der englischen Presse, ob nicht im Falle eines deutsch-französischen Konflikts die Deutschen durch Belgien gehen würden, und Salisburys recht zweideutige Haltung zur Frage britischer Verpflichtungen gegenüber Belgien in einem solchen Fall, siehe mein Buch: Der Schlieffen-Plan (1956), S. 83 f.   S. 79

⁶) Vgl. den Bericht des belgischen Generalstäblers Ducarne von 1900 bei *B. Schwertfeger:* Der geistige Kampf um die Verletzung der belgischen Neutralität (1919), p. 62 ff., 2. Aufl. (als Bd. V der Belg. Dok. z. Vorgesch. d. Weltkriegs, 1925), S. 44 ff. Über die französischen Generalstabspläne vgl. die oben zitierte Dissertation von *Hanebuth.*   S. 80

⁷) Näheres über diese Vermutung siehe bei *P. Kluke,* a. a. O., 139 ff., dazu bestätigende diplomatische Nachrichten in Gr. Pol., XX, 2, Nr. 6863, 6867, 6873 u. ö., sowie die sehr konkreten Versicherungen des belgischen Gesandten Baron Greindl in: *Schwertfeger:* Dokumente zur europäischen Politik 1897—1914 (1919). Berichte vom 5. 4. 06, 18. 4. 07, 19. 11. 07 u. ö. Im übrigen vgl. Brit. Doc., III, Nr. 95, Doc. Dipl. Frc., 3. série, IV, Nr. 301. Über Fishers Pläne: *R. H. Bacon:* Life of Lord Fisher, II, 72 f., 81, 146, 182; und *Tyler,* a. a. O., 21 ff. — Sehr interessant sind die neuerdings von *A. J. Marder:* The anatomy of British sea power (1940), p. 502 ff., ans Licht gebrachten Verhandlungen der britischen Admiralität vom 24. bis 27. 6. 1905 über die Rolle der englischen Flotte im Falle eines deutsch-französischen Krieges. Der vom Direktor des Naval Intelligence Department (Admiralstabschef) Admiral Ottley befragte Chef der Kanalflotte, Admiral Wilson, hielt bloße Flottenaktionen, etwa zur Schädigung des deutschen Seehandels, Sperre der Elbausgänge u. dgl. für unzureichend und forderte eine Landung englischer Truppen an der deutschen Küste, vorzugsweise in Schleswig-Holstein. Ottley griff diesen Gedanken in einem langen Memorandum vom Juli 1905 für das Comittee of Imperial Defence auf und forderte ein eigenes Unterkomittee, das schon im Frieden die Landungsoperation im Zusammenwirken   S. 81

von Admiralität und Generalstab vorbereiten sollte. Auch wünschte er (schon am 26.6.) Besprechungen zwischen der britischen und der französischen Flottenleitung zur gegenseitigen Abstimmung ihrer Kriegspläne!

S. 82   8) Vgl. seinen Privatbrief an Delcassé, D.D.F. 2, VI, 465 (29.5.05).

S. 82   9) In den deutschen Diplomatenberichten des Sommers 1905 und in den entsprechenden Erlassen Bülows ist immer nur von Eingreifen der englischen Kriegsmarine die Rede, und die englische Hilfeleistung für Frankreich wird gering eingeschätzt, vgl. Gr. Pol., XX, 2, Nr. 6864 (19.7.05), Nr. 6866 (22.7.), 6849 (1.5.) u. ö. Auf dem Höhepunkt der Krisis, im Januar 1906, berichtet der Londoner Militärattaché Graf Schulenburg sehr zutreffend über die Ziele der vom Defense Committee geplanten Militärreform, über die belgischen Landungspläne Englands im Falle eines deutsch-französischen Krieges, über die Größe des Expeditionskorps und den Zeitpunkt seines Eingreifens, meint aber, „der Sieg über sie ist uns sicher". Gr. Pol., XXI, 1, Nr. 6946, Anlage. — Über Holsteins Marokkopolitik 1905/06 vgl. mein Buch „Der Schlieffen-Plan", Kap. II, 2.

S. 82   10) Vgl. den Bericht von General Sir George Aston in Quarterly Review, April 1932 (Nr. 512), p. 378, dazu *Robertson*, a.a.O., I, 24; *Tyler*, p. 20.

S. 84   11) *Grey:* 25 years, I, 76 (15.1.06 an Bertie), Brit. Doc. on the Origins of the War, III, Nr. 210, p. 171.

S. 86   12) So jetzt auch *Tyler*, a.a.O., 176 ff.

S. 87   13) Das Einzelne am vollständigsten (mit wichtigen Dokumenten) bei *Carl Hosse:* Die englisch-belgischen Aufmarschpläne gegen Deutschland vor dem Weltkrieg (1930), dazu neuerlich: *P. Kluke*, a.a.O., und *J.E. Tyler*, a.a.O. Aktenmaterial auch in Brit. Doc., III, 179, 187—201. *Schwertfeger*, a.a.O., der auch sehr wertvolle Mitteilungen über die Persönlichkeit und die politisch-militärischen Ansichten Ducarnes bietet. Die These Klukes, daß die englisch-belgisch-französischen Abreden zusammen einen einheitlichen Feldzugsplan bildeten, läßt sich nicht streng beweisen, aber doch sehr wahrscheinlich machen.

S. 88   14) *C. Hosse*, 47 bzw. 44.

S. 89   15) Vgl. darüber den sehr instruktiven großen Bericht des Barons Greindl vom 23.12.11 bei *Schwertfeger*, a.a.O., Kap. 3, und die Berichte der englischen Militärattachés seit Herbst 1912: Brit. Doc., VIII, Nr. 326 ff.; dazu *Joffre:* Mémoires (1932), I, 126.

S. 89   16) Brit. Doc., III, Nr. 217 b, 221 c 5, c 7.

S. 89   17) *P. Kluke*, a.a.O., 157 f. Die Behauptung, Graf Schlieffens Plan von 1905/06 habe in Gegensatz zu den englischen Erwartungen vorgesehen, daß die deutsche Armee nicht als erste in Belgien einmarschiere, ist nach Ausweis des von mir veröffentlichten Wortlauts einfach falsch. Vgl. mein Buch „Der Schlieffen-Plan - Kritik eines Mythos" (1956). Kluke beruft sich auf *J.V. Bredt:* Die belgische Neutralität und der Schlieffensche Feldzugsplan (1929), S. 52, dieser auf eine „persönliche Mitteilung aus der früheren Umgebung des Grafen Schlieffen". Er ist einer Mystifikation zum Opfer gefallen.

S. 91   18) *Robertson:* From Private to Field-Marshal, p. 177 ff.

S. 91   19) *C.E. Callwell:* Sir Henry Wilson. Life and Diaries (1927), I, 125, 152 ff.

S. 92   20) Vgl. Brit. Doc., VII, 639 (Memorandum des Generalstabschefs W. Nicholson vom 6.11.11).

S. 94   21) Es ist möglich, vielleicht wahrscheinlich, daß dies unter dem Einfluß Wilsons geschah, der als Engländer stets auf Einbeziehung Belgiens in die Operationen drängen mußte und der auch auf die Ideen Michels offenbar schon eingewirkt hatte (französ. Generalstabswerk, 2. Aufl., Tom. I, 37 ff.). Zu dem Ganzen vgl. *Hanebuth*, a.a.O., 64. H. gibt die ausführlichste Darstellung der französisch-englischen Aufmarschpläne und ihrer Wandlungen unter sorgfältigster Verwertung aller bis 1947 veröffentlichten Quellenzeugnisse.

²²) Vgl. *Joffres* sehr offenherzige Schilderung der Sitzung des Obersten Verteidigungs- S. 94
rates vom 21. 2. 1912: Mémoires (1932), I, 118 ff.

²³) Doc. Dipl. Frc. 3, II, Nr. 240 (21. 3.), Nr. 269 (28. 3.), Nr. 276 (30. 3.), Nr. 300 S. 94
(4. 4.). Brit. Doc., VI, Nr. 556 (28. 3.), Nr. 559 (29. 3.) u. ö.

²⁴) Doc. Dipl. Frc. 3, II, Nr. 300 (de Fleuriac, 4. 4.). S. 95

²⁵) Am 16. 3., siehe Brit. Doc., VI, Nr. 544. Gr. Pol., XXXI, Nr. 11403. Die Darstellung S. 95
Klukes, S. 174, übertreibt also die Bedeutung der französischen Intervention.

²⁶) Brit. Doc., VIII, Nr. 321 (10. 3. 12). Es handelt sich hier zunächst nur um die Frage, S. 95
ob es etwa aus marinetechnischen Erwägungen statthaft sei, gleich mit Kriegsbeginn die
Seeblockade der Nordsee auf Belgien und Holland auszudehnen. Die Denkschrift ist ein
eindrucksvolles Beispiel dafür, mit wie kühler Nüchternheit im britischen Außenamt solche
Fragen diskutiert wurden. Crowe faßt ohne Zögern die Möglichkeit ins Auge, daß irgendwann während des Krieges ein Vorwand gesucht werden müsse, um die Häfen eines neutral
bleibenden Holland zu blockieren, sieht aber genau, wieviel darauf ankommt, den Weltkrieg, einen Kampf auf Leben und Tod, nicht durch Aktionen zu eröffnen, die England
als Neutralitätsbrecher statt als Schützer der kleinen Staaten erscheinen lassen würden —
die militärische Raison habe hier unbedingt hinter der politischen zurückzutreten. Wieviel
sorgsamer wurde hier der Krieg diplomatisch-politisch vorbereitet als in Berlin!

²⁷) *Callwell:* Wilson, I, 118. Brit. Doc., VIII, Nr. 326, Anm. (10. 10. 12), Nr. 327, Anm. S. 96
(2. 11. 12), und Nr. 330 (7. 4. 13). *Joffre:* Mémoires, I, 125, dazu *Callwell,* I, 119 f., und
Doc. Dipl. Frc., III, 5, Nr. 53. Die Darstellung *Klukes* 176 gibt, da ihm Joffres Mémoires
noch nicht bekannt waren, ein ziemlich entstelltes Bild.

²⁸) Vgl. das Kapitel: The wider aspects — strategic, bei *Tyler,* a. a. O., 172 ff. Joffre freilich scheint sich darüber klar gewesen zu sein, daß die geplante französische Gegenoffensive S. 97
bestenfalls bis an den Rhein führen, dann aber noch ein endloses Ringen beginnen würde:
Mémoires, I, 123, Anm. nach Notizen Paléologues am 21. 2. 12.

ANMERKUNGEN ZUM 4. KAPITEL

¹) Außen vielen anderen diplomatischen Berichten vgl. etwa die des Militärbevollmäch- S. 98
tigten Hintze vom 31. 8. 09 und 20. 8. 10 bei *Graf Lambsdorff:* Die Militärbevollmächtigten Kaiser Wilhelms II. am Zarenhofe 1904—1914 (1937), S. 353 f., 405.

²) Nach G. *Frantz:* Rußlands Eintritt in den Weltkrieg (1934), S. 9. S. 99

³) Sie wurde schon bald auf 5 bzw. 4 Jahre, nach der Revolution von 1905/06 auf 3 bis S. 99
4 Jahre verkürzt.

⁴) Siehe Bericht Radowitz' vom 12. 2. 92: Gr. Pol., VII, 378. Über die Militärorganisation S. 99
von 1874 u. a. Generalmajor *Krahmer:* Geschichte der Entwicklung des russischen Heeres
von der Thronbesteigung Kaiser Nikolaus' I. Pawlowitsch bis auf die neueste Zeit, Bd. I
(1896).

⁵) Besonders viel bei W. A. *Suchomlinow:* Erinnerungen. Deutsche Ausgabe 1924. S. 100

⁶) Nach den bei A. v. *Drygalski:* Die Organisation der russischen Armee... im Vergleich S. 100
mit den Streitkräften Frankreichs, Österreich-Ungarns, Italiens und Deutschlands (1902),
gegebenen Tabellen betrug die Zahl der ausgebildeten Soldaten (einschl. Reserve und
Landsturm) in Rußland um 1900 nur 21 % der männlichen arbeitsfähigen Bevölkerung,
in Frankreich 41 %, in Deutschland 36 %, in Österreich-Ungarn und Italien (Ländern mit
schwacher Regierung!) freilich auch nur 21 bzw. 24 %. Eine Verschärfung der Aushebungen
brachte erst das Wehrgesetz von 1912.

S. 101 7) Vgl. *Suchomlinow:* Erinnerungen, 325 ff., u. ö. Sehr düstere Schilderungen der Mängel des russischen Heerwesens, der politischen Apathie der Bevölkerung, der scharfen sozialen Spannungen, der lähmenden Wirkung verkehrsarmer Räume usw. bei *I. N. Daniloff* (Generalquartiermeister 1914/15): Dem Zusammenbruch entgegen. Deutsche Ausgabe 1928.

S. 101 8) Höchst lehrreich handeln über diese Dinge der große Bericht des Botschafters Schweinitz vom 12.2.92, Gr. Pol., VII, Nr. 1623, wiederholt in seinen Denkwürdigkeiten, II, 435 ff. Vgl. auch *Suchomlinow:* Erinnerungen, S. 26, über den Grandseigneur Schuwalow.

S. 101 9) Die Memoiren *Suchomlinows* sind ganz erfüllt von diesem Ressentiment, besonders gegen Nikolai Nikolajewitsch, seinen großfürstlichen Rivalen und Gegner, den er geradezu als den Urheber alles Unheils in Rußland schildert.

S. 101 10) Näheres darüber in: Die Heere und Flotten der Gegenwart, hg. von *O. v. Zepelin,* Bd. III: Rußland. Das Heer, von *R. v. Drygalski* (1898), S. 78 ff.

S. 101 11) *Suchomlinow,* a. a. O., S. 207.

S. 101 12) *A. Vagts:* Defense and Diplomacy. The Soldier and the Conduct of Foreign Relations. New York 1956, p. 503 ff., u. ö. "Russian imperialism was officer imperialism."

S. 102 13) Darüber und über die Wandlung des Nationalisten Katkow seit der Ermordung Alexanders II. vgl. die sehr lehrreichen Berichte österreichischer Diplomaten bei *R. Wittram:* Die russisch-nationalen Tendenzen der achtziger Jahre im Spiegel österreichisch-ungarischer diplomatischer Berichte aus St. Petersburg, in: Schicksalswege deutscher Vergangenheit, Festschr. f. S. Kaehler, hg. von *W. Hubatsch* (1950), S. 321 ff. Das Buch von *H. Kohn:* Die Slawen und der Westen. Die Geschichte des Panslawismus (1956), ergibt kein sehr klares Bild.. Gute Übersicht bei *Seton-Watson:* The Decline of Imperial Russia 1855—1914 (12. Aufl. 1956), 92 ff., 318 ff.

S. 102 14) Gr. Pol., VII, S. 376 (12. 2. 92) von *Vagts* als einer seiner Hauptbelege zitiert. Wenn Vagts auch noch Beispiele dafür bringt, daß einzelne russische Generäle an den weit entfernten innerasiatischen Grenzen (Persien, Afghanistan) gelegentlich Kolonialpolitik auf eigene Faust trieben und „Zwischenfälle" ohne Vorwissen der Petersburger Zentrale inszenierten, so scheint mir das eine im Bereich der Kolonialpolitik zu alltägliche Erscheinung, um für einen besonders „imperialistischen" Geist der russischen Armee zu zeugen. Vgl. darüber die sehr verständnisvollen Ausführungen von *Schweinitz,* a. a. O., S. 378 ff.

S. 103 15) Vgl. dazu *H. Herzfeld:* Bismarck und die Skobelew-Episode, HZ 142, S. 279 ff.

S. 104 16) Vgl. *Schweinitz:* Denkwürdigkeiten, II, z. B. S. 247 ff.

S. 104 17) Nach *Suchomlinow,* a. a O., S. 24, bekam dieser schon 1874 auf der Generalstabsakademie von Obrutschew die Planung eines entsprechenden Kavallerie-Einbruchs als Prüfungsaufgabe gestellt.

S. 104 18) *Baron Boris Nolde:* L'alliance franco-russe, Paris 1936. *W. Langer:* The Franco-Russian Alliance 1890—1894, Cambridge 1929. *Derselbe:* The Diplomacy of Imperialism 1880—1902, I, Kap. 1—2. *O. Becker:* Das französisch-russische Bündnis (1925). *A. Vagts,* a. a. O., p. 104—118. Vagts bemüht sich (besonders p. 111) für die Militärkonvention wesentlich den „Panslawismus" des russischen Generalstabs verantwortlich zu machen; doch läßt sich das aus seiner eigenen Darstellung widerlegen.

S. 105 19) Dieser hat allerdings 1890, als Kaiser Wilhelm II. sich (zum Mißvergnügen des Zaren) zu den russischen Kaisermanövern als Gast ansagte, die Einladung auch französischer Offiziere angeregt, was dann zu einer ersten Begegnung von Boisdeffre und Obrutschew führte: *B. Nolde,* a. a. O., S. 599. Für das weitere siehe ebd., S. 656 ff.

S. 107 20) Vgl. Major *Günther Frantz:* Rußlands Eintritt in den Weltkrieg (1924), S. 53 ff., 16, 89. *Derselbe:* Rußland auf dem Wege zur Katastrophe (1926), S. 12 ff. Die Protokolle der Generalstabsbesprechungen 1911—13 bei *Suchomlinow,* 254—267. Suchomlinow selbst äußerte sich sehr kritisch über die „egoistische" Haltung der französischen Verbündeten und den (angeblich) minimalen Wert des Militärbündnisses für Rußland. Ebd. 240. Die Kritik von A. *Vagts*, a. a. O., S. 118, an der Militärkonvention, sie hätte nicht rechtzeitig die nötigen Waffen- und Munitionslieferungen an Rußland vorgesehen, scheint zu übersehen, daß vor 1914 noch keine der Mächte eine zureichende Vorstellung von der Höhe des Kriegsbedarfs im modernen Krieg besaß und jedes Land schwere Mühe hatte, sich selbst ausreichend zu versorgen.

21) Vgl. z. B. Gr. Pol., IX, Nr. 2317 (Radolin 14. 7. 95). S. 108
22) Darüber vgl. u. a. *R. Wittram*, a. a. O., S. 323 ff. S. 108
23) *Suchomlinow*, a. a. O., S. 186 ff. Ausführlicher dargelegt von *Serge Dobrorolski* (1914 S. 108 Chef der Mobilmachungsabt. d. russ. Gen. Stabes): La mobilisation de l'armée russe en 1914 (frz. Übersetzung), in: Revue d'histoire de la guerre mondiale, I (1923), p. 61 ff., 64 ff. Deutsche Übersetzung (Beiträge zur Schuldfrage, H. I) erschien 1922.
24) *G. Frantz*: Rußland auf dem Weg zur Katastrophe (1926), 1. Kap. S. 109
25) Siehe die Schilderung in den beiden oben zitierten Büchern von *G. Frantz*. S. 109
26) *Suchomlinow*, S. 342 f. S. 110
27) Beste Darstellung dieser berühmten „Meerengen-Konferenzen" bei *S. B. Fay:* The S. 110 Origines of the World War, Vol. I, p. 524 ff. Fay weist m. E. durchaus überzeugend nach, daß weder Sasonow noch Suchomlinow damals planten, einen Krieg zu provozieren, daß sie aber (im Gegensatz zu Kokowzow) mit bedenklich leichter Hand mit dem Feuer spielten.
28) *Suchomlinow*, S. 358 ff. S. 110
29) Für die Deutsche Botschaft besonders zu beachten die Berichte des Grafen Pourtalès S. 111 Ende 1913 und Frühjahr 1914: Gr. Pol., XXXVIII, S. 253 ff., 269 f., 293 ff.; XXXIX, S. 540—589 passim.
30) Sorgfältiger Nachweis bei *Horst Jablonowski:* Die Stellungnahme der russischen S. 111 Parteien zur Außenpolitik von der russisch-englischen Verständigung bis zum Ersten Weltkrieg, Forsch. z. osteurop. Gesch., Bd. III (1957).
31) Allerdings zeigen die oben (Anm. 27) erörterten Beratungen zwischen Militärs und S. 112 Zivilministern über die möglichen Kriegspläne gegen die Türkei, daß es doch Ausnahmen gegeben hat.
32) Es liegt indessen, soviel ich sehe, kein direkter Beweis für sein aktives Eingreifen S. 112 im Juli 1914 im Sinne einer „Kriegspartei" vor. 1908 war er immerhin stark zurückgesetzt worden.
33) Über die technische Unmöglichkeit einer Teilmobilmachung vgl. *G. Frantz*: Rußlands S. 113 Eintritt in den Weltkrieg, S. 35 ff., sowie die eingehende Erörterung bei *Luigi Albertini:* The Origins of the War of 1914 (engl. Übersetzung 1953), II, p. 292 ff. Ebd. 539 ff. die Einzelvorgänge, die zur russischen Gesamtmobilmachung führten. — Bericht des deutschen Militärattachés vom 27. 7.: Die deutschen Dokumente zum Kriegsausbruch (1919), I, Nr. 242. Zu vgl. ferner *S. K. Dobrorolski* (Chef der Mobilmachungsabt.): Die Mobilmachung der russischen Armee 1914 (1922), S. 17 f.
34) Sein viel kritisierter Zeitungsaufsatz in der „Birshewija Wjedomosti" vom 14. 7. 14, S. 113 abgedruckt von H. Cleinow im Vorwort zu Suchomlinows Erinnerungen, S. XXIII (dazu ebd. S. 252 und 373 sowie *Danilow*, a. a. O., S. 27), sowie in: Deutsche Dokumente zum Kriegsausbruch, hg. vom Ausw. Amt (1919), I, Nr. 2, ist so deutlich zweckbestimmt für das französische Publikum, daß er m. E. nicht als Zeugnis irrealer Einschätzung der russischen Kriegsbereitschaft verwendet werden kann.

ANMERKUNGEN ZUM 5. KAPITEL

S. 119   1) Vgl. die Zahlen bei G. *Schmoller:* Preußische Verfassungs-, Verwaltungs- und Finanzgeschichte (1921), S. 112. Etwa ein Sechstel der waffenfähigen männlichen Bevölkerung gehörte zur Armee.

S. 120   2) Vgl. C. *Hinrichs:* Friedrich Wilhelm I., in: Welt als Geschichte IV (1938), S. 1 ff., der sehr eindrucksvoll die Schockwirkung auf alle Stände schildert. Vgl. auch *Derselbe:* Der Regierungsantritt Friedrich Wilhelms I., in: Jahrb. f. d. Geschichte Mittel- und Ostdeutschlands, V (1956), S. 183 ff.

S. 120   3) Näheres bei *Otto Büsch:* Militärsystem und Sozialleben im alten Preußen 1713—1807. Die Anfänge d. sozialen Militarisierung d. preußisch-deutschen Gesellschaft, Berlin 1962 (Veröff. d. Hist. Komm. Bd. 7).

S. 120   4) Um sich die elende soziale Lage des gemeinen Soldaten, insbesondere des zum Dienst gepreßten Ausländers, im Preußen Friedrichs des Großen zu veranschaulichen, gibt es kein besseres Mittel als den (mehrfach gedruckten) erschütternden Bericht des Schweizers Ulrich Bräcker („Der arme Mann im Toggenburg"), aus dem G. *Freytag* in den „Bildern aus der deutschen Vergangenheit", IV (9. Aufl. 1876), S. 203 ff., einen Ausschnitt abdruckt. Zu beachten ist allerdings, daß den inländischen Rekruten („Kantonisten") die Zugehörigkeit zu einem Regiment eine in gewissem Sinne verbesserte Rechtsstellung gegenüber den Zivilbehörden und entsprechend erhöhtes Selbstbewußtsein verlieh. Lang gediente Kantonisten konnten sogar auf Entlassung aus der Hörigkeit rechnen: O. *Büsch,* a. a. O., S. 58 ff.

S. 121   5) Für das württembergische Heerwesen vgl. die sehr anschauliche und stoffreiche Darstellung meines Schülers P. *Sauer:* Das Württembergische Heer in der Zeit des Deutschen und des Norddeutschen Bundes (Veröff. der Kommiss. f. geschichtl. Landeskunde in Baden-Württemberg, Reihe B, Bd. 5), 1958; für Baden die bisher noch ungedruckte Dissertation meines Schülers *Reinhard Mielitz:* Das badische Militärwesen und die Frage der Volksbewaffnung von den Jahren des Rheinbundes bis zur achtundvierziger Revolution (Freiburger Diss. 1956, wird in derselben Reihe erscheinen). Für Bayern u. a. zu vgl. K. *Demeter:* Das deutsche Offizierskorps in seinen historisch-soziologischen Grundlagen (1930), S. 41 ff.

S. 122   6) Vgl. dazu R. *Stadelmann:* Soziale und politische Geschichte der Revolution von 1848 (1948), S. 53 ff., und *Jacques Droz:* Les révolutions allemandes de 1848 (1957), S. 195 ff.

S. 122   7) In diesem Zusammenhang ist es sehr bemerkenswert, daß das Schlagwort „Militarismus" gerade in den sechziger Jahren aus Frankreich (anscheinend zuerst von Proudhon geprägt) nach Deutschland übernommen zu sein scheint, und zwar im Sinn einer „Säbelherrschaft" — als Vorwurf also, der sich ursprünglich gegen Napoleon III., dann gegen Bismarck richtete. Aus den Händen der liberalen ging es später in die der klerikalen und schließlich der sozialistischen Bismarckopposition über. Näheres darüber bei *Erhard Assmus:* Die publizistische Diskussion um den Militarismus... zwischen 1850 und 1950. Diss. Erlangen 1951 (ungedruckt). A. zitiert u. a. eine Broschüre des hessen-darmstädtischen Offiziers (und Abgeordneten der Paulskirche) *Wilhelm Schulz-Bodmer:* Die Rettung der Gesellschaft aus den Gefahren der Militärherrschaft, Leipzig 1859, die den Kampf Rottecks gegen die stehenden Heere erneuerte. *Konst. Frantz* wurde dadurch zu einer Gegenschrift „Der Militärstaat" 1859 veranlaßt, in der er darlegte, Preußen müsse Militärstaat bleiben, um seiner bedrohten Lage und seiner **Zukunftsaufgabe willen.**

S. 122   8) Vgl. P. *Sauer,* a. a. O., S. 220 ff.

S. 123   9) Ein sehr lebendiges Bild von dem natürlichen Gegensatz der ewig nörgelnden Linksopposition zur Armee, die ihrerseits nur auf der Rechten warme Unterstützung findet, zeichnet aus dem Frankreich vor und nach 1918 M. *Bloch:* L'étrange défaite (1957, ed. aus dem Nachlaß), p. 213 f. Interessant ist die Feststellung einer mehr oder weniger unpolitischen, letztlich rein militärtechnisch interessierten Haltung des Durchschnittsoffiziers auch in Frankreich.

10) Vgl. etwa das Programm der deutschen Freisinnigen Partei vom 5. 3. 1884, also auf dem Höhepunkt des Kampfes gegen Bismarcks konservativen Kurs, Ziffer V, wiederkehrend in Ziffer 5 b des Programms der Freisinnigen Volkspartei vom 24. 9. 1894, jedoch in Verbindung mit konkreten Reformforderungen (bei *W. Treue:* Deutsche Parteiprogramme 1861—1954, S. 72 bzw. 81). S. 124

11) Über seinen Ursprung in evangelisch-kirchlichen Kreisen (P. v. Bodelschwingh!) vgl. *Th. Schieder:* Das deutsche Kaiserreich von 1871 als Nationalstaat (1961), S. 125 ff. S. 125

12) Vgl. hierzu u. a. *S. A. Kaehler:* Der 1. April 1895 und sein zeitgeschichtl. Hintergrund, in: Nachr. d. Gött. Akad. d. Wiss., phil.-hist. Kl. (1948), S. 35 ff. S. 126

13) *Math. Gräfin v. Keller:* 40 Jahre im Dienst der Kaiserin (1935), S. 110 f.; ebd. S. 144 f. Bericht über den Paradenmarsch der kaiserlichen Kinder in Potsdam mit der elfjährigen Königin von Holland, die sich dazu mit Säbel und Militärmütze schmücken mußte — ein nicht nur für den Hof charakteristisches Bild. S. 126

14) Deutscher Liberalismus im Zeitalter Bismarcks, Bd. I, hg. von *V. Heyderhoff* (1925), S. 494. S. 126

15) Für die Verhältnisse der sechziger Jahre vgl. Bd. I, S. 151, Anm. 35. Nach *K. Demeter,* a. a. O., S. 25, waren 1867 49 % der Offiziersaspiranten adliger, 51 % bürgerlicher Herkunft. Unter letzteren waren 79 % Söhne von Offizieren, Gutsbesitzern und höheren Beamten, also aus betont „vornehmer" Gesellschaft, während Großindustrie und Großhandel noch nicht als „vornehm" galten. Über die dann folgende (schon im Krieg 1870/71 einsetzende) Verbürgerlichung des Offizierkorps gab es immer neue Klagen, besonders über das Einströmen von Kaufmannssöhnen, während viele Offizierssöhne in bürgerliche Berufe gingen und viele adlige Offiziersfamilien ausstarben. Nach *Demeter,* S. 34, waren 1860 im Offizierskorps 65 % Adlige, 35 % Bürgerliche, 1913 dagegen 30 % adlig, 70 % (in den unteren Rängen sogar 75 %) bürgerlich, im Großen Generalstab 1906 noch 60 %, 1913 nur 50 % adlig. In der Garde gab es 1908 nur 4, 1913 dagegen 59 sogenannte bürgerliche „Konzessions-Schulzen" — zweifellos eine Folge heftiger Angriffe des Reichstags auf das Militärkabinett. Über die Unterschiede zwischen sogenannten „guten" und „schlechten" Garnisonen, „vornehmen" und weniger vornehmen Regimentern und über den überstarken Anteil des Adels an den ersteren, vgl. *F. C. Endres:* Soziologische Struktur und ihre entsprechende Ideologie des deutschen Offizierskorps vor dem Weltkrieg, in: Arch. f. Sozialwiss. und Sozialpol., Bd. 58, 1927, 295 ff. — Nach der Rangliste von 1913 gab es adlige Stabsoffiziere in der Kavallerie 87 %, Infanterie 48 %, Feldartillerie 41 %, Train 31 %, Fußartillerie, Pioniere und Verkehrstruppen 6 %. Im gesamten Offizierskorps der Marine waren nur 13 % adlig (zit. nach *Eckart Kehr:* Zur Genesis des kgl. preuß. Reserveoffiziers, in: Die Gesellschaft, Bd. II, 1928, S. 497). S. 127

16) Hierüber ausführlich General *G. v. Gleich:* Die alte Armee und ihre Verirrungen (2. Aufl., 1919), S. 17 ff. Welche unglaublich große Rolle „Connexionen", bürgerlicher Stand und politische Einstellung der Eltern auch bei den Offiziersanwärtern der Marine spielten, wird anschaulich bei *L. Persius:* Menschen und Schiffe in der Kaiserlichen Flotte (1925), S. 11 ff. S. 128

17) Ein besonders anschauliches Bild von der engen Verbindung des Offizierskorps, speziell der Garde, mit dem höfischen Leben einerseits, den adligen studentischen Korps anderseits gewinnt man aus den Memoiren des Hofmarschalls *Hugo Frhr. v. Reichasch:* Unter drei Kaisern, 1925. Dieser elegante Kavallerist und Schwerenöter bringt es auf dem Weg über den „Vortänzer" auf Hofbällen bis zum Oberstallmeister am Kaiserhof. Über S. 128

die Gefahren des Eindringens der Plutokratie ins Offizierskorps zu vgl. *Demeter,* a. a. O., S. 196 ff. sowie *G. v. Gleich,* a. a. O., S. 49 ff.

S. 128   18) Näheres siehe oben Bd. I, S. 354, Anm. 11 zu S. 165. Der Archäologe *L. Curtius,* der im Ersten Weltkrieg viel Gelegenheit hatte, deutsche und österreichisch-ungarische Truppengeneralstäbe näher kennenzulernen, bemerkt in seinen interessanten Lebenserinnerungen „Deutsche und antike Welt" (1958) S. 287, es sei ihm als großer Vorzug des deutschen Offizierskorps im Vergleich mit dem der verbündeten Armeen aufgefallen, daß ihm sehr viel breitere Schichten des wohlhabenden, gebildeten Bürgertums zur Verfügung standen, zu seiner Ergänzung und Erweiterung. Übrigens hat er auch die zahlreichen verwandtschaftlichen Verbindungen zwischen den adligen Mitgliedern des preußisch-deutschen Offizierskorps als Verfestigung seines inneren Zusammenhalts stark empfunden: man wußte genau umeinander Bescheid.

S. 129   19) Seit 1885 wurde praktisch kein Jude mehr zum Offizier befördert, doch erklärte der Kriegsminister 1908 und 1909, Ausschluß eines Juden „bloß wegen der Konfession" sei unzulässig. Der Verband deutscher Juden kannte aber 1911 nur 26 Beispiele getaufter Juden, die Reserveoffizier geworden waren. K. *Demeter,* a. a. O., 186 f.

S. 130   20) Vgl. dazu *F. C. Endres,* a. a. O., besonders S. 293, 297, 302.

S. 130   21) *E. v. Liebert:* Aus einem bewegten Leben (1925), S. 149.

S. 130   22) *L. Maenner:* Prinz Heinrich von Schönaich-Carolath (1931), S. 35, 87. *Waldersee:* Denkwürdigkeiten I, S. 257 f.

S. 131   23) Vgl. dazu u. a. *E. Kehr,* a. a. O., S. 492 ff. Der Aufsatz bietet politische und soziologische Kritik statt einer historischen Genesis, wie der Titel erwarten läßt.

ANMERKUNGEN ZUM 6. KAPITEL

S. 132   1) Näheres bei *K. Demeter,* a. a. O., S. 158 ff. Dazu *G. v. Gleich:* Die alte Armee und ihre Verirrungen, 2. Aufl. (1919), S. 88 ff., besonders über die Zensur des Generalstabs für kriegsgeschichtliche Arbeiten und über die bedenklichen Folgen dieser Maßnahme. Der jüngere Moltke hat nach *Demeter,* S. 162, nach dem Erscheinen des 1. Bandes der Denkwürdigkeiten Hohenlohes sogar eine allgemeine Vorzensur für Memoirenwerke für wünschenswert erklärt. Ein besonders eindrucksvolles Beispiel für die enge Gebundenheit militärischer Autoren an offiziöse Vorurteile sind die Erfahrungen, die Colmar von der Goltz als Hauptmann i. G. mit seinen ersten militärischen Schriften machte: er wurde wegen unpassender Ansichten vom Generalstab in eine kleinstädtische Garnison strafversetzt: Denkwürdigkeiten (1929), S. 86 ff., 97 ff.

S. 132   2) Ein besonders krasses Beispiel findet sich in den Briefen *Th. Fontanes* an Georg Friedländer (hg. von Schreinert, 1954), S. 61 f., 70 ff., 77 ff.: Amtsgerichtsrat Friedländer wird wegen einer völlig harmlosen Anekdote, die er in einem Kriegserinnerungsbuch hat drucken lassen, vor ein militärisches Ehrengericht gestellt, weil sich ein General dadurch beleidigt fühlt (1887). Fontane knüpft daran interessante, bittere Betrachtungen über das Aufkommen eines „militaristischen" Geistes in Preußen-Deutschland, wie er in seiner Jugend noch unbekannt gewesen sei. Die soviel geringere soziale Stellung des preußischen Offiziers im Vormärz wird recht anschaulich in *Fontanes* Memoirenbuch: Von Zwanzig bis Dreißig: Kap. „Bei Kaiser Franz".

S. 133   3) Denkwürdigkeiten, hg. von *H. O. Meisner* (1922), Bd. I, S. 338 (26. 4. 1887). Vgl. auch oben Bd. I, S. 295 ff.

Anmerkungen zum 6. Kapitel

⁴) Belege in meinem Buch „Der Schlieffenplan", 1956, S. 106. Jedoch gehört das dort S. 133
in Anm. 6 gebotene Zitat in einen anderen Zusammenhang — ein Versehen, auf das mich
Eb. Kessel: Graf A. Schlieffens Briefe (1958), S. 53, Anm., mit Recht hinweist.

⁵) Näheres in meinem Schlieffenbuch, S. 106 ff. und 184. Interessant ist die Kritik *Hol-* S. 134
steins an dem Aufsatz Schlieffens: Geheime Papiere I (1956), S. 158 ff. *H. Rogge:* Holstein
und Harden (1959), S. 430, mißversteht m. E. die von ihm zitierte Wendung des Schlieffenschen Aufsatzes, wenn er diesen als „pessimistisch" auffaßt.

⁶) *Conrad von Hötzendorf:* Aus meiner Dienstzeit IV (1923), S. 128 ff. Es fehlt auch S. 135
nicht die Fabel vom Imperialismus des Judenvolkes, das als einzige Nation der Weltgeschichte sich ewig am Leben erhalten habe und nun „sich die Mächtigen der Welt gefügig
und im Wege der internationalen Sozialdemokratie die Massen dienstbar zu machen
wußte" (!). Über die Umwandlung darwinistischer Begriffe zu politischen Ideen bzw.
Schlagworten ist demnächst eine Studie *H. G. Zmarzliks* zu erwarten.

⁷) Das Deutsche Problem (1962), Kap. IV, 3, S. 110—146. Zum britischen „Navalismus" S. 135
(s. u.) vgl. vor allem das höchst interessante, auf breitestem Studium publizistischer Quellen
beruhende Buch des Amerikaners *Arthur J. Marder:* The anatomy of British sea power.
A history of British naval policy in the pre-dreadnought era 1880—1905 (New York 1940),
besonders p. 10—65.

⁸) Vgl. dazu den interessanten Vortrag von *Henri Brunschwig:* Vom Kolonialimperia- S. 136
lismus zur Kolonialpolitik der Gegenwart (= Veröff. d. Inst. f. europ. Gesch. Mainz,
Nr. 21), 1957. Br. weist besonders auf die französischen Geographenkongresse der achtziger
Jahre hin.

⁹) Vgl. hierzu die sehr stoffreiche Untersuchung meines Schülers *Dirk Oncken:* Das S. 137
Problem des „Lebensraumes" in der deutschen Politik vor 1914, Freib. Diss. 1948 (ungedr.). Bemerkenswert ist indessen, daß auch ein so vielgelesener und radikal nationalistischer Schriftsteller wie Graf *E. Reventlow* gegen die Übertreibungen der kaiserlichen
Flottenpolitik und gegen das vage Gerede von „deutscher Weltmacht" protestierte und
den kontinentalen Charakter des deutschen Reiches entschieden betonte: Kaiser Wilhelm II.
und die Byzantiner (1906), 12. Aufl., 94 ff.

¹⁰) Vgl. seine Memoiren: *E. v. Liebert:* Aus einem bewegten Leben, 1925. S. 138

¹¹) *Keim:* Erlebtes und Erstrebtes. Lebenserinnerungen, 1925. S. 138

¹²) Ebd. S. 180. S. 138

¹³) *Liebert,* a. a. O., S. 135. S. 138

¹⁴) So schon 1896, zwei Jahre vor der ersten großen Flottenvorlage Tirpitz': Deutsche S. 139
Revue, Juni 1922, S. 450 f. Nach *Wilhelm II.:* Ereignisse und Gestalten 1878 bis 1918
(1922), S. 43 ff., hat er den Kaiser um Ablösung von seinem Posten als Chef der Admiralität gebeten, weil er dessen Flottenpolitik nicht mitmachen wollte. Vgl. auch *Tirpitz:* Erinnerungen (1919), S. 25. Vgl. ferner *A. Vagts:* Land- and Sea-Power in the Second German
Reich, in: Journal of the American Military Institute, Vol. III, Winter 1939, p. 218.

¹⁵) Abdruck bei *H. Mohs:* Generalfeldmarschall Alfred Graf von Waldersee in seinem S. 139
militärischen Wirken (1929), II, S. 317 ff., siehe besonders S. 320.

¹⁶) *H. Mohs,* a. a. O., S. 288. Briefwechsel, ed. *H. O. Meisner* (1928), I, 224. Denk- S. 139
würdigkeiten, II, 4 (1888), S. 366 (31. 1. 96), S. 393. Da W. 1897 zum Kanzler berufen
zu werden hoffte, brachten ihn die großen Flottenpläne des Kaisers in arge Verlegenheit.

¹⁷) *Eberhard Kessel* in der Einleitung zu: Generalfeldmarschall Graf Alfred Schlieffen, S. 139
Briefe (1958), S. 18.

¹⁸) *Frhr. v. Freytag-Loringhoven:* Menschen und Dinge, wie ich sie in meinem Leben sah. S. 139
(1923), S. 156 f.

358 Anmerkungen zum 6. Kapitel

S. 140   19) *Tirpitz:* Politische Dokumente I: Der Aufbau der deutschen Weltmacht (1924), S. 166, 267. Dazu *A. H. v. Zwehl:* E. v. Falkenhayn (1926), S. 87. Charakteristisch für den Ärger, der auch im Kriegsministerium angesichts der Flottenpolitik Wilhelm II. herrschte, sind die Äußerungen des Kriegsministers *v. Einem:* Erinnerungen eines Soldaten 1853—1933 (1933), S. 60 ff. Dabei ist E. ein enthusiastischer Bewunderer von Tirpitz!

S. 140   20) Denkwürdigkeiten (1929) S. 220 f. (an Mudra, 24. 9. 1899) und S. 214. Dazu *Tirpitz:* Erinnerungen (1919) S. 97.

S. 141   21) *Waldersee:* Briefwechsel I, S. 56. *v. d. Goltz:* Denkwürdigkeiten, S. 326, 332. *v. Eisenhart-Rothe:* Im Bann der Persönlichkeit (1931), S. 40, berichtet von einem Manövergespräch Goltz' mit Conrad v. Hötzendorf 1913, in dem sich beide über die friedliche Lösung der Marokkokrise schwer enttäuscht äußerten und einen Präventivkrieg gewünscht hätten. E.-R. scheint aber die Krisen von 1905 und 1911 durcheinanderzuwerfen.

S. 141   22) Seemacht und Landkrieg, in: Deutsche Rundschau, Bd. CII, Jan. bis März 1900, S. 335 ff.

S. 141   23) Denkwürdigkeiten, S. 331. Bekanntlich hat v. d. Goltz seit 1901 als Gründer und Leiter des „Jungdeutschlandbundes" sich bemüht, der damals aufkommenden Jugendbewegung mit ihrer romantischen Neigung zu einfachen Lebensformen eine Richtung auf wehrhafte Selbstertüchtigung zu geben.

S. 142   24) *v. Kuhl,* Schlieffens treuester Schüler, setzt sich in seiner Verteidigung Schlieffens sehr ernsthaft mit dem „geistvollen General" Bernhardi auseinander: Der deutsche Generalstab in Vorbereitung und Durchführung des Weltkrieges (1920) S. 140 ff. Vgl. auch mein Schlieffenbuch, S. 51 f.

S. 142   25) Gewisse schroffe Formulierungen Moltkes werden dabei preisgegeben. Sehr merkwürdig ist zu sehen, wie radikal sich die Auffassung Bernhardis später ins „Militaristische" gewandelt hat, offensichtlich unter dem Einfluß Ludendorffs und der OHL seit 1916: Vom Kriege der Zukunft. Nach den Erfahrungen des Weltkriegs. 1920, Kap. 6.

S. 143   26) *v. Bernhardi:* Denkwürdigkeiten, S. 118. Die Broschüre selbst konnte ich mir nicht beschaffen.

S. 143   27) Vgl. Denkwürdigkeiten, S. 350 ff. Bernhardi rühmt sich, die „schmähliche Friedenspolitik" Bethmanns von 1911 damals in Zeitungsartikeln und Büchern bekämpft zu haben. Er bedauert, daß das deutsche Volk während der zweiten Marokkokrise nicht öffentliche Kundgebungen für den Krieg veranstaltete. Einer seiner Freunde wünschte damals in hemmungsloser Empörung, das deutsche Reich möchte bald zusammenbrechen, damit ein völliger Neubau beginnen könne (S. 352)!

S. 143   28) Zu diesem Zweck ließ B. auch noch eine kürzere zweite Schrift ähnlichen Inhalts erscheinen: „Unsere Zukunft. Ein Mahnwort an das deutsche Volk." 1912.

S. 146   29) Denkwürdigkeiten (1927), S. 369.

S. 146   30) Briefliche Mitteilung Wolfgang Foersters an mich vom 30. 1. 1949. F. hat die AKO selbst in den Akten des Mi. Kab. gelesen. Bernhardi erwähnt sie seltsamerweise in seinen Denkwürdigkeiten nicht, sondern sagt nur, er habe gehört, das Auswärtige Amt habe das Buch zu unterdrücken versucht.

S. 147   31) „Menschen und Dinge, wie ich sie in meinem Leben sah" (1927), S. 136. Freytag selbst war offenbar kein blinder Draufgänger. Jedenfalls hat er 1918 die Bemühungen der deutschen Diplomatie vor 1914, den Frieden möglichst lange zu erhalten, „vom höheren menschlichen Standpunkt gerechtfertigt" gefunden (Krieg und Politik 1918, S. 211; die gleichnamige Schrift von 1911 lag mir leider nicht vor). Sein Schrifttum zeigt ein ungewöhnlich nahes Vertrautsein mit der wissenschaftlichen deutschen Historie, literarische Bildung und ein besonnenes politisches Urteil. Doch tritt dieses fast ganz hinter historischen

Betrachtungen zurück, die eine gewisse Neigung zu harmonisierender, den Gegensatz zwischen politischem und militärischem Denken verwischender Darstellung zeigen. — Moltkes Äußerung über Bernhardi erfolgte 1912 in einem Gespräch mit Freytag: *H. Kaupisch* in: Berliner Monatshefte, V (1927), S. 181.

³²) Kriegswerk des Reichsarchivs I, S. 641.

ANMERKUNGEN ZUM 7. KAPITEL

¹) Wie schwer der Kampf Bismarcks zur Behauptung dieses Übergewichts war, insbesondere mit Edwin v. Manteuffel, hat der erste Band dieses Werkes dargetan. Nachgetragen sei hier aus einem charakteristischen Schreiben Manteuffels an Bismarck vom 28. 2. 1858 die Bemerkung, in Preußen dürfe das Übergewicht „nur ausnahmsweise beim Zivil sein... Da in Preußen das Militär rechts unterschreibt, so ist für mich die Frage entschieden, wo der Nominativ eigentlich liegen müßte" (Bismarck-Jahrb. IV, S. 98).

²) Ges. Werke, VI c, Nr. 264 (24. 2. 83), S. 275. Über den Sturz Kamekes siehe *E. Kessel:* Die Entlassung Kamekes und Stoschs (1883), in: Festschr. f. Fr., Hartung 1958. *H. O. Meisner:* Der Kriegsminister 1814—1914 (1940), S. 31 ff. *Schmidt-Bückeburg:* Das Militärkabinett der preußischen Könige und deutschen Kaiser 1787—1918 (1933), S. 142 f.

³) Über das nach Kamekes Abgang vom Kriegsministerium erstattete Gutachten betr. Immediatvorträge des Generalstabschefs vgl. meine Abhandlung: „Die deutschen Militärattachés und das Auswärtige Amt" (Sitzungsberichte d. Heidelbg. Akademie, 1959, H. 1), S. 30 f. Ebd. ist aber auch nachgewiesen, daß 1883 die formale Überordnung des Kriegsministeriums über den Generalstab keineswegs aufgehoben wurde und der Schriftwechsel mit anderen Reichsbehörden weiter über das Kriegsministerium lief.

⁴) Näheres bei *Schmidt-Bückeburg,* 152 ff., dazu *A. O. Meisner,* a. a. O., S. 68 ff. Ebd. 73 wird von einem sehr seltsamen Fall berichtet, in dem Bismarck noch im Juli 1888, also nach dem Regierungsantritt Wilhelms II., eine „Ordre in Kommandosachen", die aber auch den Etat berührte (Armee-Einteilung), ohne Contra-Signatur des Ministers veröffentlicht sehen wollte, um die „unbedingte Kommandogewalt" des Kaisers zu unterstreichen.

⁵) *H. O. Meisner,* a. a. O., S. 67.

⁶) Vgl. das durch W. v. Bronsart veranlaßte Justitiargutachten von 1896 über die verfassungsrechtliche Stellung des Kriegsministers bei *Rüdt v. Collenberg:* Die staatsrechtliche Stellung des preußischen Kriegsministers von 1867—1914, in: Wissen und Wehr, VIII (1927), S. 307. Es steht in stärkstem Gegensatz zu der Auffassung Roons (1861), siehe Bd. I, S. 228.

⁷) *Schmidt-Bückeburg,* S. 153, meint, Bismarck habe die Befugnisse des Kriegsministers einschränken wollen, um selber „Einfluß auf die Armee zu gewinnen". *H. O. Meisner,* S. 71, betont demgegenüber, daß die Wahrung der unbeschränkten monarchischen Kommandogewalt eine Art Glaubensartikel für Bismarck gewesen sei. M. E. war das nur in dem oben definierten Sinn: als Mittel zur Einschränkung parlamentarischer Rechte.

⁸) Näheres darüber bei *Rüdt v. Collenberg,* a. a. O., S. 299 ff.; *Schmidt-Bückeburg,* a. a. O., S. 160, u. ö.; *H. O. Meisner,* a. a. O., S. 74 ff., u. ö.

⁹) *H. O. Meisner,* a. a. O., S. 53, und die dort zitierten Quellen. Man beanspruchte auch im Kriegsministerium bis zum Kriegsausbruch, anderen Reichsbehörden gegenüber als die eigentlich federführende Behörde zu erscheinen und etwaige Differenzen zum Generalstab nicht hervortreten zu lassen: siehe meine Abhandlung: Die deutschen Militärattachés und das Auswärtige Amt (1959), S. 31, Exk. II.

Anmerkungen zum 7. Kapitel

S. 154   10) *H. Goldschmidt:* Das Reich und Preußen im Kampf um die Führung (1931), S. 166. Diesen vereinzelten Beleg habe ich (Bd. I, S. 229, Anm. 28) noch übersehen.
S. 154   11) Denkschrift vom 10.3.1889 bei *Schmidt-Bückeburg,* S. 176.
S. 155   12) Reichstagsrede vom 21.3.1889. Dazu *Schmidt-Bückeburg,* S. 180 ff.
S. 157   13) Graf *Zedlitz-Trützschler:* Zwölf Jahre am Kaiserhof (1924), S. 201.
S. 157   14) *Haller:* Aus dem Leben des Fürsten Philipp zu Eulenburg-Hertefeld (1924), S. 160. Vgl. auch die Schilderung eines Empfangs des Staatsministeriums in ganz militärischen Verkehrsformen bei *Zedlitz-Trützschler,* S. 133.
S. 157   15) *Schmidt-Bückeburg,* S. 214, nach den Akten des Mil.-Kab., vgl. ebd. S. 209, Anm. 64.
S. 158   16) *Schmidt-Bückeburg,* S. 178.
S. 158   17) Ebd. S. 197 f.
S. 159   18) *Haller:* Eulenburg, S. 245 (Aufzeichnung Eulenburgs); *Zedlitz-Trützschler,* S. 160 f. Ähnlich urteilt *Fr. Hartung:* Verantwortliche Regierung, Kabinette und Nebenregierungen in Preußen 1848—1916, in: Forsch. z. Brand.-Preuß. Gesch., Bd. 44 (1931), S. 318.
S. 159   19) *Waldersee:* Denkwürdigkeiten, II, S. 96. Die Raffauf-Berichte: Gr. Pol., VI, S. 362 ff. Wie maßlos das politische Selbstbewußtsein der Walderseeschen Militärclique schon in den letzten Regierungsjahren Bismarcks gestiegen war, zeigen am eindrucksvollsten die Briefe des Kommandierenden Generals im Rheinland Frh. v. Loë an Waldersee (1889). Er nennt den Dreibund Bismarcks eine „Vogelscheuche diplomatischen Humbugs" und erklärt, alle „Chefs der militärischen Arbeit" müßten jetzt eng gegen Bismarck zusammenhalten, der den rechtzeitigen „Entscheidungskampf" mit Frankreich und Rußland nicht wage. „Die Zeit ist nicht fern, wo auch die blödesten Augen erkennen werden, daß wir nur von unserer eigenen Kraft unser Heil zu erwarten haben, daß die politische Einleitung des Entscheidungskampfes ein Muster von Unfähigkeit sein und daß die Diplomatie, welche seit 18 Jahren die Welt regiert hat, ein elendes Fiasko machen wird. Gebe Gott, daß die Armee dann imstande ist, das diplomatische Fiasko wieder wettzumachen, sonst ist es schlecht um uns bestellt." *Waldersee:* Briefwechsel, I, S. 245, vgl, auch ebd. S. 230.
S. 162   20) Veröffentlicht von mir in der schon zitierten Abhandlung: „Die deutschen Militärattachés und das Auswärtige Amt." (Sitz.-Ber. Heidelbg. 1959, I. Abh.) Meine obige Darstellung stützt sich auf die Ergebnisse dieser Untersuchung, in der ich auf Grund meiner Auszüge aus den 1945 verbrannten Akten des Generalstabs das frühere Schrifttum ergänzen und berichtigen konnte: *H. O. Meisner:* Militärattachés und Militärbevollmächtigte in Preußen und im Deutschen Reich, 1957. *G. A. Craig:* Military Diplomats in the Prussian Army and German Service: The Attachés 1816—1914, in: Pol. Science Quart., Vol. LXIV (1949).
S. 162   21) Als 1894 nach Caprivis Sturz vom Kriegsministerium eine Änderung der Instruktion vorgeschlagen wurde, hat Schlieffen nur eine Vereinfachung und Beschleunigung des Berichtwesens angeregt, sonst aber darauf zu bestehen.
S. 162   22) So v. Huene (siehe Gr. Pol., VII, S. 295 ff., dazu meine oben zitierte Studie, S. 26, Anm. 52) und Engelbrecht (s. *Haller:* Eulenburg, S. 248).
S. 162   23) Vgl. dazu *Waldersee:* Denkwürdigkeiten, II, S. 360.
S. 165   24) *Waldersee:* Denkwürdigkeiten, II, S. 366, 377, 386 ff., 394, 396 f., 401 f. *Hammann:* Der mißverstandene Bismarck, S. 31 f. *Haller:* Eulenburg, S. 193, 201, 203 f. *Hohenlohe:* Denkwürdigkeiten, III, S. 248, 250 u. ö. *F. Hartung,* a. a. O., S. 335. *E. Zechlin:* Staatsstreichpläne Bismarcks und Wilhelms II. 1890—94 (1929) S. 91 ff. — Einen sehr interessanten Einblick in die „militaristische" Denkweise Waldersees gewährt ein ungedruckter Brief an Edwin v. Manteuffel vom 8. 2. 1877, der sich in dessen Nachlaß fand. Darin stimmt W. für Abschaffung aller Bestimmungen, die das Ausstellen von sogenannten Ehrenwechseln (Verpfändung des Ehrenworts) durch Offiziere der Beurteilung durch mili-

tärische Ehrengerichte unterstellen. Die Kritik der Öffentlichkeit an einer solchen Änderung der Bestimmungen dürfe man nicht scheuen. „Es ist ein Gedanke, dem ich mit Vorliebe nachhänge, daß der Kastengeist mehr bei uns entwickelt werden möchte und wir uns, das heißt der Offizierstand sich mehr als für sich bestehenden Stand von den übrigen abgrenzt. Ich sehe hierin auch das einzige Mittel, die Überflutung des Offizierkorps durch die Geldaristokratie und das Verschwinden des Offizierssohnes wirksam zu bekämpfen." Luxusverbote und Gehaltserhöhungen helfen auf die Dauer nichts. Nur durch „Fernhalten von den andern Ständen, durch Bildung einer festen Gemeinschaft des Offiziersstandes" kommen wir zum Ziel, auch wenn das gewisse Mängel zur Folge haben mag. W. ist überzeugt, „daß wir bald von dem System der allgemeinen Dienstpflicht abgehen werden", den „es kommt unbedingt zum Kampf der Besitzlosen gegen die Besitzenden und kann da nur eine Berufsarmee den totalen Zusammenbruch aller bestehenden gesellschaftlichen Zustände verhindern, oder kurz ausgedrückt: wir brauchen bald eine Armee, klein und gut bezahlt, die ohne Bedenken, sobald es verlangt wird, die Kanaille zusammenschießt. Hiermit hätten wir die Kriegerkaste, die ich schon jetzt im Offizierkorps gern vorbereitet sehen würde." Da alle Staaten des Kontinents vom Sozialismus bedroht sind, erwartet W. „nach dem Naturgesetz des Kreislaufs" allgemeine Rückkehr zum System der Berufsarmeen, bezeichnet das aber selbst als „etwas extravaganten" Gedanken.

25) *Haller:* Eulenburg, S. 193 (nach einem Briefe Holsteins).
26) *Haller:* Eulenburg, S. 155, vgl. auch ebd. S. 91 ff., 154. *F. v. Bernhardi:* Denkwürdigkeiten, S. 164 ff. Die ungedruckte Dissertation meines Schülers *Horst Öhlmann:* Studien zur Innenpolitik des Reichskanzlers Leo von Caprivi (Freiburg 1953) bietet ein Archivmaterial zur Geschichte der Heeresreformen und Handelsverträge Caprivis, das eine gerechtere Würdigung dieser hervorragenden Persönlichkeit und ihrer Leistung ermöglicht, als sie bisher üblich war — in Nachwirkung der unheilvollen Polemik Bismarcks. Insbesonders wird deutlich, daß von einer Haltung „soldatischen Gehorsams" gegenüber Wilhelm II. überhaupt keine Rede sein kann. Caprivi war vielmehr der einzige unter den Nachfolgern Bismarcks, der seine sachliche Überzeugung keiner kaiserlichen Laune zu opfern oder anzupassen bereit war.
27) *Hohenlohe:* Denkwürdigkeiten, III (Reichskanzlerzeit, 1931), S. 116. *Haller:* Eulenburg, S. 202.
28) *Hohenlohe,* a. a. O., S. 291.
29) Zur Köller-Krise und dem Marschall-Prozeß: *O. Hammann:* Der neue Kurs (1918), S. 72 ff.; *Schmidt-Bückeburg:* S. 208 ff.; *Hohenlohe,* S. 186 ff., 249 ff., 269, 305 u. ö.; *Haller:* Eulenburg, S. 158 ff., 199 ff.
30) Vgl. die Arbeit meines Schülers *H. G. Zmarzlik:* Bethmann Hollweg als Reichskanzler 1909—1914 (Beitr. z. Gesch. des Parlamentarismus und der politischen Parteien, Bd. XI, 1957), S. 40 nach ungedruckten Quellen.
31) Ebd. S. 135.
32) *H. G. Zmarzlik,* a. a. O., S. 132. Das 3. Kapitel dieser wertvollen Arbeit „Die Elsaß-Lothringische Frage", durchweg auf neues Archivmaterial gestützt, überholt den fleißigen und sauberen Tatsachenbericht von *E. Schenk:* Der Fall Zabern („Beitrag zur Geschichte der nachbismarckischen Zeit und des Weltkriegs, Heft 3, 1927) vor allem in der tief eindringenden Erörterung und Klärung der politischen Problematik.

ANMERKUNGEN ZUM 8. KAPITEL

S. 172   1) *E. Kehr:* Soziale und finanzielle Grundlagen der Tirpitzschen Flottenpropaganda, in: Die Gesellschaft, Bd. 2 (1928), S. 221 ff. *Derselbe:* Schlachtflottenbau und Parteipolitik 1894—1901 (1930), bes. 93—119. *J. Husmann:* Der alldeutsche Verband und die Flottenfrage. Freiburg. Diss. 1945, ungedruckt. *W. Marienfeld:* Wissenschaft und Schlachtflottenbau in Deutschland 1897—1906 (= Beih. 2 z. Marinerundschau) 1957, Gött. Diss.

S. 173   2) So Bülow selbst in der Ankündigung des Gesetzes am 11. 12. 1899 und die übliche Darstellung. *W. Hubatsch:* Die Ära Tirpitz (1955), S. 70, läßt nur eine Steigerung von 25 auf 36 Schlachtschiffe (3 auf 4 Geschwader) gelten und begründet das (in brieflicher Auskunft) so, daß 1898 außer den geforderten 19 Linienschiffen tatsächlich schon ein drittes Schlachtgeschwader vorhanden gewesen sei, in Gestalt von 8 Küstenpanzern, die später zu Hochseeschiffen umgebaut wurden.

S. 173   3) Die nach 1919 entstandenen allgemeinen Darstellungen deutscher Geschichte im Zeitalter Wilhelms II. (*E. Brandenburg, J. Ziekursch, F. Hartung, H. Oncken, Joh. Haller, W. Schüssler,* neuerdings *E. Eyck*) behandeln die Flottenpolitik Tirpitz' durchweg sehr kritisch, freilich mit starken Abschattierungen im einzelnen. Die Schriften *H. Hallmanns:* (Der Weg zum deutschen Schlachtflottenbau 1933; Krügerdepesche und Flottenfrage 1927) und seiner Schüler *H. G. Fernis* (Die Flottennovellen im Reichstag 1906—12, 1934) und *P. Sethe* (Die ausgebliebene Seeschlacht 1933) atmen ungeminderte Bewunderung; auch die Biographie *U. v. Hassels* (1920) ist durchaus apologetisch gehalten. Eine sehr scharfe Kritik übte 1948 *R. Stadelmann:* Die Epoche deutsch-englischer Flottenrivalität, in: Deutschland und Westeuropa. Mit ihr setzt sich auseinander *W. Hubatsch:* Die Ära Tirpitz. Studien zur deutschen Marinepolitik 1890—1918. (= Gött. Bausteine z. Geschichtswiss. 21) 1955, und *W. Schüssler, G. Howe, F. Boie, W. Hubatsch, O. Hauser,* in: Weltmachtstreben und Flottenbau, hg. v. *W. Schüssler,* 1956.

S. 173   4) *Tirpitz:* Polit. Dokumente I (1924) V, VIII.

S. 175   5) *L. Dehio:* Deutschland und die Weltpolitik im 20 Jh., 1955, bes. die drei ersten Aufsätze, die schon in der HZ, Bd. 170, 173, 174 erschienen. Sie verschmelzen (m. E. etwas zu eng) die Vorkriegs- mit der Kriegspublizistik und die Veröffentlichungen der Historiker mit denen von Politikern wie Naumann und Rohrbach. — *A. Thimme:* Hans Delbrück als Kritiker der wilhelminischen Epoche, 1955, S. 101—116. Besonders bemerkenswert ist der Kampf der Berliner Professoren Delbrück, Schmoller, Sering und Wagner 1896 gegen die Sozialdemokratie für eine Vergrößerung der Kriegsflotte (ebd. S. 107). Über die Wirkung der bekannten Freiburger Antrittsrede Max Webers auf den Imperialismus Fr. Naumanns besonders fein: *W. Conze* in der Kähler-Festschrift „Schicksalswege deutscher Vergangenheit" (1950), 358 f. Vgl. ferner: *W. Marienfeld:* Wissenschaft und Schlachtflottenbau 1957.

S. 176   6) Vgl. dazu die Kritik *Waldersees* 1900: Denkwürdigkeiten, II, S. 449, und mein Buch: Europa und die deutsche Frage (1948) 122 ff.

S. 176   7) *S. W. Hubatsch:* Auslandsflotte und Reichspolitik, in: Die Ära Tirpitz, S. 25 ff.

S. 176   8) Vgl. die ungedruckte Freiburger Diss. meines Schülers *Dirk Oncken:* Das Problem des Lebensraumes in der deutschen Politik vor 1914. 1948.

S. 176   9) Das war auch Bismarcks Meinung in seinem bekannten Gespräch mit Tirpitz 1897: Wir müßten „durch viele kleine Schiffe... den Auslandsdienst poussieren". *Tirpitz,* Erinnerungen, S. 90.

S. 177   10) Immediateingabe vom 24. 4. 1898 bei *Hohenlohe:* Denkwürdigkeiten aus der Reichskanzlerzeit, S. 441 f. Dazu *Tirpitz:* Erinnerungen, S. 67. Zur Deutung des Antrages, vgl. *W. Hubatsch:* Der Admiralstab und die Obersten Marinebehörden in Deutschland 1848 bis

1945 (1958), S. 88. Die Auffassung *Stadelmanns,* S. 116, Tirpitz habe die Begründung einer Kette von Stützpunkten förmlich beantragt, scheint mir durch den Wortlaut nicht gerechtfertigt. — Über Bülows sehr weitgehende Pläne vor 1899 zum Erwerb von Kohlenstationen und Marinestützpunkten aus portugiesischem und spanischem Besitz, vgl. Gr. Pol. 14, I, S. 260 f.; 14, II, S. 52; 17, S. 467.

11) Besonders klar ausgesprochen in der von *Stadelmann,* S. 101, aus ungedruckten Akten zitierten Niederschrift des O. K. der Marine vom Juni 1897. S. 177

12) *Hubatsch:* Ära Tirpitz, S. 14 ff., 53 ff., 60 ff. S. 177

13) So ganz deutlich in dem entscheidenden Immediatvortrag vom 15. 6. 1897, bei *Hallmann:* Der Weg zum deutschen Schlachtflottenbau (1933), S. 248. Es heißt darin: Grundlage des Flottenplans muß sein: „Stärkung unserer politischen Macht und Bedeutung gegen England." Natürlich spielten auch technische Erwägungen eine Rolle: stärkere Konzentration der Kampfkraft auf großen Schiffen, systematische Vereinfachung der Baupläne durch Beschränkung auf eine Hauptaufgabe, militärische Notwendigkeit, stets dem stärksten potentiellen Gegner gewachsen zu sein u. dgl. S. 177

14) Die Memoiren von *Tirpitz* zeigen das ebenso deutlich wie der (stark apologetisch gehaltene) Aufsatz von *U. v. Hassell:* Tirpitz' außenpolitische Gedankenwelt, in: Berl. Monatshefte, 17 Jg., 1939, bes. S. 326 ff. Näheres bei *R. Stadelmann,* S. 112 ff. S. 178

15) Isoliertheit und Hintergründe des immer wieder von Tirpitz zitierten Artikel der Saturday Review von.1896/97, s. b. *E. Woodward:* Great Britain and the German Navy (1935), S. 92, *R. Stadelmann,* S. 125, Anm. 79, die dort zitierte Arbeit von *H. Grimm,* Marinerundschau 46 (1941), S. 447 ff., und das Urteil des Botschafters Metternich: Gr. Pol. 28, S. 13 und 45. Vor Überschätzung der Brandreden englischer Admiräle warnte gelegentlich selbst der Marine-Attaché Widenmann, das willigste Werkzeug Tirpitz', siehe dessen Pol. Dok., I, S. 153. Vgl. auch Kühlmanns Kritik an der Legende vom „kopenhagen", ebd. S. 367, Anm. S. 179

16) Die vortreffliche, gründliche Arbeit des Amerikaners *Ross I. S. Hoffmann:* Great Britain and the German Trade Rivalry 1875—1914, Philadelphia 1933, läßt erkennen, daß die Krisen des „Handelsneides" immer zeitlich genau zusammenfielen mit Krisen der politischen Verärgerung und daß (und warum) seit etwa 1900 die Konkurrenz wesentlich an Schärfe verlor (siehe S. 96 f.). Einige statistische Zahlen: England nahm 1913 als bester Käufer 14,2 % des deutschen Exportes ab; Deutschland stand mit 6,4 % als Käufer englischer Exportwaren an zweiter Stelle hinter Indien. Vom ganzen deutschen Export gingen drei Viertel nach Europa, nur ein Viertel nach Übersee. Am Handel mit China hatte England einen Anteil von 43,5 %, Deutschland von 9,75 %. Nord- und Südamerika, die weitaus wichtigsten Abnehmer unseres Übersee-Exportes, nahmen uns doch zusammen nur ein Sechstel unserer Gesamtausfuhr ab. — Übertriebene Besorgnisse des Kaisers 1897 wegen Kündigung der veralteten englisch-deutschen Handelsverträge von 1862/65 sollten sofort zur Flottenpropaganda benutzt werden: Gr. Pol. 13, S. 39. Dazu *Woodward,* S. 25. S. 180

17) Es machte nur ein halbes Prozent unseres Außenhandels aus! Nur ein Fünftel des Handelsverkehrs unserer Kolonien ging nach Deutschland. Vgl. dazu meinen Aufsatz: Geschichtliche Erfahrungen deutscher Kolonialpolitik, in: Lebendige Vergangenheit (1948). S. 180

18) *W. Hubatsch:* Ära Tirpitz, S. 18. S. 181

19) *I. Metz:* Die deutsche Flotte in der englischen Presse, der Navy Scare vom Winter 1904/05 (= Eberings Hist. Stud., H. 290) 1936. — *W. Frauendienst:* Deutsche Weltpolitik, in: Welt als Geschichte, XIX (1959), S. 32 f., und *O. Hauser:* Deutschland und der englischrussische Gegensatz 1900—1914 (= Gött. Bausteine, 30) (1958), S. 18 ff., suchen zu zeigen (entgegen der früher bei uns üblichen Darstellung), daß die scharfe englische Reaktion auf den deutschen Flottenbau schon lange vor 1906 (Dreadnought-Bau) einsetzte. Vgl. dazu S. 182

auch *R. Stadelmann*, S. 121 f. (mit ungedrucktem Archiv-Mat.). Gründliche Untersuchung der englischen Flottenpublizistik 1898—1905 bei *A. J. Marder:* Anatomy of British Sea-Power (zitiert oben Anm. 7 zu Kap. 6), S. 44 ff. Sehr eindrucksvoll ist auch die Schilderung der in England aufkommenden Germanophobie bei *E. L. Woodward,* a. a. O. Die Flottengesetze verstärkten nur die Wirkung der maßlosen Englandhetze der deutschen Presse während des Burenkriegs, unerfreulicher Erfahrungen mit dem „Militaristen" Waldersee während des China-Feldzugs 1900 usw.

S. 183 20) Brit. Doc., III (1928), S. 417 ff. Die Kritik, die *W. Frauendienst,* a. a. O., an der Deutung dieser Denkschrift durch *H. Oncken* übt, empfinde ich als unbegründet; auch die Deutung durch *O. Hauser,* S. 31 f., leuchtet mir nicht ganz ein.

S. 183 21) Vgl. dazu die Denkschrift W. Rathenaus von 1909, die Fürst *Bülow:* Denkwürdigkeiten II, S. 428, zitiert.

S. 184 22) *Tirpitz:* Erinnerungen, S. 106, und passim.

S. 185 23) Wie begeistert die britische Admiralität diese Wendung 1905 aufnahm, zeigen die interessanten, von *A. J. Marder:* The Anatomy of British Sea-Power, p. 502 ff., veröffentlichten Dokumente.

S. 185 24) Vgl. dazu *Churchill:* Weltkrisis 1911—1914. Deutsche Ausgabe (1924), S. 92 ff.

S. 185 25) Gr. Pol. 28, S. 176 (Protokoll vom 3. 6. 1909); das von Admiral v. Müller verfaßte Protokoll *(Tirpitz,* Pol. Dok., S. 161) gebrauchte sogar die Formulierung: „in 5—6 Jahren sei die Gefahr überhaupt vorüber".

S. 186 26) *Churchill,* a. a. O., S. 92 ff.

S. 186 27) Vgl. dafür u. a. den interessanten Beleg, den *Hubatsch* aus dem *Weyer*schen Taschenbuch der Kriegsflotten 1902 beibringt: Ära Tirpitz, S. 74, Anm. 69.

S. 186 28) Vgl. das Schreiben des Reichsschatzsekretärs Wermuth vom 28. 11. 1911 an Tirpitz, das auch der Legende von der Erschöpfung der englischen Finanzkraft entschieden widerspricht: Gr. Pol. 31, Nr. 11 324, S. 35 ff.

S. 187 29) Abdruck: Nauticus, 18. Jg. (1926), S. 188 ff.

S. 188 30) So noch in einem vom Kaiser eingeforderten Gutachten von Anfang 1912, siehe *Weniger:* Die Entwicklung des Operationsplans für die deutsche Schlachtflotte: Marine-Rundschau, 35. Jg., 1930, S. 5.

S. 188 31) Vom britischen Marine-Attaché Capt. Dumas in einem großen Bericht vom 29. 1. 1907, siehe Brit. Doc., VI, 2. Dt. Ausg., S. 1279. Dumas schlägt schon eine Absperrung der ganzen Nordsee bei Dover—Calais einerseits, von Schottland bis Skagerrak anderseits vor.

S. 188 32) *Churchill:* Weltkrisis, S. 58, 114 f. *P. Sethe:* Die ausgebliebene Seeschlacht. Bonner Diss., 1933 (= Beiträge zur Geschichte der nach-bismarck. Zeit, Heft 17).

S. 189 33) Näheres bei *Stadelmann,* S. 137 ff. In einer Denkschrift von 1912 hatte Tirpitz selbst vor einer Flottenaufstellung bei Skagen gewarnt, weil dies zu sofortiger Schlachtentscheidung zwinge; besser sei, diese unter Umständen hinauszuschieben: *Weniger,* a. a. O., S. 5.

S. 190 34) Gr. Pol. 23, II, Nr. 8006, Anlage (bes. S. 365) und Nr. 8008 (bes. S. 374 ff.). Militärische, politische und selbst juristische Argumentationen werden vom Reichsmarineamt in seinem Kampf für die Erhaltung des Seebeuterechts bedenkenlos (und nicht ohne seltsame Rabulistik in der Deutung der britischen Haltung) miteinander vermischt. Praktisch blieb der Streit ohne bedeutende Folgen, da England die 1909 erreichte Einschränkung des Seebeuterechts (Londoner Seerechtsdeklaration vom 26. 2. 1909), die Deutschlands Bedürfnissen im wesentlichen entsprach, nie ratifiziert hat. Vgl. dazu das Reichsarchivwerk Bd. Kriegsrüstung und Kriegswirtschaft I (1930), 315 ff.

S. 190 35) Reichsarchivwerk, a. a. O., S. 305 ff. und Anlage 70.

S. 190 36) *Hubatsch:* Admiralstab, S. 118.

S. 190 37) Siehe mein Buch „Der Schlieffen-Plan - Kritik eines Mythos" (1956), S. 180.

Anmerkungen zum 8. Kapitel

³⁸) Reichsarchivwerk, a. a. O., I, S. 341 u. ö.   S. 190
³⁹) Brit. Doc., VI, 2 (deutsche Ausgabe), S. 1280: Bericht des Capt. Dumas vom 29. 1.   S. 191
1907. Die Frage war schon 1899 während des Burenkriegs einmal akut geworden, als der deutsche Postdampfer „Bundesrath" von den Engländern beschlagnahmt wurde, weil er angeblich „Konterbande" an Bord führte, die durch einen neutralen Hafen nach Transvaal gehen sollte. Im Auswärtigen Amt erkannte man klar, daß hier ein Präzedensfall vorlag für die Behandlung neutraler, über holländische oder belgische Häfen laufender Zufuhren nach Deutschland im Falle eines deutsch-englischen Krieges, siehe Gr. Pol. 15, S. 451: Erlaß Bülows vom 6. 1. 1900.
⁴⁰) *Weniger*, a. a. O., S. 6. *W. Hubatsch:* Admiralstab, S. 145.   S. 191
⁴¹) Vgl. die Denkschrift des Admirals v. Ingenohl vom Januar 1918, in: Der Krieg zur   S. 191
See, Nordsee I (1920), S. 62 f. Danach wollte man nicht recht glauben, daß die Engländer für die bloße Absperrung der Nordsee die internationale Anerkennung als „wirksame Blockade" durchsetzen könnten und daß ihr Prestigebedürfnis es ertragen würde, die Tätigkeit der deutschen Flotte in der Nordsee, besonders die der Minenleger, ungestört zu lassen.
⁴²) Aktennotiz vom 17. 5. 1914 bei *Hubatsch:* Die Ära Tirpitz, S. 108.   S. 192
⁴³) Wiedergabe nach *W. Hubatsch:* Admiralstab, S. 122 f.   S. 192
⁴⁴) Vgl. die Verwunderung der Engländer darüber, daß die Deutschen aus ihrem „Flottengesetz" eine Art von Glaubensartikel machten: *Woodward,* S. 30.   S. 192
⁴⁵) Eine Beratung des Admiralstabs Herbst 1912 ergab, daß eine Schädigung englischer   S. 193
Truppentransporte nur durch Minen und U-Boote möglich sei. Für das Gros der Flotte war der lange An- und Rückmarsch viel zu gefährlich, *Weniger,* a. a. O., S. 7 f.
⁴⁶) Eine große Offensive von Norwegen aus erscheint Vizeadmiral a. D. *Weniger:* Die   S. 193
Seestrategie des Weltkriegs (1929) als die einzige Möglichkeit erfolgreicher Seekriegführung im Weltkrieg.
⁴⁷) *W. Hubatsch:* Admiralstab, S. 117 ff. *Tirpitz:* Dokumente, I, S. 13 f.   S. 193
⁴⁸) *Weniger:* Marine-Rundschau (1930), S. 9 f.   S. 194
⁴⁹) Die Ausführungen meines Buches „Der Schlieffen-Plan" (1956), S. 75, Absatz 1,   S. 195
bedürfen der Berichtigung.
⁵⁰) *W. Hubatsch:* Admiralstab, S. 113.   S. 195
⁵¹) Ebd. S. 91. Das Geheimjournal des Generalstabschefs im ehemaligen Reichsarchiv   S. 195
notiert: zum 10. 1. 1899 eine Denkschrift des O. K. der Marine betr. Kriegführung gegen England; 20. 3. 1900 Konferenz zwischen Offizieren des Generalstabs und Admiralstabs; 21. 3. 1900: Denkschrift des Admiralstabschefs „Die Kriegführung Deutschlands zur See gegen England"; zum 15. 2. bzw. 20. 3.: Entsendung von zwei Generalstabsoffizieren zu gemeinsamer Beratung operativer Unternehmungen zur See auf Vorschlag des Admiralstabschefs. — Über die abweichende Stellung v. d. Goltz' siehe oben S. 141.
⁵²) *W. Hubatsch:* Admiralstab, S. 44 f., und weiterhin passim. — Dazu *W. Foerster:*   S. 195
Aus der Gedankenwerkstatt des deutschen Generalstabs (1931), S. 60 ff.
⁵³) Näheres in meinem Schlieffenbuch, S. 72 f.   S. 196
⁵⁴) *Ludendorff:* Mein militärischer Werdegang (1933), S. 126. Reichsarchivwerk, Bd.   S. 196
Kriegsrüstung und Kriegswirtschaft, I (1930), Anlage Nr. 28 (7. 4. 1906). Noch in einem Schreiben an den Kriegsminister vom 1. 7. 1910 kehrt der Gedanke Moltkes wieder, eine Landung englischer Truppen in Schleswig-Holstein durch mobil gemachte Ersatztruppen abwehren zu lassen. Ebd. Haupttext S. 109 f.
⁵⁵) *Weniger:* Marine-Rundschau, 35. Jg. (1930), S. 8: Bericht eines Seeoffiziers aus der   S. 197
Admiralität über die Verbindung mit dem Generalstab. Danach hätte Moltke wahrschein-

366   Anmerkungen zum 8. Kapitel

lich auch von den Änderungen der maritimen Operationsbefehle seit 1912 (Abschwächung des Offensivgedankens) erfahren. — Krieg zur See, Nordsee I, S. 82.

S. 197 56) *Tirpitz:* Pol. Dok., I, S. 160. Protokoll des Kabinettchefs Admiral v. Müller.

S. 197 57) Gr. Pol., 28, S. 175: Protokoll des Auswärtigen Amtes.

S. 199 58) *Admiral v. Müller* in: Front wider Bülow, hg. von *Thimme* (1931), S. 186.

S. 200 59) Vgl. *Bülow:* Denkwürdigkeiten, I, S. 108—117.

S. 200 60) *Tirpitz:* Pol. Dok., I, S. 13 ff., besonders 21 und 25 (Denkschrift Sendens vom 6. 2. 1906).

S. 200 61) Der Übergang zum Dreadnoughtbau durfte bei der rapiden Entwicklung der Technik nicht überstürzt werden, ließ sich auch technisch nicht zu sehr forcieren.

S. 200 62) An Holstein 3. 9. 1907: *Holstein:* Lebensbekenntnis in Briefen (1932), S. 292. Dazu *H. G. Fernis:* Die Flottennovellen im Reichstag 1906—1912 (1934), S. 59 f.

S. 201 63) So der 1907 abgelöste Marineattaché Kapitän zur See Coerper in seinem Schlußbericht vom 14. 3. 1907, siehe *O. Hauser:* Deutschland und der englisch-russische Gegensatz 1900—1914 (1958), S. 33.

S. 202 64) Siehe seinen Brief an den Pressechef Otto Hammann vom 19. 9. 1908, in dessen „Bildern aus der letzten Kaiserzeit", S. 59 f., und bei *Tirpitz:* Pol. Dok., I, S. 51.

S. 202 65) Gr. Pol., Bd. 28, Nr. 10242 (25. 12. 1908), 10247 (4. 1. 1909), 10251 (11. 1. 1909). Die Dokumente dieses Aktenbandes finden sich großenteils auch bei *Tirpitz,* Pol. Dok, I, S. 97 ff,. und bei *W. Widenmann:* Marineattaché an der Kaiserlichen Botschaft in London 1907—1912 (1952). Für das Folgende ist auch zu vgl.: Brit. Doc., VI, 1—2, die (etwas einseitig pro-englische) Darstellung von *O. Hauser,* a. a. O., S. 195 ff., sowie *W. Hubatsch:* Die Ära Tirpitz, S. 85 ff.

S. 203 66) Gr. Pol., 28, S. 67; Bd. 24, S. 162, Note **; Südd. Monatshefte, Jg. 23 (1925/26), S. 101.

S. 203 67) Südd. Monatshefte, Jg. 23, S. 102 (an v. Müller 25. 4. 1909), S. 103 (an denselben 6. 5. 1909); Gr. Pol., 28, S. 67 (20. 1. 1909); ebd. S. 170 (3. 6. 1909).

S. 203 68) Gr. Pol., 28, Nr. 10254.

S. 203 69) Vgl. die Bautabelle bei *Hallmann:* Weg zur Schlachtflotte, S. 335. Von solchen Nachholbauten ist in der von *Hubatsch:* Ära Tirpitz, S. 86, Anm. 92, zitierten Eingabe Tirpitz' vom 4. 11. 09 (Pol. Dok., I, 168 = Gr. Pol., 28, Nr. 10357) klugerweise mit keinem Wort die Rede, entgegen Hubatschs Angaben. Sie konnten ohne Änderung des Flottengesetzes durchgeführt werden, die oben erwähnten vier Mehrbauten dagegen nur durch eine Novelle, die schon längst für 1912 geplant, dann 1908 zur Beruhigung der Engländer aufgegeben war. In der Audienz vom 3. April (siehe unten) hat der Kaiser Tirpitz so verstanden, als ob dieser nun doch wieder eine Novelle für 1912 plane. In der Sitzung vom 3. Juni (siehe unten) hat Tirpitz das für ein „Mißverständnis" erklärt und in einem Brief an den Marinekabinettchef vom 6. 5. 1909 (Pol. Dok., I, S. 152) gesagt, jede „Andeutung, daß wir den Verzicht auf eine Novelle zurückziehen, würde die Lage aufs äußerste komplizieren". Ich vermute also, er hat dem Kaiser nur im Sinne einer „reservatio mentalis" von der Absicht gesprochen, später doch eine Novelle einzubringen. Nach der Sitzung vom 3. Juni war er ängstlich besorgt, zu erreichen, daß den Engländern in der Frage einer späteren Novelle *keine* Zusicherungen gegeben würden: Gr. Pol., 28, Nr. 10311 (27. 6.). Über seine (zeitweise schwankenden) Erwägungen im April—Mai 1909 geben seine Briefe an v. Müller, Südd. Monatshefte, 23, S. 101 ff., Auskunft. Man sieht dort ganz deutlich: sein Hauptziel war, die Engländer womöglich von acht auf bloß vier Neubauten herunterzubringen.

S. 204 70) Außer zahlreichen anderen Äußerungen vgl. die Schlußbemerkung zu einem Bericht Metternichs über erste Anregungen Lloyd Georges zu einer Flottenverständigung vom

1. 8. 1908, Gr. Pol., 24, S. 116: Metternich solle „den Herren eine derbe Antwort geben wie: ‚Lecken Sie mich' etc. — damit diese Kerls erst mal wieder vernünftig werden!" Metternich hätte sich auf Gespräche mit dem Schatzkanzler über die Flottenfrage überhaupt nicht einlassen dürfen: „Metternich soll einen gehörigen Schwärmer in den H.... kriegen; er ist zu schlapp!" Dazu *E. Brandenburg:* Von Bismarck zum Weltkrieg (Neuausgabe 1939), S. 329 ff.

71) Gr. Pol., 28, Nr. 10275, 10277-86 (19.-22. 3. 1909), 10292 (28. 3.). *W. Hubatsch:* Ära Tirpitz, S. 66 f., hat übersehen, daß die von ihm aus dem Tirpitz-Nachlaß zitierten Stücke schon in Gr. Pol., 28, a. a. O., veröffentlicht sind und deutet sie, da nicht im richtigen Zusammenhang gelesen, m. E. irrig. Wenn Tirpitz in Nr. 10285 bemerkt, daß „die Verständigung noch längere Zeit in Anspruch nehmen wird", so will er damit m. E. nur begründen, weshalb er den Kaiser dafür zu gewinnen hofft: die 4 capital ships 1909 werden ja noch gebaut werden. Ganz mißverstanden ist das auf S. 87 gebotene Zitat aus Nr. 10286. S. 204

72) A. a. O., Nr. 10290 (*Bülow:* Denkwürdigkeiten, S. 429 ff.). Der Bericht, den *Tirpitz:* Pol. Dok., I, S. 146 f., über seinen Immediatvortrag vom 3. 4. gibt, ist offenbar unvollständig. S. 205

73) Gr. Pol., 28, Nr. 10306. Das von Admiral v. Müller geführte zweite Protokoll (*Tirpitz:* Pol. Dok., I, S. 157 ff.) ist in wesentlichen Punkten deutlicher und präziser. Eine wichtige Ergänzung bietet auch Metternichs Aufzeichnung: Gr. Pol., 28, Nr. 10308. Was *Bülow:* Denkwürdigkeiten, II, S. 431—437, abdruckt, ist die Fassung des amtlichen Protokolls; was er über seinen Vortrag beim Kaiser vom 11. 6., ebd. S. 438 ff., berichtet, scheint unvollständig; es soll wohl den Eindruck erwecken, daß dieser eine Flottenverständigung damals radikal abgelehnt habe, was aber nicht der Fall war. S. 206

74) Tirpitz' Vorschläge: Gr. Pol., 28, Nr. 10325, Anlage, 10339 (1. 9.), 10357 (4. 11.), dazu die Gegenrechnung Bethmanns Nr. 10340 (16. 9.). Über die Motive für die (scheinbar) veränderte Haltung Tirpitz' im August 1909 läßt sich nur die Vermutung aufstellen, daß ihm (oder dem Kaiser) die „Gefahrenzone" aus Anlaß der endgültigen Bewilligung von acht statt vier Dreadnoughtbauten für 1909 im britischen Unterhaus und der Bewilligung weiterer Schiffsbauten durch die Dominions wieder stärker bewußt geworden ist. Der Umschwung muß schon vor dem Eingreifen Bethmanns erfolgt sein, da eine erste Fühlungnahme in England schon auf dem oft benutzten Wege über Ballin-E. Cassel mit Genehmigung des Kaisers unter Mitwirkung Tirpitz' und Müllers schon im Juli inszeniert wurde: Gr. Pol., 28, Nr. 10323 ff., und *W. Hubatsch:* Ära Tirpitz, S. 87 f. Vgl. auch den Schriftwechsel mit v. Müller: Südd. Monatshefte 23, S. 104 ff., und die Notizen über den Wilhelmshöher Immediatvortrag vom 12. 8. ebd. S. 107. S. 206

75) Wie sehr es ihm darauf ankam, vor allem die Engländer von ihren acht Dreadnoughts für 1909 abzubringen, zeigt der abgeänderte Vorschlag, den er an Bethmann am 1. 9. machte: Gr. Pol., 28, S. 228. Auf ein Verhältnis 1:2 hat er sich niemals einlassen wollen, auch nicht gegen „ausreichende politische Garantien", wie *W. Hubatsch*, a. a. O., S. 89, meint. S. 207

76) *S. E. Jäckh:* Kiderlen-Wächter (1924), II, S. 54, 58. Für das Folgende zu vgl. Gr. Pol., 28, Nr. 10347 ff., und Brit. Doc., VI, p. 1. Was *O. Hauser*, a. a. O., S. 206—214, zur Darstellung und Kritik der Bethmannschen Verhandlungen vorträgt, beruht auf so oberflächlicher und lückenhafter Quellenkenntnis, daß eine Auseinandersetzung damit nicht lohnt. S. 208

77) „Läßt sich die englische Flotte dauernd und grundsätzlich so stark machen, daß Angriff auf Deutschland kein Risiko, so war die deutsche Flottenentwicklung vom historischen Standpunkt aus ein Fehler." Aufzeichnung Tirpitz' zum Immediatvortrag von 24. 10. 1910, Pol. Dok., I, S. 184. S. 208

S. 208   78) Wenn *F. Thimme:* Gr. Pol., 28, S. 369, Fußnote, glaubt, Tirpitz wäre im Sommer 1909 bereit gewesen, auf eine volle Durchführung des Flottengesetzes zu verzichten, so beruht das auf irriger Auslegung der Aktenstücke 10325 und 10339.
S. 209   79) Gr. Pol., 28, Nr. 10361.
S. 210   80) So Metternich: Gr. Pol., 28, S. 244.
S. 210   81) Der Erste Seelord McKennan hatte durch falsche bzw. übertriebene Angaben über deutsche Schiffsbauten im Unterhaus, die z. T. auf Spionage beruhten (Gr. Pol., 28, S. 425), diese Gerüchte hervorgerufen. Diese Affäre spielt eine große Rolle in den Berichten Widenmann, den Dokumenten Tirpitz' und den Verhandlungen der deutsch-englischen Diplomatie.
S. 211   82) Gr. Pol., 28, Nr. 10401; Brit. Doc., VI, 2, Nr. 387. Wie sehr es dem Kaiser auf eine Beschränkung der britischen Schiffszahl ankam und wie sehr er das englische Wettrüsten fürchtete, zeigt seine Unterhaltung mit dem Botschafter Goschen am 17.10.1910 (bei *Tirpitz:* Pol. Dok., I, S. 183) mit seiner Drohung, auf sehr hohe Steigerungen des Bautempos würden wir mit einer „festen Novelle" antworten.
S. 211   83) Gr. Pol.,28, Nr. 10408 (23.9.1910).
S. 211   84) *Tirpitz:* Pol. Dok., I, S. 184 f.
S. 212   85) Gr. Pol., 28, Nr. 10416/17.
S. 212   86) Vgl. z. B. den Privatbrief Nicolsons an Buchanan: Brit. Doc., VI, 2, Nr. 450 (14. 3. 1911), oder *Grey* zu Graf Benckendorff März 1911 bei *Siebert:* Diplomatische Aktenstücke zur Geschichte der Ententepolitik der Vorkriegsjahre, S. 733 f. (zitiert nach *Thimme:* Gr. Pol., 28, S. 403, Fußnote).
S. 212   87) Gr. Pol., 28, Nr. 10439 (8. 3. 1911, überreicht 24. 3.). Für das Folgende: ebd. Nr. 10443 (9.5.1911).
S. 213   88) Die Replik Greys am 22. Mai (Gr. Pol., 28, Nr. 10447), vielleicht wäre es doch noch möglich, etwa über die Torpedoflotte oder über die Größe von Ersatzbauten ein Abkommen zu treffen, bedeutet nur ein belangloses Nachspiel.
S. 213   89) Gr. Pol., 28, Nr. 10434. Für das Folgende: ebd. Nr. 10435, 10442. *Tirpitz:* Pol. Dok., I., 188—196.
S. 213   90) Brit. Doc., VI, 2, Nr. 442, Anlage, 446 (3. bzw. 12.3.1911).
S. 214   91) Gr. Pol., 28, S. 409, Fußnote. Dieselben Erwägungen, mit noch ärgerer Rabulistik, in Pol. Dok., I, S. 195 f., übrigens in seltsamem Widerspruch zu den gegen Bethmann Hollweg, ebd. S. 189 f., erhobenen Vorwürfen. Vgl. auch Südd. Monatshefte, 23 (1925/26), S. 119 ff. In seinen Memoiren (S. 178 u. ö.) versichert T., er habe den Vorschlag Churchills, ein Flottenverhältnis von 10:16 herzustellen, „sofort angenommen". Ein Vorschlag, dieses Verhältnis vertraglich festzulegen, ist aber nie ergangen und wäre auch von T. abgelehnt worden. Vgl. Pol.Dok., I, 381.
S. 215   92) Der Verfasser, damals zum engeren Schülerkreis des Historikers Hermann Oncken gehörig und eifriger Leser der „Preußischen Jahrbücher" Hans Delbrücks, erinnert sich noch deutlich der Beängstigung, mit der viele Gebildete damals auf die Möglichkeit blickten, Tirpitz könne die allgemeine Aufregung zum Einbringen und Durchpauken einer dritten Flottennovelle ausnützen und dadurch die Spannung mit England ohne praktischen Nutzen nochmals steigern. Vgl. dazu die Flottenvereins-Rede *H. Onckens:* Deutschland und England. Heeres- oder Flottenverstärkung? (Im Druck erschienen 1912), deren starken Eindruck auf die Hörerschaft ich miterlebte.
S. 215   93) *Tirpitz,* Pol. Dok. I, S. 200 ff. *Widenmann,* S. 184 ff.
S. 215   94) Sein Schreiben an Tirpitz vom 11. 9. (Pol. Dok. I, S. 210) drängt darauf, wenigstens einen Versuch zu machen (allerdings erst 1913), das „permanente Zweiertempo" zu verhindern. Gemeint ist wohl: Dreiertempo schon jetzt, nicht erst 1918. Da von Erhaltung, nicht Überbietung des Flottengesetzes die Rede ist, und gleichzeitig Warnungen vor Über-

stürzung des Bautempos wegen Personalmangels ausgesprochen werden, scheint mir dieser Brief mit der im folgenden zitierten Denkschrift vereinbar.

95) Publ. von *W. Hubatsch:* Ära Tirpitz, S. 92. Die dort von H. gegebene Deutung erscheint mir verfehlt. Ich verdanke den überaus fleißigen, stoff- und kenntnisreichen Studien Hubatschs zur deutschen Flottenpolitik sehr viel, kann aber ihren Deutungen nur teilweise folgen. Daß Capelle von Anfang an Bedenken gegen eine Novelle hatte, bestätigt *Widenmann*, S. 186. — S. 216

96) Näheres über die englische Reaktion auf diese Rede: Gr. Pol. 31, S. 3 f. — S. 217

97) Die vom Kaiser (nach *Tirpitz:* Pol. Dok. I, S. 215) offenbar irrig dargestellte Haltung des Admiralstabchefs v. Heeringen wird durch die ebd. S. 220 f., und *W. Hubatsch*, S. 94, wiedergegebenen Äußerungen eindeutig festgelegt: er war *für* die Novelle. Der Kabinettschef v. Müller scheint dagegen eine vermittelnde Stellung zwischen Kanzler und Großadmiral versucht zu haben. Über den Widerspruch Holtzendorffs gegen die Novelle, die er „provokatorisch" fand, siehe auch *W. Hubatsch*, S. 94, und *Widenmann*, S. 188. Holtzendorff hat seinen Widerspruch dauernd festgehalten, siehe Gr. Pol. 31, S. 123. — S. 217

98) Es ist nicht ohne Ironie zu beobachten, daß Widenmann diese Wendung nicht rechtzeitig bemerkte und in seinen Berichten munter weiterhetzte gegen die angeblich böse Absicht der Engländer, uns durch eine Relation 2:3 auf das Zweiertempo dauernd festzulegen: Pol. Dok. I, S. 232 (Bericht vom 28.10.1911). — S. 218

99) Vgl. dazu die Begründung des Novellenentwurfs vom 4.11. bei *Widenmann*, S. 220 f. In den Reden der britischen Staatsmänner, die im Frühjahr 1911 von einem 2:3 Standard gesprochen hatten, war nur das Verhältnis der bis 1914 verwendungsbereiten Dreadnoughts gemeint gewesen, nicht der Gesamtflotten. Jetzt rechnete Tirpitz damit, daß die Engländer jährlich drei deutschen Neubauten nicht dauernd sechs englische gegenüberstellen könnten, also unsere Flotte stärker wachsen würde. Erst wenn der 2:3 Standard der *Gesamtflotten* erreicht wäre, sollte im jährlichen Verhältnis von 2:3 weitergebaut werden. — S. 218

100) Vgl. u. a. sein energisches Eingreifen, als Widenmann sich im Februar 1912 herausnahm, über eine solche vertragliche Festlegung mit Admiral Jellicoe zu verhandeln: *Widenmann*, S. 260 ff. Der Kaiser lehnte seine Beschwerde ebenso als unberechtigt ab wie die Bitte, dem Attaché einen Verweis erteilen und ihn in die Schranken seiner rein militärischen Kompetenz zurückweisen zu dürfen mit der Begründung: „Nein! er ist Offizier und kann nur vom Obersten Kriegsherrn, nicht von Zivilvorgesetzten mißbilligt werden." (Ebd. S. 262.) — S. 219

101) Was von Tirpitz (Pol. Dok. I, S. 226) über seine Audienz vom 14.10. berichtet wird, scheint nach *W. Hubatsch* (S. 99, Anm. 111) ein Gedächtnisirrtum zu sein. — S. 219

102) Vgl. seinen Briefwechsel mit Tirpitz und Bethmann Hollweg: Gr. Pol. 31, Nr. 11324, und *A. Wermuth:* Ein Beamtenleben (1922), S. 280, 305 ff. *Tirpitz:* Pol. Dok. I, S. 258 ff. Tirpitz hat an ihm Rache genommen mit einer völlig entstellenden Schilderung seiner Stellung gegenüber dem Kanzler, seines Wirkens und seines Abgangs. Auch in der Militärliteratur wird er i. a. als kleinlicher Bürokrat und ewiger Bremsklotz am Rad des militärischen Fortschritts abgetan, obwohl er schon 1910 für Heeres- statt Flottenverstärkung sich einsetzte. — S. 220

103) Vgl. den Brief an Kiderlen vom 2.1.1912 bei *Jäckh:* Kiderlen-Wächter II, S. 174. B.-H. war sich klar darüber, daß Widerstand gegen die Novelle zu seiner Entlassung führen würde: Telegramm an Metternich„ 22.11. Gr. Pol., 31, S. 31. — S. 220

104) Er wollte durch einfache Erhöhung des Marineetats eine wesentliche Verstärkung des Mannschaftsbestandes und dadurch die Aktivierung eines dritten Geschwaders aus Reserveschiffen ermöglichen, oder aber wenigstens die gewünschten Mehrbauten in einzelnen Jahresraten nachfordern. Die von Tirpitz gegen den ersten Vorschlag aufgebotenen — S. 220

Gegengründe (Pol. Dok. I, S. 268) sind nach W. *Hubatsch* (Ära Tirpitz, S. 97) nicht als unbedingt durchschlagend zu betrachten. Ebd. S. 96 f. Mitteilungen über eine Diskussion dieser Frage am 13.12.1911 zwischen dem Kaiser, v. Müller, v. Valentini, in der Müller ganz auf Seite von Tirpitz steht (Aufzeichnungen Müllers).

S. 221   105) Vgl. *O. Hauser*, a.a.O., 4. Kap. Berichte Metternichs, Kühlmanns und Widenmanns. Gr. Pol., 31. Widenmanns Berichte außerdem in dessen Memoiren und bei *Tirpitz*: Pol. Dok. I, S. 228 ff. Wie groß im Vorkriegsengland die Furcht vor der ständig wachsenden Kolonialmacht Rußlands war, wird stark betont von *Herb. Butterfield* History and Human Relations (1951) 211 ff., der aber auch (mit kritischem Unterton) feststellt, daß diese Furcht nur zu ängstlicher und einseitiger Rücksichtnahme auf die machtpolitischen Begehrlichkeiten des Zarenreiches geführt habe.

S. 221   106) Denkwürdigkeiten II, S. 513.

S. 222   107) Gr. Pol 31, Nr. 11 309 (27. 9. 1911), Nr. 11 318 (10. 11. 1911). *Tirpitz*, Pol. Dok. I, S. 228.

S. 223   108) *Widenmann*, S. 261 f. Vgl auch ebd. S. 250 f.; *Tirpitz*, Pol. Dok. I, S. 294 und Gr. Pol. 31, Nr. 11 325, 11 328, 11 329, 11 331, 11 337. Metternich empfahl vergeblich die sofortige Abberufung Widenmanns von seinem Posten, die der Kanzler nicht einmal zu beantragen wagen konnte.

S. 223   109) *Tirpitz*, a. a. O., S. 250. Das Stück zeigt, daß Tirpitz dem Attaché die kritischen Bemerkungen Metternichs zu seinem Bericht vom 28. 10. (s. Gr. Pol. 31, Nr. 11 316) mitgeteilt hatte. Bemerkenswert ist auch die Meldung Widenmanns am 4. 12. 1911 (*Tirpitz*, S. 262 f.), in England rede man von Verabschiedung Bethmanns und fürchte „allgemein", daß T. sein Nachfolger werden könnte.

S. 223   110) Gr. Pol. 31, S. 35 (27. 11. 1911).

S. 225   111) Offenbar hat er die von Cassel mitgebrachte Aktennotiz (er nannte sie später „Verbalnote") so verstanden, als wäre darin ein Neutralitätsabkommen zugesagt, vgl. s. Glossen Gr. Pol., 31, S. 224, Z. 5. Der Kanzler blieb skeptisch: vgl. ebd. S. 106. Für die englische Seite vor allem *W. Churchill*: World Crisis 1911—1914, Chapter V.

S. 225   112) *O. Hauser* hat den Zusammenhang zwischen den Enttäuschungen der russisch-englischen Entente und der Entsendung Haldanes stark betont (Deutschland und der englisch-russische Gegensatz 1958; zusammengefaßt in: Flottenbau und Weltpolitik, in: Weltmachtstreben und Flottenbau, hg. von *W. Schüssler*, 1956, S. 223 ff.), ohne ihn aber aktenmäßig nachweisen zu können. Auch *F. Thimme*, Gr. Pol. 31, S. 101 und 131 hat auf diese Zusammenhänge, mit wichtigen Quellenbelegen, schon hingewiesen. Demgegenüber versichert *E. L. Woodward*, a.a.O., S. 339, Anm. 1, daß sich in den britischen Akten kein Beleg für Thimmes Vermutung finde, die Überwindung der persischen Krise habe das Interesse Greys an den Verhandlungen mit Deutschland schwinden lassen. Das schließt ein Mitschwingen solcher Erwägungen nicht aus, doch läßt sich das Scheitern der Haldane-Mission meines Erachtens auch ohne solche Annahme erklären.

S. 226   113) *P. Kluke*: Entscheidungsreiche Tage deutsch-englischer Beziehungen. Aus Lord Haldanes Briefwechsel, in: Berl. Mon. H. 1938, S. 16 ff.

S. 227   114) Ausführliche Äußerung Haldanes: Brit. Doc. VI, 2, Nr. 506.

S. 228   115) *Hopman*: Das Logbuch eines deutschen Seeoffiziers (1924) S. 382. Bei *Scheer*: Vom Segelschiff zum U-Boot (1925) S. 272, wörtlich wiederholt mit der Bemerkung, die Novelle sei nach den an ihr vorgenommenen Kürzungen praktisch nur noch von geringem Wert gewesen. Das Personal hätte sich auch durch jährliche Etatsbewilligungen beschaffen lassen, und die alsbaldige Formierung eines aktiven dritten Geschwaders wäre auch ohne die Neubauten möglich gewesen.

116) „Grünzettel undatiert" von der Hand Capelles bei W. *Hubatsch,* S. 103, der ihn S. 229 für ein Diktat Tirpitz' und für ein fragmentarisches Briefkonzept hält, bestimmt für den Kabinettschef v. Müller. Ich finde die sachliche Übereinstimmung mit der aus Hopman zitierten Stelle so frappant, daß ich mich nicht entschließen kann, ein Diktat Tirpitz' anzunehmen, von dem nur die Anrede „Verehrte Excellenz" eigenhändig eingefügt ist. (War vielleicht daran gedacht, die Niederschrift Capelles nachträglich als Briefkonzept zu verwenden?) Nach einer freundlichen Mitteilung W. Hubatschs an mich hat der von ihm abgedruckte Text noch eine Fortsetzung: „Werden dagegen die drei Schiffe im Text der Novelle oder auch nur in der Kostenberechnung gestrichen, so kann niemand im Zweifel darüber sein, daß wir vor England die Segel streichen." Daraus geht meines Erachtens klar hervor, daß Capelle lieber für Fallenlassen als für weiteres Verstümmeln der Novelle war, offenbar anders als Tirpitz in dem von *Hubatsch,* S. 104, abgedruckten Stück von Ende Februar.

117) Pol. Dok. I, S. 286. Die wichtige Ziffer 4 der Vorbemerkung fehlt in der 1917 dem S. 229 Kaiser vorgelegten Form: Gr. Pol. 31, Nr. 11 426 Anlage.

118) Vgl. den Bericht Wilhelms II. an Admiral v. Müller, bei *W. Hubatsch,* S. 102, S. 229 und an Ballin bei *Huldermann:* Albert Ballin, S. 256 f. und Gr. Pol. 31, S. 113. Tirpitz' nachträgliche Beschwerde, Bethmann Hollweg habe den wesentlichen Inhalt der Flottennovelle in ihrer abgeschwächten Gestalt schon vor der Verhandlung nach England mitgeteilt und es ihm dadurch unmöglich gemacht, die Abschwächung als Konzession für England zu verwerten, ist zwar richtig (vgl. Gr. Pol. 31, S. 99 Anm. gegen *Thimme,* ebd. S. 111) zeigt aber zugleich, wie völlig T. die Situation verkannte. Die Mitteilung des ursprünglichen Entwurfs an Haldane hätte noch verheerender gewirkt als die Bekanntgabe der abgeschwächten Gestalt. Überdies ging deren Festlegung *vor* Erscheinen Haldanes ja gerade auf das Betreiben Tirpitz' zurück, und dieser berief sich in der Unterredung vom 9. 2. fortwährend auf die Thronrede vom 7. 2., die eine Preisgabe der Neubauten unmöglich mache, obwohl die Thronrede davon gar nichts enthielt.

119) Über die Differenz der Berichte Haldanes und Tirpitz' über diesen Punkt vgl. S. 229 neben *Thimme,* Gr. Pol. 31, S. 113, auch Haldanes ausführlichen Bericht in Brit. Doc. VI, 2, Nr. 506.

120) Brit. Doc. VI, 2, Nr. 504. (Goschen an Nicolson, 10. 2. 1912.) S. 230

121) So verstehe ich die Angabe von *Hopman,* a. a. O., S. 382, Tirpitz habe gehofft, S. 230 durch Übergabe des Druckexemplars der Novelle „eine Brücke zu weiteren Verhandlungen geschlagen zu haben". Wie die Pol. Dok. Tirpitz' zeigen, gingen aber dann die nachträglichen Kompromißvorschläge zu weiterer Abschwächung der Novelle von Bethmann und zum Teil von Admiral Müller aus, während T. sich sträubte, darauf einzugehen (s. bes. S. 395 letzter Absatz). Was *Hubatsch,* S. 104, aus dem Nachlaß bringt, wird nur richtig verstanden, wenn man es mit Pol. Dok. I, S. 299 f., 323 und 330 letzter Absatz zusammenhält. Danach hat T. die Anregung Bethmanns, alle drei Bautermine offen zu lassen, sowohl am 26. wie am 27. 2. dahin beantwortet, daß nur der dritte Bautermin offen bleiben könne; dann, als der Kaiser, auf die Abschiedsforderung des Kanzlers hin, doch alle drei Bautermine offen lassen wollte, hat er dem unter Abschiedsdrohung widersprochen (9. 3.), schließlich aber, nach dem Scheitern des Agreements in England (18. 3.), dem Kaiser selbst empfohlen, in der Novelle keine Bautermine zu nennen — aber nicht, um die Verhandlungen mit den Briten zu erleichtern, sondern umgekehrt: um „im Falle weiterer Unverschämtheiten der Engländer"... „freie Hand zu haben", das heißt also, um unter Umständen auch die Haldane versprochene Verlangsamung der Bautermine rückgängig machen zu können! Von hier aus betrachtet, kann in dem von *Hubatsch* veröffentlichten Stück von „nochmaligem Entgegenkommen des Reichsmarineamts der politischen

Leitung gegenüber" überhaupt keine Rede sein. Im Gegenteil: Tirpitz souffliert durch Müller, daß der Kanzler seinen Abgang nehmen müsse, wenn der Kaiser die Novelle gegen seinen Widerspruch beibehielte — was T. ja mit Sicherheit erwartet hat.

S. 231 122) D. D. Fr. 3, II, Nr. 19 (10. 2. 1912).
S. 231 123) Wie *Tirpitz*, Pol. Dok. I, S. 310 f., meint. Vgl. auch die Erklärung Lord Morleys zu Metternich 29. 2., Gr. Pol. 31, S. 144.
S. 232 124) Gr. Pol. 31, Nr. 11 403.
S. 232 125) Vgl. die wütende Bemerkung Wilhelms II. zu dem Bericht Metternichs vom 17. 3. (Gr. Pol., 31, Nr. 11403): „Grey hat keine Ahnung, wer hier eigentlich der Herr ist, und daß *ich* herrsche. Er schreibt mir bereits vor, wer mein Minister sein soll, falls ich mit England ein Agreement schließe." Die Bemerkungen Greys über Bethmann hatte Metternich provoziert: Brit. Doc., VI, 2, Nr. 539.
S. 232 126) Gegen die Ansicht Metternichs, ohne völligen Verzicht auf die Novelle werde nichts zu erreichen sein, machte er geltend, dieser sei von Haldane und auch vorher keineswegs gefordert worden. Seine eigene Ansicht entsprach wohl am ehesten der des Admirals v. Holtzendorff: keine Neubauten von Schlachtschiffen, aber Mannschaftsverstärkung und mehr Indiensthaltungen, siehe Gr. Pol., 31, Nr. 11367 (12. 2. 12).
S. 233 127) Zu beachten ist die teilweise wörtliche Übernahme Tirpitzscher Argumentationen in seinem Handschreiben an den Kanzler vom 26. 2.: Pol. Dok., 301, zu vgl. mit ebd. 299.
S. 234 128) Abdruck bei *Tirpitz*: Pol. Dok., I, S. 318 ff., und *Jaeckh*: Kiderlen-Wächter, II, S. 159 ff.
S. 234 129) So erkläre ich mir, was *T.*: Pol. Dok., I, S. 324, über die Siegesstimmung des Kaisers am Abend des 11. 3. berichtet. Daß sie nicht ganz berechtigt war, zeigt Gr. Pol., 31, Nr. 11394 ff.
S. 235 130) *Woodward*, a. a. O., S. 352, findet allerdings, die Weisung an Metternich vom 18. 3., Gr. Pol., 31, Nr. 11406, mit ihrer scharfen Forderung einer Neutralitätserklärung scheine zu beweisen, daß Bethmann an diesem Tage „die Nerven verloren habe".
S. 235 131) Gr. Pol., 31, zu Nr. 11422.
S. 236 132) *Widenmann*, S. 277 ff.
S. 236 133) Wie taktlos er diese Anschauungen noch bei seinem letzten Empfang an Bord der „Hohenzollern" in Gegenwart des Kanzlers polemisch vertrat, erzählt er selbst: Memoiren, S. 309 f. (= *Tirpitz*: Pol. Dok., I, S. 354 ff.). Nur der Widerspruch Capelles scheint ihn verhindert zu haben, beim Kaiser direkt gegen Bethmann Hollweg zu intrigieren, wie es T. wünschte.
S. 237 134) *Tirpitz*: Pol. Dok., I, S. 355 f., S. 403.
S. 237 135) Ebd., S. 395 f.

ANMERKUNGEN ZUM 9. KAPITEL

S. 240 1) Nähere Nachweise in meinem Buch „Der Schlieffen-Plan - Kritik eines Mythos" (1956), S. 102 ff. Ich kann meine Ausführungen über Schlieffen unter Berufung auf dieses Buch, das eine unentbehrliche Ergänzung zu obigem Text darstellt, stark beschränken. Die inzwischen erschienenen Privatbriefe Schlieffens, hg. von *Eberhard Kessel* (1958), haben mich (trotz Kessels kritischer Einleitung) in meiner Gesamtauffassung nur bestärkt. Korrigieren möchte ich mich aber in zwei Einzelheiten: 1. Die Charakteristik Schlieffens als „Höfling" geht insofern zu weit, als sich in seinen vertraulichen Briefen recht kritische Äußerungen über Wilhelm II. finden und als Schlieffen wirklich Grund zu höchster Vorsicht hatte in Erinnerung an den jähen Sturz seines Vorgängers Waldersee. 2. Zu S. 106, Anm. 6 meines Schlieffenbuches vgl. oben Kap. 6, Anm. 4! — Schließlich ermöglichen es die privaten Briefe auch, besser als früher die moralische Anstrengung zu würdigen, mit der Schlieffen sein hohes Amt auszufüllen sich bemühte.

²) Die Vorstellung, daß eine deutsche Defensivstellung an der Westgrenze sehr bald von den Franzosen durch Belgien umgangen werden würde, gehörte offenbar zu den selbstverständlich gewordenen Dogmen des Generalstabs unter Schlieffen, vgl. etwa *Ludendorff:* Mein militärischer Werdegang, S. 96. S. 242

³) Mein Schlieffenbuch, S. 84, nach *Schwertfeger:* Der geistige Kampf um die Verletzung der belgischen Neutralität (1919), S. 112. Vgl. aber das Gespräch Bismarcks mit Waldersee am 10.7.1888, den er immerhin fragte, „ob es für uns zweckmäßig sei, unter Bruch der Neutralität durch Belgien zu marschieren", was Waldersee verneinte. *Waldersee:* Denkwürdigkeiten, I, S. 412. S. 243

⁴) Vgl. mein Schlieffenbuch, S. 82, 147, 179 f. *J. Verseput* in einer Besprechung meines Buches in der Tijdschrift voor Geschiedenis, Bd. 70 (1957), S. 405, vermutet, Schlieffen sei durch die stark antibritische Haltung der holländischen Regierung Kuyper zu seiner irrigen Meinung veranlaßt worden, Moltke zu seiner gegenteiligen Stellungnahme 1911 durch eindeutige Erklärungen der holländischen Regierung zugunsten strenger Neutralität nach der zweiten Marokkokrisis. Das ist möglich, wird aber durch den Wortlaut der Moltkeschen Niederschrift 1911 nicht besonders wahrscheinlich gemacht. Im deutschen Generalstab gab es eine Überlieferung, nach der Schlieffen auf gewisse Äußerungen des damaligen holländischen Generalstabschefs vertraut hätte. S. 243

⁵) Belege, auch für das Folgende, zusammengestellt im Reichsarchivwerk, Bd. Kriegsrüstung und Kriegswirtschaft, I, S. 326.ff S. 244

⁵ᵃ) Sehr zu beachten ist, daß auch Bismarck die Aussichten eines Zweifrontenkrieges für Deutschland sehr ungünstig beurteilte, insbesondere eine totale „Vernichtung" der russischen Macht für unmöglich, ja nicht einmal für politisch erwünscht hielt, eben deshalb zeitweise mehr zu einer West- als zu einer Ostoffensive neigte, in keinem Fall aber mehr als einen Abwehrerfolg erwartete. Nachweise für die Zeit von 1886—90 bei *P. Rassow:* Die Stellung Deutschlands im Kreise der Großen Mächte 1887—1890 = A. B. der Mainzer Akademie, geistes- und sozialwiss. Kl. (1959), Nr. 4, Exkurs I (mir erst während des Druckes zugegangen). S. 246

⁶) Vom Kriege, 8. Buch, VI B, siehe dazu Bd. I, S. 91. S. 250

⁷) Mein Schlieffenbuch, S. 185, dazu (noch deutlicher) Moltkes Denkschrift vom 2.12. 1911 für den Reichskanzler: Kriegsrüstung und Kriegswirtschaft, I, S. 128 f. Moltke stellt hier ausdrücklich fest, daß er den näheren Inhalt des Militärvertrags von 1892 nicht kennt, also kein sicheres Urteil hat. S. 250

⁸) Vgl. oben Kap. 8, Abschn. III, ferner Kap. 3, Anm. 23 ff., und Doc. Dipl. Franç., 3. série, Bd. 2, Nr. 269, 276 (Erlasse Poincarés). S. 252

⁹) Näheres darüber in meinem Schlieffenbuch, S. 32 ff., siehe auch ebd. S. 21 ff. und unten Abschnitt III. Über die militärischen und politischen Bedenken, die gegen den Schlieffen-Plan sprachen, ist ebenso wie über seine Vorzüge seit 1919 eine ausgedehnte Kontroversliteratur entstanden, mit der ich mich hier unmöglich im einzelnen auseinandersetzen kann. Sie leidet durchweg darunter, daß der volle Wortlaut der Denkschriften und der verschiedenen Entwürfe Schlieffens bis 1956 nicht bekannt war. Die Verteidigung, angeführt vor allem durch *Groener* und *Kuhl*, hat sich im militärischen Schrifttum im allgemeinen durchgesetzt, vor allem im offiziellen Kriegswerk des Reichsarchivs. Die politische Kritik, vor allem von *Hans Delbrück* begonnen, plädiert für Ost- statt Westfeldzug, überschätzt aber zumeist die im Osten winkenden Erfolgschancen. Eine meiner eigenen Auffassung nahekommende militärisch-politische Kritik finde ich bei *v. Auwers* (Oberstlt. a. D.): Einige Betrachtungen zu General Groeners Testament d. Gr. Schlieffen, S. 253

in: Wissen und Wehr, VIII (1927), S. 146—172, der den Plan Schlieffens mehr als Schlacht- denn als Operationsplan gelten läßt und die Möglichkeit eines Totalsieges selbst im Falle seines Gelingens stark bezweifelt.

S. 254   10) Anfang 1913 hat Staatssekretär v. Jagow, wie berichtet wird, eine solche Anfrage an Moltke gerichtet, siehe unter Abschnitt III.

S. 255   11) Was Bülow in seinen Denkwürdigkeiten, II, S. 72 ff., von Einwänden berichtet, die er „1904 oder 1905" im Gespräch mit Schlieffen entwickelt haben will, ohne aber ernstlich darauf zu bestehen, ist wenig glaubhaft. Vgl. darüber mein Schlieffenbuch, S. 98 f.

S. 255   12) Betrachtungen zum Weltkrieg, I, S. 167; nächstes Zitat: II, S. 7.

S. 256   13) Vgl. mein Schlieffenbuch, S. 62, 153, 172.

S. 257   14) Die Angaben des Reichsarchivwerks, Bd. „Kriegsrüstung und Kriegswirtschaft", I (1930) (im folgenden nur noch mit K.R. zitiert), S. 87, sind ungenau bzw. unrichtig. Schlieffen wollte keineswegs „Teile der Besatzungsarmee in einer zahlenmäßigen Stärke von etwa 8 A.K.... im Notfall zu mobiler Verwendung heranziehen", sondern 8 neue A.K.s in der Heimat aus Ersatztruppen und überzähligen Reservisten, eventuell auch Landwehrleuten, sofort bei der Mobilmachung bilden lassen. Daß er sich „über den geringen Kampfwert... selbstverständlich keinen Täuschungen hingab", ist eine Behauptung, für die jeder Beleg fehlt und die im Widerspruch zu den Aufgaben steht, die Schlieffen den neuen A.K.s zuweisen wollte.

S. 258   15) *Ludendorff*: Mein militärischer Werdegang (1933), S. 88, 101 ff., und in verschiedenen Aufsätzen. Zu den letzteren vgl. *W. Foerster*: Aus der Gedankenwerkstatt des deutschen Generalstabs (1913), S. 32 ff. Daß es 1914 tatsächlich unmöglich war, auf den belgischen Bahnen rechtzeitig größere Truppenmengen auf den rechten deutschen Flügel zu transportieren, wird auch von dem Schlieffenverehrer *W. Groener* zugegeben, der damals Chef des Feldeisenbahnwesens war: siehe Wissen und Wehr, Jg. VIII (1927), S. 532. Es habe nur die Versorgung des rechten Heeresflügels gesichert werden können. Nach *v. Tappen*: Bis zur Marne 1914 (1920), S. 7, 14 u. ö., war aber auch das nur dadurch möglich, daß die OHL fast ihren ganzen Bestand an Lastkraftwagen zur Verfügung stellte.

S. 258   16) Z. B. der Kriegsminister General *v. Einem* in seinen „Erinnerungen eines Soldaten 1853—1933" (1933), der die Verantwortung für alle Irrtümer und Versäumnisse seiner eigenen Amtsführung auf die Linksparteien des Reichstages abschieben möchte.

S. 259   17) Vgl. die Dissertation meines Schülers *Horst Oehlmann*: Studien zur Innenpolitik des Reichskanzlers L. v. Caprivi (Freiburg 1953, ungedruckt).

S. 259   18) Nach K.R., S. 57, Verhältnis der Kriegsstärken: 7,5 zu 6,4 Millionen.

S. 259   19) Gossler an Hohenlohe: 3. 8. 1898; K.R., S. 52 f.

S. 260   20) Niederschrift vom 19. 11. 1899, K.R., S. 65 f. Das Friedenspräsensgesetz von 1899 hatte soeben die Organisation von 3 neuen A.K.s gebracht, aber im wesentlichen aus bereits bestehenden Verbänden. — Da die Akten des Potsdamer Heeresarchivs durch englische Brandbomben im April 1945 völlig zerstört wurden, steht heute als Quelle für die Rüstungsfragen nur noch der eben zitierte Band des Reichsarchivwerks nebst den Dokumenten seines Anhangbandes zur Verfügung. Die ältere Monographie von *H. Herzfeld*: Die deutsche Rüstungspolitik vor dem Weltkriege (1923), behandelt nur die Rüstungsvorlagen von 1912/13; sie bietet reiches Aktenmaterial, ist aber (bis auf Einzelheiten) heute sachlich und politisch überholt.

S. 261   21) K.R., Anlageband 164 (Nr. 54, Anlage).

S. 261   22) K.R., Anlageband 29 und 31, dazu *v. Einem*: Erinnerungen, S. 99 ff., mit einem sehr wenig einleuchtenden Versuch zur Selbstrechtfertigung.

S. 261   23) K.R., S. 53, 61, 63, 67, 69 (1898—1900); 72 ff. (1904/05); 90 (1908); 137 (1912). Tirpitz bestreitet diese Tatsachen vergeblich.

²⁴) Vgl. z. B. Schreiben v. Einems an Schlieffen (19. 4. 1904): K.R., Anlage Nr. 26, S. 91: S. 262
„Zweifellos würde dem Mangel (an Offizieren) bald abgeholfen werden können, wenn wir geringere Ansprüche an die Herkunft pp. der Offiziersaspiranten stellten. Dazu kann aber nicht geraten werden, weil wir es dann nicht verhindern könnten, in vermehrtem Umfange demokratische und sonstige Elemente aufzunehmen, die für den Stand nicht passen." Siehe auch oben Kap. 7, Anm. 24 (Waldersee an Manteuffel).

²⁵) Vgl. dazu die Besorgnisse, die Waldersee in dem (oben Kap. 7, Anm. 24) abgedruck- S. 262
ten Brief an Manteuffel vor der politischen Auswirkung der allgemeinen Wehrpflicht äußert.

²⁶) K.R., Anlageband 92, Nr. 27. S. 263

²⁷) Brief an seine Schwester Marie vom 13. 11. 1892, K.R. 43, und Briefe Schlieffens, hg. S. 263
von *E. Kessel* (1958), S. 295 ff.

²⁸) So versucht das Reichsarchivwerk, a. a. O., S. 64 f., die Seltsamkeit der Schlieffen- S. 265
schen Vorschläge zu erklären. Die Darstellung, die *Rüdt v. Collenberg:* Graf Schlieffen und die Kriegsformation der deutschen Armee, in: Wissen und Wehr, VIII (1927), S. 605 ff., von den Verhandlungen mit dem Kriegsministerium 1899 ff. gibt, sucht unbedingt Schlieffens überlegene Genialität zu beweisen.

²⁹) K.R. 71. S. 265

³⁰) K.R., Anlageband Nr. 23 S. 265

³¹) K.R., Anlageband Nr. 27. Nach *Ludendorff:* Mein militärischer Werdegang, S. 103, S. 267
ging das Schreiben auf eine Anregung Ludendorffs zurück.

³²) W. *Foerster:* Aus der Gedankenwerkstatt des deutschen Generalstabs (1931), S. 41, S. 267
sucht mit Zitaten aus der ebengenannten Denkschrift zu beweisen, daß Schlieffen 1905 bereits begonnen habe, die nach seinem Plan notwendigen ergänzenden Streitkräfte zu beantragen, verschweigt aber, daß der Plan sofort einsatzbereite Kampfeinheiten brauchte (vgl. auch die von mir im Schlieffenbuch wiedergegebenen Karten 3 und 6, die beide vor Paris sechs Ersatzkorps zeigen!), während das Schreiben vom 4. 11. 1905 nur von Garnisontruppen spricht.

³³) Den Inhalt habe ich (nach meinen Archivnotizen von 1943) in meinem Schlieffen- S. 268
buch, S. 71, Anm. 50, teilweise wiedergegeben. Die dort versuchte Fixierung von Tagesdatum und Adressat ist mir nach neuerer Überprüfung meiner Auszüge aus dem Geheimjournal des Generalstabschefs sehr fraglich geworden. Dagegen liegt es nahe, sie mit der weiter unten erwähnten, von Staatssekretär v. Jagow angeregten Überprüfung des Schlieffen-Plans (Februar 1913) in Verbindung zu bringen. Einige Sätze aus der Denkschrift sind im Kriegswerk des Reichsarchivs, I, S. 18, wiedergegeben. General *Ludwig Beck* zitiert sie in seiner Studie „Besaß Deutschland 1914 einen Kriegsplan?", in: Studien, hg. von *H. Speidel* (1955), S. 91 ff. Vollst. Abdruck bei *W. Elze*, Tannenberg, S. 157—162.

³⁴) Abdr.: Mein Schlieffenbuch, S. 181 ff. Ebd. auch Moltkes kritische Randglossen, S. 185. S. 269

³⁵) Wie es der große Operationsplan Schlieffens tat. S. 271

³⁶) Vgl. seine Denkschrift für den Reichskanzler vom 2. 12. 1911 (Reichsarchivwerk, I, S. 271
S. 11 ff., und K.R., S. 126 ff.) sowie vom 21. 12. 1912: K.R., Anlage Nr. 54, auch bei *Ludendorff:* Mein militärischer Werdegang, Anlage 8.

³⁷) Nach einer Aussage des Generals v. Kuhl vor dem UA des Reichstags von 1923 S. 271
(UA IV. Reihe Bd. 1, 155) erhielt dieser 1909 als damaliger Chef der Abt. III des Generalstabs den Auftrag, „die ganze Front von Toul bis Belfort in bezug auf Angriffsmöglichkeiten zu erkunden", um so womöglich den Angriff durch Belgien zu vermeiden. Das Ergebnis war eine Denkschrift Kuhls, die besagte, daß ein Angriff hier ohne langwierige Belagerungsoperationen unmöglich sei. (Freundl. Hinweis auf diese Stelle durch Herrn

Dr. Schmidt-Richter vom Militärgeschichtlichen Forschungsamt Freiburg, s. auch dessen „Beiträge z. Militärgeschichte", Bd. 3, S. 29).

S. 271   38) Bericht Jagows in: „Deutscher Offiziersbund" (1927), Nr. 23, S. 966, mit Datierung auf Februar 1913. Dasselbe berichtet der Botschafter *Botho v. Wedel* aus Moltkes Munde, in: „Front wider Bülow", hg. von *Thimme* (1925), S. 276 f.

S. 272   39) *Ludendorff*, a. a. O., S. 128 ff.

S. 273   40) K.R., 101.

S. 274   41) Denkschriften Ludendorff-Moltkes: K.R., Anlagen Nr. 34, 36, 37, 39 (11. 3. bis 20. 8. 1910). Dazu Textband S. 107 ff., 112 f. Für das Folgende: ebd. S. 119 und 215. Dazu *Ludendorff*, a. a. O., S. 132—137. Nach Ludendorffs Darstellung ging alle Initiative in Rüstungsfragen so gut wie allein von ihm selber aus; alle seine Vorgesetzten wirkten nur mehr oder weniger als Bremsklötze; alle Anträge des Generalstabes an das Kriegsministerium waren nur sein geistiges Eigentum, Moltke schwächte sie höchstens ab.

S. 276   42) Denkschrift Heeringen vom 19. 11., Moltkes vom 2. 12. 1911: K.R., S. 123 ff., 126 ff.

S. 277   43) Über den sehr intensiven Druck des Wehrvereins auf das Kriegsministeriums vgl. *H. Müller-Brandenburg:* Von Schlieffen bis Ludendorff (1925), S. 27 ff. Müller war Pressechef des Wehrvereins.

S. 277   44) Nach K.R. 99 und 123 standen 1910 nur noch 0,795 % im Heer, 1911 schon 0,99 %, aber in Heer und Marine zusammen 1,06 % der Bevölkerung; in Frankreich 1,53 % im Heer, 1,70 % in Heer und Marine zusammen. Frankreich zog 83 % seiner Wehrpflichtigen ein, Deutschland nur 57,3 % der Wehrpflichtigen und 75 % der Tauglichen.

S. 277   45) Moltke (Concipient Ludendorff) an das Kriegsministerium 25. 11. 1912, K.R., Anlagen S. 147.

S. 277   46) Darunter auch die Umwandlung der zwei von Schlieffen erkämpften „Kriegskorps" in Friedensformationen.

S. 278   47) Moltke an Heeringen 2. 12. 1912, K.R., Anlage Nr. 50.

S. 279   48) K.R. 130.

S. 280   49) Verhältnis der Truppenstärken im Feldheer 1914: Deutschland 2 147 000, Frankreich 2 150 000, Rußland 2 712 000, nach Reichsarchivwerk: Der Weltkrieg, I, S. 22. Etwas andere Zahlen gibt *Rüdt v. Collenberg:* Die deutsche Armee 1871—1914 (1922): Deutschland 2 019 470 (ohne immobile Ersatzformationen, Landwehr und Landsturm), Frankreich 2 032 820 (ohne Territorialarmee), Rußland 3 461 750 (ohne Reichswehr).

S. 280   50) Der französische Generalstab scheint nach dem französischen Generalstabswerk: Les armées françaises dans la grande guerre, T. I, vol. 1, p. 63 f. erst im Mai 1914 darüber ins klare gekommen zu sein, daß wir unsere Reservekorps neben den aktiven in der Front einsetzen würden. Die Operationspläne des deutschen Generalstabs hat nur General Michel (mitbestimmt durch General Wilson vom britischen Generalstab) 1911 richtig erkannt und eine entsprechende Umorganisation auch der französischen Armee (Heranziehung der Reserven gleich in die Kampfverbände) geplant, sich aber nicht durchsetzen können; vgl. dazu mein Schlieffenbuch, S. 89, dazu oben Kap. 3, Anm. 21, ferner *W. Churchill:* The World Crisis 1916—1918, I (1927), p. 19 ff.

S. 280   51) Nach dem Reichsarchivwerk, I, S. 646 (1925), standen 358 deutsche gegen 257 gegnerische Bataillone, 2164 gegen 1120 Geschütze. Das französische Generalstabswerk, I, 1 (1936), S. 589, gibt an: 358 gegen 269 Infanteriebataillone, 215 gegen 169 Kavallerieschwadronen, 2164 gegen 828 Geschütze. Die Zahlenangaben des deutschen Kriegswerkes über die feindlichen Streitkräfte beruhen z. T. auf ungenauer Schätzung. Was *W. Churchill*, a. a. O., S. 23, an Zahlenangaben bietet, übertreibt stark die Überlegenheit der deutschen Feldarmee im ganzen (2 000 000 gegen 1 300 000!) und scheint auf dem linken französischen Heeresflügel Briten und Belgier überhaupt nicht mitzurechnen.

ANMERKUNGEN ZUM 10. KAPITEL

Abschnitt I

¹) Gespräch mit Major v. Haeften, November 1914, mitgeteilt bei *Theod. v. Schäfer:* S. 282
Generaloberst v. Moltke in den Tagen vor der Mobilmachung und seine Einwirkung auf
Österreich-Ungarn, in: B.M.H (Berliner Monatshefte = Die Kriegsschuldfrage), Jg. IV
(1926), S. 515.

²) *E. Zwehl:* Falkenhayn (1926), S. 55. Falkenhayns Bericht an Moltke vom 5.7. bei S. 282
M. Montgelas: Leitfaden zur Kriegsschuldfrage (1923), S. 196. Untersuchungsausschuß des
Reichstags, 1. Unterausschuß Beilage I: Zur Vorgeschichte des Weltkrieges: Schriftliche
Auskünfte deutscher Staatsmänner (o. J.), Nr. 17. — Deutsche Dokumente zum Kriegsausbruch (1919) (D.D., Bd. I, S. XIV f., von Bertrab). — Das (auf den Bibliotheken Westdeutschlands fehlende) Buch der holländischen Generäle *C. I. Snijders* en *R. Dufour:* De
Mobilisatien bij de groote Europeesche Mogendheiden in 1914 en de invloed van de Generale
Staven op het uitbreken van den Wereld-oorlog (Leiden 1927), behandelt vorzugsweise
militärtechnische Fragen und beruht z. T. auf heute überholtem Quellenmaterial.

³) Wien, Kriegsarchiv (K.A.), Faszikel: „Behinderungen des Ausbaues der Wehrmacht S. 284
durch das Ministerium des Äußeren", in der Abt.: Chef des Generalstabes, Op. 90. Der
Band enthält Korrespondenzen von 1911.

⁴) Denkschrift Aehrenthals, 15. 8. 1909, mit zahlreichen Randglossen Conrads: Wien, S. 284
K.A., Chef des Generalstabs, Op. 89a (1909). Die Randglossen fehlen im Abdruck der
Denkschrift bei *Conrad:* Aus meiner Dienstzeit, I (1921), S. 245—254.

⁵) Immediatvortrag vom 31.10.1910, Wien, K.A., Chef des Generalstabs, Op. 95, Denk- S. 284
schriften (anscheinend ungedruckt).

⁶) An Graf Berchtold, 6.9.1913, *Conrad*, III, S. 420. S. 285

⁷) Im Rückblick auf diese Vorschläge heißt es in einer (ungedruckten) Immediateingabe S. 285
(am 1. 2. 1910 übergeben, schon seit November 1909 vorbereitet): „Deutschlands war man
sich nicht nur sicher, sondern es wäre die Stimme der maßgebenden Kreise Deutschlands,
wenigstens der militärischen, für einen solchen Krieg gewesen." (!) Wien, K.A., Generalstab, Op. 89a (1910), Nr. 4. Conrad hat auch sogleich einen Feldzugsplan gegen Italien
ausgearbeitet.

⁸) Ungedrucktes Konzept einer Denkschrift vom Januar 1909: Wien, K.A., General- S. 285
stab, Op. 89a (1909), Nr. 1.

⁹) Zu der schon zitierten Denkschrift Aehrenthals vom 15. 8. 1909 s. Anm. ⁴), Wien, K.A. S. 286

¹⁰) Immediateingabe vom 1. 2. 1910, schon oben zitiert, Anm. ⁷), Wien, K.A. S. 286

¹¹) Wien, K.A., Generalstab, Op. 89a (1910), Nr. 10. S. 287

¹²) Näheres bei *A. F. Pribram:* Der Konflikt Conrad-Aehrenthal, in: Österr. Rundschau, S. 287
LXIV (1920), S. 93—118.

¹³) Eine von ihm für den Kaiser ausgearbeitete große Denkschrift vom 12. 2. 1912 (Wien, S. 287
K.A., Generalstab, Op. 95, Denkschriften), ist eine geradezu unglaubliche Sammlung von
politischem Nonsens. Schemua will dem „deutsch-englischen Weltkampf" ausweichen durch
ein Bündnis der Dreikaisermächte Deutschland, Österreich-Ungarn, Rußland, faselt von
„gelber Gefahr", drohender Wirtschaftshegemonie Amerikas, Internationalismus der Geldbörsen u. dgl. mehr.

¹⁴) Denkschrift für Graf Berchtold, gedruckt: *Conrad*, III, S. 12 ff. S. 288

¹⁵) Vgl. Frhr. *v. Musulin:* Das Haus am Ballplatz (1934), S. 173 ff. S. 288

¹⁶) So richtig *Fr. Kern:* Conrad und Berchtold, in: Europäische Gespräche, II (1924), S. 288
S. 97 ff. — Für die beinahe belehrende Art, in der Conrad den Minister für seine Ansichten

zu gewinnen versucht, vgl. das Gespräch vom 9.1.1913 (Mem. III, S. 77 f.): „Excellenz müssen sich schlüssig werden. Die Monarchie hat am Balkan an Position verloren, und es wird schließlich doch auf eine Kraftprobe ankommen. Gewiß wäre das Beste, wenn man Rußland niederwerfen könnte, dann hätte man wohl auf hundert Jahre Ruhe."

S. 289   17) Meldung des Hauptmanns Prinz Hohenlohe aus Petersburg 18.1.1913; Conrads Antwort, 21.1., erklärt, es sei überhaupt nicht einzusehen, was Rußland, das so große Ziele in Asien verfolge, veranlassen könnte, sich in die kleinlichen Balkanstreitereien einzumischen (!). Wien, K.A., Conrad-Archiv, B. 3/4. Gespräch mit Berchtold, 26. 1.: *Conrad*, III, S. 52, 82. In Österreich-Ungarn gab es keine Generalinstruktion, die wie in Deutschland (siehe oben Kap. 7!) eine Kontrolle der Berichte der Militärattachés durch den zuständigen Botschafter vorschrieb. Aus London meldet am 12.1.1913 der Attaché Horváth, der Botschafter habe ihn gebeten, keine Berichte an Conrad zu schicken, ohne sie ihm vorher vorzulegen. Daraufhin wird eine Privatkorrespondenz verabredet: Wien, K.A., Conrad-Archiv, B 3, B 4, 1913 (Papiere des Flügeladjutanten Kundmann).

S. 289   18) Denkschrift vom 28.7. und 4.9.1913: *Conrad*, III, S. 407, 420 ff. Dazu eine ungedruckte Denkschrift vom 2.7. (K.A., Generalstab, Op. 90).

S. 289   19) Vgl. dazu *F. Kern*: Die südslawische Frage und die Wiener Kriegspartei 1913/14, in: Schmollers Jahrbuch 48 (1924), S. 244 ff.

S. 290   20) 28. und 30.7.1913: *Conrad*, III, S. 407 ff., 409 ff.

S. 291   21) Das offizielle Protokoll in der Aktensammlung „Österreich-Ungarns Außenpolitik" (Ö.D.), VII, 397, Nr. 8779, ist sehr zurückhaltend und schwächt offensichtlich viele Äußerungen ab. Ich benutzte eine Aufzeichnung im K.A. (Generalstab, Op. 90), die offenbar im Auftrag Conrads von einem Offizier niedergeschrieben ist. *Conrad*, III, S. 464 f., bringt davon eine Art von Überarbeitung. Zu vgl. ist auch das Gespräch mit Berchtold am 29.9., ebd. III, S. 443 f. — Für seinen Aktivismus bezeichnend ist, daß er schon am 15.10. den Kaiser gegen den „kleinlichen Standpunkt der Zivilminister" aufzubringen und seine eigenen Ansichten durchzusetzen sucht.

S. 291   22) *F. Kern*: Europäische Gespräche, II, S. 97 ff., bemüht sich - nicht ganz überzeugend - nachzuweisen, daß er schon 1913 im wesentlichen für die „Kriegspartei" gewonnen sei. Ich finde nur, daß er Konflikten mit dem mächtigen General und Günstling des Thronfolgers auszuweichen suchte durch halbe, unverbindliche Äußerungen der Zustimmung.

S. 292   23) Die neueste, sehr sorgfältige Untersuchung des serbischen Schuldanteils bei *Luigi Albertini*: The Origins of the War of 1914, englische Ausgabe, II (1953), Kap. 2—3, übersieht merkwürdigerweise das im Zweiten Weltkrieg von den deutschen Militärbehörden in Belgrad gefundene, von *Übersberger* in Faksimile veröffentlichte, eigenhändig geschriebene Schuldgeständnis des Obersten *Dimitrijević* (Apix): *H. Übersberger*: Das entscheidende Aktenstück zur Kriegsschuldfrage 1914, in: Ausw. Pol., X (Juli 1943), S. 429—438. Neueste sehr ausführliche Darstellung des Serajewokomplotts bei *H. Übersberger*: Österreich zwischen Rußland und Serbien (1958).

S. 292   24) Schicksalsjahre Österreichs 1908—1919. Das politische Tagebuch Josef Redlichs, I, 1908—1914, bearbeitet von *F. Fellner* (1953), S. 237. Unter den jüngeren Diplomaten des Außenministeriums scheint eine Art von „Kriegspartei" bestanden zu haben, die nichts mehr fürchtete, als daß es durch ausländische Vermittlungsversuche „wieder nicht zur kriegerischen Austragung käme", siehe Bericht des Generals Höfer an Conrad vom 14.7. 1914 in *Conrad*, IV, S. 79. Der Gesinnung dieser „Kriegspartei" entstammte wohl auch die indiskrete Mitteilung des Grafen Hoyos in Berlin, die Wiener Regierung beabsichtige eine vollständige Aufteilung Serbiens, was Berchtold dann dementieren mußte. Hoyos ließ sich von dem Journalisten V. Naumann Berichte über angebliche Präventivkriegsideen in deutschen Militärkreisen liefern: Ö.D., VIII, Nr. 9966. Bezeichnend für den Leichtsinn österreichischer Diplomaten ist u. a. die Äußerung des Belgrader Gesandten Baron Giesl am 8.7. zu Conrad, der Moment zum Krieg sei „glänzend" — was der General ablehnte: *Conrad*, IV, S. 57.

25) *Czernin:* Im Weltkriege (1919), S. 117. *S. D. Sasonoff:* Sechs schwere Jahre (deutsche Ausgabe, 1927), S. 133 f. S. 292

26) *Conrad*, III, S. 754 ff. S. 292

27) *Conrad*, III, S. 504, 596 f., IV, S. 72. *Gina Gräfin Conrad von Hötzendorf:* Mein Leben mit Conrad von Hötzendorf. Sein geistiges Vermächtnis (1935), S. 114: Schreiben vom 28. 6. 1914. — Über pessimistische Stimmungen im Wiener Generalstab schon im Frühjahr 1914 berichtet auch *Georg Graf Waldersee* in: B.M.H., VIII (1930), S. 133 ff., z. T. nach Berichten des Militärattachés Grafen Kageneck. S. 293

28) *Conrad*, IV, S. 40. S. 293

29) *Conrad*, IV, S. 33 ff. Für das Folgende: ebd. S. 39 f. S. 293

30) Näheres bei *Albertini*, I, S. 435 ff. S. 294

31) Protokoll: Ö.D., VIII, Nr. 10118, S. 343 ff. *Conrad*, IV, S. 43 ff. An Stelle Conrads vertrat der Kriegsminister Krobatin die Wünsche des Generalstabs nach raschem und entschlossenem Handeln (sofortige Mobilmachung, Ultimatum erst nach ihrem Abschluß, am besten Losschlagen ohne formelle Kriegserklärung). Er drang aber gegen die schweren Bedenken, die Tisza gegen den Krieg hatte, nicht durch, so daß ein unglückliches Kompromiß entstand, das auf endlose Verzögerung der Aktion hinauslief, ohne diese fallen zu lassen. S. 294

32) Brief des Militärattachés Graf Kageneck an General v. Waldersee, 17.7.1914: B.M.H., VIII, S. 136. S. 295

33) Das offizielle Protokoll enthält auf Conrads Wunsch nichts Näheres über seine militärischen Ausführungen. Seine Ergänzung, Mem. IV, S. 54, äußert sich auch nur sehr zurückhaltend. S. 295

34) Tagebuchnotiz des deutschen Mil.-Att. Grafen Kageneck zum 25. 7. (mir von ihm freundlichst mitgeteilt): „Habe innerlich den festen Eindruck, und dies stets in Unterredungen mit Chef Conrad und anderen Bekannten des Kriegsministeriums zum Ausdruck gebracht, daß Rußland nicht stillhalten kann, wenn Österreich-Ungarn mit Serbien abrechnet. Sonst hört Rußland auf Großmacht zu sein und hat jedenfalls auf dem Balkan gänzlich ausgespielt." Vgl. dazu den Brief Kagenecks an General v. Waldersee vom 22. 7. 1914: B.M.H., VIII (1930), S. 137. Danach war Conrad derselben Ansicht. Daß auch Berchtold nicht am Eingreifen Rußlands zweifelte, zeigt die ursprüngliche Fassung des Protokolls vom 7.7. (bei *L. Albertini*, II, S. 385, in englischer Übersetzung): "He was clear in his own mind that a war with Russia would be the most probable consequence of our entering Serbia." Graf Hoyos sagte zu Redlich am 24.7.: „Daß Rußland mit Serbien geht, ist so gut wie sicher anzunehmen... Ließe Rußland Serbien seinem Schicksal tatenlos anheimfallen, dann würden die Nationalisten den Zaren stürzen." Die Note an Serbien wird einen furchtbaren Sturm in Europa machen. „Wir sind also noch fähig zu wollen. Wir wollen und dürfen kein kranker Mann sein, lieber rasch zugrundegehen." *J. Redlich:* Tagebuch, a. a. O., S. 238 f. S. 295

35) Denkschrift Conrads vom 2.7.: Ö.D., VIII, Nr. 9995, S. 268 f. Zur Ergänzung des Protokolls vom 7. 7. kann vielleicht auch die Beilage zur Immediatvorstellung Tiszas vom 8. 7. benutzt werden: ebd. Nr. 10146, S. 374. Sie zeigt, wie Conrad sich Tiszas Besorgnissen gegenüber geäußert hat; es bleibt aber unklar, ob dies in der Sitzung geschah. S. 297

Anmerkungen zum 10. Kapitel — II-III

Abschnitt II

S. 297   ¹) Ich stütze mich im folgenden auf meine Studie: „Die Zusammenarbeit der Generalstäbe Deutschlands und Österreich-Ungarns vor dem Ersten Weltkrieg", in: Festgabe für Hans Herzfeld („Zur Geschichte und Problematik der Demokratie", 1958), S. 523—549. Sie verwertet teilweise ungedrucktes Quellenmaterial aus dem Kriegsarchiv und aus dem Haus-, Hof- und Staatsarchiv Wien.

S. 298   ²) Vgl. Bd. I, S. 294 ff. Meine Darstellung in der Herzfeld-Festschrift, S. 528, muß ich an folgendem Punkt berichtigen: Nach *Waldersee:* Denkwürdigkeiten I, S. 313 und 319, hat dieser im Februar 1887 mündlich mit Moltke eine wesentliche Verschiebung von Streitkräften aus dem Osten an die Westfront verabredet. Darauf dürften sich die in Abs. 2 erwähnten Klagen des Erzherzogs Albrecht im März 1887 beziehen.

S. 298   ³) Ö.D., I, S. 278.

S. 301   ⁴) So der österreichische Journalist *H. Kanner* in der Broschüre: Der Schlüssel zur Kriegsschuldfrage (1926). Die Broschüre enthält auch eine Auseinandersetzung mit Gegenartikeln des Generals Graf *Montgelas,* die sie mit abdruckt. Zu beachten ist die Kritik *S. B. Fays* in: American Hist. Review, 32 (1926/27), p. 717-719, 944-946, und *Th. v. Schäfer:* Wollte Generaloberst v. Moltke den Präventivkrieg?, in: B.M.H., V, S. 545. L. *Albertini,* a. a. O., I, S. 271, greift die Kannersche Anklage wieder auf.

S. 301   ⁵) *Conrad,* I, S. 380.

S. 302   ⁶) Näheres darüber in Abschn. III! *L. Albertini,* II, S. 486, liest aus den obigen Sätzen Moltkes heraus, daß er die Präventivkriegsidee Conrads geteilt habe.

S. 303   ⁷) Gr. Pol., X, S. 203, XI, S. 114 (Immediatbericht Hohenlohes vom 2. 2. 1896). Ebd. S. 123 (Erlaß an Eulenburg, 5. 3. 1896).

S. 303   ⁸) Die historisch-politisch sehr wichtige Frage, ob es richtig war, unser Schicksal auch noch 1914 an das der langsam verfallenden Donaumonarchie zu ketten, kann im Rahmen dieses Werkes ebenso wenig erörtert werden wie die (von Tisza im „gemeinsamen Ministerrat" vom 7. Juli aufgeworfene) Frage, ob es wirklich keine Möglichkeit gab, durch eine veränderte Balkanpolitik der Alternative „Krieg oder Frieden" auszuweichen. Für das erstgenannte Problem ist nichts interessanter als die Aussprache zwischen Botschafter Fürst Lichnowsky und Staatssekretär v. Jagow, 18/23. 7. 1914: D.D.I., Nr. 72/161. Es wird heute wohl kaum noch einen Historiker geben, den Jagows Argumente voll überzeugen könnten.

S. 306   ⁹) Einzelnachweise in meiner schon oben zitierten Studie in der Herzfeld-Festschrift, deren Text ich hier teilweise wiederhole.

Abschnitt III

S. 308   ¹) *Conrad,* IV, S. 80, Weisung an Höfer.

S. 308   ²) Der Verfasser erinnert sich dieser seltsamen, bis in die letzten Julitage anhaltenden militärischen und politischen Stille noch sehr genau von einer Reise, die er im Juli 1914 in Österreich unternahm.

S. 308   ³) Ö.D., VIII, S. 511 (Nr. 10393). Das Drängen des Berliner Auswärtigen Amtes beginnt schon am 8. 7., siehe Nr. 10127 ff. Der alte Kaiser Franz Joseph verstand die Sache am 10. 7. so: „Man könne jetzt auch schon Deutschlands wegen nicht mehr zurückweichen". (!)

S. 309   ⁴) D.D., I, Nr. 72. Privatbrief Jagows an Lichnowsky, 18. 7. 1914.

S. 309   ⁵) Denkschriftentwurf vom Mai 1914 bei *Th. v. Schäfer,* B.M.H., V (1927), S. 549 f., und in der Flugschrift: „Hat der deutsche Generalstab zum Kriege getrieben?" (1919), S. 11 ff. Die ebd. abgedruckten Denkschriften des Oberquartiermeisters Graf Waldersee klingen noch pessimistischer, besonders hinsichtlich der Leistungsfähigkeit Österreich-Ungarns. Nach seiner eigenen Mitteilung (bei *Schäfer*, a. a. O., S. 548, und B.M.H., VIII, 1930) will er im Sommer 1914 Jagow eine Änderung unserer Bündnispolitik empfohlen haben.

6) *H. v. Moltke:* Erinnerungen, Briefe, Dokumente 1877—1916 (1922), besonders S. 331 (Schauder vor den „Greueln eines europäischen Massakers", 1905), S. 373, (Ekel vor den Balkankriegen, 1913). Der Ausbruch, S. 362, über „die unglückselige Marokkogeschichte" 1911 wird von *L. Albertini,* II, S. 486, als Beweis für den grundsätzlichen Kriegsdurst Moltkes mißdeutet. Die schwere Enttäuschung Moltkes 1911 erklärt sich daraus, daß er zunächst ganz und gar hinter Kiderlen-Wächter, dem Mann der „starken Nerven", gestanden und die Marokkokrise für die günstigste Zeit zur „Abrechnung mit England" gehalten hatte: Reisebericht des österreichischen Hauptmann i. G. Milan Ulmansky vom 7. 8. 1911 über eine Unterredung mit Moltke: Wien, K. A.   S. 309

7) *Conrad,* I, S. 165, 14. 9. 1909.   S. 310

8) Gr. Pol., 38, I, Nr. 12 824 (10. 2. 1913); *Conrad,* III, S. 144 ff. Ebd. S. 147 ff. Conrads Antwort und die Replik Moltkes gegenüber dem österreichischen Militärattaché Baron Bienerth. *L. Albertini,* I, S. 437, und II., S. 486 f., sucht das Gewicht dieser Äußerung Moltkes dadurch abzuschwächen, daß er sie als Anpassung an die damals friedfertige Haltung Wilhelms II. erklären will. Das ist eine willkürliche Unterstellung.   S. 310

9) Gr. Pol., 34, I, Nr. 12 793, 6. 2. 1913. Zu beachten ist auch die von *Th. v. Schäfer,* B.M.H., IV (1926), S. 546 aus den Akten des Reichsarchivs mitgeteilte Randbemerkung Moltkes zu dem Brief Conrads vom 11. 1. 1913: „Wir haben kein Interesse daran, einen europäischen Krieg herbeizuführen, nur um uns für Österreich zu schlagen. Etwas anderes ist es, wenn der Krieg uns angetragen wird. Dann in Gottes Namen drauf."   S. 311

10) *Conrad,* III, S. 612 (Brief an Conrad). Zeugnis Waldersees: B.M.H., VIII (1930) S. 133. — Denkschrift vom Mai 1914: B.M.H., V (1927), S. 550, gedr. bei *W. Elze,* Tannenberg, 163 f. Ähnlich besorgte Äußerung von 1913: B.M.H., V, S. 551.   S. 311

11) Die gefährlich rasche Steigerung der russischen Militärmacht betont mit großem Ernst die eben zitierte Mai-Denkschrift. Ähnlich hat er sich offenbar Conrad gegenüber ausgesprochen, der die Äußerung sofort in seinem eigenen Sinne interpretierte: „Jedes Zuwarten bedeute eine Verminderung unserer Chancen" (*Conrad,* III, S. 670). Was der bayerische Gesandte Lerchenfeld am 31. 7. in einem Privatbrief an Hertling weitergab, ist unkontrollierbares Gerede „militärischer Kreise", also Vorzimmer- und Adjutantengeschwätz (D.D., IV, Nr. 27, S. 151). Die aus ähnlichen Quellen stammenden „Eindrücke" des bayerischen Militärattachés Wenninger vom 29. 7. über den angeblich brennenden Kriegseifer Moltkes (D.D., Neuausgabe von 1927, Anh. IVa, 2, S. 153) zeigen eine so deutlich erkennbare (und widerlegbare) Tendenz, die Spitzen des Militärs als stramme Optimisten im Kampf mit dem ewig zögernden, schlappen Zivilisten Bethmann herauszustreichen, daß damit erst recht nichts anzufangen ist. *Bernadotte Schmitt:* The Coming of the War 1914, II (1930), S. 136, und *L. Albertini,* II, S. 490 f., behandeln diese Nachrichten ohne weiteres als zuverlässig.   S. 312

12) D.D., I, Nr. 77, 83, 88, 106, 113. Dazu *L. Albertini,* II, S. 265.   S. 312

13) D.D., I, Nr. 87 (Botschaftsrat Stolberg an A.A., 18. 7.). Dazu ungedrucktes Tagebuch des Grafen Kageneck vom 25. 7.: „Nachmittags gehe ich ins Kriegsministerium, treffe Conrad und begleite ihn nach seiner Wohnung, beide kopfhängend, da Extrablätter mit der Annahme aller Forderungen (Ö.U.s an Serbien) in Frankfurt a. M. ausgegeben waren, alles sei wieder mal vorbei, und wir besprechen schon die nunmehr notwendigen innerpolitischen Maßnahmen." Für die österreichische Kriegspartei vgl. das Tagebuch *J. Redlichs,* a. a. O., S. 239 (26. 7.).   S. 312

S. 312   14) *Conrad*, IV, S. 122.

S. 313   15) *Conrad*, IV, S. 132; D.D., I, Nr. 213. Ein rascher Aufmarsch mit immobilen Truppen wäre nur von Ungarn aus mit Teilkräften möglich gewesen, der Umfassungsangriff im Westen, von Bosnien her, schon durch die Unzulänglichkeit der bosnischen Schmalspurbahn stark verzögert. Conrad hatte das alles schon 1913 gegenüber Berchtolds Wunsch nach einem „raschen Zuschlagen" auseinandergesetzt.

S. 313   16) A. a. O., S. 124.

S. 313   17) *L. Albertini*, II, S. 454 ff. will beweisen, daß Österreich nur unter deutschem „Druck" den Krieg an Serbien erklärt habe. Nun kann aber von deutschem „Druck" in der Depesche Szögyénys, Ö.D., Nr. 10656 vom 25. 7., die er dafür anführt, überhaupt keine Rede sein; es handelt sich um einen dringenden Rat ohne jede Spur von Drohung. Was er (II, S. 375) als österreichische „Retreats" nach der Abreise Giesls von Belgrad anführt, beweist selbst dann, wenn die zum Teil sehr spät niedergeschriebenen Erinnerungen Marguttis und Giesls zutreffen sollten, weiter nichts, als daß Franz Joseph und Berchtold zunächst Not hatten, den Schock der Gewißheit des Krieges zu überwinden und sich mit der billigen Ausrede trösteten, Abbruch der diplomatischen Beziehungen bedeute ja noch nicht unbedingt Krieg. Daran, daß Serbien nachträglich auch ohne Krieg zu Kreuze kriechen würde, kann Berchtold unmöglich ernsthaft geglaubt haben, und wenn er nicht Krieg wollte, warum sabotierte er dann so hartnäckig jeden Vermittlungsversuch? Was er in London durch Mensdorff vorbringen ließ (Ö.D., VIII, Nr. 10599) und durch Macchio den Russen mitteilte (ebd. Nr. 10704), war doch weiter nichts als Beschwichtigungsversuche. Was er am 14. 7. dem Kaiser vortrug: auch nach erfolgter Mobilisierung sei eine Verständigung mit Serbien nicht unmöglich, falls dieses völlig nachgäbe und die Mobilisierungskosten bezahle (!) (Ö.D., VIII, Nr. 10272, 14. 7.) sollte dem Kaiser den Ernst des Entschlusses verschleiern und ging offenbar auf eine Unterhaltung mit Conrad (*Conrad*, IV, S. 61) zurück, die sich am 23. ähnlich wiederholte (ebd. S. 108). Eine völlig falsche Deutung gibt *Albertini*, II, S. 457, den Stellen Ö.D., VIII, Nr. 10783 und 10910, an denen Berchtold den verspäteten Beginn der Operation damit entschuldigen will, daß man nicht habe mobilisieren wollen, bevor man wirklich wisse, ob es tatsächlich zum Krieg kommen würde, also nicht vor dem 25. 7. Von Offenhalten einer Friedenschance ist gar keine Rede.

S. 314   18) D.D., I, Nr. 74. Oberquartiermeister Graf Waldersee an Jagow 17. 7. Waldersee rechnete damals (nach Auskunft des Generals Höfer über Kageneck) mit nur 6. A.K. gegen Serbien.

S. 314   19) D.D., I, Nr. 197 (26. 7.). Kaiser Wilhelm II., noch nicht des Ernstes der europäischen Lage bewußt, kritisierte diese Haltung durch höhnische Randglossen.

S. 314   20) D.D., I, Nr. 202, 212, II, Nr. 326. Ö.D., VIII, Nr. 11 030, *Conrad*, IV, S. 108, 154. — Die Bemühungen der Italiener, in Belgrad zu vermitteln und dort weitere serbische Konzessionen zu erreichen (D.D., I, Nr. 249 vom 27. 7.), scheinen nach Mitteilungen M. Toscanos auf dem Römischen Historikerkongreß 1955 besseren Erfolg gehabt zu haben, als bisher angenommen: ATTI del X. Congresso Internazionale (di Scienze Storiche) Roma 1957, p. 716. Vgl. jedoch die ausführliche Behandlung der Episode durch *Albertini*, II, S. 417—424, III, S. 266 ff.

S. 315   21) D.D., II, Nr. 349.

S. 315   22) Der von *H. Lutz* erhobene und von *Albertini*, II, S. 490, wiederholte Vorwurf, Moltke habe die Grenzen der deutschen Bündnispflicht erweitert, da er die deutsche Mobilmachung schon auf die russische Teilmobilmachung folgen lassen wollte, was doch vorher von der deutschen Regierung abgelehnt war (D.D., Nr. 299), ist gegenstandslos, da die Denkschrift voraussetzt, daß eine österreichische Gesamtmobilmachung zum Zusammenstoß mit Rußland führen wird, der dann Deutschland einzugreifen zwingt. Moltke lehnte ja noch am 30.7. eine deutsche Mobilmachung ab: *Conrad*, IV, S. 152.

²³) *Conrad*, IV, S. 137 f.

²⁴) Ö.D., VIII, Nr. 10937 = D.D., II, Nr. 427. Der Inhalt des Notenentwurfs, den Conrad am 30.7. ihm vorlegte (*Conrad*, IV, S. 147) kehrt in Ö.D., VIII, Nr. 11093, ziemlich wörtlich wieder.

²⁵) *Conrad*, IV, S. 148: Gespräch mit Berchtold 30.7. Die übergroße Vorsicht der deutschen Abmahnungen und Vermittlungsvorschläge nach Wien ist evident; sogar noch die bekannten „energischen" Noten am 30.7. D.D., II, Nr. 395, 396 und 441 vermeiden sorgsam jede Drohung, den Casus foederis nicht anzuerkennen. Die vielumstrittene Meldung Szögyénys vom 27.7. (Ö.D., VIII, Nr. 10793), daß Jagow die Österreicher geradezu aufgefordert habe, die über Berlin nach Wien laufenden politischen Vermittlungsvorschläge nicht ernst zu nehmen, mag zum Teil auf Mißverständnissen beruhen, kann aber nicht ganz aus der Luft gegriffen sein, trotz der späteren Dementis Jagows und Bethmanns. Vielleicht hat Jagow nicht mehr sagen wollen, als daß sich die deutsche Regierung nicht einfach identifiziere mit allen von London kommenden Vermittlungsvorschlägen, daß sie aber Bedacht darauf nehmen müsse, den Draht nach England keinesfalls abreißen zu lassen? Zu beachten ist, daß Jagow damals offenbar noch fest an Englands Neutralität geglaubt hat, siehe Goschens Bericht, Brit. Doc. XI, S. 361. Wenn aber nun *Albertinis* Darstellung die Wiener Politiker geradezu als bloße „Puppen" in der Hand Bethmanns darzustellen sucht (II, 495), so wird ihm kein unbefangener Leser der Quellen diese groteske Übertreibung abnehmen.

²⁶) Die Unzulänglichkeit der Berichterstattung von fremden Höfen muß jeden Leser der Ö.D. VIII auffallen. Daß Szögyény längst überaltert war, ist bekannt. Die meisten der übrigen Auslandsvertreter scheinen mehr bestrebt gewesen zu sein, dem Wiener Ministerium nach dem Munde zu reden als unangenehme Wahrheiten zu sagen und unterscheiden sich darin stark von solchen Persönlichkeiten wie Fürst Lichnowsky und Graf Pourtalès. Vielfach wirken die Berichte auch erstaunlich oberflächlich.

²⁷) *Conrad*, IV, S. 147 ff. Ö.D., VIII, Nr. 11 025/6, S. 11 119.

²⁸) Dieses Thema ist von *Albertini*, II, S. 658 ff., sehr breit behandelt, der aber auch viel unhaltbare Verdächtigungen vorbringt und zum Beispiel II, S. 659 ff. den Sachverhalt geradezu auf den Kopf stellt, wenn er den Entschluß Conrads zur allgemeinen Mobilmachung auf Einbläsereien Tschirschkys zurückführen will und diesem die (völlig unverständliche) Absicht zuschreibt, diesen Entschluß der deutschen Regierung möglichst lange zu verheimlichen, um Einspruch von dort zu verhindern — als ob man nicht in Berlin mit Ungeduld auf die Gesamtmobilmachung Österreichs gewartet hätte! Das in vieler Hinsicht verdienstliche und stofflich erschöpfende Werk A.s leidet unter dem Dogma, daß deutsche Politiker und Generäle von vornherein des Militarismus verdächtig sind, was zu vielen erstaunlichen Fehldeutungen und Fehlurteilen führt.

²⁹) D.D., II, Nr. 299 (28 7.); ebd. Nr. 342, 373, 380 (29. 7.). *Zwehl: Falkenhayn*, S. 56 f. Natürlich sieht *Albertini* (II, S. 503) in der Haltung der beiden Generäle nichts als Anpassung an augenblickliche Stimmungen des Kaisers, nicht eigene pflichtmäßige Überzeugung.

³⁰) *Th. v. Schäfer:* Generaloberst v. Moltke in den Tagen vor der Mobilmachung und seine Einwirkung auf Österreich-Ungarn, in: B. M. H., IV, S. 523.

³¹) *Conrad*, IV, S. 152. Das dort erwähnte angebliche Telegramm Szögyénys vom 30.7. existiert nach Ö.D. VIII nicht. Es handelt sich offenbar um eine Verwechslung mit ebd. Nr. 10945 vom 29.7.

S. 320 32) D.D., II, Nr. 410. In dem Schreiben Fleischmanns vom Abend des 30. (B.M.H., IV, S. 523) wird von 14 mobilisierten russischen A.K.s „nach Kenntnis der nunmehrigen bestimmten Nachrichten" gesprochen, die Moltke offenbar morgens noch nicht vorgelegen hatten. Was *Albertini*, III, 8 ff., zusammenträgt, um Moltkes plötzlichen Umschlag zu erklären, zum Teil aus älterer Hetzliteratur, ist zu größeren Teil unbeweisbar, aber auch überflüssig. Sein Mißtrauen gegen die Militaristen des Generalstabs geht so weit, daß er ihnen sogar die bekannte Falschmeldung des Berliner Lokalanzeigers vom 30. 7. mittags in die Schuhe schieben möchte.

S. 321 33) *Schäfer*, B.M.H., S. 524. Die Anfrage scheint noch nicht durch die oben erwähnte Meldung aus Petersburg veranlaßt zu sein, sondern durch eine Mitteilung des russischen Botschafters in Berlin.

S. 321 34) Ob zu dieser Aufregung auch das vom Kaiser mißverstandene und mit sehr aufgeregten Glossen versehene Zarentelegramm vom 30. 7. früh (D.D., II, Nr. 395) wesentlich beigetragen hat, wie *Schäfer*, a. a. O., S. 529 und erst recht *Albertini*, III, S. 8 ff. annimmt, scheint mir doch recht zweifelhaft. Sollte er, wenn er das Telegramm zu lesen bekam, nicht erkannt haben, daß der Zar nur von grundsätzlichen am 25. getroffenen Entscheidungen sprach, die erst jetzt (30. 7.) zur Ausführung kamen?

S. 321 35) *v. Schäfer*, a. a. O., S. 525 = *Conrad*, IV, S. 152, ebd. das sogenannte Moltke-Telegramm vom Abend des 30. 7. dazu Ö.D., VIII, Nr. 11 033.

S. 321 36) Ö.D., VIII, Nr. 11 030 (Meldung Szögyénys).

S. 323 37) D.D., II, Nr. 441, 451 (erster Widerruf Bethmanns), Nr. 464 (zweiter Widerruf). Dazu *v. Schäfer*, a. a. O., S. 533.

S. 323 38) Die Aufzeichnung *v. Haeftens* vom 2. 8. 1914 über sein nächtliches Gespräch mit Moltke (veröffentlicht: *Schulthess: Europ. Gesch. Kal.*, 1917, II, S. 995 ff., nach einem Zeitungsauszug) wird von *Albertini*, III, S. 25, in ihrer Richtigkeit bezweifelt, aber mit Argumenten, die durch seine eigene Feststellung ebd. S. 27 hinfällig werden.

S. 324 39) Reichsarchivwerk: Die militärischen Operationen zu Lande, II, S. 27.

S. 324 40) Note Szögyénys an A.A., 30. 7. nachm. D.D., II, Nr. 427 und 429. Aus einer Notiz Tschirschkys vom 30. 7. morgens geht hervor, daß man zunächst auch noch die deutsche Zustimmung zur Gesamtmobilmachung haben wollte.

S. 324 41) D.D., II, S. 465.

S. 324 42) *Conrad*, IV, S. 151. Conrad scheint so zu rechnen, daß er von der für den Balkan bestimmten Kampftruppe (26½ Divisionen) im Notfall die „Staffel B" (11½ Divisionen) abzweigen und als Verstärkung nach Galizien schicken konnte.

S. 324 43) *Schäfer*, B.M.H., IV, S. 530. Ö.D., VIII, Nr. 11119.

S. 325 44) *v. Schäfer*, a. a. O., S. 539 (aus dem Reichsarchiv), und D.D., S. 482. Auch Franz Joseph telegraphierte in Conrads Sinn: D.D., II, S. 482.

S. 325 45) *v. Schäfer*, a. a. O., S. 539.

S. 325 46) Ö.D., VIII, Nr. 11201, 11132. Nach dem Reichsarchivwerk, II, S. 29, hätte man in Wien bis zum Morgen des 1. 8. noch immer nichts von der russischen Gesamtmobilmachung gewußt „infolge einer Verkettung unglücklicher Umstände". Dann hätte also der Wiener Nachrichtendienst in unglaublicher Weise versagt? Tatsächlich kam die offizielle Meldung Szögyénys, am 31. um 7 p.m. aufgegeben, erst am 1. 8. um 8 a.m. an (Ö.D., VIII, Nr. 11133). Man wußte aber schon am Morgen des 31. von der Absicht der deutschen Regierung, zu mobilisieren nud an Rußland ein Ultimatum zu stellen: *Conrad*, IV, S. 152, und Ö.D., VIII, Nr. 11201. Stumm hat darüber schon um Mittag, etwa 12.30, mit der Wiener Botschaft telephoniert und dabei die Neuigkeit von der russischen Generalmobilmachung mitgeteilt: A. v. Wegerer: Die russische allgemeine Mobilmachung und das deutsche Ultimatum an Rußland, B.M.H. (1928), S. 1061—63. Bethmann gab sie in seinem Telegramm an Tschirschky bekannt, das 4.20 p.m. ankam: D.D., II, Nr. 479. Die Botschaft kann sie unmöglich verschwiegen haben. Zu vgl. auch die Telegramme Szögyénys (Ö.D., Nr. 11130, betr. deutsche Mobilmachung, angelangt 6 p.m.) und Fleischmanns, angelangt vor Mitternacht: *Th. v. Schäfer*, S. 540.

47) Ö.D., VIII, Nr. 11125 = D.D., III, Nr. 503 = *Conrad*, IV, S. 156. Telegramm Bethmanns schon 1.44 p.m.: D.D., II, S. 479. S. 326

48) Diese Behauptung ist wenig glaubhaft, da die erwähnte „Mitteilung" um 4.15 p.m. S. 326 abging, Graf Berchtold aber schon am Vormittag durch Tschirschky von dem deutschen Ultimatum an Rußland erfahren hatte: Ö.D., VIII, Nr. 11201.

49) *v. Schäfer*, S. 541; *Conrad*, IV, S. 543. S. 326

50) *Conrad*, IV, S. 160. Vgl. auch die charakteristische telegraphische Anfrage am 1. 8.: S. 327 „Mobilisiert Deutschland nur gegen Rußland oder auch gegen Frankreich?" Ebd. S. 161.

51) Näheres in meinem schon zitierten Aufsatz in der Festschrift für Herzfeld (1958). S. 327

52) Conrads Darstellung in seinen Memoiren ist nicht frei von Beschönigungsversuchen, S. 328 wie das deutsche Reichsarchivwerk, Bd. II, und das amtliche Werk: Österreich-Ungarns letzter Krieg, Bd. I (1930), erkennen lassen. Vgl. dazu auch *Th. v. Schäfer*, B.M.H., V (1927), S. 1122 ff.

53) Das Protokoll, Ö.D., VIII, Nr. 11203, nennt merkwürdigerweise (vgl. *Conrad*, IV, S. 328 S. 153) den Generalstabschef nicht als Teilnehmer; daß er aber mitberaten hat, geht nicht nur aus seinem eigenen Bericht hervor, sondern auch aus dem Berchtolds an Kaiser Franz Joseph: Ö.D., VIII, Nr. 11201.

Abschnitt IV

1) Ö.D., VIII, Nr. 11203, 11201. Es scheint hiernach, daß Bethmann schon *vor* dem Eintreffen der offiziellen Mitteilung der russischen Generalmobilmachung aus Petersburg das „Ultimatum" erwog; wie beunruhigt er durch die schon vorher eintreffenden Nachrichten von der Grenze war, zeigt seine Unterhaltung mit Goschen um 10 a.m. Brit. Doc., XI, S. 677. S. 329

2) *v. Schäfer*, B.M.H., IV, S. 542. S. 330

3) D.D., III, S. 536, 487. S. 330

4) Brit. Doc., XI, Nr. 340. D.D., III, Nr. 489. Meldung Goschens über Ausführung seines S. 331 Auftrags: Brit. Doc., XI, Nr. 385. Nach *Bethmann Hollwegs* Betrachtungen zum **Weltkrieg**, II, S. 83 f., scheint es, daß auch Moltke bei den Beratungen am Abend des 31. 7. über Kriegserklärung an Rußland damit rechnete, die Russen würden nicht vor Abschluß ihrer Mobilmachung die Feindseligkeiten eröffnen oder den Krieg erklären.

5) Näheres mit Belegen bei *E. Hemmer*: Die deutschen Kriegserklärungen von 1914 S. 331 (1935), S. 33 f. Besonders wichtig die Angaben des Grafen Waldersee, Generalstabschefs der 8. Armee 1914.

6) Mein Schlieffenbuch, S. 148. Von einer Absicht, Lüttich beim allgemeinen Vormarsch S. 332 „in abgekürztem Verfahren" zu erobern, wie *E. Hemmer*, a.a.O., S. 128, nach *Kabisch*, *Groener* u.a. Quellen meint, ist im „Schlieffen-Plan" nicht die Rede. Schlieffen will nur Huy stürmen lassen und es als Übergangspunkt oberhalb Lüttich benützen. In seinen Erinnerungen, S. 18, betont Moltke, es sei ihm „in erster Linie" darauf angekommen, die Bahn Aachen–Lüttich unzerstört zu besetzen, was ja auch gelungen sei.

7) *E. Hemmer*, der sich auf Mitteilungen des Generals Grafen Waldersee stützt, vermutet S. 332 das auf S. 118 f.

8) Der Ausdruck wird von Moltke in einer Denkschrift für Staatssekretär Delbrück vom S. 332 14. 5. 1914 gebraucht: K.R., I, Anlageband S. 289.

S. 333   9) Ich beziehe mich im folgenden ohne Einzelzitate aus den Quellen i. a. auf die Darstellung von *A. v. Wegerer:* Der Ausbruch des Weltkriegs 1914, Bd. II (1939). Sie ist zwar in ihrer Gesamtauffassung heute überholt, bietet aber das Detail der Vorgänge mit höchster Vollständigkeit und Akribie, auch der Belege.

S. 334   10) *v. Wegerer,* II, S. 141 ff., dazu *Bethmann Hollweg:* Betrachtungen zum Weltkrieg, I (1919), S. 156, und den schon erwähnten Funkspruch Moltkes an Conrad, der um 2,20 a. m. abging und das Ergebnis der Beratung zusammenfaßte.

S. 334   11) Näheres bei *E. Hemmer,* a. a. O., S. 78 ff., über die Gleichsetzung von Kriegserklärung und Angriff.

S. 334   12) *v. Wegerer,* II, S. 182, der hier seine eigene frühere „Berichtigung" des Falkenhaynschen Tagebuches, auf die sich noch *Albertini,* III, S. 192 beruft, zurücknimmt.

S. 336   13) Wir haben das ja auch am russischen Mobilmachungsplan und an Conrads Schwierigkeiten, seinen Aufmarsch umzugestalten, gesehen.

S. 336   14) Dabei verstand er Bethmanns Antwort, die Militärs wollten rasch Truppen über die Grenze senden, wahrscheinlich falsch: der Kanzler wird dabei Belgien und Luxemburg gemeint haben: *Tirpitz:* Memoiren, S. 240.

S. 337   15) Über die Verpflichtung zur formellen Kriegserklärung, die auf der Haager Friedenskonferenz von 1907 festgelegt wurde, vgl. *E. Hemmer,* a. a. O., S. 69 ff.

S. 338   16) Front wider Bülow, S. 217 f.; Deutscher Offiziersbund, 15. 8. 1927, Nr. 23, S. 966 f.

S. 338   17) *Tirpitz:* Erinnerungen (1919), S. 228. Seiner Vermutung in: Pol. Dok., II = Deutsche Ohnmachtpolitik im Weltkrieg (1926), S. 21, auch Bethmann habe davon „offenbar" vorher nichts gewußt, ist natürlich irrig; er benutzt sie, wie die ganze Schilderung seiner Unterredungen in jenen Tagen zur Karikierung des Kanzlers.

S. 339   18) D.D., III, Nr. 629, 632. *Tirpitz:* Pol. Dok., II, S. 21. Bethmann Hollweg hat sich 1920 in einem Briefwechsel mit General v. Kuhl gegen den Vorwurf der Militärs gewehrt, er habe Rußland und Frankreich ganz unnötig den Krieg erklärt (abgedruckt B.M.H., XVII, August 1939, S. 663—673). Er benutzt dabei im wesentlichen die vom Auswärtigen Amt schon in der Nacht 1./2. 8. 1914 vorgebrachten Argumente, betont besonders, wie mißlich es gewesen wäre, „den Eintritt des Kriegszustandes von der Entschließung örtlicher militärischer Stellen", d. h. von Zwischenfällen an der russischen Grenze abhängig zu machen (was aber dann doch Frankreich gegenüber geschehen ist!) und bestreitet (wohl mit Recht), daß Italien und Rumänien ohne die genannten Kriegserklärungen ihren Bündnispflichten treu geblieben wären. Die Einzelheiten der Vorgänge scheint er vergessen zu haben, erwähnt z. B. nicht die Haltung Moltkes am Abend des 31. 1. und glaubt merkwürdigerweise, die militärische Kritik an den Kriegserklärungen sei erst nach der Katastrophe von 1918 aufgekommen.

S. 339   19) *Tirpitz:* Pol. Dok., II, S. 21.

S. 339   20) D.D., III, Nr. 662.

S. 340   21) Die Erlaubnis dazu hatte der Kaiser um Mitternacht auf Grund der enttäuschenden Nachrichten aus London erteilt. Moltke hatte auch für die luxemburgische Regierung eine Note entworfen, die aber in dieser Form nicht abging. Siehe D.D., III, Nr. 639.

S. 340   22) D.D., II, Nr. 376, III, S. 648.

S. 341   23) Vgl. dazu *Jagow,* a. a. O.

S. 341   24) Davon hat sich der Verfasser in manchen Unterhaltungen mit gebildeten Belgiern in der Besatzungszeit 1915/16 überzeugen können.

S. 341   25) *v. Moser:* Ernsthafte Plaudereien über den Weltkrieg (1925), S. 38.

S. 342   26) Betrachtungen, I, S. 165.

NACHTRAG ZU DEN ANMERKUNGEN DES KAPITELS 10:

Bethmann Hollweg in der Juli-Krise 1914

Neues wichtiges Quellenmaterial zur Beleuchtung der Haltung Bethmanns in der Juli-Krise hat *K. D. Erdmann* in seinem Vortrag „Zur Beurteilung Bethmann Hollwegs" (GWU XV, 1964, S. 525 ff.) aus den Tagebüchern des Legationsrats Riezler publiziert, der zu den vertrautesten Mitarbeitern des Kanzlers gehörte. Egmont Zechlin hat daraufhin unter Beischaffung weiteren Quellenmaterials eine weiterführende Darstellung versucht (und zwar in Polemik mit F. Fischer): „Deutschland zwischen Kabinettskrieg und Wirtschaftskrieg" in HZ 199, 1964, sowie „Probleme des Kriegskalküls und der Kriegsbeendigung im Ersten Weltkrieg" in: GWU XVI, 1965, S. 69 f. Was beide Autoren überzeugend, wie mir scheint, dargetan haben, ist die Tatsache, daß Bethmann Hollwegs in früheren Darstellungen meist stark unterstrichene Hoffnung auf „Lokalisierung" des serbisch-österreichischen Konflikts von vornherein auf schwachen Füßen stand. Er war sich schon am 6. Juli, dem Tage des berühmten „Blankoschecks" für Wien, darüber klar, daß die Gefahr eines russischen Eingreifens in Österreichs Balkankrieg diesmal „schlimmer" war als 1912, und zwar deshalb, weil Österreich-Ungarn diesmal „gegen serbisch-russische Umtriebe in der Verteidigung" stand (so zu Riezler, bei *Erdmann* a.a.O. 536), vor allem aber (was ihn schon lange bedrückte), weil Rußland seitdem stark aufgerüstet hatte. Es kam aber hinzu (was *Zechlin* sehr stark unterstreicht), daß man im Auswärtigen Amt geheime, unbedingt zuverlässige Nachrichten darüber besaß, daß die Briten im Begriff standen, mit der zaristischen Regierung über eine Marinekonvention zu verhandeln, und zwar in der Form eines Abkommens von Admiralstab zu Admiralstab, nicht von Regierung zu Regierung, also etwa in derselben halb verbindlichen Form, wie man die „Entente cordiale" mit Frankreich durch die beiderseitigen Generalstäbe verabredet hatte. Das mußte den Chauvinismus der Russen und Franzosen gefährlich verstärken, wie der Kanzler unserem Londoner Botschafter gegenüber schon am 16. Juni betonte (D. D. I Nr. 3). Griffen die Russen ein, so folgten unfehlbar auch die Franzosen. Mit anderen Worten: Bethmann Hollweg hat den deutschen „Blankoscheck" in dem klaren Bewußtsein ausgestellt, damit das Risiko eines nicht bloß lokalen, sondern eines Kontinentalkriegs zu laufen. (Zu Riezler scheint er am 6. Juli sogar von „Weltkrieg" gesprochen zu haben.)

Nun ist das an sich nicht neu. Wir wissen schon (s. o. S. 295), daß man auch in Wien das Eingreifen Rußlands für ziemlich sicher hielt, und Bethmann hätte ja blind sein müssen, wenn er mit absoluter Sicherheit darauf vertraut hätte, daß es diesmal wieder ähnlich gehen würde wie 1908 und 1912. Neu ist aber der Eindruck des düsteren Fatalismus, der aus seinen Äußerungen zu Riezler spricht. Deutschlands Lage scheint ihm aufs äußerste bedroht – auch ohne Krieg. Durch den Ring der Entente ist es „völlig lahmgelegt", wie seine Gegner genau wissen. Österreich-Ungarn wird immer schwächer und unbeweglicher. Die militärische Macht Rußlands wächst unaufhaltsam und legt sich als immer schwererer Alb auf uns. Seine wachsenden Ansprüche und seine ungeheure Sprengkraft sind „in wenigen Jahren nicht mehr abzuwehren, zumal wenn die jetzige europäische Konstellation bleibt" (6., 7., 20. Juli bei *Erdmann* a.a.O.). Aus alledem folgt: man muß einen „Sprung ins Dunkle" wagen, ins Risiko des großen Kriegs. Das ist unsere „schwerste Pflicht". Denn unter keinen Umständen dürfen wir den inneren Zerfall und damit den Verlust unseres letzten Bundesgenossen, zugleich die einseitige Hegemonie Rußlands auf dem Kontinent hinnehmen. Freilich würde ein solcher Krieg, wie er auch ausgeht, „eine Umwälzung alles Bestehenden bringen".

Man sieht: von Weltmachtstreben ist da gar keine Rede, wohl aber von unausweichlicher „Pflicht", die seit Jahrzehnten stark geminderte und von Osten her schwer bedrohte Großmachtstellung Deutschlands und seines Bundesgenossen keinesfalls weiter mindern zu lassen, sondern – selbst auf die Gefahr eines europäischen Krieges hin – zu behaupten. Bethmann Hollweg hat auch nach der Katastrophe von 1918 daran festgehalten, daß ihm gar nicht die Freiheit geblieben sei, einen anderen Weg zu gehen angesichts der das Zeitalter beherrschenden Vorstellungen von Großmacht- und Prestige-Politik (vgl. seine Betrachtungen zum Weltkrieg I, 129) und angesichts der Tatsache, daß seine Bemühungen um friedlichen Mächteausgleich mit Hilfe Englands vor 1914 schließlich gescheitert wären (ebdt. 131). Er hat sich aber schon am Ende seiner Kanzlerschaft und vollends nach seinem Sturz tief erschüttert gezeigt über die „schauerliche Größe" der Weltkatastrophe, die so unvermeidlich wurde, und vorausgesehen, daß die Völker Anklage gegen ihre Regierungen erheben würden, sie ins Unheil geführt zu haben. Ein von *Zechlin* a. a. O. 451 ff. veröffentlichter Brief an den Prinzen Max von Baden vom 17. Januar 1918 läßt das besonders deutlich erkennen. Von der „Selbstkritik", die Zechlin darin findet, kann ich indessen nichts darin entdecken; nur zeigt sich Bethmann geneigt, gemeinsam mit den Sozialdemokraten, denen er sich schon während seiner Kanzlerschaft immer mehr genähert hatte, Anklage gegen die nationalistischen Kriegshetzer und Hyperpatrioten zu erheben, die gar nicht den wahren Volkswillen verträten.

Man kann nach alledem den Entschluß des Kanzlers, selbst auf die Gefahr eines europäischen Krieges hin an Österreich-Ungarns Seite zu treten, eher einen Akt verzweifelter Entschlossenheit als hybrider Siegeszuversicht nennen. Ohne Frage steckt ein großes Stück fatalistischer Ergebung gegen das scheinbar Unabänderliche darin. Der Kanzler steht unter dem Albdruck des von Rußland drohenden Unheils, den die Militärs mit ihrer Berechnung des bald bevorstehenden großen Übergewichts der französisch-russischen Militärallianz über den Zweibund noch verstärkten. Aber mir scheint nun doch die Gefahr zu entstehen, daß die praktische Bedeutung bloßer Stimmungsausbrüche des immer grübelnd-sorgenvollen Staatsmannes im vertrauten Gespräch mit seinem Gefolgsmann Riezler überschätzt wird. Es gibt doch nicht nur zahlreiche Äußerungen, sondern auch Aktionen in der Julikrise, die ganz deutlich Bethmanns Hoffnung erkennen lassen, am Ende könnte es doch gelingen, den Krieg zu lokalisieren: eine Hoffnung, die sich vor allem darauf stützen konnte, daß ja Rußland noch bei weitem nicht mit seinen Rüstungen fertig war, der Zar und die russische Generalität also davor zurückschrecken mochten, sich jetzt schon in ein kriegerisches Abenteuer mit unabsehbaren Konsequenzen zu stürzen. (Vgl. dazu etwa den bekannten Privatbrief Jagows an Lichnowsky vom 17. Juli, D. D. I Nr. 72.) Ob schließlich diese Erwägung militärischer Vernunft oder der politische Ehrgeiz und großmächtliche Geltungsdrang in Petersburg den Ausschlag geben würden, das hing nicht zuletzt von der Haltung Englands ab.

Bisher hat man immer angenommen (auch Albertini und F. Fischer), daß Bethmann Hollweg sich bis zum letzten Augenblick an die Hoffnung geklammert hat, es müsse irgendwie gelingen, die britische Politik wenn nicht zu mäßigender Einwirkung auf Petersburg, dann doch zur Neutralität gegenüber dem Kontinentalkrieg zu bringen. Wäre es nicht so, hätte der Kanzler von Anfang an mit dem Kriegseintritt Englands als „wahrscheinlich" gerechnet, so könnte man seine Politik kaum anders als die eines leichtfertigen Spielers, ja eines Abenteurers nennen – was doch seiner ganzen Wesensart widerspricht. Es hat mich darum erschüttert, bei Zechlin den Satz zu lesen: „Der Bruch mit England für den Fall einer Krise galt nun als wahrscheinlich, wenn auch noch nicht als sicher, da der formelle Abschluß (der geplanten russisch-britischen Marinekonvention) fehlte" (HZ 199, S. 352, Anm. 2, Z. 6). Zechlin stützt diese These (die er S. 354 ausdrücklich in Gegensatz zu W. Naef, Albertini und Fischer stellt) nicht etwa auf die naheliegende und von Jagow schon 1913 sehr ernst genommene Befürchtung (s. o. S. 271), der deutsche Einmarsch in Belgien würde uns die Engländer auf den Hals ziehen, sondern ausschließlich auf die längst bekannte (und oben erörterte) Tatsache, daß man im Auswärtigen Amt seit Juni über die zwischen London und Petersburg sich anspinnenden (übrigens noch nicht angesponnenen!) Marineverhandlungen genau orientiert war. Aber hat man die in Berlin wirklich so tragisch genommen, daß man sie als „einschneidende Veränderung der politischen und strategischen Situation" empfand (so *Zechlin*, S. 354)? Was Zechlin als Quellenbeleg aus der Korrespondenz zwischen dem Auswärtigen Amt und Lichnowsky dafür anführt (S. 348 und 352, Fußnote), zwingt keineswegs zu diesem Schluß. Es zeigt nur den Kanzler und seine Gehilfen bemüht, Sir Edward Grey vor einer Stärkung sowohl des russischen wie des deutschen Chauvinismus zu warnen, die aus solchen Marineverhandlungen und ihrem Bekanntwerden in der Presse folgen könnte. Sie werben um Fortsetzung der bisher gemeinsam betriebenen Entspannungspolitik. Das ist alles. Aus den Tagebuchnotizen Riezlers könnte man noch die Bemerkung Bethmanns anführen: die geheimen Nachrichten über britisch-russische Marineverhandlungen ließen *für den Kriegsfall* ernsthaft mit einem englischen Landungsmanöver in Pommern rechnen (*Erdmann* a. a. O.). Aber selbst wenn ein solcher Stoßseufzer wörtlich zu nehmen wäre, würde er nicht ausreichen, um daraus abzuleiten, Bethmann Hollweg hätte die Hoffnung auf britische Neutralität schon begraben.

Nun scheint es freilich an einzelnen Stellen, als ob auch Zechlin eine so totale Resignation nicht geradezu behaupten will. Die „entscheidende Veränderung der politischen und strategischen Situation" durch die britisch-russischen Marineverhandlungen scheint er noch nicht als bereits vollzogen, sondern nur als unmittelbar bevorstehend zu beachten; aber er nimmt sie doch so ernst, daß er daraus so etwas wie eine Präventivkriegsidee Bethmann Hollwegs ableitet. In zwei oder drei Jahren, meint er (wenn ich ihn recht verstehe), war England voraussichtlich an Rußland ebenso gebunden wie an Frankreich – eine Tatsache, welche „die politische Offensive der Juli-Tage geradezu herausforderte". Aber gab es damals überhaupt eine deutsche „politische Offensive" zur gerade noch rechtzeitigen Auslösung eines Krieges? Gibt es irgendeinen Beleg dafür, daß Bethmann Gedankengänge solcher Art überhaupt gehegt hat? Ich glaube nicht daran. Mir scheint, wir haben es hier mit einer überspitzten Konstruktion zu tun – mit einem Versuch, aus den Quellen mehr herauszulesen als sie hergeben. Ich fürchte, daraus wird eine neue große Verwirrung der „Kriegsschulddebatte" erwachsen. Und die Sache wird auch dadurch nicht besser, daß Zechlin, um Bethmanns Politik des übergroßen Risikos überhaupt verständlich zu machen, darzutun versucht, er habe sich den Krieg mit England als eine Art von „Kabinettskrieg", d. h. als Krieg mit beschränkter Zielsetzung, „ohne Auskämpfen" und also von relativ kurzer Dauer gedacht. Er sei dann sehr enttäuscht gewesen, als die Briten sofort zum totalen Volkskrieg, unter Beschlagnahme feindlichen Privateigentums, rücksichtsloser Verfeindung der Völker durch hemmungslose Kriegspropaganda und vertraglicher Verhinderung jeden Sonderfriedens ihrer Alliierten übergingen. Aus dieser Enttäuschung sei das von Fischer entdeckte „Septemberprogramm" mit seiner Idee eines kontinentalen Wirtschaftsbundes unter deutscher Führung zu erklären: als Gegenschlag, als reine Kampfmaßnahme mit dem Ziel Albion durch eine Art von Kontinentalsperre niederzuzwingen.

Das ist eine ebenso geistreiche wie überscharfsinnige, aus den Quellen nicht beweisbare Konstruktion, deren Thesen ich für ganz unwahrscheinlich halte. Da sie aber bereits in die ersten Kriegswochen hinübergeführt, gehört die Auseinandersetzung mit ihr nicht mehr in den Rahmen dieses Bandes.

PERSONENVERZEICHNIS

A

Aehrenthal, Baron, österr. Staatsmann (* 1854 † 1912) 284, 286 f., 299, 377 A 4
Aksakow, Iwan Sergejewitsch, russ. Publizist (* 1823 † 1886) 103
Albedyll, Emil von, Chef des Militärkabinetts (* 1824 † 1897) 150 f.
Albert, Prinzgemahl der Königin Viktoria von England (* 1819 † 1861) 49
Alexander III., Alexandrowitsch, Kaiser v. Rußland (* 1845 † 1894) 102, 352 A 19
Arndt, Ernst Moritz, polit. Schriftsteller und Dichter (* 1769 † 1860) 145
Asquith, Herbert, Earl of Oxford, brit. Staatsmann (* 1852 † 1928) 66, 68 f., 73, 221, 224
Auguste Viktoria, Kaiserin, Gemahlin Wilhelms II. (* 1858 † 1921) 234 f.

B

Balfour, Arthur James, Earl of B., brit. Staatsmann (* 1848 † 1930) 56, 61
Ballin, Albert, Generaldirektor der Hapag, (* 1857 † 1918) 224, 367 A 74
Barnardiston, Militärattaché in Brüssel 87
Barthou, Louis, franz. Politiker (* 1862 † 1934) 32
Baumgarten, Hermann, Historiker (* 1825 † 1903) 126
Bebel, August, sozialdemokrat. Parteiführer (* 1840 † 1913) 130
Beck, Friedrich Graf von, österr.-ungar. Generalstabschef (* 1830 † 1920) 298 f., 329
Berchtold, Leopold Graf, österr. Staatsmann (* 1863 † 1942) 284, 288, 291, 293 ff., 302, 308, 313 f., 316 f., 322, 325, 327, 378 A 21, A 24, 379 A 34, 382 A 15, 383 A 25, 385 A 53
Bernhardi, Friedrich von, preuß. General u. Militärschriftsteller (* 1849 † 1930) 141 ff., 358 A 24–31
Bernhardi, Theodor von, Historiker u. Diplomat (* 1802 † 1887) 142
Bernstorff, Joh. Hch. Graf von, dt. Diplomat, (* 1862 † 1939) 182
Bertie, Francis Leveson, Viscount, brit. Diplomat (* 1844 † 1919) 94, 231
Bertrab, von, deutscher General (Gr. Generalstab) 282
Bethmann Hollweg, Theobald v., deutscher Staatsmann (* 1856 † 1921) 96, 129, 169, 176, 205 ff., 211, 213 f., 216 f., 219 f., 223 f., 226 f., 229 f., 232, 234 f., 238, 241, 255, 273, 275 f., 279 f., 294, 308, 314, 317 ff., 322, 327, 329 f., 332, 334 f., 337, 339, 341 f., 358 A 27, 367 A 74–75, 368 A 91, 369 A 103, 371 A 118, A 121, 372 A 125, A 133, 381 A 11, 383 A 25, 385 A 1, A 4, 386 A 10, A 14, A 17–18
Bienerth, Karl Frhr. v., österr. Oberst und Militärattaché 321, 325
Bismarck, Herbert Fürst v., Staatssekretär (* 1849 † 1904) 160
Bismarck, Otto Fürst v. (* 1815 † 1898) 11, 46, 84, 104 f., 113, 117 f., 122 ff., 126, 129 ff., 133, 143, 147 ff., 157, 159, 163 ff., 169, 176, 221, 228, 243, 245, 251, 258, 297 f., 301 f., 346 A 12, 354 A 7, 355 A 10, 359 A 1, A 4, A 7, 360 A 19, 361 A 26, 362 A 9, 373 A 5a
Blücher, Gebhard Leberecht, Fürst v. Wahlstatt, preuß. Generalfeldmarschall (* 1742 † 1819) 125
Boisdeffre, Le Mouton de, franz. Generalstabschef (* 1839 * 1919) 105 f., 352 A 19
Boisgelin, Bruno-Gabriel-Paul, Marquis de, franz. Politiker (* 1767 * 1827) 21
Boulanger, Georges, franz. Kriegsminister (* 1837 † 1891) 38, 103
Boyen, Leopold Hermann L. v., preuß. General u. Kriegsminister (* 1771 † 1848) 21
Bräker, Ulrich, schweiz. Schriftsteller (* 1735 † 1798) 354 A 4
Briand, Aristide, franz. Staatsmann (* 1862 † 1932) 31, 39 f.
Bronsart v. Schellendorf, Paul, preuß. Kriegsminister (* 1832 † 1891 (151, 166, 359 A 6
Büchsel, Wilhelm, Admiralstabschef (* 1848 † 1920) 190, 193 f.
Bülow, Graf Bernhard v., preuß. Staatsmann (* 1849 † 1929) 81 f., 129, 162,

167, 176f., 184f., 193, 200ff., 206, 213, 221, 241, 261, 299, 302, 350 A 9, 362 A 2, 363 A 10, 374 A 11
Burke, Edmund, engl. Politiker und Schriftsteller (* 1729 † 1797)   49 f.

C

Cambon, Paul, franz. Botschafter in London (* 1843 † 1924)   81 ff., 96
Cambridge, George F. W. C. Duke of, brit. Commander-in-Chief (* 1819 † 1904)   49, 52, 54
Campbell-Bannermann, brit. liberaler Staatsmann (* 1836 † 1908)   57f., 61
Capelle, Eduard v., dt. Admiral (* 1855 † 1931)   215 ff., 228 f., 369 A 95, 371 A 116
Caprivi, Leo, Graf, General, Reichskanzler (* 1831 † 1899)   124, 138, 143, 161 ff., 165, 195, 244, 259, 263, 298, 360 A 21, 361 A 26
Cardwell, Edward, Visc., brit. Politiker (* 1813 † 1886)   53, 59, 61
Carnot, Lazare, Graf, franz. Kriegsminister (* 1753 † 1823)   12
Cassel, Sir Ernest, brit. Finanzpolitiker (* 1852 † 1921)   224 f., 367 A 74
Chateaubriand, François René, Vicomte de, franz. Dichter und Staatsmann (* 1768 † 1848)   21
Cavaignac, Eugène, franz. Historiker   12
Chlumecky, Johann, Baron, österr. Politiker * 1834 † 1934)   293
Churchill, Sir Winston L., brit. Staatsmann (* 1874)   68 f., 72 f., 93, 186, 188, 222 ff., 229 ff., 237, 348 A 14, 364 A 32
Clarke, Sir George, brit. Diplomat   83
Clausewitz, Karl v., preuß. General und Militärschriftsteller (* 1780 † 1831)   13, 142, 246, 250, 284
Clémenceau, Georges, franz. Staatsmann (* 1841 † 1929)   36 ff., 41 f., 67, 74, 347 A 21, A 22
Coerper, Kapitän zur See, Marineattaché   366 A 63
Comte, Auguste, franz. Philosoph (* 1798 † 1857)   346 A 9
Conrad v. Hötzendorf, Frh., österr.-ungar. Feldmarschall (* 1852 † 1925)   134 f., 160, 282 ff., 299 ff., 308 ff., 319 f., 322, 324 ff., 329, 357 A 6, 377 A 4, A 7, A 16, 378 A 17, A 21, A 24, 379 A 31, A 33–35, 380 A 6, 381 A 9–13, 382 A 15, A 17, 383 A 25, A 28, 384 A 42, A 44, 385 A 52, 386 A 10, A 13

Cromwell, Oliver, engl. Staatsmann (* 1599 † 1658)   44
Crowe, Sir Eyre, engl. Diplomat (* 1864 † 1925)   82, 95, 183, 351 A 26

D

Dähnhardt, Harald, dt. Admiral (* 1863 † 1944)   228
Darwin, Charles Robert, engl. Biologe (* 1809 † 1882)   134
Deimling, Berthold v., dt. General (* 1853 † 1944)   168
Deines, Johann Georg v., preuß. Militärattaché in Wien (* 1845 † 1911)   160
Delbrück, Hans, Historiker (* 1848 † 1929)   137, 362 A 5, 368 A 92, 373 A 9
Delcassé, Théophile, franz. Staatsmann (* 1852 † 1923)   81 f., 85
Dimitrijević, Dragutin, serb. Oberst u. Chef der Nachrichtenabteilung d. Generalstabs   378 A 23
Dragomirow, Michail Iwanowitsch, russ. Generalstäbler (* 1830 † 1905)   102 f.
Dreyfus, Alfred, franz. Offizier jüd. Herkunft (* 1859 † 1935)   22, 30, 38
Droysen, Joh. Gustav, Historiker (* 1808 † 1884)   124
Ducarne, belg. Generalstabschef   87 f., 349 A 6, 350 A 13

E

Edward VII., engl. König (* 1841 † 1910)   81, 202
Einem, Karl v., General, preuß. Kriegsminister (* 1853 † 1934)   153, 156, 259 ff., 265, 267, 272, 358 A 19, 374 A 16
Esher, Reginald Baliol Brett, Lord, Vorsitzender der brit. Militärreformkommission (* 1852 † 1930)   56, 83
Eulenburg, Philipp Fürst zu E. u. Hertefeld, Diplomat (* 1847 † 1921)   155, 166

F

Fadejew, Alexander Alexandrowitsch, russ. General (* 1810 † 1898)   102
Falkenhayn, Erich v., preuß. Kriegsminister u. Generalstabschef (* 1861 † 1922)   140, 282, 318 f., 322, 333 ff.
Fischel, Max v., Admiralstabschef   191
Fisher, Sir John, brit. Admiral (* 1841 † 1920)   82 f., 86, 198, 349 A 7
Fleischmann v. Theißruck, Hauptmann, 1914 österr. Verbindungsoffizier   319 ff., 325 f., 384 A 32, 385 A 46

Foch, Ferdinand, Marschall von Frankreich (* 1851 † 1929)   38, 40 ff., 90 ff., 347 A 21
Fontane, Theodor, Schriftsteller (* 1819 † 1898)   356 A 2
Forgách, von Ghymes und Gaes, Graf, österr. Diplomat   293
Frantz, Konstantin, polit. Schriftsteller (* 1817 † 1891)   354 A 7
Franz Ferdinand, Erzherzog (* 1863 † 1914) 287, 291, 311
Franz Joseph, Kaiser v. Österreich-Ungarn (* 1848 † 1916)   293, 298, 303, 317, 322, 324 ff., 329, 380 A 3, 382 A 17, 384 A 44, 385 A 53
French, John, Earl, brit. Feldmarschall (* 1852 † 1925)   67
Freycinet, Charles Louis de Saulces de, franz. Politiker (* 1828 † 1923)   31, 105 f.
Freytag-Loringhoven, Hugo Frhr. v., preuß. General und Militärschriftsteller (* 1855 † 1924)   139, 146 f., 357 A 18, 358 A 31
Friedländer, Amtsgerichtsrat   356 A 2
Friedrich II. der Große, König von Preußen (* 1712 † 1786)   119 f., 125
Friedrich Wilhelm I., König von Preußen (* 1688 † 1740)   119 f., 348 A 1
Friedrich Wilhelm IV., König von Preußen (* 1795 † 1861)   158

G

Gallieni, Joseph Simon, franz. General (* 1849 † 1916)   39
Galster, Vizeadmiral, Militärschriftsteller   192, 201
Gambetta, Léon, franz. Politiker (* 1838 † 1882)   27
Georg V., engl. König (* 1865 † 1936)   48, 235
Gerlach, Leopold v., preuß. General und Politiker (*1790 † 1861)   159
Giers, Baron Nikolai Karlowitsch, russ. Außenminister (*1820 † 1895)   105 ff., 113
Giesl v. Gieslingen, Wladimir Frhr., österr. General, Gesandter in Belgrad (*1860 † 1936)   312, 379 A 24, 382 A 17
Gladstone, William Ewart, liberaler engl. Staatsmann (* 1809 † 1898)   84
Goethe, Joh. Wolfg. v. (* 1749 † 1832)   146
Goltz, Colmar Frhr. v. der, Generalfeldmarschall, (* 1843 * 1916)   140 f., 356 A 1, 358 A 21, A 23, 365 A 51
Goschen, Sir William Eduard, brit. Botschafter in Berlin (* 1847 † 1924)   206, 213, 230, 368 A 82, 383 A 25, 385 A 1, A 4

Gossler, Heinrich v., preuß. Kriegsminister (* 1841 † 1927)   259 f, 265
Gouvion, St. Cyr, s. Saint Cyr   16
Greindl, Baron, belg. Gesandter in Berlin   349 A 7
Grey, Edward, Viscount G. of Fallodon, brit. Staatsmann (* 1862 † 1933)   61 f., 66, 68, 80, 83 ff., 91, 95 f., 204, 207, 209 ff., 217, 221, 224 ff., 231 f., 238, 252, 294, 331, 335 f., 342, 350 A 11, 368 A 86, 370 A 112
Grierson, James Moncrieff, brit. General (* 1859 † 1914)   78, 83, 86 f., 89 ff.
Guizot, Guillaume, franz. Staatsmann und Geschichtsschreiber (* 1787 † 1876)   20
Gutschkow, Alexander Iwanowitsch, russ. Politiker (* 1862 † 1936)   111

H

Hahnke, Wilhelm v., Generaladjutant, Chef des Militärkabinetts (* 1833 † 1912)   162, 166
Haig, Douglas, Earl of, brit. Feldmarschall (* 1861 † 1928)   67, 97
Haldane, Richard Burdon Viscount, brit. Kriegsminister (* 1856 † 1928)   62 ff., 68, 82, 84 ff., 90, 94 f., 223, 226 ff., 235, 238, 348 A 5, 370 A 112–114, 371 A 118–120, 372 A 126
Hamilton, Sir Jan Standish Monteith, brit. General (* 1853 † 1947)   64
Hardinge, Lord Charles, brit. Staatsmann (* 1858 † 1944)   202
Hartington, Spencer Cavendish, Marquis of, brit. Politiker (* 1833 † 1908)   54, 56 f.
Heeringen, Josias v., preuß. Generaloberst, Kriegsminister (* 1850 † 1926)   153, 274 f., 277 f., 369 A 97
Hintze, Paul v., Kapitän zur See, Militärbevollmächtigter, 1918 Staatssekretär (* 1864 † 1941)   163, 339
Hitler, Adolf (* 1889 † 1945)   149
Hohenlohe-Schillingsfürst, Chlodwig, deutsch. Reichskanzler (* 1819 † 1901) 157, 165 ff., 241, 303, 356 A 1
Holstein, Friedrich v., deutscher Diplomat (* 1837 † 1909)   82, 105, 159, 166, 184, 240 f., 255, 350 A 9, 357 A 5, 366 A 62
Holtzendorff, Henning v., deutscher Admiral (* 1853 † 1919)   217, 220, 238, 369 A 97, 372 A 126
Hopmann, Albert, deutscher Admiral   228, 371 A 116
Hoyos, Alexander Graf, österr. Diplomat (* 1876 † 1937)   292, 296 f., 378 A 24, 379 A 34

Huene-Hoiningen, Ernst Frhr. v., Militärattaché in Paris 160
Huguet, franz. Militärattaché 83
Hutten-Czapski, Bogdan Graf v., Rittmeister, Mitglied des preuß. Herrenhauses 255

J

Jagow, Gottlieb v., Staatssekretär des Ausw. Amtes (* 1863 † 1935) 271, 309, 311, 317, 331, 335, 338 ff., 342, 374 A 10, 375 A 33, 376 A 38, 380 A 8, A 4, 381 A 5, 383 A 25, 386 A 23
Januschkewitsch, russ. Generalstabschef 112 f.
Jaurès, Jean, franz. Sozialist (* 1859 † 1914) 25, 364 A 1
Jellicoe, John Rushworth, brit. Admiral (* 1859 † 1935) 369 A 100
Ingenohl, Friedrich v., deutscher Admiral (* 1857 † 1935) 191, 365 A 41
Joffre, Joseph Jaques Césaire, franz. Marschall (* 1852 † 1931) 36 f., 39, 94, 96, 338, 347 A 20, A 21, A 24, 349 A 5, 351 A 22, A 28

I

Iswolski, Alexander Petrowitsch, russ. Staatsmann (* 1856 † 1919) 111

K

Kageneck, Graf v. Graf, deutscher Militärattaché 292, 379 A 27, A 34, 381 A 13, 382 A 18
Kaltenborn, Hans K. G. v., preuß. General, Kriegsminister (* 1836 † 1898) 162
Kameke, Georg v., preuß. Kriegsminister (* 1816 † 1893) 150 f, 359 A 2, A 3
Katkow, Michael, panslaw. Publizist (* 1818 † 1887) 103, 105, 352 A 13
Keim, preuß. General 138 f., 215, 276, 357 A 11
Keller, Math. Gräfin v., Hofdame d. Kaiserin 126, 355 A 13
Kiderlen-Wächter, Alfred v., deutscher Diplomat und Staatssekretär (* 1852 † 1912) 206, 208, 212, 216, 232, 234, 369 A 103
Kitchener, Horatio Herbert, Earl, brit. Feldmarschall (* 1850 † 1916) 65, 67, 69 f., 97
Kokowzow, Wladimir Nikolajewitsch, russ. Ministerpräsident (* 1853 † 1943) 113
Krobatin, Alexander Frhr. v., österr. Kriegsminister (* 1849 † 1933) 379 A 31

Kühlmann, Richard v., deutscher Diplomat und Staatssekretär (* 1873 † 1948) 222, 233 ff., 363 A 15, 370 A 105
Kuhl, Hermann Josef v., General und Militärschriftsteller (* 1856 † 1958) 358 A 24, 375 A 37, 386 A 18
Kuropatkin, Aleksej, russ. General, Kriegsminister (* 1848 † 1925) 108 f., 111
Kuyper, Abraham, niederländ. Theologe und Staatsmnan (* 1837 † 1920) 373 A 4

L

Lansdowne, Henry Charles K. P. F., brit. Staatsmann (* 1845 † 1927) 81, 83 f.
Lee, Arthur Hamilton, Visc., brit. Admiralitätslord (* 1868 † 1947) 83, 193
Lerchenfeld, Frhr. v., bayer. Gesandter in Berlin 381 A 11
Lichnowsky, Fürst Karl Max, deutscher Botschafter in London (* 1860 † 1928) 236, 380 A 8, A 4, 383 A 26
Liebert, Eduard v., preuß. General (* 1850) 130, 137 f., 357 A 10
Liman v. Sanders, Otto, preuß. General und türk. Marschall (* 1855 † 1929) 110
Lloyd George, David, Earl, brit. Staatsmann (* 1863 † 1945) 42, 68 f., 72 ff., 92, 143, 186, 202, 214 f., 217, 224, 275, 366 A 70
Loë, Frhr. v., preuß. General 360 A 19
Louis Philipp, König der Franzosen (* 1773 † 1850) 122
Ludendorff, Erich, General (* 1865 † 1937) 41, 71, 145, 258, 261, 268, 272 ff., 277 ff., 332, 358 A 25, 365 A 54, 373 A 2, 374 A 15, 375 A 31, 376 A 41
Ludwig XIV., König von Frankreich (* 1638 † 1715) 345 A 4
Lyautey, Hubert, franz. Marschall (* 1854 † 1934) 40

M

Macdonald, Ramsay, brit. Staatsmann (* 1866 † 1937) 35
Mahan, Alfred Thayer, amerikan. Admiral und Marineschriftsteller (* 1840 † 1914) 136
Manteuffel, Edwin Frhr. v., General, Chef d. preuß. Militärkabinetts (* 1809 † 1885) 150 f., 165, 359 A 1
Marschall, Adolf Frhr. v., Botschafter und Staatssekretär (* 1842 † 1912) 166, 236
McKenna, Reginald, brit. Marineminister (* 1863 † 1943) 213, 222, 368 A 81

Metternich, Paul, Graf v. Wolff-, deutscher Botschafter London 1901 bis 1912 (* 1853 † 1934) 182, 189 f., 204 ff., 211, 213, 217, 222, 232 f., 235 f., 363 A 15, 366 A 70, 367 A 73, 370 A 105–109, 372 A 125, A 126, A 130
Metzger, österr. Oberst i. G. 297
Michaelis, Georg, deutscher Reichskanzler 1917 (* 1857 † 1936) 129
Michel, Victor Constant, franz. Generalstabschef 93, 350 A 21, 376 A 50
Miljutin, Dimitrij Alexéjewitsch Graf, russ. Kriegsminister (* 1816 † 1912) 99 ff., 105
Mohl, Moritz, Parlamentarier und Nat.-Ökonom (* 1802 † 1888) 122
Mohrenheim, Arthur Baron v., russ. Botschafter in Paris (* 1824 † 1906) 106
Moltke, Helmuth Graf v., preuß. Generalfeldmarschall (* 1800 † 1891) 36, 69, 71, 104, 125, 133, 159 ff., 239, 242 ff., 248, 253, 269, 271, 297 f., 305, 358 A 25, 365 A 54–55
Moltke, Helmuth v., Generalstabschef bei Ausbruch des ersten Weltkrieges (* 1848 † 1916) 133, 139, 146, 190, 196 f., 244, 248 ff., 253, 261, 266, 268 ff., 274, 277 ff., 282, 299 ff., 304, 308 ff., 318 ff., 329 f., 332 ff., 356 A 1, 373 A 4, A 7, 374 A 10, 376 A 38, A 41, 380 A 2, A 6, 381 A 6 bis 11, 382 A 22, 384 A 32, 385 A 4, A 6, A 8, 386 A 18, A 21
Moreau, Jean Victor, franz. General, (* 1763 † 1813) 14
Müller, Georg Alexander v., Admiral, Chef des Marinekabinetts († 1940) 199, 227, 232, 236, 366 A 69, 367 A 73–74, 369 A 97, 371 A 116–121, 372 A 121
Müller-Brandenburg, H., Pressechef des Wehrvereins 376 A 43

N

Napoleon I. Bonaparte (* 1769 † 1821) 11, 13 ff., 45 f., 73, 121
Napoleon III., Kaiser von Frankreich (* 1808 † 1873) 16, 25 ff., 79, 247, 354 A 7
Naumann, Friedrich, Politiker (* 1860 † 1919) 362 A 5
Nicolson, Arthur, Lord Carnock, brit. Diplomat (* 1849 † 1928) 85, 95, 231
Nicolson, Harold George, Sohn des vorigen, brit. Diplomat und Schriftsteller (* 1886) 85
Niel, Adolphe, franz. Marschall und Kriegsminister (* 1802 † 1869) 26

Nietzsche, Friedrich W., deutscher Philosoph (* 1844 † 1900) 136, 146
Nikolajewitsch, Nikolai, russ. Großfürst, (* 1856 † 1929) 109, 112, 352 A 9
Nikolaus II., Alexandrowitsch, Zar von Rußland (* 1868 † 1918) 100, 108, 112, 114, 320, 330
Nivelle, Georges Robert, franz. General, Oberbefehlshaber des Heeres (* 1858 † 1924) 39 f.

O

Obrutscher, Nikolai Nikolajewitsch, russ. Generalstabschef (* 1830 † 1904) 106, 352 A 19
Oncken, Hermann, Historiker (* 1869 † 1945) 368 A 92
Ottley, brit. Admiralstabschef 349 A 7

P

Painlevé, Paul, franz. Staatsmann (* 1863 † 1933) 40
Pétain, Henri Philippe, franz. Marschall (* 1856 † 1951) 40, 347 A 22
Pichegru, Charles, franz. General (* 1761 † 1804) 14
Pitt, William, d. J., brit. Staatsmann (* 1759 † 1806) 51
Plessen, Hans v., General, Kommandeur des kaiserl. Hauptquartiers (* 1841) 165
Pohl, Hugo v., deutscher Admiral (* 1855 † 1916) 192
Poincaré, Raymond, franz. Staatsmann (* 1860 † 1934) 33, 38, 40, 42, 94 f., 231, 252, 308
Pourtalès, Graf Friedrich v., deutscher Botschafter in St. Petersburg (* 1853 † 1928) 112, 323, 329, 333 f., 353 A 29, 383 A 26
Prival, Claude-Antoine-Hippolyte, Vicomte de, franz. General (* 1776 † 1853) 345 A 1
Proudhon, Pierre Joseph, franz. Sozialist (* 1809 † 1865) 354 A 7
Puttkamer, Robert v., preuß. Minister des Innern (* 1828 † 1900) 131

R

Redlich, Joseph, österr. Historiker und Politiker (* 1869 † 1936) 292, 378 A 24
Repington, Charles A'Court, brit. Oberst (* 1858 † 1925) 83
Ribot, Alexandre, franz. Staatsmann (* 1842 † 1923) 40, 105

Personenverzeichnis

Richter, Eugen, Politiker, Führer der Fortschritts-, später der Deutschen Freisinnigen Partei (* 1838 † 1906) 130
Roberts, Lord George H. R., brit. Minister (* 1869 † 1928) 64
Robertson, William R., brit. Feldmarschall (* 1860 † 1933) 67, 69 ff., 74, 78 f., 348 A 1, A 8
Roediger, Alexander Feódorowitsch, russ. Kriegsminister 109 f.
Rohrbach, Paul, geogr.-polit. Schriftsteller 137, 362 A 5
Roon, Albrecht Graf v., preuß. General und Kriegsminister (* 1803 † 1879) 26, 36, 128, 150, 152, 263, 359 A 6
Rotteck, Karl Wenzeslaus Rodecker v., Historiker und liberaler Politiker (* 1775 † 1840) 122, 354 A 7
Rouvier, Maurice, franz. Staatsmann (* 1842 † 1911) 81 ff.

S

Sabron, Graf de, Mitglied der franz. Pairskammer 17
Saint Cyr, Laurent Gouvion Marquis de, franz. Marschall (* 1764 † 1830) 16
Salisbury, Robert Cecil Earl of, brit. konservativer Politiker (* 1830 † 1903) 68, 84, 181, 349 A 5
Sarrail, Maurice, franz. General (* 1856 † 1929) 39
Sasonow, Sergej Dmitrijewitsch, russ. Außenminister (* 1860 † 1927) 112 f., 319 f., 379 A 25
Say, Jean-Baptiste, franz. Volkswirtschaftler (* 1767 † 1832) 24
Senden-Bibran, Gustav Frhr. v., Admiral, Chef des Marinekabinetts (* 1847 † 1909) 155, 165
Sering, Max, Professor der Staatswissenschaften in Berlin (* 1857 † 1939) 362 A 5
Shilinski, russ. Generalstabschef 110
Skobelew, Micháil Dmitrijewitsch, russ. General (* 1843 † 1882) 102 f., 105, 112
Suchomlinow, Wladimir Alexandrowitsch, russ. General und Kriegsminister (* 1848 † 1926) 101, 109 ff., 113, 307, 351 A 5, A 8, A 9, A 17, A 20, 353 A 27
Sybel, Heinrich v., Historiker (* 1817 † 1895) 124, 126
Szögyény-Marich, Ladislaus v., österr.-ung. Botschafter in Berlin (* 1841 † 1916) 325, 382 A 17, 383 A 26, A 31, 384 A 46

Schemua, v., österr. Generalstabschef 1912 287, 377 A 13
Schiller, Friedrich v., (* 1759 † 1805) 145
Schlieffen, Alfred Graf v., preuß. Generalstabschef (* 1833 † 1913) 133 f., 139, 142, 162, 171, 193, 195 f., 239 ff., 253 ff., 298 ff., 332, 336, 350 A 17, 357 A 5, 358 A 24, 372 A 1, 373 A 2, A 4, 374 A 11, A 14, 375 A 28, A 32, A 36, 385 A 6
Schmoller, Gustav v., Historiker, Volkswirtschaftler (* 1838 † 1917) 362 A 5
Schön, Wilhelm Frhr. v., deutscher Botschafter in Paris (* 1851 † 1933) 341 f.
Schönaich, Franz Frhr. v., österr. Kriegsminister (* 1844 † 1916) 283
Schönaich-Carolath, Heinr. Prinz v., preuß. Landrat, nationalliberaler Reichstagsabgeordneter (* 1852 † 1920) 130
Scholz, Adolf v., preuß. Finanzminister (* 1833 † 1924) 129
Schulenburg, Friedrich Graf von der, Militärattaché in London (* 1865) 350 A 9
Schulz-Bodmer, Wilhelm, hess.-darmstädt. Offizier, Abgeordneter der Paulskirche 354 A 7
Schweinitz, Lothar v., General, deutscher Botschafter (* 1822 † 1901) 102 f., 352 A 8, A 14
Stein, Hermann v., preuß. Generalquartiermeister, Kriegsminister (* 1854 † 1927) 278
Stein, Karl Frhr. vom und zum (* 1757 † 1831) 145
Stosch, Albrecht, preuß. General, deutscher Admiral (* 1818 † 1896) 151, 187
Stürgkh, Karl Reichsgraf v., österr. Ministerpräsident (* 1859 † 1916) 293, 317
Stumm-Halberg, Karl Ferd. Frhr. v., Saarbrücker Industrieller (* 1836 † 1901) 164, 384 A 46

T

Tardieu, André, franz. Politiker und Publizist (* 1876 † 1945) 42
Tausch, v., preuß. Kriminalkommissar 166
Thiers, Adolphe, franz. Historiker und Staatsmann 19, 28, 346 A 12
Tirpitz, Alfred v., Großadmiral, Staatssekretär (* 1849 † 1930) 62, 96, 137 ff., 155, 163, 171 ff., 176 ff., 182, 184 ff., 197, 199, 202 ff., 210 ff., 227 ff., 240, 260 f., 335 ff., 358 A 19, 362 A 9–15, 364 A 33, 366 A 69, 367 A 71, A 74, 368, 369, A 99,

A 102, A 104, 370 A 105—109, 371, A 116, A 118, 372 A 121, 374 A 23, 386 A 14
Tisza, Stefan Graf v. Borosjenö, ungar. Ministerpräsident (* 1861 † 1918) 290 f., 293 ff., 297, 307, 322, 379 A 31, A 35, 380 A 8
Treitschke, Heinrich v., Historiker (* 1834 † 1896) 124 f., 141, 145
Tresckow, Hermann v., preuß. General, Chef des Militärkabinetts (* 1818 † 1900) 151
Trochu, Louis Jules, franz. General (* 1815 † 1896) 27
Tschirschky u. Bögendorff, Hch. L. v., deutscher Botschafter in Wien (* 1858 † 1916) 292, 294, 318, 325, 383 A 28, 384 A 40, 385 A 46
Turpin de Crissé, franz. Feldmarschall (* 1709 † 1799) 345 A 1

V

Vagts, Alfred, deutscher Historiker in USA 101, 352 A 14, 352 A 20, 357 A 14
Verdy du Vernois, Julius v., preuß. General und Kriegsminister (* 1832 † 1910) 154, 164, 259, 262, 298
Viktoria, engl. Königin, Kaiserin von Indien (* 1819 † 1901) 49, 52, 54
Viviani, René, franz. Staatsmann (* 1863 † 1925) 39
Voigt, „Hauptmann von Köpenick" 127

W

Wagner, Adolf, Professor für Nationalökonomie (* 1835 † 1917) 362 A 5
Waldeck-Rousseau, Pierre M., franz. Innenminister (* 1846 † 1904) 31
Waldersee, Alfred Graf v., preuß. Generalstabschef (* 1832 † 1904) 133, 139 f., 143, 148, 150, 159 ff., 174, 239 f., 246, 264, 298, 311, 358 A 21, 360 A 19, 361 A 24, 362 A 6, 364 A 19, 372 A 1, 373 A 3, 375 A 25, 379 A 27, A 34, 380 A 2, A 5, 382 A 18, 385 A 5, A 7

Wannowskij, Peter Semjónowitsch, russ. Kriegsminister (* 1822 † 1904) 106
Waters, brit. Militärattaché in Berlin 78
Weber, Max, Sozialökonom und Soziologe (* 1864 † 1920) 362 A 5
Wedel, Karl Fürst v., preuß. General, deutscher Statthalter in Elsaß-Lothringen (* 1842 † 1919) 168
Wermuth, Adolf, Reichsschatzsekretär (* 1851 † 1927) 216, 220, 364 A 28
Welcker, Karl Theodor, Publizist, Politiker und Staatsrechtslehrer (* 1790 † 1869) 21
Wellington, Sir Arthur Wellesley, Herzog v., engl. Feldherr (* 1769 † 1852) 44 ff., 51, 67
Wenninger, General von, bayer. Militärattaché in Berlin 381 A 11
Widenmann, W., deutscher Marineattaché in London 213, 216 f., 223, 232 ff., 236, 238, 363 A 15, 366 A 65, 368 A 81, 369 A 100, 370 A 105–109
Wilhelm I., Deutscher Kaiser und König von Preußen (* 1797 † 1888) 12, 18, 123, 125, 148
Wilhelm II., Deutscher Kaiser und König von Preußen (* 1859 † 1941) 62, 78, 112, 132, 140, 148 f., 153 ff., 162 ff., 171 ff., 178, 182, 201 ff., 206, 210, 213, 217 ff., 222 ff., 227 ff., 255, 264, 275, 277, 282, 298, 303, 322, 326 f., 329 f., 334 ff., 352 A 19, 357 A 14, 358 A 19, 359 A 4, 366 A 69, 367 A 74, 368 A 82, 369 A 97, 370 A 104, 371 A 118, A 121, 372, 377 A 13, 381 A 8, 382 A 19, 386 A 21
Wilson, Sir Arthur Knyvet, brit. Admiral (* 1842 † 1921) 349 A 7
Wilson, Henry, brit. General 47, 74, 90 ff., 95 f., 105, 349 A 5, 350 A 21, 376 A 50
Wilson, Woodrow, 28. Präsident der USA (1856 † 1924) 42

Y

York, George Duke of, späterer König Georg V. 48